Die Chronik-Bibliothek des 20. Jahrhunderts

Georg Galle / Susanne Kuhr

Chronik 1971

Tag für Tag in Wort und Bild

Chronik Verlag

Abbildungen auf dem Schutzumschlag
(oben links beginnend)
Erich Honecker ist der neue Erste Sekretär der SED. Er löst am 3. Mai 1971 Walter Ulbricht ab.
»Pingpong-Diplomatie« in Peking (v. l.): US-Sicherheitsberater Henry A. Kissinger, Chinas Ministerpräsident Chou En-lai, Parteiführer Mao Tse-tung
Die Staatssekretäre (v. l.) Egon Bahr (BRD) und Michael Kohl (DDR) paraphieren am 11. Dezember das Transitabkommen.
Marlon Brando als »Der Pate« in dem gleichnamigen Film von Francis Ford Coppola
Das Musical »Oh! Calcutta!« hat am 9. März in der Bundesrepublik Premiere. Die Persiflage auf die Sexwelle löst eine Welle der Empörung aus.
Das erste bemannte Auto fährt im Rahmen der »Apollo-15«-Mission auf dem Mond.
Ein weitverzweigter Bestechungsskandal bringt die Fußball-Bundesliga ins Gerede (»Spiegel«-Titelblatt vom 14. Juni 1971).
Kampf des Jahrhunderts: Muhammad Ali (l.) und Joe Frazier boxen am 8. März im New Yorker Madison Square Garden um den Weltmeistertitel.

Redaktion: Manfred Brocks (Text), Klaus zu Klampen (Bild)
Fachautoren: Dr. Franz Busch (Theater), Dr. Jutta Köhler (Kunst), Dr. Ingrid Loschek (Mode), Felix R. Paturi (Wissenschaft und Technik), Jochen Rentsch (Musik)
Anhang: Ludwig Hertel, Bernhard Pollmann, Karl Adolf Scherer
Herstellung: Barbara Reppold-Hinz
Satz: Systemsatz, Dortmund
Druck: Mohndruck Graphische Betriebe GmbH, Gütersloh

Leihgeber für Zeitungen und Zeitschriften: Institut für Zeitungsforschung, Dortmund

ISBN 3-577-14071-2

Inhalt 1971

Der vorliegende Band aus der »Chronik-Bibliothek des 20. Jahrhunderts« führt Sie zuverlässig durch das Jahr 1971 und gibt Ihnen – aus der Sicht des Zeitzeugen, aber vor dem Hintergrund des Wissens von heute – einen vollständigen Überblick über die weltweit wichtigsten Ereignisse in Politik und Wirtschaft, Kultur und Sport, Alltag und Gesellschaft. Sie können das Jahr in chronologischer Folge an sich vorüberziehen lassen, die »Chronik 1971« aber auch als Nachschlagewerk oder als Lesebuch benutzen. Das »Chronik«-System verbindet eine schier unübersehbare Fülle von Artikeln, Kalendereinträgen, Fotos, Grafiken und Übersichten nach einheitlichen Kriterien und macht damit die Daten dieses Bandes mit jedem anderen Band vergleichbar. Wer die »Chronik-Bibliothek« sammelt, erhält ein Dokumentationssystem, wie es in dieser Dichte und Genauigkeit nirgends sonst zu haben ist.

Hauptteil (ab Seite 8)

Jeder Monat beginnt mit einem Kalendarium, in dem die wichtigsten Ereignisse chronologisch geordnet und in knappen Texten dargestellt sind. Sonn- und Feiertage sind durch farbigen Druck hervorgehoben. Pfeile verweisen auf ergänzende Bild- und Textbeiträge auf den folgenden Seiten. Faksimiles von Zeitungen und Zeitschriften, die im jeweiligen Monat des Jahres 1971 erschienen sind, spiegeln Zeitgeist und herausragende Ereignisse.
Wichtige Ereignisse des Jahres 1971 werden – zusätzlich zu den Eintragungen im Kalendarium – in Wort und Bild beschrieben. Jeder der 330 Einzelartikel dieses Bandes bietet eine in sich abgeschlossene Information. Die Pfeile des Verweissystems machen auf Artikel aufmerksam, die an anderer Stelle dieses Bandes ergänzende Informationen zu dem jeweiligen Thema vermitteln.
570 teils farbige Abbildungen und grafische Darstellungen illustrieren die Ereignisse und Entwicklungen des Jahres 1971 und werden damit zu einem historischen Kaleidoskop besonderer Art.
Hinter dem Hauptteil (auf S. 210) geben originalgetreue Abbildungen einen Überblick über alle Postwertzeichen, die im Jahr 1971 in der Bundesrepublik Deutschland neu ausgegeben wurden.

Chronik-Kästen (ab Seite 12)

Auf 24 Seiten ergänzen Artikel, die durch die mit einem Raster unterlegte »Chronik«-Marke kenntlich gemacht sind, Bilder und Berichte zu den wichtigen Ereignissen des Jahres 1971.
Chronik-Kästen gibt es zu folgenden Themen:

- ▷ Chronik Dokument
- ▷ Chronik Fazit
- ▷ Chronik Hintergrund
- ▷ Chronik Rückblick
- ▷ Chronik Stichwort
- ▷ Chronik Zeitzeuge
- ▷ Chronik Zitat
- ▷ Chronik Zur Person

Übersichtsartikel (ab Seite 20)

20 Übersichtsartikel, am blauen Untergrund und der Marke »Chronik Übersicht« zu erkennen, stellen Entwicklungen des Jahres 1971 zusammenfassend dar.
Alle Übersichtsartikel aus den verschiedenen Jahrgangsbänden ergeben – zusammengenommen – eine sehr spezielle Chronik zu den jeweiligen Themenbereichen (z. B. Film von 1900 bis 2000).

Anhang (ab Seite 211)

Der Anhang zeigt das Jahr 1971 in Statistiken und anderen Übersichten. Ausgehend von den offiziellen Daten für die Bundesrepublik Deutschland, die DDR, Österreich und die Schweiz, regen die Zahlen und Fakten zu einem Vergleich mit vorausgegangenen und nachfolgenden Jahren an.
Für alle wichtigen Länder der Erde sind die Staats- und Regierungschefs im Jahr 1971 aufgeführt und werden wichtige Veränderungen aufgezeigt. Die Zusammenstellungen herausragender Neuerscheinungen auf dem Buchmarkt sowie der Premieren auf Bühne und Leinwand werden zu einem Führer durch das kulturelle Leben des Jahres.
Das Kapitel »Sportereignisse und -rekorde« spiegelt die Höhepunkte des Sportjahres 1971. Internationale und deutsche Meisterschaften sind ebenso nachgewiesen wie die Entwicklung der Leichtathletik- und Schwimmrekorde, alle Ergebnisse der großen internationalen Wettbewerbe im Automobilsport, Eiskunstlauf, Fußball, Gewichtheben, Pferde-, Rad-, Wintersport und Tennis sowie die Boxweltmeister im Schwergewicht.
Der Nekrolog enthält Kurzbiographien von Persönlichkeiten, die 1971 verstorben sind.

Register (ab Seite 234)

Das *Personenregister* nennt – in Verbindung mit der jeweiligen Seitenzahl – alle Personen, deren Namen in diesem Band verzeichnet sind.
Werden Personen abgebildet, so sind die Seitenzahlen kursiv gesetzt. Herrscher und Angehörige regierender Häuser mit selben Namen sind alphabetisch nach den Ländern ihrer Herkunft geordnet.
Wer ein bestimmtes Ereignis des Jahres 1971 nachschlagen möchte, das genaue Datum oder die Namen der beteiligten Personen aber nicht präsent hat, findet über das spezielle *Sachregister* Zugang zu den gesuchten Informationen.
Oberbegriffe und Ländernamen erleichtern das Suchen und machen zugleich deutlich, welche weiteren Artikel und Informationen zu diesem Themenfeld im vorliegenden Band zu finden sind. Querverweise helfen bei der Erschließung der immensen Informationsvielfalt.

Das Jahr 1971

Die Schwelle von den 60er zu den 70er Jahren ist eine Zeit des tiefgreifenden politischen und sozialen Wandels. 1968 erschüttert die Studentenbewegung gesellschaftliche Wertvorstellungen, 1969/70 setzt die neue Ostpolitik der sozialliberalen Koalition ein. Das Jahr 1971 knüpft an diese Entwicklungen an. Mit der Verleihung des Friedensnobelpreises an Willy Brandt findet die Entspannungspolitik des deutschen Bundeskanzlers internationale Anerkennung. »Wir können feststellen, daß die Friedenspolitik Willy Brandts zu Tauwetter im kalten politischen Klima geführt hat – einem Tauwetter, das uns Hoffnung auf einen neuen Friedensfrühling nach langem Frost in Europa gibt«, sagt die Vorsitzende des norwegischen Nobelpreiskomitees, Aase Lionaes, bei der Verleihung am 10. Dezember.

Brandts Ostpolitik leitete den grundlegenden Wandel im Verhältnis der Bundesrepublik Deutschland zu den osteuropäischen Staaten ein. Mit Beginn der SPD/FDP-Koalition 1969 fand das Konzept des »Wandels durch Annäherung« seinen Niederschlag in der politischen Praxis. Im Transitabkommen, dem ersten innerdeutschen Vertrag auf Regierungsebene, einigen sich Bonn und Berlin (Ost) 1971 auf eine Regelung im Verkehr zwischen der Bundesrepublik und Berlin (West).

Ermöglicht wird das Transitabkommen allerdings erst durch das Viermächteabkommen, das die vier Siegermächte des Zweiten Weltkriegs 1971 unterzeichnen. Die Alliierten, die nach 1945 zu Gegnern im kalten Krieg wurden, demonstrieren auch mit dem Viermächteabkommen mit Beginn der 70er Jahre neue Gesprächsbereitschaft.

Die beiden Supermächte USA und UdSSR einigen sich nach langwierigen Verhandlungen darauf, einen »heißen Draht« zwischen dem Kreml und dem Weißen Haus einzurichten. Mit diesem ersten greifbaren Ergebnis der SALT-Verhandlungen wollen beide Regierungen die rasche Eskalation eines Konflikts vermeiden und die Gefahr eines Atomkriegs verringern.

Während sich die Supermächte zunächst nur einen kleinen Schritt näherkommen, wandelt sich das Verhältnis China – USA grundsätzlich. Mit der sog. Pingpong-Diplomatie wird die jahrzehntelange Frontstellung zwischen beiden Staaten überwunden. Der allmähliche Rückzug der USA aus dem Vietnamkrieg ist auch unter dem Aspekt der chinesisch-amerikanischen Entspannung zu sehen. Die Aufnahme der Volksrepublik China als ständiges Mitglied in den Sicherheitsrat der Vereinten Nationen markiert die Neuverteilung der weltpolitischen Gewichte.

Angesichts der globalen Friedensbemühungen und des Tauwetters im Ost-West-Verhältnis fällt der Kampf Bangladeschs um die staatliche Unabhängigkeit aus dem Rahmen. Der Bürgerkrieg in Ostpakistan bedeutet für Millionen von Bengalen die Vertreibung aus ihrer Heimat und führt zum indisch-pakistanischen Krieg. In diesem Konflikt flackert auch der Gegensatz der Supermächte auf: Während Moskau offen die indische Regierung unterstützt, ergreifen die USA Partei für Pakistan. So wird das Feuer zwischen Ost und West neu geschürt.

Innenpolitisch ist das Jahr 1971 von der Umsetzung des großen Reformwerks geprägt, das Brandt in seiner Regierungserklärung 1969 angekündigt hat. Eine heftige Diskussion entzündet sich an der geplanten Reform des Eherechts und des Paragraphen 218. Die Bundesregierung, die mit diesen Gesetzesinitiativen versucht, dem Wandel gesellschaftlicher Normen und Wertvorstellungen Rechnung zu tragen, sieht sich zwischen den Fronten: Während die einen Neuerungen ablehnen, gehen den anderen die Reformen nicht schnell genug voran.

Im anderen deutschen Staat beginnt eine neue politische Ära. Erich Honekker tritt als Erster Sekretär des ZK der SED die Nachfolge von Walter Ulbricht an. Seine wichtigste Aufgabe sieht der neue starke Mann in der internationalen Anerkennung der DDR. Die Existenz des »ersten Arbeiter- und Bauernstaates auf deutschem Boden« soll endgültig völkerrechtlich abgesichert werden.

Die Schattenseiten des erreichten Wohlstands rücken Anfang der 70er Jahre mehr und mehr ins Bewußtsein der bundesdeutschen Gesellschaft. Die Autoflut, in der die Städte zu ersticken drohen, ebenso wie die Belastung der Natur mit wachsenden Mengen von Hausmüll sind ungelöste Probleme. 1971 regt sich Widerstand gegen die gedankenlose Umweltzerstörung: Die EWG-Kommission verabschiedet verbindlich für alle Mitgliedsstaaten Grundlinien für ein gemeinsames Programm zum Umweltschutz. Von der Weltöffentlichkeit noch nicht beachtet, führt eine kleine Gruppe von Umweltschützern, die sich Greenpeace nennt, 1971 ihre erste Aktion durch.

Nicht nur die Umwelt, auch die »Sauberkeit im Sport« kommt 1971 ins Gerede: Der Bestechungsskandal in der Fußballbundesliga, der die »unheilige Allianz« von Korruption und Sport offenbart, wirkt wie ein Schock.

Von den Entwicklungen, die 1971 aufgegriffen werden, hat die Entspannungspolitik die größte Tragweite. Die verantwortlichen Politiker beschreiten damit weiter einen Weg, der den Frieden in der Welt ein wenig sicherer macht, dessen Ende jedoch nicht abzusehen ist. Die Normalisierung der Ost-West-Beziehungen macht in den folgenden Jahren nur kleine Fortschritte und erleidet Rückschläge. Ihren Zielpunkt erreicht die Entspannungspolitik, die Anfang der 70er Jahre initiiert wird, erst 20 Jahre später mit der Beendigung des kalten Krieges auf dem Pariser KSZE-Gipfel 1990.

Georg Galle, Susanne Kuhr

◁ Bundeskanzler Willy Brandt (r.) und der sowjetische Parteichef Leonid I. Breschnew auf der Krim: Die entspannte Atmosphäre dieses kurzfristig angesetzten Treffens dokumentiert den Klimawechsel in den deutsch-sowjetischen Beziehungen seit der neuen Ostpolitik der SPD/FDP-Koalition.

Januar 1971

Mo	Di	Mi	Do	Fr	Sa	So
				1	2	3
4	5	6	7	8	9	10
11	12	13	14	15	16	17
18	19	20	21	22	23	24
25	26	27	28	29	30	31

1. Januar, Neujahr

Walter Ulbricht, Staats- und Parteichef der DDR, fordert in seiner Neujahrsansprache eine baldige Regelung des Transitverkehrs. → S. 13

Bundeskanzler Willy Brandt wird von der Mailänder Zeitschrift »Storia Illustrata« und der Pariser Tageszeitung »L'Aurore« zum »Mann des Jahres 1970« gewählt. Brandt wurde bereits zuvor vom US-Magazin »Time« mit diesem Titel ausgezeichnet. Begründung: Mit seiner Ostpolitik ragte Brandt als Neuerer in der Weltpolitik hervor.

Die Kriminalschriftstellerin Agatha Christie wird von der britischen Königin Elisabeth II. mit dem Titel »Dame Commander of the British Empire« ausgezeichnet. → S. 25

Eine extreme Kältewelle dehnt sich über weite Teile Europas aus. → S. 22

2. Januar, Samstag

Ehemalige Agenten der US-Armee erklären, daß der militärische Abwehrdienst geheime Dossiers über Bürgerrechtler und Führer radikaler Organisationen anlegt. Obwohl das US-Verteidigungsministerium bereits angeordnet hätte, die Bespitzelung einzustellen, habe sich bislang nichts geändert.

Der Diözesanrat Rotterdams tritt aus Protest gegen das Vorgehen des Vatikans bei der Ernennung des neuen Bischofs von Rotterdam, Adrianus Johannes Simonis, zurück. → S. 21

Beim bislang schwersten Unglück in der Geschichte des britischen Fußballs sterben im Glasgower Fußballstadion Ibrox Park 66 Menschen. → S. 25

Die Programmdirektion des Ersten Deutschen Fernsehens teilt die Einführung der neuen Sendereihe »Im Brennpunkt« mit (→ S. 100).

In den USA wird die Zigarettenwerbung im Rundfunk verboten. → S. 22

Im Landkreis Rhein-Sieg stirbt ein 18jähriger Mann infolge unterlassener Hilfeleistung. → S. 23

Im Zoo von Hannover wird ein Breitmaulnashorn geboren. → S. 24

3. Januar, Sonntag

Gerald Leibholz, Richter am Bundesverfassungsgericht in Karlsruhe, fordert angesichts zahlreicher leerstehender Häuser eine Änderung des Eigentums am Boden. Leibholz weist nachdrücklich daraufhin, daß im Sozialstaat eine mißbräuchliche Ausübung des Eigentumsrechts verfassungswidrig sei (→ 19. 7./S. 127).

In Großbritannien stellt sich die erste sog. Offene Universität der Öffentlichkeit vor. → S. 21

In Würzburg konstituiert sich die »Gemeinsame Synode der Bistümer in der Bundesrepublik Deutschland«. Sie ist ein Zusammenschluß von Bischöfen, Priestern und Laien, die das Leben innerhalb der katholischen Kirche erneuern wollen.

Der Bundesverband des Deutschen Güterfernverkehrs stellt den »Brummi« vor. Mit der Werbefigur ist eine Kampagne verbunden, die das Image der Fernlaster verbessern soll.

4. Januar, Montag

Der SPD-Fraktionsvorsitzende Herbert Wehner spricht sich im Zusammenhang mit der Ehescheidungsrechtsreform für eine bessere soziale Absicherung der Frau aus. Geschiedene Frauen, die in der Ehe nicht berufstätig waren, sollen künftig Anspruch auf Unterhalt durch den Ehemann haben (→ 20. 5./S. 91).

Lehrer legen erste Ergebnisse aus einem Schulversuch vor, bei dem in vier Frankfurter Klassen mit Hilfe von Zeitungen gelernt wurde. Demnach weckt die Zeitungslektüre das Interesse der Schüler für Themen im Sozialkundeunterricht leichter als jedes Schulbuch.

Der Fernsehfilm »Der Schlamm« wird im Dritten Programm des WDR-Fernsehens in der Bundesrepublik erstaufgeführt. Er basiert auf einer Erzählung des französichen Dramatikers Eugène Ionesco, der auch die Hauptrolle spielt.

5. Januar, Dienstag

UN-Generalsekretär Sithu U Thant eröffnet in New York eine neue Gesprächsrunde des Sonderbeauftragten der Vereinten Nationen, Gunnar Jarring, mit Vertretern Ägyptens, Israels und Jordaniens. Jarring soll sich um die Beilegung der Konflikte zwischen den Staaten bemühen (→ 4. 2./S. 36).

Drei Richter des Bundesverfassungsgerichts in Karlsruhe nehmen in einem Sondervotum Stellung gegen das Urteil des obersten deutschen Gerichts zur Telefonkontrolle. → S. 14

Der frühere Boxweltmeister Sonny Liston wird tot in seiner Wohnung in Las Vegas aufgefunden. → S. 25

6. Januar, Mittwoch

Der katholische Bischof von Nkongsamba (Kamerun), Albert Ndongmo, wird von einem Militärgericht in Jaunde zum Tod verurteilt. Dem Bischof wird vorgeworfen, an einer Verschwörung zur Ermordung des Staatspräsidenten Ahmadou Ahidjo beteiligt gewesen zu sein. Das Todesurteil wird wenige Tage später in eine Haftstrafe umgewandelt.

Der Belgrader Korrespondent des Nachrichtenmagazins »Der Spiegel«, Hans Peter Rullmann, wird von einem jugoslawischen Militärgericht wegen Spionage zu sechs Jahren Zuchthaus verurteilt (→ 14. 6./S. 107).

7. Januar, Donnerstag

Der französische Staatspräsident Georges Pompidou spricht sich für die Produktion der Wasserstoffbombe aus. Frankreich hat bereits Wasserstoffbombentests unternommen, aber noch keine einsatzbereite Bombe.

Ein sowjetischer Diplomat muß auf Veranlassung des Auswärtigen Amtes die Bundesrepublik verlassen. Er wurde vom Verfassungsschutz der Spionage überführt. Experten vermuten, daß bis zu 60% des Personals der Sowjetbotschaften nachrichtendienstlich eingesetzt werden (→ 24. 9./S. 153).

8. Januar, Freitag

In Montevideo wird der britische Botschafter Geoffrey H. S. Jackson von Guerillas entführt (→ 9. 9./S. 154).

Frankreichs Staatspräsident Georges Pompidou richtet im Zuge einer Kabinettsumbildung ein Ministerium für Umwelt- und Naturschutz ein. Erster Leiter des Ressorts wird der Gaullist Robert Poujade (→ S. 92).

Der polnische Ministerrat beschließt einen zweijährigen Preisstopp für Lebensmittel (→ 18. 1./S. 19).

Die britische Einwanderungsbehörde lehnt Rudi Dutschkes Berufung gegen den Ausweisungsbeschluß des Innenministeriums ab. → S. 14

Der französische Philosoph Jean-Paul Sartre wirft der Sowjetunion Antisemitismus vor. Er begründet diesen Vorwurf damit, daß russischen Juden das Recht auf Auswanderung nach Israel verwehrt wird (→ 25. 2./S. 37).

Das Bonner Landgericht untersagt dem SPD-Fraktionsvorsitzenden Herbert Wehner, den CDU/CSU-Fraktionsvorsitzenden Hans Katzer einen »Betrüger« zu nennen. Wehner hatte im Bundestag gesagt: »Entschuldigen Sie mal, wir sind doch keine Betrüger, wir heißen doch nicht Katzer.«

Das Berliner Verwaltungsgericht lehnt in einem Urteil den Numerus clausus als Mittel zur Regulierung des Studienzugangs ab. Die Richter geben damit der Klage einer abgewiesenen Bewerberin auf Zulassung zum Medizinstudium statt. Die Begründung des Gerichts: Der Erwerb der Hochschulreife eröffne den freien Zugang zu den Universitäten (→ S. 76).

9. Januar, Samstag

Nach Angaben des Pharmakologischen Instituts der Universität Hannover mehren sich die Meldungen über Rückstände von Antibiotika im Fleisch von Zuchtvieh (→ S. 111).

10. Januar, Sonntag

In Addis Abeba wird eine Sitzung des »Zentralkomitees des Ökumenischen Rates« eröffnet. → S. 19

Der Schweizer Joe Siffert gewinnt mit seinem britischen Beifahrer Derek Bell auf Porsche das 1000-km-Rennen in Buenos Aires (→ 24. 10./S. 177).

Rudolf Mößbauer, Nobelpreisträger für Physik 1961, warnt vor der Gefahr einer Abwanderung der Forschung aus den Universitäten in die Industrie. Mößbauer fordert attraktivere Arbeitsbedingungen für das Hochschulpersonal.

11. Januar, Montag

In Bolivien scheitert ein Putschversuch rechtsgerichteter Militärs. Die Rebellen wollten das linke Militärregime unter Präsident Juan José Torres Gonzáles stürzen, da dieser eine Amnestie für Guerilleros plant (→ 22. 8./S.140).

In Nordirland werden vier Gefangene der Irisch-Republikanischen Armee (IRA) in einer geheimen »Gerichtsverhandlung« des Verrats verurteilt und anschließend auf offener Straße geteert und gefedert (→ 23. 3./S. 55).

12. Januar, Dienstag

Bundespräsident Gustav W. Heinemann erteilt Valentin M. Falin das Agrément als Botschafter der UdSSR in der Bundesrepublik. → S. 15

Der Untergang des Hamburger Frachters »Brandenburg« im Ärmelkanal fordert 21 Todesopfer. Das Schiff war mit einem auf Grund liegenden Tankerwrack kollidiert.

13. Januar, Mittwoch

Aus Protest gegen das sog. Anti-Streik-Gesetz werden auf das Haus und das Auto des britischen Arbeitsministers Robert Carr zwei Bombenanschläge verübt (→ 21. 2./S. 38).

Die sowjetischen Behörden verbieten dem Cellisten Mstislaw L. Rostropowitsch eine Konzertreise nach Finnland. Der Cellist hatte sich hinter Literatur-Nobelpreisträger Alexandr I. Solschenizyn gestellt. Solschenizyn ist in der UdSSR aufgrund seiner regimekritischen Haltung verpönt.

14. Januar, Donnerstag

In Singapur wird eine Commonwealth-Konferenz eröffnet. → S. 18

Eine Untersuchung des Londoner Musikforschungsinstituts ergibt, daß die »Beatles« mit 56 Mio. verkauften Langspielplatten an der Spitze des Plattengeschäfts stehen.

15. Januar, Freitag

Nach 11jähriger Bauzeit wird der mit sowjetischer Hilfe errichtete Assuan-Staudamm in Oberägypten offiziell eingeweiht. → S. 16

Der US-Regisseur Alfred Hitchcock wird zum Ritter der französichen Ehrenlegion ernannt. Hitchcock gilt als eines der Vorbilder der französischen »Neuen-Welle«, der Regisseure wie Claude Chabrol, Jean-Luc Godard und François Truffaut zuzurechnen sind.

Die bundesdeutsche Illustrierte »stern« wagt in ihrer ersten Januarausgabe einen Blick in die Zukunft. Die Themen reichen von Politik über Sport bis zur Mode. Mit einigen Prognosen treffen die Experten sogar ins Schwarze.

16. Januar, Samstag

Der Schweizer Botschafter in Brasilien, Giovanni Enrico Bucher, der vor 40 Tagen von Stadtguerillas entführt wurde, wird im Austausch gegen 70 politische Gefangene freigelassen. → S. 19

In München gründet der Herausgeber der rechtsradikalen »Deutschen National-Zeitung«, Gerhard Frey, die Deutsche Volksunion. → S. 15

Der Berliner Kommunarde Fritz Teufel wird vom Münchener Landgericht wegen »versuchter menschengefährdender Brandstiftung« zu zwei Jahren Freiheitsstrafe verurteilt. → S. 14

17. Januar, Sonntag

Bernhard Cornfeld, Gründer der »Investors Overseas Services« (IOS), verkauft seine IOS-Anteile und tritt vom Verwaltungsrat des Unternehmens zurück. → S. 23

Der Deutsche Gemeindetag schlägt einen Einheitsausweis vor, der sämtliche amtlichen und halbamtlichen Ausweise ersetzen soll. Das aus drei bis vier Plastikkarten bestehende Dokument soll fälschungssicher sein.

18. Januar, Montag

In der polnischen Hafenstadt Danzig tritt die Belegschaft der Lenin-Werft in einen unbefristeten Streik. → S. 19

Mit Kranzniederlegungen und Ansprachen gedenken bundesdeutsche Politiker am Grab Otto von Bismarcks in Friedrichsruh bei Hamburg der deutschen Reichsgründung vom 18. Januar 1871. → S. 15

Bei den italienischen Frühjahrsmodenschauen in Rom erleben kurze Hosen für Frauen, die sog. Hot pants, ihre Premiere (→ S. 115).

19. Januar, Dienstag

Nach dem Zusammenstoß zweier Tanker in der Bucht von San Francisco kommt es zu einer Ölpest, von der ein 80 km langer Küstenstreifen betroffen ist. → S. 24

In Oberammergau veröffentlichen die Veranstalter der alle zehn Jahre stattfindenden Passionsspiele einen Report, der der Kritik an den antisemitischen Tendenzen der Spiele entgegentritt. In dem Bericht werden Papst Paul VI. und Richard Strauss als Verteidiger der Spiele in der jetzigen Form zitiert.

Der C. Bertelsmann Verlag trennt sich von der Constantin-Film GmbH, an der er bisher mit einer Mehrheit beteiligt war. Bertelsmann begründet sein Vorgehen mit der Konzentration des Hauses auf traditionelle Arbeitsbereiche.

20. Januar, Mittwoch

In Großbritannien beginnt ein sechswöchiger Poststreik, der den gesamten Brief-, Paket- und Fernsprechdienst lahmlegt. Die 230 000 Streikenden fordern 15% mehr Lohn (→ 21. 2./S. 38).

In Frankfurt am Main wird bekanntgegeben, daß die Internationale Automobilausstellung 1971 ausfällt. Die Kostensteigerung in der Automobilindustrie mache die Ausrichtung der 50 bis 100 Mio. DM teuren Messe unmöglich.

21. Januar, Donnerstag

Das Bundesgrenzschutzkommando Süd in München berichtet, daß die DDR die 1381 km lange deutsch-deutsche Grenze mit mehr als zwei Mio. Minen sowie über 80 000 km Stacheldraht abgesichert habe. Durch diese neuen Sicherungsmaßnahmen soll die Flucht von DDR-Bürgern in die Bundesrepublik weiter erschwert werden. Bislang bezahlten 86 Menschen den Fluchtversuch mit ihrem Leben.

Für seine Bemühungen um neue rhythmische Formen erhält der französische Komponist Olivier Messiaen den mit 100 000 DM dotierten niederländischen Erasmus-Preis 1971.

22. Januar, Freitag

Bei einem Angriff von Selbstmordkommandos des Vietcong auf Phnom Penh wird fast die gesamte kambodschanische Luftwaffe zerstört. → S. 19

Der Präsident von Haiti, François Duvalier, gibt die Designation seines Sohnes Jean-Claude zu seinem Nachfolger bekannt (→ 21. 4./S. 74).

Nach fünftägigen Verhandlungen vereinbaren die DDR und Nordvietnam in Berlin (Ost) ein Abkommen über die Gewährung wirtschaftlicher Hilfe für Nordvietnam. Die DDR verpflichtet sich zur Lieferung von Waren im Wert von 30 Mio. DDR-Mark.

23. Januar, Samstag

Die Sozialistische Partei Belgiens wählt erstmals zwei gleichberechtigte Präsidenten zu ihren Führern: Die Wahl des Flamen Jos van Eynde und des Wallonen Edmund Leburton soll die Gleichberechtigung der beiden großen belgischen Bevölkerungsgruppen in der Partei unterstreichen.

Die US-Armee stellt die Verfahren gegen vier Soldaten ein, denen vorgeworfen wurde, an dem Massaker in dem südvietnamesischen Dorf My Lai beteiligt gewesen zu sein. Die Richter folgen damit der Verteidigung der Angeklagten, die sich darauf beriefen, lediglich Befehle ausgeführt zu haben. Von den ursprünglich zwölf stehen jetzt nur noch drei Soldaten wegen des Massakers unter Anklage (→ 29. 3./S. 62).

Peter Handkes Bühnenspiel »Der Ritt über den Bodensee« wird an der Schaubühne in Berlin uraufgeführt (→ S. 26).

24. Januar, Sonntag

Der amerikanische Senator Clifford Case erklärt, daß die Sender »Radio Free Europe« und »Radio Liberty«, die von München aus ihre Sendungen nach Osteuropa ausstrahlen, vom amerikanischen Geheimdienst CIA finanziert werden. Senator Case fordert, die beiden Sender dem US-Kongreß zu unterstellen (→ 3. 8./S. 141).

Die ersten Aussiedler aus den ehemaligen deutschen Ostgebieten treffen gemäß den Vereinbarungen im deutsch-polnischen Vertrag in der Bundesrepublik ein (→ 9. 8./S. 141).

25. Januar, Montag

Der ugandische Oberbefehlshaber Idi Amin Dada stürzt in einem blutigen Militärputsch den bisherigen Präsidenten Apollo Milton Obote. → S. 17

In der philippinischen Hauptstadt Manila beginnen die größten Demonstrationen in der 25jährigen Geschichte der Inselrepublik. Die Proteste von Studenten richten sich gegen den Präsidenten Ferdinando Edralin Marcos, der für die großen sozialen Ungerechtigkeiten im Land verantwortlich gemacht wird (→ 8. 11./S. 185).

In der Nähe der Ruinenstadt Susa im Südwesten des Iran entdecken Archäologen Überreste eines Palasts, den der legendäre Perserkönig Xerxes vor rund 2500 Jahren errichten ließ.

26. Januar, Dienstag

Die USA und Südkorea beschließen den Abzug von 20 000 der 62 000 in dem asiatischen Land stationierten US-Soldaten. Als Kompensation für die Truppenreduzierung will Washington eine Waffenfabrik in Südkorea finanzieren.

Die sowjetische Nachrichtenagentur TASS gibt bekannt, daß eine am 15. Dezember 1970 auf der Venus niedergegangene Sonde zum erstenmal in der Geschichte der Raumfahrt Meßdaten von der Oberfläche eines anderen Planeten zur Erde geliefert hat.

Die Schriftstellerin Gabriele Wohmann erhält für ihren Roman »Ernste Absichten« (1970) den mit 10 000 DM dotierten Bremer Literaturpreis.

Der Film »Der plötzliche Reichtum der armen Leute von Kombach« von Regisseur Volker Schlöndorff wird in der ARD uraufgeführt (→ S. 178).

27. Januar, Mittwoch

In Düsseldorf endet der dreitägige Bundesparteitag der CDU. Zu den wichtigsten Beschlüssen des Parteitags gehört die Ablehnung der paritätischen Mitbestimmung in den Unternehmen.

An der deutsch-deutschen Grenze kommt es durch die DDR zu Behinderungen des Transitverkehrs. Ost-Berlin reagiert damit auf einen Besuch von Bundespräsident Gustav W. Heinemann und eine geplante FDP-Fraktionssitzung in Berlin (West). Die DDR sieht in der Präsenz von Bundesinstitutionen in Berlin (West) eine Verletzung des Berlin-Status (→ 28. 1./ S. 12).

28. Januar, Donnerstag

In Kopenhagen unterzeichnen Vertreter der Bundesrepublik Deutschland, Dänemarks und der Niederlande die Verträge über die Aufteilung des Festlandsockels der Nordsee. → S. 22

Der Europarat in Straßburg schließt Griechenland aus. Nach Ansicht der Mitglieder besteht in Griechenland wenig Aussicht auf baldige Abschaffung der Militärdiktatur unter Jeorjios Papadopulos. Die Athener Regierung kam bereits im Dezember 1969 mit ihrem Austritt aus dem Europarat dem offiziellen Ausschluß zuvor (→ 10. 4./S. 74).

Bundeskanzler Willy Brandt erstattet vor dem Deutschen Bundestag den Bericht zur Lage der Nation. → S. 12

29. Januar, Freitag

US-Präsident Richard M. Nixon legt dem Kongreß den Haushalt für 1972 vor. Er sieht Ausgaben von 229,2 Mrd. Dollar (802,2 Mrd. DM) vor – bei einem Defizit von 11,6 Mrd. Dollar (40,6 Mrd. DM). Nixon erklärt, so die Wirtschaft ankurbeln zu wollen (→ 15. 8./S. 137).

Der DDR-Ministerrat beschließt Preissenkungen für Textilien und Elektroartikel. Gleichzeitig wird eine gestaffelte Erhöhung der Mindestrenten festgelegt. Begründung der Regierung: Durch die Steigerung der Arbeitsproduktivität könnten nun die Lebensbedingungen verbessert werden.

Die Regierung von Guinea bricht die diplomatischen Beziehungen zur Bundesrepublik Deutschland ab. → S. 17

Das Bodenpersonal der Lufthansa tritt in einen unbefristeten Streik. → S. 21

In der Staatlichen Kunsthalle Baden-Baden wird die erste große Salvador-Dalí-Ausstellung in der Bundesrepublik Deutschland eröffnet. → S. 25

Bei der 40. Rallye Monte Carlo gewinnen der Schwede Ove Andersson und sein britischer Beifahrer David Stone auf Renault Alpine. Renault stellt die drei besten Teams und gewinnt damit den Mannschaftspreis.

30. Januar, Samstag

In Daytona beginnt das 24-Stunden-Rennen. Der Mexikaner Pedro Rodriguez siegt auf Porsche mit seinem britischen Beifahrer Jackie Oliver.

31. Januar, Sonntag

Der seit 1952 unterbrochene Telefonverkehr zwischen Ost- und West-Berlin wird wiederaufgenommen. → S. 13

Auf Kap Kennedy startet »Apollo 14« zum bislang teuersten Mondlandeunternehmen der USA (→ 5. 2./S. 39).

Das Wetter im Monat Januar

Station	Mittlere Lufttemperatur (°C)	Niederschlag (mm)	Sonnenscheindauer (Std.)
Aachen	3,7 (1,8)	170* (72)	– (51)
Berlin	–1,0 (–0,4)	140* (43)	– (56)
Bremen	0,7 (0,6)	163* (57)	– (47)
München	–3,3 (–2,1)	143* (55)	– (56)
Wien	–2,2 (–0,9)	17 (40)	68 (56)
Zürich	–1,7 (–1,0)	34 (68)	59 (46)

( ) Langjähriger Mittelwert für diesen Monat
– Wert nicht ermittelt; * Nov. '70–Febr. '71

»Theater heute« ist die renommierteste bundesdeutsche Theaterzeitschrift. In ihrer ersten Ausgabe von 1971 präsentiert sie ihren Lesern einen Überblick über nationale und internationale, über laufende sowie anstehende Aufführungen der diesjährigen Theatersaison.

Brandt: Zuerst »Berlin-Lösung« der vier Siegermächte

28. Januar. Bundeskanzler Willy Brandt erstattet im Deutschen Bundestag den Bericht zur Lage der Nation 1971. Darin bezeichnet er die Einigung der vier Mächte über den Berlin-Status als Voraussetzung für abschließende Verhandlungen zwischen den beiden deutschen Staaten.

Brandt unterstreicht die Bereitschaft der Bundesregierung, mit der DDR über »einen umfassenden Vertrag oder einander ergänzende Abkommen zu sprechen«. Sofern die Fragen des Berlin-Verkehrs betroffen seien, so Brandt, werde man aber weiterhin Grundsatzvereinbarungen der vier Mächte nicht vorgreifen. Brandt weist damit die Forderung von DDR-Staats- und Parteichef Walter Ulbricht zurück, Bonn solle sich nicht länger hinter der Viermächtezuständigkeit verstecken (→ 1. 1./S. 13).

Die anstehende Ratifizierung der Ostverträge, die 1970 mit der Sowjetunion und Polen abgeschlossen wurden, macht Brandt ebenfalls von einer »befriedigenden Berlin-Lösung« abhängig.

Scharf verurteilt der Bundeskanzler die neuerlichen Einschränkungen des Transitverkehrs durch die Behörden der DDR. Er bezeichnet sie als einen vergeblichen Versuch Ost-Berlins, auf die Bonner Regierung Druck auszuüben. Laut Brandt wird dadurch nur ein möglicher Prozeß der Verständigung behindert: »Störungen auf den Zugangswegen sind Störungen der Verhandlungen.«

Auf eine Sitzung der CDU-Bundestagsfraktion am 1. Januar, den Besuch von Bundespräsident Gustav W. Heinemann und ein geplantes Zusammentreffen der FDP-Fraktionsvorsitzenden in Berlin (West) reagierte die DDR mit Störungen und Unterbrechungen des Transitverkehrs. Bereits Ende 1970 war es wiederholt zu Behinderungen auf den Straßen von und nach Berlin (West) gekommen. Die Ost-Berliner Regierung protestiert auf diese Weise gegen die Präsenz von Bundesinstitutionen in Berlin (West). Darin sieht sie eine Verletzung des Berlin-Status.

Insgesamt sieht Willy Brandt dem Jahr 1971 mit Optimismus entgegen, auch wenn er Rückschläge nicht ausschließt: »Was in Gang gebracht wurde, gilt es nun konsequent und geduldig fortzuführen.«

Von seiten der Opposition wird an den Ausführungen Brandts heftige Kritik geübt. Der CDU/CSU-Fraktionsvorsitzende Rainer Barzel wirft der Bundesregierung vor, über dem Bemühen um eine Lösung des Berlin-Problems die Verbesserungen der innerdeutschen Beziehungen zu vernachlässigen. Oberstes Ziel sei, »die Einheit Deutschlands in Freiheit zu vollenden«.

Wartende LKW-Fahrer werden von der Berliner Polizei und dem Roten Kreuz mit einer warmen Mahlzeit versorgt.

Behinderungen des Transitverkehrs führen zu kilometerlangen Rückstaus, wie hier am Kontrollpunkt Helmstedt.

»Bewahrung des Friedens erfordert Vertrag mit der DDR«

Chronik Dokument

Der »Bericht zur Lage der Nation 1971« beschäftigt sich in erster Linie mit der Ost- und Deutschlandpolitik der Bundesregierung. Zum Schluß seines Vortrags zieht Bundeskanzler Willy Brandt folgendes Fazit:

»1. Das in der Charta der Vereinten Nationen niedergelegte Recht auf Selbstbestimmung muß im geschichtlichen Prozeß auch den Deutschen zustehen.

2. Die deutsche Nation bleibt auch dann eine Realität, wenn sie in unterschiedliche staatliche und gesellschaftliche Ordnungen aufgeteilt ist.

3. Die auf Bewahrung des Friedens verpflichtete Politik der Bundesrepublik Deutschland erfordert eine vertragliche Regelung der Beziehungen auch zur DDR. Die in den 20 Punkten von Kassel niedergelegten Grundsätze und Vertragselemente bleiben die für uns gültige Grundlage der Verhandlungen.

4. Der rechtliche Status von Berlin darf nicht angetastet werden. Im Rahmen der von den verantwortlichen drei Mächten gebilligten Rechte und Aufgaben wird die Bundesrepublik Deutschland ihren Teil dazu beitragen, daß die Lebensfähigkeit West-Berlins besser als bisher gesichert wird.

5. Ein befriedigendes Ergebnis der Viermächteverhandlungen über die Verbesserung der Lage in und um Berlin wird es der Bundesregierung ermöglichen, den am 12. 8. 1970 in Moskau unterzeichneten Vertrag mit der Sowjetunion den gesetzgebenden Körperschaften ... zuzuleiten.

6. Im gleichen ... Zusammenhang werden die gesetzgebenden Körperschaften über den ... Vertrag mit Polen zu entscheiden haben.

Ich habe mich bemüht, sachlich zu berichten; denn ich bin ... überzeugt: Wir werden der Lage der Nation nur dann gerecht, wenn wir fähig sind, den Meinungsaustausch so zu führen, daß er dem Gegenstand und unser aller Verantwortung gerecht wird.«

Brandt, Mann des Jahres 1970, ...

... erstattet dem Bundestag Bericht.

Ulbricht plädiert für Transitabkommen

1. Januar. In seiner Neujahrsansprache tritt Walter Ulbricht, Staats- und Parteichef der DDR, entschieden für eine baldige Regelung mit der Bundesrepublik Deutschland über den »Transitverkehr nach Westberlin« ein. Voraussetzung dafür sei jedoch, daß »jede unrechtmäßige staatliche Tätigkeit der BRD in Westberlin eingestellt wird« (→ 28. 1./S. 12).

Ulbricht fordert die Bonner Regierung auf, sich nicht länger auf die Zuständigkeit der drei Westmächte zu berufen. Eine solche Haltung weise darauf hin, daß es Bonn »offenbar nicht so sehr um die Bedürfnisse der Bürger der BRD und der Bürger Westberlins geht als vielmehr um irgendwelche politischen Hintergründe«.

In der Bundesrepublik und in Berlin (West) rufen die Äußerungen Ulbrichts »vorsichtigen Optimismus« hervor, auch wenn er den Schwarzen Peter für den Stillstand bei den Transitverhandlungen der westdeutschen Seite zuschieben wolle. Bonn hofft, mit der DDR nun zu einer baldigen Einigung zu kommen, die auch der »Verantwortung der vier Siegermächte« gerecht wird (→ 11. 12./S. 196).

Berlin: Ost und West telefonieren wieder

31. Januar. Um sechs Uhr morgens wird der Telefonverkehr zwischen Ost- und West-Berlin wieder aufgenommen. Er war seit über 19 Jahren unterbrochen.

Von den insgesamt 150 geplanten Leitungen für den innerstädtischen Telefonverkehr richten die DDR-Behörden zunächst nur zehn ein. Das Netz ist sehr bald restlos überlastet. Bereits um zehn Uhr werden keine Voranmeldungen mehr entgegengenommen, denn 760 Bürger warten schon auf eine Telefonverbindung in den anderen Teil der Stadt.

Am 27. Mai 1952 schränkte die DDR die Ferngespräche in die Bundesrepublik ein und legte die damals 3910 Leitungen zwischen beiden Teilen Berlins wegen angeblichen Mißbrauchs still. 1970 hat die DDR-Regierung die Wiederaufnahme des innerstädtischen Telefonverkehrs mündlich zugesichert.

Was bringt das Jahr 1971

Das Jahr 1970 sich mit vielen offenen Problemen verabschiedet. Der STERN hat zu zwanzig Fragen zwanzig Experten um ihre Prognosen für das kommende Jahr gebeten

Drohen wieder Massen-Entlassungen?

Kommt die »Pille danach« in den Handel?

Tritt der Papst zurück?

Wie wird das Wetter?

Geht der Rock wieder hoch?

Ist an der Börse ein Hoch in Sicht?

Wird Cassius Clay wieder Boxweltmeister im Schwergewicht?

Wird Porno bei uns freigegeben?

20 Experten aus Politik, Wirtschaft, Kultur und Sport wagen im 1. Januarheft von »stern« einen Blick in die Zukunft.

Prominente geben Prognosen für 1971

»Was bringt das Jahr 1971?« Die bundesdeutsche Zeitschrift »stern« fragt Experten nach ihren Prognosen für das neue Jahr. Das Interesse reicht von »Wer wird Deutscher Fußballmeister?« bis zu der Frage »Gibt es einen neuen Krieg im Nahen Osten?«. Nachfolgend sieben Prominenten-Prognosen:

Werden die Verträge von Moskau und Warschau ratifiziert?
Herbert Wehner, SPD-Fraktionschef, glaubt, daß die Verträge die Mehrheit erhalten. Voraussetzung sei aber eine »befriedigende Berlin-Regelung« (→ 3. 9./S. 152).

Wird es einen neuen CDU-Vorsitzenden geben?
Helmut Kohl, Ministerpräsident von Rheinland-Pfalz und möglicher Kandidat für den Vorsitz, will keinen Blick in die Zukunft wagen. Begründung: »Prognosen sollte man denen überlassen, die sich dazu berufen fühlen.« (→ 5. 10./S. 170)

Dürfen DDR-Bürger Verwandte in der Bundesrepublik besuchen?
Egon Bahr, Staatssekretär im Bundeskanzleramt, glaubt nicht, daß sich Bonn und die DDR bald über eine Besucherregelung einigen.

Gibt es Krieg im Nahen Osten?
Husain II., König von Jordanien, erwartet einen Krieg, falls Israel sich nicht aus den besetzten Gebieten zurückzieht (→ 4. 2./S. 36).

Wird Mini die Mode bestimmen?
Yves Saint-Laurent, Pariser Modeschöpfer, antwortet »ja«. Seine Devise lautet »kurze Röcke, plissierte Shorts, alles sehr kurz« (→ S. 172).

Wird Cassius Clay wieder Boxweltmeister im Schwergewicht?
Ex-Weltmeister Max Schmeling räumt Joe Frazier die größeren Chancen auf den Titel ein. Begründung: »Frazier schlägt einen tödlichen linken Haken.« (→ 8. 3./S. 63)

Wer wird Fußballmeister 1970/71?
Fritz Walter, Ehrenspielführer der Nationalelf, und Fußball-Bundestrainer Helmut Schön tippen auf Bayern München oder Borussia Mönchengladbach (→ 5. 6./S. 117).

Das Meinungsforschungsinstitut infratest ermittelte im Auftrag der Bonner Regierung die wichtigsten Reformwünsche der Bundesbürger. Vorgelegt wurde ein Katalog mit 18 Vorschlägen. Verbesserung der Gesundheitsvorsorge und Ausdehnung des Umweltschutzes stehen ganz oben auf der Wunschliste der Bürger.

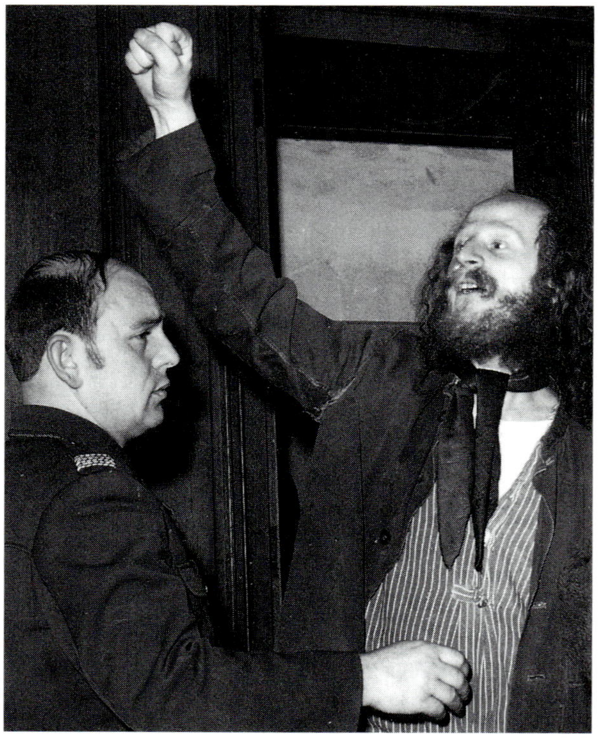

Kunzelmann, Mitbegründer der Kommune I, setzt sich über herkömmliche Vorstellungen von Recht und Sitte hinweg.

»Bürgerschreck« Teufel wurde durch seine provokativen Aktionen während der 68er Protestbewegung bekannt.

Ehemalige Kommunarden verurteilt

16. Januar. Mit der Verurteilung zu zwei Jahren Freiheitsstrafe endet ein Indizienprozeß gegen Fritz Teufel. Der ehemalige Kommunarde mußte sich wegen versuchter Brandstiftung vor dem Landgericht in München verantworten.
Das Gericht sah es als erwiesen an, daß zwei Anfang März 1970 in einem Münchener Justizgebäude gelegte Brandsätze in der Wohnung Teufels gefertigt wurden. Ihm kann nicht nachgewiesen werden, die Brandsätze, die nicht zündeten, selbst gebastelt zu haben.
Teufel gehörte zur Kommune I, die 1967 in Berlin (West) gegründet wurde. Diese politische Wohngemeinschaft verstand sich als Teil der außerparlamentarischen Opposition. Im Zuge der Radikalisierung der 68er Bewegung entschlossen sich einige Kommunarden, gewaltsame Aktionen durchzuführen.
Am 6. Dezember kommt es zum Prozeß gegen ein weiteres Mitglied der Kommune I. Dieter Kunzelmann wird von einem Gericht in Berlin (West) für schuldig befunden, im Januar 1970 einen Brandanschlag auf den Berliner Juristenball versucht zu haben. Er wird zu neun Jahren Haft verurteilt.

Verletzt Abhör-Urteil das Grundgesetz?

5. Januar. Drei Richter des Bundesverfassungsgerichts (BVG) in Karlsruhe veröffentlichen das erste Sondervotum seit Bestehen des höchsten deutschen Gerichts (1951). Sie distanzieren sich darin vom sog. Abhör-Urteil des BVG.
In dem umstrittenen Urteil billigte das BVG am 15. Dezember 1970 mit 5:3 Stimmen eine Verfassungsänderung im Rahmen der Notstandsgesetzgebung. Danach brauchen Bundesbürger nachträglich nicht mehr über eine Kontrolle ihrer Briefe und Telefongespräche durch westdeutsche Geheimdienste informiert zu werden. Darüber hinaus können sie die Rechtmäßigkeit der Geheimkontrollen nicht gerichtlich überprüfen lassen. Ein Parlamentsausschuß soll Aufsicht über die Abhöraktionen führen.
Die überstimmten Richter sehen darin eine rechtswidrige Verletzung der Menschenwürde, da der Mensch »zum bloßen Objekt staatlichen Handelns gemacht« werde.

Fabian von Schlabrendorff ist einer der Verfassungsrichter, die sich vom Abhör-Urteil distanzieren. Schlabrendorff (* 1907), gehörte im Dritten Reich zum militärischen Widerstandskreis gegen Hitler. Seit 1967 ist er Richter am BVG.

Großbritannien: Konservative weisen Dutschke aus

8. Januar. In London lehnt die Einwanderungsbehörde die Berufung Rudi Dutschkes gegen einen im September 1970 verfügten Ausweisungsbeschluß des britischen Innenministeriums ab. Im Bericht der Behörde heißt es, Dutschkes Aufenthalt in Großbritannien stelle zunehmend ein »Risiko für die nationale Sicherheit« dar.
1968 erlaubte die damalige Labour-Regierung Dutschke, dem führenden Kopf der bundesdeutschen Studentenbewegung, die Einreise nach Großbritannien. Dutschke wollte hier seine schwere Kopfverletzung auskurieren, die er am 11. April bei einem Attentat in Berlin (West) erlitten hatte. Seine Aufenthaltserlaubnis wurde mehrmals verlängert. Erst 1970, als die Konservativen die Regierung in London übernahmen, wurde gegen Dutschke der Vorwurf »gefährlicher politischer Betätigung« erhoben. Ihm wird zur Last gelegt, trotz eines Versprechens kein politisches Engagement zu entfalten, Gespräche mit politisch aktiven Personen geführt zu haben.
Dutschke reist im Februar nach Dänemark aus.

Am 17. Januar kommt es in London zu einer Studentendemonstration gegen den Ausweisungsbeschluß. Der Labour-Politiker Michael Foot (l.), der 1968 Dutschkes Einreise befürwortet hatte, macht sich zum Wortführer des Protests.

Rechte Parteienlandschaft in Bewegung

16. Januar. In der Bundesrepublik Deutschland konstituieren sich zwei neue Gruppierungen, die am rechten Rand des politischen Spektrums anzusiedeln sind: In München gründet der Herausgeber der rechtsradikalen »Deutschen National-Zeitung«, Gerhard Frey, die Deutsche Volksunion (DVU). In Hannover beschließt die National-Liberale Aktion (NLA), eine Absplitterung der FDP, die Gründung der Deutschen Union (DU).

Die rechtsextreme Vereinigung Deutsche Volksunion setzt sich zum Ziel, »die schweigende Mehrheit« der bundesdeutschen Bevölkerung gegen die »verfassungswidrigen Ostverträge« zu mobilisieren.

Nach Auffassung ihres Vorsitzenden Frey beabsichtigt die DVU das »vaterländische Bewußtsein« zu wecken, ohne jedoch »totalitären oder imperialistischen Bestrebungen« nachgehen zu wollen. Die Volksunion soll, so Frey, vorläufig nicht als Partei eingeschrieben werden, um das rechte Lager nicht weiter aufzusplitten.

Bei Gründung besitzt die Vereinigung nach eigenen Angaben 85 Mitglieder. Dem zwölfköpfigen Gründungsausschuß gehören neben Vertretern der Vertriebenenorganisationen auch Mitglieder von Bayernpartei, CDU und CSU an.

Bei der ersten großen DVU-Veranstaltung am 3. April in München rufen SPD, FDP, die Deutsche Angestellten-Gewerkschaft und andere Gruppierungen zu einer öffentlichen Demonstration gegen die DVU und rechtsextreme Tendenzen insgesamt auf.

DVU-Vorsitzender Frey bei einem Vortrag mit dem Thema »Abrechnung mit Brandt – Kampf dem Verrat«

Der Beschluß zur Gründung der Partei »Deutsche Union« wird am 12. Juni von 300 ehemaligen FDP-Mitgliedern in Düsseldorf umgesetzt. Zum Parteivorsitzenden wird der Bundestagsabgeordnete Siegfried Zoglmann gewählt, der im Herbst 1970 aus der FDP ausgetreten ist. Zu einem seiner Stellvertreter wird u. a. Rudolf Wollner, der Vizepräsident des Bundes der Vertriebenen, bestimmt.

Die Gründungsversammlung steht unter dem Motto »Freiheit – Recht – Ordnung«. Die DU bezeichnet sich selbst als Partei der »patriotischen Mitte«. Sie strebt ein Bündnis mit der CDU/CSU an, um gegen das »bestehende Linkskartell von SPD und FDP« anzutreten. Die Regierung ruiniert nach DU-Auffassung die Staatsfinanzen, zerstört den Geldwert und gefährdet mit der Ostpolitik die Bundesrepublik.

Von den Parteien, die rechts der CDU/CSU anzusiedeln sind, ist derzeit lediglich die Nationaldemokratische Partei Deutschlands (NPD) in Länderparlamenten vertreten und zwar in Baden-Württemberg, Rheinland-Pfalz, Schleswig-Holstein und Bremen.

Falin – Moskaus neuer Botschafter in Bonn

12. Januar. Der sowjetische Diplomat Valentin M. Falin erhält sein Agrément als neuer Botschafter der UdSSR in Bonn. Er löst Botschafter Semjon K. Zarapkin ab. Falin ist der vierte sowjetische Missionschef in der Bundesrepublik Deutschland nach Aufnahme der Beziehungen zwischen beiden Staaten im Jahr 1955.

Nach Angaben politischer Beobachter ist der 44jährige Falin, der gut Deutsch spricht, Moskaus bester Deutschland-Kenner. Er gehörte seit Beginn der langwierigen Verhandlungen über den deutsch-sowjetischen Vertrag vom 12. August 1970 zu den Führern der sowjetischen Delegation.

Valentin M. Valin (* 1926) machte nach einem glänzenden Abschluß an der Moskauer Diplomatenschule eine ungewöhnlich rasche Karriere. 1969 stieg er in das »Kollegium des Außenministeriums der UdSSR« auf, ein Gremium, dem sonst nur stellvertretende Außenminister angehören.

100 Jahre Deutsches Reich – kein Anlaß zum Feiern

Chronik Rückblick

18. Januar. Mit Ansprachen und Kranzniederlegungen erinnern bundesdeutsche Politiker an den 100. Jahrestag der Reichsgründung am 18. Januar 1871.

In seiner Gedenkrede äußert Bundeskanzler Willy Brandt die Überzeugung, daß die deutsche Nation weiterbestehen werde. Das Grundgesetz fordere ausdrücklich dazu auf, die Einheit und Freiheit Deutschlands in freier Selbstbestimmung zu vollenden. Bundespräsident Gustav W. Heinemann erinnert in einer Rundfunk- und Fernsehansprache daran, daß der Jahrestag kein Anlaß zur Feier biete, da mit der Reichsgründung kein demokratisches Staatswesen geschaffen worden sei: »Was 1871 erreicht wurde, war eine äußere Einheit ohne volle innere Freiheit der Bürger.«

Das im Januar 1871 ausgerufene Deutsche Kaiserreich war maßgeblich eine Konstruktion seines ersten Reichskanzlers Otto von Bismarck. Die Verfassung verwehrte dem vom Volk gewählten Reichstag das Recht, die Regierung zu benennen und machte den Kaiser zum eigentlichen Träger der Staatsgewalt.

V. l.: Der stellvertretende CDU-Vorsitzende Stoltenberg, der CDU-Vorsitzende Kiesinger und die Fürstin von Bismarck auf dem Weg zu Bismarcks Grab in Friedrichsruh

Der Stich von Anton von Werner hält die Geburtsstunde des Deutschen Kaiserreichs fest: Der preußische König wird als Wilhelm I. zum Deutschen Kaiser proklamiert.

Mammutprojekt Assuan-Staudamm wird eingeweiht

Auf dem Damm kündet ein Triumphbogen mit arabischer und kyrillischer Inschrift von der sowjetischen Hilfe beim Bau.

15. Januar. Nach elfjähriger Bauzeit wird in Oberägypten der Assuanhochdamm offiziell eingeweiht. Der feierlichen Zeremonie wohnen der ägyptische Staatspräsident Muhammad Anwar As Sadat und das sowjetische Staatsoberhaupt Nikolai W. Podgorny bei. Der Damm dient der Nil-Regulierung und soll Unterägypten vor den alljährlich auftretenden Überschwemmungskatastrophen bewahren.

Höhepunkt der Einweihungsfeier ist die Enthüllung eines Denkmals. Es stellt in weißem Marmor gehauen eine riesige stilisierte Lotusblume dar, ein Fruchtbarkeitssymbol des alten Ägypten. Ferner sind symbolisch die vielfältigen Wohltaten abgebildet, die das Land von dem Damm erwartet: Eine vergrößerte landwirtschaftliche Nutzfläche, neue Industrien, also mehr Brot und Arbeit.

Praktisch ist der 111 m hohe und 5 km lange Assuanhochdamm bereits seit sechs Jahren in Betrieb. Durch den Damm wurde der künstliche »Nassersee« angestaut, der sich über eine Gesamtlänge von 550 km bis in die Republik Sudan hinein erstreckt. Dieses gigantische Wasserreservoir ermöglicht nun zum erstenmal eine ausgedehnte Bewässerung der ägyptischen Wüstengebiete. Zum einen sollen dadurch neue Landwirtschaftsflächen erschlossen werden, zum anderen rechnen Experten damit, daß die ägyptischen Bauern in Zukunft nicht – wie bisher – nur einmal, sondern zwei- bis dreimal im Jahr ernten können. Den Planungen zufolge soll es möglich werden, in der Wintersaison Getreide oder Gemüse anzubauen, in der Sommersaison Reis oder Zukker und im Herbst Mais. Neben der Bewässerung dient der Staudamm vor allem der Energiegewinnung. Sein Kraftwerk soll bald 10 Mrd. kWh Strom im Jahr erzeugen.

Bereits vor der Einweihung dieses größten ägyptischen Entwicklungsprojekts werden aber auch die negativen Auswirkungen des Staudammbaus deutlich sichtbar. So wird der braune, fruchtbare Nilschlamm, der früher alljährlich auf die ägyptischen Felder gelangte, durch den Damm im Stausee zurückgehalten. Damit geht den Fellachen wertvoller Dünger verloren. Das Nildelta erhält keinen Nachschub mehr und verliert seine Funktion als natürlicher Schutzwall gegenüber dem Meer.

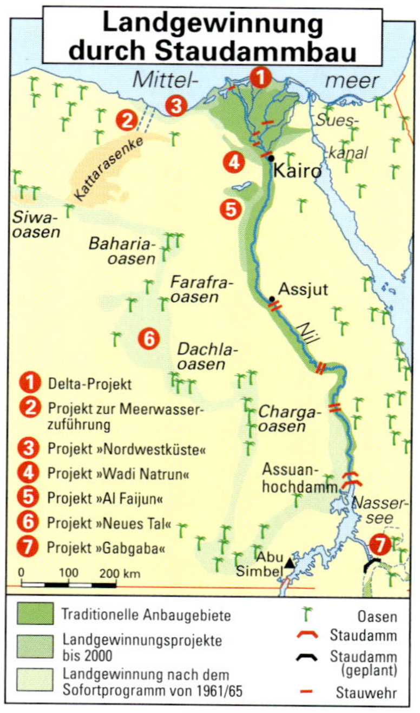

Das sowjetische Staatsoberhaupt Nikolai W. Podgorny (l.) und der ägyptische Staatspräsident Muhammad Anwar As Sadat (2. v. l.) betrachten vom Kraftwerk des Staudamms aus die mit Gewalt hervorschießenden Wassermassen.

Die Regierung in Kairo hat den 53. Geburtstag von Staatspräsident Gamal Abd el Nasser, der am 28. September 1970 verstarb, zum Termin für die Einweihung gewählt. Der Staudamm wird unabhängig von seiner wirtschaftlichen Bedeutung als Denkmal verstanden, das sich Nasser selbst gesetzt hat. Er hat den Bau des Dammes in enger Kooperation mit der Sowjetunion betrieben. Moskau hat sich an dem Projekt mit einem Kredit von rund 1 Mrd. DM maßgeblich beteiligt. Mehrere tausend sowjetische Experten wurden über Jahre beim Bau des Dammes eingesetzt. Ihre Hilfe stellten die Sowjets auch zu Zeiten nicht ein, in denen die Beziehungen zwischen beiden Ländern gespannt waren. In einem Telegramm an die ägyptische Staatsführung anläßlich der Einweihung bezeichnet der sowjetische Parteichef Leonid I. Breschnew den Staudamm als Symbol der arabisch-sowjetischen Freundschaft.

Durch die Anlage des riesigen Stausees wurde die Versetzung zahlreicher altägyptischer Kulturdenkmäler erforderlich. Großes Aufsehen erregte die Verlegung der beiden Felsentempel von Abu Simbel. Die Kosten in Höhe von 36 Mio. US-Dollar (126 Mio. DM) für dieses größte Rettungsunternehmen in der Geschichte der Archäologie teilten sich Ägypten, die USA und die UNESCO.

Blutiger Putsch in Uganda: Obote geht, Amin kommt

25. Januar. In Uganda nutzt Generalstabschef Idi Amin Dada die Abwesenheit von Staatspräsident Apollo Milton Obote zu einem Militärputsch. Am 5. Februar kann sich Amin als Staatschef vereidigen lassen. Seinem Regime fallen bereits 1971 Tausende von Menschen zum Opfer.

Der blutige Staatsstreich fordert mindestens 300 Tote. In mehrstündigen Gefechten brechen Armee und Polizei in der Hauptstadt Kampala den Widerstand von Obotes Sicherheitskräften.

Ein Militärsprecher begründet den Putsch damit, daß unter der Regierung Obote Korruption und Mißwirtschaft geherrscht hätten. Dies sei Ursache für die ökonomischen und sozialen Probleme Ugandas – das ostafrikanische Land gehört zu den ärmsten Entwicklungsländern. Obote wird zusätzlich angekreidet, daß er freie Wahlen verhindert und zahlreiche politische Gegner eingesperrt habe.

Am 5. Februar wird Amin als Staatschef vereidigt. Zu den ersten Amtshandlungen des neuen Präsidenten gehört es, das Parlament aufzulösen und große Teile der Verfassung außerkraftzusetzen. Zugleich läßt Amin verkünden, daß freie Wahlen frühestens in fünf Jahren stattfinden sollen.

Amin begann seine militärische Karriere 1944 in der britischen Armee. 1966 war er auf der Seite Obotes am Sturz des ersten Präsidenten von Uganda, Mutesa II., beteiligt. Obote, der zunehmend mißtrauisch gegenüber der militärischen Machtkonzentration in den Händen Amins wurde, ernannte ihn 1970 zum Generalstabschef. Er enthob Amin damit des unmittelbaren Befehls über die Truppen.

Amin, der neue Regierungschef von Uganda, stützt seine Macht auf die Armee.

Der gestürzte Präsident

Apollo Milton Obote machte sich 1966 nach dem Sturz des ersten ugandischen Präsidenten Mutesa II. selbst zum Staatsoberhaupt. Alle Exekutivgewalt ruhte seither in seinen Händen. Nach seinem Sturz findet er im benachbarten Tansania Exil.

Touré befürchtet Bonner Umsturzpläne in Westafrika

29. Januar. Die Regierung von Guinea bricht alle diplomatischen Beziehungen zur Bundesrepublik Deutschland ab. Bonn wird vorgeworfen, an Umsturzversuchen in dem westafrikanischen Staat beteiligt zu sein.

In einer Veröffentlichung der Regierung heißt es, Vertreter Bonns unterstützten mit 500 Mann eine Invasion, die im benachbarten Portugiesisch-Guinea vorbereitet würde. Hier hätten sich bereits rund 2000 weiße und schwarze Söldner zu einem Angriff versammelt.

Hintergrund der Beschuldigungen ist ein portugiesischer Invasionsversuch vom 22./23. November 1970. Der guinesische Staatspräsident Sékou Touré hatte bereits kurz nach der Invasion Anschuldigungen gegen den deutschen Botschafter in Guinea wegen Beteiligung an dem Umsturzversuch erhoben. Bonn wurde aufgefordert, seinen Vertreter abzuberufen.

Am 18. Dezember 1970 kam es zu einer weiteren Eskalation, als der deutsche Entwicklungshelfer Hermann Seibold unter dem Verdacht der Verschwörung gefangengenommen wurde und kurz darauf in seiner Zelle angeblich Selbstmord begang. Die Bundesregierung stellte daraufhin am 21. Januar ihre Entwicklungshilfe für Guinea ein. Diese hatte in den letzten zwölf Jahren 55,5 Mio. DM betragen.

Politische Beobachter erklären die häufigen Meldungen über angebliche oder tatsächliche Verschwörungen in Guinea mit der latenten Furcht Tourés vor Putschversuchen. Die Anschuldigungen gegen Bonn werden vor allem auf die Aktivität der vor kurzem errichteten DDR-Botschaft in Guinea zurückgeführt. Deren Vertreter hätten Touré von bundesdeutschen Umsturzplänen überzeugt.

Guineas Präsident Sékou Touré fühlt sich ständig von Feinden umgeben. Jedes Jahr deckt er neue Komplotte auf.

Der deutsche Leiter eines Jugenddorfes in Guinea, Seibold (r.), wird Opfer der Verschwörungsängste Sékou Tourés.

Commonwealth-Konferenz in Singapur: Die Vertreter der 31 Mitgliedsstaaten diskutieren heftig über ein britisches Rüstungsgeschäft mit Südafrika.

Britische Waffen für Apartheid-Regime in Südafrika

14. Januar. In Singapur wird die Commonwealth-Konferenz eröffnet. Die Staats- und Regierungschefs aller 31 Mitgliedsstaaten beraten neun Tage über die aktuellen Probleme der Völkergemeinschaft, die 900 Mio. Menschen umfaßt.

Umstrittenstes Thema der Tagung ist eine geplante britische Waffenlieferung an die Republik Südafrika. Vor allem bei den schwarzafrikanischen Commonwealth-Staaten stößt das Londoner Waffengeschäft auf massive Kritik.

Der Wortführer dieser Länder, Sambias Präsident Kenneth Kaunda, hatte bereits im Vorfeld der Konferenz den Austritt der schwarzafrikanischen Staaten aus dem Commonwealth oder den Ausschluß Großbritanniens für den Fall angedroht, daß die Briten ihre Pläne verwirklichen. Kaunda unterbreitet den Konferenzteilnehmern schließlich eine »Commonwealth-Deklaration«. In ihr wird gefordert, allen Regimen, die Rassendiskriminierung ausüben, jede »Hilfe zu verweigern, die sie konsolidieren könnten«. Auf Betreiben Großbritanniens wird dieser Passus jedoch geändert. Den Commonwealth-Staaten wird freigestellt, Rüstungsmaterial an das Regime in Südafrika zu liefern, wenn sie der Meinung sind, daß dadurch die Rassendiskriminierung nicht gefördert wird. In dieser Form wird die Deklaration gegen die Stimmen der schwarzafrikanischen Staaten verabschiedet. Diese verzichten aus wirtschaftlichen Gründen auf den angedrohten Austritt aus dem Commonwealth.

Im Februar stimmt das britische Parlament für die Waffenverkäufe und setzt sich damit über alle Bedenken der Partnerländer hinweg.

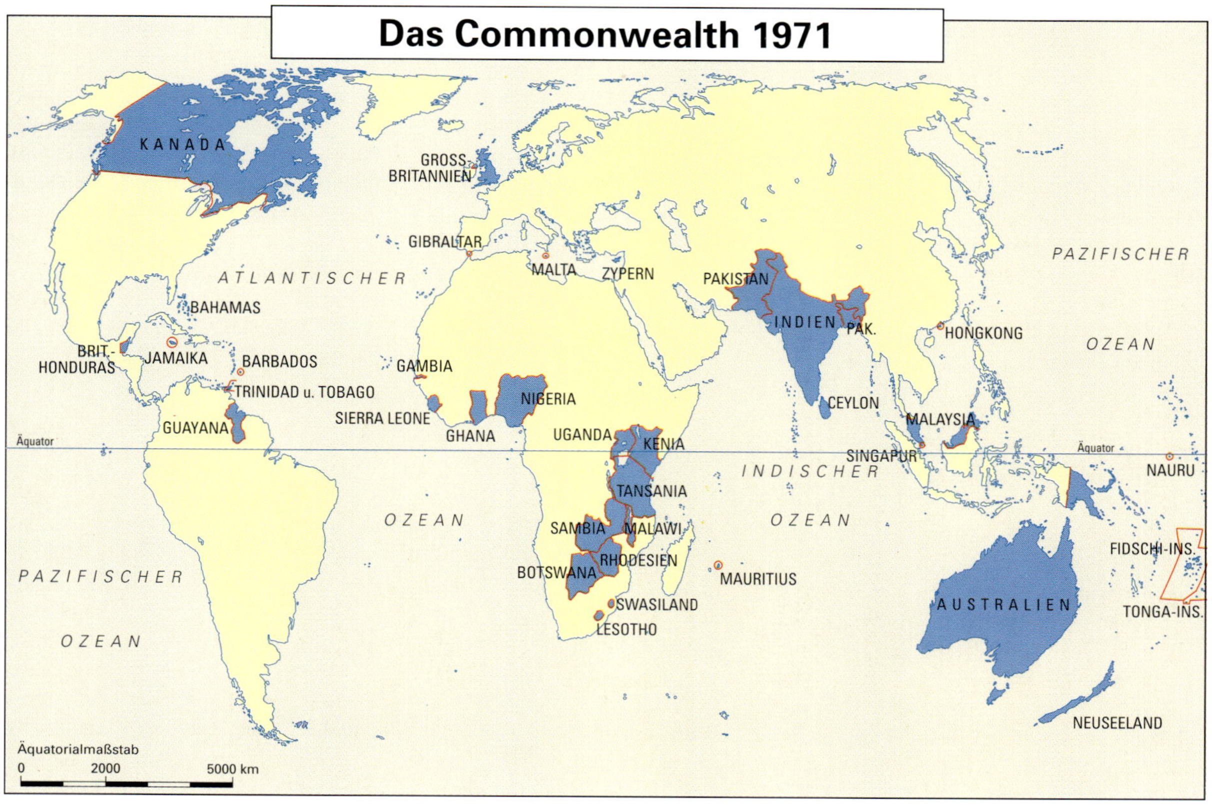

Das »Commonwealth of Nations«

Das heutige Commonwealth ging aus dem britischen Reich (British Empire) hervor, das sich Großbritannien seit dem 17. Jahrhundert durch den Erwerb von Kolonien schuf. Es bezeichnete zunächst den Zusammenschluß zwischen abhängigen Kolonien und dem Mutterland. Mit der Autonomie der Kolonien von Großbritannien entwickelte sich das Commonwealth zu einer freien Verbindung unabhängiger Staaten.

Einigendes Element ist die Anerkennung der britischen Krone als »Haupt des Commonwealth«. Zudem betrachtet der überwiegende Teil der Mitglieder den britischen Monarchen als Staatsoberhaupt. Der Zusammenhalt der Mitgliedsländer wird heute durch gemeinsame wirtschaftliche Interessen gewährleistet. Die Commonwealth-Konferenz, die unregelmäßig stattfindet, soll der Abstimmung auf eine politische Linie dienen.

Keine Kirchensteuern für Aufständische

10. Januar. In der äthiopischen Hauptstadt Addis Abeba tritt das Zentralkomitee des Ökumenischen Rates zusammen. Für heftige Diskussionen unter den Konferenzteilnehmern sorgt ein Anti-Rassismus-Programm der ökumenischen Versammlung. An den elftägigen Beratungen nehmen insgesamt 120 Beauftragte der 250 protestantischen, anglikanischen und orthodoxen Mitgliedskirchen teil.
Bereits 1968 hatte die Ökumenische Vollversammlung einen Anti-Rassismus-Beschluß verabschiedet, der die Verwendung kirchlichen Geldes für Sozialvorhaben politischer Befreiungsbewegungen vorsieht. Da diese Gruppierungen Gewalt in ihrem Kampf anwenden, weigerten sich die westdeutschen und schweizerischen Kirchen, Geld in einen Anti-Rassismus-Fonds einzuzahlen, zumal sie bislang keinen Einfluß auf die Verteilung der Mittel nehmen konnten.
Die ZK-Delegierten einigen sich schließlich auf einen Kompromiß: Er sieht neben dem bisherigen Fonds das Angebot einer Vielzahl genau bestimmter Projekte vor, die ausschließlich der gewaltfreien Durchsetzung der Menschenrechte dienen sollen.

Botschafter Bucher stellt sich nach seiner Freilassung den Fragen der Reporter.

Brasilien: Botschafter frei

16. Januar. Der 40 Tage zuvor entführte Schweizer Botschafter in Brasilien, Giovanni Enrico Bucher, wird in Rio de Janeiro von seinen Kidnappern freigelassen.
Bucher war am 7. Dezember von Gegnern des Militärregimes in Brasilien verschleppt worden. Die Entführer forderten von der Regierung im Austausch für den Diplomaten die Freilassung von zahlreichen politischen Gefangenen. Nach zähen Verhandlungen, bei denen es vor allem um die Auswahl der auszutauschenden Gefangenen ging, einigten sich Kidnapper und Regierung auf die Freilassung von 70 politischen Häftlingen, die von den Militärs bestimmt werden sollten. Die Männer und Frauen wurden sofort nach ihrer Freilassung nach Chile ausgeflogen. Sie berichten über brutale Folterungen in den brasilianischen Gefängnissen.

Kambodschanische Luftwaffe vernichtet

22. Januar. Bei einem Überraschungsangriff von Vietcong-Einheiten auf den Militär-Flughafen der kambodschanischen Hauptstadt Phnom Penh wird der überwiegende Teil der Luftwaffe des Landes am Boden vernichtet.
Selbstmordkommandos der Vietcong dringen im Schutz der Dunkelheit in die Hauptstadt ein. Sie bringen durch die Zündung von 1600 Napalmbomben Treibstoff- und Munitionslager auf dem Flughafengelände zur Explosion. Die Wachmannschaften an den Flugzeughangars werden überwältigt, die meisten Mig-17-Düsenjäger und T-28-Propellermaschinen werden durch Sprengladungen zerstört. Nach Augenzeugenberichten kommen bei dem Angriff mindestens 100 Menschen ums Leben. Der gesamte Flughafen wird verwüstet. Die USA reagieren auf einen Hilfsappell des kambodschanischen Ministerpräsidenten Lon Nol mit verstärkten Waffenlieferungen.
Der Vorgänger des jetzigen Ministerpräsidenten, Norodom Sihanuk, betrieb eine erfolgreiche Neutralitätspolitik. Erst seit dem Regierungsantritt Lon Nols 1970 kämpft Kambodscha im Vietnamkrieg an der Seite der USA.

Streik in Polen – Werftarbeiter setzen sich durch

18. Januar. In der polnischen Hafenstadt Danzig tritt die Belegschaft der Lenin-Werft in den Streik. Vorher war es schon zu Arbeitsniederlegungen auf der Schiffswerft in Stettin gekommen. Die Arbeiter fordern die Veröffentlichung einer Liste der Menschen, die bei den Unruhen im Dezember 1970 getötet wurden.
Zu den Aufständen in den nordpolnischen Hafenstädten und Industriezentren war es gekommen, nachdem die damalige Regierung unter dem Generalsekretär Wladyslaw Gomulka drastische Preiserhöhungen in Polen angeordnet hatte. Das rücksichtslose Vorgehen von Polizei und Militär forderte zahlreiche Tote und Verletzte unter den Demonstranten. Infolge dieser brutalen staatlichen Machtdemonstration wurde Gomulka am 20. Dezember 1970 zum Rücktritt gezwungen. Seine Nachfolge als Generalsekretär übernahm am gleichen Tag Edward Gierek.
Gierek fährt am 24./25. Januar nach Danzig und Stettin und erreicht in persönlichen Verhandlungen mit den Arbeitern die Beendigung der Arbeitsniederlegung. Die Forderungen der Streikenden werden erfüllt: In einem Bericht der Regierung wird zum erstenmal die Zahl der Toten der Dezember-Unruhen mit 45 und der Verwundeten mit 1165 offiziell angegeben. Darüber hinaus werden die Preiserhöhungen rückgängig gemacht.

Gomulka (r.) wurde 1956 zum Generalsekretär der Polnischen Vereinigten Arbeiterpartei (PVAP) gewählt. Nach seinem Rücktritt im Dezember 1970 verliert er im Lauf des Jahres 1971 sämtliche Parteiämter. Sein Nachfolger wird Gierek (l.). Er ist seit 1959 Mitglied des Politbüros der PVAP.

Wirtschaft 1971:

Preis-Lohn-Spirale gefährdet Stabilität des Aufschwungs

Chronik Übersicht

In der Bundesrepublik Deutschland steht die ökonomische Entwicklung dieses Jahres im Spannungsfeld zwischen konjunktureller Blüte und der Angst vor der Krise. Sie wird bestimmt von deutlichen Zuwachsraten einerseits und einer beschleunigten Preis-Lohn-Spirale andererseits.

Der anhaltende Aufschwung ist in fast allen Bereichen der Wirtschaft sichtbar. So kann beispielsweise die Autoindustrie ihre Produktion 1971 um 5,04% auf die Rekordzahl von 3,29 Mio. PKW hochschrauben. Auf volkswirtschaftlicher Ebene macht ein Blick auf die Außenwirtschaftsbilanz die Aufwärtsentwicklung besonders deutlich. Im Vergleich zum guten Abschneiden des Außenhandels 1970 legt die Wirtschaft noch einmal zu: Der Export steigt um 10,7 Mrd. DM auf 136 Mrd. DM und weist damit sein bislang bestes Ergebnis in der deutschen Wirtschaftsgeschichte auf. Die aktive Außenhandelsbilanz, die einen Ausfuhrüberschuß von 15,9 Mrd. DM ausweist, ebenso wie die Steigerung des Bruttosozialprodukts um 5,8% auf 559,9 Mrd. DM, sind Indikatoren für eine Periode allgemeinen wirtschaftlichen Aufschwungs in der Bundesrepublik Deutschland.

1971 äußert sich auch die überwiegende Zahl der Aussteller auf der Hannover-Messe, die als »Konjunkturbarometer« gilt, zufrieden mit der Auftragslage. In der Bundesrepublik sei gegenwärtig keine Rezession in Sicht. Trotz der positiven Grundhaltung wird aber warnend darauf hingewiesen, daß in der Wirtschaft die große »Unsicherheit über die konjunkturelle Weiterentwicklung nicht beseitigt« sei. Die Furcht vor einer Krise, wie sie die deutsche Wirtschaft 1966/67 erschütterte, ist weiterhin latent vorhanden. Grund dafür ist vor allem die Lohn- und Preisentwicklung des Jahres.

Die Bruttolohn- und Gehaltssumme je beschäftigten Arbeitnehmer steigt 1971 um etwa 12%. Damit erreicht der durchschnittliche Bruttomonatsverdienst eines Arbeitnehmers die Rekordmarke von 1300 DM. Bei einer im Vergleich zum Vorjahr um 4,3% auf 37,4 Stunden reduzierten Wochenarbeitszeit in der Industrie und einer expansiven Lohnentwicklung resultiert daraus eine massive Steigerung der Lohnstückkosten. Das Deutsche Industrieinstitut warnt dementsprechend vor der abnehmenden Konkurrenzfähigkeit der deutschen Wirtschaft.

Darüber hinaus trägt die Entwicklung der Lohnkosten zu einer Steigerung der Lebenshaltungskosten in der Bundesrepublik um 5,1% bei. Am stärksten erhöhen sich die Kosten für Wohnungsnutzung mit 6,9% und Dienstleistungen mit 6,7%. Für Ge- und Verbrauchsgüter müssen die Konsumenten 5,1% und für Nahrungsmittel 3,8% mehr bezahlen als im Jahresdurchschnitt 1970. Die Teuerung vermindert das reale Wachstum der Löhne ganz erheblich und trägt zu einer Destabilisierung der Wirtschaft bei.

Die wichtigste Maßnahme zur Bekämpfung der sich beschleunigenden Preis-Lohn-Spirale bildet die vorübergehende Freigabe des Wechselkurses der DM am 9. Mai 1971. Die Bundesregierung folgte damit einer Empfehlung der deutschen Konjunkturforschungsinstitute. Sie versprechen sich vom Floating der DM eine Aufwertung der bislang im internationalen Vergleich stark unterbewerteten deutschen Währung. Durch die DM-Aufwertung, die nach der Freigabe des Wechselkurses tatsächlich erfolgt, können schließlich die Preise für Importgüter verbilligt werden; in diesem stabilitätspolitischen Effekt liegt das eigentliche Ziel der Einführung des Floatings. Somit ist ein erster Ansatzpunkt zum Bremsen der Preis- und Lohnentwicklung gefunden (→ 9. 5./S. 90).

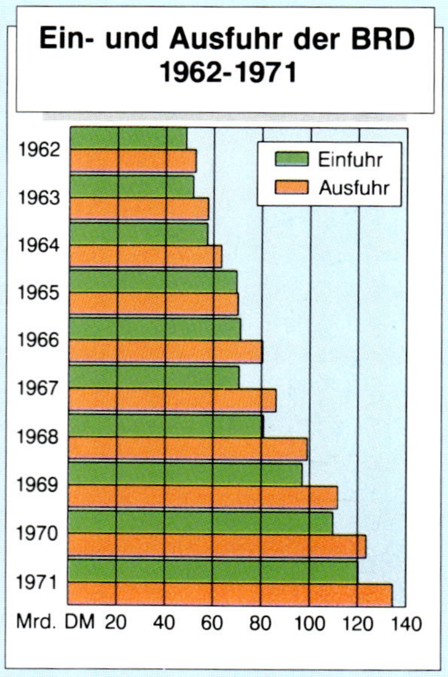

Rekordzahlen im Außenhandel
Die Entwicklung des Außenhandels zeigt ein stetiges starkes Wachstum der Ein- und Ausfuhren. Einzige Ausnahme bildet dabei der Rückgang der Importe im Krisenjahr 1967. Die Differenz zwischen Ausfuhren und Einfuhren, bei denen die Exporte die Importe beständig übersteigen, belegt die durchgängig aktive Bilanz im deutschen Außenhandel.

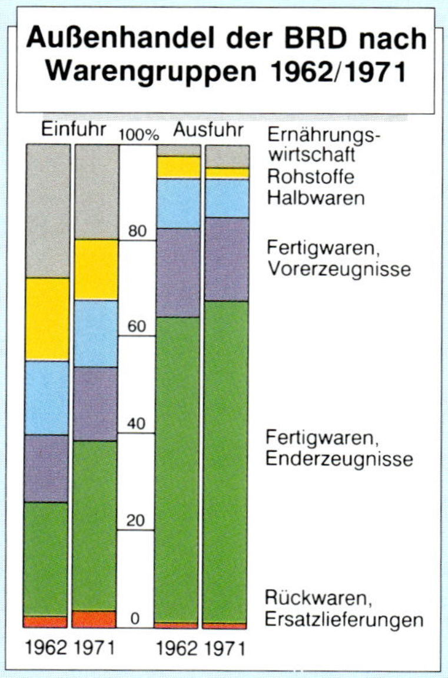

Wirtschaftsstrukturen verfestigt
Der im Vergleich der Jahre 1962 und 1971 annähernd konstant bleibende Anteil der einzelnen Warengruppen an der Ein- und Ausfuhr belegt die Verfestigung der deutschen Wirtschaftsstruktur. In einer Gegenüberstellung von Im- und Exporten beweist sich die BRD als hochentwickeltes Industrieland, das Fertigwaren aus- und Nahrungsmittel einführt.

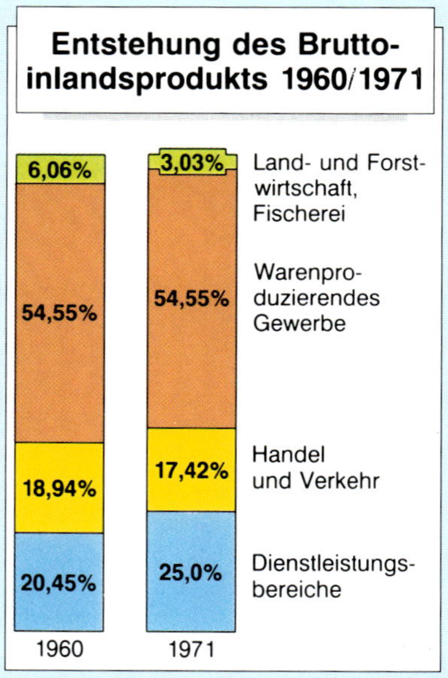

1. Platz für den Gewerbesektor
Das Bruttoinlandsprodukt (BIP) umfaßt die in der Volkswirtschaft geschaffenen Produktionswerte. Charakteristisch für die Zusammensetzung des BIP eines hochentwickelten Industriestaates wie der BRD ist der große Beitrag des warenproduzierenden Gewerbes und Dienstleistungssektors zum BIP. Die Agrarwirtschaft spielt dagegen nur eine geringe Rolle.

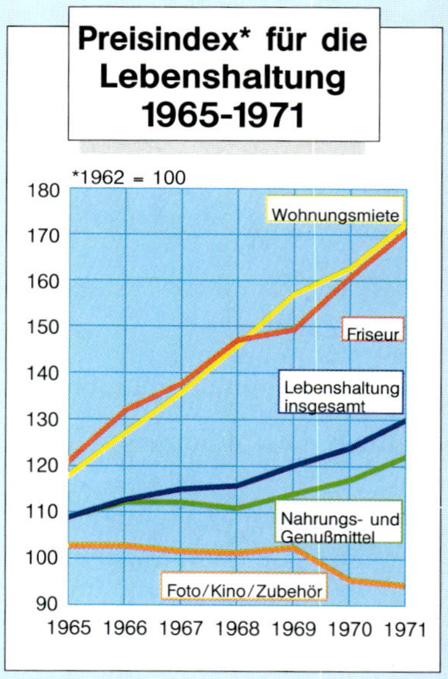

Höhere Kosten für Verbraucher
Die Entwicklung der Lebenshaltungskosten stellt 1971 eine der größten Bedrohungen für die Stabilität der Wirtschaft dar. Die Kosten insgesamt steigen um 5,1%. So zahlt beispielsweise die Verbraucherin für den Besuch des Friseurs (Waschen und Legen) mit durschnittlich 6,04 DM 7,7% mehr als 1970. Der Preis für 1 l Heizöl steigt um 12,5% auf 18 Pfennig.

△ Der BMW-Vorstandsvorsitzende von Kuenheim (Bild) behauptet sich in einem internen Machtkampf gegen seinen Rivalen, den BMW-Vize Hahnemann, als Chef des Konzerns.

◁ Nach dem Rücktritt von Kemper (l.) wird von Bennigsen-Foerder im Juni 1971 neuer VEBA-Chef. Der Bund, der mit 40% Großaktionär des Unternehmens ist, stimmte seiner Nominierung zu.

▽ Neuer VW-Generaldirektor wird im September 1971 der bisherige Chef von Audi NSU, Leiding. Er will die Talfahrt des Unternehmens mit einem Sparprogramm stoppen.

Bodenpersonal will 21%

29. Januar. Das Bodenpersonal der Deutschen Lufthansa tritt in einen unbefristeten Streik. Es legt damit den gesamten innerdeutschen und europäischen Dienst der Fluggesellschaft lahm.
Aufgerufen zu dem Arbeitskampf hatte die Gewerkschaft ÖTV (Öffentliche Dienste, Transport und Verkehr), bei der rund 5000 des insgesamt 15 000 Mitarbeiter zählenden Bodenpersonals organisiert sind. Die Gewerkschaft will mit der Stillegung des Flugverkehrs den Vorstand der Lufthansa zwingen, auf ihre Forderungen nach rund 21% Lohnerhöhung einzugehen. Das Angebot der Arbeitgeber in Höhe von 14,8% wird als viel zu gering abgelehnt. Das fliegende Personal konnte in der zurückliegenden Tarifrunde Lohnerhöhungen von 21,4% durchsetzen.
In Bonn erklärt Bundesverkehrsminister Georg Leber, daß die Fluggesellschaft kein Signal setzen sollte, das »eine neue Runde überhöhter Lohnforderungen auslösen« könnte. Die Stabilitätspolitik der Bundesregierung dürfe nicht gefährdet werden. Der Bund ist mit einem 70prozentigen Anteil an der Fluggesellschaft Hauptaktionär im Lufthansa-Aufsichtsrat.
Nach zehntägigem Streik einigen sich die Tarifpartner schließlich auf Gehaltserhöhungen von insgesamt 15% rückwirkend ab 1. November 1970.

Streikposten der ÖTV auf dem Gelände des Frankfurter Großflughafens

Holländische Kirche im Streit mit Papst

2. Januar. Der Diözesanrat des Bistums Rotterdam tritt aus Protest gegen die Ernennung des neuen Bischofs von Rotterdam, Adrianus Johannes Simonis, zurück. Der katholische Oberhirte war von Papst Paul VI. gegen den Wunsch dieses Gremiums zum neuen Bischof bestellt worden.
Der Diözesanrat, der sich aus Priestern und Theologen des Bistums zusammensetzt, hatte von seinem Recht Gebrauch gemacht, dem Papst eine Vorschlagsliste von fünf Bischofskandidaten zu präsentieren. Simonis, der als Vertreter konservativer Positionen gilt, wurde in dieser Liste nicht aufgeführt. Der Papst konnte sich darüber hinwegsetzen, weil er rechtlich nicht verpflichtet ist, sich an die Vorschläge des Rates zu halten.
Der umstrittene Geistliche kündigte in ersten Stellungnahmen nach seiner Ernennung an, als Bischof wolle er versuchen, die »vorgehende Uhr« wieder zurückzustellen. Trotz anhaltender Proteste bleibt Bischof Simonis im Amt.

Offene Universität bietet zweite Chance

3. Januar. In einer Fernsehsendung der britischen Rundfunkgesellschaft BBC stellt sich die erste sog. Offene Universität ihren 25 000 eingeschriebenen Studenten und der Öffentlichkeit vor.
Der neue Hochschultyp setzt zum ersten Mal Rundfunk und Fernsehen als Unterrichtsmedien ein. Daneben veröffentlicht die Universität eigene Bücher, die die Arbeitsgrundlage für jeden Studiengang bilden. Der Besuch von Beratungszentren ergänzt das Fernstudium lediglich. Zum Studienangebot gehören Fächer aus den Bereichen Geistes- und Naturwissenschaften und Mathematik.
Der Eintritt in die Offene Universität, die sich als Hochschule der »zweiten Chance« versteht, ist an keinerlei Qualifikationen gebunden. Die neue Einrichtung wendet sich vor allem an Berufstätige, die ihre Freizeit für ein Studium nutzen wollen. Bei Erfolg wird ihnen nach drei Jahren ein akademischer Grad verliehen, der die beruflichen Chancen verbessern soll.

Kältewelle in Europa – Temperaturen bis minus 40 °C

1. Januar. Die seit Mitte Dezember 1970 anhaltende Kältewelle breitet sich auf weite Teile Europas aus. Viele Orte werden vollständig von der Außenwelt abgeschnitten. In manchen Gegenden kommt der Verkehr zum Erliegen.

In der Bundesrepublik Deutschland und in Österreich werden bis zu 20 °C unter Null, in der schweizerischen Ortschaft La Brevine gar minus 40,6 °C gemessen. Auch die Länder Südeuropas verzeichnen einen ungewöhnlich frostigen Winter. Im französischen Rhônetal und im westlichen Jugoslawien wird der Notstand ausgerufen, da der Schnee stellenweise 4 m hoch liegt. Das »sonnige Spanien« erlebt die kältesten Januartage seit der Jahrhundertwende. Die Temperaturen gehen bis auf minus 27 °C zurück. In der Provinz Cordoba schneit es zum ersten Mal seit 17 Jahren. Die Bauern sehen die diesjährige Ernte der Zitrusfrüchte gefährdet.

Eisige Kälte und starke Schneefälle, begleitet von heftigen Stürmen, die zu hohen Schneeverwehungen führen, lassen in vielen Gebieten das Versorgungs- und Verkehrsnetz zusammenbrechen. In der DDR kommt es zu Schwierigkeiten bei der Strom- und Gaserzeugung.

Viele Hauptverkehrsadern, z.B. die Autobahn Lyon – Marseille (Frankreich) und die Fernverkehrsstraße Belgrad – Zagreb (Jugoslawien), werden unpassierbar. Schienen- und Luftverkehr sind ebenfalls beeinträchtigt. Auf dem Londoner Flughafen Heathrow müssen alle ankommenden Maschinen nach Manchester umgeleitet und mehr als 100 Flüge abgesagt werden.

In der zweiten Januarwoche hat der »Schneespuk« dann ein Ende.

Winter in Deutschland seit 1900

Extrem kalte Wintermonate

*Temperatur**	*Jahr*	*Monat*
– 8,917 °C	1955/56	Februar
– 8,867 °C	1928/29	Februar
– 8,334 °C	1939/40	Januar
– 7,334 °C	1941/42	Januar
– 5,267 °C	1940/41	Januar
– 3,467 °C	1969/70	Dezember

Extrem warme Wintermonate

*Temperatur**	*Jahr*	*Monat*
+ 4,95 °C	1920/21	Januar
+ 4,783 °C	1924/25	Februar
+ 4,333 °C	1912/13	Dezember
+ 4,016 °C	1929/30	Dezember
+ 3,933 °C	1911/12	Dezember
+ 3,866 °C	1919/20	Februar

* Durchschnittswerte

Zugefrorene Kanäle und Flüsse – wie hier an der Elbe bei Hamburg – bedeuten für viele Binnenschiffer in der Bundesrepublik unfreiwillige Winterferien.

Nordsee: Unterwasser-Claims abgesteckt

28. Januar. Vertreter der Bundesrepublik Deutschland, Dänemarks und der Niederlande unterzeichnen in Kopenhagen die Verträge über die Aufteilung des Festlandsockels (Schelf) der Nordsee. Das Abkommen legt die bislang umstrittenen Grenzen des deutschen Schelf-Anteils gegenüber Dänemark und den Niederlanden fest. Es regelt damit die Suche nach den dort vermuteten Bodenschätzen.

Der deutsche Anteil am Festlandsockel umfaßt rund 36 000 km^2. Er reicht bis in die Mitte der Nordsee, wo er an den britischen Teil stößt. Die unregelmäßige Grenzziehung zwischen dänischem und deutschem Schelfteil (s. Karte) geht darauf zurück, daß in dem ursprünglich Dänemark zugedachten Gebiet bereits erfolgreiche Bohrungen durchgeführt werden. Die Bundesrepublik hatte gegen das ihr in der Genfer Seerechtskonvention von 1958 zuerkannte Gebiet protestiert, da Bodenschätze außerhalb dieser Grenzen vermutet werden.

Am 26. November 1971 wird in London auch der deutsch-britische Vertrag über die Aufteilung des Festlandsockels unterzeichnet. Er legt die etwa 18 km lange Grenze zwischen den Anteilen beider Länder und damit endgültig die Ausmaße des deutschen Gebietes fest.

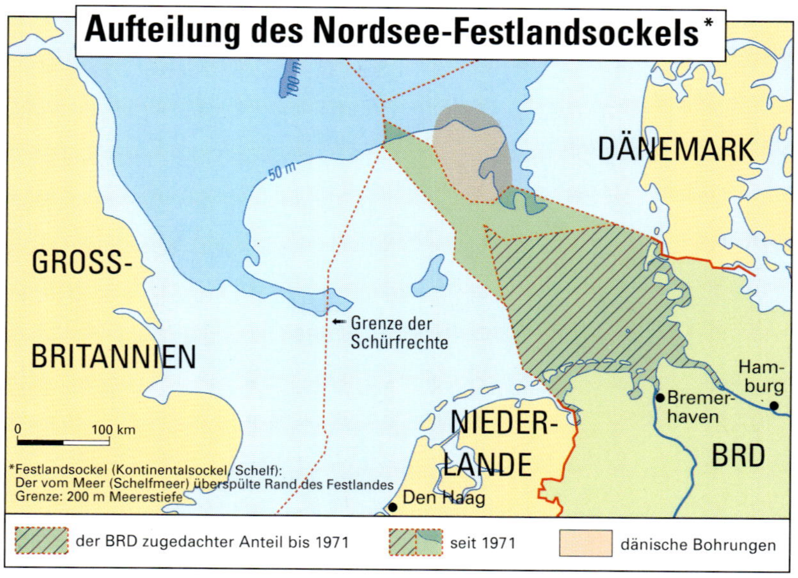

Keine Werbung mehr für blauen Dunst

2. Januar. In den USA darf in Funk und Fernsehen nicht mehr für Zigaretten geworben werden.

Der US-Kongreß hatte im März 1970 einem entsprechenden Gesetz im Hinblick auf die Gesundheitsgefährdung durch das Rauchen zugestimmt – trotz heftiger Proteste von seiten der Zigaretten- und Rundfunkindustrie.

Die Rundfunkanstalten haben durch die fehlende Zigarettenreklame Einnahmeverluste von 250 Mio. Dollar pro Jahr (875 Mio. DM), das entspricht etwa 8% ihrer Gesamteinnahmen aus der Werbung. Die freigewordenen Werbeminuten lassen sich nur schwer wieder verkaufen. Die Tabakindustrie hat für die Fernsehwerbung dreiviertel ihres gesamten Reklameetats ausgegeben. Für sie wird es nun schwierig, die potentiellen Käufer zu erreichen, da viele US-Printmedien nicht für Zigaretten werben.

Grausamer Tod durch Bequemlichkeit

2. Januar. In einem Schneefeld zwischen Neuenkirchen und Much im Rhein-Sieg-Kreis wird die Leiche eines jungen Mannes gefunden, der bis auf die Unterhose entkleidet ist. Die Rekonstruktionen der Polizei ergeben, daß der Tote – ein 18jähriger Elektriker aus Köln – das Opfer eines Raubüberfalls und unterlassener Hilfeleistung ist.
Unbekannte hatten den Mann beraubt, ihn bei klirrender Kälte entkleidet und an einen Baum gefesselt. Er konnte sich befreien und gelangte bis zur nächsten Straße. Dort wurde er von mehreren Autofahrern gesehen, die zwar die Polizei verständigten, selbst aber nicht anhielten. Als ärztliche Hilfe eintraf, war der junge Mann bereits an Unterkühlung gestorben.
In der Öffentlichkeit löst dieser Vorfall eine Diskussion über die Hilfsbereitschaft der Bundesbürger aus. Tests, in denen ähnliche Situationen nachgestellt werden, ergeben, daß 90% der Autofahrer Hilfsbedürftigen nicht beistehen. »Unterlassene Hilfeleistung« ist nach § 330 c des Strafgesetzbuches strafbar und kann mit Geldbuße oder Gefängnis bis zu einem Jahr geahndet werden.

»IOS-König« Cornfeld dankt endgültig ab

17. Januar. Der Gründer der Investmentgesellschaft »Investors Overseas Services« (IOS), Bernhard Cornfeld, verkauft seine IOS-Anteile und tritt vom Verwaltungsrat des Unternehmens zurück. Cornfeld kündigt an, mit dem Erlös der Aktien – geschätzter Gesamtwert rund 21,5 Mio. Dollar (75,25 Mio. DM) – ins US-Filmgeschäft einsteigen zu wollen.
Cornfeld, der 1928 im New Yorker Stadtteil Brooklyn geboren wurde, sorgte in internationalen Wirtschaftskreisen als Senkrechtstarter für Furore. Später machte er durch seinen kostspieligen und ausschweifenden Lebenswandel von sich reden, der IOS bis an den Rand des Ruins brachte. Im April 1970 legte Cornfeld die Führung von IOS nieder, da die Aktienkurse an der Börse rapide fielen. Viele IOS-Sparer mußten damals große finanzielle Verluste hinnehmen.

Die derzeit wohl größte und modernste Diskothek der Welt befindet sich in New York. »Fête Kenzo« heißt das Tanz-Paradies. Die Halle ist in mehrere Ebenen aufgeteilt. Eine Licht- und Lasershow sorgt für die richtige Atmosphäre.

Tanzen zwischen Tradition und Technik

Dem Tanzvergnügen frönen die Bundesbürger 1971 auf ganz unterschiedliche Weise: Einerseits bewegen sie sich in ganz neuen Dimensionen, andererseits auf altbewährten Pfaden. Tanzen – zwischen Tradition und Fortschritt, zwischen Knicks und Laser.
Als erste Diskothek in der Bundesrepublik setzt »Grünspan« in Hamburg Laserstrahlen ein. Von Zeit zu Zeit huscht ein intensiver Lichtstrahl über die Köpfe der Tanzenden hinweg und erzeugt an den Wänden – synchron zu Beatrhythmen oder Orgelklängen – ein faszinierendes Farbenspiel. Die Kombination von Laser und Musik soll eine »phantastische« Atmosphäre vermitteln, das Stakkato optischer und akustischer Reize den hoffnungsvollen Besucher in einen tranceartigen Zustand versetzen.
Doch es geht auch anders: In rund 600 Tanzschulen bemühen sich Jugendliche – wie schon einst ihre Eltern und Großeltern – die Schritte von Walzer und Foxtrott zu lernen. Nicht auf Fortschritt, sondern auf Tradition wird vertraut. Die Aufforderung zum Tanz durch den Herrn gehört ebenso dazu wie der Abschlußball. Wirklich gewandelt hat sich nur das Aussehen der Schüler in den Stunden: Mancher trägt Jeans und lange Haare.

Albewährtes in neuem Look: Das Repertoire an Tänzen ist heute wie bereits zu Großmutters Zeiten nahezu das gleiche. Nur selten werden Disko-Schritte oder Modetänze eingeübt. Geändert hat sich hingegen das Aussehen der Schüler. Minirock und Beatlefrisur halten auch Einzug in bundesdeutsche Tanzschulen.

San Francisco: Harter Kampf gegen Ölpest

19. Januar. Bei Nebel stoßen in der Bucht von San Francisco nahe der Golden-Gate-Brücke zwei Tankschiffe zusammen. Mehrere Millionen Liter Rohöl fließen ins Meer und verschmutzen einen circa 80 km langen Küstenstreifen. Zoologen befürchten, daß etwa 70% der dort lebenden Wasservögel der Ölpest zum Opfer fallen.
Die Katastrophe löst bei der Bevölkerung eine Welle der Hilfsbereitschaft zur Rettung der bedrohten Tierwelt aus. Tausende von Freiwilligen versuchen, die ölverseuchten Gebiete zu reinigen. Die Helfer werfen Stroh auf den schwimmenden Ölteppich. Wenn es sich vollgesogen hat, wird es mit Mistgabeln aus dem Wasser gefischt und abtransportiert. Pumpschiffe bemühen sich, den Ölfilm vom Wasser abzusaugen. Die ölverklebten Vögel werden in eine eigens eingerichtete Reinigungsstation gebracht und dort von Hand gesäubert. Zusätzlich erhalten sie Vitamin B. Es soll ihnen helfen, die restlichen Giftstoffe aus dem Körper auszuscheiden. Die Arbeit ist mühsam, aber sie zahlt sich aus: Etwa 3000 Wasservögel können auf diese Weise gerettet werden.

Die Öllachen werden den meisten Seevögeln zum tödlichen Verhängnis.

Das neugeborene Breitmaulnashorn wird von seiner Mutter gut beschützt, so daß sich das Geburtsgewicht nur schätzen läßt. Es wird auf 40 kg festgelegt.

Nachwuchs in Hannover

2. Januar. Im Zoo Hannover wird ein männliches Breitmaulnashorn geboren. Es ist die erste Geburt dieser Tierart in Europa und die vierte in Gefangenschaft: Dreimal konnte der Zoo in Pretoria ein solches Ereignis vermelden.
Als die Eltern des Neugeborenen im Oktober 1970 in die niedersächsische Hauptstadt gebracht wurden, war das Weibchen bereits trächtig. Die Tragzeit dauert bei Nashörnern rund 16 Monate.
Zu Beginn des Jahrhunderts waren die Breitmaulnashörner, die vorwiegend in Afrika vorkommen, vom Aussterben bedroht. Die Tiere wurden daraufhin unter Schutz gestellt. Heute gilt der Bestand als gesichert. 1950 kaufte der Zoo von Antwerpen das erste Breitmaulnashornpaar für Europa.

Zwei mutige Frauen als Affenforscherinnen im Urwald

Die Forschungsarbeit von zwei ungewöhnlichen Frauen erregt durch die Berichterstattung im US-Magazin »National Geographic« und der Zeitschrift »stern« große Aufmerksamkeit: Die Britin Jane Goodall und die Amerikanerin Diane Fossey haben der Zivilisation den Rücken gekehrt, um im Urwald das Leben und das Verhalten von Affen zu erforschen.
Diane Fossey zog sich 1967 in ein Gebiet der Virungavulkane in Rwanda (Zentralafrika) zurück, um Gorillas aus der Nähe beobachten zu können. Sie wollte ein »vertrautes Verhältnis« zu ihnen aufbauen und lernen, »wie ein Gorilla zu handeln«. Inzwischen glaubt Fossey, die Laute der Tiere nachahmen zu können, und hat das Gefühl, von den Tieren akzeptiert zu werden. Nach Auffassung der Forscherin gehören Gorillas zu den »freundlichsten und scheuesten Tieren überhaupt«.
Jane Goodall ging vor neun Jahren – damals 25 Jahre alt – in den Urwald östlich des Taganjika-Sees in Tansania. Seither lebt sie mitten unter Affen, in einer Familie von 30 Schimpansen. Bei ihrer Forschungsarbeit kommt Goodall zu der Auffassung, daß den Tieren ihre Fähigkeiten nicht angeboren sind. Auch Schimpansen müssen nach Goodalls Meinung selbst das Klettern erst erlernen.

Die Geschichte von Diane Fossey wird 1988 in »Gorillas im Nebel« von Michael Apted verfilmt. Hier ein Szenenfoto mit Sigourney Weaver als Fossey.

Goodall macht die Erfahrung, daß »Schimpansen gar nichts heilig« ist.

Schottisches Spitzenspiel endet tragisch

2. Januar. Beim bislang schwersten Unglück in der Geschichte des britischen Fußballs werden im Glasgower Ibrox-Park 66 Menschen getötet und mehr als 100 schwer verletzt. Die Katastrophe ereignet sich beim Abpfiff des schottischen Spitzenspiels zwischen den Lokalrivalen Rangers und Celtic: Auf der Tribüne des mit insgesamt 80 000 Zuschauern besetzten Stadions bricht ein Geländer zusammen.
Tausende von Anhängern der Rangers verlassen bereits vorzeitig die Plätze. Ihre Mannschaft liegt mit 0:1 Toren zurück. Tosender Beifall zeigt in der letzten Spielminute das Ausgleichstor der Rangers an. Die Fans strömen ins Stadion zurück. Sie treffen dabei auf die große Masse der Zuschauer, die jetzt zum regulären Spielende den Ibrox-Park verlassen wollen. Unter dem Druck dieser Menschenmenge stürzt ein Geländer am Auf- und Abgang zusammen. Die Zuschauer stolpern übereinander und werden von den nachfolgenden Personen lawinenartig überrollt. 66 Fans werden zu Tode getrampelt oder ersticken. Die Rettungsmannschaften haben Mühe, sich durch das Menschengedränge einen Weg zur Unfallstelle zu bahnen.
In Großbritannien beginnt nach dem Unglück eine Diskussion über den Stand der Sicherheitsvorkehrungen in den heimischen Fußballstadien. Sportminister Eldon Griffith berät mit führenden Beratern mögliche Konsequenzen. Unter ihnen befindet sich auch Sir John Lang, der bereits 1969 zahlreiche Maßnahmen empfohlen hatte. Lang schlug u. a. die Regulierung des Besucherstroms beim Betreten und Verlassen der Stadien vor. Außerdem sollten allmählich die Stehdurch Sitzplätze ersetzt werden.
Bereits 1902 hatte es im Stadion Ibrox-Park bei einem Länderspiel zwischen Schottland und England 25 Tote gegeben, als eine Tribüne einstürzte. Das bis 1971 schwerste Unglück in der Geschichte des britischen Fußballs ereignete sich 1946 in Bolton: 33 Menschen kamen damals ums Leben.

Notdürftig werden die Opfer der Fußballkatastrophe im Glasgower Ibrox-Park versorgt. Für 66 Menschen kommt die ärztliche Hilfe allerdings zu spät.

Mysteriöser Tod von Ex-Boxchamp Liston

5. Januar. Der frühere Boxweltmeister im Schwergewicht Charles »Sonny« Liston wird tot in seiner Wohnung in Las Vegas aufgefunden. Die Obduktion ergibt, daß der 38jährige bereits seit etwa acht Tagen tot ist. Die genaue Todesursache kann nicht ermittelt werden. Die Polizei findet in der Wohnung jedoch Narkotika und Drogen.
Sonny Liston erkämpfte sich 1962 durch einen schnellen K.-o.-Sieg über Floyd Patterson den Weltmeistertitel und gewann auch 1963 die Revanche in der ersten Runde. 1964 verlor er den Titel an den zehn Jahre jüngeren Herausforderer Cassius Clay.
Der mysteriöse Tod des einstigen Champions reiht sich nahezu nahtlos an sein ebenfalls undurchsichtiges Leben. Boxen lernte Liston in einer Jugendstrafanstalt, in der er wegen Raubüberfall einsaß. Nach seiner Entlassung nahm sich ein Gangstersyndikat seiner Profikarriere an. Immer wieder kam Liston mit dem Gesetz in Konflikt. Er saß 18mal im Gefängnis. Auch bei seinem Titelverlust witterte man Korruption: Für Kämpfe in den USA wurde Liston gesperrt. In Europa trat er noch mehrmals in den Ring.

»Queen of Crime« wird Dame des Empire

1. Januar. Die britische Kriminalautorin Agatha Christie wird in London von Königin Elisabeth II. »wegen ihrer Verdienste um das Land« mit dem Titel »Dame Commander of the British Empire« ausgezeichnet. Christie kann nun vor ihrem Namen den Adelstitel »Dame« führen.
Die inzwischen 80jährige Schriftstellerin gilt als »Queen of Crime«, als »Königin der Kriminalliteratur«. Bislang hat sie rund 70 Romane und 15 Theaterstücke veröffentlicht. Ihre Werke sind in etwa 100 Sprachen übersetzt worden und erreichten bisher eine geschätzte Gesamtauflage von 300 Mio. Exemplaren. Zu den bekanntesten zählen »Tod auf dem Nil« (1937) und »Zehn kleine Negerlein« (1939).
Der Erfolg von Agatha Christie beruht auf der ausgeklügelten Konstruktion und der intelligenten Lösung der Mordfälle. Bereits in ihrem ersten Roman »Das fehlende Glied in der Kette« (1920) tauchte der exzentrisch-geniale Detektiv Hercule Poirot auf. Er wird zum Symbol ihrer Kriminalgeschichten: Rein analytisch, mit der Kraft seiner »kleinen grauen Zellen« löst er verzwickte Mordrätsel. Konkurrenz bekam Poirot durch »Mord im Pfarrhaus« (1930). Dort agiert erstmals eine ältere Dame: Die einfühlsame, aber auch etwas schrullige Miss Marple.

Agatha Christie wurde am 15. 9. 1890 in dem englischen Ort Torquay als Agatha Mary Clarissa Miller geboren. In zweiter Ehe heiratete die Schriftstellerin 1930 den bekannten britischen Archäologen Max Mallowan, den sie häufig in den Orient begleitete. Von diesen Reisen inspiriert spielen viele ihrer Kriminalromane im Mittleren Osten, wie z. B. »Mord im Orient Express« (1934).
Agatha Christie hat eine Tochter aus erster Ehe mit Archibald Christie.

Dalís weiche Uhren begeistern Kunstfans

29. Januar. Die erste große Dalí-Ausstellung in der Bundesrepublik wird in der Staatlichen Kunsthalle Baden-Baden eröffnet.
1500 Besucher drängen sich am ersten Tag in den Ausstellungsräumen, um die 73 Gemälde, 66 Zeichnungen und 36 Schmuckstücke des spanischen Malers betrachten zu können. Der Künstler selbst ist bei der Vernissage nicht anwesend.
Der Schwerpunkt der Ausstellung, die bis zum 28. März dauert, liegt auf Werken der sog. guten Zeit vor dem Zweiten Weltkrieg. Dazu zählen u. a. »Die weichen Uhren – Weicher Wecker« von 1933 oder »Der Schlaf« von 1937.
Salvador Dalí ist am 11. Mai 1904 in Spanien geboren. Er ist der prominenteste Vertreter der surrealistischen Malerei. In seinen Gemälden stellt er Situationen dar, die in ihrer Kombination und Deformation realer Dinge wie Träume wirken.

Theater 1971:

Bühnen im Zuschauerraum

Chronik Übersicht

Am Anfang der Spielzeit 1970/71 übernehmen die Regisseure Peter Stein, Claus Peymann und Frank-Patrick Steckel die Leitung der Berliner Schaubühne – als die Spielzeit endet, ist das Theater eines der am meisten beachteten Schauspielhäuser im deutschen Sprachraum. Als die Zeitschrift »Theater heute« im Sommer 1971 bei einer Umfrage nach den Höhepunkten der Saison fragt, liegt die Schaubühne am Halleschen Ufer ganz vorn in der Gunst der Kritiker. Von der ersten Aufführung im Oktober 1970, Brechts Stück »Die Mutter«, ist vor allem die Schauspielerin Therese Giehse in der Rolle der Wlassowa im Gedächtnis geblieben: »Man müßte lange natürlich von Therese Giehse erzählen, die Peter Stein hier noch einmal als Schauspielerin zu sich selbst gebracht hat. Sie erscheint in Berlin wie befreit zu ihren besten Möglichkeiten«, schreibt der Kritiker Peter Iden.

Beeindruckt zeigt sich die Kritik auch von Edith Clever und Jutta Lampe, zwei junge Schauspielerinnen an der Schaubühne. Ihr Spiel wird immer wieder hervorgehoben, wenn es um die Uraufführung von Peter Handkes Sprachetüde »Der Ritt über den Bodensee« geht. Trotzdem wirkt die Inszenierung von Claus Peymann und Wolfgang Wiens unklar und unentschieden. Der Kritiker Marcel Reich-Ranicki kommt zu dem Schluß: »Die Aufführung mutet streckenweise sogar artistisch an. Nur daß sich das Theater hier an sich selber aufgeilt, was logischerweise zur szenischen Onanie führt.«

Das eigentliche Ereignis dieser Spielzeit aber ist die Aufführung von Henrik Ibsens »Peer Gynt« an der Schaubühne. Peter Steins Inszenierung zeigt das nordische Faust-Drama als ein Schauspiel aus dem 19. Jahrhundert. Der Regisseur benutzt die Erzähltechniken der vergangenen Epoche, er entfaltet die ganze Illusionskraft des alten Theaters und macht dabei doch stets deutlich, daß es sich um eine Illusion handelt. Diese intellektuelle Klarheit bei gleichzeitigem Bilderrausch wird erst möglich durch Karl-Ernst Herrmanns Bühnenbild, das die Spielfläche mitten unter die Zuschauer verlegt. Eine theatralische Revolution, wie der Kritiker Joachim Kaiser findet: »Von dieser Aufführung wird eine Epoche neuen Theaters ausgehen, weil man sich ganz rasch davon überzeugen ließ, daß eine ungewohnte Gliederung der Bühne viel selbstverständlicher ist als unser pseudo-selbstverständlicher Guckkasten.«

Tatsächlich ist der Vorstoß mitten unter die Zuschauer ein internationaler Theatertrend des Jahres. Am meisten Aufsehen erregt dabei Ariane Mnouchkine, die mit ihrem Kollektiv, dem »Théâtre du soleil«, zunächst in Mailand und dann in ihrem Quartier, der Cartoucherie im Pariser Vorort Vincennes, das Revolutionsstück »1789« herausbringt. Die Zuschauer können ihren Standort zwischen fünf Podesten und verbindenden Stegen wählen. Sie werden zum Volk, dem die führenden Schauspieler klarmachen, warum es zur Revolution kommen mußte und wie der dritte Stand versagte.

Spitzenreiter dieser Saison unter den neuen deutschen Dramatikern ist Peter Weiss mit seinem Stück »Hölderlin«: Nach der Uraufführung am 18. September in Stuttgart (Inszenierung von Peter Palitzsch) wird es noch in derselben Spielzeit von 16 Bühnen nachgespielt. Das Drama über den Dichter, der an der Revolution zerschellt, wird unter Theatermachern zum Lieblingsstück, bleibt aber unter Kritikern umstritten. Georg Hensel findet: »Selbstverständlich ist Hölderlins Biographie kein Einwand gegen irgendein Theaterstück über Hölderlin, und sei es noch so töricht. Während mir aber die Manipulationen der Jungfrau von Orleans durch Shakespeare, Voltaire, Schiller, Shaw, Anouilh und Brecht so gleichgültig sind wie jede Jungfrau, will ich bei Hölderlin, der mir nicht gleichgültig ist, doch wissen, was man mit ihm angestellt hat.« (Siehe auch Übersicht »Uraufführungen« im Anhang.)

In seinem Stück »Blut am Hals der Katze« spielt Faßbinder einen Polizisten. Hier bemüht er sich um die Gunst des »Mädchens« (Hanna Schygulla).

Uraufführung von »Der Ritt über den Bodensee« in Berlin. Schauspieler v. l.: Bruno Ganz, Guenter Lampe, Edith Clever, Otto Sander und Jutta Lampe.

»Peer Gynt«, inszeniert von Peter Stein an der Berliner Schaubühne, ist das Theaterereignis der Saison. Aufwendige Kostüme prägen das Bühnenbild.

Zwei große Darsteller im deutschen Theater

Mit Elisabeth Flickenschildt und Will Quadflieg stehen im Hamburger Schauspielhaus zwei große deutsche Schauspieler auf der Bühne: In »Wecken Sie Madame nicht auf« von Jean Anouilh werden die beiden begeistert gefeiert. Quadflieg ist seit 1947 am Hamburger Schauspielhaus engagiert. Flickenschildt gehörte von 1955 bis 1963 dem Ensemble an. Seither ist sie keine feste Bühnenbindung mehr eingegangen. Gastspiele führten beide Schauspieler auch an große internationale Theater.

◁ Flickenschildt (l.) und Quadflieg in »Wecken Sie Madame nicht auf«

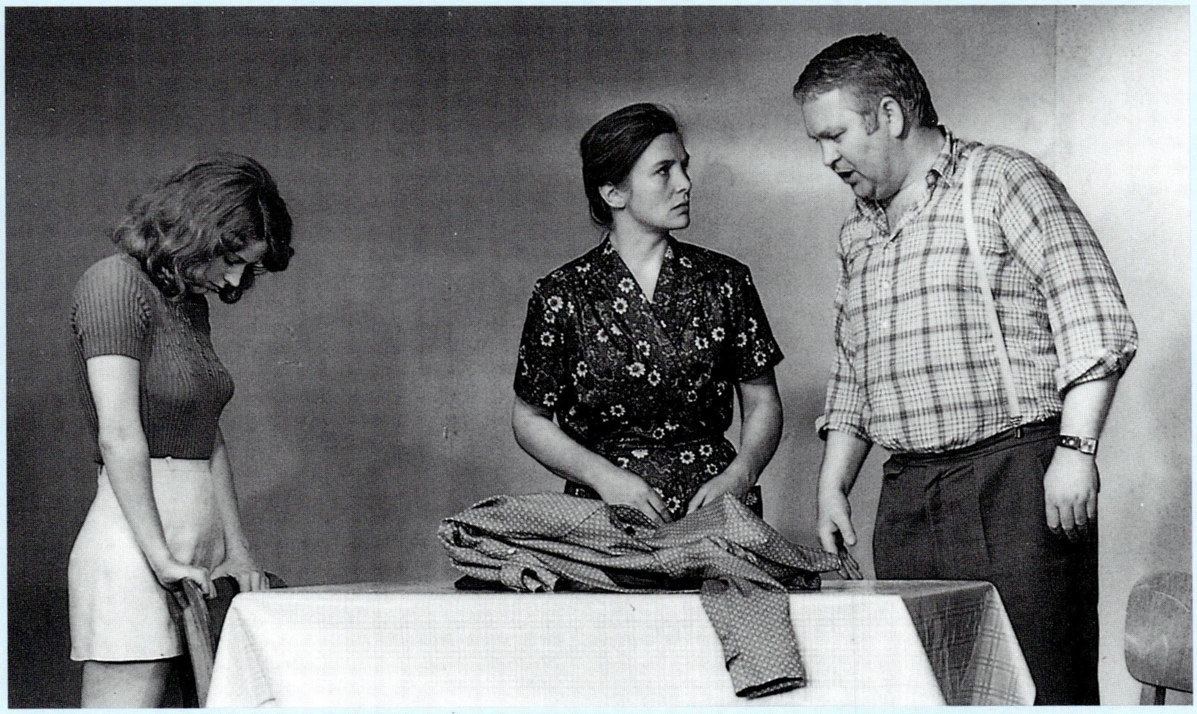

»Wildwechsel«-Uraufführung in Dortmund (v. l.): Barbara Freier, Karin Mitterhauser und Jürgen Dessau

Faßbinder und Kroetz – Inkarnation gesellschaftskritischer Dramatik

Das Selbstverständnis des Theaters hat sich durch die Politisierung von 1968 verändert, es schwankt zwischen Festtagskultur und gesellschaftskritischem Anspruch.

Auf Sozial- und Gesellschaftskritik eingestimmt erscheint die neue deutsche Dramatik an den Münchner Kammerspielen, wo im April »Der Dra-Dra« von Wolf Biermann und zwei Einakter (»Hartnäckig« und »Heimarbeit«) von Franz Xaver Kroetz uraufgeführt werden. Kroetz, der bei der Experimenta 1971 in Frankfurt »so etwas wie einen westlichen sozialistischen Realismus« fordert, und schon im Juni in Dortmund eine dritte Uraufführung erlebt (»Wildwechsel« → 3. 6./S. 115), verbindet in seinen Stücken Bauerntheater mit Melodramatik. Ähnlich verfährt Rainer Werner Faßbinder, der wie Kroetz aus Bayern stammt und dabei ist, vom Anti-Theater-Macher zum Regisseur und Dramatiker aufzusteigen. Im März zeigt er in Nürnberg mit seinem Münchener »antitheater«-Kollektiv die Uraufführung des Stücks »Blut am Hals der Katze« (20. 3.), im Juni inszeniert Peer Raben bei der Experimenta Faßbinders Melodrama »Die bitteren Tränen der Petra von Kant« (5. 6.), im Dezember setzt Faßbinder im Bremer Concordia-Theater sein Stück »Bremer Freiheit« in Szene. Daneben wird sein bereits 1968 uraufgeführtes Werk »Katzelmacher« allein in der Saison 71/72 von drei Theatern gespielt.

△△ Peter Roggisch spielt in Stuttgart die Titelrolle in »Hölderlin«. Peter Palitzsch inszenierte das Drama von Peter Weiss, das die Geschichte des deutschen Dichters Friedrich Hölderlin zur Grundlage hat.

△ Szenenfoto aus der Stuttgarter Uraufführung vom 18. September: Hölderlin erhält Besuch von seiner Geliebten Suzette Gontard »Diotima« (Hildegard Schmabl) im Irrenhaus.

Februar 1971

Mo	Di	Mi	Do	Fr	Sa	So
1	2	3	4	5	6	7
8	9	10	11	12	13	14
15	16	17	18	19	20	21
22	23	24	25	26	27	28

1. Februar, Montag

Der syrische Ministerpräsident Hafis Asad trifft zu zweitägigen Gesprächen mit sowjetischen Regierungsmitgliedern in Moskau zusammen. Es ist die erste Auslandsreise von Asad außerhalb der arabischen Welt seit seiner Machtübernahme im November 1970 (→ 13. 3./S. 55).

Führende Mitglieder der Sozialistischen Partei Spaniens (PSOE; Partido Socialista Obrero Español), darunter der Rechtsanwalt Mugica Herzog, werden von der Regierung in Madrid verhaftet. In ihrem Besitz befand sich angeblich Propagandamaterial gegen das Franco-Regime.

An der Freien Universität Berlin beginnt ein fünftägiger Studentenstreik. → S. 43

In der Bundesrepublik Deutschland wird die Preisbindung für Trinkmilch aufgehoben. → S. 44

2. Februar, Dienstag

Die Bundesrepublik und Frankreich unterzeichnen in Bonn ein Abkommen über Kriegs- und NS-Verbrecher. Demnach dürfen bundesdeutsche Gerichte Ermittlungsverfahren gegen deutsche Kriegsverbrecher einleiten, die in Abwesenheit bereits in Frankreich verurteilt worden sind.

Die Bonner Botschafter der drei West-Alliierten sagen ein Treffen in Berlin (West) mit dem sowjetischen Botschafter in der DDR ab. Sie antworten damit auf die jüngsten Behinderungen des Transitverkehrs durch DDR-Behörden (→ 28. 1./S. 12).

In Zürich wird ein 28jähriger Mechaniker wegen Kunstdiebstahls zu 18 Monaten Gefängnis verurteilt. Der Mann hatte von Oktober 1967 bis August 1968 aus der Zentralbibliothek und der Technischen Hochschule 653 Bilder gestohlen.

In Santiago unterliegt die chilenische Nationalmannschaft bei einem Qualifikationsspiel zur Fußball-Europameisterschaft der Elf aus der DDR mit 0:1.

3. Februar, Mittwoch

Auf der Konferenz der Organisation amerikanischer Staaten (OAS) in Washington wird die erste Konvention der Welt gegen Diplomatenentführungen verabschiedet. Sie sieht die Ausweisung oder Asylverweigerung für alle Personen vor, denen ein Verbrechen an Diplomaten nachgewiesen wurde.

Im Rahmen der Haushaltsdebatte kommt es im Deutschen Bundestag zu heftigen Auseinandersetzungen über die Innenpolitik. Bundeskanzler Willy Brandt verläßt den Saal, als der stellvertretende Fraktionsvorsitzende der CDU/CSU, Manfred Wörner, ihm vorwirft, eine Politik der Illusion zu betreiben. → S. 42

Der schleswig-holsteinische Finanzminister Hans-Hellmuth Qualen tritt aus der FDP aus. → S. 43

In der Bundesrepublik gibt der Verband der deutschen Zigarettenindustrie bekannt, künftig die Werbung stark reduzieren und im Fernsehen ganz einstellen zu wollen.

Die 14jährige Shane Gould aus Australien schwimmt in Sydney mit 8:58,1 min Weltrekord über 800 m Freistil (→ 12. 12./S. 205).

4. Februar, Donnerstag

Der ägyptische Staatspräsident Muhammad Anwar As Sadat gibt vor der Nationalversammlung bekannt, daß die Waffenruhe am Sueskanal bis zum 7. März verlängert wird. → S. 36

Bundesaußenminister Walter Scheel trifft zu einem zweitägigen Besuch in London ein, um mit der britischen Regierung den Beitritt Großbritanniens zur Europäischen Wirtschaftsgemeinschaft zu erörtern (→ 28. 10./S. 167).

In London meldet der Triebwerkkonzern Rolls-Royce Konkurs an. → S. 39

Eltern und Schüler der schleswig-holsteinischen Stadt Ahrensburg fahren in einem Schulbus mit der Aufschrift »Wir suchen Lehrer« in Kiel und Flensburg von Schule zu Schule. Sie wollen auf den Lehrermangel aufmerksam machen und für neue Lehrer werben.

5. Februar, Freitag

800 britische Universitätslehrer protestieren in einer Erklärung gegen die Ausweisung des früheren bundesdeutschen Studentenführers Rudi Dutschke aus Großbritannien (→ 8. 1./S. 14).

Die US-amerikanischen Astronauten Alan B. Shepard und Edgar D. Mitchell landen mit der Fähre »Antares« auf dem Mond. → S. 39

Im Landkreis Harburg werden 15 000 l abgelagerter Giftstoffe neben einem Tiefbrunnen gefunden. → S. 44

6. Februar, Samstag

Auf dem VIII. Plenum des Zentralkomitees der Vereinigten Polnischen Arbeiterpartei in Warschau schließen die Delegierten den früheren Parteichef Wladyslaw Gomulka wegen wirtschaftspolitischer Fehler in seiner Amtszeit (1956–1970) aus (→ 18. 1./S. 19).

Tuscania, eine der schönsten Städte Norditaliens, wird bei einem Erdbeben weitgehend zerstört. → S. 39

7. Februar, Sonntag

In der Schweiz wird durch Volksabstimmung das Frauenwahlrecht auf Bundesebene eingeführt. → S. 32

Hildegard Hamm-Brücher (FDP), Staatssekretärin im Bundeswirtschaftsministerium, schlägt Bundeskanzler Willy Brandt für den diesjährigen Friedensnobelpreis vor. Brandt habe einen »historischen Beitrag zur Friedenssicherung in Europa und in der Welt geleistet« (→ 20. 10./S. 166).

Nina Statkewitsch (UdSSR) wird in Helsinki Weltmeisterin im Eisschnelllauf (→ 14. 2./S. 45).

8. Februar, Montag

Im Vietnamkrieg wird eine dritte Front eröffnet. → S. 34

Das Bundespostministerium in Bonn hebt die am 7. Februar zum Schutz von Terroranschlägen verfügte Beschränkung des internationalen Luftpost- und Luftfrachtverkehrs weitgehend auf.

Das Verteidigungsministerium in Bonn erläßt den sog. Haarnetz-Befehl. → S. 44

9. Februar, Dienstag

Auf einer Tagung in Brüssel (8. bis 9. 2.) beschließt der Ministerrat der Europäischen Wirtschaftsgemeinschaft, bis 1980 stufenweise die Wirtschafts- und Währungsunion zu errichten. → S. 38

Bei Aitrang im Allgäu entgleist der »TEE Bavaria« aufgrund überhöhter Geschwindigkeit. 29 Menschen kommen ums Leben, etwa 40 werden schwer verletzt (→ 27. 5./S. 96).

Ein Erdbeben im Süden Kaliforniens fordert 40 Todesopfer (→ 6. 2./S. 39).

10. Februar, Mittwoch

In Frankfurt kommt es bei einer Fahndungsaktion zu einer Schießerei zwischen der Polizei und zwei Mitgliedern der terroristischen Baader-Meinhof-Gruppe. → S. 43

Die Künstler Joseph Beuys, Klaus Staeck und Erwin Heerich protestieren in einem Aufruf gegen die konservativ ausgerichteten und strukturierten Kunstmärkte in der Bundesrepublik. Sie ständen den Interessen der Künstler und des Publikums entgegen.

Bei einem Qualifikationsspiel zur Fußball-Europameisterschaft schlägt die DDR in Montevideo das Team aus Uruguay mit 3:0.

11. Februar, Donnerstag

Im Rahmen der Genfer Abrüstungskonferenz unterzeichnen die USA, die Sowjetunion und Großbritannien den »Vertrag über das Verbot der Anbringung von Kernwaffen und anderen Massenvernichtungsmitteln auf dem Meeresboden und im Meeresuntergrund«. → S. 37

US-Präsident Richard M. Nixon legt in Washington ein Umweltschutzprogramm vor (→ S. 92).

Erstmals beschließt die Bonner Regierung die »entwicklungspolitische Konzeption der Bundesrepublik Deutschland«. Sie enthält die Grundzüge der Entwicklungspolitik und soll alle zwei Jahre fortgeschrieben werden.

In Stockholm gibt das schwedische Parlament mit 184 gegen 128 Stimmen die Pornographie frei.

12. Februar, Freitag

In Bonn wird der Bundeshaushalt gegen die Stimmen der CDU/CSU-Opposition in dritter Lesung verabschiedet. → S. 42

Das Bonner Kabinett verabschiedet einen Gesetzentwurf zur Reform des Lebensmittelgesetzes. Demnach werden generell alle Zusatzstoffe genehmigungspflichtig.

Beamte des Bundeskriminalamts verhaften 13 mutmaßliche Mitglieder der terroristischen Baader-Meinhof-Gruppe (→ 10. 2./S. 43).

Die britische Steuerbehörde stellt für Damenbekleidung eine neue Maßtabelle auf, so daß auch die »Hot pants« oder »heißen Höschen« der Besteuerung der Erwachsenenbekleidung unterworfen werden können. Bislang gehörte der Modeartikel der Größe nach zu den steuerfreien Kindershorts (→ S. 115).

13. Februar, Samstag

Die Regierung der Volksrepublik China verurteilt den Einmarsch südvietnamesischer und amerikanischer Truppen in Laos. Peking droht, dem »amerikanischen Imperialismus« nicht tatenlos zusehen zu wollen (→ 8. 2./S. 34).

Auf einer Sitzung des polnischen Parlaments in Warschau wird der frühere Parteichef Wladyslaw Gomulka überraschend nicht aus dem Staatsrat ausgeschlossen (→ 18. 1./S. 19).

Die sechs am Persischen Golf liegenden ölexportierenden Länder und der Delegationsleiter der westlichen Ölgesellschaften, Lord Strathalmond, unterzeichnen nach wochenlangem Tauziehen in Teheran ein neues Ölpreis-Abkommen für fünf Jahre. → S. 37

Das Bundestagspräsidium in Bonn veröffentlicht eine »Ehrenordnung« für Bundestagsabgeordnete. Künftig sollen die Abgeordneten dem Präsidium ihre Nebeneinkünfte mitteilen und genauere Berufsangaben machen.

14. Februar, Sonntag

Die israelische Regierung löst in der von ihr besetzten Stadt Gasa den Stadtrat auf, da das Gremium seine Pflichten vernachlässigt und mit Israel nicht zusammengearbeitet hätte. Die Stadt wird unter Militärverwaltung gestellt.

Bundesaußenminister Walter Scheel (FDP) wird in München aufgrund »vorbildlichen demokratischen Verhaltens und Zivilcourage« mit dem Theodor-Heuss-Preis ausgezeichnet.

Der Niederländer Ard Schenk wird in Göteborg Weltmeister im Eisschnelllauf. → S. 45

Mit Heft 1/2 im Februar 1971 erscheint die erste Ausgabe von »Bild der Zeit«. Die bundesdeutsche Zeitschrift ist dem sog. Bildjournalismus vorbehalten, der seit Ende der 60er Jahre größere Bedeutung gewonnen hat. Fotoreportagen berichten von A bis Z über Länder in aller Welt.

15. Februar, Montag

Die polnische Regierung macht die Preiserhöhungen, die im Dezember 1970 zu blutigen Unruhen geführt hatten, wieder rückgängig (→ 18. 1./S. 19).

Großbritannien führt in der Währung das Dezimalsystem ein. → S. 38

In Brüssel treiben 50 belgische Jungbauern drei Kühe in den Sitzungssaal der Landwirtschaftsminister der Europäischen Wirtschaftsgemeinschaft. Sie wollen damit gegen die Preispolitik der EWG protestieren (→ 25. 3./S. 56).

In einem Qualifikationsspiel zur Fußball-Europameistrschaft trennen sich die Mannschaften von Uruguay und der DDR in Montevideo 0:0.

16. Februar, Dienstag

Bundesaußenminister Walter Scheel (FDP) trifft zu einem einwöchigen Besuch in Washington ein. Gegenstand der Gespräche mit der US-Regierung ist u. a. der Stand der Berlin-Verhandlungen (→ 3. 9./S. 152).

Bundespostminister Georg Leber (SPD) eröffnet den Telefon-Selbstwähldienst mit Japan. Damit kann das 16. Land aus der Bundesrepublik direkt angewählt werden.

Der Münchener Oberbürgermeister Hans-Jochen Vogel (SPD) gibt bekannt, daß er für die Amtsperiode 1972 bis 1978 nicht mehr kandidieren will. → S. 43

Bundesinnenminister Hans-Dietrich Genscher (FDP) ordnet an, daß alle unverheirateten weiblichen Berufstätigen in verantwortungsvoller Stellung mit »Frau« anzureden sind.

17. Februar, Mittwoch

Die katholische Kirche in Rhodesien begrenzt unter dem Druck der Regierung den Anteil der farbigen Schüler in den kirchlichen Schulen auf 6%.

Eine Untersuchung der Bundesbank ergibt, daß Automaten und die Sammelleidenschaft der Bundesbürger die Ursachen für die Kleingeldknappheit in Deutschland sind. Die Bank will den Engpaß bis 1972 durch Neuprägungen beseitigen.

Ein Test des Allgemeinen Deutschen Automobil-Clubs (ADAC) in München ergibt, daß bei 54% aller Personenwagen der Anteil von Kohlenmonoxyd in den Auspuffgasen über der gesetzlich zugelassenen Höchstmenge liegt.

Der Fernsehrat in Mainz wählt Karl Holzamer (65) für weitere fünf Jahre zum Intendanten des ZDF.

In Tirana schlägt die DFB-Auswahl Albanien in einem Qualifikationsspiel zur Fußball-Europameisterschaft 1:0 (→ 10. 10./S. 177).

18. Februar, Donnerstag

Mehr als 700 000 Schüler bleiben in Paris dem Unterricht fern. Sie protestieren gegen ein Schnellgerichtsverfahren, in dem ein Oberschüler zu sechs Monaten Gefängnis verurteilt wurde, weil er während einer Demonstration einen Polizisten geschlagen haben soll.

Aus Protest gegen den Erlaß der belgischen Regierung, Vorauszahlungen für die neu eingeführte Mehrwertsteuer zu leisten, bleiben in Brüssel alle Einzelhandelsgeschäfte, Cafés, Restaurants, Parkhäuser und Kinos geschlossen.

19. Februar, Freitag

In Wien scheitern Verhandlungen der Sozialistischen Partei, der Volks- und der Freiheitlichen Partei zur Reform des österreichischen Bundesheeres an unterschiedlichen Auffassungen über die geplante Bereitschaftstruppe von 15 000 längerdienenden Soldaten (→ 15. 7./S. 126).

Das Präsidium der SPD wirft dem Vorsitzenden Willy Brandt vor, gegenüber radikalen Kräften innerhalb der Partei zu nachsichtig zu sein (→ 16. 2./S. 43).

In der Bundesrepublik billigt der Bundesrat das »Gesetz zum Schutz gegen Fluglärm«. → S. 44

20. Februar, Samstag

Tausende US-Amerikaner leben 40 Minuten in der Furcht vor einem dritten Weltkrieg. Durch einen technischen Fehler im nationalen Warnzentrum wird falscher Alarm ausgelöst. → S. 37

Der frühere bundesdeutsche Studentenführer Rudi Dutschke verläßt nach drei Jahren London und nimmt eine Stelle als Hilfsdozent an der dänischen Universität Århus an (→ 8. 1./S. 14).

21. Februar, Sonntag

In London demonstrieren rund 100 000 britische Arbeiter gegen den Gesetzentwurf der Regierung zur Reform der Gewerkschaften. → S. 38

Zum erstenmal in der Geschichte der französischen Luftfahrt stellen die drei Fluggesellschaften Air France, Air Inter und UTA nach einem dreitägigen Lohnstreik der Piloten den gesamten Flugverkehr ein.

In der türkischen Hauptstadt Ankara werden nach mehr als siebenstündigen Kämpfen mit der Polizei 196 linksgerichtete Studenten festgenommen (→ 12. 3./S. 54).

In London entdecken britische Forscher Anzeichen für die mögliche Existenz des radioaktiven Transuranelements 112.

In Wien unterzeichnet die Rauschgiftkonferenz der Vereinten Nationen eine Konvention über psychotropische Substanzen. → S. 45

In Berlin spricht sich die Synode der Evangelischen Kirche in Deutschland (EKD) für die Ostpolitik der SPD/FDP-Bundesregierung aus. Sie bezeichnet sie als »eine Politik des Friedens und der Versöhnung«.

In München geht die Internationale Sportartikelmesse (ISPO) 71 zu Ende. Vier Tage lang zeigten 835 Aussteller aus 25 Nationen für mehr als 10 000 Fachhändler Neues und Modisches aus der Welt des Sports.

22. Februar, Montag

Die britische Regierung beschließt, die Lieferung von sieben Militär-Helikoptern an die Republik Südafrika zu bewilligen. Der Generalsekretär der Vereinten Nationen (UN), Sithu U Thant, kritisiert diese Entscheidung, da sie dem UN-Beschluß über ein Waffenembargo für Südafrika widerspricht (→ 14. 1./S. 18).

Der am 31. Juli 1970 von den uruguayischen Stadtguerillas »Tupamaros« entführte brasilianische Konsul, Aloysio Mares Dias Gomide, wird auf freien Fuß gesetzt, ohne daß die Forderung nach der Freilassung mehrerer politischer Häftlinge von der Regierung in Montevideo erfüllt wurde.

Durch schwere Wirbelstürme und Überschwemmungen kommen in New Orleans 74 Menschen ums Leben.

Die britische Stiftung für Forschung und Erziehung veröffentlicht eine Umfrage, in der Schüler nach ihren Lieblingsschriftstellern gefragt wurden. Die Reihenfolge lautet: Ian Flemming, D. H. Lawrence, Agatha Christie, H. G. Wells, Charles Dickens, George Orwell.

Hunderttausende sehen die Rosenmontagszüge in den Karnevalshochburgen Mainz, Köln und Düsseldorf. → S. 44

23. Februar, Dienstag

Eine vom Institut für Demoskopie in Allensbach veröffentlichte Umfrage ergibt, daß ein 1600-DM-Netto-Monatsgehalt nach Ansicht der Bundesbürger zu den Spitzenverdiensten zählt.

24. Februar, Mittwoch

Die algerische Regierung beschließt, 51% des Kapitals der französischen Erdölgesellschaften zu verstaatlichen. Frankreich bricht daraufhin die Zusammenarbeit mit Algerien auf dem Erdölsektor ab.

Die Münchner Volkshochschule kündigt angesichts der Olympischen Spiele, die 1972 in der Stadt ausgerichtet werden, für das kommende Semester das Fach »Olympiakunde« an. Neben der Vermittlung von Sprachkenntnissen sollen die Teilnehmer über Gebäude und Organisation der Spiele informiert werden.

25. Februar, Donnerstag

In Brüssel endet ein dreitägiger jüdischer Weltkongreß zur Lage der Juden in der Sowjetunion. → S. 37

Im Auswärtigen Amt in Bonn beginnen die deutsch-sowjetischen Wirtschaftsverhandlungen über ein längerfristiges Warenabkommen und eine technisch-wirtschaftliche Zusammenarbeit. Die letzten handelsvertraglichen Abmachungen zwischen beiden Ländern sind bereits 1963 ausgelaufen.

Auf der öffentlichen Vollversammlung des deutschen Industrie- und Handelstages in Bonn versichert Bundeskanzler Willy Brandt, daß entgegen der Befürchtungen von Unternehmen die marktwirtschaftliche Ordnung durch das Reformprogramm der Bundesregierung nicht beeinträchtigt wird.

26. Februar, Freitag

In der nordirischen Hauptstadt Belfast treffen zum erstenmal ein nordirischer Premierminister, Robert Chichester-Clark, und ein römisch-katholischer Primas von All-Irland, Kardinal William Conway, zusammen. Gegenstand des Gesprächs ist das gespannte Verhältnis von Protestanten und Katholiken in Nordirland (→ 9. 8./S. 136).

27. Februar, Samstag

Nach blutigen Unruhen in der kolumbianischen Stadt Cali verhängt Präsident Misael Pastrana Borrero den Ausnahmezustand über das Land.

Auf einer Kundgebung des Bundes der Vertriebenen in Bonn wird heftige Kritik an der Ostpolitik der Bundesregierung geübt. → S. 42

In Bonn demonstrieren etwa 50 000 Landwirte aus der ganzen Bundesrepublik gegen die Agrarpolitik der Europäischen Wirtschaftsgemeinschaft. Am 8. Februar hatten bereits 10 000 bundesdeutsche Bauern an der deutsch-dänischen Grenze gegen die europäische Preispolitik demonstriert. Die Landwirte fordern höhere Erzeugerpreise (→ 25. 3./S. 56).

28. Februar, Sonntag

In Liechtenstein wird durch Volksabstimmung die Einführung des Frauenwahlrechts abgelehnt (→ 7. 2./S. 32).

Bundeswirtschaftsminister Karl Schiller eröffnet die 46. Internationale Frankfurter Frühjahrsmesse.

Der »Ärztliche Arbeitskreis Rauchen und Gesundheit« fordert die Einführung des Rauchverbots an allen Arbeitsplätzen, an denen Jugendliche und Nichtraucher beschäftigt sind.

Im französischen Lyon enden die Eiskunstlauf-Weltmeisterschaften. → S. 45

Im niederländischen Apeldoorn verteidigen die Belgier Eric de Vlaeminck (Profis) und Robert Vermeire (Amateure) ihre Titel als Querfeldein-Weltmeister im Radsport. → S. 45

Das Wetter im Monat Februar

Station	Mittlere Lufttemperatur (°C)	Niederschlag (mm)	Sonnenscheindauer (Std.)
Aachen	3,3 (2,1)	170* (59)	– (74)
Berlin	2,1 (0,4)	140* (40)	– (78)
Bremen	3,4 (0,9)	163* (48)	– (68)
München	–0,7 (–0,9)	143* (50)	– (72)
Wien	2,6 (0,6)	34 (41)	63 (81)
Zürich	–0,1 (0,2)	57 (61)	87 (79)

( ) Langjähriger Mittelwert für diesen Monat
– Wert nicht ermittelt; * Nov. '70–Febr. '71

Die schweizerische »Kulturelle Monatsschrift du« ist eine der international angesehensten Kunstzeitschriften. Die Februar-Ausgabe dieses 31. Jahrgangs ist in erster Linie dem Fasching gewidmet.

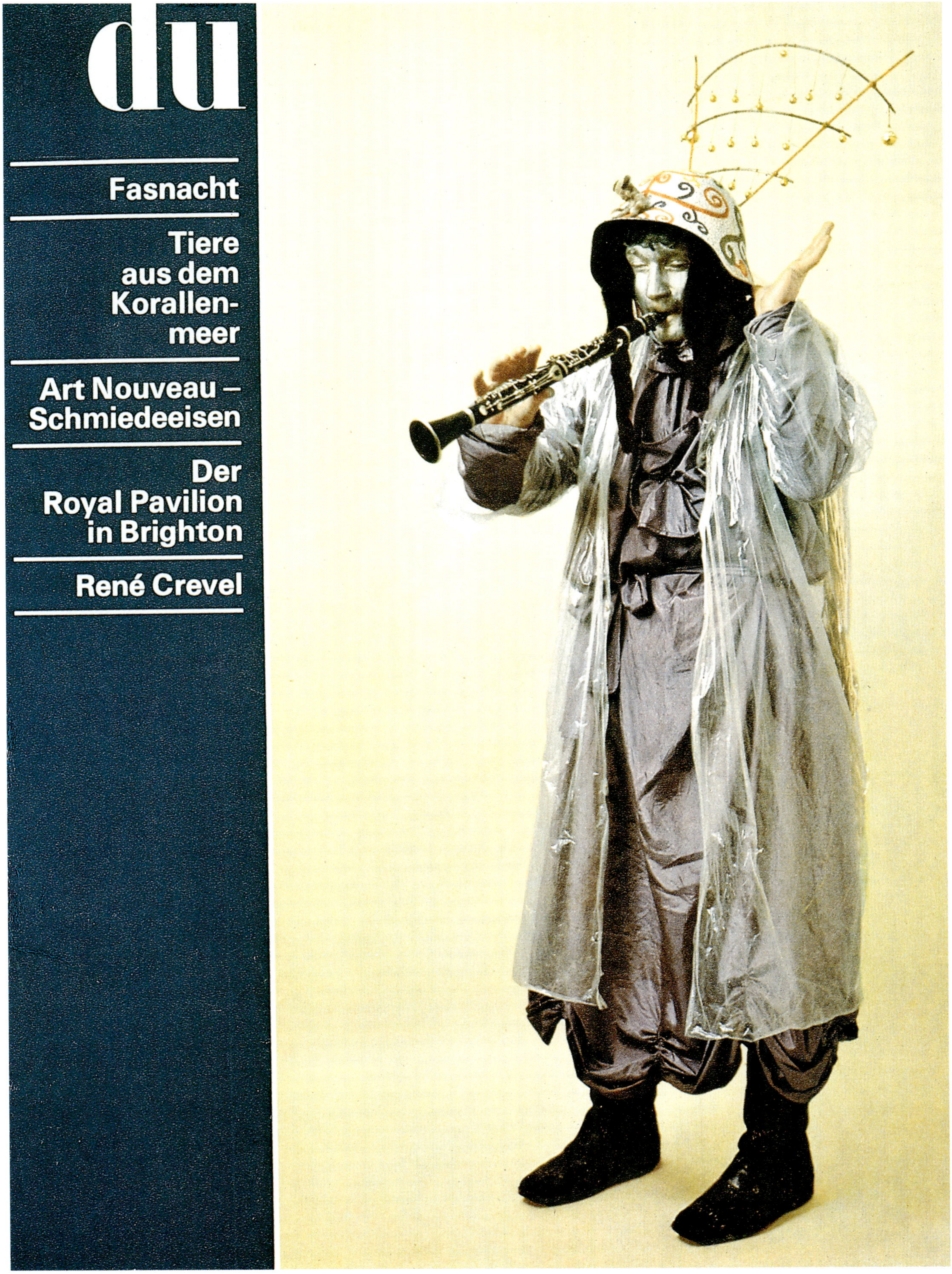

Das Ja der Schweizer Männer für das Frauenwahlrecht

7. Februar. Durch Volksabstimmung wird in der Schweiz das aktive und passive Frauenwahlrecht auf Bundesebene eingeführt. Mit 621 403 Ja- gegen 323 596 Nein-Stimmen sprechen sich die stimmberechtigten Männer für die politische Gleichberechtigung der Frau aus. Die Wahlbeteiligung liegt bei 57%.

Damit führt die Schweiz als eines der letzten europäischen Länder das Frauenstimmrecht ein (siehe »Rückblick«). In Artikel 74 der Schweizer Bundesverfassung heißt es nun: »Bei eidgenössischen Wahlen und Abstimmungen haben Schweizer und Schweizerinnen die gleichen politischen Rechte und Pflichten. Stimm- und wahlberechtigt bei solchen Abstimmungen sind alle Schweizer und Schweizerinnen, die das 20. Altersjahr zurückgelegt haben. Für Abstimmungen und Wahlen der Kantone und Gemeinden bleibt das kantonale Recht vorbehalten.«

Nach der Volksabstimmung steht die Annahme des Frauenstimmrechts in der Schweiz bei der »Neuen Zürcher Zeitung« an erster Stelle. In der Ausgabe vom 9. Februar heißt es: »Die Schweiz ist damit um eine Eigenart ärmer geworden, um eine Eigenart allerdings, die ihr nicht gerade zum Ruhme gereichte. Das Ja vom vergangenen Sonntag hat ihre internationale Stellung jedenfalls verbessert . . .; ausschlaggebend war aber die Einsicht, daß die politische Diskriminierung der Frau in unserer direkten Demokratie unhaltbar geworden ist.«

Bei den Nationalratswahlen vom 31. Oktober 1971 können die Schweizerinnen erstmals von ihrem neuen Recht Gebrauch machen. Durch die Beteiligung der Frauen verdoppelt sich zwar die Zahl der Wahlberechtigten, doch ändert sich an den Mehrheitsverhältnissen wenig. Zum erstenmal werden zehn weibliche Abgeordnete in den Nationalrat gewählt. Die Abgeordnete der Sozialdemokraten, Lilian Uchtenhagen spricht als erste Frau im Parlament.

Am 22./23. Juni 1970 hat der Nationalrat über das Frauenstimmrecht beraten. Der Antrag des Bundesrates auf Volksabstimmung wurde mit großer Mehrheit gebilligt. Die Forderung, gleichzeitig auch alle Kantone zur Entscheidung über das Frauenwahlrecht zu zwingen, wurde jedoch abgelehnt.

Ein erster Anlauf, in der Schweiz das Frauenstimmrecht auf Bundesebene einzuführen, scheiterte am 1. Februar 1956. Damals sprachen sich noch zwei Drittel der Schweizer dagegen aus. In den Kantonen Waadt und Neuenburg wurde das Frauenwahlrecht aber auf kantonaler Ebene angenommen. Weitere Kantone zogen nach: Genf (1960), Basel (1966/68), Zürich, Tessin (beide 1969) und Wallis (1970). 1971 entschieden sich dann auch die Kantone Freiburg, Schaffhausen, Aargau, Bern und Glarus für das Frauenstimmrecht.

Langer Kampf für politische Gleichberechtigung

Chronik Rückblick

Die Diskussion um das Stimmrecht der Frauen ist mit der Entstehung der Frauenbewegungen aufgebracht worden.

Die ersten Frauengruppen formierten sich im Zuge der Französischen Revolution von 1789 in Frankreich. 1791 veröffentlichte die französische Schauspielerin Olympe de Gouges ihre »Erklärung der Rechte der Frau und der Bürgerin«. Ein Jahr später proklamierte auch die Britin Mary Wollstonecraft die Gleichberechtigung der Frau. Beide forderten u. a. die Einführung des aktiven und passiven Frauenwahlrechts.

In Deutschland entstanden als Folge der Märzrevolution von 1848 die ersten Frauenorganisationen. 1902 wurde der »Verein für Frauenstimmrecht« unter dem Vorsitz von Anita Augsburg gegründet. Hinsichtlich des Wahlrechts verfolgten die verschiedenen Gruppen keine gemeinsame Linie. Der radikale Teil erklärte die Einführung des Wahlrechts zur vorrangigen Aufgabe, die Konservativen sahen darin eher ein Fernziel.

Einführung des Frauenwahlrechts

Jahr	Land	Jahr	Land
1893	Neuseeland	1920	USA
1906	Finnland	1921	Schweden
1913	Norwegen	1928	Großbritannien
1915	Dänemark	1934	Türkei
1917	UdSSR	1944	Frankreich
1918	Deutschland	1971	Schweiz
1918	Österreich	1976	Liechtenstein

Zu den herausragenden Verfechterinnen der Gleichberechtigung in Deutschland zählte Clara Zetkin, die ab 1889 die sozialistische Frauenbewegung prägte. Die SPD, der Zetkin zunächst angehörte, verabschiedete 1891 ein Forderungsprogramm für Frauen, das auch das Wahlrecht anstrebte.

Mit Demonstrationen, aber auch mit Hungerstreiks und gewaltsamen Aktionen traten die britischen Suffragetten entschieden für die Rechte der Frau ein.

International traten besonders die britischen Frauenrechtlerinnen hervor, die sog. Suffragetten, allen voran Emmeline Pankhurst. Auf Anregung deutscher Sozialistinnen fand 1907 in Stuttgart die erste internationale Konferenz sozialistischer Frauen statt. Es wurden internationale Frauentage geplant, um das Wahlrecht durchzusetzen. 1911 fand in Dänemark, Deutschland, Österreich und der Schweiz der erste internationale Frauentag statt. In Deutschland wurde er 1913 zu einer Frauenwahlrechtswoche ausgeweitet.

Plakat von Ernst Kaiser, 1920

Unbekannter Künstler, 1946

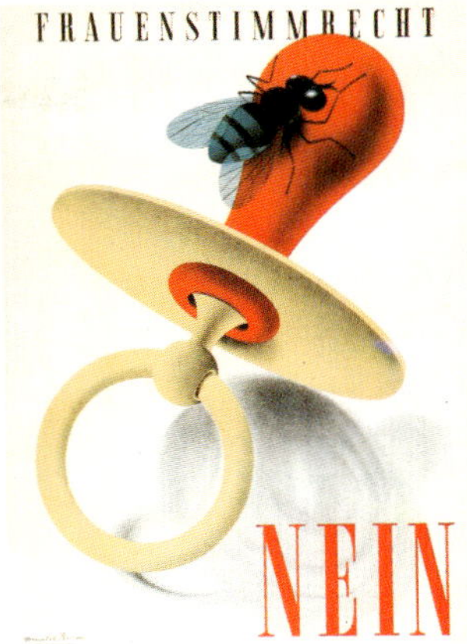

Plakat von Donald Brun, 1946

Unbekannter Künstler, 1954

Plakat von Celestino Piatti, 1959

Zürcher Aktionskomitee, 1966

Stimmrechtsplakat, 1971

»Ein Jahr für die Frau«, 1971

Plakat von Peter Freis, 1971

Schaffhauser Plakat, 1971

Von einem entschiedenen »Nein« bis zu einem herzlichen »Ja« – so änderte sich im Laufe der Zeit die Einstellung der Schweizer Männer zum Frauenstimmrecht. Bis Mitte des Jahrhunderts sahen die Männer die Frauen lieber in ihrer traditionellen Rolle. Seit den 50er Jahren traute man ihnen dann doch politisches Verständnis zu. Auch in der Schweiz formierten sich die Frauen, um für ihre politischen Rechte einzutreten. 1909 wurde z. B. der »Schweizerische Verband für das Frauenstimmrecht« gegründet. Der männliche Chauvinismus verhinderte jedoch extrem lang das Wahlrecht für die Schweizerinnen.

*Die Französin Marie Curie (*7. 11. 1867, † 4. 7. 1934) erhielt zweimal den Nobelpreis: 1903 für Physik, 1911 für Chemie.*

*Indira Gandhi (*19. 11. 1917) – seit 1966 indische Premierministerin und Parteiführerin des Indian National Congress*

Golda Meir (3. 5. 1898) ist seit 1964 israelische Ministerpräsidentin. Seit 1949 hat sie Regierungsämter inne.*

Neue Möglichkeiten: Frauen treten aus dem Schatten der Männer heraus

Zwar stehen 1971 einige Frauen an der Spitze eines Staates, u. a. Golda Meir in Israel, Indira Gandhi in Indien oder Sirimawo Bandaranaike in Ceylon. Auch haben Frauen maßgeblich die Wissenschaft mitbestimmt, z. B. Marie Curie. Dennoch bilden Frauen in Politik und Wissenschaft die Ausnahme, nicht zuletzt deshalb, weil sie erst viel später ähnliche Startchancen wie Männer erhielten. In Deutschland wurden Frauen z. B. erst 1900 zum Studium und 1918 zu akademischen Berufen zugelassen. Erst das Vereinsgesetz von 1908 erlaubte deutschen Frauen, Mitglieder einer politischen Partei zu werden.

Vietnamkrieg: Saigons blutige Laos-Offensive scheitert

8. Februar. 22 000 südvietnamesische Soldaten eröffnen in Südlaos die dritte Front des Vietnamkrieges. Sie werden von amerikanischen Jagd- und Fernbombern des Typs B 52 sowie von Hubschraubergeschwadern unterstützt.

Ziel der Großoffensive ist es, den sog. Ho-Chi-Minh-Pfad zu zerstören, der in Nord-Süd-Richtung durch Laos führt. Dieser Weg bildet für das nordvietnamesische Militär den wichtigsten Korridor zur Versorgung seiner Truppen in Kambodscha und Südvietnam.

Der Angriff der alliierten südvietnamesisch-amerikanischen Streitkräfte stößt jedoch gleich nach dem Grenzübergang bei dem südlaotischen Ort Khe Sanh auf massiven Widerstand nordvietnamesischer Einheiten. Hanoi, das bereits seit Wochen über die Angriffspläne Saigons informiert war, hatte sich auf die Offensive vorbereitet. So wurden in den vergangenen Wochen rund 35 000 Soldaten zum Schutz des kriegswichtigen Ho-Chi-Minh-Pfads im Süden von Laos zusammengezogen. Erhebliche Mengen von Kriegsmaterial konnten aus dem bedrohten Sektor des Nachschubweges im Raum Tschepone teils nach Kambodscha, teils nach Nordvietnam in Sicherheit gebracht werden.

Hanoi war durch ein Treffen laotischer und südvietnamesischer Generale, das bereits Anfang Januar stattfand, auf einen bevorstehenden Angriff Saigons aufmerksam geworden. Die Militärs hatten sich ohne Wissen des laotischen Ministerpräsidenten Suvanna Phuma über die Grundzüge einer alliierten Offensive in dem offiziell neutralen Laos geeinigt.

Suvanna, der stets die Neutralität seiner Regierung im Vietnamkrieg betont, wird erst zwei Tage vor dem Angriff bei Khe Sanh von seinem Generalstab informiert. Er protestiert gegen den Einmarsch der südvietnamesischen Truppen, macht aber zugleich Nordvietnam für die Situation verantwortlich. Hanoi hat im Verlauf des Vietnamkriegs rund 70 000 Soldaten nach Laos eingeschleust.

Die laotischen Militärs erhoffen sich von einem Zusammenwirken mit den alliierten Truppen vor allem Hilfe in ihrem Kampf gegen Hanoi und die kommunistische Pathet-Lao-Bewegung. Unter der Führung von Prinz Suvannavong, einem Halbbruder des laotischen Ministerpräsidenten, versucht sie seit Jahren die Regierung zu stürzen. Die Pathet Lao kontrolliert weite Gebiete von Ostlaos und arbeitet eng mit Hanoi zusammen. Sie ermöglicht den Nordvietnamesen maßgeblich, den Ho-Chi-Minh-Pfad zu unterhalten.

US-Hubschrauber versorgen die südvietnamesischen Truppen aus der Luft.

Die Großoffensive der USA und Südvietnams führt nicht zu dem schnellen Erfolg, den sich die Alliierten versprochen hatten. Erst nach vierwöchigen erbitterten Kämpfen gelingt die Einnahme der Stadt Tschepone, die 50 km von der Grenze zu Vietnam entfernt liegt. Sie war das Hauptziel der Operation. Die Stadt, die unmittelbar am Ho-Chi-Minh-Pfad liegt, bildet einen der nordvietnamesischen Stützpunkte für die Verteidigung des Nachschubweges. Die Alliierten stellen jedoch bald fest, daß mit der Einnahme einer Stadt die Verbindung zwischen Hanoi und seinen südlichen Nachbarn nicht unterbrochen werden kann.

Der Ho-Chi-Minh-Pfad ist keine durchtrennbare Linie, sondern ein ganzes Netz von Nachschubwegen. An manchen Stellen bis zu 60 km breit, bildet er im Dschungel von Laos ein Gewirr von Fußpfaden, die kaum 1 m breit sind, von Kanälen, Flüssen, aber auch kurzen zweispurigen Autostraßen mit Kiesbelag. Vor der Beobachtung aus der Luft schützt ein undurchdringliches Dschungeldach.

Eine Gegenoffensive der nordvietnamesischen Truppen zwingt die Südvietnamesen schließlich zum Rückzug aus Laos. Der Versuch Saigons, den Ho-Chi-Minh-Pfad zu unterbrechen, scheitert endgültig trotz massiver amerikanischer Luftunterstützung.

Zum schnellen Rückzug der alliierten Streitkräfte trägt ein überraschend angesetzter Besuch des chinesischen Ministerpräsidenten Chou En-lai Anfang März in Hanoi bei. Er droht eine militärische Intervention Chinas zugunsten seines Verbündeten Hanoi an, falls Saigon den Angriff fortsetze. Nach 35 blutigen Kampftagen wird die Laos-Offensive schließlich erfolglos abgebrochen. Der Angriff fordert auf seiten der südvietnamesischen Truppen rund 5600 Tote und Vermißte. Die »teure Fehlkalkulation« (»Newsweek«) kostet die Alliierten Kriegsgerät im Wert von insgesamt 200 Mio. DM.

Die südvietnamesische Artillerie nimmt den Ho-Chi-Minh-Pfad mit modernen amerikanischen Waffen unter Beschuß.

Chou En-lai (r.) trifft in Hanoi den nordvietnamesischen Politiker Lê Duân (l.).

Durch den Ho-Chi-Minh-Pfad war Laos seit Beginn der Kämpfe in Vietnam in den Krieg einbezogen. Der für Hanoi kriegswichtige Verbindungsweg verästelt sich in Südlaos. Die Umgebung von Tschepone gehört zu den wichtigen Umschlagplätzen für Kriegsgerät. Von dort wird der gesamte Nachschub für die Truppen Nordvietnams, die in Laos, Südvietnam und Kambodscha operieren, weitergeleitet.

Entwicklung des Indochina-Konflikts seit 1946

Chronik Rückblick

Die Ursprünge des Kriegs in Indochina liegen in der Zeit der ausgehenden französischen Kolonialherrschaft in Vietnam. Ein französisch-vietnamesisches Abkommen vom 6. März 1946 sicherte der »Demokratischen Republik Vietnam« unter Präsident Ho Chi Minh den Status eines »freien Staates« innerhalb der französischen Union zu. Dennoch beanspruchte die französische Armee, die im Land verblieb, weiterhin die militärische Oberhoheit. Im Guerillakampf gegen die Franzosen drängte die vietnamesische Miliz (Vietminh), mit Hilfe militärischer Ausrüstung aus dem kommunistischen China, den Einfluß der ehemaligen Kolonialherren immer weiter zurück. Mit der Eroberung der französischen Festung Diên Biên Phu am 8. Mai 1954 gelang den Vietminh der entscheidende militärische Sieg über die Franzosen. Das am 21. Juli 1954 in Genf unterzeichnete Waffenstillstandsabkommen teilte das Land in zwei Zonen. Die kommunistischen Vietminh ließen sich im Norden nieder, die prowestlichen Vietnamesen im Süden. Die Franzosen zogen sich schließlich aus Vietnam zurück.

Im Rahmen ihres Kampfes gegen den »Weltkommunismus« beteiligten sich die USA bereits seit 1950 mit massiver Finanzhilfe für Frankreich am Krieg gegen Vietnam. Eine Teilung des Landes in zwei Zonen, die den Kommunisten einen festen Herrschaftsraum zubilligte, wurde von den USA strikt abgelehnt. Nach dem Abzug der Franzosen bauten die USA das prowestliche Südvietnam zu einem antikommunistischen Vorposten aus.

Dennoch gelang es dem Vietcong – ein Zusammenschluß kommunistischer Guerilla-Kämpfer in Südvietnam – gemeinsam mit Hanoi, die Saigoner Truppen mehr und mehr zurückzudrängen. Die USA nutzten den sog. Tonkin-Zwischenfall, bei dem die Amerikaner im August 1964 einen nordvietnamesischen Angriff auf US-Schiffe provozierten, um direkt in den Krieg einzugreifen. US-Präsident Lyndon B. Johnson ließ sich vom Kongreß zur Entsendung starker Truppenverbände nach Vietnam ermächtigen. Im Februar 1965 begann die US-Luftwaffe mit der Bombardierung Nordvietnams. Die USA konnten jedoch auch mit ihrer überlegenen Luftwaffe keinen Sieg herbeiführen.

Der Vietnamkrieg im Überblick

1. französische Phase:

▷ 6. 3. 1946: Frankreich erkennt die Autonomie Vietnams an
▷ 1946: Beginn der vietnamesisch-französischen Kämpfe
▷ 8. 5. 1954: Fall des französischen Forts Diên Biên Phu
▷ 21. 6. 1954: Genfer Abkommen teilt Vietnam.

2. amerikanische Phase:

▷ August 1964: Die USA beschuldigen Nordvietnam eines Angriffs auf US-Zerstörer und greifen direkt in den Krieg ein
▷ Januar 1968: Tet-Offensive der Nordvietnamesen
▷ 13. 5. 1968: Beginn der Friedensverhandlungen in Paris
▷ August 1969: Nixon leitet »Vietnamisierung« ein.

Die Tet-Offensive der Nordvietnamesen im Januar 1968 brachte, obwohl sie für die Angreifer letztlich ein militärischer Fehlschlag war, eine politische Wendung: Die USA waren geschockt von der Schlagkraft ihrer Gegner. Die nun eingeleiteten Waffenstillstandsverhandlungen in Paris führten aber zunächst zu keinem Ergebnis.

Ab 1969 drängte US-Präsident Richard M. Nixon auf einen Rückzug der 543 400 US-Soldaten aus Vietnam. Nixon und sein Sonderberater Henry A. Kissinger verfolgten eine »Vietnamisierung« des Konflikts. Das bedeutete ein Zurückschrauben des US-Engagements zugunsten des massiven Aufbaus der südvietnamesischen Armee. Dementsprechend setzten die Amerikaner offiziell keine eigenen Bodentruppen bei der Laos-Offensive ein. Nixon verlagerte die Aktivität der US-Streitkräfte im Vietnamkonflikt vor allem auf die Luftwaffe.

Waffenstillstand am Sueskanal – aber kein Frieden

4. Februar. Der ägyptische Staatspräsident Muhammad Anwar As Sadat erklärt vor der Nationalversammlung in Kairo, sein Land wolle den Waffenstillstand am Sueskanal bis zum 7. März verlängern. In Israel war bereits am Vortag eine entsprechende Entscheidung bekanntgegeben worden.
Beide Staaten folgen damit einem Aufruf des UN-Generalsekretärs Sithu U Thant. Er hatte Israel und Ägypten am 2. Februar aufgefordert, die Waffenruhe am Sueskanal aufrechtzuerhalten. Der Waffenstillstand, der ursprünglich am 5. Februar auslaufen sollte, hatte am 7. August 1970 begonnen.

UN-Generalsekretär U Thant (l.) und UN-Vermittler Jarring bemühen sich um eine friedliche Lösung in Nahost.

Ägyptens Präsident Sadat macht den israelischen Truppenrückzug vom Sueskanal zur Vorbedingung für den Frieden.

Entwicklung des Nahost-Konflikts

▷ 15. 5. 1948: Proklamation des unabhängigen Staates Israel
▷ Mai–November 1948: Der 1. Israelisch-Arabische Krieg endet mit der Massenflucht von Arabern aus Israel
▷ ab 1955: Intensivierung des palästinensischen Guerillakriegs
▷ Februar–November 1956: Sueskrise nach der Verstaatlichung des Sueskanals durch Ägypten
▷ Oktober–November 1956: 2. Israelisch-Arabischer Krieg – endet ohne Friedensschluß
▷ Juni 1967: 3. Israelisch-Arabischer Krieg (Sechstagekrieg) – endet mit einem Sieg Israels über Ägypten
▷ 22. 11. 1967: Mittelost-Resolution des UN-Sicherheitsrats
▷ 7. 8. 1970: Beginn eines Waffenstillstands im Nahen Osten.

Israelische Soldaten auf ihrem Wachposten am Ostufer des Sueskanals. Auch nach Verlängerung des Waffenstillstands belauern sich Israelis und Ägypter.

Die Auseinandersetzungen zwischen Israel und seinen Nachbarstaaten dauerten nach dem Sechstagekrieg vom Juni 1967 an. Ein erster, erfolgloser Versuch zur Beilegung des »schwelenden Kriegs« war die Verabschiedung der UN-Sicherheitsrats-Resolution vom 22. November 1967. Diese Mittelost-Resolution fordert seither von Israel den Rückzug aus den besetzten Gebieten (Gasastreifen, Halbinsel Sinai, Westjordanland, Golanhöhen). Die arabischen Staaten sollen im Gegenzug die territoriale Integrität Israels anerkennen.
Im Juni 1970 machte der US-amerikanische Außenminister William P. Rogers einen neuen Versuch zur Beilegung des Konflikts. Sein Friedensplan sah vor, daß sich Ägypten, Israel und Jordanien gegenüber dem Nahost-Beauftragten der Vereinten Nationen, Gunnar Jarring, zur Einhaltung der UN-Sicherheitsrats-Resolution von 1967 verpflichten. Die Waffenstillstandsvereinbarung vom 7. August 1970 war ein erster Erfolg des Rogers-Plans.
Darüber hinaus bewirkte der Plan den Beginn von Gesprächen zwischen den drei am Konflikt beteiligten Staaten unter der Führung Jarrings. Die Gesprächsrunde, die am 5. Januar 1971 eröffnet wurde, trägt entscheidend zur Verlängerung des Waffenstillstands am Sueskanal Anfang Februar bei.
In seiner Erklärung vom 4. Februar ruft Sadat Israel auf, seine Truppen innerhalb der nächsten 30 Tage vom Ostufer des Sueskanals abzuziehen. Dies solle der erste Schritt zur Verwirklichung der Mittelost-Resolution sein. Für den Fall eines israelischen Rückzugs vor dem 7. März erklärt sich Sadat zur Öffnung des Kanals bereit.
In einer Rede vor der Knesseth lehnt Israels Ministerpräsidentin Golda Meir am 9. Februar eine Räumung der Kanalzone ab. Israel macht den Rückzug vom Sueskanal davon abhängig, daß Ägypten die Integrität Israels akzeptiert. Der Waffenstillstand läuft am 7. März 1971 aus, ohne daß es zu einer Einigung zwischen Israel und Ägypten kommt. Obwohl die Feuerpause formell nicht verlängert wird, ruhen die Waffen am Sueskanal bis zum Ende des Jahres.

Daten und Fakten zum Sueskanal

Der Sueskanal ist 171 km lang und verbindet das Mittelmeer mit dem Roten Meer. Er verläuft durch die Landenge von Sues unter Einbeziehung des Timsah- sowie des Großen und des Kleinen Bittersees. An der Oberfläche ist der schleusenlose Großschifffahrtskanal 100–135 m breit. Die Durchfahrt erfolgt im Konvoi mit Lotsen und dauert 15 Stunden. Der Sueskanal verkürzt den Seeweg von Europa nach Asien gegenüber dem um das Kap der Guten Hoffnung erheblich. So beträgt die Wegersparnis auf der Strecke Hamburg – Bombay 4500 Seemeilen (= 8334 km). 1966 passierten 21 250 Schiffe den Kanal.

Ölpreise nach Boykottdrohung erhöht

13. Februar. In Teheran schließen 22 westliche Ölgesellschaften mit den Mitgliedstaaten der OPEC (Organization of Petroleum Exporting Countries) im Persischen Golf ein neues Abkommen über Erdöllieferungen. Es sichert den produzierenden Ländern (Iran, Irak, Kuwait, Saudi-Arabien, Abu Dhabi, Katar) einen wesentlich höheren Anteil an den Erträgen.

Das neue Abkommen sieht zunächst vor, die Gewinnsteuer für die Ölgesellschaften in den OPEC-Ländern anzuheben. Sie soll um 5% auf 55% erhöht werden. Der Listenpreis pro Barrel Erdöl (1 Barrel = 158,8 l) soll zudem um durchschnittlich 39 Cents (1,37 DM) steigen. Im Gegenzug wird den Gesellschaften eine Preisgarantie für fünf Jahre gewährt. Die Lieferung des Erdöls während dieses Zeitraums wird verbürgt, auch wenn in anderen Erdölförderstaaten die Preise erhöht werden sollten.

Zum Abschluß der langwierigen Verhandlungen kam es erst, als die OPEC-Staaten am Persischen Golf die Gesellschaften ultimativ aufforderten, die verlangten Preiserhöhungen zu akzeptieren. Andernfalls drohten die Staaten, auf die nahezu 85% der Erdöleinfuhren der hochindustrialisierten Länder Westeuropas und Japans entfallen, mit einem Ölboykott.

Die OPEC-Staaten begründeten ihre Forderungen damit, daß sich die Erdölpreise in den europäischen Ländern stark erhöht hätten. Die Mehreinnahmen kämen aber ausschließlich den Ölgesellschaften und dem Fiskus in Europa, nicht den Erzeugerstaaten zugute. So erhält beispielsweise der Iran für jedes Barrel Erdöl weniger als 1 Dollar. Der europäische Verbraucher bezahlt bis zu 14 Dollar (49 DM) je Barrel. Die Steuereinkünfte der europäischen Länder aus dem Erdölgeschäft sind höher als die Einkünfte, die die Förderstaaten aus dessen Verkauf erzielen.

Ölfelder und -raffinerien bestimmen weite Teile des Landschaftsbilds in den Staaten am Persischen Golf. Täglich werden hier 15 Mio. Barrel Erdöl gefördert.

40 Minuten in Angst vor einem Atomkrieg

20. Februar. Das US-amerikanische Warnzentrum für den nationalen Notstand löst irrtümlich Alarm aus. Tausende von Amerikanern leben daraufhin in Furcht vor einem drohenden Atomkrieg.

Zu dem Zwischenfall kommt es, als ein Zivilangestellter des im Cheyenne-Gebirge in Colorado untergebrachten Warnzentrums ein falsches Codewort veröffentlicht. Statt des Hinweises auf einen Probealarm läßt er eine Meldung, die mit dem Kennwort für einen wirklichen Katastrophenfall versehen ist, durch das Fernschreibnetz laufen. An dieses Netz sind sämtliche Fernseh- und Rundfunkstationen des Landes angeschlossen.

Der überwiegende Teil der Funkanstalten reagiert jedoch nicht auf die Warnung, da sie zur gleichen Zeit wie der allwöchentliche Probealarm kommt. Eine sofortige Rückfrage beim Weißen Haus klärt den Irrtum auf.

In den Gebieten, in denen die Meldung ausgestrahlt wird, lebt die Bevölkerung dagegen für 40 Minuten in Furcht vor einem Atomangriff auf die USA.

Jüdischer Protest gegen Diskriminierung

25. Februar. In Brüssel endet ein dreitägiger jüdischer Weltkongreß über die Lage der Juden in der Sowjetunion. Mehr als 600 Delegierte aus 40 Ländern appellieren in einer Abschlußresolution an die Regierung in Moskau, jüdische Staatsbürger nach Israel auswandern zu lassen.

Scharfe Kritik üben die Konferenzteilnehmer vor allem an der andauernden Diskriminierung der jüdischen Bevölkerung in der Sowjetunion. Der Minderheit werde keine Möglichkeit zur eigenständigen kulturellen Entfaltung gegeben. Das Ziel Moskaus sei die Assimilierung der Juden. So erscheinen für die 3,5 Mio. Juden im Land kaum neue Publikationen in jiddischer Sprache; in der gesamten Sowjetunion existiert bislang keine einzige jüdische Schule.

Nach Angaben der Konferenzteilnehmer wurden allein 1970 schätzungsweise 80 000 Ausreisegesuche von sowjetischen Juden gestellt. Der stetig wachsende Wunsch nach Auswanderung wird von den sowjetischen Behörden jedoch weitgehend ignoriert.

Im Vorfeld der Konferenz kam es zu Protesten der sowjetischen Medien gegen den Weltkongreß, dem von vornherein ein antisowjetischer Charakter unterstellt wurde. Moskau bestreitet jegliche Diskriminierung von russischen Juden.

Vor dem russischen »Intourist«-Reisebüro in Zürich ketten sich zehn junge Leute an, um auf das Schicksal der sowjetischen Juden aufmerksam zu machen.

Verbot von A-Bomben auf dem Meeresgrund

11. Februar. Vertreter der Vereinigten Staaten, der Sowjetunion und Großbritanniens unterzeichnen den »Vertrag über das Verbot der Stationierung von Kernwaffen und anderen Massenvernichtungswaffen auf dem Meeresgrund«.

Initiator des Vertragsabschlusses ist die Sowjetunion, die eine Demilitarisierung der Meere fordert. Ihre Vertreter betonen, daß durch die fortschreitende Aneignung des Meeresbodens die Gefahr seiner Ausnutzung für militärische Zwekke entstanden sei. Durch den Vertrag sollen bessere Voraussetzungen für die friedliche Nutzung des Meeresbodens geschaffen werden, der mehr als zwei Drittel der Erdoberfläche ausmacht.

Der Meeresbodenvertrag, der sich nicht auf das Hoheitsgebiet der Unterzeichnerstaaten erstreckt, gesteht jedem Partner ein Beobachtungsrecht über die Aktivitäten jedes anderen zu. Die Kontrolle des Vertrags übernimmt die UNO.

Anti-Streik-Gesetz erhitzt die Gemüter

21. Februar. Rund 100 000 Gewerkschaftsmitglieder demonstrieren in London gegen einen Gesetzentwurf über die »Arbeitsbeziehungen in der Industrie«. Der britische Gewerkschaftsbund hat unter dem Motto »Kill the bill« (Vernichte das Gesetz) zu dem Protest aufgerufen. Nach Ansicht der Gewerkschaftsführung bedroht das Gesetz die Existenz der Gewerkschaften.

Der britische Arbeitsminister Robert Carr hatte das umstrittene Gesetz im Dezember 1970 im Unterhaus eingebracht. Danach soll zukünftig ein Arbeitsgericht darüber entscheiden, ob die Mitglieder einer Gewerkschaft zu Recht streiken oder nicht. Hält das Tribunal einen Arbeitskampf für ungerechtfertigt, kann die Gewerkschaft zu einer Geldstrafe bis zu 878 000 DM verurteilt werden. Ferner soll die Regierung ermächtigt werden, zu Zeiten eines nationalen Notstands eine »Abkühlungsfrist« von 60 Tagen zu beantragen, in der nicht gestreikt werden darf.

Ziel der Regierung in London ist es, mit dem Gesetz wirksamer gegen die drastisch zunehmende Zahl der Arbeitsniederlegungen in Großbritannien vorgehen zu können. Im Jahr 1970 verlor die britische Wirtschaft 11 Mio. Arbeitstage durch Streiks (gegenüber 93 000 in der Bundesrepublik Deutschland). Die so erkämpften Lohnsteigerungen betrugen im Schnitt 14%. Diese Lohnexplosion trug entscheidend dazu bei, daß die Inflationsrate auf 8,5% kletterte.

Zu einer ersten Eskalation der Auseinandersetzungen um das Gesetz kam es bereits am 12. Januar. Auf das Wohnhaus des Arbeitsministers wurde ein Bombenanschlag verübt, bei dem Carr allerdings unverletzt blieb. Scotland Yard vermutet radikale Firmenbetriebsräte als Attentäter.

Das umstrittene Gesetz gehört zu einem Katalog von Maßnahmen, mit denen die konservative Regierung versucht, die Krise der britischen Wirtschaft zu bewältigen. So wurden auch Investitionsbeihilfen für die Industrie gestrichen.

Am 5. August 1971 wird das Anti-Streik-Gesetz im Parlament verabschiedet. Die Gewerkschaften kündigen weiteren Widerstand an.

In Großbritannien streiken 230 000 Postangestellte für eine Lohnerhöhung um 15%. Die Regierung besteht auf Gehaltsaufbesserungen von höchstens 12%.

Europas langer Weg zur Wirtschaftsunion

9. Februar. Der EWG-Ministerrat in Brüssel beschließt, die Europäische Wirtschaftsgemeinschaft im Lauf von zehn Jahren zu einer Wirtschafts- und Währungsunion weiterzuentwickeln.

Trotz dieses Beschlusses bleibt es ungewiß, ob die EWG-Staaten bis 1980 tatsächlich ihre nationalen Währungen zu einer Europawährung verschmelzen werden. Frankreich hat gegen den Widerstand seiner Partner einen festen Fahrplan für den erforderlichen stufenweisen Verzicht auf nationale Souveränitätsrechte abgelehnt.

Schließlich einigt sich der Ministerrat darauf, erst 1973 zu entscheiden, in welchem Umfang nationale Befugnisse an die Gemeinschaftsorgane übertragen werden sollen. Das Tauziehen über die künftige Steuerung der Währungsunion wird damit nur vertagt.

In der Frage eines festen Zeitplans für die Schaffung der Währungsgemeinschaft beschließt Brüssel, diese zunächst für fünf Jahre einzugehen. Nach Ablauf dieser Probezeit soll nur dann der Übergang zur nächsten Stufe vollzogen werden, wenn bei den Regierungen Einigkeit über diesen Schritt herrscht.

Abschied vom Shilling – Briten müssen umdenken

15. Februar. In Großbritannien wird das Dezimalsystem für die Währung eingeführt. Bislang war das britische Pfund in 20 Shilling zu je 12 Pence eingeteilt. Nach der Umstellung zählt ein Pfund nunmehr 100 Pence.

Das britische Unterhaus hatte bereits am 24. März 1967 einen Gesetzentwurf zur Einführung des Dezimalsystems verabschiedet. Eine eigens dafür eingesetzte Kommission bereitete die Umstellung auf das neue Währungssytem langfristig vor. Zur Erleichterung des Übergangs wurden bereits in den letzten Jahren Münzen in einigen der neuen Werte ausgegeben. Die alten Münzen behalten noch 18 Monate ihre gesetzliche Gültigkeit.

Die Umstellung auf das Dezimalsystem für die Währung ist der erste Schritt zu einer allgemeinen Einführung des metrischen bzw. dekadischen Systems für Maße, Gewichte und Industrienormen. Diese soll im Lauf des Jahres 1975 abgeschlossen werden. Die Anpassung an die international gültigen Systeme geschieht vor allem im Hinblick auf den geplanten Beitritt der Briten zur EWG (→ 28. 10./S. 167). Gemeinsam mit Großbritannien haben auch die Republik Irland und der afrikanische Staat Malawi ihre Währungen auf das Dezimalsystem umgestellt. Damit bleiben Malta, Nigeria und Gambia die einzigen Länder der Erde, die am alten System festhalten.

Die Einteilung 1 Pfund = 20 Shilling = 240 Pence war in Europa seit dem 8. Jahrhundert gebräuchlich. In der karolingischen Münzreform wurde bestimmt, daß aus 1 Pfund Silber 20 solidi bzw. 240 denarii geschlagen werden sollten. Die älteste englische Münze ist der Penny, der 770 zum erstenmal geschlagen wurde. Der Shilling wurde erst 1504 unter Heinrich VII. eingeführt. Er soll mit der Umstellung völlig verschwinden.

Die überwiegende Zahl der europäischen Länder ging im Unterschied zu Großbritannien nach der Französischen Revolution zum Dezimalsystem über. Forderungen nach Umstellung des Währungssystems wurden im britischen Parlament bereits seit Beginn des 19. Jahrhunderts erhoben.

Schulkinder werden mit dem neuen Währungssystem vertraut gemacht. Bis 1975 sollen auch Maße und Gewichte auf das Dezimalsystem umgestellt werden.

Astronauten mit Handkarren unterwegs

5. Februar. Die US-Astronauten Alan B. Shepard (47) und Edgar D. Mitchell (40) landen mit der Raumfähre Antares auf dem Mond. Damit erreichen zum drittenmal Menschen den Erdtrabanten. Ziel des Unternehmens ist es, den Landeplatz der Fähre zu erkunden. Er liegt im Hochland des Mondes, in der Nähe des Fra Mauro Kraters.

Die Astronauten waren am 31. Januar mit dem Raumschiff Apollo 14 von Kap Kennedy gestartet. Auf dem Hinflug zum Mond kam es zu zahlreichen Pannen. Die Kopplungsmechanik, die das Andocken der Mondfähre an das Apollo-Mutterschiff gewährleistet, wies bei einem Probelauf Defekte auf. Zudem stellten Schwierigkeiten mit dem Bordcomputer das Landeunternehmen ganz in Frage.

Den drei Besatzungsmitgliedern gelang es aber schließlich, die Defekte zu beheben. Während zwei Astronauten mit der Mondfähre auf dem Erdtrabanten landen, verbleibt der dritte Mann, Stuart A. Roosa (37), mit dem Apollo-Mutterschiff in der Mondumlaufbahn.

Die Apollo-14-Astronauten bewältigen das bislang umfangreichste und mit 1,46 Mrd. DM teuerste Programm zur Erforschung des Erdtrabanten. Als erste Menschen erkunden sie das sog. Bergland des Mondes.

Bei ihren Mondausflügen führen Shepard und Mitchell zum erstenmal einen Handkarren mit, in dem sie die gesammelten Bodenproben transportieren können. Insgesamt bringen sie über 50 kg Mondgestein mit auf die Erde zurück. Die Astronauten halten sich mehr als neun Stunden in ihren Schutzanzügen außerhalb der Kapsel auf. Eine Exkursion zu dem etwa 1200 m von der Landefähre entfernten Rand des sog. Cone-Kraters mißlingt. Das Gelände erweist sich, entgegen den Erwartungen der Geologen, als so unwegsam, daß die Astronauten ihren Marsch nach vier Stunden, 35 Minuten abbrechen müssen.

Nach einem problemlosen Rückflug landet die Kapsel von Apollo 14 am 9. Februar im Pazifik, auf der vorbestimmten Position im Gebiet der Samoainseln.

Allein die Fähre Antares, mit der die Astronauten Shepard und Mitchell auf dem Mond landen, kostet 146 Mio. DM. Antares wiegt 15 276 kg und ist 7 m hoch.

Das Beben in Südkalifornien ist mit einer Stärke von 6,5 auf der Richterskala das schwerste seit 32 Jahren.

Tote und Trümmer nach starken Beben

6. Februar. Italien und die USA werden im Februar von schweren Erdbeben heimgesucht.

Am 6. Februar wird in der Toskana die historische Altstadt von Tuscania weitgehend zerstört. Zwei berühmte romanische Kirchen werden stark beschädigt.

Drei Tage später erschüttert ein Beben Südkalifornien. Besonders in Los Angeles und Hollywood hinterläßt es Schäden. Die Naturkatastrophe fordert 40 Menschenleben.

Traditionsunternehmen Rolls-Royce geht in Konkurs

4. Februar. In London gibt der britische Minister für Flugzeuglieferungen, Frederick Corfield, den Konkurs von Rolls-Royce bekannt. Er kündigt an, diejenigen Abteilungen der Firma vom Staat übernehmen zu lassen, die Düsentriebwerke für Flugzeuge und Schiffe herstellen.

Der Zusammenbruch des traditionsreichen Unternehmens ist das Ergebnis einer Fehlkalkulation im Jahr 1968. Damals hatte Rolls-Royce mit der amerikanischen Flugzeugfirma Lockheed Aircraft Corporation einen Vertrag über die Lieferung von Düsentriebwerken für den Lockheed-Tristar abgeschlossen. Die Entwicklungskosten für das Triebwerk veranschlagte das Unternehmen auf 571 Mio. DM. Die Regierung in London übernahm davon 408 Mio. DM.

Im November 1970 stellte sich heraus, daß die Kosten im voraus völlig falsch eingeschätzt worden waren. Die neue Kostenrechnung belief sich auf 1,2 Mrd. DM.

Die britische Regierung erklärte sich daraufhin bereit, Rolls-Royce mit 368,8 Mio. DM auszuhelfen. Auch diese Finanzspritze konnte die Firma nicht retten, da sich Rolls-Royce bei Vertragsabschluß mit Lockheed auf einen Fixpreis für die Triebwerke festgelegt hatte.

Zur Sicherung der 80 000 bedrohten Arbeitsplätze beschließt die Regierung die Verstaatlichung des Unternehmens. Der Staat muß weitere 440 Mio. DM bereitstellen.

Die Pleite von Rolls-Royce löst in der britischen Öffentlichkeit einen Schock aus. Der »Daily Mirror« schreibt: »Daß Rolls-Royce bankrott ist, ist etwa so, als habe man entdeckt, daß die Kronjuwelen gefälscht sind oder die Bank von England ihre Zahlungen eingestellt hat.« Dem Bankrott folgt die Verstaatlichung der verlustbringenden Unternehmensbereiche. Die Rolls-Royce-Automobilabteilung, die weiterhin mit schwarzen Zahlen arbeitet, wird an private Interessenten verkauft.

Werbung 1971:

Cowboy, Häuptling, Pilot . . .

Chronik Übersicht

Milliarden – so wird geschätzt – werden 1971 wieder für die Werbung ausgegeben. Steigender Konkurrenzdruck und wachsende Angebote zwingen die Unternehmen, für neue Produkte intensiv zu werben und für bereits etablierte Waren neukonzipierte Werbekampagnen zu starten.

1971 rückt der Mann bzw. das Produkt für den Mann stärker ins Blickfeld der Werbestrategen. Als potentielle Käufer jedoch werden nach wie vor in erster Linie die Frauen – als Verwalterinnen des Haushaltsgelds – angesprochen.

Besonders auffällig erscheinen in den bundesdeutschen Zeitschriften breitangelegte Werbekampagnen von verschiedenen Herstellern für Herrenunterwäsche. 400 Mio. DM werden nach Angaben der Branche jährlich für Herrenunterwäsche ausgegeben. Grund genug für die Unternehmen, durch intensivierte Werbung ihr Stück vom Kuchen zu vergrößern.

Neben den abgebildeten Männern in Unterhose – meistens ist auch eine dürftig bekleidete Frau mit von der Partie – sind es vor allem die Slogans, die die Werbung prägen: Die Firma »Hengella« wirbt z. B. mit »Auch in der Unter-Welt heißt es for Gentleman only« oder »Ein heißer Tip in der Unter-Welt«. »Schießer« argumentiert mit »Echte Häuptlinge zeigen sich in Farbe«; »Jockey« behauptet »Top sein fängt unten an«.

Mit einer Anzeigenreihe bemüht sich die Pflegeserie »Pilot« (z. B. Rasierwasser, Seife, Deo) um die männlichen Konsumenten, auch wenn sie doch eher auf die Kaufkraft der Frauen zählt: »Glauben Sie nicht, Ihr Mann wäre eigentlich auch gern Pilot geworden . . .? Stattdessen geht er jetzt tapfer ins Büro, er liebt Sie und die Kinder und zahlt pünktlich die Rechnungen, und nur ab und zu gönnt er sich noch einen hochfliegenden Traum. Zeigen Sie ihrem Mann, wie gut Sie ihn verstehen: Am 20. Mai ist Vatertag. Pilot.«

Stark in Bewegung gerät in der Bundesrepublik 1971 die Zigarettenwerbung. Mit »Hill« und »Jonny Filter« gibt es die ersten Pakkungen, die mit Fotos versehen sind, mit »Sobranie« die ersten, die von Designern entworfen wurden. Die Tabakfirmen Reynolds (»Camel Filter«) und Philip Morris (»Marlboro«) übernehmen nun auch für den bundesdeutschen Markt ihre US-amerikanischen Werbestrategien.

Für »Marlboro« reitet ein Cowboy und weckt die Sehnsucht nach der Ferne. Er verspricht den »Geschmack von Freiheit und Abenteuer«. Reynolds läßt die Männer »meilenweit für Camel Filter« gehen. Anders als in den USA wird jedoch nicht auf einen bestimmten »Camel-Mann« gesetzt.

Diese Werbekonzeptionen der beiden Tabakfirmen sind maßgeblich daran beteiligt, daß »Marlboro« und »Camel Filter« ihre Anteile am bundesdeutschen Zigarettenmarkt in den folgenden Jahren erheblich steigern können.

Werbung muß nicht zwangsläufig kommerziellen Zwecken untergeordnet sein. 1971 werden in der Bundesrepublik vermehrt sog. Non-Profit-Kampagnen gestartet, die z. B. für humanitäre, gesellschaftspolitische, religiöse oder auch politische Ziele die Gunst der Bevölkerung erhalten wollen.

In Nordrhein-Westfalen startet die Verkehrssicherheitsaktion »Zeig dein Herz auch auf der Straße«. Speziell bei den Autofahrern wird für partnerschaftliches und verständnisvolleres Verhalten im Straßenverkehr geworben.

Ein weiteres Beispiel ist die Kampagne »Resozialisierung von Straffälligen«, die die Aktion Gemeinsinn in diversen Fach- und Publikumszeitschriften schaltet. Hier wird versucht, Verständnis für Strafgefangene zu vermitteln. Die Bundesbürger werden ermuntert, entlassenen Häftlingen bei der Resozialisierung zu helfen.

In den Bereich der Non-Profit-Werbung fällt auch die »Halbzeitkampagne« der SPD/FDP-Koalition. Mit Plakatwerbung, Anzeigen und Broschüren wird ein Resümee der bislang zweijährigen Regierungszeit gezogen. Dem Leser wird vermittelt: »Fast allen geht es besser als vor zwei Jahren«.

Den »Camel-Männern« ist nichts zuviel. Der Geschmack der »Camel« rechtfertigt sogar ein Loch im Schuh.

Ein Gefühl von »Freiheit und Abenteuer« will »Marlboro« mit Hilfe der Cowboy-Atmosphäre vermitteln.

Mit der Atmosphäre von Rockfestivals geht Levi's auf Kundenfang: Jeans sind mehr als nur Jeans, Jeans beschreiben ein ganz bestimmtes Lebensgefühl.

Der Duft der großen weiten Welt holt die Männer ein. Kosmetik ist nicht länger nur eine Domäne der Frauen.

Anzeige in einer Fachzeitschrift für den Einzelhandel. »HOM« setzt bei Herrenunterwäsche auf weniger Stoff.

Der sog. sexuellen Befreiung bedient sich auch die Werbung. Rechtzeitige Aufklärung soll heranwachsende Mädchen sofort an das »richtige« Produkt heranführen. Wie hier die Düsseldorfer Dr. Carl Hahn GmbH wollen auch andere Unternehmen auf diese Weise ihre Ware für die Monatshygiene an die Frau bringen. Hahn verschickt z.B. ein »Erste-Regel-Set«.

◁ »Popo-Werbung« ist bei der Wirtschaft 1971 groß in Mode. Hier wirbt ein nackter Frauen-Popo, ergänzt durch den Slogan »Zartes braucht Zartes« für das Toilettenpapier »Servus« der Firma Feldmühle. Einige andere Unternehmen, die sich dem Werbemittel »nackter Po« bedienen: Die französische Sitzmöbelfirma »Airborne«, die Mannheimer Krankenversicherung »inter«, die Gesellschaft »Remington« für ihren Elektrorasierer und die Teppichfirma »Besmer«.

Der »Afri-Cola-Rausch«, inszeniert von Wilp Ende der 60er, setzt sich fort.

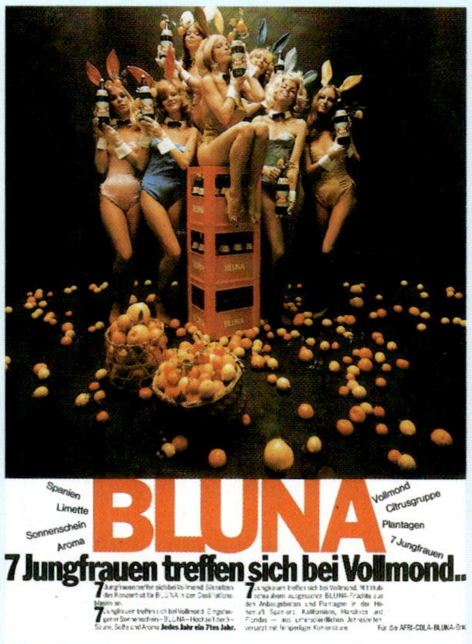

Auch bei der Bluna-Werbung vertraut Wilp auf das »Lust-zu-Leben«-Konzept.

Nach »Afri-Cola« und »Bluna« folgt der dritte im Bunde: »Bosco Bitter«.

Eine andere Ware, doch Wilps Handschrift ist auch hier unverkennbar.

Mit dem »Afri-Cola-Rausch« zum Welterfolg – unkonventionelle Werbefotografien von Charles Wilp

Von »Afri-Cola« über »Bluna« und »Bosco Bitter« bis zu »Lukiluft« – die typische Handschrift des Düsseldorfer Werbefotografen Charles Wilp ist unverkennbar.
Ende der 60er Jahre brachte Wilp mit der Kampagne für das alkoholfreie Getränk »Afri-Cola« die sog. Erlebniswelt in die Werbung. Er löste sich von der bis dahin üblichen Produktfotografie. In seinem Atelier inszenierte er mit ganz einfachen Mitteln den »Afri-Cola-Rausch«: Lebenslustige junge Leute werden hinter einer vereisten Glasscheibe aufgenommen. Sie sollen so die »Lust zu Leben« symbolisieren. Und daran, so suggeriert die Werbung, hat »Afri-Cola« eben den entscheidenden Anteil.
Nach Angaben von Wilp soll die »Afri-Cola«-Kampagne den Umsatz des Produkts in der Bundesrepublik um 34% gesteigert haben.
Wilp wurde 1937 in Witten geboren. Er studierte Wirkungspsychologie, Publizistik und Musik. Seit 1953 ist er als Werbefotograf tätig. Bekannt wurde Wilp 1957 mit der Puschkin-Reklame. Er fotografierte u. a. auch für die Unternehmen »VW« und »Pirelli«.

Bundeshaushalt '71 nach Redeschlacht verabschiedet

12. Februar. In Bonn wird der Bundeshaushalt für 1971 in dritter Lesung mit 223 gegen die 203 Stimmen der Opposition verabschiedet. Mit einem Gesamtvolumen von 100,1 Mrd. DM ist er knapp 13% größer als 1970. Etwa die Hälfte des Etats entfällt auf die Ressorts »Arbeit und Soziales« und »Verteidigung«. Die höchste Steigerungsrate – um 25% auf 4 Mrd. DM – verzeichnet das Ressort »Bildung und Wissenschaft«.

Bei der abschließenden Behandlung des Bundeshaushalts kommt es, wie schon bei den vorangegangenen Lesungen, zu Zusammenstößen zwischen der SPD/FDP-Koalition und der CDU/CSU-Opposition. Im Mittelpunkt der Auseinandersetzungen stehen die Ost- und die Wirtschaftspolitik der Regierung. Der CSU-Vorsitzende Franz Josef Strauß wirft dem Bonner Kabinett vor, die »neue Ostpolitik«, die schon vom Ansatz her falsch sei, mit »Fanatismus« und wie eine »Heilslehre« zu vertreten. Hinsichtlich der Wirtschaft sieht er eine wachsende Inflationsgefahr.

Bundeskanzler Willy Brandt warnt Strauß davor, »Schreckgespenster an die Wand« zu malen: »Solche Schwarzmalerei ist sachlich nicht berechtigt. Sie schadet unserer Wirtschaft und befindet sich nicht im Einklang mit den wohlverstandenen Interessen unseres Volkes.«

△ V. l.: Kanzler Brandt und der stellvertretende CDU/CSU-Fraktionsvorsitzende Wörner

▽ Der CSU-Abgeordnete Freiherr von und zu Guttenberg (r.), Franz Josef Strauß (2. v. l.)

Finanzminister Alex Möller (SPD) verteidigt energisch den Haushalt.

Heftige Worte verärgern Brandt

3. Februar. Bei der zweiten Lesung des Haushalts verläßt Willy Brandt den Saal, als Manfred Wörner (CDU) ihm vorwirft: »Wer sich nicht mehr traut, Unmenschlichkeit Unmenschlichkeit, Unfreiheit Unfreiheit, Diktatur Diktatur zu nennen, der braucht sich nicht zu wundern, wenn das Bewußtsein für das schwindet, was die Überlegenheit unseres Systems ausmacht.«

Czajá sieht keine Entspannung durch neue Ostpolitik

27. Februar. Der Bund der Vertriebenen übt auf einer Kundgebung in der Bonner Beethoven-Halle scharfe Kritik an der Ostpolitik der SPD/FDP-Regierung.

Herbert Czajá, Präsident des Bundes und Bundestagsabgeordneter der CDU, erhält für seine Ansprache starken Beifall der 2000 Teilnehmer. Czajá wirft Bonn vor, die Interessen der deutschen Bevölkerung zu mißachten. Bislang habe es noch »keine Gegenleistung für Deutschland und die Deutschen« gegeben. Von Entspannung, so Czajá, könne keine Rede sein.

Czajá erklärt, die Kritik an der Ostpolitik habe nichts mit nationalem Pathos oder gar Größenwahn zu tun. Ziel Bonns müsse es aber sein, Freiheit und Menschenrechte aller Deutschen zu verwirklichen.

Der Protest der Vertriebenen richtet sich in erster Linie gegen die Verträge von Moskau und Polen, die 1970 von der Bundesregierung unterzeichnet worden sind. Sie sollen demnächst vom Bundestag ratifiziert werden. In diesen Verträgen erkennt die Bundesrepublik die bestehenden Grenzen an. Die Vertriebenen erheben jedoch weiterhin Anspruch auf die ehemaligen deutschen Ostgebiete, die Millionen nach dem Zweiten Weltkrieg verlassen mußten.

Czajá ist seit 14. März 1970 BdV-Präsident. Er stammt aus Oberschlesien.

Vertriebene karikiert (»Pardon«): »Vor 500 000 Jahren hier ansässig«

Der Bund der Vertriebenen, Vereinigte Landsmannschaften und Landesverbände (BdV) ist die Dachorganisation der Heimatvertriebenen. Dazu gehören z. B. Sudetendeutsche und Schlesier.

Der BdV wurde 1957 durch den Zusammenschluß des Bundes der vertriebenen Deutschen und des Verbandes der Landsmannschaften gebildet. Er umfaßt 20 Bundeslandsmannschaften und 11 Landesverbände und zählt rund 2,2 Millionen Mitglieder.

Terroristen schießen sich Fluchtweg frei

10. Februar. In Frankfurt am Main kommt es am späten Abend zu einer bewaffneten Auseinandersetzung zwischen der Polizei und zwei Mitgliedern der sog. Baader-Meinhof-Gruppe. Die Terroristen Astrid Proll und Jan-Carl Raspe können allerdings entkommen.

Beamte des Bundeskriminalamtes (BKA) wollten die Personalien der 23jährigen Proll und des 26jährigen Raspe überprüfen. Die Terroristen greifen daraufhin zu ihren Waffen und schießen sich den Fluchtweg frei. Obwohl unverzüglich eine Großfahndung anläuft, kann Proll erst am 6. Mai 1971 verhaftet werden. Von Raspe fehlt jede Spur.

Die terroristische Baader-Meinhof-Gruppe steht im fundamentalen Gegensatz zur staatlichen Ordnung in der Bundesrepublik Deutschland (→ S. 201). Mit der Baader-Befreiung im Mai 1970 trat sie erstmals öffentlich in Erscheinung (→ 21. 5./S. 91).

Die zahlreichen Fahndungsaktionen des BKAs und der Polizei nach den Terroristen sorgen für viel Wirbel in der bundesdeutschen Öffentlichkeit, doch bleibt der gewünschte Erfolg aus. Zwar gelingt es, Verstecke und Depots ausfindig zu machen. Auch werden insgesamt 13 Terroristen festgenommen. Die führenden Köpfe, wie Ulrike Meinhof, Gudrun Ensslin oder Andeas Baader sind jedoch untergetaucht.

Samstag, 13. Februar 1971 • 20 Pf

Bild Zeitung

Kripo hebt APO-Schlupfwinkel in Frankfurt aus. Das Material beweist:

Baader-Bande erpreßt Prominente

JACOBI '1880' schmeckt mit 18 und mit 80 Feiner alter Weinbrand

Die Großfahndung nach Terroristen dominiert über Wochen die Schlagzeilen.

Jan-Carl Raspe gilt seit Herbst 1970 als Mitglied der Baader-Meinhof-Gruppe. Er war Mitbegründer der politischen Wohngemeinschaft »Kommune II«. Sein Studium der Soziologie schloß Raspe mit »sehr gut« ab.

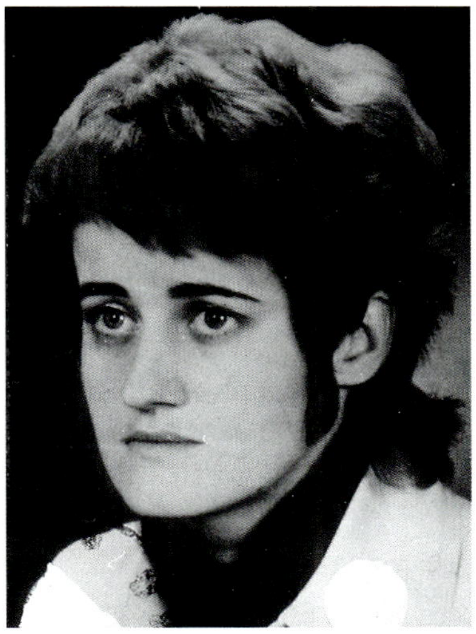

Astrid Proll gehört der Baader-Meinhof Gruppe seit Beginn an. Sie soll maßgeblich an der Befreiung von Andreas Baader im Mai 1970 beteiligt gewesen sein. Auch werden ihr mehrere Banküberfälle vorgeworfen.

Streik der Studenten legt Uni-Betrieb lahm

1. Februar. An der Freien Universität (FU) Berlin beginnt ein fünftägiger Studentenstreik. Bis zu 80% des gesamten Lehrbetriebs werden am ersten Tag unterbrochen.

Der Protest der Studenten richtet sich gegen den Berliner Senat. Wissenschaftssenator Werner Stein hatte im Dezember 1970 drei Vorlesungen des »Sozialistischen Studienprogramms der Roten Zellen Germanistik« wegen Verfassungsfeindlichkeit verboten.

Der marxistisch-leninistisch orientierte Studentenverband »Rote Zellen« kündigte bereits Ende Januar den Generalstreik an, falls das Verbot nicht bis zum 31. Januar rückgängig gemacht würde.

Der Präsident der FU, Rolf Kreibich, spricht sich gegen die Studentenaktion aus. Gleichzeitig kritisiert er aber auch die Entscheidung des Senats. Der Versuch Kreibichs, zwischen den beiden Parteien zu vermitteln, findet wenig Verständnis. Ihm wird vorgeworfen, verfassungsfeindliche Gruppen und Aktionen an der Universität zu dulden. Am 25. Mai legen 15 Mitglieder des Akademischen Senats der FU aus Protest gegen Kreibich ihre Ämter nieder. Sie seien, so die Professoren und Dozenten, nicht bereit, die an der Universität »eingetretene Entwicklung weiter mit zu verantworten«.

Vogel: Kein Aushängeschild für Extreme

16. Februar. Der Münchener Oberbürgermeister Hans-Jochen Vogel (SPD) erklärt, daß er für die nächste Amtsperiode 1972 bis 1978 nicht mehr kandidieren will. Vogel gibt die Radikalisierung der Münchener SPD durch den zunehmenden Einfluß der Jungsozialisten als Grund für seine Entscheidung an. Er wolle sich nicht, so Vogel, zum Aushängeschild extremer Sozialdemokraten machen lassen.

In der SPD ruft die Ankündigung Vogels heftige Diskussionen hervor. Bundeskanzler Willy Brandt wird vorgehalten, gegenüber linken Kräften in der Partei zu nachsichtig zu sein. SPD-Mitglieder verweisen darauf, daß laut Parteibeschluß jede Verbindung zwischen Jungsozialisten und Kommunisten untersagt sei (→ 7. 7./S. 127).

Beliebter Bürgermeister

Hans-Jochen Vogel ist seit 1960 Münchener Oberbürgermeister. Damals erhielt er 64,3% der Stimmen. 1966 stimmten 77,9% der Wähler für eine zweite Amtsperiode Vogels.

Der SPD-Unterbezirk München wählt Vogel am 13. März 1971 zum neuen Vorsitzenden. Er löst Helmut Meyer ab.

Vogel wurde am 3. Februar 1926 in Göttingen geboren. Er studierte Rechtswissenschaften und promovierte zum Dr. jur. Sein Thema: »Strafrechtliche Probleme des Widerstandes gegen die Staatsgewalt«. 1950 trat er der SPD bei. 1958 berief ihn der Münchener Stadtrat zum Rechtsreferenten.

Schleswig-Holsteins FDP ohne Qualen

3. Februar. Hans-Hellmuth Qualen, Finanzminister in Schleswig-Holstein, tritt aus der FDP aus. Als Grund für seinen Schritt nennt Qualen den Beschluß der Freien Demokraten, nach den Landtagswahlen am → 25. April (S. 78) nicht mehr mit der CDU, sondern mit der SPD zu koalieren.

Seinen Ministerposten will Qualen bis zu den nächsten Wahlen beibehalten. Er war der einzige FDP-Minister in der schleswig-holsteinischen Regierungskoalition aus CDU und FDP. Der Landesvorsitzende der Freien Demokraten, Uwe Ronneburger, bezeichnet die Koalition nun als »praktisch inhaltlos«. Qualen war seit 1954 FDP-Mitglied und gehört dem Kieler Kabinett seit 1963 als Finanzminister an.

Harburger Müll ist giftig wie E 605

5. Februar. Auf einer Müllkippe im Landkreis Harburg bei Hamburg werden 76 Fässer abgelagerter Giftstoffe neben einem Tiefbrunnen gefunden. Sie enthalten 15 000 l eines chemischen Abfallprodukts, das dem Giftstoff E 605 ähnlich ist.

Nachforschungen der Polizei ergeben, daß die Fässer von einer dänischen Firma stammen. Das Gift sollte in der Bundesrepublik billig beseitigt werden. Eine bundesdeutsche private Verbrennungsgesellschaft vernichtete die Ladung jedoch nicht ordnungsgemäß, sondern kippte die Fässer in eine Müllgrube bei Metzenhausen.

Weitere Fässer werden auch auf mehreren Müllkippen in Hamburg gefunden. Sie sind zum Teil beschädigt. Das Grundwasser weist hier geringe Giftspuren auf.

Chemische Rückstände fallen nach den westdeutschen Zollbestimmungen nicht unter die »Verbote und Beschränkungen für den Warenverkehr über die Grenze«. Sie können deshalb legal in die Bundesrepublik eingeführt werden.

Kranke und Schüler genießen Lärmschutz

19. Februar. In der Bundesrepublik Deutschland stimmt der Bundesrat dem »Gesetz zum Schutz gegen Fluglärm« zu. Damit tritt am 30. März 1971 das erste Umweltschutzgesetz, das vom Bundestag eingebracht wurde, in Kraft.

Zu den wichtigsten Neuregelungen zählt die Einrichtung von Lärmschutzbereichen in der Umgebung und den Einflugschneisen von Flughäfen mit Düsenverkehr. In diesen Schutzzonen dürfen u. a. keine Krankenhäuser und Schulen errichtet werden. Wohnhäuser können nur unter bestimmten Bedingungen und mit entsprechenden Schallschutzmaßnahmen gebaut werden. Die Bundesregierung beabsichtigt, die Grundeigentümer, die von einem Bauverbot betroffen sind, zu entschädigen.

Um Wohngebäude durch bauliche Maßnahmen wirkungsvoll gegen Flug- und Verkehrslärm schützen zu können, werden in der Bundesrepublik an vielen Flughäfen Schalldämmversuche gemacht. Am Flughafen München-Riem wird ein Würfel aus Ziegelmauerwerk den Phonbelastungen startender Verkehrsflugzeuge ausgesetzt. Die Phonwerte werden innerhalb und außerhalb der Ziegelmauern gemessen. Das Ergebnis erstaunt selbst Fachleute: Im Inneren von Ziegelmauerwerken werden lediglich 10 bis 15% des sonst üblichen Lärms registriert.

Versuchsaufbau, um die Lärmbelastung startender Flugzeuge zu messen

Milchtrinker sauer: »Wir zahlen doppelt«

1. Februar. In der Bundesrepublik hebt die Regierung die bislang gültige Preisbindung für Trinkmilch auf. Sie wird durch freie Verbraucherpreise ersetzt. Dies führt zu einer erheblichen Verteuerung der Milch. Ende 1971 müssen die Verbraucher mit durchschnittlich 0,80 DM bis zu 0,43 DM pro Liter mehr zahlen als zu Beginn des Jahres.

Die ständige und einheitliche Anhebung der Milchpreise ruft Verärgerung in der Bevölkerung hevor. Den Molkereien wird vorgehalten, unzulässige Absprachen zu treffen, die dem Kartellrecht entgegenstehen. Die Molkereien weisen die Anschuldigung zurück. Als Gründe für die Preiserhöhung geben sie steigende Löhne und Transportkosten, wachsende Verpackungspreise sowie eine unumgängliche Anhebung der Erzeugerpreise an.

Nicht alle Milchtrinker wollen die Verteuerung tatenlos hinnehmen. Die Schülerzeitung einer Realschule in Neumünster ruft z. B. zu einem Milchboykott auf und fordert kostenlose Schulmilch.

Beim Kölner Rosenmontagszug verpaßt Finanzminister Alex Möller seinem Kontrahenten, Wirtschaftsminister Karl Schiller, den »Konjunkturzuschlag«.

»Narrentreiben« am Rhein

22. Februar. Hunderttausende von »Narren« besuchen zum Abschluß der Karnevalsaison die Rosenmontagszüge in den Hochburgen Mainz, Köln und Düsseldorf.

Trotz klirrender Kälte und meist bedecktem Himmel herrscht Hochstimmung an diesem »besonderen Feiertag«. Politische Anspielungen, farbenprächtige Kostüme und Blaskapellen bringen gute Laune. Für das leibliche Wohl ist ebenfalls gesorgt. Der Karnevalshit des Jahres kommt da für das närrische Volk gerade richtig: »Und so weiter, und so weiter, und so weiter…«

Zwei Funkenmariechen auf der Kühlerhaube – so stürzt sich der Kölner Prinz Rolf (M.) ins närrische Treiben.

Ein ganz neues Bild bei der Bundeswehr: Soldaten tragen Haarnetze.

Haarnetzerlaß bringt Orden für Schmidt

8. Februar. Bonn ordnet an: Soldaten, deren Haare über den Hemdkragen reichen, müssen aus Sicherheitsgründen ein Haarnetz tragen. Verteidigungsminister Helmut Schmidt erhält dafür den »Orden wider den tierischen Ernst«.

Aus Fruchtkapseln von Schlafmohn wird die Droge Opium hergestellt.

Vereinte Nationen im Kampf gegen Drogen

21. Februar. Auf der Rauschgiftkonferenz der Vereinten Nationen (UN) verabschieden die Mitgliedsländer die »Konvention über psychotrope Substanzen«. Mit ihrer Hilfe will die UN den Drogenmißbrauch einschränken.

»Psychotrop« bezeichnet Rauschmittel, die beim Konsumenten langanhaltende Bewußtseinsveränderungen hervorrufen. Sie werden vorwiegend künstlich hergestellt. Die am weitesten verbreitete psychotrope Substanz ist LSD (Lysergsäurediäthylamid).

Die UN-Konvention sieht ein strenges internationales Kontrollsystem für psychtrope Substanzen vor. Dadurch werden Herstellung und Anwendungsgebiete der Rauschmittel genau reglementiert. Auch der Im- und Export der Substanzen unterliegt strengen Vorschriften.

Die »Konvention über psychotrope Substanzen« ist die zweite große UN-Vereinbarung gegen den Drogenmißbrauch. Bereits 1961 faßte das sog. Einheitsübereinkommen alle bis dahin bestehenden UN-Maßnahmen zur Drogenbekämpfung zusammen. Bislang blieb die Vereinbarung jedoch ohne spürbaren Erfolg. Die Zahl der Drogentoten ist ständig gestiegen.

Die wichtigsten UN-Organe zur Drogenkontrolle sind die »Suchtstoffkommission der Vereinten Nationen« und der »Fonds der Vereinten Nationen zur Bekämpfung des Drogenmißbrauchs«.

Pfiffe trüben Erfolg von Beatrix Schuba

28. Februar. Bei den Eiskunstlauf-Weltmeisterschaften im französischen Lyon (22.–28. Februar) gehen die Goldmedaillen in allen vier Wettbewerben an europäische Läufer und Läuferinnen: Im Paarlauf siegen Irina Rodnina und Alexei Ulanow (UdSSR), im Eistanz Ludmilla Pachomowa und Alexander Gorschkow (UdSSR). Die Titel in den Einzelwettbewerben sichern sich Beatrix Schuba (Österreich) bei den Damen und Ondrej Nepela (ČSSR) bei den Herren.

Der WM-Sieg von »Trixi« Schuba findet beim Publikum wenig Verständnis, und so gibt es Pfiffe bei der Siegerehrung. Die Österreicherin absolviert die mit Abstand beste Pflicht, die allerdings unter Ausschluß der Öffentlichkeit stattfindet. Die Zuschauer sehen von Schuba nur die sechstbeste Kür. Da laut Reglement Pflicht und Kür im Endergebnis gleichrangig bewertet werden, gewinnt Schuba vor Julie Holmes (USA) und Karen Magnussen (Kanada).

Begeistert ist das Publikum hingegen von Rodnina/Ulanow, den Siegern im Paarlauf. Nach Platz zwei in der Pflicht laufen die Moskauer eine sensationelle Kür, die einmal die Traumnote 6,0 erhält. Damit werden sie bei ihrem dritten WM-Start zum drittenmal Weltmeister. Einen großartigen Erfolg für die Bundesrepublik erzielt das Geschwisterpaar Angelika und Erich Buck, die im Eistanz Platz zwei belegen. In den Einzelwettbewerben bleiben die Deutschen aus der Bundesrepublik nach wie vor ohne Chance auf einen Medaillenrang. Bei den Damen landet Judith Bayer als beste Bundesdeutsche auf Platz 18, bei den Herren belegt Klaus Grimmelt Rang 19.

Die Medaillengewinnerinnen des Damen-Wettbewerbs bei der Siegerehrung: In der Mitte die Weltmeisterin Schuba, daneben Holmes (l.) und Magnussen (r.)

Eisschnellauf-Star Schenk

14. Februar. Ard Schenk aus den Niederlanden wird in Göteborg (Schweden) Weltmeister im Eisschnellauf. Mit 171,130 Punkten in der Vierkampfwertung verbessert er gleichzeitig seinen eigenen Weltrekord von 171,317 Punkten.

Schenk siegt auch in drei der vier Einzeldisziplinen. Er schlägt die Konkurrenz über 1500, 5000 und 10 000 m. Über 10 000 m verbessert er mit 15:01,6 min den Weltrekord seines Landsmannes Kees Verkerk aus dem Jahr 1969 (15:03,6 min).

Die Weltmeisterschaft im Eisschnellauf der Damen gewann Nina Statkewitsch aus der UdSSR am 7. Februar in Helsinki (Finnland).

Nach der Europameisterschaft siegt sie auch bei der Weltmeisterschaft: Eisschnelläuferin Nina Statkewitsch.

Der 26jährige Schenk ist der Star der Eisschnellauf-WM. Er sichert sich nach 1970 zum zweitenmal den Titel.

Belgier querfeldein zum Weltmeistertitel

28. Februar. Im niederländischen Apeldoorn verteidigen die Belgier Eric de Vlaeminck (Profis) und Robert Vermeire (Amateure) ihre Titel als Querfeldein-Weltmeister im Radsport. Bei den Amateuren belegt der Dortmunder Dieter Uebing überraschend Platz zwei.

Eric de Vlaeminck gewinnt zum fünftenmal den Querfeldein-Weltmeistertitel im Profi-Radsport.

Kunst 1971:

Dreiklang Farbe–Licht–Raum

Chronik Übersicht

Zu Beginn der 70er Jahre ist festzustellen, daß in der Kunstszene eine verwirrende Vielfalt unterschiedlicher Stile weiterlebt, abgeleitet oder neu entwickelt wird. Parallel zur Konzept-Malerei entsteht die Analytische Malerei als Reaktion auf den Abstrakten Expressionismus; daneben sind aber auch die Minimal Art und die Art Povera nachzuweisen.

Beispiele für die Konzept Art, in der der gedankliche Teil – das Konzept – das Kunstwerk ausmacht, liefert der Amerikaner Douglas Huebler (* 1924). Während einer Reise auf der Strecke zwischen Bradford/Mass. und New York macht er 650 Fotos, die die Gesamtheit aller unterwegs erfaßten optischen Erscheinungen schildern.

Der stürmischen signalisierenden Gestik des Abstrakten Expressionismus folgt mit der Analytischen Malerei ein Stil, der aus der Beschäftigung mit ostasiatischer Kunst und der meditativen Philosophie des Zen-Buddhismus resultiert. Losgelöst von inhaltlichen und stilistischen Problemen erheben Künstler der Analytischen Malerei die Malerei selbst zum Thema, wobei Raum und seine Unendlichkeit eine wichtige Rolle spielen. Hauptvertreter sind die Amerikaner Barnett Newman (1905–1970) und Ad Reinhardt (1913–1967) und der Russe Mark Rothko (1903–1970). Newmans »Bilder der Stille« vermitteln dem Betrachter das Gefühl, sich in einem unermeßlichen Raum zu befinden. Sie sind häufig großformatig und einfarbig. Die sich ausdehnende Fläche erweckt, aus der Nähe betrachtet, den Eindruck als umfaßte sie ihn, als sei sie die Unendlichkeit, ein ehrfurchtgebietendes Naturphänomen.

Der deutsche Maler Gotthard Graubner (* 1930) schafft sog. Farbraum-Körper wie die perlonüberspannten Schaumstoffkissen auf mehrfach geschichteter und farbdurchtränkter Leinwand. Es sind malerische Manifestationen des Unendlichen. Farbe, Licht und Raum kommen als Dreiklang zur Wirkung, schwebend fließende Farbe, auf- und abschwellend in feinster Nuancierung. Graubners Bewunderung gilt Rembrandt (1906–1969) und Matthias Grünewald (1460–1528). Er beruft sich aber auch auf William Turner (1775–1851) und Caspar David Friedrich (1774–1840), deren Darstellungen farbiger Nebel einen Vergleich mit den Nebelräumen Graubners zulassen. Sehnsucht und angestrebtes Ziel ist die Darstellung »des Nichts, das Alles enthält«, was bereits Kasimir Malewitsch (1878–1935) anstrebte und auch in den Werken des Spaniers Antoni Tàpies (* 1923) anklingt.

Neben Graubner malen Reimer Jochims (* 1935) und Raimund Girke (* 1930) in Deutschland im »analytischen« Stil. Girke läßt »Weißräume« entstehen, subtile Nuancen der »Nichtfarbe Weiß«, zart abgestufte Weißbänder, die Ausgeglichenheit und Ordnung ausdrücken. Horizontale Farbabläufe mit anschattierten Kanten erzeugen in auf- und abklingenden Tönungen ein Farbkontinuum. Girke sagt: »Weiß ist Ruhe und Bewegung, ist Aktivität und Passivität. Weiß ist Reinheit und Klarheit« und »es verändert sich ständig, Ausdehnung und Zusammenziehung wechseln einander ab«.

Wie Kindermalerei wirkt die Symbolsprache im Bild »Standart« von Penck.

Reiner Ruthenbeck (* 1937) verwendet als Vertreter der Art Povera sog. unedle, stumpfe Werkstoffe. Er war Schüler von Joseph Beuys. Ruthenbeck tritt mit aufgehängten und verspannten Objekten unter Verwendung einfachster Materialien der Überflußgesellschaft entgegen. Als wichtiges Ausdrucksmittel verwendet er rotbraunen Stoff, wobei es ihm um die kontemplative Ruhe des Farbtons geht. Stoffbahnen werden zu einfachen geometrischen Formen aufgespannt. Starres Material wie Glas tritt mit flexiblem Material wie fließendem Stoff in Wechselbeziehung.

△ Triviale Figürlichkeit in dem Objekt »Putney Winter Heart n⁰ 3 (Garbage Can)« von Jim Dine (1935)*
▷ R. Girke: »Zwölf waagerecht gestufte Progressionen«

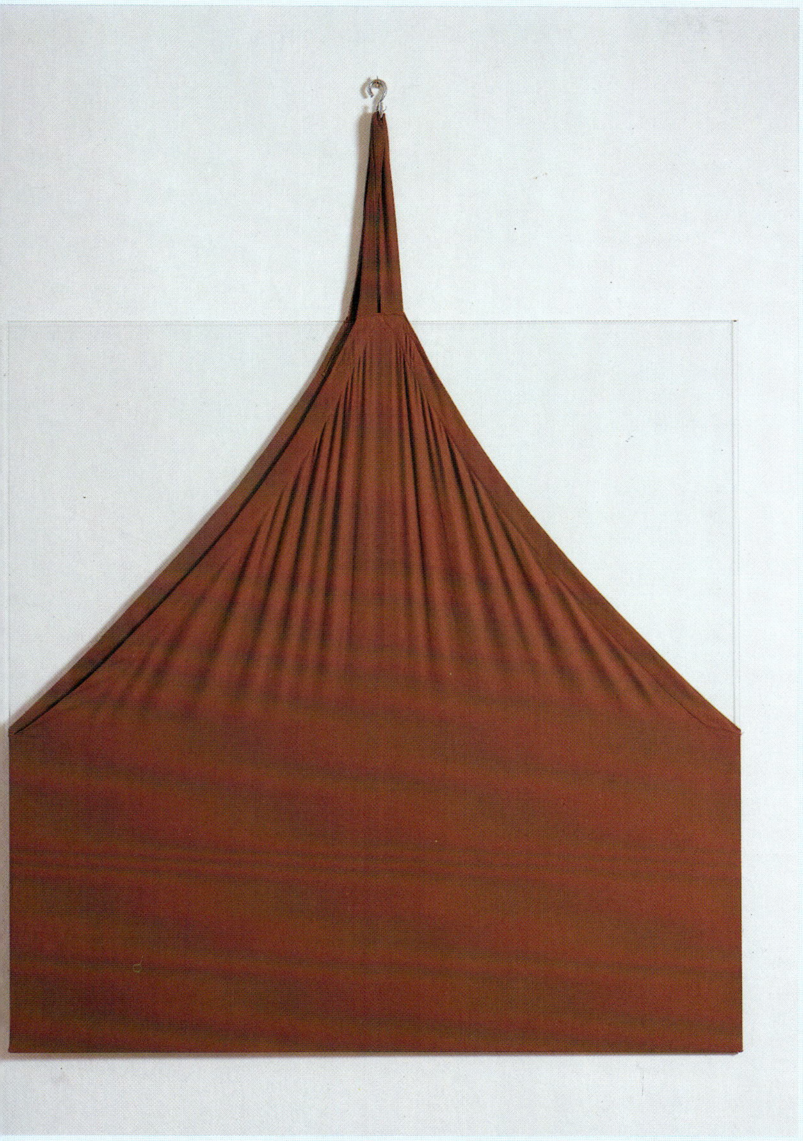

Mit der »Glasplatte in Stofftasche II« (Museum Ludwig, Köln) zeigt Reiner Ruthenbeck die Wechselwirkung von Materialien. Einerseits wird die Platte in der hängenden Tasche instabil, andererseits gibt sie der Tasche feste Konturen.

Richard Serras »Moe« aus drei 5 cm dicken Stahlplatten wirkt schwerelos und gleichzeitig stabil.

Der Betrachter erfährt Raum und Zeit neu

Nach ersten Auseinandersetzungen mit der Art Povera stellt der US-amerikanische Bildhauer Richard Serra (* 1939) seit Anfang der 70er Jahre Objekte aus einfachen geometrischen Formen her. Die monumentalen Skulpturen erwecken den Eindruck großer Labilität. Sie alle haben etwas mit Balance und Gewichtlosigkeit zu tun. Serra sagt über seine Objekte, sie »basieren einzig auf einem axiomatischen Konstruktionsprinzip, nach dem jedes Element alle anderen stützt und gleichzeitig von allen anderen gestützt wird«. Die Skulpturen, die der Minimal Art zuzurechnen sind, sprechen eine klare Formensprache, sind auf das Wesentliche beschränkt und stellen Bezüge zur Umgebung her, in der sie sich befinden. Diese Wirkung weckt das Interesse des Betrachters. Und gerade das ist die Absicht des Minimal-Art-Künstlers: Die unterschiedlich angeordneten Platten oder Quader seiner Objekte lassen das Licht unterschiedlich reflektieren, helle und dunkle Flächen wechseln ab. Helligkeitsabstufungen und Lichtkontraste ersetzen die Farbe des Malers. Dem Betrachter präsentiert sich mal eine geschlossene, mal eine offene Form, die Konturen verändern sich, das Volumen variiert. Raum, Zeit und Bewegung werden durch Serra neu erfahren.

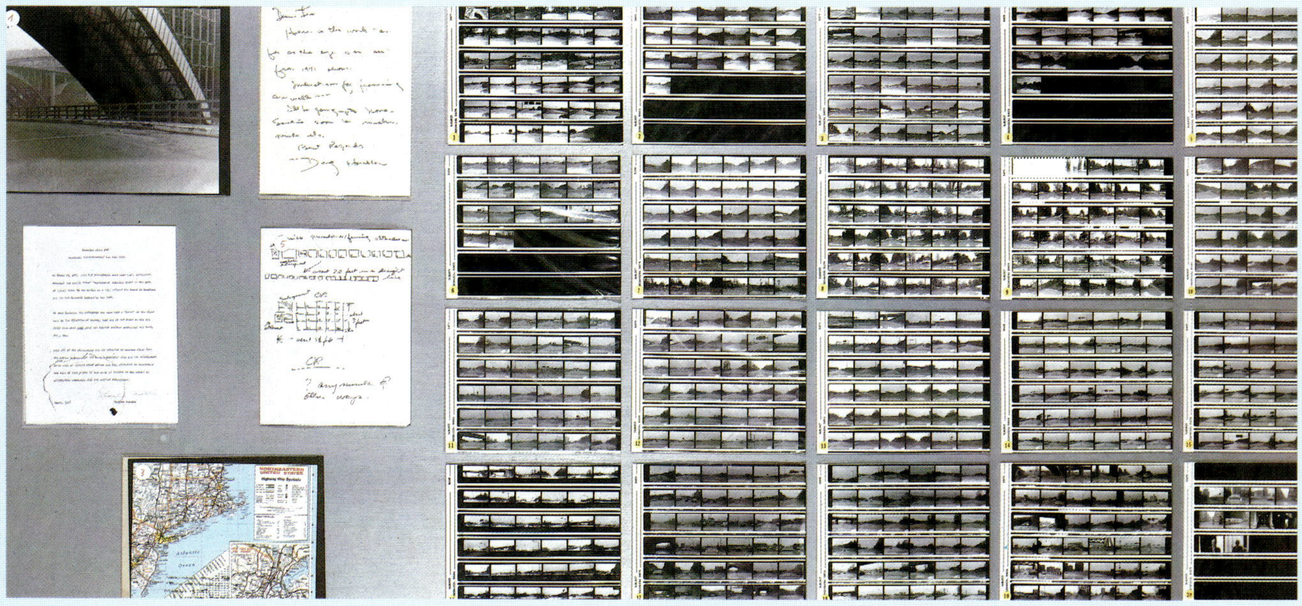

Das »Variable Stück Nr. 48« (Museum Ludwig, Köln) des US-Amerikaners Douglas Huebler ist eine Konzeptarbeit, die einen Prozeß zum Gegenstand hat: Den Prozeß einer alltäglichen Fahrt, einen Ablauf, der von Ort und Zeit, von Raum und Geschwindigkeit bestimmt wird. Die Dokumentation der Autofahrt von Bradford/Mass. nach New York am 13. Mai 1971 enthält alle optischen Eindrücke ohne Rücksicht auf Bildqualität oder Ästhetik in Form einer Fotosequenz mit einbezogener Landkarte, einer Skizze und einem Brief.

März 1971

Mo	Di	Mi	Do	Fr	Sa	So
1	2	3	4	5	6	7
8	9	10	11	12	13	14
15	16	17	18	19	20	21
22	23	24	25	26	27	28
29	30	31				

1. März, Montag

Bei der Prozeßeröffnung gegen den Terroristen Horst Mahler, der wegen versuchten Mordes angeklagt wird, lehnt der Rechtsanwalt Otto Schily das Schwurgericht wegen Befangenheit ab und beantragt, das Verfahren einzustellen. Laut Schily machen die »Pressekampagne« und abwertende Äußerungen von Bundesinnenminister Hans-Dietrich Genscher (FDP) im Vorfeld der Verhandlung einen fairen Prozeß unmöglich (→ 21. 5./S. 91).

In Genf wird die Speicherringanlage der Europäischen Organisation für Kernforschung fertiggestellt. → S. 61

In der Bundesrepublik Deutschland tritt eine neue Straßenverkehrs-Ordnung (StVO) in Kraft. → S. 61

In München und Kiel beginnt der Kartenvorverkauf für die XX. Olympischen Sommerspiele, die 1972 in der Bundesrepublik stattfinden. Rund 3,4 Mio. Eintrittskarten, die zwischen 5 und 80 DM kosten, sind im freien Handel erhältlich. Die 160 000 Karten für Eröffnungs- und Schlußfeier werden ausschließlich über die Fernsehlotterie »Glücksspirale« verlost.

2. März, Dienstag

In Ostpakistan brechen schwere Unruhen aus, weil der pakistanische Präsident Aga Muhammad Yahya Khan die Wiedereröffnung der Nationalversammlung auf unbestimmte Zeit verschoben hat (→ 26. 3./S. 52).

In Norwegen tritt die Regierung unter Ministerpräsident Per Borten zurück. Borten hatte einen vertraulichen Bericht des norwegischen Botschafters in Brüssel an die Öffentlichkeit weitergeleitet. Das Schreiben beinhaltet Bedingungen der Europäischen Wirtschaftsgemeinschaft für einen möglichen Beitritt Norwegens. Bortens Nachfolger, Trygve Martin Bratteli, stellt am 13. März sein Kabinett vor.

3. März, Mittwoch

In Polen nehmen Kirche und Regierung nach acht Jahren erste Kontakte auf. Ministerpräsident Piotr Jaroszewicz und der Primas der katholischen Kirche, Kardinal Stefan Wyszyński, sprechen über die Normalisierung der Beziehungen zwischen Staat und Kirche und den ehemals deutschen Kirchenbesitz in den polnischen Westgebieten.

4. März, Donnerstag

In einer Petition an die Delegierten des bevorstehenden XXIV. Parteitages der KPdSU in Moskau fordern 200 sowjetische Juden Unterstützung für ihre Ausreisebemühungen. Sechs Tage später treten 100 jüdische Sowjet-Bürger in einen Hungerstreik, um ihre Ausreise nach Israel zu erzwingen (→ 25. 2./S. 37).

5. März, Freitag

Während eines Besuchs in Nordvietnam (5.–8. 3.) sichert der chinesische Ministerpräsident Chou En-lai der Regierung in Hanoi weitere Unterstützung im Vietnamkrieg zu (→ 8. 2./S. 34).

Ein Frankfurter Schwurgericht spricht den ehemaligen SS-Anthropologen Hans Fleischhacker frei. Fleischhacker war der Beihilfe zur Ermordung von 115 Häftlingen im Konzentrationslager Auschwitz angeklagt.

Mit der »Aktion Roter Punkt« protestieren in Dortmund Bürger gegen Fahrpreiserhöhungen im öffentlichen Nahverkehr. → S. 57

6. März, Samstag

Eine Delegation des Berliner Senats und DDR-Regierungsvertreter nehmen in Berlin (Ost) Verhandlungen über Besuchsmöglichkeiten von West-Berlinern in der DDR auf (→ 11. 12./S. 196).

In Bremen gründen Ärzte, Kaufleute und Juristen den Verein »Hilfsaktion Krebsbekämpfung« (→ S. 188).

Die US-amerikanische Raumfahrtbehörde NASA (National Aeronautics and Space Administration) gibt bekannt, daß die von der »Apollo-14«-Besatzung mitgebrachten Mondsteine auf ein Alter von 3,5 bis 4,5 Mio. Jahre geschätzt werden. Es sind die ältesten Gesteinsproben, die bislang auf dem Mond gefunden wurden (→ 5. 2./S. 39).

In Kylami gewinnt der US-Amerikaner Mario Andretti auf Ferrari das Grand-Prix-Rennen von Südafrika.

7. März, Sonntag

94% der Mitglieder der britischen Postgewerkschaft stimmen für den Abbruch des Streiks, der seit dem 20. Januar andauert. Die britische Regierung ist den Forderungen nach einer Lohnerhöhung um 15% bislang nicht nachgekommen (→ 21. 2./S. 38).

In London demonstrieren 3000 Frauen von »Women's Liberation Movement« (Bewegung für die Befreiung der Frau) für die Gleichberechtigung der Frau (→ 2. 6./S. 112).

8. März, Montag

In Ostpakistan beginnt die »Woche des zivilen Ungehorsams«. Zu ihr hatte Mujib Rahman, Führer der Oppositionspartei, als Protest gegen die Verhängung des Kriegsrechts aufgerufen. Es werden keine Steuern abgeführt, Ämter, Schulen und Gerichte bleiben geschlossen (→ 26. 3./S. 52).

Im Titelkampf um die Boxweltmeisterschaft im Schwergewicht schlägt der US-Amerikaner Joe Frazier seinen Landsmann Muhammad Ali in 15 Runden nach Punkten. → S. 63

9. März, Dienstag

In Ankara werden vier US-Soldaten, die am 4. März von der terroristischen »Türkischen Volksbefreiungsfront« entführt worden sind, bedingungslos freigelassen (→ 12. 3./S. 54).

Die Bundestagsfraktionen von CDU/CSU und SPD einigen sich auf einen Gesetzentwurf, der die Altersversorgung der Bundesminister verbessert. Demnächst sollen die Minister auch dann Rente bekommen, wenn sie bei ihrem Ausscheiden jünger als 55 Jahre sind oder nur ein Jahr im Amt waren.

Am Hamburger Operettenhaus hat das Musical »Oh! Calcutta!« in der Bundesrepublik Premiere. → S. 62

10. März, Mittwoch

Bei den indischen Unterhauswahlen erreicht die Kongreßpartei von Ministerpräsidentin Indira Gandhi eine Zweidrittelmehrheit. → S. 53

In Australien wird der bisherige Außenminister William McMahon als Ministerpräsident vereidigt. Sein Vorgänger John G. Gorton, der aufgrund von parteiinternen Differenzen zurückgetreten war, wird zum neuen Verteidigungsminister ernannt (→ 19. 8./S. 140).

Durch eine Verfassungsänderung wird in den USA das Wahlalter auf 18 Jahre herabgesetzt.

Der Deutsche Bundestag hebt alle noch geltenden Beschränkungen für den Bezug von DDR-Publikationen auf.

Die Österreicherin Annemarie Pröll sichert sich den Weltcup der Damen im alpinen Skisport (→ 14. 3./S. 63).

11. März, Donnerstag

Vor dem Europäischen Gerichtshof in Brüssel verklagt die Europäische Kommission Frankreich wegen angeblicher Verstöße gegen den EURATOM-Vertrag (→ 14. 12./S. 199).

Die Regierung in Bonn beschließt, allen Unternehmen des gewerblichen Güterfernverkehrs, die durch die Schikanen der DDR-Behörden auf den Zufahrtsstraßen von und nach Berlin (West) behindert wurden (→ 28. 1./S. 12), pro Stunde Wartezeit an den Grenzübergängen 10 DM Entschädigung zu zahlen. Die Fachvereinigung Güterfernverkehr zeigt sich von dieser Regelung enttäuscht.

Der Württembergische Kunstverein Stuttgart eröffnet die erste DDR-Ausstellung in der Bundesrepublik (11. 3.–18. 4.). »Fünf Städte mahnen« zeigt die Zerstörung der Städte Dresden, Leningrad, London, Rotterdam und Warschau im Zweiten Weltkrieg.

12. März, Freitag

In der Türkei zwingt das Militär nach monatelangen innenpolitischen Spannungen die Regierung unter Ministerpräsident Süleyman Demirel zum Rücktritt. → S. 54

In der Bundesrepublik Deutschland werden reflektierende Autokennzeichen zugelassen.

13. März, Samstag

Hafis Asad wird für sieben Jahre zum syrischen Präsidenten gewählt. → S. 55

Der frühere Präsident des verbotenen Panafrikanischen Kongresses, Robert Sobukwe, erhält die Genehmigung, aus Südafrika auszureisen. Sobukwe war zu einer dreijährigen Haftstrafe wegen Aufwiegelung verurteilt und danach weitere sechs Jahre ohne Gerichtsurteil festgehalten worden.

14. März, Sonntag

Bei den Wahlen zum Berliner Abgeordnetenhaus erringt die SPD mit 50,4% die absolute Mehrheit. → S. 57

In Leipzig wird die internationale Frühjahrsmesse eröffnet. → S. 61

In Wiesbaden wird die Verkaufsmesse JUMA 71 »Junge Welt – junger Markt« eröffnet. → S. 60

Beim Kampf um den »Goldenen Schlittschuh« in Inzell stellen der Bundesdeutsche Erhard Keller mit 38,42 sec über 500 m und der Niederländer Ard Schenk mit 1:19,1 min über 1000 m Weltrekorde auf (→ 14. 2./S. 45).

Der Italiener Gustav Thöni gewinnt den Weltcup der Herren im alpinen Skisport. → S. 63

15. März, Montag

Der pakistanische Staatspräsident Aga Muhammad Yahya Khan trifft zu einem kurzen Besuch in der ostpakistanischen Hauptstadt Dacca ein, um Oppositionschef Mujib Rahman zum Beilegen der Staatskrise zwischen Ost und West zu bewegen (→ 26. 3./S. 52).

Die südvietnamesischen Invasionstruppen treten unter schwerem gegnerischem Feuer den Rückzug aus Laos an (→ 8. 2./S. 34).

Im spanischen Bilbao wird das Hauptquartier der baskischen Untergrundorganisation ETA (Euzkadi ta Azkatasuna = Baskenland und Freiheit) von der Polizei ausgehoben, 40 Personen werden verhaftet.

Frankreich und die UdSSR unterzeichnen in Paris ein Abkommen über die Anreicherung von französischem Uran in sowjetischen Aufbereitungsanlagen. Damit hat Moskau Frankreich als eigenständige Atommacht anerkannt.

Der Bundesvorstand der SPD distanziert sich in einer Erklärung von weiten Teilen der politischen Grundsätze der Jungsozialisten: Sie stimmten nicht mit dem Godesberger Parteiprogramm überein (→ 7. 7./S. 127).

Die Uhrenfabrik Staiger im Schwarzwald präsentiert das erste serienreife elektronisch gesteuerte Quarz-Uhrwerk mit integrierten Schaltungen in Europa (→ S. 158).

Der Kampf des Jahrhunderts zwischen den US-Boxern Joe Frazier und Muhammad Ali am 8. März im New Yorker Madison Square Garden beschäftigt nicht nur die Sportpresse. »stern« bringt aus diesem Anlaß ein Porträt des Herausforderers Ali (früher: Cassius Clay).

16. März, Dienstag

Die DDR und Chile nehmen diplomatische Beziehungen auf. Damit ist die DDR bislang von 16 Staaten anerkannt worden. → S. 57

In Ceylon verhängt Ministerpräsidentin Sirimawo Bandaranaike nach heftigen Kämpfen zwischen Regierungstruppen und Guerilla-Einheiten den Ausnahmezustand (→ 6. 4./S. 72).

In Frankreich wird der Flugverkehr, der seit dem 21. Februar eingestellt ist, wieder aufgenommen. Die drei Luftverkehrsgesellschaften Air France, Air Inter und UTA sowie die Gewerkschaften des fliegenden Personals einigen sich auf ein Abkommen für fünf Jahre. Es sieht u. a. die Verbesserung der Arbeitsbedingungen vor und verpflichtet beide Seiten, bis 1975 von Streiks und Aussperrungen abzusehen.

In Italien wird der Gebrauch empfängnisverhütender Mittel und die Werbung für Geburtenkontrolle erlaubt. Der Verfassungsgerichtshof erklärt das bislang geltende Verbot durch zwei Artikel des Strafgesetzbuches und des Polizeigesetzes für verfassungswidrig.

17. März, Mittwoch

In Finnland tritt die Koalitionsregierung aus Sozialdemokraten und Kommunisten unter Ministerpräsident Ahti Karjalainen zurück. Die kommunistischen Abgeordneten hatten gegen eine Gesetzesvorlage zur Aufhebung des Preisstopps gestimmt. Am 26. März bildet Karjalainen eine Minderheitsregierung ohne Kommunisten.

Die US-amerikanische Regierung verzichtet auf die Verlängerung einer seit 20 Jahren geltenden Bestimmung, die für China-Reisen eine besondere Genehmigung vorsieht. Washington reagiert damit auf die Annäherung zwischen den USA und der Volksrepublik China (→ 14. 4./S. 70).

Zwei Repräsentativerhebungen, die das Infas-Institut im Auftrag des Bundesarbeitsministeriums in Bonn durchgeführt hat, ergeben, daß zwei Drittel der bundesdeutschen Erwerbstätigen die Einführung einer flexiblen Altersgrenze befürworten. Eine Rentenkürzung hingegen wird von den meisten Befragten abgelehnt.

In Dormagen am Rhein wird die größte Kläranlage Europas in Betrieb genommen. → S. 61

In Frankreich erscheint der zweite und letzte Band der Memoiren des ehemaligen französischen Staatspräsidenten Charles de Gaulle.

18. März, Donnerstag

Die schwedische Regierung entscheidet sich mit Rücksicht auf ihre Neutralitätspolitik gegen eine Mitgliedschaft in der Europäischen Wirtschaftsgemeinschaft.

In Brüssel konstituiert sich der Ständige Ausschuß der Europäischen Wirtschaftgemeinschaft für Beschäftigungsfragen. Er soll eine gemeinsame Arbeitsmarktpolitik der sechs Mitgliedstaaten koordinieren.

In Mannheim wird »Meyers Enzyklopädisches Lexikon« vorgestellt. → S. 62

Der Deutsche Akademische Austauschdienst bietet erstmals 20 mit 1000 DM dotierte Stipendien für einen Russisch-Sprachkurs in Moskau an.

Die Arbeitsgemeinschaft Mode zeichnet in Krefeld den 38jährigen Pariser Modeschöpfer Emanuel Ungaro mit dem »Goldenen Spinnrad« aus.

19. März, Freitag

Der Konjunkturrat der öffentlichen Hand, dem der Bundeswirtschafts- und -finanzminister sowie Vertreter der Bundesländer und Gemeinden angehören, gibt bekannt, daß die Lebenshaltungskosten um mehr als 4% höher liegen als vor zwölf Monaten.

20. März, Samstag

30 Hauptleute und Kompaniechefs kritisieren öffentlich die Situation in der Bundeswehr. → S. 60

In München wird im Haus der Kunst die »Aktiva 71« eröffnet (20. 3.–9. 5.). Die Ausstellung soll über Werke junger deutscher Künstler informieren.

21. März, Sonntag

Bei den Landtagswahlen in Rheinland-Pfalz siegt die CDU unter Helmut Kohl mit 50,0% der Stimmen (→ 14. 3./S. 57).

In einem Interview mit dem Deutschlandfunk erklärt der Leiter der Zentralen Stelle der Landesjustizverwaltungen zur Aufklärung nationalsozialistischer Verbrechen in Ludwigsburg, Oberstaatsanwalt Rückerl, daß die Ermittlungsarbeit der Stelle 1981 eingestellt werden wird, da mit der Zeit immer weniger Aussicht bestehen würde, NS-Verbrechen aufzuklären.

In Berlin (West) wird die Ausstellung »1871 – Fragen an die deutsche Geschichte« im ehemaligen Reichstagsgebäude eröffnet. Die Ausstellung will das Entstehen und die Entwicklung des deutschen Nationalstaats verdeutlichen (→ 18. 1./S. 15).

22. März, Montag

Auf der Mitgliederversammlung des Verbandes Deutscher Studentenschaften (VDS) in Bonn werden drei Angehörige des Sozialdemokratischen Hochschulbundes (SHB) und ein Mitglied des MSB Spartakus, der der DKP nahesteht, in den Vorstand gewählt.

23. März, Dienstag

In Argentinien wird Präsident Roberto M. Levingston vom Militär abgesetzt. Alejandro A. Lanusse wird zu seinem Nachfolger ernannt. → S. 55

In Belfast wird Brian Faulkner als Nachfolger von Robert Chichester-Clark zum nordirischen Premierminister gewählt. → S. 55

In Brüssel demonstrieren 100 000 Bauern aus allen Ländern der Europäischen Wirtschaftsgemeinschaft (EWG) gegen die Agrarpolitik der EWG (→ 25. 3./S. 56).

24. März, Mittwoch

Bundeskanzler Willy Brandt erläutert im Bundestag seine Politik der inneren Reformen. → S. 57

Der Hessische Verwaltungsgerichtshof in Kassel entscheidet, daß nur Frauen den Beruf der Hebamme erlernen können, da dies im »Hebammengesetz« so festgelegt sei. Das Gericht weist damit die Klage eines 38jährigen Filmvorführers ab, der von der Marburger Landeshebammenschule nicht zur Ausbildung zugelassen worden war.

Der Bayernbund e. V. in München erklärt in einem Aufruf, daß man um den Bestand des bayerischen Kulturgutes fürchten muß. Zugezogene Bürger aus dem Westen und Norden der Bundesrepublik würden durch ihre fremde Wesensart und Sprache die bayerische Eigenart und Eigenständigkeit beeinträchtigen.

25. März, Donnerstag

Nach dreitägigen Beratungen einigen sich in Brüssel die Landwirtschaftsminister der Europäischen Wirtschaftsgemeinschaft auf eine Anhebung der Agrarpreise um 2 bis 6%. → S. 56

Jugoslawiens Staatspräsident Josip Tito trifft zu einem Staatsbesuch in Italien ein. Titos Reise war ursprünglich bereits für Dezember 1970 geplant, wurde jedoch von der Belgrader Regierung abgesagt, nachdem der italienische Außenminister Aldo Moro angeblich Ansprüche auf jugoslawische Gebiete angemeldet hatte (→ 29. 3./S. 55).

In Ankara stellt der türkische Ministerpräsident Nihat Erim sein neues Kabinett vor (→ 12. 3./S. 54).

In Frankfurt am Main wird vom Deutschen Sportbund (DSB) das Jahr der ersten Trimm-Dich-Kampagne, die 1970 ins Leben gerufen wurde, unter dem Motto »Millionen Herzen schlagen länger – Milliarden Mark werden gespart« eröffnet. Breite Bevölkerungsschichten sollen zu mehr Bewegung animiert werden. → S. 189

26. März, Freitag

Mujib Rahman ruft die unabhängige ostpakistanische Republik »Bangladesch« aus. → S. 52

27. März, Samstag

Die indische Regierung sagt den ostpakistanischen Unabhängigkeitsbestrebungen weitreichende Unterstützung zu (→ 26. 3./S. 52).

Der Allgemeine Deutsche Automobil-Club (ADAC) meldet, daß sich nur jeder hundertste Autofahrer anschnalle, obwohl jedes vierte Fahrzeug mit Sicherheitsgurten ausgestattet sei.

28. März, Sonntag

US-Außenminister William P. Rogers bescheinigt der bundesdeutschen Regierung in einem offiziellen Brief an Bundeskanzler Willy Brandt, daß Washington die aktive Bonner Außenpolitik begrüße. Dadurch hätten sich die amerikanisch-deutschen Beziehungen intensiviert.

Der Landeshauptausschuß der Freien Demokraten in Rheinland-Pfalz spricht sich mit 41 zu 34 Stimmen gegen die Verlängerung des seit fast 20 Jahren bestehenden Regierungsbündnisses mit der CDU aus (→ 14. 3./S. 57).

29. März, Montag

Im Rahmen einer Italien-Reise trifft Jugoslawiens Staatspräsident Josip Tito in Rom zu einer Unterredung mit Papst Paul VI. zusammen. → S. 55

Der US-Leutnant William L. Calley wird von einem Militärgericht in Fort Benning im Bundesstaat Georgia des Mordes an 22 Zivilisten in dem südvietnamesischen Dorf My Lai für schuldig befunden. → S. 62

30. März, Dienstag

Als erste Landesregierung veröffentlicht Hessen ein Sofortprogramm für die soziale Integration ausländischer Arbeitnehmer. Im Lauf des Jahres sollen für diese Bevölkerungsgruppe u. a. 650 Wohnungen gebaut werden.

In Los Angeles werden Charles Manson, Susan Atkins, Patricia Krenwinkel und Leslie van Houten des Mordes an der Schauspielerin Sharon Tate und sechs weiteren Personen für schuldig befunden und zum Tode verurteilt (→ 19. 4./S. 80).

31. März, Mittwoch

Nach Abschluß des Warschauer und Moskauer Vertrags (1970) beginnen im Außenministerium der ČSSR jetzt auch die Gespräche über ein deutsch-tschechoslowakisches Abkommen. Es soll die Beziehungen der beiden Länder auf dem Hintergrund der Ergebnisse des Zweiten Weltkriegs regeln.

Die niedersächsische Landesregierung kündigt den Staatsvertrag über das gemeinschaftliche Oberverwaltungsgericht und den Dienststrafhof für die Länder Niedersachsen und Schleswig-Holstein. Hannover reagiert damit auf die Kieler Ablehnung von Roetger Groß als neuem Gerichtspräsidenten.

Das Wetter im Monat März

Station	Mittlere Lufttemperatur (°C)	Niederschlag (mm)	Sonnenscheindauer (Std.)
Aachen	2,2 (5,5)	63* (49)	121 (125)
Berlin	2,2 (3,9)	44* (31)	128 (151)
Bremen	2,4 (4,0)	32* (42)	93 (117)
München	–0,3 (3,3)	98* (46)	123 (142)
Wien	2,3 (4,9)	72 (42)	78 (135)
Zürich	0,7 (4,2)	45 (69)	107 (149)

( ) Langjähriger Mittelwert für diesen Monat
* März und April

»Bauen + Wohnen«, die »Internationale Zeitschrift für die Gestaltung und Technik von Bau, Raum und Gerät«, ist eine der renommiertesten Fachzeitschriften für Architekten. Die Aufsätze, die von international anerkannnten Fachleuten verfaßt werden, erscheinen sowohl in deutscher als auch in französischer und englischer Sprache.

Bangladesch: Blutiger Bürgerkrieg statt Souveränität

26. März. Der Führer der ostpakistanischen Partei »Awami-Liga«, Mujib Rahman, ruft über den geheimen Rundfunksender »Freies Bengalen« die von Pakistan »unabhängige und souveräne Volksrepublik Bangladesch« aus. Der Konflikt zwischen dem westlichen und östlichen Teil Pakistans erreicht damit einen neuen Höhepunkt.

Der pakistanische Präsident Aga Muhammad Yahya Khan beurteilt den Aufruf des Oppositionsführers »als einen Akt des Hochverrats«. Noch am gleichen Tag verhängt er über den ostpakistanischen Landesteil das Kriegsrecht. Die Awami-Liga wird verboten, Rahman verhaftet.

In Ostpakistan brechen daraufhin schwere Kämpfe aus. Mit allen Mitteln versuchen sich die bengalischen Widerstandskämpfer den militärischen Einheiten der Zentralregierung zu widersetzen. Am 1. April leiten westpakistanische Truppen eine Großoffensive gegen fünf ostpakistanische Städte ein. Im Verlauf des blutigen Bürgerkriegs kommen Tausende ums Leben, Millionen flüchten nach Indien (→ 23. 8./S. 138).

Militärisch kann die Zentralregierung die Oberhand gewinnen, doch ist der Konflikt damit nicht beigelegt. Am 17. April proklamiert die provisorische Regierung in Ostpakistan unter dem Vorsitz von Tajuddin Ahmed offiziell die Republik Bangladesch. Indien sichert Bangladesch im weiteren Bestreben um die Unabhängigkeit Unterstützung zu (→ 3./4. 12./S. 200).

Bereits im Vorfeld des 26. März ist es wiederholt zu Auseinandersetzungen zwischen der Zentralregierung und der ostpakistanischen Bevölkerung gekommen. Präsident Yahya Khan verschob am 1. März die für den 3. März geplante erste Sitzung der verfassunggebenden Nationalversammlung auf unbestimmte Zeit. Daraufhin kam es unter der bengalischen Bevölkerung zu Unruhen. Die Zentralregierung setzte bereits Militär ein.

Die ersten freien Wahlen zur Nationalversammlung am 7. Dezember 1970 brachten den Sieg für die Awami-Liga. Sie gewann in Ostpakistan 150 der insgesamt 153 Sitze. Sie tritt für größere Autonomie der östlichen Region ein (→ S. 53).

In Westpakistan gingen von 138 Sitzen 82 an die »People's Party« von Zulfikar Ali-Khan Bhutto. Bhutto steht den Forderungen der Awami-Liga hinsichtlich einer neuen Verfassung ablehnend gegenüber: »... es ist undenkbar, daß wir uns eine Konstitution aufzwingen lassen, die ausschließlich auf die Interessen der ostpakistanischen Autonomisten zugeschnitten ist.«

Konflikt zwischen Ost und West

Am 3. Juni 1947 entschied die britische Regierung, die Kolonie Indien in zwei voneinander unabhängige Staaten zu teilen: Einen sog. Hindustaat Indien mit einem überwiegenden Anteil an Hindus und einem sog. Moslemstaat Pakistan mit einer hauptsächlich moslemischen Bevölkerung. Vorausgegangen waren bürgerkriegsähnliche Unruhen zwischen den verschiedenen Religionsgemeinschaften.

Am 15. August 1947 entstand Pakistan als eigenständiger Staat. Gleichzeitig erhielten Indien und Pakistan die Unabhängigkeit von Großbritannien. Pakistan besteht aus zwei Teilen: Dem größeren Westpakistan und dem bevölkerungsreicheren Ostpakistan.

Von Anfang an kam es zu heftigen Kontroversen zwischen West- und Ostpakistan, da der ostpakistanische Landesteil sich von der Zentralregierung im westpakistanischen Islamabad sowohl auf wirtschaftlicher als auch auf politischer und kultureller Ebene benachteiligt fühlte.

1954 führte der Widerstand der ostpakistanischen Bevölkerung zu blutigen Unruhen. Der Einfluß der Awami-Liga, die für die Unabhängigkeit Ostpakistans eintritt, nahm zu. Am 7. Oktober 1958 verkündete der damalige Präsident Iskander Mirza das Kriegsrecht und setzte die Verfassung außer Kraft.

Die zweite Verfassung von 1968 berücksichtigte stärker die Interessen Ostpakistans. Die Opposition forderte darüber hinaus auch Wahlen und die Wiederherstellung echter parlamentarischer Demokratie. 1970 fanden in Pakistan die ersten freien und direkten Wahlen zur Nationalversammlung statt.

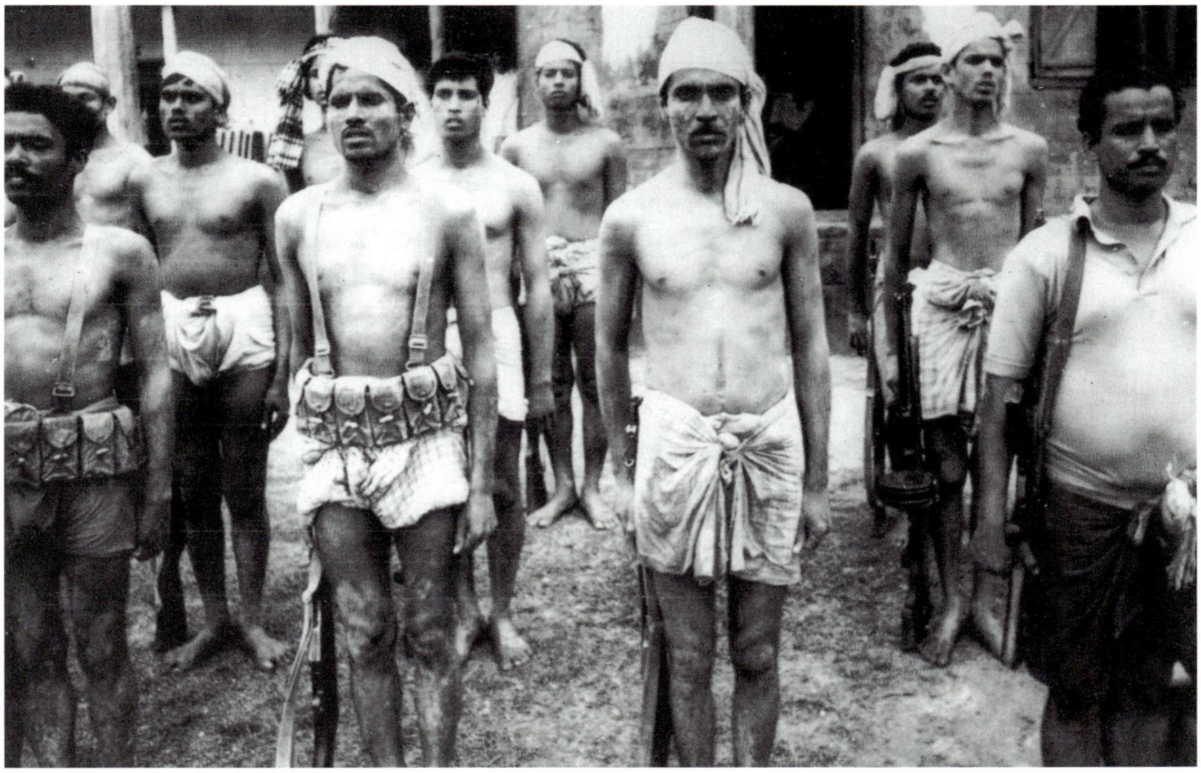

Rekruten der Befreiungsarmee in Ostpakistan: Unzureichende Ausbildung und dürftige Ausstattung lassen den bengalischen Freiheitskämpfern wenig Chancen im Bürgerkrieg. Die militärische Übermacht Westpakistans ist deutlich.

Mujib Rahman ist seit 1966 Präsident der ostpakistanischen Awami-Liga. Sein Eintreten für die Autonomie Ostpakistans brachte ihn mehrfach ins Gefängnis.

Sechs Punkte für die Unabhängigkeit Ostpakistans

Durch den Sieg der Awami-Liga bei den Wahlen zur Nationalversammlung (→ 26. 3./S. 52) sehen die ostpakistanischen Politiker ihre Bemühungen um die Unabhängigkeit von Westpakistan bestätigt. Scheich Mujib Rahman, Führer der Awami-Liga, fordert eine neue Verfassung, die sich auf ein von ihm ausgearbeitetes Sechs-Punkte-Programm stützen soll. Die Wahlen, so Rahman, stellen quasi ein Referendum für seinen politischen Kurs dar. Jetzt appelliere er »an das westpakistanische Volk, mit den bengalischen Brüdern zusammenzuarbeiten«.

Dem Sechs-Punkte-Programm von Rahman zufolge sollen in einer neuen pakistanischen Verfassung folgende Aspekte beachtet und festgeschrieben werden:

▷ Ostpakistan wird Regionalautonomie zugesichert, »um im wahren Sinn eine Föderation Pakistans und eine parlamentarische Regierungsform« zu gewährleisten.

▷ Der Bundesregierung bleiben lediglich die Bereiche Verteidigungs- und Außenpolitik sowie Kommunikationswesen vorbehalten. Auf allen anderen Gebieten liegen die Rechte bei den Bundesstaaten.

▷ Ostpakistan betreibt eine eigenständige Währungs- und Finanzpolitik.

▷ Den Bundesstaaten obliegt ausschließlich die Befugnis, Steuern und sonstige Abgaben an den Staat festzulegen und einzuziehen. Die Zentralregierung besitzt kein Steuerrecht, sondern erhält lediglich anteilige Bundessteuern.

▷ Im Hinblick auf den Außenhandel ist eine getrennte Außenhandelsbilanz für jeden Bundesstaat vorgesehen. Die Devisen stehen ebenfalls den einzelnen Staaten bei prozentual festgelegten Abgaben an den Bund zur Verfügung. Der einheimische Warenverkehr zwischen beiden Staaten erfolgt ohne jegliche Steuererhebungen und Zollbeschränkungen.

▷ Für Ostpakistan wird eine Miliz oder eine paramilitärische Streitkraft errichtet.

General Yahya Khan – Staatspräsident und Oberbefehlshaber der Armee

Klarer Wahlsieg für Indira

10. März. Bei den Parlamentswahlen in Indien, die sich über zehn Tage erstreckt haben, kann Indira Gandhi einen überwältigenden Sieg erringen. Die Kongreßpartei der amtierenden Ministerpräsidentin erhält mit 350 der insgesamt 521 Sitze eine solide Zweidrittelmehrheit im Unterhaus.

Seit Dezember 1969 leitete Gandhi eine Minderheitsregierung.

Indien in der Tradition Gandhis

Indira Gandhi trägt den Namen des indischen Freiheitskämpfers und Politikers Mahatma Gandhi, der mit seiner Methode des gewaltlosen Widerstands für die Rechte der indischen Bevölkerung eintrat. Gandhi engagierte sich stark im Kampf um die Unabhängigkeit Indiens von Großbritannien.

Der Vater Indira Gandhis, Jawaharlal Nehru, war von 1947 bis zu seinem Tod 1964 der erste Premierminister des unabhängigen Indien. Er war Vertrauter von Mahatma Gandhi und folgte dessen politischen Grundsätzen.

Damals zerfiel die Kongreßpartei in zwei voneinander unabhängige Parteien. Im Dezember 1970 setzte Gandhi ein Jahr vor Ablauf der Legislaturperiode Neuwahlen an. Politische Beobachter bezeichneten diesen Entschluß als äußerst riskant für die regierende Partei.

Bei den letzten indischen Unterhauswahlen, die 1967 stattfanden, erreichte die noch ungespaltene Kongreßpartei 228 Sitze. Jetzt kann allein die neue Kongreßpartei unter Gandhi 122 Abgeordnete mehr ins Parlament entsenden.

Der grandiose Wahlsieg der Kongreßpartei wird von politischen Beobachtern als persönlicher Erfolg Gandhis gewertet.

Auf die zukünftigen Maßnahmen der Regierung angesprochen, kündigt Gandhi u. a. ein Sofortprogramm zur Bekämpfung der hohen Arbeitslosigkeit und für eine gerechtere Besitzverteilung an. Auch Maßnahmen zur Verbesserung der Infrastruktur in Indien seien geplant. Darüber hinaus betont die Ministerpräsidentin die Notwendigkeit einer gezielten Familienplanung (→ S. 72).

Gandhi wird mit Blumenkränzen geschmückt. Die Bevölkerung gratuliert ihr so zu ihrem grandiosen Sieg.

Gandhi im indischen Parlament bei der Vereidigung zur Ministerpräsidentin. Sie ist seit 1966 im Amt, das sie als Nachfolgerin von Shastri antrat.

Türkei: Militär erzwingt Wechsel der Zivilregierung

12. März. In Ankara muß die türkische Regierung unter Süleyman Demirel auf Druck des Militärs zurücktreten. Staatspräsident Cerdet Sunay ernennt am 19. März Nihat Erim zum neuen Ministerpräsidenten und beauftragt ihn mit der Regierungsbildung.

Demirel, der der konservativen Gerechtigkeitspartei angehört, beugt sich mit dem Rücktritt dem Obersten Verteidigungsrat der Türkei. Dieser hatte Demirel eine Frist gesetzt, um die monatelangen innenpolitischen Unruhen unter Kontrolle zu bekommen. Am 12. März drohte die Armeeführung mit einem Putsch, falls die Regierung nicht zurücktreten würde.

Ursache für die Intervention des Militärs sind die seit Dezember 1970 eskalierenden, zum Teil blutigen Auseinandersetzungen zwischen Demonstranten – meist linksorientierte Studenten – und Regierungstruppen.

Am 8. Februar rief Präsident Sunay zur Bildung einer »nationalen Einheitsfront gegen die radikalen Gruppen im Land« auf, die einen »zerstörenden Charakter« hätten. Die Unruhen hielten an:

▷ 15. 2.: Gefechte mit Pistolen, Dynamit und Molotow-Cocktails zwischen rund 100 Studenten an der Universität Istanbul

▷ 4. 3.: Entführung von vier US-Soldaten in der Nähe von Ankara durch die »Türkische Volksbefreiungsarmee« (Freilassung am 8. März)

▷ 5. 3.: Die Suche nach Mitgliedern der »Volksbefreiungsarmee« führt zum Sturm der Polizei auf die Technische Universität von Ankara. Zahlreiche Studenten werden verhaftet.

Laut Rundfunk- und Presseberichten will die türkische Armeeführung durch den staatsstreichähnlichen Sturz der Regierung Demirel auch einem angeblich geplanten Linksputsch zuvorkommen. Nach Angaben des Militärs haben einige linksorientierte Offiziere gegen die Regierung unter Demirel einen Putsch geplant.

Von dem neuen Ministerpräsidenten Erim verspricht sich der türkische Generalstab nach offiziellen Angaben eine stärkere Regierung, die das Vertrauen der Öffentlichkeit genießt und mit den innenpolitischen Problemen fertig wird.

Die Polizei hat die Technische Universität von Ankara besetzt. 150 Studenten werden verhaftet, 1600 stehen unter Arrest.

Das Militär ist der eigentliche politische Drahtzieher und Machthaber in der Türkei (v. l. die Generäle Faruk Gürler, Celal Eyiceoglu und Kemalettin Eken).

Der neue Regierungschef Erim soll das Land aus der Krise führen.

Erim gehört der rechtsgerichteten Republikanischen Volkspartei an. Auf Wunsch Sunays tritt er aus der Partei aus, um eine Regierung der »Nationalen Koalition« zu bilden. Dem neuen Kabinett gehören eine Reihe parteiloser Fachminister an. Nur zehn der 25 Mitglieder sind Parlamentsabgeordnete. Zum ersten Mal in der Türkei erhält eine Frau einen Ministerposten.

Politische Beobachter sehen die neue Regierung unter strenge Vormundschaft des Militärs gestellt. Letztlich handle es sich um eine Militärregierung mit vorgeschobenem zivilem Kabinett.

Am 2. Dezember 1971 kommt es zu einer erneuten Regierungskrise. 13 Minister treten aus Enttäuschung über ausbleibende Reformen zurück. Am 11. Dezember stellt Ministerpräsident Erim das neue Kabinett vor, nachdem sein Rücktrittsgesuch von Präsident Sunay abgelehnt worden ist.

Der zurückgetretene Demirel war seit 1965 türkischer Ministerpräsident.

Faulkner wird Premier in Nordirland

23. März. In Belfast wird Brian Faulkner von der Unionistischen Parlamentsfraktion zum nordirischen Premierminister gewählt. Er tritt die Nachfolge von Robert Chichester-Clark an, der am 20. März seinen Rücktritt als Führer der Unionspartei und damit auch als Regierungschef erklärt hatte.
In den eigenen Reihen wurde scharfe Kritik an Chichester-Clark geübt, weil der Regierungschef am 18. März den Beschluß der Londoner Regierung verteidigte, die britischen Streitkräfte in Nordirland um 1300 auf 9700 Mann zu verstärken. Mit diesem Beschluß reagierte London auf die zunehmende Zahl von Terroranschlägen der IRA (Irisch-Republikanische Armee) seit Beginn des Jahres. Chichester-Clark lehnte die Forderungen innerparteilicher Gegner nach einem Abzug der britischen Truppen ab. Dafür setzte sich vor allem der Wortführer der Gegner Chichester-Clarks ein, der rechtsradikale frühere Innenminister von Nordirland, William Craig. Er fordert im Gegenzug die Wiederbewaffnung und Reorganisation der nordirischen Polizei. Dem Regierungschef warf er vor, kein wirksames Konzept zur Bekämpfung des Terrors im Land zu haben.
Im Kampf um die Nachfolge Chichester-Clarks konnte sich Craig jedoch nicht gegen seinen Kontrahenten Faulkner durchsetzen.
Faulkner gilt innerhalb der Unionspartei als Politiker, der sich stets um den Dialog mit London bemühte. Den rigorosen Abzug britischer Truppen lehnt er ab.

Faulkner fordert im Parlament entschiedene Reaktionen auf jeden Terrorakt.

In Argentinien folgt General auf General

23. März. Der argentinische Präsident General Roberto Levingston wird von der Junta der Oberbefehlshaber der Streitkräfte unter Führung von Armeegeneral Alejandro Lanusse gestürzt. Damit wird ein seit Monaten schwelender Konflikt zwischen dem Präsidenten und der Junta entschieden.
Auslöser für den unblutigen Putsch waren die schweren Unruhen bei einem Streik von Arbeitern in der argentinischen Industriestadt Cordoba. Die Junta warf dem Präsidenten vor, die Kontrolle über das Land verloren zu haben. Levingston war erst im Juni 1970 von den Militärs als Präsident eingesetzt worden. Die Junta hatte sich damals eine letzte politische Entscheidungsbefugnis vorbehalten. Durch seine Versuche, sich von dieser Bevormundung zu lösen, geriet Levingston in zunehmenden Gegensatz zur Junta.
Neuer Machthaber in Argentinien wird General Lanusse.

99,2% aller Syrer für Asad

13. März. Der syrische Ministerpräsident Hafis Asad wird offiziell zum 14. Präsidenten des Landes proklamiert. Bereits am 2. März war Asad vom syrischen Volksrat für eine Amtszeit von sieben Jahren zum Präsidenten gewählt worden. Diese Wahl wurde am 12. März durch eine Volksabstimmung, bei der zum ersten Mal auch Frauen stimmberechtigt waren, mit 99,2% aller Stimmen bestätigt.
Die Übernahme der Präsidentschaft durch Asad markiert den Abschluß eines Machtwechsels in dem arabischen Land. Bereits seit dem erfolgreichen Putsch gegen Präsident Nur Ad Din Al Atasi im November 1970 übte Asad als Ministerpräsident faktisch die Macht in Syrien aus. Der neue syrische Machthaber lehnt sich politisch und wirtschaftlich eng an die Sowjetunion an.

Vorn v. l.: Kossygin, Asad, Breschnew und Podgorny im Kreml. Seinen ersten Auslandsbesuch stattete Asad vom 1. bis 3. Februar der UdSSR ab.

Erster »Roter« beim Papst

29. März. In Rom wird der jugoslawische Staatspräsident Josip Tito als erster Chef eines kommunistischen Landes in offizieller Audienz von Papst Paul VI. empfangen. Zum Abschluß ihrer zweistündigen Unterredung betonen die Staatsoberhäupter ausdrücklich das gute Verhältnis beider Länder.
Volle diplomatische Beziehungen zwischen dem Heiligen Stuhl und Jugoslawien wurden erst im August 1970 wiederaufgenommen. Jugoslawien ist damit das einzige kommunistische Land, das über eine ordentliche diplomatische Vertretung im Vatikan verfügt. Tito bemüht sich seit 1966 um eine Normalisierung des Verhältnisses zum Vatikan. In seinem Gespräch mit dem Papst unterstreicht er, daß in Jugoslawien Glaubensfreiheit herrsche. Es bestehe kein Interesse am Kampf gegen die Religion.

V. l.: Titos Ehefrau Jovanka, Papst Paul VI. und Tito während des Empfangs im Vatikan-Palast. Tito hält sich im Rahmen eines Italienbesuchs in Rom auf.

Agrarminister beschließen in Brüssel Preiserhöhungen

25. März. Die Agrarminister der EWG-Staaten einigen sich in Brüssel nach dreitägigen Beratungen auf eine Anhebung der landwirtschaftlichen Erzeugerpreise um 2 bis 6%. Von den europäischen Bauern waren Preiserhöhungen um 10% gefordert worden.
Für höhere Erzeugerpreise hatten sich am Brüsseler Verhandlungstisch mit Ausnahme des italienischen alle übrigen Agrarminister aus der Gemeinschaft eingesetzt. Sie betonten, daß die gegenwärtigen Preise den Bauern kein angemessenes Einkommen sichern könnten. EWG-Vizepräsident Sicco L. Mansholt und Italiens Agrarminister wollten dagegen Preiserhöhungen nur zugestehen, wenn zugleich Maßnahmen zur Strukturpolitik beschlossen würden.
Schließlich einigt sich die Runde darauf, neben den Preiserhöhungen 4,2 Mrd. DM für die Verbesserung der Agrarstruktur bereitzustellen. Danach sollen entwicklungsfähige Betriebe Finanzhilfen erhalten. Landwirte, die ihren Beruf aufgeben wollen, bekommen Umschulungsbeihilfen und Zuschüsse zu Landabgaberenten.
Diese Maßnahmen sollen vor allem zugunsten Italiens wirken, das im Süden eine wirtschaftlich besonders schwache Region aufweist. Der italienische Agrarminister hatte sich stark für die Annahme des Mansholt-Programms eingesetzt.
Der Deutsche Bauernverband äußert sich zufrieden über das Brüsseler Verhandlungsergebnis. Es sei ein »erster Schritt in der Preispolitik nach vorne«.

Die Bauern erinnern die Politiker handfest an einen ihrer Verhandlungsgegenstände: In den Sitzungssaal der Agrarminister wird eine Kuh geführt.

Die Agrarverhandlungen werden von gewalttätigen Bauern-Protesten begleitet. Bilanz der Brüsseler Unruhen: 1 Toter, 150 Verletzte, 6 Mio. DM Schaden.

Der Bonner Landwirtschaftsminister Ertl (r.) ist Wortführer der europäischen Agrarpolitiker, die sich für eine Erhöhung der Agrarpreise aussprechen. Sein Widersacher, EWG-Vizepräsident Mansholt (l.), fordert statt dessen höhere Ausgaben zur Verbesserung der europäischen Agrarstrukturen.

Agrarpolitik der EG führt zu Überschüssen

Chronik **Hintergrund**

Im EWG-Vertrag werden vor allem drei Ziele einer gemeinsamen europäischen Agrarpolitik genannt: Steigerung der Produktivität der Landwirtschaft, Sicherung des Lebensstandards für die Landwirte und Sicherstellung der Versorgung. Zu diesem Zweck mußte aus den völlig unterschiedlichen nationalen Agrarmarktordnungen ein gemeinsames europäisches System entwickelt werden. Wichtigstes Element ist ein einheitliches Preisniveau für Agrarprodukte in allen Mitgliedstaaten.
Die Einheitspreise mußten dabei mit Rücksicht auf Länder wie die Bundesrepublik Deutschland, deren Landwirtschaft mit vergleichsweise hohen Kosten produziert, höher angesetzt werden. Darüber hinaus wurde der Staat bei den wichtigsten Agrarprodukten verpflichtet, nicht absetzbare Überschüsse anzukaufen. Das Einkommen des Landwirts sollte so sichergestellt werden.
Hohe Preise und Absatzgarantien ermuntern die Bauern jedoch, bis an die Grenze ihrer Kapazitäten Überschüsse zu produzieren. Das Preissystem der EG hat versagt. Die Preise allein können nicht gleichzeitig den Landwirten ein dem Industriearbeiter vergleichbares Einkommen sichern und auf den Märkten ein Gleichgewicht von Angebot und Nachfrage herstellen.

Schütz und Kohl von Wählern bestätigt

14./21. März. Bei den Landtagswahlen in Berlin (West) und Rheinland-Pfalz können die Regierungsparteien ihre Mehrheit behaupten. Mit dem Regierenden Bürgermeister von Berlin, Klaus Schütz, als Spitzenkandidat büßt die SPD am 14. März 6,5% der Stimmen ein. Sie erringt aber mit 50,4% immer noch die absolute Mehrheit.
In einer ersten Stellungnahme der Partei heißt es, die Stimmenverluste müßten auf Innerberliner Fragen zurückgeführt werden. Der SPD habe eine linkslastige Hochschulpolitik geschadet. Die CDU-Opposition erreicht mit 38,2% der Stimmen (+5,3%) ihr bislang bestes Berliner Wahlergebnis.
Bei der Neubildung des Berliner Senats wird die bestehende Koalition zwischen SPD und FDP nicht erneuert. Die FDP, die 8,5% der Stimmen erhält, kann sich mit der SPD nicht über die Verteilung der Senatorensitze einigen.
Bei den Landtagswahlen in Rheinland-Pfalz am 21. März erringen sowohl die regierende CDU als auch die SPD Stimmengewinne. Die CDU, seit 1947 stärkste Fraktion im Mainzer Landtag, erhält exakt 50% der Stimmen (+3,3%). Helmut Kohl bleibt Ministerpräsident. Die SPD gewinnt 3,7% hinzu und erreicht 40,5%. Die NPD, die nur 2,7% (–4,2%) erringt, qualifiziert sich nicht für den neuen Landtag.

△ V. l.: Brandt, Schütz und Vogel auf einer SPD-Wahlkampfveranstaltung in der Berliner Deutschlandhalle.

◁ V. l.: Eichler, Dröscher und Kohl, die Landesvorsitzenden von CDU, FDP und SPD in Rheinland-Pfalz, bei einer ZDF-Wahlsendung

Politik der inneren Reformen umstritten

24. März. Vor dem Deutschen Bundestag erläutert Bundeskanzler Willy Brandt seine Politik der inneren Reformen. Die CDU/CSU-Opposition hatte Brandt in einer großen Anfrage aufgefordert offenzulegen, welche der 480 Reformvorhaben aus Brandts Regierungserklärung vom Oktober 1969 tatsächlich verwirklicht werden sollen.
Nach Angaben des Kanzlers umfaßt das Reformwerk einen Katalog von Maßnahmen, der von einer Sozialversicherung für jedermann über ein neues Scheidungsrecht, Schutz der Pressefreiheit, gerechte Steuern, mehr Mitbestimmung, verbesserten Umweltschutz bis hin zur Freigabe der Pornographie reicht. In seiner einstündigen Rede betont Brandt, daß die Bundesregierung alle 480 Reformvorhaben durchsetzen wolle. Dabei gebe es jedoch »keine einfache zeitliche oder sachliche Rangfolge«.
Im Hinblick auf die Finanzierung der Projekte erklärt Brandt lediglich, das nötige Geld für die Reformen müsse von den Steuerzahlern aufgebracht werden. Die könnten aber davon ausgehen, »daß wir sie nicht überfordern werden«.
In ihrer Entgegnung bemängelt die Opposition, daß weiterhin Unklarheit über die Prioritäten sowie über die Mittel und Wege zur Verwirklichung der Reformen bestehe.

»Aktion Roter Punkt« fordert Nulltarif

5. März. In Dortmund blockieren Mitglieder der Fahrgastinitiative »Aktion Roter Punkt« den Straßenbahnverkehr. Ihr Protest richtet sich gegen die seit Monatsbeginn um 40% erhöhten Fahrpreise im öffentlichen Nahverkehr. Der »Rote Punkt«, das Symbol der Protestwelle, fordert zum Boykott öffentlicher Verkehrsmittel auf. Auf einer PKW-Scheibe signalisiert er: Fahrer nimmt kostenlos Personen mit.

Proteste in vielen Städten Nordrhein-Westfalens gegen die Fahrpreiserhöhungen: Die Demonstranten fordern überall die Senkung der Preise auf einen Einheitstarif von 50 Pfennig und langfristig den Nulltarif im öffentlichen Nahverkehr.

Bonn gibt harte Linie von Hallstein auf

16. März. Die DDR und Chile vereinbaren die Aufnahme diplomatischer Beziehungen.
Bonn protestiert in Chile gegen diesen Schritt. Die bundesdeutsche Regierung beruft sich dabei auf den 1955 in der Hallsteindoktrin formulierten Alleinvertretungsanspruch für das gesamte deutsche Volk. Danach soll die BRD als einziger demokratisch legitimierter deutscher Staat zu keinem Land Beziehungen unterhalten, das die DDR diplomatisch anerkennt.
Trotz der Proteste entschließt sich Bonn nicht, seine Beziehungen zu Chile abzubrechen. Die Bundesregierung läßt erkennen, daß sie im Rahmen der Verbesserung des Verhältnisses zur DDR die Hallsteindoktrin allmählich aufgeben will.

Arbeit und Soziales 1971:

Frischer Wind durch innere Reformen der Bonner Koalition

Chronik Übersicht

Der seit Ende der 60er Jahre anhaltende konjunkturelle Aufschwung läßt die Arbeitsmarktsituation in der Bundesrepublik – vor allem im internationalen Vergleich – weiterhin günstig erscheinen. Allerdings flaut das Hoch der vergangenen Jahre ab: Steigende Arbeitslosigkeit und sinkende Erwerbstätigkeit kennzeichnen die Entwicklung gegenüber 1970. Der Anhebung der Löhne und Gehälter steht eine verhältnismäßig hohe Steigerungsrate bei den Lebenshaltungskosten gegenüber. Fortschritte sind auf sozialem Gebiet zu verzeichnen: Die geplanten »inneren Reformen« der Regierung Brandt/Scheel, die seit 1969 am Ruder sitzt, nehmen konkretere Formen an (→ 24. 3./ S. 57).

1971 steigt die Zahl der Arbeitslosen in der Bundesrepublik im Vergleich zu 1970 um 24% auf 185 000. Die Arbeitslosenquote beträgt mittlerweile 0,8%. Die Zahl der Erwerbstätigen nimmt geringfügig ab: Sie sinkt um 0,1% auf 26 650 000. Auch die Anzahl der offenen Stellen ist gegenüber dem Vorjahr von 795 000 Stellen auf 648 000 zurückgegangen.

Im internationalen Vergleich 1971 schneidet die Bundesrepublik gut ab (→ Tabelle). Von den zehn reichsten Industrieländern der Welt besitzt sie die geringste Arbeitslosenquote. Auch die Steigerungsrate fällt hier mit 24,2% relativ gesehen niedrig aus. Die größten Beschäftigungsprobleme haben Kanada mit einer Arbeitslosenquote von 6,4% und die USA mit 5,7%. Sie resultieren aus der insgesamt schlechten wirtschaftlichen Situation dieser Staaten. Einen überdurchschnittlich großen Anstieg der Arbeitslosenzahlen im Vergleich zum Vorjahr weist Schweden mit 236,7% auf.

Die Situation auf dem Arbeitsmarkt spielt 1971 in der Bundesrepublik eine eher untergeordnete Rolle. Die öffentliche Diskussion wird von einem anderen Thema beherrscht: Die hohe Steigerungsrate bei den Lebenshaltungskosten. Sie beträgt durchschnittlich 5,1%. So erhöhen sich die Ausgaben eines durchschnittlichen Vier-Personen-Haushalts um 5,4,%. Vor allem die Preise für Nahrungsmittel werden enorm angehoben (→ S. 20). Ein Liter Vollmilch verteuert sich z. B. um 116,2% auf 0,80 DM (→ 1. 2./S. 44). Die von Gewerkschaften und Arbeitgebern in den Tarifverhandlungen ausgehandelten Lohnerhöhungen von durchschnittlich 11,0% werden auf diese Weise erheblich beschnitten.

Frischer Wind weht 1971 in der Bundesrepublik auf sozialem Gebiet. Der von der SPD/FDP-Koalition seit 1969 propagierte Ausbau der sozialen Sicherung wird in Teilbereichen bereits umgesetzt.

So tritt z. B. das Bundesausbildungsförderungsgesetz (BAföG) in Kraft (→ 1. 9./S. 156). Der Bonner Bundestag verabschiedet 1971 auch eine Reform des Betriebsverfassungsgesetzes von 1952. Dadurch werden die Rechte der Arbeitnehmer in den Betrieben erweitert (→ 10. 11./S. 187).

Ebenfalls vom Bundestag verabschiedet wird das »Wohnungsbauänderungsgesetz«. Es setzt die Einkommensfreigrenze für den Bezug von Sozialwohnungen herauf.

Fortschritte verzeichnet die Bundesregierung 1971 auch hinsichtlich der geplanten Reform der Rentenversicherung. Ein von Arbeitsminister Walter Arendt vorgelegtes Fünf-Punkte-Programm sieht folgende Maßnahmen vor:

- ▷ Einführung einer flexiblen Altersgrenze
- ▷ Individuelle Anhebung von Kleinrenten
- ▷ Einführung eines Baby-Jahres für versicherte Frauen
- ▷ Öffnung der Rentenversicherung für Hausfrauen
- ▷ Regelung des Versorgungsausgleichs bei Scheidungen.

Der von der Bundesregierung am 20. Oktober 1971 verabschiedete Gesetzentwurf zur Reform der gesetzlichen Rentenversicherung greift diese Vorschläge des Arbeitsministers auf.

Bereits im Hinblick auf die Weiterentwicklung der Rentenversicherung wird deutlich, daß den Frauen 1971 in der Bundesrepublik verstärkte Aufmerksamkeit zukommt. Auch an anderen Stellen wird auf die Situation der Frau – vor allem im Berufsleben – mit Nachdruck hingewiesen. Das Wirtschaftswissenschaftliche Institut der Gewerkschaften (WWI) erstellt eine Studie »über quantitative Aspekte der Frauenarbeit in der Volkswirtschaft«. Ergebnis: Zwar sind ein Drittel aller Erwerbstätigen Frauen, doch erhalten sie nur ein Viertel der Bruttolohn- und Gehaltssumme.

Im Vergleich zu ihren männlichen Kollegen verdienen Frauen durchschnittlich weniger. Dies ist zum einen darauf zurückzuführen, daß in den sog. typischen Frauenberufen, wie z. B. Krankenschwester, von vornherein niedrigere Gehälter gezahlt werden. Auch sitzen weit weniger Frauen als Männer in gehobenen Positionen. Andererseits werden jedoch weibliche und männliche Arbeitskräfte für die gleiche Arbeit immer noch unterschiedlich bezahlt.

Die schlechtere berufliche Stellung der Frau drückt sich auch in den tariflichen Bruttostundenlöhnen der Industrie aus. Der Lohn eines Facharbeiters beträgt z. B. 7,25 DM, der einer Facharbeiterin aber nur 5,05 DM. Immerhin ist dieser Lohn bei den Frauen im Vergleich zum Vorjahr um 12,5% gestiegen, bei den Männern aber nur um 11,7%.

Umfragen versuchen dem Grund der unterschiedlichen Behandlung von Mann und Frau in der Arbeitswelt nachzugehen. Nach wie vor wirken sich Haushalt und Kinder »wie ein Klotz am Bein« aus und reduzieren die beruflichen Möglichkeiten der Frauen. Auch stoßen weibliche Erwerbstätige im Berufsalltag nach ihren eigenen Erfahrungen weiterhin auf erheblichen Widerstand bei männlichen Kollegen und Vorgesetzten.

Erwerbs- und Arbeitslosenzahlen 1971 im internationalen Vergleich

Land	*Erwerbstätige*	*Arbeitslose*	*Arbeitslosenquote (%)*	*im Vergleich zu 1970 (± %)*
Kanada	8 627 000	552 000	6,4	+11,5
USA	86 929 000	4 993 300	5,7	+22,1
Italien	19 506 000	613 000	3,1	−0,5
Großbritannien	25 421 000	799 000	3,1	+24,8
Schweden	3 583 000	101 000	2,8	+236,7
Belgien	3 956 000	71 000	1,8	±0
Frankreich	21 532 000	338 000	1,6	+29,0
Niederlande	4 734 000	62 000	1,3	+31,9
Japan	51 780 000	640 000	1,2	+7,9
BRD	26 650 000	185 000	0,7	+24,2

Quelle: Statistisches Jahrbuch

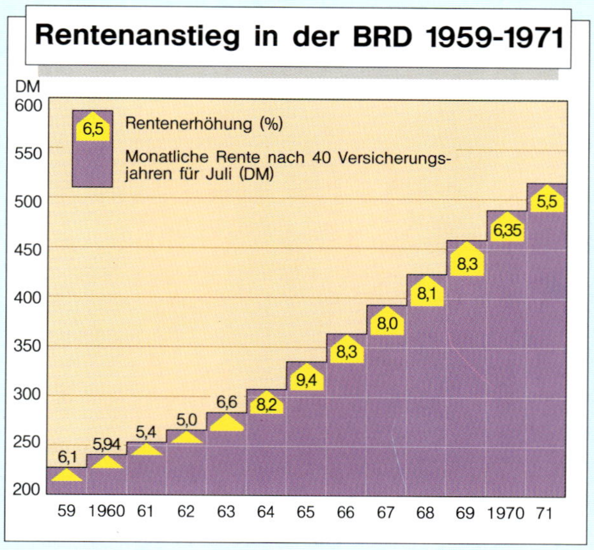

Seit 1957 gibt es in der Bundesrepublik die sog. bruttolohnbezogene Rente. Berechnungsgrundlage ist ein jährlich neu festgesetzter Wert, der sich am Bruttolohn von Arbeitnehmern und Angestellten orientiert. Daneben spielen die persönlichen Einzahlungen in die Rentenversicherung eine Rolle.

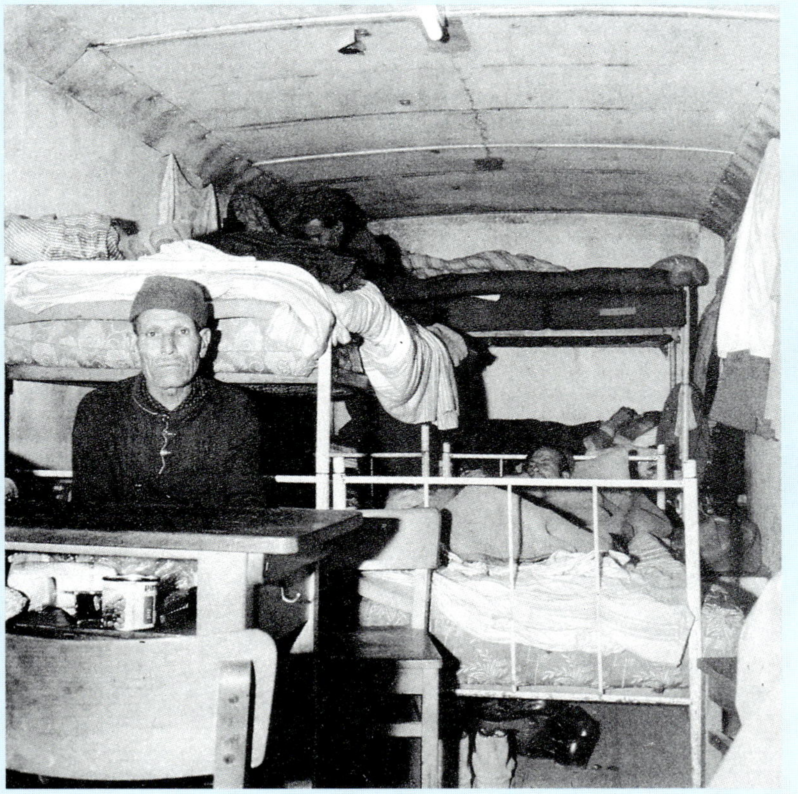

Die Unterkünfte für Gastarbeiter – hier ein ausrangierter Kühlwagen – sind teilweise menschenverachtend.

In rund 100 Unternehmen in der Bundesrepublik gibt es 1971 die sog. gleitende Arbeitszeit. Der Arbeitsbeginn bei der Deutschen Lufthansa liegt morgens zwischen sechs (l.) und neun Uhr (r). Wer früher kommt, kann früher gehen.

»Gastarbeiter« leben auf der Schattenseite

Ausländische Arbeitnehmer sind in der Bundesrepublik nach wie vor sehr gefragt. Gegenüber dem Vorjahr steigt 1971 die Zahl der sog. Gastarbeiter um 17,8% auf rund 2 128 000 und erreicht damit einen neuen Höchststand.

Die »Gastarbeiter« leben mit ihren Familien weit unter dem Niveau ihrer deutschen Kollegen. Skrupellose Vermieter nutzen die Hilflosigkeit aus, die auf Verständigungsschwierigkeiten und Unwissenheit zurückzuführen ist. Kontrollen der Behörden ergeben, daß teilweise für menschenunwürdige Unterkünfte horrende Mieten gezahlt werden müssen.

Die Nachfrage nach ausländischen Arbeitskräften treibt auch die illegale Arbeitsvermittlung in die Höhe. Viele Ausländer geraten deshalb – häufig ahnungslos – mit dem Gesetz in Konflikt.

Der größte Teil der »Gastarbeiter« kommt aus Jugoslawien (21,7%), der Türkei (19,6%), Italien (18,7%), und Griechenland (12,1%).

Manche Frauen haben es geschafft, sich im Beruf gegenüber den männlichen Kollegen zu behaupten: Eine Architektin auf dem Bau.

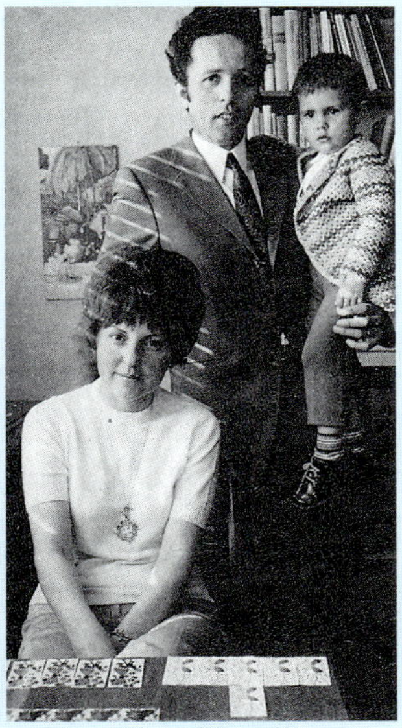

Haushalt und Familie reichen vielen Frauen nicht mehr. Sie wollen sich weiterbilden.

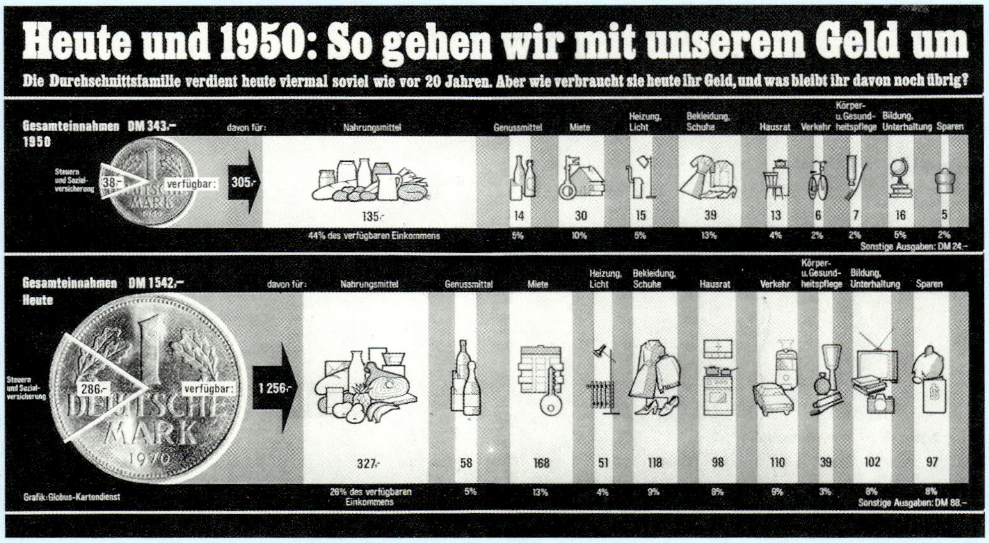

Lebenshaltungskosten gestiegen

Die Zeitschrift »stern« vergleicht in ihrer Ausgabe vom 5. Dezember 1971 die Einnahmen und Ausgaben einer bundesdeutschen Durchschnittsfamilie von 1950 und heute. Zugrunde liegen amtliche Statistiken.

Das Monatsbudget einer vierköpfigen Familie liegt heute fast fünfmal höher als 1950. Ebenfalls gestiegene Lebenshaltungskosten haben die absoluten Ausgaben in fast allen Bereichen angehoben. Für Nahrungsmittel zahlt der Bundesbürger heute gut doppelt soviel. Allerdings brauchte eine Familie 1950 noch 44% ihres verfügbaren Einkommens, um satt zu werden. Heute wird besser gegessen und das kostet nur noch ein Viertel der Gesamteinnahmen.

Anteilig gestiegen sind 1971 die Ausgaben für Miete, Hausrat, Verkehr, Körper- und Gesundheitspflege sowie Bildung und Unterhaltung. Auch kann der Bürger jetzt wesentlich mehr Geld auf die hohe Kante legen.

Offiziere verlieren Vertrauen in Politiker

20. März. 30 Hauptleute und Kompaniechefs der 7. Panzergrenadierdivision veröffentlichen eine kritische Denkschrift zur Lage der Bundeswehr. Darin behaupten sie, daß sich in der Armee ein ständiger Schwund von Vertrauen zur militärischen und politischen Führung vollzieht.

Zu den Kernaussagen der Denkschrift gehört:

▷ »Die Politisierung der Armee hat bedenkliche Ausmaße angenommen.«

▷ »Die Disziplin leidet unter dem fortschreitenden Abbau der Erziehungsmittel.«

▷ »Das tatsächliche Kräfteverhältnis zwischen Ost und West wird aus politischen Erwägungen verfälscht.«

Die Kritik der Offiziere richtet sich vor allem gegen Bundesverteidigungsminister Helmut Schmidt. Er habe bislang keine wirksamen Maßnahmen gegen die Einmischung der Politik in die Armee ergriffen. Damit sei das »Eigengewicht militärischer Entscheidungen« gefährdet.

In einer ersten Reaktion weist Schmidt alle Vorwürfe der Offiziere zurück. Er kritisiert scharf, daß öffentlich über die Lage der Bundeswehr diskutiert wird.

△ Helmut Schmidt im Gespräch mit Rekruten der Bundeswehr

◁ Generalmajor Eicke Middeldorf ermunterte 30 Hauptleute seiner Division, ihre Kritikpunkte an der Bundeswehr in einer Denkschrift zusammenzufassen. Nach der Veröffentlichung der Studie bietet der Anwalt Middeldorfs dem »stern« für 100 000 DM sensationelle Informationen des Generals über die Hauptmanns-Studie an. Der »stern« zeigt kein Interesse an den Generalsworten und veröffentlicht statt dessen die Story von dem angebotenen Geschäft. Schmidt beurlaubt daraufhin den General.

Militärische Ränge bei der Bundeswehr

Die nachfolgenden Dienstgrade zeigen die militärische Hierarchie bei Heer und Luftwaffe in der deutschen Bundeswehr

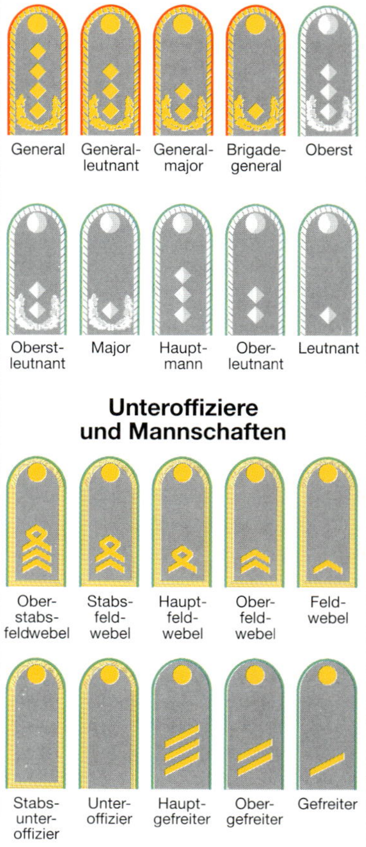

Junge Welt – junger Markt: »Make money, not love«

14. März. In Wiesbaden geht eine Messe für Nachwuchskonsumenten zu Ende. »Junge Welt – junger Markt«, abgekürzt JUMA, heißt die Verkaufsschau, die bei Schülern und Lehrlingen Bedürfnisse nach dem Überflüssigen im Käuferleben wecken will.

Insgesamt 200 Aussteller präsentieren in der Rhein-Main-Halle der beschaulichen Rentnerstadt Wiesbaden, was sie der »Zielgruppe Jugend« an Poppigem zu bieten haben. Dazu gehören Modeschmuck, Partytinnef und Perücken ebenso wie Softeis, futuristische Sitzmöbel und indische Geschenkartikel. Aber auch Nostalgisches ist im Angebot: Ein Trödler stellt sein Sortiment an Orchestrien und Grammophonen vor, denn Omas Musikbox ist wieder en vogue.

Bei den Käufern anbiedern wollen sich jedoch nicht nur die Trödler. Die Deutsche Bank unterstreicht ihr jugendliches Image mit dem Motto »I like Piepen«. Obendrein leistet sie einen Beitrag zur Geburtenbeschränkung, indem sie fordert: »Make money, not love«.

Zu den besonderen Attraktionen der Messe gehört ein »Action-center«. In einem dunklen höhlenartigen Raum fordern »heiße Scheiben« die Besucher des Centers zum Tanz auf. Sphärenmusik und Donnergrollen, Gitarre und Schlagzeug aus einem Wald von Lautsprechern leisten ihren Beitrag dazu, die Jugendlichen in den (Kauf)-Rausch zu versetzen.

Sehr ernst nehmen die Jusos den Jahrmarkt der »geheimen Verführer«. Vor der Halle fordern sie: »Boykottiert die JUMA! Man ist nur scharf auf eure Groschen.«

Auf diesem Tablett hat die Flowerpower ihre Spuren hinterlassen.

Poppiges Design bestimmt die Gebrauchsgüter Anfang der 70er Jahre.

Wer mit der Mode geht, trägt breite Krawatten im indischen Look.

Neue Straßenverkehrs-Ordnung in Kraft

1. März. In der Bundesrepublik Deutschland tritt eine neue Straßenverkehrs-Ordnung (StVO) in Kraft. Die neuen Verkehrsregeln sollen die Unfallziffern senken und eine Anpassung an international gültige Vorschriften bewirken.

Zu den Neuerungen bei den allgemeinen Verkehrsregeln gehört:

▷ Die Geschwindigkeit muß so bemessen sein, daß der Fahrer innerhalb der überschaubaren Strecke bremsen kann

▷ Der Abstand muß so groß sein, daß auch bei plötzlichem Bremsen des Vordermanns nicht aufgefahren werden kann

▷ Überholen darf nur, wer übersehen kann, daß der Gegenverkehr nicht behindert wird.

Im Zuge der Angleichung an die Regeln anderer europäischer Länder wird auch eine Reihe neuer Verkehrszeichen eingeführt.

Bundesverkehrsminister Georg Leber appelliert an alle Autofahrer, der neuen StVO mit Ruhe entgegenzusehen. Er betont, daß viele der Regeln »für verantwortungsbewußte Verkehrsteilnehmer schon längst eine Selbstverständlichkeit« darstellten. Die Polizei sei zudem angewiesen worden, in den ersten Wochen nach Einführung der StVO »ein Auge zuzudrücken«.

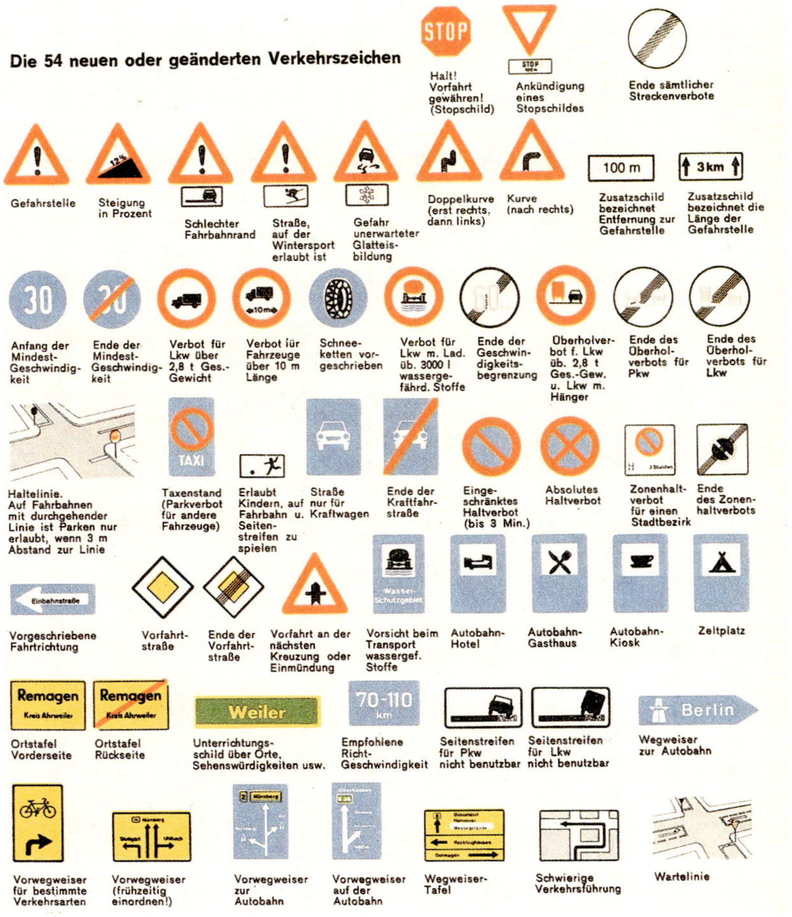

Die Vielzahl der neuen Verkehrsschilder sorgt bei den Autofahrern für Verwirrung. Der ADAC rät deshalb, zunächst so vorsichtig zu fahren wie im Ausland.

Deutsch-deutscher Handel in der Krise

14. März. In Leipzig wird die Internationale Frühjahrsmesse eröffnet. Die Beteiligung bundesdeutscher Aussteller auf dieser größten Warenschau in der DDR ist gegenüber dem Vorjahr stark rückläufig.

Insgesamt sind 860 Firmen aus der Bundesrepublik Deutschland in Leipzig vertreten. Auf der Frühjahrsmesse 1970 waren es noch 980. Diesen Rückgang führen bundesdeutsche Wirtschaftsvertreter vor allem auf das weitgehend ausgeschöpfte Kreditvolumen im innerdeutschen Handel zurück. Der zinslose Notenbankkredit, der sog. Swing, war zuletzt 1970 mit 380 Mio. DM vereinbart worden. Er wurde von der DDR bislang bis knapp unterhalb dieser Obergrenze ausgenutzt. Für die bundesdeutsche Wirtschaft besteht daher auf absehbare Zeit kaum die Chance für größere Liefergeschäfte.

Die Hersteller aus der Bundesrepublik betonen, daß lediglich »ausgesprochene Spezialitäten« wie elektrische Schaltanlagen und Turbolader für Dieselmotoren gute Absatzchancen in der DDR hätten. Die schlechte Zahlungsmoral der DDR-Unternehmen führe aber auch in diesen Bereichen zur Zurückhaltung der Wirtschaft.

CERN bringt Protonen auf Kollisionskurs

1. März. In Genf wird die Speicherringanlage der Europäischen Organisation für Kernforschung (CERN = Organisation [vor 1954: Conseil] Européenne pour la Recherche Nucléaire) fertiggestellt. Die Anlage soll neue Erkenntnisse im Bereich der Teilchenphysik liefern.

Der Speicherring ergänzt den Teilchenbeschleuniger der CERN, der bereits im Jahr 1959 in Betrieb genommen wurde. Dieser beschleunigt elektrisch geladene Teilchen (Protonen) auf besonders hohe Bahnenergien. Die Protonen werden anschließend in den Speicherring geleitet.

Er setzt sich aus zwei auf ein Hochvakuum evakuierten Ringgefäßen zusammen, die Schnittstellen aufweisen. In den beiden Ringen kreisen die Protonen in jeweils entgegengesetzter Richtung.

Bei der Kollision der Protonen an den Schnittstellen kommt es zur Reaktion der Teilchen. Diese Reaktionen geben Aufschluß über die Struktur der Protonen.

An der Speicherringanlage sollen 33 europäische Universitäten Forschungsprojekte durchführen.

Wissenschaftler bei der Arbeit an der Schnittstelle Nr. 2 der Speicherringe. Mit aufwendigem Forschungsgerät wird hier der Aufbau der Protonen untersucht.

Größte Kläranlage Europas am Rhein

17. März. In Dormagen am Rhein wird die bislang leistungsfähigste Kläranlage Europas in Betrieb genommen. Die Anlage soll einen wichtigen Beitrag zur Sauberhaltung des Rheins leisten.

Auftraggeber der neuen Kläranlage sind die Bayer AG und die Erdölchemie GmbH. Deren Chemieabwässer werden in aufeinanderfolgenden Schritten gereinigt. Nach einer Vorklärung, die die groben Rückstände aus dem Wasser filtert, wird Sauerstoff unter das Wasser gemischt. Er ist Voraussetzung für die Arbeit der Bakterien, die als »Belebtschlamm« in 13 großen Becken die biologische Klärung der Abwässer übernehmen.

Die Reinigungskraft der Anlage ist so groß, daß sie die Abwässer einer Stadt mit 1,3 Mio. Einwohnern klären könnte. Die Anlage kostete insgesamt 27 Mio. DM.

Empörung über Urteil im My-Lai-Prozeß

29. März. In den USA wird ein erster Schuldspruch im sog. My-Lai-Prozeß gefällt: Der US-Oberleutnant William L. Calley wird von einem Militärgericht in Fort Benning (Georgia) des Mordes an mindestens 22 Zivilisten für schuldig befunden. Er wird zu lebenslanger Zwangsarbeit, Ausschluß aus der Armee und Verlust aller finanziellen Bezüge verurteilt.

Der Schuldspruch ruft in weiten Teilen der US-amerikanischen Bevölkerung heftige Empörung hervor. In einer Flut von Briefen, Telegrammen und Telefonanrufen an Richter und Politiker protestieren Bürger gegen das Urteil. Kongreßabgeordnete sammeln Stimmen für ein Gnadengesuch an den Präsidenten. Sowohl Organisationen von Kriegsgegnern als auch konservative Kreise rufen zu Protestdemonstrationen auf.

Laut einer Meinungsumfrage mißbilligen 79% der US-Bürger die Verurteilung des Oberleutnants. In Calley habe man einen Sündenbock gefunden. Für die Geschehnisse in Vietnam dürfte nicht ein »kleiner Zugführer« zur Rechenschaft gezogen werden. Die Verantwortung, so die überwiegende Meinung, liegt bei der Armee-Führung bzw. bei der US-Regierung.

US-Präsident Richard M. Nixon ordnet am 1. April bis zum Revisionsverfahren Haftverschonung für Calley an. Am 20. August wird die lebenslange Haftstrafe auf 20 Jahre, später auf zehn Jahre Freiheitsstrafe reduziert. 1975 wird das Urteil endgültig aufgehoben.

Am 22. September 1971 wird der US-Hauptmann Ernest Medina, 1968 der direkte Vorgesetzte Calleys, von der Schuld am My-Lai-Massaker freigesprochen.

Am 16. März 1968 verübte eine US-Einheit unter dem Kommando des damals 26jährigen Calley ein Massaker an den Einwohnern des südvietnamesischen Bauerndorfes My Lai: 507 Dorfbewohner, darunter 173 Kinder, 76 Babys und 60 Greise, kommen ums Leben. In dem Ort, der nahe an der Grenze zu Nordvietnam liegt, wurden angeblich Einheiten des Vietcong vermutet. Der Angriff auf My Lai war Teil der US-Gesamtstrategie in der nördlichen Region Südvietnams: Die hier gelegenen Dörfer wurden systematisch zerstört, um sie für die Gegner unbrauchbar zu machen. Verluste unter der Zivilbevölkerung wurden einkalkuliert.

Der US-Oberleutnant William L. Calley (M.) verläßt in Begleitung eines Militärpolizisten (l.) und seines Militärverteidigers Kenneth Raby (r.) den Gerichtssaal. Nach der Urteilsverkündung lehnt Calley selbst einen Gnadenappell ab: »Ich werde nicht hier vor ihnen stehen und um mein Leben oder meine Freiheit bitten.«

Der »Große Meyer« wird vorgestellt

18. März. In Mannheim erscheint der erste Band von »Meyers Enzyklopädischem Lexikon«. Es wird vom Bibliographischen Institut (Duden) herausgegeben.

Der »Große Meyer« umfaßt 25 Bände und soll auf 21 000 Seiten eine Viertelmillion Stichwörter sowie 26 000 Abbildungen und Karten enthalten. Zusätzlich sind fünf weitere Bände vorgesehen: Der obligatorische Ergänzungsband, ein Atlasband und ein dreibändiges Wörterbuch der deutschen Gegenwartssprache.

Mit dem »Großen Meyer« entsteht in der Bundesrepublik das erste umfassende Nachschlagewerk des Unternehmens seit Ende des Zweiten Weltkriegs. Meyers Lexikon-Tradition begann im 19. Jahrhundert. Damals wurde das seinerzeit größte deutsche Lexikon erstellt. Es umfaßt 52 Bände.

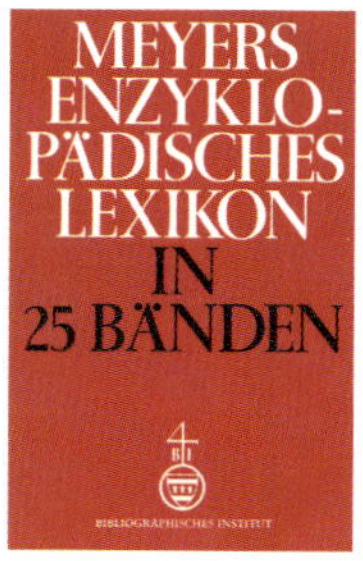

Der erste Band von »Meyers Enzyklopädischem Lexikon«. Jedes Jahr sollen weitere drei in die Buchhandlungen kommen. In zehn Jahren – so ist es geplant – wird dann das gesamte Werk, inklusive der fünf Ergänzungsbände, fertiggestellt sein.

Skandal um Sex-Spektakel »Oh! Was für ein Hintern!«

9. März. Zwei Jahre nach der New Yorker Uraufführung hat das Musical »Oh! Calcutta!« des Briten Kenneth Tynan in der Bundesrepublik am Hamburger Operettenhaus Premiere. Die von der Presse u. a. als »Sex-Spektakel« angekündigte Inszenierung stößt in Teilen der Bevölkerung auf Widerstand.

Zahlreiche Demonstranten versammeln sich vor dem Operettenhaus, um mit Spruchbändern gegen die Aufführung zu protestieren und für den Erhalt der guten Sitten einzutreten. Sie bezeichnen das Musical als »Schweinerei«. Die Premierenbesucher gelangen nur mit Hilfe der Polizei in das Gebäude.

»Oh! Calcutta!« bedeutet übersetzt »Oh! Was für ein Hintern!« (Oh! Quel cul t'as!). Das Musical wird von den Veranstaltern als Persiflage auf die Sexwelle bezeichnet.

Szenenfoto aus dem Musical »Oh! Calcutta!«: Die Schauspieler sind zum Teil noch bekleidet, doch fallen bereits die ersten Hüllen. Der Reihe nach werden die Bademäntel abgeworfen, bis alle Akteure nackt auf der Bühne stehen. Insgesamt 17 Minuten dauert das entkleidete Spektakel. In dieser Zeit fassen sich alle sechs Damen und sechs Herren »weitgehend wortlos an und unter, um erregungsfrei umeinander herum, aneinander heran und übereinander hinzugleiten« (Spiegel).

300 Millionen sehen »Boxkampf des Jahrhunderts«

8. März. Im spektakulären Titelkampf um die Boxweltmeisterschaft im Schwergewicht triumphiert der US-Amerikaner Joe Frazier über seinen Landsmann Muhammad Ali. Im mit 20 500 Besuchern ausverkauften New Yorker Madison Square Garden gewinnt Frazier nach 15 Runden durch einen deutlichen Punktsieg.

Ali (29) wird durch den alten und neuen Champion Frazier (27) an den Rand einer K.-o.-Niederlage gebracht: In der 15. Runde geht er durch einen linken Haken seines Gegners zu Boden, kommt aber rechtzeitig wieder auf die Beine. Bereits in der 11. Runde wird Ali durch zwei linke Haken so schwer getroffen, daß er benommen durch den Ring taumelt.

Erstmals seit einer dreijährigen Zwangspause boxt Ali wieder um den Weltmeister-Titel. Seit 1964 hieß der Boxchampion bereits Ali doch wurde ihm die Boxlizenz 1969 wegen Kriegdienstverweigerung entzogen. Ali konnte seinen Weltmeistertitel nicht verteidigen. Erst Ende 1970 erhielt er wieder die Erlaubnis, in den Ring zu steigen.

Der Kampf der beiden ungeschlagenen Champions erhitzt weltweit die Gemüter. 300 Mio. Zuschauer verfolgen den »Fight des Jahrhunderts« an den Fernsehschirmen. Vor dem Kampf lieferten sich die Kontrahenten über die Medien bereits ein Wortgefecht. Ali behauptete: »Ich bin der einzige wahre Weltmeister, der Amateur Joe Frazier ist für mich einfach kein Gegner.« Frazier hielt dagegen: »Von der vierten Runde an ist es nur noch eine Frage der Zeit, bis dieser Clown fällt – für immer.«

Der Boxkünstler Muhammad Ali

Muhammad Ali, der bis 1965 Cassius Clay hieß, besticht durch seine Schnelligkeit. Leichtfüßig tänzelnd provoziert er die Gegner zu unkontrollierten Angriffen, denen er geschickt ausweicht, um dann zu gezielten Schlägen auszuholen. Der Boxer selbst taufte seine enorm schnelle Schrittfolge den »Ali-Shuffle«. Ali erhielt wegen seiner großen Sprüche im und außerhalb des Rings von der Presse auch den Beinamen »Großmaul«.

◁ Muhammad Ali (r.) und Joe Frazier in einer der früheren Runden

Nicht so schnell wie sonst, kann Ali (r.) Frazier oft nicht ausweichen.

15. Runde: Ein gut plazierter linker Haken von Frazier trifft, Ali geht zu Boden.

Der entschlossene Kämpfer Joe Frazier – lange im Schatten von Ali

Der US-Amerikaner Joe Frazier ist seit 1970 von beiden Weltboxverbänden offiziell anerkannter Boxweltmeister im Schwergewicht.

Mit dem Sieg im Madison Square Garden feiert Frazier den bislang größten Triumph seiner Boxkarriere. Durch die Zwangspause von Muhammad Ali wurde er in der Boxwelt bis jetzt nie wirklich als der absolute Champion akzeptiert. Frazier gilt im Ring als entschlossener und unerbittlicher Kämpfer. Seine Erfolge gehen weniger auf taktische Varianten, als auf knallharte und präzise Schläge zurück.

Südtiroler Thöni als bester alpiner Skiläufer gefeiert

14. März. Mit einem zweiten Platz beim Riesenslalom im schwedischen Aare, dem abschließenden Rennen der Saison, gewinnt der 20jährige Gustav Thöni (Italien) den Gesamtweltcup der Herren im alpinen Skisport. Mit 155 Punkten verweist er die Franzosen Henri Duvillard (135) und Patrick Russel (125) auf die Plätze zwei und drei. Thöni führt bereits vor dem letzten Rennen die Gesamtwertung an, doch ist ihm Duvillard dicht auf den Fersen. Der Franzose stürzt aber in Aare im ersten Durchgang. Bei den Damen hat sich die Österreicherin Annemarie Pröll bereits am 10. Februar im italienischen Abetone durch zwei Siege den Gesamtweltcup im alpinen Skisport gesichert. In Aare krönt sie ihren Erfolg mit einem Sieg im abschließenden Riesenslalom. Pröll erreicht in der Gesamtwertung eine Punktzahl von 210. Sie liegt damit deutlich vor ihren Konkurrentinnen Michèle Jacot (177) und Isabelle Mir (133) aus Frankreich.

Das Südtiroler Ski-As Thöni feiert mit dem Gewinn des Gesamtweltcups den bislang größten Erfolg seiner sportlichen Karriere. Zusammen mit dem Franzosen Patrick Russel gewinnt er auch den Riesenslalomweltcup.

Architektur 1971:

Stadt soll attraktiver werden

Chronik **Übersicht**

Zu Beginn der 70er Jahre orientieren sich die Architekten grundsätzlich weiter an den hergebrachten Gestaltungsprinzipien. In den Städten entstehen immer noch gesichtslose Hochhäuser, deren Bauherrn sich ausschließlich davon leiten lassen, möglichst schnell funktionalen und billigen Wohn- und Büroraum zu schaffen. Auch die riesigen Trabantensiedlungen, die seit den 60er Jahren zum Erscheinungsbild der bundesdeutschen Großstädte gehören, werden weiter vergrößert. Am Märkischen Viertel in Berlin wird bereits seit 1963 gebaut. Dennoch mehrt sich die Kritik an der Einfallslosigkeit und Einfältigkeit der Architektur der zurückliegenden Jahre. Es gibt vielfältige Versuche, Alternativen zu entwickeln.

Nach einer sechsjährigen Entwicklungsphase stellt 1971 der Münchener Architekt Richard J. Dietrich der Öffentlichkeit sein »Metastadt«-Konzept vor. Dietrichs Ziel ist es, mit diesem neuen Ansatz die Probleme der modernen Städte zu bewältigen. Durch Planung soll den Gefahren, wie »Verkehrsinfarkt«, »Schlafstadtmonotonie« und Bodenspekulation, begegnet werden.

Dietrichs Konzept sieht vor, daß die vielfältigen und schnellveränderlichen Funktionen der modernen Großstadt – Verkehr, Arbeiten, Wohnen, Erholen usw. – nicht mehr wie bisher verstreut und platzraubend in der Fläche angeordnet werden. Vielmehr sollen alle diese Funktionen in einer »verdichteten Stadt« eng bei- und übereinander untergebracht werden. Nach Ansicht der Planer ermöglicht das «Metastadt«-Konzept, die Städte, die durch Straßen auseinandergerissen wurden, wieder zusammenwachsen zu lassen.

Für seine »Metastadt« hat Dietrich ein vom Fließband lieferbares und vielfältig variables Stadtbau-System entwickelt. Es soll den Weg zu einem industrialisierten Wohnungs- und Städtebau weisen. Kernstück sind Kuben (Seitenlänge 4,20 m), die nach Art des Stabilbaukastens in beliebiger Zahl aneinandergeschraubt und übereinandergestapelt werden können.

Auf diese Weise entstehen großräumige Gitterskelette mit einem genormten Raster, in die der Benutzer nach Belieben Fenster, Terrassenelemente, Decken und Trennwände montieren kann. Auf der untersten Ebene rollt nach den Vorstellungen der Planer der Verkehr, im Geschoß darüber sind Parkplätze vorgesehen. Dann folgen Büros, Cafés, Geschäfte und öffentliche Einrichtungen. Erst darüber, vom sechsten Stockwerk an, sind Wohneinheiten in den Terrassenhügeln installiert.

Bereits 1972 sollen in der Versuchs-Siedlung »Neue Stadt Wulfen« die ersten 60 »Metastadt«-Wohneinheiten montiert werden. Kritiker des Konzepts befürchten jedoch, daß die gedrängte Wohn- und Arbeitssituation in der »Stadt der Zukunft« zu neuen sozialen Problemen führen kann.

Eine andere ästhetisch überzeugende Alternative zu den gewohnten Hochhausbauten ist die Büropyramide des Schweizer Architekten Justus Dahinden. Das Bauwerk, das am Ufer des Zürichsees liegt, wird 1971 fertiggestellt. Die Gestaltung des Hauses als Pyramide ergab sich für Dahinden aus den Vorschriften der Schweizer Baubehörden. Diese forderten entsprechend den Licht- und Luft-Auflagen, daß die höhergelegenen Geschosse zurückgestaffelt werden müßten. Der Architekt gestaltete deshalb eine 20 m hohe Pyramide, deren schräggestellte Fenster einen erheblich größeren Lichteinfall ermöglichen.

Doch nicht nur die Form, auch das Material hebt das Haus aus dem gebauten Einerlei heraus: Die Fassade besteht aus Cor-Ten-Stahl und Stop-Ray-Gläsern. Die besondere Eigenschaft des Stahls ist sein schnelles Anrosten. Dieser Rost bildet die denkbar beste Schutzschicht gegen Korrosion. Die mit Kupfer bedampften Fenstergläser reflektieren 75% der Wärmestrahlung und verhindern ein übermäßiges Aufheizen der Räume. Stahl-Rost und Kupfer-Glas geben dem Gebäude eine Farbe »Ton in Ton«.

Die Büropyramide des Schweizer Architekten Dahinden liegt am Ufer des Zürichsees. Die Kosten für das Bauwerk betrugen 7 Mio. sFr (8,4 Mio. DM).

Im spanischen Sitges wird 1971 das Apartment-Hotel »El Castell« fertiggestellt. Die Räume einer Wohnung liegen auf verschiedenen Ebenen des Gebäudes.

Schnitt durch das »Metastadt«-System: Im Inneren der »verdichteten Stadt« entsteht ein neuer, gegen Witterung und Verkehr geschützter urbaner Raum.

Ein neuer Aalto aus Marmor und Granit

Die Finlandiahalle in Helsinki, eines der bedeutendsten Werke des finnischen Architekten Alvar Aalto (* 3. 2. 1898, Kuortane) wird im August 1971 fertiggestellt. Das Konzerthaus gliedert sich in einen Konzertsaal, der 1750 Sitzplätze hat, und einen Kammermusiksaal mit 350 Sitzplätzen. Aalto geht auch in diesem Gebäude von einer organischen Grundkonzeption aus. Charakteristisch für ihn sind die Ablehnung jeder Determinierung der Form durch reine geometrische Körper und die unorthodoxe Verwendung natürlicher Materialien. Die Fassade der Finlandiahalle ist mit weißem Marmor und grauem Granit verkleidet.

◁ Das neue Konzerthaus wurde inmitten eines Parks in der Innenstadt von Helsinki errichtet.

In dem Bauwerk des Architekten Nervi finden die wöchentlichen Generalaudienzen des Papstes statt.

Nervis Alterswerk: Audienzhalle des Vatikan

Der 1891 geborene Italiener Pier Luigi Nervi ist Architekt der Audienzhalle des Vatikan, die 1971 fertiggestellt wird. Das Gebäude verfügt über 6300 Sitzplätze oder annähernd 12 000 Stehplätze.
Besonders charakteristisch für die Architektur Nervis ist die muschelförmige Decke der Audienzhalle. Alle Deckenrippen laufen zentral auf das Podium mit dem Stuhl des Papstes zu und lenken damit die Blicke der Gläubigen auf das Oberhaupt der katholischen Kirche. Die Dachkonstruktion ist das Ergebnis jahrzehntelanger Studien Nervis zur »Widerstandskraft durch Form«. Durch die Faltung der Fläche gewinnt diese aus sich heraus Stabilität.

Auf dem Olympiagelände am Münchner Oberwiesenfeld entsteht das größte Zeltdach der Welt (70 800 m^2).

Ottos hängende Dächer aus Seilen und Folien

Einer der originellsten deutschen Architekten der Nachkriegszeit ist Frei Otto. Der Pionier auf dem Gebiet der Hängedachkonstruktion ist maßgeblich an der Entwicklung des Olympiadachs in München beteiligt, das 1971 im Rohbau fertiggestellt wird.
Otto repräsentiert eine Form des Bauens, die zwischen Architektur und Ingenieurwesen liegt. Mit den für ihn typischen Netz- und Seilwerken fand Otto zum erstenmal eine Synthese aus deckendem Material und stützender Konstruktion. Seine Netze, die aus Seilen und Knoten bestehen, sind an festen Punkte verankert und elastisch. Zur Stabilisierung werden die Seile kreuzweise in zwei verschiedene Richtungen gespannt. Nach diesem Prinzip entwarf Otto die »Wellenhalle« für die Gartenbauausstellung 1963 in Hamburg. Sie besteht aus einer Segelfläche, die wellenartig verläuft. Das Segel wird durch Tragseile und Masten in seiner Position gehalten.
Weiterentwickelt hat Otto die Netzbauweise mit dem Zelt des deutschen Pavillons auf der Montrealer Weltausstellung 1967. Über Masten wurde hier ein vorgespanntes Netz aus Stahlkabeln gelegt. Darauf wurde eine Dachhaut aus Polyester gebreitet, die keine tragende, sondern nur noch schützende Funktion hatte.

April 1971

Mo	Di	Mi	Do	Fr	Sa	So
			1	2	3	4
5	6	7	8	9	10	11
12	13	14	15	16	17	18
19	20	21	22	23	24	25
26	27	28	29	30		

1. April, Donnerstag

In Ostpakistan beginnt eine umfassende Offensive der pakistanischen Streitkräfte gegen die Befreiungsbewegung von Mujib Rahman (→ 26. 3./S. 52).

Der italienische Ministerpräsident Emilio Colombo trifft zu einem zweitägigen Staatsbesuch in der Bundesrepublik Deutschland ein. → S. 78

In den USA wird das erste mit »Poseidon«-Raketen bestückte Atom-U-Boot in Dienst gestellt. → S. 79

2. April, Freitag

Der ägyptische Staatspräsident Muhammad Anwar As Sadat schlägt eine Wiedereröffnung des Sueskanals vor. Zur Bedingung wird der Rückzug der Israelis vom Ostufer des Kanals gemacht (→ 2. 5./S. 95).

Nach der Ermordung des bolivianischen Generalkonsuls in Hamburg, Roberto Quintanilla, wird der Botschafter Boliviens aus Bonn abberufen. Eine unbekannte Frau hatte den Generalkonsul, der lange Zeit Chef des bolivianischen Geheimdienstes war, in seinem Büro erschossen.

Der VfL Gummersbach gewinnt zum drittenmal den Europapokal der Landesmeister im Hallenhandball. Steaua Bukarest unterliegt dem Deutschen Meister in der Dortmunder Westfalenhalle 16:17.

3. April, Samstag

In den Münchener Kammerspielen werden die beiden Einakter »Heimarbeit« und »Hartnäckig« von Franz Xaver Kroetz uraufgeführt (→ S. 27).

Die UdSSR wird in Genf zum elftenmal Eishockeyweltmeister. → S. 81

4. April, Sonntag

Der britische Ministerpräsident Edward Heath trifft zu einem viertägigen Besuch der Bundesrepublik in Berlin (West) ein (→ 1. 4./S. 78).

Der sowjetische Physiker Andrei D. Sacharow protestiert in einem Schreiben an das Innenministerium in Moskau gegen die Einweisung von Regimekritikern in psychiatrische Kliniken.

In Frankreich wird der gesetzliche Mindestlohn für Hilfskräfte und farbige Gastarbeiter erhöht. Er steigt um 1,4% auf 2,48 DM je Arbeitsstunde.

Als Reaktion auf den Vorwurf des Münchener Oberbürgermeisters Hans-Jochen Vogel (SPD), die bayerische SPD radikalisiere sich durch den Einfluß der Jungsozialisten (Jusos), fordert die Landeskonferenz der bayerischen Jusos eine »Abgrenzung nach rechts« (→ 16. 2./S. 43).

Der Italiener De Adamich und sein französischer Beifahrer Henri Pescarolo gewinnen auf Porsche das Langstreckenrennen über 1000 km in Brands Hatch.

5. April, Montag

Die Regierung in Bonn stellt 480 Mio. DM für die bundesdeutsche Landwirtschaft zusätzlich zu den in Brüssel beschlossenen Preiserhöhungen für Agrarprodukte bereit. Insgesamt sollen die Maßnahmen den Bauern Einnahmeverbesserungen von 800 bis 900 Mio. DM bringen (→ 25. 3./S. 56).

Der ehemalige Inspekteur der deutschen Luftwaffe, Johannes Steinhoff, wird Vorsitzender des NATO-Militärausschusses in Brüssel. Er bekleidet damit das höchste militärische Amt des atlantischen Bündnisses.

In Bremen wird die VFW 614, das erste deutsche Verkehrsflugzeug mit Strahlantrieb, vorgestellt. → S. 79

Auf Sizilien beginnt eine neue Serie von Ausbrüchen des Ätna. → S. 79

6. April, Dienstag

Die Regierung von Ceylon verschärft den Ausnahmezustand. → S. 72

In Düsseldorf wird das Urteil im zweiten Prozeß um den Kindesmörder Jürgen Bartsch verkündet. → S. 80

Der russisch-amerikanische Komponist Igor Strawinski stirbt im Alter von 88 Jahren in New York. → S. 81

7. April, Mittwoch

In Stockholm wird der jugoslawische Botschafter Vladimir Rolovic von kroatischen Extremisten durch Schüsse lebensgefährlich verletzt. Die Täter bekennen sich zu einer Separatistenorganisation, die die Unabhängigkeit Kroatiens von Jugoslawien anstrebt.

An einem Generalstreik in Italien beteiligen sich mehr als 11 Mio. Arbeiter und Angestellte. Die Streikenden fordern Reformen auf den Gebieten Wohnungsbau, Bildungs- und Gesundheitspolitik.

In Oakland (Kalifornien) wird das erste Strafverfahren wegen Datendiebstahl eingeleitet. → S. 75

In Baden-Baden endet eine Arbeitstagung der Friedrich-Naumann-Stiftung zum Thema »Der numerierte Mensch«. Die Diskussionsteilnehmer bejahen die Notwendigkeit der elektronischen Datenverarbeitung, fordern aber zugleich strenge Datenschutzgesetze.

Anläßlich der 450-Jahr-Feier von Martin Luthers Auftreten vor dem Wormser Reichstag fordern deutsche Katholiken vom Papst die Aufhebung des Kirchenbanns, der vor über viereinhalb Jahrhunderten über den Reformator verhängt wurde. Sie wollen damit zu einer Aussöhnung zwischen Katholiken und Protestanten beitragen.

Der Schwede Stellan Bengtsson wird im japanischen Nagoja Tischtennisweltmeister im Herren-Einzel. → S. 81

8. April, Donnerstag

Der südvietnamesische Staatspräsident Nguyên Văn Thiêu erklärt die Laos-Invasion offiziell für beendet (→ 8. 2./S. 34).

US-Präsident Richard M. Nixon gibt den Abzug von 100 000 amerikanischen Soldaten aus Vietnam bekannt. → S. 73

Das Wirtschaftsministerium in Bonn erhöht die Einfuhrkontingente für leichtes Heizöl und Benzin aus der Sowjetunion. Die Bundesregierung will durch eine Vergrößerung des Mineralölangebots den Preisanstieg auf dem Markt bremsen.

Auf den bundesdeutschen Straßen kommt es über Ostern zu chaotischen Verkehrsverhältnissen. Bei Unfällen sterben rund 150 Menschen, über 3000 werden verletzt. → S. 78

In Bonn wird ein 20jähriger Mann festgenommen, der versucht, mit einem Messer in den Amtssitz von Bundespräsident Gustav W. Heinemann einzudringen. Er gesteht, die Ermordung des Bundespräsidenten geplant zu haben, um damit die Bonner Ostpolitik zu bekämpfen.

9. April, Karfreitag

In Moskau geht der XXIV. Parteitag der Kommunistischen Partei der Sowjetunion zu Ende. → S. 74

10. April, Samstag

Die griechische Militärregierung schließt das letzte Internierungslager für politische Gefangene. → S. 74

Die Bonner Regierung gewährt deutschen Unternehmen eine Bürgschaft über 144 Mio. DM für die Beteiligung am Bau einer ägyptischen Erdölleitung zwischen Sues und Alexandria.

11. April, Ostersonntag

Die Lieferung sowjetischer Düsenjäger vom Typ Mig 23 an Ägypten löst in Israel große Besorgnis aus. Die Israelis sehen durch die Stationierung der Kampfflugzeuge das strategische Gleichgewicht im Nahen Osten gefährdet (→ S. 95).

Die Regierung in Peking beschuldigt Indien, es bereite sich auf eine Intervention in die Kämpfe zwischen West- und Ostpakistan vor. China unterstützt den Kampf der pakistanischen Regierung gegen die Unabhängigkeit Ostpakistans (→ 3./4. 12./S. 200).

12. April, Ostermontag

In Ceylon werden die Botschaftsangestellten aus Nordkorea unter Hausarrest gestellt. Sie sollen die bürgerkriegsähnlichen Unruhen gefördert haben (→ 6. 4./S. 72).

Eine Volkszählung in Indien ergibt eine Gesamtbevölkerung von 547 Mio. Menschen. → S. 72

13. April, Dienstag

Im pakistanischen Bürgerkrieg gewinnen die westpakistanischen Truppen militärisch die Oberhand über die Anhänger der ostpakistanischen Unabhängigkeitsbewegung (→ 26. 3./S. 52).

Großbritannien erklärt sich bereit, die ceylonesische Regierung im Kampf gegen die Rebellen zu unterstützen (→ 6. 4./S. 72).

Eine für den 25. April angesetzte Volkszählung löst in Großbritannien heftige politische Kontroversen über den Datenschutz aus. → S. 75

Die Westdeutsche Rektorenkonferenz legt eine Übersicht über die Ergebnisse der Wahlen zu den Studentenparlamenten im Wintersemester 1970/71 vor. Danach dominieren in den Allgemeinen Studentenausschüssen (AStA) der bundesdeutschen Hochschulen die Linksgruppen (→ S. 77).

14. April, Mittwoch

Der chinesische Ministerpräsident Chou En-lai empfängt in Peking die Tischtennis-Nationalmannschaft der USA. → S. 70

US-Verteidigungsminister Melvin R. Laird erklärt, daß die USA auch nach dem Abzug ihrer Truppen aus Vietnam in Südostasien militärisch präsent bleiben wollen. Washington würde seinen asiatischen Verbündeten zukünftig jedoch keine Truppenunterstützung mehr gewähren (→ 8. 4./S. 73).

Über die Rückkehr des früheren argentinischen Präsidenten Juan Domingo Perón nach Argentinien verhandelt der Generalsekretär der Peronistischen Partei, Jorge Daniel Paladino, in Madrid. Paladino erklärt, die Rückkehr des seit 1955 im spanischen Exil lebenden Perón sei der einzige Ausweg aus der andauernden Krise seines Landes (→ 23. 3./S. 55).

Nach siebenmonatiger Beweisaufnahme wird in Frankfurt am Main das Verfahren gegen den ehemaligen KZ- und Euthanasiearzt Horst Schumann (64) eingestellt. Ein medizinisches Gutachten bescheinigt Schumann Verhandlungsunfähigkeit. Der Arzt wird des Mordes an 14 549 geisteskranken KZ-Insassen beschuldigt.

Der US-Schauspieler George C. Scott lehnt den »Oscar« ab. → S. 81

15. April, Donnerstag

In Moskau wird das deutsch-sowjetische Protokoll über die Errichtung von Generalkonsulaten in Leningrad und Hamburg unterzeichnet. Es umreißt die Amtsbereiche beider Konsulate und legt die Bewegungsfreiheit der Konsulatsbeamten fest.

Das US-Nachrichtenmagazin »Newsweek« nimmt die »Pingpong-Diplomatie« wörtlich: US-Präsident Richard M. Nixon und der Kopf der chinesischen Partei Mao Tse-tung fröhlich vereint beim Tischtennisspiel. Die »Pingpong-Diplomatie« im April 1971 ist der entscheidende Schritt zur Annäherung zwischen China und den USA.

Nach Berechnungen des Wissenschaftsrats werden die Studentenzahlen in der Bundesrepublik von 495 000 (1971) auf 675 000 (1975) steigen. Die Kosten für den Universitätsausbau bis 1975 werden auf 16 Mio. DM geschätzt.

16. April, Freitag

In Rom wird der ungarische Außenminister Janos Peter zum Abschluß eines dreitägigen Italienbesuchs von Papst Paul VI. empfangen. Wichtigstes Gesprächsthema ist das Schicksal des Primas von Ungarn, József Kardinal Mindszenty, der seit 1956 in der US-Botschaft in Budapest lebt (→ 28. 9./S.154).

17. April, Samstag

Im französischen Cannes beginnt die erste internationale Messe für Videokassetten und Bild-Ton-Platten, »Vidca 71«. Bis zum 22. April zeigen 200 Aussteller aus 17 Ländern die neuesten Produkte aus dem Video-Bereich.

18. April, Sonntag

Die Münchener SPD verabschiedet eine Geschäftsordnung, nach der auf Parteisitzungen nach 23 Uhr keine Beschlüsse mehr gefaßt werden dürfen. Damit wird eine Taktik der Jungsozialisten unterlaufen, Beschlüsse der Parteigremien so lange hinauszuzögern, bis die Delegierten, die den Jusos widersprechen, nach Hause gegangen sind.

In Worms nimmt erstmals in der Kirchengeschichte ein katholischer Bischof an einer Reformationsfeier zu Ehren Martin Luthers teil. → S. 78

Der Brite Jackie Stewart gewinnt in Montjuich auf Tyrell das Formel-1-Rennen um den Großen Preis von Spanien.

19. April, Montag

Die Vertreter der Internationalen Handelskammer (IHK) fordern auf ihrem Weltkongreß in Wien eine Zusammenarbeit von Regierungen, Geschäftsleuten und Wissenschaftlern im Umweltschutzbereich.

Mit »Saljut 1« bringt die UdSSR die erste Weltraumstation in eine Erdumlaufbahn. → S. 79

Im Prozeß um die Ermordung der Schauspielerin Sharon Tate wird das Todesurteil für Charles Manson, Patricia Krenwinkel, Leslie van Houten und Susan Atkins offiziell bestätigt. → S. 80

20. April, Dienstag

In Sofia findet bis zum 25. April der X. Parteitag der Kommunistischen Partei Bulgariens statt. Die Delegierten beschließen ein neues Parteiprogramm, das die Voraussetzungen für den Übergang zum Kommunismus schafft (→ 16. 5./S. 94).

Die Economic Commission for Europe (ECE) in Genf lehnt mit den Stimmen aller 18 westlichen Delegationen den Antrag Polens auf Aufnahme der DDR ab. Die ECE ist eine Unterorganisation des Wirtschafts- und Sozialrats der UN.

Der Regierende Bürgermeister von Berlin, Klaus Schütz (SPD), wird im Abgeordnetenhaus wiedergewählt. Nach den Berliner Senatswahlen am → 14. März (S. 57) verfügt die SPD über eine absolute Mehrheit und übernimmt erstmals in Berlin die Alleinregierung.

21. April, Mittwoch

Auf Haiti stirbt Präsident François Duvalier. Sein Sohn Jean-Claude übernimmt die Präsidentschaft. → S. 74

Ägypten verurteilt die Lieferung von US-Kampfflugzeugen an Israel als Unterstützung der israelischen Besetzung arabischer Gebiete. Die USA hatten sich zu der Lieferung entschlossen, nachdem bekannt war, daß Ägypten Kampfflugzeuge aus der UdSSR erhält.

Die indischen Behörden teilen mit, daß seit Beginn des pakistanischen Bürgerkriegs 400 000 Ostpakistaner nach Indien geflohen sind (→ 23. 8./S. 138).

Der Schweizer Bundesrat begrenzt die Zahl der Ausländer, die 1971 eine Arbeitsgenehmigung erhalten, auf 20 000.

Die Mannschaft der Schweiz schlägt die Elf von Malta in einem Qualifikationsspiel zur Fußball-Europameisterschaft 5:0.

22. April, Donnerstag

Das Kommissariat der Katholischen Kirche nimmt gegen einen Gesetzentwurf der Bundesregierung in Bonn Stellung, nach dem die Herstellung und Verbreitung von Pornographie straffrei bleiben soll. Die Pornographie verstoße gegen die Menschenwürde und bedrohe Ehe und Familie.

23. April, Freitag

Auf der Konferenz der Organisation Amerikanischer Staaten (OAS) in Buenos Aires scheitert der Antrag Kolumbiens, eine Beschränkung der Rüstungsausgaben für ganz Südamerika zu erreichen.

Die Regierung in Südafrika lockert die Rassenschranken in einzelnen Sportbereichen. Künftig sind auch nichtweiße Südafrikaner zu internationalen Tennis-, Schwimm- und Leichtathletikveranstaltungen im Land zugelassen.

Drei sowjetische Kosmonauten starten mit dem Raumschiff »Sojus 10« zum ersten Kopplungsmanöver mit der Orbitalstation »Saljut 1« (→ 19. 4./S. 79).

In Lausanne wird ein Schweizer Ingenieur wegen Spionage zu viereinhalb Jahren Zuchthaus verurteilt. → S. 75

20 bundesdeutsche Filmemacher gründen in Frankfurt am Main den »Filmverlag der Autoren«. → S. 81

In Frankfurt am Main teilt ein Hersteller die Produktionsreife der ersten weichen Kontaktlinse mit.

24. April, Samstag

An der bisher größten Demonstration gegen den Vietnamkrieg nehmen in Washington fast 300 000 Menschen teil. → S. 73

In einem Qualifikationsspiel zur Fußball-Europameisterschaft schlägt das DDR-Team die Mannschaft aus Luxemburg in Gera 2:1.

25. April, Sonntag

Bei den Bundespräsidentenwahlen in Österreich wird Franz Jonas für eine zweite Amtszeit gewählt. → S. 75

Bei den Landtagswahlen in Schleswig-Holstein kann die CDU zum erstenmal seit 20 Jahren die absolute Mehrheit erreichen. → S. 78

Die Oper »Staatstheater« von Mauricio Kagel wird an der Hamburgischen Staatsoper uraufgeführt (→ S. 118).

In Istanbul gewinnt die DFB-Auswahl ein Qualifikationsspiel zur Fußball-Europameisterschaft gegen die Türkei 3:0 (→ 10. 10./S. 177).

Der Mexikaner Pedro Rodriguez und sein britischer Beifahrer Jackie Oliver gewinnen auf Porsche das 1000-km-Langstreckenrennen in Monza.

26. April, Montag

Im dänischen Nyborg wird unter starker Beteiligung von Kirchenvertretern aus fast allen Ländern Osteuropas die 6. Konferenz Europäischer Kirchen eröffnet. Zweck der Konferenz ist die Pflege der Zusammenarbeit der Kirchen in West- und Osteuropa.

In Oberhausen beginnen die 17. Westdeutschen Kurzfilmtage. Bis zum 1. Mai werden über 100 Filme aus 21 Ländern gezeigt.

27. April, Dienstag

Park Chung Hee wird mit absoluter Mehrheit für eine dritte Amtsperiode zum Präsidenten Südkoreas gewählt. Ausschlaggebend für Parks Wiederwahl war, daß sich Südkorea unter seiner Präsidentschaft zu einem der führenden Industrieländer Asiens entwikkelt hat.

In der Türkei wird in elf der insgesamt 67 Provinzen der Republik das Kriegsrecht verhängt. Zuvor war es an den Hochschulen des Landes zu bewaffneten Auseinandersetzungen zwischen links- und rechtsextremistischen Studenten gekommen (→ 12. 3./S. 54).

König Baudouin I. und Königin Fabiola von Belgien treffen zu einem dreitägigen Staatsbesuch in der Bundesrepublik Deutschland ein. → S. 75

Die »Freiheit«, Parteiblatt der SED in Halle, sieht in den sog. Hot pants, die auch in DDR-Großstädten immer häufiger getragen werden, eine »Waffe im kalten Krieg« (→ S. 115).

28. April, Mittwoch

Bei den niederländischen Parlamentswahlen verliert die regierende christlich-liberale Koalition ihre Mehrheit. Die bisher stärkste Fraktion, die Katholische Volkspartei, erhält 4,6% weniger Stimmen und wird mit 21,9% zweitstärkste Partei im Parlament. Die Sozialisten rücken mit 24,6% der Stimmen auf Platz eins. Erst am 30. Juni 1971 gelingt es, eine Koalitionsregierung aus fünf Parteien zu bilden.

In Belgrad hebt das Oberste Militärgericht Jugoslawiens den Schuldspruch gegen den wegen Spionage zu sechs Jahren Haft verurteilten »Spiegel«-Korrespondenten Hans-Peter Rullmann auf (→ 14. 6./S. 107).

Aus diplomatischen Kreisen in London verlautet, daß Walter Ulbricht (77) sein Amt als Erster Sekretär der SED aus Altersgründen niederlegt (→ 3. 5./S. 88).

29. April, Donnerstag

Das US-Oberkommando gibt bekannt, daß seit Beginn des Vietnamkriegs 45 000 US-Soldaten gefallen sind.

In seiner Regierungserklärung fordert der Regierende Bürgermeister von Berlin, Klaus Schütz (SPD), stärkere finanzielle Hilfen für Berlin. Das Ausmaß des wirtschaftlichen Wachstums der Stadt müsse dem in der Bundesrepublik entsprechen, um Berlin auf Dauer lebensfähig zu halten.

In seiner Ansprache zur Eröffnung der Bundesgartenschau in Köln ruft Bundespräsident Gustav W. Heinemann die Bevölkerung der Bundesrepublik zu verstärkten Anstrengungen im Bereich des Umweltschutzes auf.

30. April, Freitag

Der Generalsekretär der Vereinten Nationen, Sithu U Thant, untersagt den Angehörigen seines Generalsekretariats die weitere Teilnahme an Veranstaltungen in Berlin (West).

Die Hannover-Messe wird nach neuntägiger Dauer geschlossen. Die Aussteller äußern sich überwiegend zufrieden über das Messegeschäft. Gegenwärtig sei keine Rezession in der Bundesrepublik zu befürchten.

Bei Köln stürzt ein Starfighter der Bundesluftwaffe ab. Der Pilot kann sich mit dem Schleudersitz retten. Insgesamt hat die Bundeswehr damit bislang 138 Starfighter durch Absturz verloren.

In London schwimmt die 14jährige Shane Gould aus Australien mit 58,9 sec Weltrekord über 100 m Freistil. Auch über 200 m Freistil stellt die Schülerin mit 2:06,5 min einen Weltrekord auf (→ 12. 12./S. 205).

Das Wetter im Monat April

Station	Mittlere Lufttemperatur (°C)	Niederschlag (mm)	Sonnenscheindauer (Std.)
Aachen	9,2 (8,8)	63* (63)	173 (178)
Berlin	8,5 (8,3)	44* (41)	168 (193)
Bremen	8,1 (8,2)	32* (50)	137 (185)
München	9,6 (8,0)	98* (59)	196 (173)
Wien	11,2 (9,6)	22 (54)	183 (173)
Zürich	10,8 (8,0)	66 (88)	213 (173)

( ) Langjähriger Mittelwert für diesen Monat
* März und April

Das Verbrauchermagazin »DM« setzt sich in seiner April-Ausgabe kritisch mit den Folgen der steigenden Autoflut auseinander. 1971 besitzt statistisch fast jeder vierte Bundesbürger ein Fahrzeug. Der Individualverkehr bedroht dabei zunehmend Mensch und Umwelt.

Chou En-lai sucht mit »Pingpong« Anschluß an Westen

14. April. Der chinesische Ministerpräsident Chou En-lai empfängt in Peking die Tischtennis-Nationalmannschaft der USA. Er erklärt, mit dem Besuch des US-Teams sei »eine neue Seite« in den Beziehungen beider Länder aufgeschlagen worden.

Die Amerikaner waren am 6. April, zum Abschluß der Tischtennis-Weltmeisterschaften im japanischen Nagoja, vom chinesischen Sportbund nach China eingeladen worden. Seit der kommunistischen Machtübernahme 1949 ist dies der erste Besuch einer amerikanischen Reisegruppe im Reich der Mitte.

Bei der überraschend angesetzten Zusammenkunft mit dem chinesischen Ministerpräsidenten werden die Amerikaner demonstrativ freundlich empfangen. In seiner Ansprache erinnert Chou En-lai daran, daß es in der Vergangenheit auf allen Gebieten einen fruchtbaren Austausch zwischen Chinesen und Amerikanern gegeben habe, der leider längere Zeit unterbrochen gewesen sei. Die Völker beider Staaten sollten jedoch »in naher Zukunft Gelegenheit zu zahlreichen Kontakten erhalten«.

Chou En-lai spielt in dieser Rede auf sein wichtigstes außenpolitisches Ziel an: Die Annäherung Chinas an den Westen. Ihm gelingt es, sich innerhalb der Pekinger Führung gegen seine Widersacher durchzusetzen, die an der Isolierung Chinas festhalten wollen. Der wachsende Gegensatz zur UdSSR trägt wesentlich zu der außenpolitischen Neuorientierung bei.

Als Reaktion auf diesen »Annäherungsversuch« stellt US-Präsident Richard M. Nixon Erleichterungen im Handel und Reiseverkehr mit China in Aussicht. Die Handelsbeziehungen zwischen den USA und China sind seit Beginn des Koreakriegs 1950 unterbrochen.

Nixon, der bereits 1969 Erleichterungen im Reiseverkehr mit China zugestand, bemüht sich seit seinem Amtsantritt um die Verbesserung des Verhältnisses zur Volksrepublik China. Ein Ausgleich mit China scheiterte bislang daran, daß die USA nur Taiwan als Vertretung des chinesischen Volkes anerkannten. Washington lenkt nun auch in der Frage der diplomatischen Anerkennung Chinas ein (→ 26. 10./S. 168).

△ Der chinesische Ministerpräsident Chou En-lai (M.) beim Gruppenbild mit den Mitgliedern der US-amerikanischen Tischtennismannschaft in Peking. Der Journalist Norman Webster berichtet in der kanadischen Zeitschrift »Globe and Mail« über die Stimmung bei dem Zusammentreffen: »Der Ministerpräsident war beim Empfang für die Tischtennisgäste in einem Salon der großen Halle des Volkes entspannt und jovial. Er schüttelte allen die Hand, ließ sich mit der Delegation fotografieren, plauderte sich durch den Raum, stellte Fragen, lachte, scherzte, zitierte chinesische Sprichwörter, machte aus dem ganzen Empfang einen großen Auftritt. Er stand im Rampenlicht . . . Glenn Cowan aus Los Angeles, der schulterlanges Haar trägt, wollte die Meinung des Ministerpräsidenten über die Hippies wissen. Die Antwort war verständnisvoll. Chou sagte, unzufriedene Jugendliche machten sich selbst auf die Suche nach der Wahrheit und das muß erlaubt sein: ›In unserer Jugend war das genauso. Ich habe Verständnis für die Ideen der Jungen.‹«

◁ Das US-Nachrichtenmagazin »Time« sieht Nixon und Mao zu »einem ganz neuen Spiel« vereint. Im Hintergrund beobachtet der chinesische Ministerpräsident Chou En-lai wohlwollend die Szene. Er ist der Architekt der chinesisch-amerikanischen Annäherung. Ziel seiner Politik ist es, die diplomatischen Beziehungen Chinas zu den westlichen Staaten zu normalisieren.

Blick in den chinesischen Alltag: Ein Geschäft der Vereinigung für chinesisch-kubanische Völkerfreundschaft in Peking.

Strategie des Konfliktabbaus setzt sich durch

Die außenpolitische Orientierung der Volksrepublik China war innerhalb der Pekinger Führungsspitze lange Zeit umstritten. Isolation und Öffnung zum Westen standen sich als unversöhnliche Konzepte gegenüber.

Verfechter einer isolationistischen Außenpolitik war der chinesische Verteidigungsminister Lin Piao. Er vertrat die Strategie des »simultanen Konflikts«. Danach sollten die USA und die UdSSR mit gleicher Feindseligkeit behandelt werden, da beide Supermächte eine große Gefahr für China darstellten. Noch 1966 erklärte Mao Tse-tung im Hinblick auf die Frontstellung Chinas und der USA im Vietnamkrieg, ein bewaffneter Konflikt zwischen beiden Mächten sei »nahezu unvermeidlich«. Die UdSSR würden jedoch einen solchen Krieg zum Überfall auf China nutzen.

Der chinesische Ministerpräsident Chou En-lai entwickelte Ende der 60er Jahre mit der Konzeption des »simultanen Konfliktabbaus« eine strategische Alternative zu Lin Piao. Chou setzte auf die Normalisierung der Beziehungen seines Landes zur Außenwelt. Mit der Annäherung an die USA sollte China auf das diplomatische Parkett zurückkehren. Der Gegensatz zur UdSSR, der 1969 zu einem Kurzkrieg eskalierte, erleichterte es Chou, Mao für sein Konzept zu gewinnen. Da auch die US-Regierung eine Entspannung mit China anstrebt, führt Chous Politik rasch zum Erfolg: 1972 besucht Nixon Peking (→ 8. 9./S. 151).

Mitglieder der US-Tischtennismannschaft besichtigen Peking. In den letzten Jahren durften nur wenige westliche Besucher das Reich der Mitte bereisen.

China und die USA im 20. Jahrhundert

Chronik Rückblick

Am Ende des 19. Jahrhunderts beteiligten sich die USA ebenso wie die europäischen Kolonialmächte am »Wettlauf um China«. Die Amerikaner schlugen den Kolonialstaaten 1899 eine »Politik der offenen Tür« in Ostasien vor. Jede Macht sollte Zugang zu den chinesischen Märkten haben. Die USA begannen mit der intensiven wirtschaftlichen Durchdringung Chinas. Mit der Gründung der Republik China 1912 verloren die ausländischen Mächte ihren direkten Einfluß im Reich der Mitte.

Am Ende des Zweiten Weltkriegs versuchten die USA erneut, Einfluß auf die Politik Chinas zu gewinnen. Sie unterstützten vergeblich die von Chiang Kai-shek geführten chinesischen Nationalisten in ihrem Kampf gegen die Kommunisten unter Mao Tse-tung. 1949 rief Mao die Volksrepublik China aus. Die USA erkannten als Vertretung des chinesischen Volkes nur die Republik China (Taiwan) an. Sie wurde 1950 von Chiang Kai-shek proklamiert.

Die Konfrontation zwischen den USA und der Volksrepublik China erreichte ihren Höhepunkt 1950 im Koreakrieg. Beide Staaten prallten bewaffnet aufeinander.

Die US-Regierung verbot den Handel mit China. Sie betrieb fortan eine Politik der Eindämmung gegenüber der »gelben Gefahr«. Bis 1965 wendete sie 36 Mrd. US-Dollar an Militär- und Wirtschaftshilfe für Gegner Maos in Asien auf.

Erst US-Präsident Richard M. Nixon bemühte sich um eine Normalisierung des Verhältnisses zu China. 1969 wurden die Handels- und Reisesperren zum erstenmal gelockert. Washington sah in Peking einen potentiellen Verbündeten gegen Moskau. US-Außenminister William P. Rogers betont, daß Chinas »wichtige Rolle in Asien und dem Pazifik« für die USA größte Bedeutung habe.

Männer reisen mitsamt ihrer Familie zum »Sterilisationsfestival«. Volksfeststimmung soll die Wartezeit verkürzen.

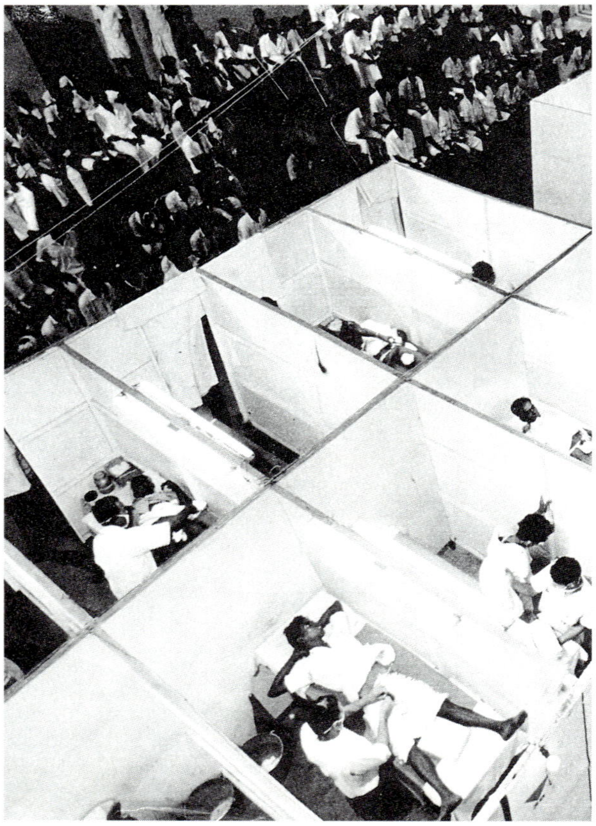

In diesen provisorisch errichteten Kabinen arbeiten Ärzte wie am Fließband. Gut zehn Minuten dauert ein Eingriff.

Massensterilisation wird zum Volksfest

April. In Ernakulam, einer Stadt im Südwesten Indiens, werden 60 000 Männer auf freiwilliger Basis sterilisiert. Die Regierung von Ministerpräsidentin Indira Gandhi kämpft mit dieser ungewöhnlichen Maßnahme gegen die drohende Überbevölkerung im Land.

Wie bundesdeutsche Zeitschriften berichten, wird der Eingriff reichlich belohnt: Jeder Freiwillige erhält Geschenke im Wert von etwa 100 DM. Außerdem gibt es drei zusätzliche Tage bezahlten Urlaub.

Die indischen Behörden machen aus dieser Massenoperation – die größte, die jemals in Indien stattgefunden hat – ein regelrechtes Volksfest. Feuerwerk, Böllerschüsse, Straßenmusikanten und Tänzerinnen unterhalten die Massen.

Einen Monat lang operieren in Ernakulam 100 Ärzte Tag und Nacht. Zweifelhaft ist, ob es der indischen Regierung gelingt, mit dieser Art der Geburtenkontrolle den rapiden Anstieg der Bevölkerungszahlen zu bremsen. Mit anderen Maßnahmen, wie Aufklärungskampagnen und kostenlose Verhütungsmittel, ist die Regierung in den letzten 20 Jahren gescheitert.

Im Jahr 2000 eine Milliarde Einwohner

Chronik Hintergrund

Das größte Problem Indiens sind die rasant ansteigenden Bevölkerungszahlen. Nicht zuletzt aus diesem Grund ist es der indischen Regierung kaum möglich, die außerordentlich schlechte wirtschaftliche und soziale Situation des Landes entscheidend zu verbessern.

Bevölkerungszuwachs seit 1901

Jahr	*Bevölkerung*	*Zuwachs in 10 Jahren in %*	*Zuwachs gegenüber 1901 in %*
1901	238 337 313	–	–
1911	252 005 470	+ 5,73	+ 5,73
1921	251 239 492	– 0,30	+ 5,41
1931	278 867 430	+ 11,00	+ 17,01
1941	318 539 060	+ 14,23	+ 33,66
1951	360 950 365	+ 13,31	+ 51,45
1961	439 072 582	+ 21,64	+ 84,22
1971	546 955 945	+ 24,57	+ 129,49

Ursache für die Bevölkerungsentwicklung ist, daß eine hohe Kinderzahl oft die einzige Möglichkeit der Altersversorgung ist. Auch spielt der Glaube eine Rolle, der den Gebrauch von Verhütungsmitteln untersagt.

Im April 1971 wird in Indien eine Volkszählung durchgeführt. Danach beträgt die Gesamtbevölkerung derzeit 546 955 945. Nach China mit 772 900 000 Einwohnern steht Indien an zweiter Stelle der Skala der bevölkerungsreichsten Länder.

Nach nur einem Jahrzehnt – die letzte Volkszählung fand 1961 statt – leben in Indien fast 25% mehr Menschen. Und die Wahrscheinlichkeit ist groß, daß diese hohe Wachstumsrate in Zukunft noch überschritttten wird (vgl. Tabelle). Statistiker sagen voraus, daß hier um die Jahrtausendwende circa eine Milliarde Menschen leben werden.

Die Bevölkerungsdichte liegt 1971 in Indien bei 182 Einwohnern pro km^2. Besonders dicht besiedelt sind die Unionsgebiete Delhi (2723 Einwohner pro km^2) und Chandigarh (2254 Einwohner pro km^2).

Blutiger Bürgerkrieg fordert 3000 Tote

6. April. In Ceylon verschärft die sozialistische Regierung nach Angriffen linksgerichteter Aufständischer auf Polizei- und Regierungsgebäude den Ausnahmezustand vom 16. März. Eine nächtliche Ausgangssperre wird erlassen, Universitäten und Schulen werden geschlossen. Die Volksbefreiungsfront, der die Rebellen angehören, wird verboten.

Die seit Anfang des Jahres anhaltenden Unruhen sind zu einem schweren Bürgerkrieg eskaliert: Die Rebellen verüben zahlreiche Terroranschläge, im ganzen Land werden Regierungstruppen mobilisiert, es kommt zum Ausbruch offener Kämpfe und Ministerpräsidentin Sirimawo Bandaranaike setzt Flugzeuge und Panzer ein.

Nur mit Hilfe ausländischer Waffenlieferungen – u. a. aus Großbritanien und den USA – gelingt es der Regierung, die Rebellen in die Enge zu treiben. Am 29. April verkündet sie eine viertägige Amnestie für alle Aufständischen: Wer sich in der Zeit vom 1. bis zum 4. Mai ergibt, wird nicht hingerichtet. Am 5. Juni erklärt Bandaranaike den Aufstand endgültig für niedergeschlagen. Nach offiziellen Angaben werden bei den Kämpfen 3000 Rebellen getötet, 8500 stellen sich freiwillig. Seitens der Regierungstruppen werden 100 Tote gezählt.

Die Volksbefreiungsfront (auch »Nationale Befreiungsfront« oder nach ihrem Vorbild »Ché-Guevara-Bewegung« genannt) will mit gewaltsamen Aktionen die parlamentarische Demokratie stürzen, um die Gesellschaft radikal zu ändern. Nach ihrer Auffassung schreitet das Sozialisierungsprogramm, das während des Wahlkampfes 1970 von der Regierung angekündigt wurde, nicht schnell genug voran. Die Volksbefreiungsfront besteht zum größten Teil aus jungen, arbeitslosen Akademikern und singhalesischen Jugendlichen.

Bandaranaike beschuldigt die Regierung von Nordkorea, hinter den Aufständen zu stehen. Nordkorea hat in letzter Zeit u. a. verstärkt Literatur über Guerillakriege nach Ceylon importiert. Am 12. April werden alle Angehörigen der nordkoreanischen Botschaft in Colombo unter Hausarrest gestellt und am 16. April ausgewiesen.

Nixon: Kein Totalrückzug der US-Truppen aus Vietnam

8. April. US-Präsident Richard M. Nixon gibt in einer Fernseh- und Rundfunkansprache bekannt, daß bis zum 1. Dezember 1971 100 000 amerikanische Soldaten aus Vietnam abgezogen werden sollen. Kriegsgegner fordern von Nixon den sofortigen Rückzug aller US-Truppen aus Indochina.

Mit dem Abzug der 100 000 Mann bleiben noch 184 000 amerikanische Soldaten in Vietnam zurück. Von den 543 000 Soldaten, die 1969 zu Beginn der Amtszeit von Präsident Nixon in Vietnam stationiert waren, wurden von Nixon damit insgesamt 359 000 Mann abgezogen. Als Ziel seiner Politik bezeichnet der Präsident den »vollständigen Abzug aus Vietnam«. Im Rahmen der von ihm verfolgten Politik der »Vietnamisierung« des Konflikts sollen die südvietnamesischen Truppen langfristig den Krieg eigenständig führen.

Die Erklärung des Präsidenten bringt keine Veränderung in der Frontstellung der amerikanischen Kriegsgegner gegenüber Nixon. Der demokratische Präsidentschaftsbewerber Edmund S. Muskie fordert den Präsidenten auf, endlich ein festes Datum für die Beendigung des US-Engagements in Vietnam bekanntzugeben.

Nixon lehnt die Veröffentlichung eines solchen Termins mit der Begründung ab, daß sie dem Gegner mehr nutzen würde als den USA. Die USA verlören damit einen »wichtigen Verhandlungstrumpf« in den Gesprächen über die Freilassung der amerikanischen Kriegsgefangenen (→ 8. 2./S. 34; 8. 7./S. 124).

Die Befürworter eines Totalrückzugs aus Vietnam skandieren bei ihrem Protestmarsch durch Washington immer wieder die Parole »Out – now« (Raus – jetzt).

Mit Fahnen und Plakaten demonstrieren die Kriegsgegner friedlich gegen den Vietnamkrieg. An dem Protest beteiligen sich auch Mitglieder des Kongresses.

300 000 demonstrieren für Frieden in Vietnam

24. April. In Washington kommt es zur größten Anti-Kriegsdemonstration in der US-Geschichte. Vor dem Kapitol protestieren 300 000 Menschen gegen das Engagement der USA im Vietnamkrieg.

An der friedlichen Protestkundgebung beteiligen sich vor allem Studenten, Gewerkschaftler, schwarze Bürgerrechtler und Kriegsveteranen. Präsident Richard M. Nixon, der am 8. April lediglich einen Teilrückzug der US-Truppen aus Vietnam angekündigt hatte, soll auf diese Weise zum Totalrückzug bewegt werden.

Protest der Kriegsveteranen

Unter der Parole »Veteranen gegen den Vietnamkrieg« beteiligen sich 1000 ehemalige Kriegsteilnehmer in ihren alten Kampfanzügen an der Großdemonstration in Washington. Zum Abschluß der Protestkundgebung werfen sie ihre alten Kriegsorden und Verwundetenabzeichen auf die Stufen des Kapitols. Ihre grausamen Erfahrungen in Vietnam haben sie zu kompromißlosen Gegnern des Krieges gemacht. Von den zwei Mio. amerikanischen Soldaten, die bislang im Vietnamkrieg eingesetzt wurden, sind viele physisch und psychisch versehrt. Sie fühlen sich von der US-Gesellschaft im Stich gelassen.

Papa Doc vererbt Baby Doc diktatorische Regierung

21. April. Auf Haiti stirbt der 64jährige Präsident François Duvalier nach dreimonatiger Krankheit. Die Amtsnachfolge tritt sein Sohn Jean-Claude an. Er wird am 22. April zum »Präsidenten auf Lebenszeit« vereidigt.

François Duvalier wurde am 22. September 1957 mit Unterstützung der USA zum Präsidenten von Haiti gewählt. Im Lauf seiner Amtszeit entwickelte er einen diktatorischen Regierungsstil. Er umgab sich mit der auf Haiti berüchtigten Geheimpolizei »Mouvement de Renovation Nationale«, bekannt als »Tonton Macoute«. Die Organisation wird wegen ihrer Grausamkeit und Willkürherrschaft von der Bevölkerung gefürchtet.

Duvalier verlängerte 1961 eigenmächtig seine Amtszeit. 1964 ließ er sich in einer Pro-forma-Volksabstimmung zum »Präsidenten auf Lebenszeit« wählen.

Duvalier promovierte 1934 zum Dr. med. und war vor seiner Präsidentenzeit als Arzt tätig, was seinen Spitznamen »Papa Doc« erklärt. Von 1947 bis 1949 war er Minister für Arbeit und Gesundheitswesen im Kabinett des damaligen Präsidenten Dumarsais Estimé.

Der neue Präsident Jean-Claude Duvalier (2. v. l.) zeigt sich auf dem Balkon des Regierungsgebäudes der Bevölkerung.

Bereits im Januar hatte François Duvalier seinen Sohn als Nachfolger angekündgt. Er ließ am 22. Januar eine Verfassungsänderung vom Volk billigen, die es dem Präsidenten erlaubt, seinen Nachfolger selbst zu bestimmen. Darüber hinaus wird das Mindestalter für eine Präsidentschaft von 40 auf 20 Jahre herabgesetzt.

Der neue Präsident Jean-Claude Duvalier, genannt Baby Doc, erklärt, daß er das Werk seines Vaters mit »der gleichen unerschöpflichen Energie und der gleichen Unbeugsamkeit« fortsetzen wolle.

Jean-Claude ist vor allem aufgrund seiner Jugend – er ist erst 19, offiziell 20 Jahre alt – vorläufig lediglich formell Präsident. Die eigentliche Macht liegt bei seiner Schwester Marie-Denisé Dominique, deren Mann Max und der Witwe von Papa Doc, Simone Duvalier.

Breschnew stärkt seine Machtposition

9. April. Zum Abschluß des XXIV. Parteitags der Kommunistischen Partei der Sowjetunion (KPdSU) in Moskau wird Leonid I. Breschnew als Generalsekretär bestätigt.

Die Anzahl der Politbüro-Mitglieder wird von 11 auf 15 erweitert. Die vier neuen Mitglieder Viktor W. Grischin, Dinmuhammed A. Kunajew, Wladimir W. Schtscherbizkij und Fjodor D. Kulakow gelten als Anhänger des Generalsekretärs. Breschnew gelingt es auf diese Weise, seine Machtposition gegenüber seinem Rivalen, dem Vorsitzenden des sowjetischen Ministerrats Alexei N. Kossygin, entscheidend zu stärken.

Das Politbüro ist das höchste Parteigremium in der UdSSR und damit eigentliche politische Entscheidungsinstanz.

Thema des Parteitags, der am 30. März eröffnet wurde, ist auch der Moskauer Vertrag (→ 27. 2./S. 42). Er wurde am 12. August 1970 von der sowjetischen Regierung gemeinsam mit der Bundesrepublik unterzeichnet. Breschnew fordert Bonn auf, das Abkommen möglichst bald ratifizieren zu lassen, um die gegenseitigen Beziehungen nicht zu beeinträchtigen. .

Pflichtgemäßen Applaus von seiten der führenden sowjetischen Parteipolitiker erhält Generalsekretär Leonid I. Breschnew (am Rednerpult) für seinen Rechenschaftsbericht auf dem XXIV. Parteitag der KPdSU im Moskauer Kremlpalast.

Athener Militärs auf »zivilem« Kurs

10. April. Die griechische Militärregierung schließt das letzte Internierungslager für politische Gefangene. Bereits am 8. März wurden 234 politische Häftlinge, zumeist Kommunisten, freigelassen. Sie waren seit dem Militärputsch vom 21. April 1967 in Haft.

Mitte April gibt die Athener Regierung bekannt, sie werde die Kompetenzen der Militärgerichtsbarkeit weiter einschränken. In Zukunft sollen sich Zivilgerichte u. a. mit »Vergehen gegen die Staatssicherheit, Verfolgung bestimmter kommunistischer Aktivitäten und Pressedelikten der politischen Aufhetzung« beschäftigen.

Ministerpräsident Jeorjios Papadopulos begründet die Maßnahmen mit der allmählichen Normalisierung des politischen Lebens im Land. Vor allem auf Druck der NATO-Verbündeten kündigt Papadopulos an, schrittweise zur Demokratie zurückkehren zu wollen.

Spionage in der Schweiz

23. April. Das Bundesstrafgericht in Lausanne verkündet das Urteil im Spionageprozeß um »Mirage«-Triebwerke. Ein schweizerischer Ingenieur wird wegen »Verletzung militärischer Geheimnisse« zu einer Zuchthausstrafe von viereinhalb Jahren verurteilt.

Der 44jährige war Angestellter der Firma Gebrüder Schulzer AG. Das Unternehmen stellt Düsentriebwerke der französischen »Mirage«-Flugzeuge in Lizenz her. Der Ingenieur hatte die Baupläne für die Triebwerke dem israelischen Geheimdienst zugespielt. Er erhielt dafür 850 000 Schweizer Franken (708 333 DM).

Der Ingenieur nennt »Sympathie für Israel und das jüdische Volk« als Motiv für seine Tat. Durch das französische Waffenembargo seit 1968 sei Israel militärisch in Bedrängnis geraten.

Von der Mirage III sind Triebwerk-Baupläne nach Israel gegangen. Das französische Kampfflugzeug kann mit doppelter Schallgeschwindigkeit fliegen.

Heftige Diskussion um Volkszählung

13. April. In Großbritannien löst eine geplante Volkszählung heftige Diskussionen aus. Unterhausabgeordnete, Interessenverbände und andere Organisationen äußern die Befürchtung, daß die gewonnenen Informationen in falsche Hände geraten könnten.

Jeremy Thorpe, Führer der liberalen Partei, wirft der konservativen Regierung in London vor, sie habe die Bevölkerung nur unzureichend über den Datenschutz informiert. Außerdem könne er die Notwendigkeit einzelner Fragen nicht nachvollziehen. Auch bei den farbigen Einwanderern in Großbritannien ruft die Volkszählung Besorgnis hervor. Die Farbigen befürchten, daß verschiedene Angaben dazu benutzt werden könnten, sie in ihre Heimatländer abzuschieben.

Die britische Regierung weist alle Vorwürfe zurück. Nach ihrer Auffassung sei ein Mißbrauch der Daten ausgeschlossen.

Die geplante Volkszählung ist die bislang teuerste und umfangreichste in Großbritannien. Die wahrheitsgemäße Beantwortung der Fragen ist Pflicht. Anderenfalls drohen Gefängnisstrafen.

Österreichs alter und neuer Bundespräsident

Jonas im Amt bestätigt

25. April. *In Österreich stimmen 52,79% der wahlbeteiligten Bevölkerung für eine zweite Amtszeit von Bundespräsident Franz Jonas (SPÖ). Sein Gegenkandidat von der ÖVP, Kurt Waldheim, unterliegt mit 47,21% der abgegebenen Stimmen.*

Premiere: Baudouin und Fabiola in Bonn

27. April. Baudouin I., König der Belgier, trifft mit seiner Frau Fabiola zu einem dreitägigen Staatsbesuch in der Bundesrepublik ein. Zur Begrüßung werden 21 Salutschüsse – die höchste militärische Ehrenbezeugung – abgefeuert.

König Baudouin I. ist der erste belgische Monarch, der offiziell die Bundesrepublik besucht. Frühere königliche Visiten hatten stets privaten Charakter oder galten den belgischen Truppen, die in der Bundesrepublik stationiert sind.

Baudouin I. bestieg 1951 im Alter von 20 Jahren offiziell den belgischen Thron. Sein Vater, Leopold III., mußte aufgrund seiner umstrittenen Haltung während des Zweiten Weltkriegs abdanken: Er hatte eine Kapitulationsurkunde unterzeichnet; das brachte ihm den Vorwurf der Kollaboration mit den deutschen Besatzern ein.

Baudouin I. lebte von 1940 bis 1944 in Frankreich, Spanien und Portugal im Exil. Noch während des Kriegs kehrte er nach Belgien zurück, wurde jedoch im Juni 1944 nach Österreich deportiert.

Am 15. Dezember 1960 heiratete Baudouin I. die Spanierin Doña Fabiola de Mora y Aragón.

Staatsbankett zu Ehren des königlichen Besuchs auf Schloß Augustusburg in Brühl (v. l.): Hilda Heinemann, König Baudouin I., Königin Fabiola und Gastgeber Bundespräsident Gustav W. Heinemann. Zwei Tage später wird das Königspaar von Bundeskanzler Willy Brandt empfangen. Neben Bonn besuchen die belgischen Gäste auch Düsseldorf und München.

Präzedenzfall eines Datendiebstahls

7. April. In Oakland im US-Bundesstaat Kalifornien wird gegen den Angestellten einer Computerfirma ein Strafverfahren wegen Diebstahls elektronischer Daten eingeleitet. Es handelt sich um den Präzedenzfall eines elektronischen Datendiebstahls in den USA.

Dem Angeklagten wird vorgeworfen, ein Programm für die Herstellung graphischer Darstellungen im Wert von 10 000 Dollar (35 000 DM) mit Hilfe eines Computers gestohlen zu haben.

Nach Angaben der Staatsanwaltschaft hat sich der Mann die Telefon- und Kontonummern des Computers einer Konkurrenzfirma besorgt. Danach habe er diesen Computer telefonisch angewählt und die Daten überspielt.

Da es sich um den ersten Fall eines Datendiebstahls in den USA handelt, ist noch unklar, ob und inwiefern dieses Delikt überhaupt geahndet werden kann.

Bildungswesen 1971:

Reform in der Ausbildung – Chancengleichheit angestrebt

Chronik Übersicht

Die Bundesregierung bemüht sich 1971 um großangelegte Reformprojekte, die dem westdeutschen »Bildungsnotstand« abhelfen sollen. Bereits bei seinem Regierungsantritt 1969 hatte Bundeskanzler Willy Brandt die Bildungsaufgaben »an die Spitze der Reformen« gestellt. Dementsprechend will die sozialliberale Bonner Regierung vorrangig höhere Ausbildungskapazitäten an Schulen und Universitäten bereitstellen und Chancengleichheit für eine qualifizierte Ausbildung schaffen.

Das sog. BAföG (Bundesausbildungsförderungsgesetz), das am 1. September 1971 in Kraft tritt, ist der entscheidende gesetzgeberische Schritt, um die finanziell bedingte Ungleichheit der Bildungschancen zu mildern (→ 1. 9./ S. 156). Es regelt erstmals einheitlich die individuelle Ausbildungsförderung für die Schul- und Hochschulbesucher. Danach erhält jeder bedürftige und von seiner Leistung her geeignete Auszubildende eine staatliche Förderung. Die Höhe der BAföG-Zahlungen richtet sich nach dem Einkommen der Unterhaltspflichtigen.

Der Numerus clausus bleibt 1971 heißumstritten. Zulassungsbeschränkungen bestehen vor allem für die Mediziner.

Am 25. Oktober 1971 wird mit der Einweihung der ersten bundesdeutschen Gesamthochschule ein weiteres Ziel des bildungspolitischen Reformvorhabens der sozialliberalen Regierung verwirklicht. Die Kasseler Gesamthochschule versucht erstmals die Ebene der Fachhochschule in universitäre Studiengänge einzugliedern. Das neue Hochschulmodell soll die traditionelle Universität, technische und pädagogische Hochschulen mit Kunst-, Musik- und Ingenieurfachschulen unter einem Dach vereinen. Die Gesamthochschule bietet neue Fächerkombinationen und aufeinander bezogene integrierte Studiengänge an. Innerhalb einer Fachrichtung existieren je nach Inhalt und Dauer ganz unterschiedliche Studienabschlüsse. Den Zugang zur Gesamthochschule eröffnet nicht nur die allgemeine Hochschulreife, sondern auch die Fachhochschulreife und die Begabtensonderprüfung. Das Kernstück der Bildungsreform, die Gesamtschule, bleibt weiterhin Gegenstand heftiger Auseinandersetzungen zwischen Regierung und Opposition. Die Sozialdemokraten, die in sechs Bundesländern regieren, plädieren für Gesamtschulen und eine gleichwertige Ausbildung aller Lehrer,

Die Hochschulen in der Bundesrepublik Deutschland

1971 nehmen 13,9% aller 18jährigen ein Hochschulstudium in der Bundesrepublik auf. 40 Universitäten und andere wissenschaftliche Hochschulen (Gesamthochschulen, Technische und Medizinische Hochschulen), 55 Pädagogische und 17 Philosophisch-Theologische Hochschulen stehen für ihr Studium zur Verfügung.

Universitäten, Tierärztliche und Medizinische Hochschulen	Studenten 1964	Studenten 1971/72
Augsburg	–	519
Berlin, FU	15 502	18 223
Bielefeld	–	1 204
Bochum	–	14 733
Bonn	13 635	17 620
Bremen	–	429
Dortmund	–	809
Düsseldorf	–	2 402
Erlangen-Nürnberg	10 183	12 532
Frankfurt am Main	13 840	17 966
Freiburg/Breisgau	11 166	13 387
Gießen	4 653	10 229
Göttingen	9 892	13 034
Hamburg	18 115	24 588
Hannover	–	1 580
Heidelberg	11 167	14 440
Kiel	6 872	9 363
Köln	18 823	19 783
Konstanz	–	1 018
Mainz	8 267	12 709
Mannheim	–	5 319
Marburg	8 116	9 879
München	23 691	31 034
Münster	15 029	20 332
Regensburg	–	4 451
Saarbrücken	6 761	9 358
Stuttgart/Hohenheim	–	1 597
Tübingen	10 699	14 073
Ulm	–	399
Würzburg	7 740	10 063
TechnischeHochschulen		
Aachen	9 879	13 769
Berlin	9 311	11 973
Braunschweig	5 271	6 020
Clausthal	1 135	1 836
Darmstadt	4 660	7 655
Hannover	4 779	8 530
Karlsruhe	5 705	8 758
München	7 571	10 087
Stuttgart	6 127	8 737
Gesamthochschulen		
Kassel	–	2 916

Am 18. Mai demonstrieren in Frankfurt hessische Studenten gegen die Neufassung des Hochschulrahmengesetzes.

unabhängig davon, ob sie Grundschüler oder Gymnasiasten unterrichten. Die fünf CDU-Länder wollen dagegen am herkömmlichen Schulsystem von Hauptschulen, Realschulen und Gymnasien festhalten. Auch bei der nach Studienzeit und -inhalten abgestuften Lehrerausbildung soll es bleiben.

Einigkeit herrscht zwischen den Parteien nur darin, daß dringend mehr Kindergarten-, Schul- und Studienplätze benötigt werden. In ihrem Bildungsreformplan beschließen die Kultusminister der Länder, daß bis 1975:

▷ 40% aller Drei- und Vierjährigen Kindergärten besuchen (bislang 20%)
▷ 60% aller Schüler die zehnte Klasse absolvieren (bislang 43%)
▷ 20% aller 18jährigen ein Hochschulstudium beginnen sollen (bislang 13,9%).

Abstriche von ihrem ursprünglichen Bildungsplan muß die sozialliberale Koalition bei der Vorverlegung der Einschulung machen. So soll die Schulpflicht für Fünfjährige erst 1985 eingeführt werden. Auch Ganztagsschulen, die die SPD für die »beste Form des Lernens« hält, sollen nach dem neuen Plan selbst in 15 Jahren nur einer Minderheit (15 bis 30% der Schüler) zur Verfügung stehen. Die hohen Kosten bremsen hier den Reformeifer der Regierung.

Deutsche Hochschulen von Linken beherrscht

Auch drei Jahre nach dem Höhepunkt der studentischen Protestbewegung von 1968 dominieren Linksgruppierungen in fast allen bundesdeutschen Hochschulparlamenten. Vor allem die Mitglieder des Sozialdemokratischen Hochschulbundes (SHB) und des kommunistischen »Spartakusbundes« kämpfen für eine grundlegende Reform der Studieninhalte im marxistischen Sinn. Sie fordern, daß verstärkt gesellschaftskritische Themen in die Lehrpläne eingebracht werden.

Besonderes Aufsehen erregen die Aktionen der »Roten Zellen« an der Freien Universität Berlin. Sie bestreiken Lehrveranstaltungen und halten in eigenen Seminaren marxistisch-leninistische Schulungen ab (→ 1. 2./S. 43).

Das Bonner Wissenschaftsministerium versucht, mit gesetzgeberischen Maßnahmen den Einfluß der Linken an den Universitäten einzudämmen. Eine Neufassung des Hochschulrahmengesetzes bestimmt, daß sich die Zahl der Mandate in den Universitätsgremien für jene Gruppen verringert, deren Wahlbeteiligung unter 50% liegt. Da sich erfahrungsgemäß nie mehr als 40% der Studenten an den Fachbereichswahlen beteiligen, trifft die Regelung vor allem die studentische Mitbestimmung.

◁ *An der Freien Universität Berlin rufen die »Roten Zellen« zum Streik gegen Lehrveranstaltungen auf.*

In der amerikanischen Stadt Newark (New Jersey) wird eine Schulklasse für afrikanische Kultur eingerichtet. Die Kinder lernen hier afrikanische Sprachen und Gebräuche.

Eine Untersuchung ergibt, daß Mädchen im Durchschnitt in allen Fächern bessere Noten haben als Jungen. Eine Ursache dafür sehen Pädagogen im Fleiß der Mädchen.

Gespräche in Bonn über Zukunft Europas

1. April. Der italienische Ministerpräsident Emilio Colombo beginnt einen zweitägigen Staatsbesuch in der Bundesrepublik Deutschland. Sein britischer Amtskollege Edward Heath trifft am 4. April zu einem dreitägigen Deutschlandbesuch in Berlin (West) ein.

In den Gesprächen zwischen der Bundesregierung und Colombo stehen europäische Themen im Vordergrund. Rom und Bonn dringen auf einen raschen institutionellen Ausbau der europäischen Wirtschaftsunion. In der Frage des britischen EWG-Beitritts wollen sich beide Regierungen im Ministerrat für die Aufnahme Großbritanniens einsetzen (→ 28. 10./S. 167).

Diese Zusicherung macht Bundeskanzler Willy Brandt auch gegenüber dem britischen Premierminister Edward Heath während seines Deutschlandbesuchs. Eine positive Entscheidung zum EWG-Beitritt Großbritanniens sollte bis zum Sommer herbeigeführt werden. Erste Station des Staatsbesuchs von Heath ist Berlin (West). Als vorrangiges Ziel seiner Berlin-Politik bezeichnet er das rasche Ende der Vier-Mächte-Verhandlungen. Zum Abschluß seines Besuchs erklärt der Premierminister, daß London die Bonner Ostpolitik unterstütze.

Nach der Wahl in Schleswig-Holstein ist klar, daß sich die CDU nicht mit dieser armseligen Hütte begnügen muß. Im Kieler Landtag stellt sie die Mehrheit.

Niederlage der FDP in Kiel

25. April. Bei den Landtagswahlen in Schleswig-Holstein erhält die CDU mit 51,9% der Stimmen erstmals die absolute Mehrheit. Sie kann damit ihre 20jährige Regierungsführung im nördlichsten Bundesland verteidigen.

Der CDU unter ihrem Spitzenkandidaten Gerhard Stoltenberg gelingt es, das Wahlergebnis von 1967 um 5,7% zu verbessern. Auch die SPD gewinnt mit 41,2% Stimmen hinzu (1967: 39,4%). Sie kann jedoch ihr erklärtes Wahlziel, gemeinsam mit der FDP die Regierung in Schleswig-Holstein zu übernehmen, nicht verwirklichen.

Der große Verlierer der Wahl ist die FDP, die sich bereits im Oktober 1970 dazu entschlossen hatte, ein Bündnis mit der SPD einzugehen. Mit 3,8% der Stimmen bleibt sie unter der 5%-Hürde und ist nicht mehr im Parlament vertreten.

Auch die NPD scheidet aus dem Landtag aus. Sie erhält nur 1,3%.

Osterreisewelle sorgt für Verkehrschaos

8. April. Über Ostern ermuntert das schöne Wetter zahllose Autofahrer zu einem Kurzurlaub. Die Osterreisewelle führt auf den bundesdeutschen Straßen zu chaotischen Verkehrsverhältnissen.

Bei frühlingshaft milden Temperaturen zieht es am verlängerten Wochenende erneut massenweise Urlauber in die südlichen und östlichen Nachbarländer. Der turbulente Auftakt des Osterreiseverkehrs am Gründonnerstag bringt Verkehrsbehinderungen bis in die späten Abendstunden. Am Karfreitag bewegen sich die Fahrzeugschlangen auf fast allen Autobahnen im Schrittempo. An zahlreichen Knotenpunkten bilden sich Staus bis zu 20 km Länge. In Süddeutschland kommt der Verkehr an den Grenzübergängen zeitweise völlig zum Erliegen. »Wunder Punkt« im deutschen Straßennetz ist Bayern. Zu den neuralgischsten Stellen gehört das von den Kraftfahrern schon seit geraumer Zeit als »Nadelöhr« bezeichnete München. In der bayerischen Landeshauptstadt ereignen sich unzählige Unfälle.

Die Polizei macht das rücksichtslose Verhalten der Autofahrer für das Verkehrschaos verantwortlich. Allein in Bayern sterben am Osterwochenende auf den Straßen 25 Menschen; in Nordrhein-Westfalen kommen 24 Autofahrer ums Leben.

Kilometerlanger Stau auf der alten Brennerstraße in Richtung Süden. Überladenen PKWs macht die starke Steigung in den Alpen zu schaffen.

Katholischer Bischof würdigt Luther

18. April. In Worms nimmt erstmals ein katholischer Bischof an einer Luther-Feier teil. Der Mainzer Bischof Hermann Volk betont in dem ökumenischen Gottesdienst, die »Reform der Kirche« sei nötig gewesen.

Anlaß für den Besuch des katholischen Würdenträgers ist der 450. Jahrestag des Luther-Tribunals vor dem Reichstag in Worms. 1521 wurde mit der Verhängung der Reichsacht über den Reformator die Spaltung der Kirche besiegelt. In seiner Predigt betont Bischof Volk, daß sich Katholiken und Protestanten heute in der lutherischen Auffassung einig seien, daß die Heilige Schrift das bestimmende Prinzip der Kirche sei.

Trotz dieser Anerkennung Luthers lehnt es der Papst bislang ab, den 1521 ausgesprochenen Bann über den Reformator aufzuheben.

◁ Der Vorsitzende des Rates der Evangelischen Kirche in Deutschland, Hermann Dietzfelbinger (l.), und der Bischof von Mainz, Hermann Volk (r.), beim gemeinsamen Fürbittengebet in der Dreifaltigkeits-Reformationskirche in Worms. Die Geistlichen betonen die Gemeinsamkeiten zwischen Katholiken und Protestanten und fordern eine Annäherung der Konfessionen.

US-Marine rüstet auf: 5000 Sprengköpfe

1. April. Das US-Verteidigungsministerium in Washington gibt bekannt, daß das erste mit Poseidon-Raketen bestückte Atom-U-Boot der USA in Dienst gestellt wurde. Die neuen Raketen sind als Träger für atomare Mehrfachsprengköpfe entwickelt worden.

Das Unterseeboot »James Madison«, das vom Marinehafen Charleston an der Atlantikküste South Carolinas in See stach, ist mit insgesamt 16 Poseidon-Raketen bewaffnet. Jede der Raketen kann bis zu zehn unabhängig operierende Sprengköpfe befördern. Die Poseidon-Raketen lösen die alten Polaris-Raketen ab. 31 der 41 amerikanischen Atom-U-Boote sollen auf Poseidon-Raketen umgerüstet werden. Ziel der US-Marine ist es, in den nächsten Jahren eine Unterwasserflotte aufzubauen, die bis zu 5440 nukleare Sprengköpfe verschießen kann.

Das US-Verteidigungsministerium begründet die Einführung der Poseidon-Raketen mit der Entwicklung neuer sowjetischer Raketen. Diese seien in der Lage, die zu Lande stationierten US-Raketen mit einem atomaren Erstschlag vollständig auszuschalten. Die mobilen U-Boote können dagegen nur schwer vernichtet werden.

Fokker präsentiert bundesdeutschen Jet

5. April. In Bremen stellen die Vereinigten Flugtechnischen Werke VFW-Fokker das erste deutsche Verkehrsflugzeug mit Strahltriebwerk der Öffentlichkeit vor. Die VFW 614 ist ein Kurzstreckenflugzeug, das bis zu 44 Passagieren Platz bietet. Der Linien-Jet kann sich jedoch langfristig nicht auf dem Markt durchsetzen. Bis 1979 werden lediglich 12 Maschinen im Liniendienst eingesetzt.

Zwei Triebwerke von Rolls-Royce beschleunigen den Jet auf 735 km/h.

Ein Raumschiff vor der Kopplung mit der Orbitalstation »Saljut 1« (Vordergrund). Die Kosmonauten sollen über Wochen in der Station leben und arbeiten.

Erste Raumstation im All

19. April. Mit »Saljut 1« bringt die Sowjetunion die erste wissenschaftliche Raumstation in eine Erdumlaufbahn. Die zunächst unbemannte Station umkreist die Erde als künstlicher Satellit in einer Höhe von 200 bis 222 km.

In der Orbitalstation sollen Kosmonauten, die mit ihren Raumschiffen an »Saljut 1« andocken können, wissenschaftliche Experimente durchführen. Mit dem erfolgreichen Start von »Saljut 1« wird die Sowjetunion führend auf dem Gebiet der Orbitalstationen. Der Start der ersten US-amerikanischen Raumstation »Skylab« ist erst für das Jahr 1973 geplant.

Am 24. April koppelt »Sojus 10« als erstes Raumschiff an »Saljut 1« an. Den Kosmonauten gelingt es aber nicht, in den künstlichen Satelliten umzusteigen. Erst die Besatzung von »Sojus 11« betritt am 7. Juni die Station, in der sie sich 23 Tage aufhält (→ 30. 6./S. 106).

Stärkste Ausbrüche des Ätna seit zwei Jahrzehnten

5. April. Der Ätna im Nordosten der Insel Siziliens wird wieder aktiv. Die neuerlichen Ausbrüche des 3340 m hohen Vulkans sind die stärksten seit 20 Jahren.

Innerhalb von 24 Stunden bilden sich unterhalb des Hauptkraters, der inaktiv bleibt, in einer Höhe von 2900 m fünf kleinere Krater. Daraus fließen bis zu 100 m breite und 10 m tiefe Lavaströme die Hänge hinab. Zu einer Gefährdung der Bevölkerung am Fuß des Vulkans kommt es, als sich am 9. Mai in 1800 m Höhe an der Ostflanke des Ätna zwei neue Krater bilden. Die herabfließende Lava bedroht die Orte Milo und Fornazzo. Erst kurz vor den Dörfern kommt der Strom schließlich zum Stillstand.

Ausbrüche an den Seitenwänden des Vulkans werden von den Wissenschaftlern für gefährlicher als Eruptionen des Hauptkraters gehalten. Die Lava erreicht schnell nahegelegene Ansiedlungen, ohne auf ihrem Weg zu erstarren.

Bei den Ausbrüchen des Vulkans werden schätzungsweise 15 Mio. t glühendes Gestein aus dem Erdinnern an die Oberfläche geschleudert. Die Lava zerstört u. a. das vulkanologische Observatorium, Seilbahnen, Brücken und Felder.

Der bislang größte Ausbruch des Ätna in unserem Jahrhundert ereignete sich 1928 in etwa 1200 m Höhe. Damals wurde das Städtchen Mascali völlig zerstört.

Einwohner der bedrohten Ortschaften beobachten die glühenden Lavaströme des Ätna. Die Menschen, die am Fuß des höchsten und unruhigsten Vulkans in Europa wohnen, leben seit Jahrhunderten mit der Gefahr, von den Ausbrüchen des Ätna überrascht zu werden.

Todeszelle für Charles Manson und seine Mordhelfer

19. April. In Los Angeles wird das Urteil im Prozeß um den Mord an der Schauspielerin Sharon Tate und sechs weiteren Personen offiziell verkündet. Charles Manson, Patricia Krenwinkel, Leslie van Houten und Susan Atkins werden mit der Höchststrafe – Tod in der Gaskammer – belegt.

Richter Charles Older macht von seinem Recht, die Todesurteile des Geschworenengerichts in lebenslange Haft umzuwandeln, keinen Gebrauch.

Nach der Urteilsverkündung wird Manson sofort in die Todeszelle des Zuchthauses von St. Quentin gebracht. 1972 werden sämtliche Todesurteile aus verfassungsrechtlichen Gründen in lebenslange Haftstrafen umgewandelt.

Manson wird aus dem Gerichtssaal geführt. Das Urteil steht noch aus.

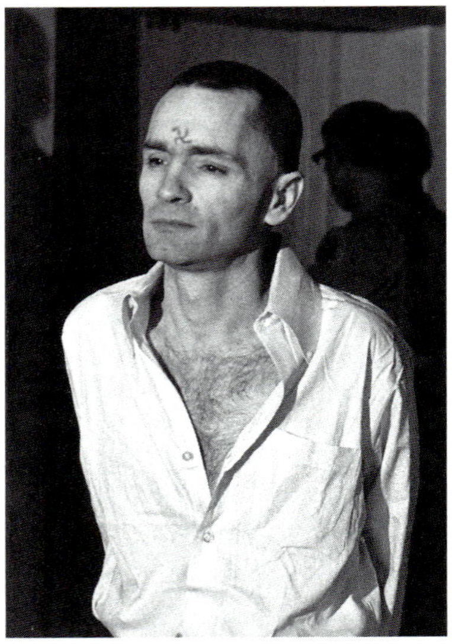

Bei der Urteilsverkündung: Manson hat sich den Kopf kahlgeschoren.

Die Angeklagten demonstrieren vor der Urteilsverkündung gute Laune (v. l.: Atkins, Krenwinkel, van Houten).

Die »Familienangehörigen« nach dem Schuldspruch der Geschworenen: Sie haben sich ihrem »Herrn« angepaßt.

In der Gewalt der »Satan-Family«

Chronik **Rückblick**

Am 8. August 1969 wurden in der Villa des polnischen Filmregisseurs Roman Polanski in der Nähe von Los Angeles fünf grausame Morde verübt. Am Tag danach wurden zwei weitere Personen umgebracht. Unter den Opfern befand sich u. a. Polanskis Verlobte, die damals 26jährige Schauspielerin Sharon Tate. Sie spielte u. a. die Hauptrolle in Polanskis Film »Tanz der Vampire«. Die Täter sind Angehörige einer Hippie-Kommune aus dem kalifornischen »Tal des Todes«. Ihr Anführer ist Charles Manson, der sich selbst abwechselnd als »Satan« oder »Jesus« bezeichnet. Die sog. Manson-Family steht in vollständiger psychischer Abhängigkeit von ihrem »Familienoberhaupt«.

Motive für das Blutbad waren persönliche Rachsucht Mansons, verbunden mit übersteigertem Haß auf die US-Gesellschaft. Daneben spielte auch Geldmangel eine Rolle.

Manson wurde im Oktober 1969 zunächst wegen Hehlerei festgenommen. Erst später stellte sich heraus, daß er für die Morde verantwortlich ist.

Vierfacher Kindesmord – zweites Urteil gegen Bartsch

6. April. Eine Jugendstrafkammer des Landgerichts Düsseldorf verkündet das Urteil im zweiten Prozeß um den Kindesmörder Jürgen Bartsch. Der 24jährige wird wegen vierfachen Mordes zu zehn Jahren Jugendstrafe und anschließender Einweisung in eine psychiatrische Heilanstalt verurteilt.

Das Landgericht Düsseldorf revidiert damit das Urteil des ersten Verfahrens. 1967 hatte ein Wuppertaler Gericht Bartsch in erster Instanz eine lebenslange Haftstrafe auferlegt. Der Bundesgerichtshof hob dieses Urteil 1969 auf und setzte eine neue Verhandlung an.

Der Metzgergeselle Bartsch hatte zwischen 1962 und 1966 vier Jungen im Alter zwischen 8 und 13 Jahren auf grausame Weise mißbraucht und ermordet.

Die schwierigste Aufgabe der Richter bestand darin, über die Zurechnungsfähigkeit des Angeklagten zu befinden. Dies führte im ersten Prozeß zu einem Gutachterstreit.

Die neuerliche Verhandlung hat nach Auffassung der Richter eindeutig gezeigt, daß Bartsch »beim gegenwärtigen Stand der medizinischen Wissenschaft nicht von seiner naturwidrigen geschlechtlichen Triebhaftigkeit als auch von seinen Tötungsphantasien befreit werden kann«. Da er die Morde jedoch im Alter von 16 bis 19 Jahren begangen habe, sei er als Jugendlicher zu verurteilen.

Deshalb, so das Gericht, sei die zehnjährige Haftstrafe mit anschließender Einweisung in eine Pflege- und Heilanstalt das »einzig mögliche und gerechte Urteil«.

1967: Der Verurteilte Jürgen Bartsch (M.) zur Zeit des ersten Prozesses. Er wird unter strenger Polizeibewachung in den Gerichtssaal geführt. Das jetzige Revisionsverfahren ruft weit weniger öffentliche Aufmerksamkeit hervor.

Strawinski 1956 vor dem Campanile des Markusdoms in Venedig

In Venedig tragen die Gondeln Trauer: Dem großen Künstler Igor Strawinski wird die letzte Ehre erwiesen. Danach wird er auf San Michele beigesetzt.

Strawinskis letzte Gondel

6. April. Igor Strawinski, russisch-amerikanischer Komponist, stirbt in New York im Alter von 88 Jahren an Herzversagen.
Die Musikwelt trauert um den verstorbenen Komponisten: Herbert von Karajan widmet Strawinski bei den Salzburger Osterfestspielen ein Konzert. Auch der US-Dirigent Leonard Bernstein ehrt den großen Künstler auf diese Weise.
Am 9. April wird in New York eine feierliche Totenmesse zelebriert. Unter den 150 Trauergästen befinden sich u. a. der Dirigent Leopold Stokowski, der Pianist Arthur Rubinstein, der Geiger Isaac Stern und die Sopranistin Marilyn Horne.
Begraben wird der verstorbene Venedig-Liebhaber Strawinski auf eigenen Wunsch auf San Michele, der Friedhofsinsel Venedigs.

Eishockey: Sowjets siegen souverän

3. April. Bei der Eishockey-Weltmeisterschaft in Genf gewinnt die Sowjetunion zum elftenmal den Titel. Den noch fehlenden Punkt holt sich das Team im letzten Spiel mit einem 6:3-Sieg über Schweden.
Der Titelverteidiger, der seit 1963 alle WM-Turniere gewonnen hat, kann diesmal überraschend den Erzrivalen ČSSR nicht besiegen: Im ersten Spiel trennt man sich unentschieden, die zweite Begegnung gewinnen die Tschechoslowaken 5:2. Die ČSSR vergibt allerdings die große Titelchance, weil sie ausgerechnet gegen Absteiger USA mit 1:5 verliert.
Die Auswahl aus der Bundesrepublik schafft bei Punktgleichheit gegenüber den USA (4:16), aber mit dem besseren Torverhältnis von einem Treffer gerade noch den Klassenerhalt.
Mit dem Weltmeister ist gleichzeitig auch der Europameister ermittelt worden. Hier hat die ČSSR gegenüber der UdSSR die Nase vorn, da ihre Niederlage gegen die USA nicht angerechnet wird.

Deutsche Regisseure ergreifen Initiative

23. April. 20 Filmemacher gründen in Frankfurt am Main den »Filmverlag der Autoren«. Er soll ein Instrument sein, um den bundesdeutschen Film zu fördern.
Im einzelnen soll der Filmverlag sowohl Lektoratsaufgaben übernehmen als auch Vertragsbüro und Rechtepool sein. Darüber hinaus soll er sich der Vermittlung von Rechten, Aufträgen und Produktionsvorhaben sowie dem Vertrieb, Verleih und Export bundesdeutscher Filme widmen.

Die Gründer des Filmverlags

Peter Ariel	Carsten Krüger
Hark Bohm	Peter Lilienthal
Uwe Brandner	Hans Noever
Karlheinz Braun	Rüdiger Nüchtern
Rainer Werner Faßbinder	Erika Runge
Michael Fengler	Thomas Schamoni
Veith von Fürstenberg	Walter Seidler
Florian Furtwängler	Laurenz Straub
Hans Werner Geissendörfer	Volker Vogler
Anka Kirchner	Wim Wenders

Die erste Produktion des Filmverlags ist der Streifen »Furchtlose Flieger« (1971) von Veith von Fürstenberg und Martin Müller.

»Nicht zur Fleischparade!«

14. April. Der US-Schauspieler George C. Scott lehnt den Oscar ab, den er für die Hauptrolle in »Patton« (Rebell in Uniform) erhält. Die »zweistündige Fleischparade zur Oscar-Verleihung« sei unerträglich. Seine Auszeichnung nimmt der Produzent entgegen, »Ruhm und Millionen bleiben somit erhalten« (FAZ). »Patton« von Franklin J. Schaffner erhält sieben Oscars: Er wird noch als bester Film sowie für Ausstattung, Drehbuch, Regie, Schnitt und Ton ausgezeichnet.

Auch die Britin Glenda Jackson, die den Oscar für die beste weibliche Hauptrolle in Ken Russells »Women in Love« (Liebende Frauen) erhält, ist bei der Verleihung in Los Angeles nicht anwesend. Sie nimmt die Auszeichnung in London von Hall B. Wallis entgegen, einem Mitglied der US-Akademie für Filmkunst und Wissenschaft, die den Preis vergibt.

Tischtennis: Schwede erstmals Champion

7. April. Bei den Tischtennis-Weltmeisterschaften im japanischen Nagoja siegt im Herren-Einzel der Schwede Stellan Bengtsson. Im Endspiel schlägt er den Titelverteidiger Shigeo Ito aus Japan. Damit ist die seit 18 Jahren andauernde asiatische Vorherrschaft im Herren-Tischtennis gebrochen.
Der erst 18jährige Linkshänder aus Schweden sorgt für ein spannendes letztes Spiel der diesjährigen Weltmeisterschaften. Mit 21:17, 19:21, 21:13 und 21:10 kann er sich schließlich nach vier Sätzen gegen den Japaner durchsetzen.
Auch im Herren-Doppel wird mit Tibor Klampar und Istvan Jonyer aus Ungarn ein europäisches Team Weltmeister. In den anderen Wettbewerben dominieren die Chinesen: Im Damen-Einzel siegt Lin Hui-ching. Die 29jährige ist die erfolgreichste Teilnehmerin dieser Weltmeisterschaften. Sie gewinnt auch im Damen-Doppel mit ihrer Partnerin Cheng Min-chih und im gemischten Doppel mit ihrem Partner Chang Shin-lin.

Literatur 1971:

Weltgeschehen aus subjektivem Blickwinkel betrachtet

Chronik Übersicht

1971 werden in der Bundesrepublik Deutschland 42 957 Bücher gedruckt, davon 36 116 in Erstauflage und 6841 in Neuauflage. Ein reichhaltiges Angebot, aus dem der lesehungrige Bundesbürger wählen kann. Die Neuerscheinungen des Jahres bieten eine große Vielfalt: Es erscheint sowohl ein neues Buch des österreichischen Erfolgsautors Johannes Mario Simmel als auch ein neuer Roman des deutschen Schriftstellers Heinrich Böll. Zu den vielbeachteten Neuheiten im Sachbuchbereich zählen 1971 u. a. »Der dressierte Mann« von Esther Vilar und »Das Selbstmordprogramm« von Gordon Rattray Taylor.

Auf dem Gebiet der Belletristik zeichnet sich bereits 1971 die Tendenzwende ab, die sich Mitte der 70er Jahre durchsetzt. Nach der Politisierung der Literatur in den 60er Jahren deutet sich jetzt ein »Rückzug ins Private« an. Politische, geschichtliche und gesellschaftliche Aspekte fallen dabei nicht weg, doch werden sie zunehmend »aus der Alltagsperspektive« und aus der Sicht einer »neuen Subjektivität« dargestellt. Weltgeschehen wird so mit der subjektiven Erlebniswelt der Protagonisten verbunden.

In diese Richtung bewegt sich auch Heinrich Böll mit seinem neuen Roman »Gruppenbild mit Dame«, der sicherlich zu den herausragendsten bundesdeutschen Neuerscheinungen des Jahres zählt. Der Kritiker Karl Korn bezeichnet dieses Werk in der »Frankfurter Allgemeinen Zeitung« als »vermutlich bedeutendes Buch Bölls«. Marcel Reich-Ranicki schreibt in der »Zeit«: »Ein Erzähler, dessen Beobachtungsgabe kaum noch zu übertreffen ist und dessen Sensibilität und Phantasie keine Grenzen kennt, schöpft aus dem Vollen.«

Böll skizziert ein Bild der Gesellschaft im Zeitpanorama von der Jahrhundertwende bis 1970, betrachtet aus der Sicht der Hauptperson Leni Pfeiffer sowie zahlreicher Nebenfiguren.

Böll bedient sich dabei gleich doppelter Subjektivität. Einmal entwirft er das Porträt einer »deutschen Frau von etwa Ende vierzig, die die ganze Last dieser Geschichte zwischen 1922 und 1970 mit und auf sich genommen hat« (K. Batt). Darüber hinaus entsteht dieses Bild aufgrund persönlicher Eindrücke – aus Gesprächen, Befragungen, Erinnerungen oder Aufzeichnungen – von Freunden und Bekannten Leni Pfeiffers.

Ein ähnliches Vorgehen läßt sich auch in dem Roman »Tadellöser & Wolff« von Walter Kempowski finden. Mit diesem Buch gelingt dem deutschen Autor der literarische Durchbruch. Erzählt wird das Leben zweier bürgerlicher Familien in Rostock zwischen 1900 und 1963. Gestützt auf Zeugenberichte, Briefe und Tonbandaufzeichnungen entsteht ein Bild des Bürgertums ohne eine gesellschaftspolitische Kommentierung. »Die Deutung der präsentierten Zeit- und Sozialgeschichte bleibt dem Leser überlassen« (André Fischer).

Eine ungewöhnliche Biographie ist der Roman »Ausflüge im Fesselballon« von Dieter Kühn. Der Lebenslauf eines Realschullehrers wird an entscheidenden Stellen unterbrochen, um – im Vergleich zu den stattgefundenen Ereignissen – hypothetische Varianten durchzuspielen. Die Schriftstellerin Gabriele Wohmann veröffentlicht 1971 eine Sammlung ihrer Gedichte und Erzählungen. »Selbstverteidigung« hat die »vermeintliche Schutzlosigkeit gegenüber der unleidlich bösen Umwelt, Familie, Ehe, bürgerlichen Mittelschicht« zum Thema.

Auch International ist der Prozeß der »Entpolitisierung« in der Literatur zu beobachten. Zu den wichtigsten Neuerscheinungen in Frankreich zählt u. a. »L'Amour« (Die Liebe) von Marguerite Duras. Thema des Romans ist eine verzwickte Dreiecksgeschichte. Die österreichische Schriftstellerin Ingeborg Bachmann macht in ihrem neuen Buch »Malina« das Leben und das Bemühen um menschliche Kontakte einer einsamen Frau zum Thema. Zum Sensationserfolg in den USA avanciert John Hawkes Roman »The Blood Oranges« (Die Blutorangen). Fernab der Zivilisation widmen sich zwei Ehepaare mittleren Alters auf einer Insel dem Vergnügen des Partnertausches.

Als literarisch bestes Werk feiern internationale Kritiker 1971 »August Vierzehn« von Alexandr I. Solschenizyn (→ S. 83). In diesem ersten Teil einer geplanten Trilogie über den Ersten Weltkrieg verbindet der Autor historische Fakten mit privaten Schicksalen.

Weiter in der Geschichte zurück geht der deutsche Historiker und Schriftsteller Golo Mann mit »Wallenstein«. In dem historischen Roman zeichnet er aus psychologischer Sicht sein Bild des umstrittenen Feldherrn.

Simmel arbeitet wie am Fließband. Das neueste Werk des Erfolgsautors.

Michener knüpft an die Sehnsüchte und Lebensphilosophie der 68er an.

Nicht nur als Kinofilm, sondern auch als Buch ein sensationeller Erfolg

Romane von Johannes Mario Simmel erobern die deutsche Bestsellerliste

Ganz oben in der Gunst der bundesdeutschen Leser rangiert 1971 – wie bereits schon im Jahr zuvor – der österreichische Schriftsteller Johannes Mario Simmel. Dies ermittelt sowohl das Demoskopische Institut Allensbach als auch das Fachmagazin »Buchreport«, das die Erstellung der Bestsellerliste für den »Spiegel« im Oktober 1971 von Allensbach übernimmt.

»Der Spiegel« erhofft sich dadurch größere Zuverlässigkeit bei den Ergebnissen der Erhebung.

Simmel kann im Lauf des Jahres gleich zwei Titel auf der Bestsellerliste plazieren. Sein neuer Roman »Der Stoff aus dem die Träume sind« löst sein 1970 erschienenes Buch »Und Jimmy ging zum Regenbogen« ab.

Bölls Werk stößt auch beim Publikum auf Begeisterung.

»Prosa und anderes« – als Sammelwerk herausgegeben

Der literarische Durchbruch gelingt Walter Kempowski.

Internationaler Erfolg für die österreichische Schriftstellerin

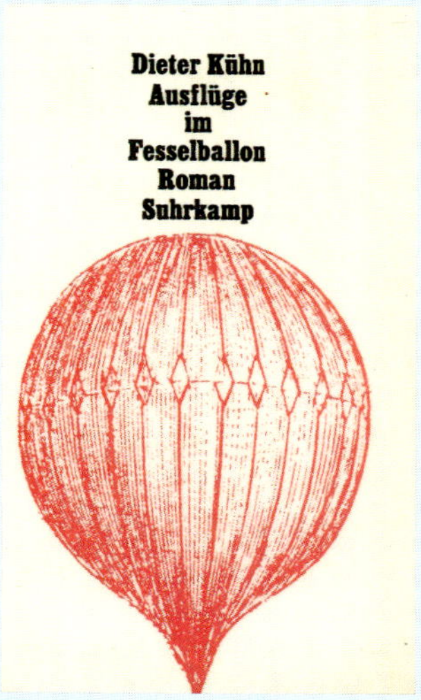

Kühns »ungewöhnliche Biographie« findet Anerkennung.

Sachbücher treten in der Bundesrepublik langsam aus ihrem Schattendasein heraus. Noch vor wenigen Jahren galt diese Rubrik als Stiefkind des Buchhandels, doch steigendes Informationsbedürfnis und attraktiv aufbereitete Themen lassen hier 1971 manche Titel zu Bestsellern werden.
Renner der Saison ist »Der dressierte Mann« von Esther Vilar. Die Autorin erregt mit diesem Buch in der Bundesrepublik enormes Aufsehen. Sie dreht die These der weiblichen Emanzipation um und schlägt sich auf die Seite der Männer. Statt von der Unterdrückung der Frau durch den Mann, spricht sie von der Unterdrückung des Mannes durch die Frau. In provozierender Argumentation stellt sie die gleichfalls provozierende Theorie auf, ». . . daß die Frau durch den expresserischen Einsatz ihres Körpers den Mann zu ihrem geldverdienenden Sklaven dressiert«. Kritiker betrachten Vilars Buch mit ironischen Untertönen als Antwort auf die – nach Ansicht der Schriftstellerin – überzogene Emanzipationsliteratur der späten 60er Jahre. Dazu zählen u. a. die »Tyrannei des Mannes in unserer Gesellschaft« von Kate Millett und »Gesellschaft zur Vernichtung der Männer« von Valerie Solana.
Ein ganz anderes Thema greift der britische Biologe Gordon Rattray Taylor in »Das Selbstmordprogramm – Zukunft oder Untergang der Menschheit« auf. Taylor zeichnet ein düsteres Bild der Zukunft. Der Mensch, so Taylor, sei dabei, seine Umwelt zu zerstören und damit sich selbst zu vernichten.
(Siehe auch Übersicht »Buchneuerscheinungen« im Anhang.)

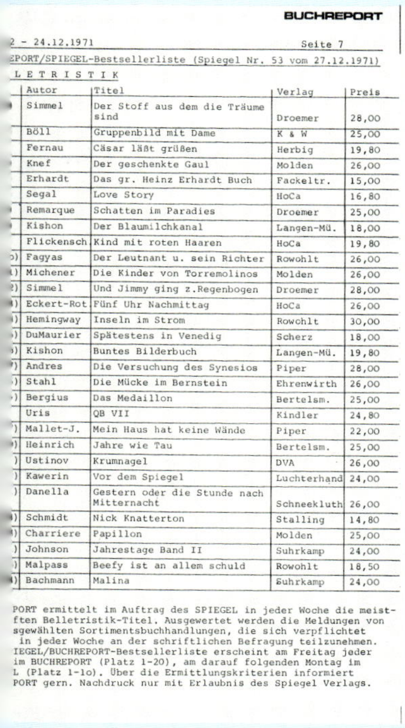

BUCHREPORT

2 - 24.12.1971 Seite 7

EPORT/SPIEGEL-Bestsellerliste (Spiegel Nr. 53 vom 27.12.1971)

LETRISTIK

Autor	Titel	Verlag	Preis
Simmel	Der Stoff aus dem die Träume sind	Droemer	28,00
Böll	Gruppenbild mit Dame	K & W	25,00
Fernau	Cäsar läßt grüßen	Herbig	19,80
Knef	Der geschenkte Gaul	Molden	26,00
Erhardt	Das gr. Heinz Erhardt Buch	Fackeltr.	15,00
Segal	Love Story	HoCa	16,80
Remarque	Schatten im Paradies	Droemer	25,00
Kishon	Der Blaumilchkanal	Langen-Mü.	18,00
Flickensch.	Kind mit roten Haaren	HoCa	19,80
Fagyas	Der Leutnant u. sein Richter	Rowohlt	26,00
Michener	Die Kinder von Torremolinos	Molden	26,00
Simmel	Und Jimmy ging z.Regenbogen	Droemer	28,00
Eckert-Rot.	Fünf Uhr Nachmittag	HoCa	26,00
Hemingway	Inseln im Strom	Rowohlt	30,00
DuMaurier	Spätestens in Venedig	Scherz	18,00
Kishon	Buntes Bilderbuch	Langen-Mü.	19,80
Andres	Die Versuchung des Synesios	Piper	28,00
Stahl	Die Mücke im Bernstein	Ehrenwirth	26,00
Bergius	Das Medaillon	Bertelsm.	25,00
Uris	QB VII	Kindler	24,80
Mallet-J.	Mein Haus hat keine Wände	Piper	22,00
Heinrich	Jahre wie Tau	Bertelsm.	25,00
Ustinov	Krumnagel	DVA	26,00
Kawerin	Vor dem Spiegel	Luchterhand	24,00
Danella	Gestern oder die Stunde nach Mitternacht	Schneekluth	26,00
Schmidt	Nick Knatterton	Stalling	14,80
Charriere	Papillon	Molden	25,00
Johnson	Jahrestage Band II	Suhrkamp	24,00
Malpass	Beefy ist an allem schuld	Rowohlt	18,50
Bachmann	Malina	Suhrkamp	24,00

PORT ermittelt im Auftrag des SPIEGEL in jeder Woche die meistften Belletristik-Titel. Ausgewertet werden die Meldungen von sgewählten Sortimentsbuchhandlungen, die sich verpflichtet in jeder Woche an der schriftlichen Befragung teilzunehmen. IEGEL/BUCHREPORT-Bestsellerliste erscheint am Freitag jeder im BUCHREPORT (Platz 1-20), am darauf folgenden Montag im L (Platz 1-1o). Über die Ermittlungskriterien informiert PORT gern. Nachdruck nur mit Erlaubnis des Spiegel Verlags.

Bestsellerliste 53/1971, ermittelt von der Fachzeitschrift »Buchreport«

Weltweiter Poker um die Veröffentlichung von Solschenizyns neustem Werk

Um das neue Werk von Alexandr I. Solschenizyn, »August Vierzehn«, entsteht eine weltweite Diskussion. Diesmal geht es weniger um politische Aspekte, als vielmehr um Veröffentlichungsrechte.
Der sowjetische Schriftsteller hatte sich bereits 1970 einen schweizerischen Anwalt genommen, um seine Rechte an »August Vierzehn« im Westen zu sichern. Der Anwalt läßt im Sommer 1971 den historischen Roman in dem kleinen Pariser Emigranten-Verlag »YMCA Press« erstveröffentlichen (→ 14. 6./S. 107).
Die Wahrnehmung der Weltrechte wird nicht an den Meistbietenden, sondern für 375 000 DM an den bundesdeutschen Luchterhand-Verlag vergeben. Dieser wiederum verkauft die Übersetzungsrechte zunächst an diverse Verlage in 14 unterschiedlichen Ländern. Ziel der doch recht aufwendigen Aktion ist es, Solschenizyns Werk mit der nötigen Sorgfalt, Ruhe und Kompetenz in die jeweiligen Landessprachen zu übersetzen.
Trotz dieser Vorkehrungen gelingt es nicht, sog. Raubdrucke zu verhindern. In der Bundesrepublik z. B. verlegt Herbert Fleissner im Langen-Müller-Verlag den Roman als Schnellschuß im Oktober 1971. Noch vor der Luchterhand-Ausgabe erscheinen 100 000 Exemplare dieser nicht genehmigten Übersetzung. Der Luchterhand-Verlag klagt und erwirkt beim Landgericht Stuttgart eine einstweilige Verfügung gegen die Verbreitung dieser »Piratenausgabe«.
Die Wochenzeitschrift »Die Zeit« bezeichnet Fleissner als den »Mann, der den größten deutschen Buchraub inszeniert hat«.

Autor Solschenizyn wirft Fleissner »verlegerische Piraterie« vor.

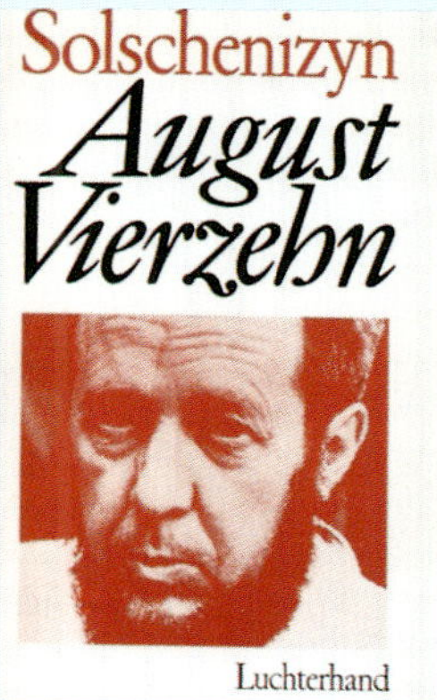

◁◁ Die nicht genehmigte Ausgabe von Solschenizyns »August Vierzehn«. Der Langen-Müller-Verlag liefert 30 000 Exemplare dieser deutschsprachigen Übersetzung aus.

◁ Die erste Auflage der autorisierten deutschen Fassung erscheint im Juli 1972 im Luchterhand-Verlag.

Mai 1971

Mo	Di	Mi	Do	Fr	Sa	So
					1	2
3	4	5	6	7	8	9
10	11	12	13	14	15	16
17	18	19	20	21	22	23
24	25	26	27	28	29	30
31						

1. Mai, Maifeiertag

In der spanischen Hauptstadt Madrid demonstrieren 2000 junge Arbeiter gegen das Franco-Regime. Bei Zusammenstößen mit der Polizei, die bewaffnet gegen die Demonstranten vorgeht, werden 80 Personen verhaftet.

Die ugandische Regierung unter Präsident Idi Amin Dada setzt den Anteil der staatlichen Beteiligung an ausländischen Privatunternehmen von 60% auf 49% herab. Uganda will so das Investitionsklima im Land verbessern.

Auf der zentralen Mai-Kundgebung des Deutschen Gewerkschaftsbundes (DGB) in Hannover bezeichnet der DGB-Vorsitzende Heinz Oskar Vetter die Durchsetzung der paritätischen Mitbestimmung als vordringliche Aufgabe der Gewerkschaften.

Der Berliner DGB verzichtet erstmals auf seine traditionelle große Maidemonstration, um angekündigten Störungen der Kommuisten zu entgehen.

Der Radprofi Eddy Merckx aus Belgien gewinnt das Grand-Prix-Rennen Rund um den Henninger Turm.

2. Mai, Sonntag

US-Außenminister William P. Rogers bricht zu einer Reise in den Nahen Osten auf, um zwischen Arabern und Israelis zu vermitteln. → S. 95

Im Vertrauen auf ein Amnestieversprechen der ceylonesischen Regierung ergeben sich 425 Rebellen den Behörden (→ 6. 4./S. 72).

Nach einer seit Wochen anhaltenden Serie von Ätna-Ausbrüchen (→ 5. 4./S. 79) wird auch der 900 m hohe, nördlich von Sizilien im Meer gelegene Stromboli wieder aktiv.

3. Mai, Montag

Walter Ulbricht (77) tritt von seinem Amt als Erster Sekretär des Zentralkomitees der SED zurück. Sein Nachfolger wird Erich Honecker. → S. 88

Als erster jener Schweizer Kantone, in denen noch die Urform der direkten Demokratie, die Landsgemeinde, besteht, billigt der Kanton Glarus den Frauen die politische Gleichberechtigung zu. Ab sofort sind Frauen in Kantons- und Gemeindeangelegenheiten voll stimmberechtigt (→ 7. 2./S. 32).

Diverse Konjunkturforschungsinstitute in der Bundesrepublik schlagen eine unbefristete Freigabe des DM-Wechselkurses vor, um eine »allmähliche Aufwertung« der DM zu erreichen (→ 9. 5./S. 90).

Die Mineralölgesellschaften in der Bundesrepublik Deutschland erhöhen zum zweitenmal im laufenden Jahr ihre Benzinpreise um einen Pfennig je Liter. Normalbenzin kostet nun zwischen 58 und 64 Pf, der Preis für Super liegt 6 bis 7 Pf höher.

4. Mai, Dienstag

Bei einem »privaten« Besuch in Südafrika spricht sich der CSU-Vorsitzende Franz Josef Strauß dafür aus, daß Südafrika von der westlichen Welt »realistischer« und »weniger von Gefühlen bestimmt« betrachtet werden sollte.

Die New Yorker Columbia-Universität gibt die Träger des Pulitzer-Preises 1971 bekannt. Die Zeitung »Winston-Salem Journal and Sentinel« wird für ihre Berichterstattung über Probleme des Umweltschutzes ausgezeichnet.

5. Mai, Mittwoch

Wegen der hohen Dollarzuflüsse in den vergangenen Tagen werden die bundesdeutschen Devisenbörsen bis zum 10. Mai geschlossen (→ 9. 5./S. 90).

In einem Fußball-Länderspiel in Lausanne unterliegt die Mannschaft der Schweiz dem polnischen Team 2:4.

6. Mai, Donnerstag

Griechenland und Albanien einigen sich darauf, nach 32 Jahren wieder diplomatische Beziehungen aufzunehmen. Bereits im Januar des vergangenen Jahres war ein Handelsabkommen mit einem Volumen von 1,5 Mio. Dollar (5,25 Mio. DM) vereinbart worden.

In Hamburg wird die mutmaßliche Terroristin Astrid Proll verhaftet (→ 10. 2./S. 43).

Studenten besetzen in Kassel sechs leerstehende Häuser einer ehemaligen Belgiersiedlung. Mit Transparenten machen sie darauf aufmerksam, daß seit Abzug der belgischen Garnison 1970 fast 100 Häuser unbewohnt geblieben sind.

In Ottobrunn bei München präsentiert Messerschmitt-Bölkow-Blohm (MBB) die erste Magnetschwebebahn der Welt. → S. 96

Die mit 10 000 sFr (12 000 DM) dotierte Goldene Rose von Montreux – der Hauptpreis des internationalen Fernsehwettbewerbs für Unterhaltungssendungen – wird dieses Jahr an »Lodynski's Flohmarkt Company«, eine Produktion des Österreichischen Rundfunks, verliehen.

7. Mai, Freitag

Im Stockholmer Reichstag wird ein Antrag der Kommunisten, die DDR völkerrechtlich anzuerkennen, mit großer Mehrheit abgelehnt. Schweden akzeptiert damit den von der Bonner Regierung postulierten Alleinvertretungsanspruch für das ganze deutsche Volk.

In Paris wird das Stammwerk des Automobilkonzerns Renault von rund 8000 Arbeitern besetzt. Sie wollen damit gegen die Aussperrung von Renault-Arbeitern demonstrieren, die höhere Löhne gefordert hatten.

Das nordrhein-westfälische Innenministerium beschließt, zukünftig bei schwerwiegenden Unfällen auf Autobahnen Polizeihubschrauber einzusetzen. → S. 96

Die Kreditinstitute in der Bundesrepublik Deutschland, in Belgien, in den Niederlanden und in Luxemburg beschließen die Verwendung einheitlicher »eurocheques« und »eurocheque«-Karten. → S. 97

8. Mai, Samstag

Ein erster Versuch der US-Raumfahrtbehörde NASA, einen Forschungssatelliten in eine Umlaufbahn um den Mars zu bringen, scheitert. Durch das Versagen des Triebwerks kommt die Atlas-Centaur-Trägerrakete vom Kurs ab (→ 13. 11./S. 190).

9. Mai, Sonntag

Mit einem Marsch der »Patrioten« demonstrieren in Washington 14 000 US-Amerikaner für eine siegreiche Beendigung des Vietnamkriegs und eine militärische Aktion zur Befreiung der US-Kriegsgefangenen in Vietnam (→ 24. 4./S. 73).

Die Bundesregierung in Bonn beschließt, den Wechselkurs der DM vorübergehend freizugeben. → S. 90

In einem Qualifikationsspiel zur Fußball-Europameisterschaft in Leipzig unterliegt die Mannschaft der DDR dem jugoslawischen Team 1:2.

Der Mexikaner Pedro Rodriguez und sein britischer Beifahrer Jackie Oliver gewinnen auf Porsche das 1000-km-Langstreckenrennen von Spa-Fracorchamps in Belgien.

10. Mai, Montag

Die US-Armee beginnt mit der Vernichtung von Teilvorräten ihrer biologischen Waffen. Sie war von Präsident Richard M. Nixon vor mehr als einem Jahr angekündigt worden.

11. Mai, Dienstag

Die Vereinigte Lutheranische Kirche Deutschlands legt ihren Mitgliedskirchen eigene humanitäre Hilfsprogramme für Gebiete mit Rassenkonflikten vor. Die Kirche setzt sich damit von einem Beschluß des Ökumenischen Rates ab, Kirchengelder für den Kampf gegen den Rassismus ohne karitative Zweckbestimmung zu verwenden.

12. Mai, Mittwoch

In Brüssel einigen sich die Landwirtschaftsminister der EWG-Staaten über die Einführung eines Grenzausgleichssystems. Danach sind die Bundesrepublik und die Niederlande berechtigt, beim Import von Agrarprodukten Abgaben zu erheben und beim Export Ausfuhrerstattungen zu gewähren.

Eine Volkszählung in Österreich ergibt eine Bevölkerungszahl von 7 443 809, das sind 5,2% mehr als bei der letzten Volkszählung im Jahr 1961.

In Hessen wird zum erstenmal in der Bundesrepublik ein Beauftragter für den Datenschutz gewählt. → S. 91

Das größte bewegliche Radioteleskop der Welt wird in Effelsberg in der Eifel in Betrieb genommen. → S. 96

Im bundesdeutschen Fernsehen gibt die erste Nachrichtensprecherin ihr Debüt: Im ZDF spricht Wibke Bruhns die Spätnachrichten.

Das 25. Filmfestival von Cannes beginnt. Am Eröffnungsabend wird dem US-amerikanischen Schauspieler und Regisseur Charlie Chaplin das Kreuz der Ehrenlegion verliehen. → S. 99

In Saint-Tropez heiratet Rolling-Stones-Chef Mick Jagger das nicaraguanische Fotomodell Bianca Perez Morena de Macias. → S. 98

In einem Qualifikationsspiel zur Fußball-Europameisterschaft schlägt die Mannschaft der Schweiz die griechische Elf in Bern 1:0.

13. Mai, Donnerstag

Bundesfinanzminister Alex Möller (SPD) tritt zurück. Bundeswirtschaftsminister Karl Schiller (SPD) übernimmt daraufhin zusätzlich das Finanzressort. → S. 90

Die Farbwerke Hoechst AG eröffnen als erste bundesdeutsche Firma eine Ständige Vertretung in Moskau.

An der Berliner Schaubühne wird die Inszenierung des Schauspiels »Peer Gynt« von Henrik Ibsen unter der Regie von Peter Stein von Kritikern und Publikum gleichermaßen begeistert aufgenommen (→ S. 26).

14. Mai, Freitag

Bei den Gemeindewahlen in England und Wales erleiden die Konservativen eine schwere Niederlage. Die Labour Party gewinnt in den Stadt- und Gemeinderäten über 2000 Sitze und übernimmt in den Ballungszentren London und Manchester die Macht.

In Bonn wird eine interne Dienstanweisung der SED bekannt, die eine strikte Abgrenzung der Parteimitglieder gegenüber der Bundesrepublik Deutschland fordert. Darin wird vor allem das »Feindverhältnis« der DDR zur bundesdeutschen SPD betont.

15. Mai, Samstag

Der CSU-Landtagsabgeordnete Gerold Tandler wird zum neuen Generalsekretär der Partei gewählt. → S. 91

In Dortmund geht die dritte »Interschul« zu Ende. Auf der diesjährigen Verkaufsmesse für Schulmedien waren besonders Computer gefragt, die immer mehr als Lehr- und Lernmittel in der Schule Einsatz finden.

Am 3. Mai tritt der langjährige SED-Parteichef Walter Ulbricht aus Altersgründen von seinem Amt zurück. Zu seinem Nachfolger wird Erich Honekker gewählt. Das Nachrichtenmagazin »Der Spiegel« analysiert u. a., welche innen- und außenpolitische Entwicklung die DDR im »Zeichen Ulbrichts« genommen hat.

16. Mai, Sonntag

In Bulgarien wird durch Volksabstimmung eine neue Verfassung gebilligt. Sie überträgt der Kommunistischen Partei die führende Rolle in Staat und Gesellschaft. → S. 94

Der Landtagsabgeordnete Georg Kronawitter (43) wird auf einem Unterbezirksparteitag der Münchener SPD zum Oberbürgermeisterkandidaten gewählt. Für die Nominierung Kronawitters hatte sich der amtierende Münchener Oberbürgermeister Hans-Jochen Vogel eingesetzt (→ 16. 2./S. 43).

Auf Sizilien gewinnen der Italiener Nico Vaccarella und sein niederländischer Beifahrer Toine Hezemans auf Alfa Romeo das Langstreckenrennen Targa Florio.

17. Mai, Montag

Führende sowjetische Politiker signalisieren ihre Bereitschaft, mit den USA über einen gleichzeitigen Truppenabbau in Europa zu verhandeln. → S. 94

Bundespräsident Gustav W. Heinemann trifft zu einem viertägigen Staatsbesuch Rumäniens in Bukarest ein. Im Rahmen seiner Visite verleiht der Bundespräsident dem rumänischen Staatschef Nicolae Ceauşescu den höchsten Orden der Bundesrepublik. → S. 94

Der Albrecht-Dürer-Preis der Stadt Nürnberg wird dem Künstler HAP Grieshaber zuerkannt. Der Preis ist mit 20 000 DM dotiert und wird anläßlich des 500. Geburtstags von Dürer zum erstenmal verliehen (→ 21. 5./S. 99).

In Berlin werden mit 32 °C außergewöhnlich hohe Temperaturen für den Monat Mai gemessen.

18. Mai, Dienstag

Der CDU-Landesvorsitzende Helmut Kohl wird mit 53 von 99 Stimmen erneut zum Ministerpräsidenten von Rheinland-Pfalz gewählt (→ 14. 3./S. 57).

Bundesinnenminister Hans-Dietrich Genscher (FDP) weist die Forderung der Polizei-Gewerkschaft zurück, den Bundesgrenzschutz aufzulösen. Der Grenzschutz sei mit seiner Funktion, bei inneren Notlagen die Lücke zwischen Polizei und Streitkräften zu schließen, ein unentbehrlicher Faktor deutscher Sicherheitspolitik.

Auf dem Hockenheim-Ring erreicht ein Elektromobil die Rekord-Geschwindigkeit von 240 km/h. → S. 97

19. Mai, Mittwoch

Der US-Senat lehnt einen Antrag von Senator Mike Mansfield ab, der eine einseitige Verminderung der US-Truppen in Europa zum Ziel hat. → S. 94

Die Bereitstellung weiterer Gelder für die Entwicklung des SST-Überschallverkehrsflugzeugs wird vom US-Senat in Washington endgültig abgelehnt. → S. 97

In der Sowjetunion wird die Raumsonde »Mars 2« gestartet (→ 13. 11./S. 190).

20. Mai, Christi Himmelfahrt

Der ehemalige Erste Sekretär der Kommunistischen Partei Polens, Wladyslaw Gomulka, legt seinen Sitz im Staatsrat nieder (→ 18. 1./S. 19).

Das Bonner Kabinett verabschiedet einen Entwurf für ein neues Eherecht. → S. 91

21. Mai, Freitag

In Berlin (West) werden im Prozeß um die gewaltsame Befreiung des mutmaßlichen Terroristen Andreas Baader die Urteile verkündet. → S. 91

Aus Anlaß des 500. Geburtstages von Albrecht Dürer (1471–1528) wird im Germanischen Nationalmuseum in Nürnberg die Dürer-Gedächtnisausstellung eröffnet. → S. 99

In Athen gewinnt Chelsea London mit einem 2:1-Sieg im Wiederholungsspiel gegen Real Madrid den Europapokal der Pokalsieger. Die erste Begegnung am 19. Mai endete nach Verlängerung 1:1 unentschieden.

22. Mai, Samstag

Bundeswirtschafts- und -finanzminister Karl Schiller heiratet in Hannover Oberregierungsrätin Etta Eckel. → S. 98

23. Mai, Sonntag

In Istanbul wird die Leiche des am 17. Mai von der »Türkischen Volksbefreiungsarmee« entführten israelischen Generalkonsuls, Ephraim Elrom, entdeckt. Die Forderung der Entführer, alle inhaftierten »Revolutionäre« freizugeben, wurde von den türkischen Behörden nicht erfüllt (→ 12. 3./S. 54).

In Kapstadt wird eine der modernsten Doppeltheateranlagen der Welt eingeweiht. Die Kosten für den Bau der beiden Häuser – eine Oper und ein Schauspielhaus – betrugen 60 Mio. DM. Die Theater dürfen nur von Weißen besucht werden.

An der Wiener Staatsoper wird »Der Besuch der alten Dame« von Gottfried von Einem uraufgeführt. Die Oper entstand nach dem gleichnamigen Drama von Friedrich Dürrenmatt (→ S. 118).

Der Formel-1-Rennfahrer Jackie Stewart aus Großbritannien gewinnt auf Tyrell den Großen Preis von Monaco.

24. Mai, Montag

Die indische Ministerpräsidentin Indira Gandhi fordert die pakistanische Regierung auf, die bislang nach Indien geflüchteten 3,5 Mio. Ostpakistaner heimkehren zu lassen. Gandhi droht mit »einseitigen Maßnahmen« zum »Schutz der eigenen Sicherheit«, sollte Pakistan dieser Forderung nicht nachkommen (→ 23. 8./S. 138).

Der Kieler Landtag wählt den 42jährigen Gerhard Stoltenberg (CDU) zum neuen Ministerpräsidenten von Schleswig-Holstein (→ 25. 4./S. 78).

Erstmals seit der Freigabe der Wechselkurse am 10. Mai sinkt der Kurs des US-Dollar an der Frankfurter Devisenbörse unter 3,50 DM (→ 9. 5./S. 90).

Die Stuttgarter Verlagsgruppe Georg von Holtzbrinck erwirbt 26% der Anteile des Rowohlt-Verlags.

25. Mai, Dienstag

15 Mitglieder des Akademischen Senats der Freien Universität Berlin legen ihre Ämter nieder. Sie protestieren damit gegen den Universitätspräsidenten Rolf Kreibich, der linksstehende Gruppen favorisiere (→ 1. 2./S. 43).

In Stuttgart schließen sich 21 dem Naturschutz verpflichtete Vereine zur baden-württembergischen »Aktionsgemeinschaft Natur- und Umweltschutz« zusammen. Auf privater Basis wollen sie Kritiker von Behörden und Industrie in Sachen Umweltschutz werden.

26. Mai, Mittwoch

Auf der Hauptversammlung des Deutschen Städtetages in München fordert Bundespräsident Gustav W. Heinemann eine Reform des Bodenrechts. Angesichts der zunehmenden Bodenspekulationen sollte das Bundesverfassungsgericht überprüfen, ob das Verhalten der Grundeigentümer mit dem Sozialstaatsprinzip zu vereinbaren ist (→ 19. 7./S. 127).

27. Mai, Donnerstag

Die UdSSR und Ägypten schließen einen Vertrag über Freundschaft und Zusammenarbeit. Das Abkommen sieht Hilfe bei Ausbildung und Ausrüstung der ägyptischen Armee vor. → S. 95

Der Präsident des Bremer Senats, Bürgermeister Hans Koschnick (SPD), wird zum Abschluß der Hauptversammlung des Deutschen Städtetages zum neuen Präsidenten gewählt. Er tritt die Nachfolge von Hans-Jochen Vogel an, der aus der Kommunalpolitik ausscheidet.

Der Große Preis der Filmfestspiele von Cannes, die Goldene Palme, wird dem britischen Beitrag »The Go-Between« (»Der Mittler«) von Joseph Losey zuerkannt. Der italienische Regisseur Luchino Visconti erhält für seinen Film »Tod in Venedig« einen Sonderpreis, der anläßlich des 25jährigen Bestehens der Filmfestspiele gestiftet worden ist (→ 12. 5./S. 99).

Beim bislang schwersten Zugunglück in der Geschichte der Bundesrepublik kommen bei Wuppertal 45 Menschen ums Leben. → S. 96

In einem Qualifikationsspiel zur Fußball-Europameisterschaft in Stockholm schlägt die schwedische Elf die Mannschaft aus Österreich 1:0.

28. Mai, Freitag

Nach Angaben der britischen Zeitschrift »New Scientist and Science Journal« ist die Zahl der Studienabbrecher an der gerade eröffneten ersten Fernuniversität sehr hoch. Im ersten Quartal gaben 3 bis 4% der Studenten ihr Studium auf (→ 3. 1./S. 21).

Der Pariser Luftfahrt-Salon, die bedeutendste Ausstellung dieser Art, wird eröffnet. → S. 97

In Frankfurt am Main beginnt das alternative Theaterfestival »Experimenta 4«. → S. 99

29. Mai, Samstag

Die Regierung in Portugal beschließt den Austritt aus der UNESCO. Außenminister Rui Patricio begründet den Schritt damit, daß die UNESCO bereit sei, Terroristen in Angola und Moçambique finanzielle Hilfe zu gewähren.

Der US-Amerikaner Al Unser gewinnt auf Colt-Ford das Langstreckenrennen von Indianapolis über 500 Meilen.

30. Mai, Pfingstsonntag

In Argentinien wird der vor einer Woche entführte britische Honorarkonsul von Rosario, Stanley Sylvester, freigelassen. Die »Revolutionäre Volksarmee« hatte als Lösegeld die kostenlose Verteilung von Lebensmitteln und Kleidung an die Bewohner von Armutsvierteln in Rosario gefordert.

In Nürnberg findet der Sudetendeutsche Tag mit 200 000 Teilnehmern statt. Vertreter der Vertriebenenorganisation betonen ihre Ablehnung der Verträge von Moskau und Warschau und bezeichnen sie als »harte Bewährungsprobe« für ihre Volksgruppe.

In Kap Kennedy wird die US-Mars-Sonde »Mariner 9« gestartet. Sie gelangt im November 1971 in die Marsumlaufbahn (→ 13. 11./S. 190).

Der Brite Vic Elford und sein französischer Beifahrer Gerard Larousse gewinnen auf Porsche das 1000-km-Langstreckenrennen auf dem Nürburgring.

31. Mai, Pfingstmontag

In San Francisco gehen etwa 1000 Besucher eines Rock-Konzerts unfreiwillig auf einen LSD-Trip. Nach Angaben der Polizei hatten unbekannte Täter die Droge in Apfelsaft gemischt, der den Zuhörern gereicht wurde.

In einem Qualifikationsspiel zur Fußball-Europameisterschaft in Dublin unterliegt die Mannschaft aus Irland dem Team aus Österreich 1:4.

Das Wetter im Monat Mai

Station	Mittlere Lufttemperatur (°C)	Niederschlag (mm)	Sonnenscheindauer (Std.)
Aachen	15,0 (12,8)	63 (67)	207 (205)
Berlin	15,4 (13,7)	56 (46)	253 (239)
Bremen	14,9 (12,8)	21 (56)	235 (231)
München	14,0 (12,5)	99 (103)	185 (217)
Wien	15,7 (14,6)	34 (71)	246 (173)
Zürich	14,1 (12,5)	84 (107)	168 (207)

( ) Langjähriger Mittelwert für diesen Monat

Der Schlagerstar Roy Black ziert 1971 die Titelseiten vieler Publikumszeitschriften. Mit »Für Dich allein/Du kannst nicht alles haben« landet er erneut ganz oben in den Hitparaden. Für den Erfolgssong »Schön ist es, auf der Welt zu sein«, den er gemeinsam mit der neunjährigen Anita aus Norwegen singt, gibt es den begehrten »Goldenen Löwen« von Radio Luxemburg. Für Roy Black ist es bereits der siebte.

Machtwechsel in der DDR – Honecker löst Ulbricht ab

3. Mai. Walter Ulbricht gibt auf der 16. Tagung des Zentralkomitees (ZK) der SED seinen Rücktritt als Erster Sekretär des ZK bekannt. Auf Vorschlag Ulbrichts wird Erich Honecker sein Nachfolger.

Der 77jährige Ulbricht gibt »Altersgründe« für seinen Rücktritt an: »Die Jahre fordern ihr Recht und gestatten es mir nicht länger, eine solch anstrengende Tätigkeit wie die des Ersten Sekretärs des ZK auszuüben.«

Politische Beobachter halten diese Rücktrittsbegründung für wahrscheinlich, zumal Ulbricht von der Partei nicht degradiert wird. »In Ehrung seiner Verdienste« wird er zum Vorsitzenden der SED ernannt – eine eigens für Ulbricht geschaffene Position. Außerdem wird er am 29. November in seiner Funktion als Staatsratsvorsitzender der DDR bestätigt.

Am VIII. Parteitag der SED, der vom 15. bis 19. Juni in Berlin (Ost) stattfindet, nimmt Ulbricht jedoch nicht teil. In westlichen Kommentaren taucht deshalb gelegentlich die Vermutung auf, daß Ulbrichts Rücktritt doch nicht ganz ohne Zwang geschehen ist.

Mit der Wahl zum Ersten Sekretär des ZK der SED übernimmt Honekker das höchste Amt der SED. Auch auf Staatsebene gewinnt Honecker 1971 an politischer Macht. Am 24. Juni löst er Ulbricht als Vorsitzender des Nationalen Verteidigungsrates ab (→ Grafik S. 89).

Honeckers politische Stationen

▷ 1922–26: Mitglied in der kommunistischen Kinderorganisation »Jung-Spartakus-Bund«
▷ 1926: Eintritt in den Kommunistischen Jugendverband Deutschland (KJVD)
▷ 1929: Eintritt in die Kommunistische Partei Deutschlands (KPD)
▷ 1935: Verhaftung
▷ 1937–45: Haftstrafe wegen sog. Hochverrats im Zuchthaus Brandenburg-Görden
▷ 1946–55: FDJ-Vorsitzender
▷ Seit 1946: ZK-Mitglied der SED
▷ Seit 1949: Abgeordneter der Volkskammer
▷ 1950–58: Kandidat, dann Mitglied des SED-Politbüros
▷ Seit 1958: ZK-Sekretär für Sicherheitsfragen.

△ 16. Juni, 10.00 Uhr: Erster großer Auftritt des neuen Ersten Sekretärs der SED. Auf dem VIII. Parteitag der SED in der Ostberliner Werner-Seelenbinder-Halle ergreift Erich Honecker das Wort. Hinter Honecker die Mitglieder des neugewählten ZK. Symbolisch überragt wird der Parteitag von den Begründern des Marxismus-Leninismus, (v. l.) Marx, Engels und Lenin.

◁ Ein FDJ-Mädchen (Freie Deutsche Jugend) gratuliert Honecker zu seinem neuen Amt. Honecker war selbst jahrelang Vorsitzenden der DDR-Jugendorganisation.

Mitglieder des DDR-Ministerrats nach der Vereidigung (v. l.): Horst Sindermann, Otfried Steger, Alfred Neumann, Willi Stoph, Walter Ulbricht, Rudi Georgi

»Seit 60 Jahren in der deutschen Arbeiterbewegung tätig«

Chronik **Hintergrund**

»Ich bin jetzt 60 Jahre in der deutschen Arbeiterbewegung tätig. Ich bin Parteifunktionär seit der Gründung der KPD 1918, ich gehörte dem Spartakusbund an und war Mitbegründer der KPD. Bei der Vorbereitung und Durchführung der Einigung der deutschen Arbeiterklasse 1945 und der Vereinigung im Jahre 1946, der Gründung der SED, gehörte ich zu den führenden Funktionären.«

Diese Worte, mit denen Walter Ulbricht Abschied von seinem Amt als Erster Sekretär der SED nimmt, charakterisieren in Kurzfassung Ulbrichts politischen Lebensweg. Ulbricht war über 20 Jahre lang maßgeblich – unter Anleitung der Sowjetunion – an der Entwicklung der SED und der DDR beteiligt.

Gegenüber der Bundesrepublik vertrat Ulbricht lange Zeit den Vorschlag, daß eine Wiedervereinigung erstrebenswert sei, welche die »Aufrechterhaltung der sozialistischen Errungenschaften« garantiert. Später rückte er von der Vorstellung der Vereinigung beider deutscher Staaten ab.

Außenpolitisch setzte sich Ulbricht seit den 60er Jahren besonders für die diplomatische Anerkennung der DDR ein. Der Bundesrepublik bot er 1969 als Gegenleistung für die völkerrechtliche Anerkennung der DDR die »friedliche Koexistenz« an.

Innenpolitisch gelang es Ulbricht, die DDR wirtschaftlich zu stabilisieren. Nach der Sowjetunion ist sie inzwischen die zweitstärkste Industriemacht innerhalb des Ostblocks.

Durch seine stete politische und ideologische Loyalität gegenüber der sowjetischen Führung konnte sich Ulbricht eine sehr gute Position beim »großen Bruder« in Moskau verschaffen.

Ulbrichts politische Karriere

▷ 1912–1918: Mitglied der SPD
▷ 1918: KPD-Gründungsmitglied
▷ Ab 1923: Mitglied im ZK der KPD
▷ 1926–1928: Mitglied des sächsischen Landtags
▷ 1928–33: Mitglied des Reichstags
▷ Ab 1929: Mitglied des Politbüros der KPD
▷ 1933–38: Exil in der Tschechoslowakei, Belgien, Frankreich und Spanien
▷ 1938–1945: Sowjetunion
▷ 1945: Rückkehr der sog. Gruppe Ulbricht nach Berlin
▷ Seit 1946: Mitglied der SED und des ZK der SED
▷ Seit 1949: Mitglied der Volkskammer und des Politbüros der SED
▷ 1950–1971: zunächst Generalsekretär, dann Erster Sekretär der SED
▷ Ab 1960: Vorsitzender des Staatsrates und des Nationalen Verteidigungsrates.

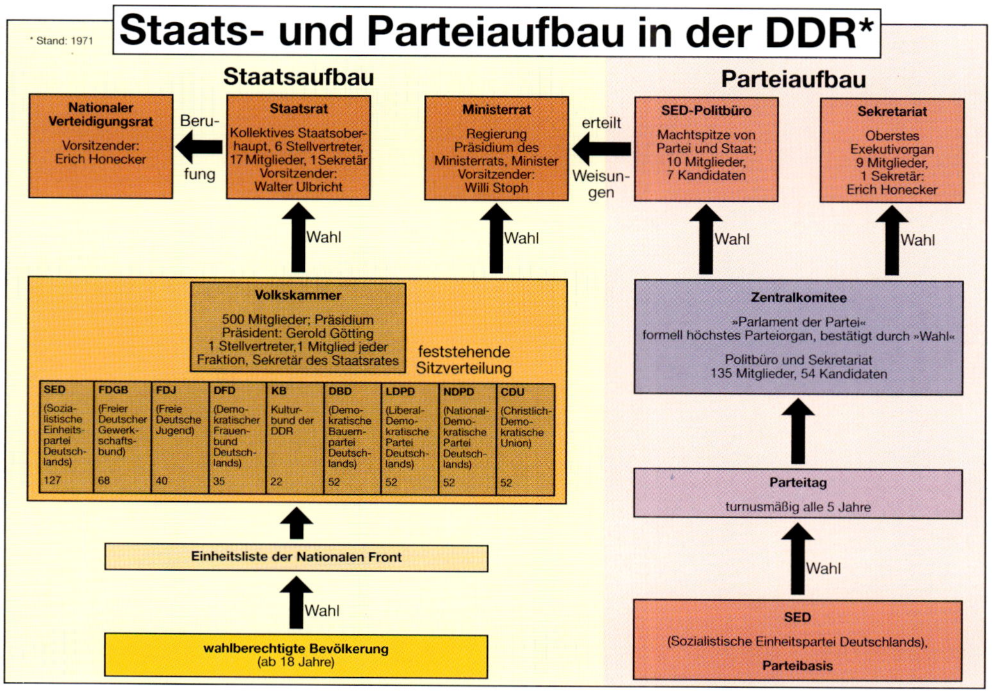

Laut Art. 1 der DDR-Verfassung kommt der SED die Führungsrolle in Staat und Gesellschaft zu. Der entscheidende Einfluß der SED im Regierungssystem wird hauptsächlich durch drei Konstellationen hergestellt: 1. nur Parteimitglieder in staatlichen Führungspositionen; 2. Personalidentität; 3. Weisungsbefugnis gegenüber Staatsorganen.

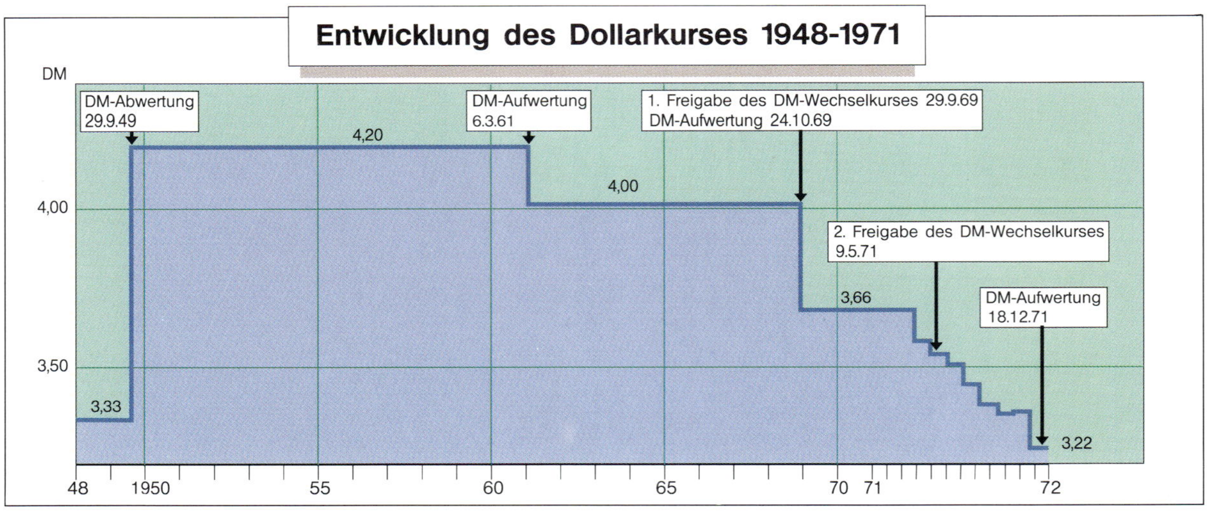

Dollars stürzen Europa in Währungskrise

9. Mai. In einer Krisensitzung beschließt das Bonner Kabinett, den Wechselkurs der DM vorübergehend freizugeben. Ziel der Bundesregierung ist es, mit der Einführung des sog. Floatings die außerordentlich starken Dollarzuflüsse zu bremsen. Sie hatten in den vergangenen Tagen in Westeuropa zu einer Währungskrise geführt.

Ausgelöst wurde der starke Zustrom von US-Dollar durch die höheren Zinssätze in Europa und durch Vermutungen über eine Aufwertung der europäischen Währungen. Die Forderung nach Freigabe des DM-Wechselkurses, die deutsche Konjunkturforschungsinstitute am 3. Mai erhoben, löste einen zusätzlichen Strom von US-Dollar auf die westdeutschen Devisenmärkte aus. Spekulanten rechneten infolge einer faktischen Aufwertung der DM mit erheblichen Gewinnen.

Am Vormittag des 5. Mai entschloß sich die Bundesregierung, die deutschen Devisenbörsen zu schließen, nachdem die Bundesbank innerhalb einer knappen Stunde mehr als 1 Mrd. US-Dollar zum Kurs von 3,63 DM aufgekauft hatte. Auch in Österreich, der Schweiz und den Niederlanden wird der Devisenhandel eingestellt. Erst am 10. Mai werden die Devisenbörsen wieder geöffnet. Während die Schweiz und Österreich ihre Währungen aufwerten, gehen die Bundesrepublik Deutschland und die Niederlande vorübergehend zu freien Wechselkursen über.

Der Beschluß zum Floating der DM zielt neben der Dollar-Abwehr noch auf einen weiteren stabilitätspolitischen Effekt. Die faktische Aufwertung der DM durch die Freigabe des Wechselkurses soll eine Verbilligung der Importe bewirken. Bereits die Konjunkturforschungsinstitute wiesen in ihrem Gutachten vom 3. Mai darauf hin, daß auf diese Weise der Preis- und Kostenauftrieb gedämpft werden könne.

Als flankierende Maßnahme zum Floating beschließt die Bundesregierung ein Stabilitätsprogramm. Danach wird der Geldverkehr von Ausländern in der Bundesrepublik Deutschland eingeschränkt. Eine Genehmigungspflicht für die Verzinsung von Ausländerguthaben soll den Dollarzufluß endgültig stoppen. In der Binnenwirtschaft soll eine Begrenzung der staatlichen Kreditaufnahme mehr finanzpolitische Stabilität schaffen.

Kritik an der Freigabe des DM-Wechselkurses wird besonders von den europäischen Bauern geübt. Sie sehen durch das Floating der DM das System der garantierten Agrarpreise gefährdet. Die Bundesregierung muß sich deshalb gegenüber der EG zu einer Grenzausgleichsabgabe für die Landwirte verpflichten. Darüber hinaus wird die Bundesregierung von der EG darauf festgelegt, mittelfristig wieder zum System fester Währungsparitäten zurückzukehren.

Floating ermöglicht Kursschwankung

Chronik **Stichwort**

Als Floating bezeichnet man die Schwankungen des Außenwertes einer Währung, die durch eine Wechselkursfreigabe eingeleitet werden. Der Wechselkurs einer Währung bildet sich dabei durch Angebot und Nachfrage am Markt. Beim Floating werden die Kurse nur vorübergehend freigegeben, um Ungleichgewichte zwischen den Währungen, wie Über- oder Unterbewertungen, auszugleichen. Bis zur Einführung des Floatings im Mai 1971 war die DM gegenüber dem Dollar unterbewertet.

Anlaß der Wechselkursfreigabe ist das Bestreben, inflationsauslösende Geldzuflüsse aus dem Ausland durch die freie Bewertung der eigenen Währung abzuwehren. Zur Inflation kommt es, wenn der Ausweitung der Geldmenge – wie im Mai 1971 durch den Dollarzustrom – keine Erhöhung der Gütermenge gegenübersteht. Die DM-Aufwertung infolge des Floatings beendet den Dollarzufluß, da ein Gleichgewicht zwischen DM und Dollar geschaffen wird.

Möller geht – der Superminister kommt

13. Mai. Nach dem überraschenden Rücktritt von Bundesfinanzminister Alex Möller wird Wirtschaftsminister Karl Schiller zum »Bundesminister für Wirtschaft und Finanzen« ernannt.

In einem Brief an Bundeskanzler Willy Brandt nannte Möller als Grund für seinen Rücktritt, er habe im Kabinett keine ausreichende Unterstützung für seine Politik der Haushaltsstabilisierung gefunden. Vor allem die Minister für Verteidigung, Verkehr und Bildung, deren Ressorts den Löwenanteil des Bundesetats ausmachen, setzten sich in der Vergangenheit gegen Möllers sparsame Finanzplanung heftig zur Wehr.

Der neue Wirtschafts- und Finanzminister Schiller betont, daß er grundsätzlich an Möllers Sparpolitik festhalten wolle.

Als neuer Bundesminister für Wirtschaft und Finanzen wird Karl Schiller (r.) zum mächtigsten Minister in der Regierung Brandt. Er löst Alex Möller (l.) ab, der dem Kabinett seit 1969 angehörte. Schillers Autorität als neuer »Superminister« soll ihm helfen, die Sparpolitik gegen Widerstände von Kabinettskollegen durchzusetzen. Zu den wichtigsten Aufgaben der Regierung zählt er: 1. Fortsetzung der Stabilitätspolitik; 2. Verwirklichung der Steuerreform; 3. rasche Aufstellung des Etats 1972.

34jähriger Tandler CSU-Generalsekretär

15. Mai. Der CSU-Landtagsabgeordnete Gerold Tandler (34) wird auf Vorschlag des CSU-Vorsitzenden Franz Josef Strauß zum neuen Generalsekretär der Partei berufen. Er tritt die Nachfolge von Max Streibl an, der nach den letzten Landtagswahlen im Dezember 1970 zum bayerischen Minister für Landesentwicklung und Umweltfragen ernannt wurde.

Der Posten des CSU-Generalsekretärs blieb fast ein halbes Jahr unbesetzt, da sich Strauß nur schwer für einen Kandidaten entscheiden konnte. Mit der Wahl des wenig profilierten Tandler wird ein Vertrauter von Strauß zum CSU-Generalsekretär berufen.

Tandler, der am 12. August 1936 in Reichenberg im Sudetenland geboren wurde, übersiedelte nach der Vertreibung nach Neuötting/Niederbayern. Politisch schloß sich Tandler bereits 1956 der CSU an. 1957 gründete er den Kreisverband der Jungen Union im Wallfahrtsort Altötting und von 1962–71 war er Bezirksvorsitzender der Jungen Union Oberbayern. Mißglückte Tandler 1969 in Altötting der Einzug in den Bundestag, so wurde er im November 1970 in den bayerischen Landtag gewählt. Der gelernte Bankkaufmann gehört hier dem Haushaltsausschuß an.

Urteil und Tumulte im Mahler-Prozeß

21. Mai. In Berlin (West) wird im sog. Mahler-Prozeß, dem ersten Prozeß um die gewaltsame Befreiung des Kaufhaus-Brandstifters Andreas Baader, das Urteil verkündet. Der angeklagte Rechtsanwalt Horst Mahler wird mangels Beweisen freigesprochen. Er bleibt jedoch in Haft, da ihm weitere Delikte vorgeworfen werden.

Die Mitangeklagten, die Medizinalassistentin Ingrid Schubert und die Schülerin Irene Goergens, erhalten sechs- bzw. vierjährige Jugendstrafen. In Verbindung mit der Gefangenenbefreiung werden sie wegen gemeinschaftlich versuchten Mordes und unerlaubten Waffenbesitzes verurteilt (→ 10. 2./S. 43; S. 201).

Am 14. Mai 1970 wurde der damals 27jährige Andreas Baader aus dem Zentralinstitut für Soziale Fragen in Berlin (West) befreit. Ein Institutsangestellter wurde durch einen Schuß lebensgefährlich verletzt. Baader saß wegen Brandstiftung in einem Frankfurter Kaufhaus in Haft. Sein damaliger Rechtsanwalt Horst Mahler hatte bewirkt, daß Baader wegen eines angeblichen wissenschaftlichen Projekts das Institut besuchen durfte.

Im Verlauf des Prozesses ist es immer wieder zu tumultartigen Szenen im Gerichtssaal gekommen. Auch während der Urteilsverkündung unterbrechen die Angeklagten lautstark die Verhandlung. Sie drohen dem Richter und den Staatsanwälten mit Vergeltungsmaßnahmen. Vor dem Gerichtsgebäude versammeln sich Demonstranten, die mit den Angeklagten sympathisieren. In Sprechchören rufen sie u. a.: »Jeder Staatsanwalt für immer in die Haftanstalt.«

Der angeklagte Rechtsanwalt Horst Mahler vor der Urteilsverkündung

Ombudsmann schützt vor Datenmißbrauch

12. Mai. Im Bundesland Hessen wird erstmals in der Geschichte der Bundesrepublik Deutschland ein Datenschutzbeauftragter gewählt. Der ehemalige Chef der Wiesbadener Staatskanzlei, Willi Birkelbach (58), soll als hessischer »Ombudsmann« die Bürger vor Datenmißbrauch staatlicher Institutionen schützen.

Arbeitsgrundlage des hessischen Datenschutzbeauftragten ist ein im Oktober 1970 verkündetes »Datengesetz«. Danach hat der Datenschutzbeauftragte alljährlich einen Bericht über die behördlichen Datenverstöße zu erstellen. Auf Wunsch soll der hessische »Ombudsmann« den Bürgern Auskunft über ihre gespeicherten persönlichen Angaben erteilen.

Im Vergleich mit anderen Bundesländern werden in Hessen Computer besonders intensiv für die Verwaltungsarbeit genutzt. In der 1969 gegründeten »Hessischen Zentrale für Datenverarbeitung« sind Angaben von 5,5 Mio. Hessen gespeichert. Hier laufen bereits Testprogramme für eine einheitliche Personenkennummer. Unter ihr sollen bislang getrennt bewahrte persönliche Angaben in Datenbanken zusammengeführt werden. Birkelbach soll diese Versuche auf ihre Verfassungsmäßigkeit prüfen.

Reform des Scheidungsrechts: Zerrüttung statt Schuld

20. Mai. Das Bundeskabinett in Bonn verabschiedet einstimmig den ersten Gesetzentwurf zur Reform des Eherechts. Danach sollen in Zukunft Scheidungen nicht mehr mit der Schuld eines Partners, sondern mit dem Scheitern der Ehe begründet werden (Zerrüttungsprinzip).

Nach dem neuen Entwurf soll eine Ehe dann als gescheitert gelten, »wenn die Lebensgemeinschaft der Ehegatten nicht mehr besteht und nicht mehr erwartet werden kann, daß die Ehegatten sie wiederherstellen«. Das Scheitern der Ehe wird dann vermutet, wenn die Ehegatten eine bestimmte Zeit getrennt leben. Damit werden äußere Merkmale gewonnen, die eine Untersuchung des tatsächlichen Zustands der Ehe und vor allem der Schuldfrage überflüssig machen.

Für den Fall, daß beide Ehegatten die Scheidung wünschen, soll ein Jahr Trennung genügen. Über die Länge der Fristen kam es innerhalb des Kabinetts zu großen Auseinandersetzungen. Den Befürwortern einer kürzeren Frist wurde entgegengehalten, daß der verfassungsrechtliche Schutz der Ehe die einjährige Frist als Mindestmaß erfordere. Sollte nur ein Ehegatte die Scheidung wünschen, sieht das neue Eherecht eine dreijährige Trennungsfrist vor.

Mit dem Übergang zum Zerrüttungsprinzip wird auch das Unterhaltsrecht, das bislang an die Schuldfrage geknüpft war, neu geregelt. Abgesehen vom Unterhaltsanspruch der Kinder gegenüber dem Elternteil, dem die elterliche Sorge nicht zugeteilt wird, soll künftig jeder Ehegatte selbst für seinen Unterhalt sorgen.

Nach langwierigen Beratungen wird das neue Eherecht, das sich weitgehend an dem Entwurf von 1971 orientiert, am 14. Juni 1976 vom Bundestag verabschiedet.

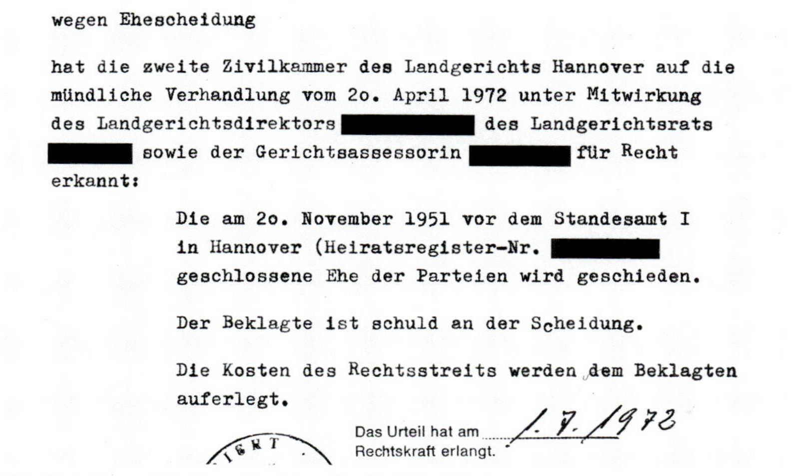

wegen Ehescheidung

hat die zweite Zivilkammer des Landgerichts Hannover auf die mündliche Verhandlung vom 2o. April 1972 unter Mitwirkung des Landgerichtsdirektors [redacted] des Landgerichtsrats [redacted] sowie der Gerichtsassessorin [redacted] für Recht erkannt:

Die am 2o. November 1951 vor dem Standesamt I in Hannover (Heiratsregister-Nr. [redacted] geschlossene Ehe der Parteien wird geschieden.

Der Beklagte ist schuld an der Scheidung.

Die Kosten des Rechtsstreits werden dem Beklagten auferlegt.

Das Urteil hat am 1. 7. 1972 Rechtskraft erlangt.

Ein Urteil gemäß altem Recht stellt die Schuld eines Partners am Scheitern der Ehe fest. Das neue Eherecht soll Sitten-Schnüffelei bei Scheidungen vermeiden.

Umwelt 1971:

Umweltbewußtsein nimmt zu

Chronik Übersicht

Verstärkter Naturschutz – das fordern die Bundesbürger 1971 gemeinsam mit Reformen im Gesundheitswesen an erster Stelle von der SPD/FDP-Koalition.

88% der von infratest im Januar (→ S. 13) Befragten halten den Schutz der Umwelt für »sehr wichtig«, 7% für »wichtig«. 31% würden dafür auch höhere Steuern in Kauf nehmen.

Die Bundesregierung in Bonn scheint sich den Wünschen ihrer potentiellen Wähler anzunehmen, denn 1971 wird eine Reihe von Maßnahmen zum Umweltschutz ergriffen. Der Bundestag verabschiedet folgende Gesetze:

▷ 19. Februar: Gesetz zum Schutz gegen Fluglärm (→ 19. 2./S. 44)

▷ 24. Juni: Gesetz zur Verminderung von Luftverunreinigungen. Bis zum 1. Januar 1972 wird der Bleigehalt im Benzin um 0,4 g auf 0,40 g pro Liter herabgesetzt. Ab 1. Januar 1976 sind dann nur noch 0,15 g Blei pro Liter Benzin zugelassen.

Am 30. Juli verabschiedet die Bundesregierung eine Novelle zum Wasserhaushaltsgesetz. Demnach sollen Bußgelder für strafbare Gewässerverunreinigungen zukünftig auf bis zu 50 000 DM angehoben werden können.

Grundsätzliche Leitlinien für den Umweltschutz veröffentlicht die Bundesregierung am 29. September in ihrem Umweltschutzprogramm. Mit diesem Programm will die SPD/FDP-Koalition ein neues Umweltbewußtsein in Politik, Wirtschaft und Gesellschaft schaffen. Ökologische und ökonomische Gesichtspunkte sollen gleichrangig nebeneinander rangieren können. Zu den konkreten Zielen gehören die Durchsetzung des sog. Verursacherprinzips und die Realisierung umweltfreundlicher Technik innerhalb der nächsten 10 bis 15 Jahre.

Um eine aktive staatliche Umweltpolitik gestalten zu können, stellt die Bundesregierung 1971 einen Gesetzentwurf vor, der die Kompetenzen im Umweltschutz stärker zentralisiert. Der Bundestag verabschiedet im März 1972 einstimmig die dazu notwendige Grundgesetzänderung. Die entscheidende Zuständigkeit in den Bereichen Abfallbeseitigung, Luftreinhaltung und Lärmbekämpfung wird auf den Bund übertragen.

Zwar bedeuten all diese Maßnahmen einen Schritt in Richtung »verstärkter Umweltschutz«. Dennoch sind sie letztlich nicht mehr als ein Tropfen auf den heißen Stein. In erster Linie wirtschaftliche Interessen sowie mangelnde Bereitschaft, die notwendigen Gelder zu investieren, verhindern, daß man bis zu den eigentlichen Ursachen der Umweltverschmutzung vordringt. Ein großes Problem aller Industriegesellschaften z. B. stellen die ständig wachsenden Abfallberge dar. Statistiker errechnen, daß der Durchschnittsverbraucher in der Bundesrepublik jährlich 300 kg Müll erzeugt.

Auch in anderen Staaten werden 1971 Maßnahmen ergriffen, um einen besseren Schutz der Umwelt zu verwirklichen. So wird in der Schweiz am 6. Juni die Verfassung durch einen Artikel zum Umweltschutz ergänzt. In Frankreich wird am 8. Januar ein Ministerium für Umwelt- und Naturschutz eingerichtet. In den USA veröffentlicht Präsident Richard M. Nixon am 11. Februar ein Umweltschutzprogramm. Darin sind u. a. scharfe Kontrollen gegen Luft- und Wasserverschmutzung vorgesehen.

Die Umweltverschmutzung ist jedoch kein nationales Problem. Sie erfordert länderübergreifende Maßnahmen. Ein Schritt in diese Richtung ist die internationale Konferenz über Fluglärmbekämpfung, die am 21. März in Zürich stattfindet. Auch die Europäische Wirtschaftsgemeinschaft (EWG) greift 1971 das Thema Umwelt auf. Die EWG-Kommission verabschiedet am 23. Juli Grundlinien für ein gemeinsames Programm der Mitgliedstaaten zum Umweltschutz. Die Internationale Handelskammer fordert ebenfalls verstärkte Umweltschutzmaßnahmen.

Unterschiedliche Interessen und Bestimmungen verhindern jedoch, daß bereits 1971 konkrete Vereinbarungen auf internationaler Ebene getroffen werden können.

Die Crew der Umweltschutzorganisation »Greenpeace« auf dem Weg zu ihrer ersten Aktion. Sie will unterirdische Atomtests bei den Aleuten verhindern.

Der ständig wachsende Müllberg ist ein großes Problem für alle Industriegesellschaften. In der Bundesrepublik appellieren Verbraucherzentralen an die Industrie, auf aufwendige Verpackungen zu verzichten. Ohne Erfolg. Mit verstärkter Anwendung der Recycling-Methode soll nun den Abfallhalden Einhalt geboten werden.

Das Unternehmen »Atlas Copco« bringt in der Bundesrepublik den ersten »super-schallgedämpften« Kompressor für Straßenbauarbeiten auf den Markt.

Europas schmutzigster Fluß Pekela in den Niederlanden: Industrieabfälle verursachten eine dicke Schlammschicht auf dem Wasser.

Demonstration in New York aus Anlaß des Weltumweltschutztages

Fassadenmalerei in Manhattan; Forderung nach einer intakten Natur

Weltweites Aufbegehren – Umweltschützer organisieren sich

1971 läßt sich ein weltweiter Aufbruch der Umweltschützer registrieren. Mit spektakulären Aktionen weisen sie auf die Zerstörung der Natur hin. In Schweden z. B. lassen sich junge Protestler an Bäume binden, um so auf das Waldsterben aufmerksam zu machen. 1971 formiert sich auch die Umweltschutzorganisation »Greenpeace« (→ 6. 11./S. 184). Der Weltumweltschutztag, der Earth Day, 1970 eingeführt, wird in diesem Jahr erstmals groß begangen.

Diese künstlerische Collage zeigt die Bedrohung der Umwelt auf einen Blick. Verursacher der Verschmutzung von Land, Luft und Wasser sind Industrie, Kraftwerke, Verkehrsmittel, Wohngebiete und chemotechnische Landwirtschaft.

Neue Werbung der Mineralölgesellschaft Aral

»Sauberes« Benzin

1971 greifen in der Bundesrepublik Mineralölgesellschaften in ihrer Werbung den Umweltschutz auf. So wirbt »Aral« mit dem Slogan »Sauber fährt am längsten« für einen Zusatzstoff im Benzin, der angeblich nicht nur den Motor, sondern auch die Umwelt schont. Auch »Shell« verspricht durch den neuen Kraftstoff »reinere Luft«.

Truppenreduzierung in Europa abgelehnt

19. Mai. Der US-Senat lehnt mit 61 gegen 36 Stimmen den Antrag von Senator Mike Mansfield ab, die US-Truppen in Europa bis Ende 1971 um die Hälfte zu reduzieren.

Der Senator der Demokraten hat am 11. Mai einen Zusatzantrag zum Wehrpflichtgesetz eingebracht. Es heißt darin: »Der Kongreß stellt hierdurch fest, daß die Anzahl von US-Militärpersonal, in Europa stationiert, wesentlich vermindert werden kann, ohne die Sicherheit Westeuropas zu gefährden . . .«

Bereits im Vorfeld der Abstimmung äußerte sich US-Präsident Richard M. Nixon zu dem Mansfield-Vorschlag ablehnend. Die Reduzierung der US-Truppen in Europa, so der Präsident, würde »schwere nachteilige Auswirkungen auf die amerikanische Sicherheit und den Aufbau des NATO-Bündnisses haben«.

Auch führende US-Politiker beider Parteien sowie Außenminister William P. Rogers sprachen sich eindeutig gegen den Vorschlag aus.

Die Bundesregierung zeigt sich zufrieden über die Ablehnung des Mansfield-Antrags in den USA. Bonn stimmt mit dem Weißen Haus und der NATO in Brüssel überein, daß es wichtig sei, ein stabiles militärisches Kräftegleichgewicht beizubehalten. Dies sei die entscheidende Voraussetzung, um mit der UdSSR über einen »gleichzeitig vorzunehmenden Truppenabbau« zu verhandeln.

Die US-Regierung kündigt an, demnächst die Vorschläge Moskaus über eine Truppenreduzierung in Europa prüfen zu wollen.

Militärischer Kräftevergleich in Europa 1971

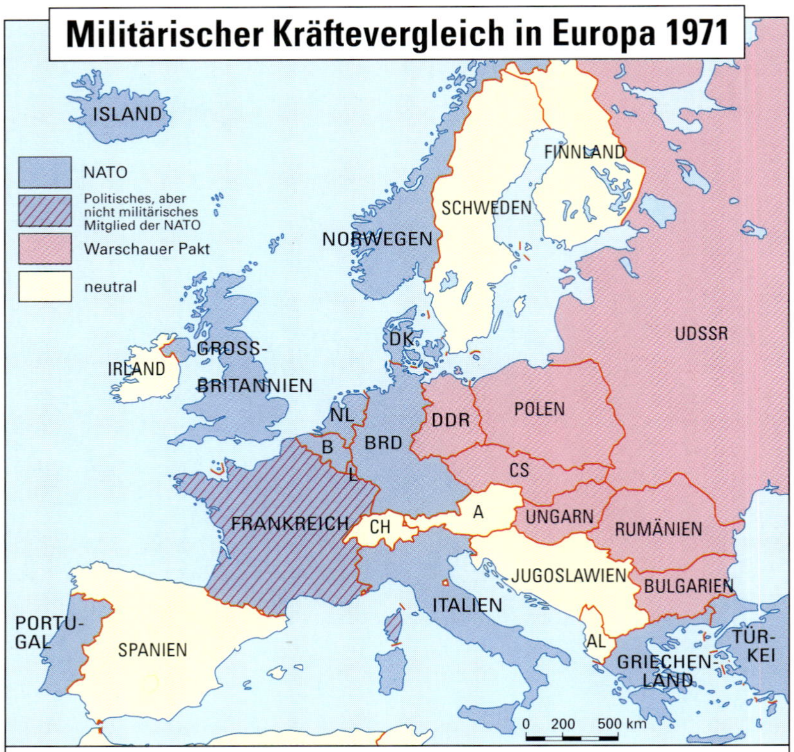

Streitkräfte (in 1000)

	Heer	Marine	Luftwaffe	Spezialeinheiten	insgesamt
NATO	2043,4	347,6	547,9	290,3	3229,2
Warschauer Pakt	2762,0	529,5	720,5	878,0	4890,0

In der BRD sind zusätzlich 320000 US-Soldaten, in der DDR 660000 sowjetische Soldaten stationiert.

Sowjetunion ergreift Abrüstungsinitiative

17. Mai. Führende sowjetische Politiker signalisieren ihre Bereitschaft, mit den USA über den Truppenabbau in Europa zu verhandeln. Parteichef Leonid I. Breschnew, Ministerpräsident Alexei N. Kossygin und Außenminister Andrei A. Gromyko deuten an, nicht länger auf ihrer Forderung nach einer »gesamteuropäischen Sicherheitskonferenz« zu bestehen.

Auf dem XXIV. Parteitag der KPdSU im April 1971 (→ 9. 4./S. 74) hatte Breschnew im Rahmen eines Sechs-Punkte-Programms u. a. vorgeschlagen, mit den USA Verhandlungen über eine Reduzierung der in Europa stationierten Streitkräfte aufzunehmen. Breschnew hatte die Einberufung einer gesamteuropäischen Sicherheitskonferenz zur Voraussetzung gemacht.

Die USA reagieren auf den neusten sowjetischen Vorstoß zurückhaltend. Es bleibe unklar, so die US-Regierung, ob die UdSSR über die Verringerung einheimischer oder ausländischer Streitkräfte verhandeln möchte (→ 13. 6./S. 115).

Breschnew wirft den USA Abrüstungsdesinteresse vor, da sie das sowjetische Angebot nicht sofort aufgreifen würden. Statt zu spekulieren solle man lieber in konkrete Verhandlungen eintreten.

Bundesverdienstkreuz für Ceaușescu

17. Mai. Bundespräsident Gustav W. Heinemann trifft zu einem viertägigen Staatsbesuch in Rumänien ein. Es ist der erste Besuch eines Bundespräsidenten der Bundesrepublik Deutschland in einem sozialistischen Land.

Die Bundesregierung demonstriert mit dieser Reise ihre Anerkennung für die eigenständige Haltung des rumänischen Staatschefs Nicolae Ceaușescu innerhalb des Ostblocks. Noch auf dem XXIV. Parteitag der KPdSU in Moskau (→ 9. 4./S. 74) verteidigte Ceaușescu seinen unabhängigen Kurs.

Bundespräsident Heinemann sieht in seinem Besuch einen »Beweis für den erfreulichen Stand der gegenseitigen Beziehungen«.

Der Bundespräsident überreicht Ceaușescu die höchste Auszeichnung der Bundesrepublik, die Sonderstufe des Großkreuzes des Verdienstordens. Den Mitgliedern des rumänischen Kabinetts wird das Großkreuz verliehen. Heinemann erhält von Ceaușescu den »Stern der Sozialistischen Republik Rumänien Erster Klasse«. Es ist die höchste Auszeichnung, die für Ausländer vorgesehen ist.

Bukarester Flughafen: Heinemann (l.) wird von Ceaușescu (r.) empfangen.

Sofias Kommunisten noch fester im Sattel

16. Mai. Durch Volksabstimmung wird in Bulgarien eine neue Verfassung eingeführt. Danach bezeichnet sich Bulgarien nun als »sozialistische Volksrepublik«.

In der Verfassung wird erstmals die führende Rolle der Kommunistischen Partei Bulgariens (KPB) in Staat und Gesellschaft festgeschrieben. Eine Änderung ergibt sich an der Spitze des Staates. Der neu geschaffene Staatsrat löst das Präsidium der Nationalversammlung als führendes Organ ab. Am 8. Juli wird der bisherige Ministerpräsident Todor Schiwkow zum Staatsratsvorsitzenden gewählt.

Die Nationalversammlung billigte am 8. Mai den endgültigen Text der neuen Verfassung. Er geht auf das neue Parteiprogramm der KPB zurück, das auf dem X. Parteitag im April 1971 verabschiedet wurde.

Rogers (r.) und der israelische Stabschef Bar-Lev (l.) überfliegen die von Israel besetzten Gebiete.

Rogers (r.) trifft in Kairo mit Ägyptens Staatspräsident Sadat zusammen. Gegenstand des Gesprächs ist ein ägyptischer Friedensplan.

Rogers in Jordanien; im Hintergrund ein Bild von König Husain II.

Rogers' Friedensmission im Nahen Osten

2. Mai. US-Außenminister William P. Rogers bricht zu einer Reise in den Nahen Osten auf, um zwischen Israelis und Arabern zu vermitteln. Rogers führt zunächst in Saudi-Arabien Gespräche mit König Faisal. Der US-Außenminister erklärt, daß er die Forderung nach vollständigem Abzug der israelischen Truppen aus den besetzten arabischen Gebieten unterstütze. Bezüglich der Sinai-Halbinsel und des Gasa-Streifens müsse man gemeinsam nach Lösungen für eine Entmilitarisierung suchen.

Anschließend reist Rogers in den Libanon und nach Jordanien. Am 4. Mai trifft er als erster US-Außenminister seit 1953 in Ägypten ein. Mit Staatspräsident Muhammad Anwar As Sadat erörtert er einen ägyptischen Friedensplan für den Nahen Osten. Zunächst ist ein Teilabzug israelischer Truppen von der Sinai-Halbinsel vorgesehen. Danach soll der Sueskanal wieder geöffnet werden (→ 4. 2./S. 36).

Zum Abschluß seiner Friedensmission reist Rogers nach Israel. Die israelische Regierung lehnt den ägyptischen Vorschlag ab. Ministerpräsidentin Golda Meir besteht weiterhin auf einem Friedensvertrag mit den arabischen Staaten, bevor sie israelische Truppen aus den besetzten Gebieten abzieht.

Die Reise von Rogers führt zu keinen konkreten Vereinbarungen. Dennoch werten politische Beobachter die Gespräche zunächst als Erfolg. Am 20. November 1971 erklärt der ägyptische Staatspräsident die Vermittlungsbemühungen jedoch für gescheitert. Ein neuer Krieg, so Sadat, sei unvermeidlich.

Vermittlungsversuch der USA nach dem Sechstagekrieg

Chronik **Hintergrund**

Die Spannungen im Nahen Osten zwischen Israel und den arabischen Staaten dauern seit der Gründung des israelischen Staates am 14. Mai 1948 an. Der seit 1920 bestehende Widerstand der Araber gegen die Besiedelung Palästinas durch Juden, nimmt zu. Seit dem sog. Sechstagekrieg (5.–11. 6. 1967) halten israelische Truppen u. a. den Gasa-Streifen, die Sinai-Halbinsel und die Golanhöhen besetzt (→ Karte S. 36).

Auf Initiative des US-Außenministers William P. Rogers versucht ein UN-Beauftragter seit 1967 zwischen den verfeindeten Lagern zu vermitteln (→ 4. 2./S. 36).

Der Nahost-Konflikt hat sich negativ auf das Verhältnis zwischen den arabischen Staaten und den USA ausgewirkt. Die Unterstützung Israels durch die USA führte u. a. 1967 zum Abbruch der diplomatischen Beziehungen mit Ägypten. Die USA sind bemüht, mit der Vermittlung im israelisch-arabischen Konflikt auch ihr Verhältnis zu Ägypten zu verbessern.

Arabisch-sowjetisches Bündnis

27. Mai. *Der ägyptische Präsident Muhammad Anwar As Sadat (3. v. l.) und der Vorsitzende des Präsidiums des Obersten Sowjets der UdSSR Nikolai W. Podgorny (2. v. l.) unterzeichnen in Kairo einen Vertrag über Freundschaft und Zusammenarbeit zwischen beiden Ländern. In ihrem gemeinsamen Kommuniqué betonen beide Politiker das unverändert gute arabisch-sowjetische Verhältnis. Der Nahost-Konflikt wird als »Ergebnis der israelisch-imperialistischen Aggression« bezeichnet: »Die Seiten stellen fest, daß Israel, gestützt auf die Hilfe der USA, als Aggressor handelt.«*

Auf dem firmeneigenen Versuchsgelände in Ottobrunn präsentiert Messerschmitt-Bölkow-Blohm seine Magnetbahn.

Die Magnetschnellbahn Transrapid 02, die von der Firma Krauss-Maffei entwickelt wurde, bei einer Testfahrt.

Magnetbahnen schweben in die Zukunft

6. Mai. In Ottobrunn bei München präsentiert der Luft- und Raumfahrtkonzern Messerschmitt-Bölkow-Blohm (MBB) die erste Magnetschnellbahn der Welt. Nur fünf Monate später, am 11. Oktober, stellt der Münchener Rüstungskonzern Krauss-Maffei seine erste Magnetbahn, den Transrapid 02, der Öffentlichkeit vor.

Technisches Novum der Magnetbahnen ist, daß sie nicht mehr wie herkömmliche Züge auf Schienen rollen, sondern darauf schweben. Magnetische Kraftfelder, die von Trag- und Führungsmagneten an den Unterkanten der Fahrzeuge erzeugt werden, heben die Bahnen empor. Für den Antrieb sorgen die Magnetwicklungen eines Linearmotors, die U-förmig die senkrecht stehende Mittelschiene umgreifen. In ihnen entsteht ein sog. elektromagnetisches Wanderfeld, das auf die Schiene einwirkt und das Fahrzeug vorantreibt.

Die Magnetbahnen wurden im Auftrag des Bundeswissenschaftsministeriums entwickelt. Ziel des Ministeriums ist es, mittelfristig alternative Konzepte für den Verkehr zwischen den Städten bereitzustellen. Mit Spitzengeschwindigkeiten bis zu 400 km/h sollen die Magnetbahnen in den 80er Jahren als Konkurrenz zu Auto, Eisenbahn und Flugzeug auftreten.

Die Superschnellzüge sollen auf einer 1100 km langen Strecke verkehren, die von Hamburg über Hannover, Essen, Köln, Frankfurt und Stuttgart nach München führt.

Koloß horcht 12 Mrd. Lichtjahre ins Weltall

12. Mai. Das größte vollbewegliche Radioteleskop der Welt wird bei dem Eifeldorf Effelsberg in Betrieb genommen. Es ist mit einem Parabolspiegel von 100 m Durchmesser ausgestattet. Damit können Radiosignale aus 12 Mrd. Lichtjahren Entfernung empfangen werden.

Mit dem Teleskop sollen neue Erkenntnisse über den Aufbau des Weltalls gewonnen werden. Der Koloß von fast 100 m Höhe und über 3000 t Gewicht wird mit Hilfe eines Computers mit größter Präzision bewegt. Die Antenne muß das Beobachtungsobjekt genau anpeilen und seine Bewegungen exakt verfolgen können. Das bedeutet, daß die Antenne sich weder durch Sonnenbestrahlung noch durch ihr Eigengewicht oder Wind in ihrer Form verändern darf. Die hohe Stabilität der millimetergenau gebauten Parabolantenne wurde durch ein feines Gitterwerk erreicht.

Das neue Radioteleskop wurde vom Max-Planck-Institut für Astrophysik in Auftrag gegeben. Die Kosten für das Projekt belaufen sich auf 34 Mio. DM.

Unglücksserie sucht Bundesbahn heim

27. Mai. Beim bislang schwersten Zugunglück in der Bundesrepublik Deutschland kommen im Bergischen Land bei Wuppertal 45 Menschen ums Leben. Die Katastrophe reiht sich in eine ganze Serie von Zugunglücken in der BRD ein.

Zu dem Unfall im Bergischen Land kommt es, als ein Güterzug in einen falschen Streckenabschnitt einfährt. Beim Zusammenprall mit einem vollbesetzten Schienenbus werden fast alle Kinder eines Schuljahrgangs getötet, die sich auf der Heimfahrt von einem Ausflug befinden.

Bereits einige Monate zuvor ereignete sich im oberbayerischen Aitrang ein schweres Zugunglück. Am 9. Februar entgleiste der TEE Bavaria und stürzte um. In die Trümmer fuhr kurz danach ein Schienenbus. Das Unglück forderte 29 Menschenleben.

Am 21. Juli entgleist bei Rheinweiler der Schweiz-Expreß. Dabei werden 23 Reisende getötet. Ursache für das Unglück ist überhöhte Geschwindigkeit des Zuges.

Angesichts dieser Unfallserie fordert die Eisenbahnergewerkschaft mehr technische Sicherheit bei der Deutschen Bundesbahn.

Mit Hubschraubern zu Unfallopfern

7. Mai. Das nordrhein-westfälische Innenministerium gibt bekannt, daß erstmals Polizeihubschrauber zur Versorgung von Schwerverletzten auf der Autobahn eingesetzt werden. Zur schnelleren Behandlung der Verletzten sollen künftig Ärzte aus nahegelegenen Kliniken zum Unfallort geflogen werden.

Als »Modellfall« ist bereits eine derartige Regelung zwischen der Universitätsklinik Düsseldorf und dem Innenministerium getroffen worden. Eine entsprechende Übereinkunft soll mit 13 weiteren Krankenhäusern im gesamten Rheinland erzielt werden.

Mit diesem Programm reagiert das Innenministerium auf die starke Zunahme von Autobahnunfällen in den letzten Jahren. Allein am Osterwochenende 1971 wurden in Nordrhein-Westfalen bei 757 Unfällen 24 Menschen getötet und 1145 verletzt (→ 8. 4./S. 78).

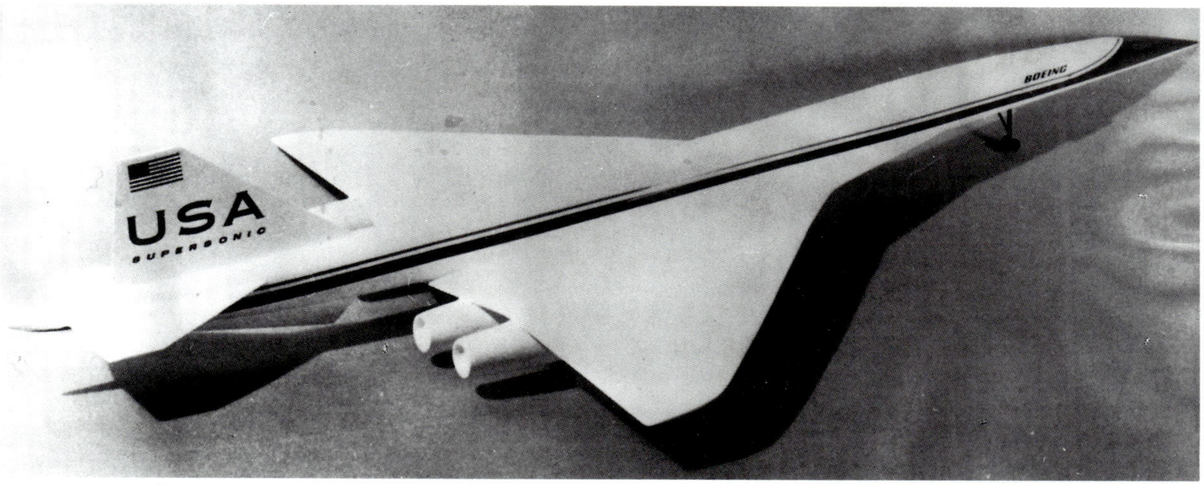

Gegner des US-Überschalljets weisen auf die starke Umweltbelastung durch das Flugzeug hin: Sie befürchten Gefahren für die menschliche Gesundheit, die vom großen Lärm bei der Landung und der Stratosphären-Verschmutzung ausgingen.

US-Kongreß streicht Mittel für SST-Jet

19. Mai. Weil der Senat in Washington weitere Gelder streicht, muß das amerikanische Luftfahrtunternehmen Boeing die Entwicklung eines US-Überschalljets endgültig abbrechen.

Nach dem Vorbild der britisch-französischen Concorde plante Boeing die Konstruktion des SST-Überschallverkehrsflugzeugs (Super-Sonic-Transport), das eine Spitzengeschwindigkeit von 2848 km/h erreichen sollte. Ein Kontrakt, der im Oktober 1968 zwischen der US-amerikanischen Regierung und der Firma Boeing geschlossen wurde, sah vor, daß Washington sich mit 4,7 Mrd. DM an den Gesamtkosten des Projekts (5,95 Mrd. DM) beteiligte. Bis zum 30. März 1971 wurden 3 Mrd. DM an Subventionen gezahlt.

Als Boeing am 13. Mai erklärte, daß der erste Kostenvoranschlag um 3,5 Mrd. DM überschritten werden müßte, beschließt der Kongreß, sich von dem Prestige-Projekt zurückzuziehen. Für die Beendigung des Projekts und für Abfindungen beteiligter Firmen muß die Regierung 542 Mio. DM bereitstellen.

Legendäre Verkehrsflugzeuge

Typ	*Baujahr*	*Reisegeschwindigkeit*
Fokker F-32	1929	198 km/h
Junkers Ju 52	1932	245 km/h
Douglas DC-3	1936	310 km/h
Focke-Wulf 200	1937	320 km/h
Constellation	1947	526 km/h
Boeing 707	1959	970 km/h
Concorde	1969	2179 km/h
Tupolew 144	1968	2500 km/h

Elektromobil: Rekord auf leisen Sohlen

18. Mai. Auf dem Hockenheim-Ring erreicht ein Elektromobil die Rekord-Geschwindigkeit von 240 km/h. Fahrer des batteriebetriebenen Opel GT ist der Industrielle Georg von Opel, der bereits in den 50er Jahren mehrere Automobilrekorde aufstellte.

Die Kernstücke des Elektromobils sind zwei Bosch-Gleichstrom-Motoren, die mechanisch miteinander gekoppelt sind. Sie werden von insgesamt 360 Nickel-Cadmium-Batterien mit Strom versorgt, die serienmäßig als Akkumulatoren für Flugzeuge produziert werden.

Die Batterien bereiten den Konstrukteuren des Elektromobils bislang die größten Schwierigkeiten. 360 Zellen mit einem Gewicht von 740 kg füllen beinahe den gesamten Innenraum des Opel GT. Die gespeicherte Energie reicht aber bei voller Belastung nur für etwa zehn Minuten Fahrt.

Gegenüber dem Benzinmotor weist der Elektromotor eine Reihe von Vorteilen auf: Weniger Lärm, geringe Wartung und lange Lebensdauer. Zur Konkurrenz für das Auto mit Verbrennungsmotor wird das Elektromobil erst mit der Entwicklung neuer Energiespeicher.

»eurocheque« erleichtert Auslandsreisen

7. Mai. Die Kreditinstitute in der Bundesrepublik Deutschland, in Belgien, den Niederlanden und Luxemburg beschließen die Verwendung einheitlicher »eurocheques« und »eurocheque«-Karten. Der neue Scheck, der am 1. Januar 1972 eingeführt wird, soll Bankkunden dieser Länder den internationalen Zahlungsverkehr erleichtern.

Die Scheckkarten-Entwicklung begann am 15. Januar 1968, als die deutschen Kreditinstitute erstmalig Scheckkarten für den deutschen Zahlungsraum ausgaben. Ziel der Banken war es, ihren Girokunden den bargeldlosen Einkauf zu ermöglichen. Im Herbst 1968 wurde mit einer internationalen Scheckkarten-Vereinbarung das europäische Scheck-Verfahren eingeführt. 15 Kreditinstitute in Europa erklärten sich bereit, die noch nicht einheitlichen Scheckkarten-Schecks bei 150 000 angeschlossenen Zahlstellen auszuzahlen.

Mit dem einheitlichen »eurocheque« und der »eurocheque«-Karte wird die »Vordruckstrenge« im Scheckkartenverfahren eingeführt. Die Spezialvordrucke sind, wie das Papiergeld, nach wertpapiermäßigen Gesichtspunkten hergestellt. Sie dienen der weiteren Vereinfachung und besseren Sicherung des Scheckkarten-Verfahrens vor Betrug. Die neue »eurocheque«-Karte muß fortan immer zusammen mit den Scheck-Vordrucken verwandt werden. Zugleich kommen die Banken überein, vom 1. Januar 1972 den Betrag je »eurocheque« von bisher 200 DM auf 300 DM zu erhöhen.

Luftfahrt-Salon zeigt Verkehrsflugzeuge

28. Mai. Der französische Staatspräsident Georges Pompidou eröffnet den Pariser Luftfahrt-Salon, die bedeutendste Ausstellung dieser Art. Die internationale Luftfahrtschau steht in diesem Jahr im Zeichen des Verkehrsflugzeugs.

Im Verlauf der Ausstellung wird erstmals in Europa die neue Generation der dreistrahligen Großraumflugzeuge präsentiert. Nach ihrem Erfolg in den USA sollen die McDonnell Douglas DC 10 und die Lockheed Tristar nun auch den europäischen Markt erobern.

Große Beachtung finden in Paris das sowjetische Überschallverkehrsflugzeug Tupolew TU-144 und ihr westeuropäisches Gegenstück, die Concorde. Nach dem Verzicht der USA auf den Bau eines eigenen Überschallflugzeugs bemühen sich Europäer und Russen verstärkt, ihre Überschall-Jets auf dem US-Markt abzusetzen.

An der französischen Côte d'Azur heiratet das britische Pop-Idol Mick Jagger (28) das Fotomodell Bianca (21).

Modell bringt »Stone« unter die Haube

12. Mai. Mick Jagger, Chef der »Rolling-Stones«, führt in Saint-Tropez das nicaraguanische Fotomodell Bianca Perez Morena de Macias vor den Traualtar. Mit seiner Heirat verfehlt Jagger jedoch knapp den von der Boulevardpresse vergebenen Titel »Hochzeit des Jahres«. Ihn erhält Tricia Nixon, die älteste Tochter des US-Präsidenten. Sie heiratet am 12. Juni in Washington den Jurastudenten Edward Finch Cox.

An der Trauungszeremonie des millionenschweren Jagger im Jetset-Fischerdorf Saint-Tropez bemängelt die Presse eine entscheidende Panne. Die Braut ist so aufgeregt, daß sie das Ja-Wort wiederholen muß: Anstatt ihre ewige Treue mit dem französischen »Oui« zu bekunden, antwortet Bianca zunächst auf Englisch mit »Yes«. Die prominenten Gäste, wie Roger Vadim, Paul McCartney und Ringo Starr sehen großzügig über diesen Fauxpas hinweg.

Ohne Zwischenfall verläuft die Hochzeit der Nixon-Tochter Tricia. Im Rosengarten des Weißen Hauses trinken 400 prominente Gäste auf das Wohl der Neuvermählten.

US-Präsident Richard M. Nixon führt Tochter Tricia zum Altar. Die Trauung findet auf Wunsch Tricias außerhalb des Weißen Hauses, im Rosengarten, statt.

Schiller und Frau Etta »danach«

Karl im Glück: Schiller heiratet »Rote Etta«

22. Mai. Bundeswirtschafts- und Finanzminister Karl Schiller (60) gibt in Hannover der Oberregierungsrätin im Düsseldorfer Finanzministerium Etta Eckel (38) das Ja-Wort. Die dritte Heirat des Bonner »Superministers« kommt für die Öffentlichkeit und Schillers Kabinettskollegen völlig überraschend: Sie wurde von den beiden verliebten Finanzbeamten bis zuletzt als Verschlußsache behandelt.

Schiller hat seine Frau 1968 auf dem Bonner Bundespresseball kennengelernt. »Ihr politischer Verstand« und ihre »Spottlust« (Schiller) beeindruckten den eifrigen Tänzer. Die »Rote Etta«, wie sie im Finanzministerium genannt wird, ist aktives SPD-Mitglied.

Zu den sinnreichsten Hochzeitsgeschenken, die der Minister erhält, gehört ein Bild Karls des Großen.

Nürnberg feiert seinen größten Sohn

1. Mai. Aus Anlaß des 500. Geburtstages von Albrecht Dürer (1471–1528) wird im Germanischen Nationalmuseum in Nürnberg die Dürer-Gedächtnisausstellung eröffnet. Bis zum 1. August wird in Dürers Heimatstadt ein Querschnitt seines Schaffens gezeigt.

Aus Museen, Privatsammlungen und Bibliotheken in aller Welt wurden insgesamt 732 Objekte, davon etwa 500 Originale Dürers, zusammengetragen. Die »Jahrhundertausstellung«, wie sie von Kritikern gewürdigt wird, gliedert Dürers Werk in zwei Großbereiche. Der Künstler wird als Bildnis- und als Natur-Maler gezeigt.

In Nürnberg sind zum erstenmal gemeinsam die drei gemalten Selbstbildnisse aus dem Pariser Louvre, dem Madrider Prado und der Münchener Alten Pinakothek zu sehen. Sie belegen die Entwicklung Dürers als Bildnis-Maler innerhalb von nur sieben Jahren. Spiegeln das erste und zweite noch die Erprobung des jungen Künstlers, so stellt sich Dürer im dritten selbstbewußt als Christus dar.

Natur und Wissenschaft sind die beiden anderen großen Themen des Renaissance-Malers. Die Ausstellung zeigt hier seine Vorliebe für exotische Tiere und Pflanzen.

Eine kritische Auseinandersetzung mit dem Werk Dürers zeigt eine Dürer-Hommage von Gegenwartskünstlern in Nürnberg. Klaus Staeck setzt den betenden Händen eine Flügelschraube an und schafft so neue Distanz zu dem Motiv.

An den Hauptstraßen und -plätzen Nürnbergs wird an Dürer erinnert.

Ein großes Selbstporträt Dürers dominiert die Nürnberger Bahnhofshalle.

Kreuz für Chaplin, Palme für Losey

12. Mai. Zum Auftakt der Filmfestspiele von Cannes 1971 wird dem britischen Filmschauspieler und Regisseur Charlie Chaplin vom französischen Kulturminister Jacques Duhamel das rote Band und das Kreuz der französischen Ehrenlegion verliehen. Der 82jährige Chaplin erhält damit den höchsten Orden Frankreichs.

Die Filme von Chaplin erleben in Cannes eine Renaissance. Chaplin gibt neun seiner alten Filme zur Wiederaufführung frei. Darunter befinden sich u. a. »Moderne Zeiten« (1936) und »Der große Diktator« (1940).

Der große Preis von Cannes, die »Goldene Palme«, geht diesmal an den britischen Film »The Go-Between« (Der Mittler) von Joesph Losey. Den Sonderpreis, der anläßlich des 25jährigen Bestehens der Filmfestspiele von Cannes gestiftet worden ist, erhält der Italiener Luchino Visconti für sein Werk »Tod in Venedig« (→ S. 178).

Auf Großvaters Spuren zum Nordpol

Im Frühjahr 1971 startet der Italiener Guido Monzino vom Kap Columbia, dem nördlichsten Punkt Kanadas, eine Expedition zum Nordpol. Nach 48 Tagen und rund 800 km Marsch durch Eis und Schnee kommt er am Ziel an: Als zweiter Mensch erreicht er mit seinem Team über den beschwerlichen Fußweg den Nordpol.

1909 machte sich der US-Amerikaner Robert Peary als erster Mensch mit Erfolg zum nördlichsten Punkt der Erde auf. Ihn begleiteten 24 Mann, 19 Schlitten und 133 Hunde. Zwei Enkel des Nordpol-Pioniers Peary, Peter und Talilanguak Peary, folgen nach 62 Jahren den Spuren ihres Großvaters. Sie gehören der Crew von Monzino an.

Zwischen der ersten und zweiten Expedition gibt es nur noch wenige Parallelen. Zwar sind Hunde und Schlitten nach wie vor die Transportmittel, doch ist 1971 die moderne Technik eine große Hilfe. So verhindert eine hochempfindliche Navigationsanlage, daß Monzino und seine Crew vom Kurs abkommen. Gleichzeitig besteht Funkkontakt zu Flugzeugen, die ständig über der Karawane kreisen.

Das Team von Monzino macht Halt am sog. Peary-Kreuz. 1909 errichtete der Nordpol-Pionier diesen Wegweiser. »413 Meilen bis zum Pol« lautet die Inschrift.

Experimenta – Forum des jungen Theaters

28. Mai. In Frankfurt am Main wird die »Experimenta 4« eröffnet. Bis zum 6. Juni steht hier sog. alternatives Theater auf dem Programm. Vor allem kleinere Ensemble bringen Stücke zumeist junger Autoren in ungewöhnlichen Inszenierungen auf die Bühne (→ S. 26).

Mit dem Theater experimentieren, neue, nicht-alltägliche Formen des Schaupiels erproben – unter diesem Motto wurde die Experimenta ins Leben gerufen. Quasi eine »Avantgarde-Messe« (Der Spiegel) für Theaterkünstler.

Die »Experimenta 4« ist dem deutschsprachigen Theater gewidmet. Im Vorfeld hatte der »Verlag der Autoren« einen Stücke-Wettbewerb für dieses Festival ausgeschrieben. 140 Manuskripte gingen ein, zwölf Werke werden letztlich in Frankfurt uraufgeführt.

In den Medien kommt die Experimenta mit dem Versuch, das deutschsprachige Theater neu zu beleben, schlecht weg. Das Desaster des Theaters sei, so »Der Spiegel«, »daß es sich mit sich selbst beschäftigt . . . und Botschaften bringt, die man kennt«.

Fernsehen 1971:

Politmagazine erobern TV

Chronik Übersicht

Spielfilme, Serien, Krimis und die großen Unterhaltungsshows rangieren in der Gunst des Fernsehkonsumenten ganz oben und die Programmplaner richten sich auch 1971 darauf ein. Unverkennbar ist jedoch, daß es sowohl beim ZDF als auch bei der ARD neue Programm-Impulse gibt, die verstärkt den Intellekt des Zuschauers ansprechen sollen.

Bemerkenswerte Neuansätze sind beispielsweise im Kinderfernsehen zu beobachten. So entscheidet sich die ARD 1971, die amerikanische Vorschulserie »Sesame Street« im deutschen Fernsehen auszustrahlen. Den Kindern wird hier in einer völlig neuen Mischung aus Trickfilmen, Cartoons und Slapstick-Sketchen auf unterhaltsame Weise Wissenswertes vermittelt. Mit knallbunten Stoffpuppen, tobenden Kindern und Erwachsenen als »Lehrern« wird das Kennenlernen der Zahlen und Buchstaben zum puren Vergnügen. Das Unterhaltungskonzept der »Sesame Street« bietet damit erstmals eine Alternative zu den herkömmlichen amerikanischen Kinderserien wie »Flipper«, »Fury« und »Lassie«.

Im deutschen Kinderfernsehen beschreitet die ARD-Serie »Kwatschnich« neue Wege. Sie bietet den Kindern Situationen an, die nicht bereits »aufbereitet« sind, sondern verfügbar bleiben. Durch aktives Eingreifen können die Spielsituation verändert werden. So wird beispielsweise eine herrenlose Wohnung besetzt und nach dem Geschmack der Kinder eingerichtet. Ziel der neuen Konzeption ist es, die Kinder vom Objekt zum handelnden Subjekt zu machen und die jungen Zuschauer so zur Eigeninitiative zu ermuntern.

Um eine Ausweitung ihres Programmangebots bemühen sich die Fernsehanstalten auch im Bereich der politischen Magazine. Das ZDF präsentiert im September 1971 erstmals »Kennzeichen D«. Moderator Hanns Werner Schwarze, der einmal im Monat über »Deutsches aus Ost und West« berichtet, will damit zum besseren Verständnis zwischen beiden deutschen Staaten beitragen. Mit »Kennzeichen D« schafft das ZDF im Rahmen der »Neuen Ostpolitik« einen Kontrapunkt zum »ZDF-Magazin«. Dessen Moderator Gerhard Löwenthal zählt zu den »Scharfmachern« im Ost-West-Verhältnis.

»Im Brennpunkt« heißt ein neues politisches Magazin der ARD, in dem monatlich ein aktuelles Ereignis in Feature-Form behandelt wird. Das deutsche Fernsehen will damit künftig schneller und gründlicher auf aktuelle Themen reagieren, die zu umfangreich für die bestehenden Magazine (»Report«, »Panorama«, »Monitor«) wären. Mit insgesamt vier Magazinen informiert die ARD ausführlicher über politisches Geschehen als das ZDF, das nur zwei politische Sendereihen im Programm hat.

Diskussionen entzünden sich 1971 an den Anfangszeiten des Abendprogramms. Die ZDF-Programmplaner beschließen, den Beginn des Hauptabendprogramms ab 1973 vorzuverlegen. Die Nachrichtensendung »Heute« soll dann bereits eine Dreiviertelstunde früher, um 19 Uhr, beginnen. Die Mainzer TV-Chefs ziehen damit ihre Konsequenz aus einer im Auftrag von ZDF und ARD erstellten Studie über die Fernsehgewohnheiten der Bundesbürger. Danach sind bereits um 19 Uhr 80,6% aller Gerätebesitzer – nur 2,3% weniger als um 20 Uhr – potentiell in der Lage fernzusehen. Die Vorverlegung des Abendprogramms soll für diese Zuschauer ein attraktiveres Fernsehprogramm schaffen. Die ARD betont hingegen ein anderes Ergebnis der Studie, wonach vor 20 Uhr jeder fünfte TV-Zuschauer mit ablenkenden »Nebentätigkeiten« wie Essen und Hausarbeit beschäftigt ist. Nach dem Willen der ARD soll die »Tagesschau« daher weiterhin erst um 20 Uhr gesendet werden, zumal sonst die Regionalprogramme auf die zuschauerschwache Zeit vor 19 Uhr vorverlegt werden müßten. Auch CDU- und SPD-Politiker, die Regionalprogramme als Mittler der Landespolitik verstehen, sprechen sich gegen den früheren Beginn des Abendprogramms aus.

Margret Dünser interviewt einen extravaganten englischen Lord vor dessen Schloß. In der »V.I.P.-Schaukel« präsentiert sie Prominente aus aller Welt.

Als neunten Durbridge-Krimi strahlt die ARD »Das Messer« aus. In dem »Straßenfeger«, bei dem Rolf von Sydow Regie führte, spielt Alexander Kerst einen Geheimdienstagenten.

Drei Abende lang gruselt sich die TV-Gemeinde bei dem Krimi »Die Frau in Weiß«. Unter der Regie von Wilhelm Semmelroth spielt Heidelinde Weis in der Titelrolle eine Geistesverwirrte.

H. W. Schwarze ist der Moderator des neuen politischen Magazins »Kennzeichen D«. Er will die Zuschauer im Ost-West-Verhältnis »zur Toleranz erziehen«.

Hans Rosenthal startet im Mai 1971 sein Ratespiel »Dalli-Dalli« im ZDF.

Raimund Harmstorf (l.) spielt die Titelrolle im Vierteiler »Der Seewolf«.

◁ *Dramatische Szene in der erfolgreichen Fernsehshow »Wünsch Dir was« von Vivi Bach und Dietmar Schönherr. In der Sendung vom 27. März 1971 aus der Wiener Stadthalle wird ein Auto, in dem eine ganze Familie sitzt, in 2 m tiefes Wasser versenkt. Aufgabe der Familie ist es, sich unter Wasser aus dem Wagen zu befreien. Während es Vater, Sohn und Tochter gelingt, kurz nach dem Untertauchen aus dem Auto zu entkommen, bleibt die Mutter im Wagen zurück. Millionen von Fernsehzuschauern erleben live an ihren Bildschirmen, wie sie in letzter Sekunde von bereitstehenden Froschmännern gerettet werden kann.*

»Pioniere in Ingolstadt« heißt der neue Fernsehfilm von Rainer Werner Faßbinder, in dem Hanna Schygulla (r.) ein verliebtes Dienstmädchen spielt.

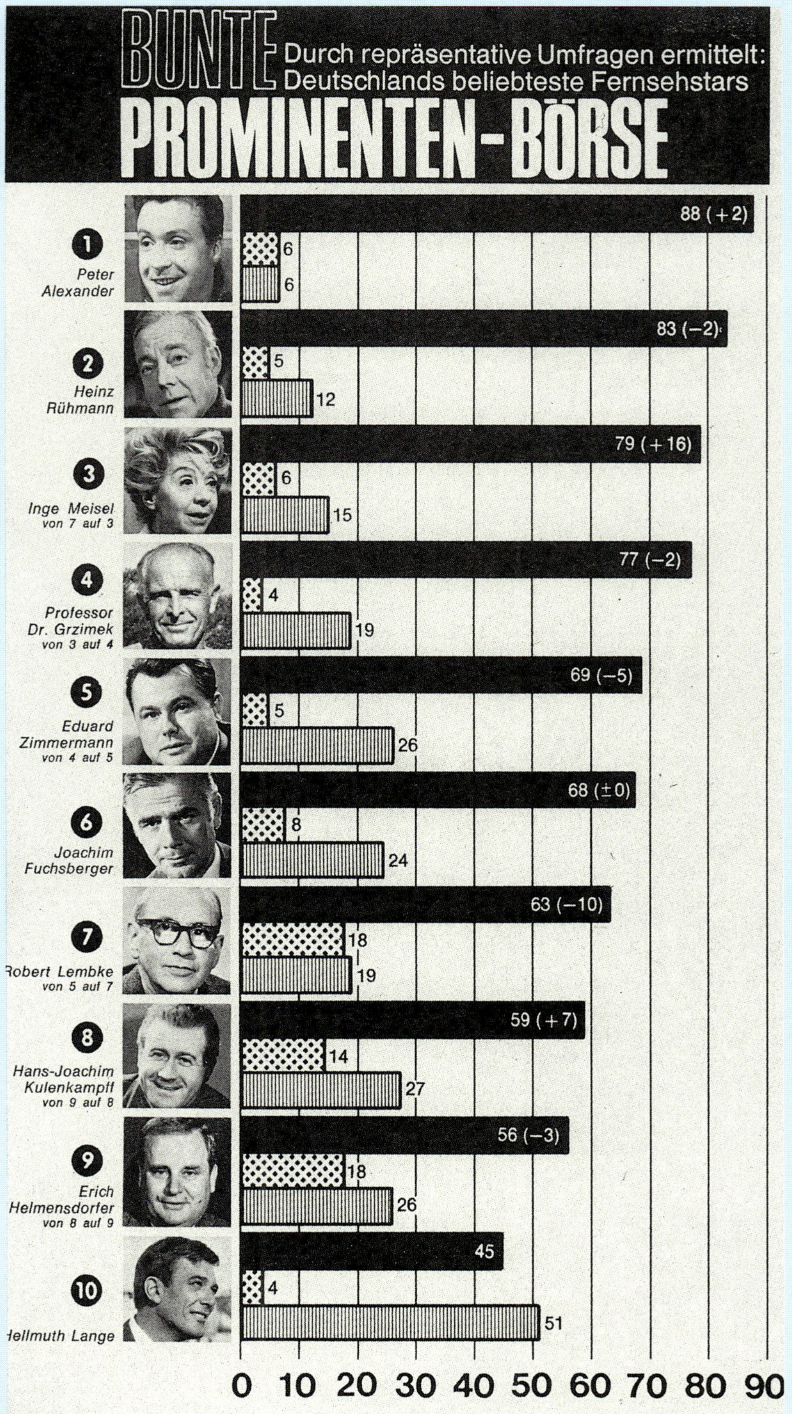

Im Auftrag der Illustrierten »Bunte« ermittelten die Wickert-Institute die TV-Lieblinge der Bundesdeutschen.

Auszeichnungen für deutsche Fernsehlieblinge

Zwei bekannte Fernsehzeitschriften ermitteln auch in diesem Jahr in Leserumfragen, wem die Gunst des bundesdeutschen TV-Publikums gehört.
Die Preisträger des »Bambi« werden von den Lesern der Programmzeitschrift »Bild und Funk« gewählt. Fürstin Gracia Patricia von Monaco überreicht das goldene Jungreh während einer Galaveranstaltung in Monte Carlo. Zur beliebtesten Fernsehschauspielerin wird Inge Meysel gekürt. Anneliese Rothenberger und Peter Alexander werden als populärste Showstars ausgezeichnet.
Die Illustrierte »Hör zu« vergibt ihren Preis, die »Goldene Kamera«, an Eberhard Fechner für seinen Film »Nachrede auf Klara Heydebreck«. Prämiert wird zudem die Sendereihe »Sterns Stunde« des Tierfilmers Horst Stern.

Juni 1971

Mo	Di	Mi	Do	Fr	Sa	So
	1	2	3	4	5	6
7	8	9	10	11	12	13
14	15	16	17	18	19	20
21	22	23	24	25	26	27
28	29	30				

1. Juni, Dienstag

In Bremen zieht die FDP nach schweren Auseinandersetzungen über die Hochschulpolitik ihre drei Senatoren aus dem Regierungsbündnis mit der SPD zurück. Die Sozialdemokraten beschließen, bis zur Landtagswahl im Oktober dieses Jahres allein zu regieren (→ 10. 10./S. 170).

In Bonn wird das Sondergutachten des Sachverständigenrats zur Beurteilung der gesamtwirtschaftlichen Entwicklung veröffentlicht. Die Wechselkursfreigabe der DM (→ 9. 5./S. 90) und die Haushaltseinsparungen bei Bund und Ländern werden als ein Ansatzpunkt zur Wiedergewinnung der Preisstabilität gesehen.

Die Arbeitsgemeinschaft der Verbraucherverbände (AGV) fordert den Einzelhandel und die Verbraucher auf, zugunsten des Umweltschutzes auf Plastikverpackungen zu verzichten.

2. Juni, Mittwoch

374 Frauen aus der Bundesrepublik Deutschland, darunter bekannte Schauspielerinnen und Schriftstellerinnen, geben in der Hamburger Illustrierten »stern« zu: »Wir haben abgetrieben.« → S. 112

Ajax Amsterdam gewinnt den Europacup der Landesmeister durch einen 2:0-Sieg über Panathinaikos Athen in London.

3. Juni, Donnerstag

Während einer Konferenz der NATO am 3. und 4. Juni in Lissabon legen mehrere Bombenanschläge unbekannter Personen nahezu sämtliche Telefon- und Fernschreibverbindungen lahm.

In der Moskauer Epiphanias-Kathedrale wird der neue Patriarch der russisch-orthodoxen Kirche, Pimen, inthronisiert. → S. 107

Im Dortmunder Schauspiel wird das Theaterstück »Wildwechsel« von Franz Xaver Kroetz uraufgeführt. → S. 115

4. Juni, Freitag

Der Vorsitzende der Stiftung »Deutsche Sporthilfe«, Josef Neckermann, stellt in Frankfurt am Main eine Olympia-Briefmarkenserie 1971 vor. Die Serie, die von dem japanischen Künstler Kohei Sugiura entworfen wurde, besteht aus vier Marken und ist bis zum 30. September an allen Postschaltern erhältlich.

5. Juni, Samstag

In Hamburg beschließen die Kultusminister und Senatoren der Bundesländer eine langfristige Sommerferienregelung für 1972 bis 1978. Die wichtigste Neuregelung besteht in der Verlängerung der gesamten Ferienzeit von etwa 75 Tagen auf durchschnittlich 90 Tage pro Schuljahr.

Das Allensbacher Institut für Demoskopie veröffentlicht eine Umfrage, in der sich 46% der befragten Bundesbürger für die völlige Streichung des Abtreibungsparagraphen 218 aussprechen (→ S. 113).

In Wuppertal eröffnet mit der Ausstellung »Fünf Sammler – Kunst unserer Zeit« die Gemeinschaftsveranstaltung »Urbs 71« der Rhein- und Ruhrstädte Wuppertal, Köln, Krefeld, Oberhausen, Bochum und Dortmund. Das Programm beinhaltet 200 Veranstaltungen, u. a. aus den Bereichen Theater, Beat, Pop, Film und Funk.

Nach Abschluß der achten Bundesligasaison ist Borussia Mönchengladbach Deutscher Fußballmeister. Bundesliga-Torschützenkönig ist Lothar Kobluhn von Rot-Weiß-Oberhausen mit 24 Treffern. → S. 117

6. Juni, Sonntag

In der Schweiz wird durch Volksabstimmung ein neuer Verfassungsartikel zum Umweltschutz angenommen (→ S. 92).

In Moskau startet das sowjetische Raumschiff »Sojus 11« mit drei Kosmonauten an Bord zu einem Kopplungsmanöver mit der Raumstation »Saljut 1« (→ 30. 6./S. 106).

Einen Tag nach Beendigung der Fußballsaison 1970/71 enthüllt der Präsident des Absteigers Kickers Offenbach, Horst Gregorio Canellas, einen Bestechungsskandal. → S. 116

7. Juni, Montag

In Münster wendet sich der Präsident der Westdeutschen Rektorenkonferenz, Hans Rumpf, gegen eine »vollständige Politisierung« der Hochschulen: Je weiter diese Politisierung fortschreiten würde, desto mehr würde der Staat die Autonomie der Hochschulen einschränken.

8. Juni, Dienstag

Die in den indischen Flüchtlingslagern für Ostpakistaner ausgebrochene Choleraepidemie greift auf das gesamte, rund 2100 km lange Grenzgebiet zwischen Ostpakistan und Indien über. Aus aller Welt treffen Hilfsgüter und Medikamente ein (→ 23. 8./S. 138).

Die Bundesrepublik Deutschland unterzeichnet den Meeresbodenvertrag (→ 11. 2./S. 37).

In Österreich wird das Volljährigkeitsalter von 21 auf 19 Jahre herabgesetzt.

9. Juni, Mittwoch

In Bonn kommt es bei den Botschaftergesprächen über die Regelung eines ungehinderten Verkehrs zwischen der BRD und Berlin (West) zu ersten Ergebnissen. Es wird vereinbart, daß Insassen von Personenwagen nur auf ihre Identität hin überprüft und Lastwagen vor dem Grenzübergang verplombt werden (→ 3. 9./S. 152).

In Hamburg tritt der ehemalige Schulsenator Peter Schulz die Nachfolge des in den Ruhestand getretenen Herbert Weichmann als Bürgermeister der Hansestadt an.

Eine Umfrage des Emnid-Instituts, die im Auftrag des Presse- und Informationsamtes der Bonner Regierung durchgeführt worden ist, ergibt, daß 44% der Bundesbürger die Liberalisierung der Strafvorschriften im Bereich der Pornographie, die derzeit auf Initiative der SPD im Bundestag diskutiert wird, befürworten würden.

10. Juni, Donnerstag

Die USA heben eine Reihe von Handelsbeschränkungen gegenüber der Volksrepublik China auf und erleichtern den Export von Getreide. Washington reagiert damit auf die amerikanisch-chinesische Annäherung (→ 14. 4./S. 70).

In Rhodesien wird der Ausnahmezustand, der seit 1965 besteht, durch die Stimmen der weißen Parlamentsabgeordneten um ein weiteres Jahr verlängert. Der Ausnahmezustand bedeutet für die Regierung unter Ian Smith nahezu unumschränkte Vollmachten (→ 24. 11./S. 185).

Zum erstenmal berichtet ein amtierender Präsident des EWG-Ministerrats, Maurice Schumann (Außenminister Frankreichs), im Europäischen Parlament über den Stand der politischen Einigung Europas. Schumann erklärt, daß das Politische Komitee, bestehend aus den Direktoren der Politischen Abteilungen der Außenministerien der sechs Mitgliedstaaten, eingerichtet ist und seine Arbeit aufgenommen hat.

Der 30jährige Radprofi Gösta Pettersson aus Schweden gewinnt den Giro d'Italia. → S. 117

11. Juni, Freitag

Die von der Bundesregierung in Bonn beschlossenen Grundzüge der Steuerreform für 1974 sehen eine Senkung der Steuerlast bei kleineren Einkommen und Vermögen vor. Bezieher höherer Einkommen müssen mit größeren Belastungen rechnen.

Das Wirtschaftswissenschaftliche Institut der Gewerkschaften stellt in einer Studie »über quantitative Aspekte der Frauenarbeit in der Volkswirtschaft« fest, daß die Frauen zwar ein Drittel aller Erwerbstätigen stellen, aber nur ein Viertel der gesamten Bruttolohn- und Gehaltssumme erhalten (→ S. 58).

12. Juni, Samstag

In Düsseldorf gründen 300 ehemalige FDP-Mitglieder die rechtsgerichtete »Deutsche Union« unter dem Vorsitz des Bundestagsabgeordneten und früheren Mitglieds der Waffen-SS, Siegfried Zoglmann (→ 16. 1./S. 15).

400 geladene Gäste feiern in Washington die Hochzeit des Jahres: Die Tochter von US-Präsident Richard M. Nixon, Tricia Nixon, und der Jurastudent Edward Finch Cox geben sich im Rosengarten des Weißen Hauses das Ja-Wort (→ 12. 5./S. 98).

In Karlsruhe gewinnt die DFB-Auswahl das Qualifikationsspiel zur Fußball-Europameisterschaft gegen Albanien 2:0 (→ 10. 10./S. 177).

13. Juni, Sonntag

In den USA beginnt die »New York Times« mit der Veröffentlichung einer geheimen Vietnam-Studie des Pentagon. → S. 108

Bundeskanzler Willy Brandt trifft zu einem sechstägigen Besuch in den USA ein. → S. 115

Auf dem Landesparteitag der Berliner SPD wird Klaus Schütz in seinem Amt als Parteivorsitzender bestätigt.

Der Österreicher Helmut Marko und sein niederländischer Beifahrer Gijs Van Lennep gewinnen auf Porsche das 24-Stunden-Rennen von Le Mans.

14. Juni, Montag

Der am 6. Januar in Jugoslawien wegen angeblicher Spionage zu sechs Jahren Haft verurteilte »Spiegel«-Korrespondent Hans-Peter Rullmann wird vom jugoslawischen Staatspräsidenten Josip Tito begnadigt. → S. 107

Bundeskanzler Willy Brandt wird die Ehrendoktorwürde der Yale-Universität verliehen (→ 13. 6./S. 115).

In Paris erscheint »August Vierzehn«, der neue Roman des sowjetischen Schriftstellers und Nobelpreisträgers Alexandr I. Solschenizyn. → S. 107

15. Juni, Dienstag

Die Erziehungsminister der zum Europarat gehörenden Länder bestimmen die italienische Stadt Florenz zum Sitz des geplanten europäischen Hochschulinstituts. Es wird 1976 eröffnet.

In Wien wird in der ehemaligen Wohnung und Praxis des österreichischen Psychoanalytikers Sigmund Freud (1856–1939) ein Museum und eine Gedenkstätte errichtet.

Die Schriftstellerin Ilse Eichinger erhält den mit 10 000 DM dotierten Nelly-Sachs-Preis der Stadt Dortmund.

In Niedersachsen werden die »Anstalten« für die Eingliederung Blinder und Gehörloser in »Schulen« umbenannt.

In Frankfurt am Main verabschiedet der Vorstand der Stiftung Deutsche Sporthilfe ein Programm zur sozialen Betreuung ehemaliger Spitzensportler. Es soll ihnen bei der Eingliederung ins Berufsleben helfen.

Das US-amerikanische Nachrichtenmagazin »TIME« beteiligt sich an der Veröffentlichung von Auszügen aus den Pentagon-Papieren. Die US-Regierung versucht vergeblich den Abdruck der geheimen Studie, die das aggressive Engagement der USA im Vietnamkrieg enthüllt, zu verbieten.

16. Juni, Mittwoch

François Mitterrand wird zum Ersten Sekretär der Sozialistischen Partei Frankreichs gewählt. → S. 109

In Bonn veröffentlicht die Bundesregierung politische Grundsätze für den Export von Waffen. Zukünftig soll Kriegsmaterial ausschließlich an Mitglieder der NATO geliefert werden.

In Bonn schließen sich die sieben deutschen Spitzenverbände des Tierschutzes mit 600 000 eingeschriebenen Mitgliedern zur Dachorganisation »Deutscher Tierschutz e.V.« zusammen, um gegenüber der Bundesregierung, der seit dem 18. März 1971 die Gesetzgebungskompetenz im Bereich des Tierschutzes obliegt, geschlossen auftreten zu können.

17. Juni, Tag der deutschen Einheit

Die USA und Japan unterzeichnen in Washington einen Vertrag über die Rückgabe der Insel Okinawa an Japan. Die Insel war 27 Jahre lang von den USA besetzt.

Auf Malta wird der neue Ministerpräsident Dominic Mintoff vereidigt. Damit erhält die Insel seit ihrer 1964 erlangten Unabhängigkeit die erste sozialistische Regierung. → S. 109

Der Deutsche Bundestag in Bonn verabschiedet das Zonenrandförderungsgesetz. → S. 114

18. Juni, Freitag

In Großbritannien werden erstmals Zigarettenschachteln mit einer aufgedruckten Warnung vor dem Rauchen in den Handel gebracht: »Warnung der Regierung ihrer Majestät – Das Rauchen kann Ihrer Gesundheit schaden.«

19. Juni, Samstag

Der pakistanische Präsident Aga Muhammad Yahya Khan fordert die nach Indien geflüchteten Ostpakistaner auf, zurückzukommen. Die Heimkehrenden würden »jeden Schutz« erhalten und hätten »keinerlei Diskriminierung« zu befürchten (→ 23. 8./S. 138).

Zum Abschluß des 6. Parteitags der SED (15.–19. 6.) in Berlin (Ost) wählen die Delegierten Erich Honecker formell zum Nachfolger von Walter Ulbricht als Ersten Parteisekretär (→ 3. 5./S. 88).

In Bern unterzeichnen die Bundesrepublik Deutschland und die Schweiz ein Doppelbesteuerungsabkommen, durch das die Steuerflucht in die Schweiz eingeschränkt werden soll.

Die Kieler Woche, die in diesem Jahr unter dem Motto »Wissenschaft verbindet die Völker« steht, wird eröffnet. Zu Freundschaftsbesuchen haben sich Kriegsschiffe aus sieben europäischen Ländern und den USA angekündigt.

Durch einen 2:1-Sieg nach Verlängerung über den 1. FC Köln wird der FC Bayern München deutscher Fußballpokal-Sieger 1971 (→ 5. 6./S. 117).

20. Juni, Sonntag

Auf dem Landesparteitag der schleswig-holsteinischen SPD in Husum wird Jochen Steffen in seinem Amt als Vorsitzender bestätigt.

Die Deutsche Musik-Union erklärt in München, daß die Verdrängung von deutscher und deutschsprachiger Musik aus den Programmen der Rundfunk- und Fernsehanstalten den Berufsstand der deutschen Komponisten in Not gebracht hätte. In einem »Münchner Manifest« fordern sie die »Renaissance deutscher Musik« in den Medien.

In Zandvoort gewinnt der Formel-1-Rennfahrer Jacky Ickx (Belgien) auf Ferrari den großen Preis von Holland.

21. Juni, Montag

Der Internationale Gerichtshof in Den Haag fordert Südafrika auf, sich aus dem illegal besetzten Namibia zurückzuziehen.

In der äthiopischen Hauptstadt Addis Abeba wird in Anwesenheit von nur elf der 41 Mitgliedstaaten die Gipfelkonferenz der Organisation für Afrikanische Einheit eröffnet. → S. 109

Zum 50. Jahrestag der Teilung von Irland verübt die illegale Irisch-Republikanische Armee (IRA) mehrere Bomben- und Sprengstoffanschläge (→ 9. 8./S. 136).

22. Juni, Dienstag

In München läßt die Staatsanwaltschaft in den Räumen der »Aktion 218« fast 200 Abtreibungsbekenntnisse von Frauen sowie etwa 200 Solidaritätserklärungen und Adressen von Kontaktpersonen beschlagnahmen, um »Beweismaterial für Verstöße gegen den § 218 sicherzustellen«. Die »Aktion 218« ist eine Frauengruppe, die sich für die Liberalisierung des Abtreibungsparagraphen einsetzt (→ S. 113).

Die deutsche Nationalmannschaft gewinnt in Oslo ein Fußball-Länderspiel gegen Norwegen 7:1.

23. Juni, Mittwoch

In einer langen Nachtsitzung einigen sich die Europäische Wirtschaftsgemeinschaft (EWG) und Großbritannien in Luxemburg über alle noch offenen Fragen des britischen Beitritts zur EWG (→ 28. 10./S. 167).

Das Parlament (Sejm) in Warschau beschließt ein Gesetz, das den ehemals deutschen Kirchenbesitz der polnischen Westgebiete der katholischen Kirche in Polen übereignet.

In der portugiesischen Hauptstadt Lissabon wird das bislang größte Trockendock der Welt in Betrieb genommen.

Der Bundestag in Bonn verabschiedet eine Novelle zum Filmförderungsgesetz, die eine Verbesserung der Förderung deutscher Filme durch die Filmförderungsanstalt vorsieht (→ S. 179).

24. Juni, Donnerstag

Die Volkskammer der DDR wählt Erich Honecker als Nachfolger von Walter Ulbricht zum Vorsitzenden des Nationalen Verteidigungsrates (→ 3. 5./S. 88).

Der Verteidigungsausschuß des Deutschen Bundestages billigt das »Phantom«-Beschaffungsprogramm. → S. 114

Um der zunehmenden Luftverschmutzung entgegenzuwirken, verabschiedet der Bundestag in Bonn einstimmig ein Gesetz über die Herabsetzung des Bleigehalts im Benzin (→ S. 92).

Der sechstägige Moskaubesuch einer Gruppe von Industriellen aus der Bundesrepublik unter der Führung des Vorsitzenden des Friedrich-Krupp-Konzerns, Berthold Beitz, geht zu Ende. Bei den Gesprächen mit hohen Regierungsvertretern, u. a. mit Ministerpräsident Alexei N. Kossygin, ging es in erster Linie um die Errichtung eines Ständigen Moskauer Büros der in der Gruppe vertretenen Unternehmen Krupp, Klöckner, AEG, Telefunken, Grundig und Dresdner Bank.

25. Juni, Freitag

In Brüssel einigen sich die Arbeits- und Sozialminister der sechs EWG-Mitgliedstaaten nach elfstündigen Verhandlungen über die Aufteilung des europäischen Sozialfonds. Etwa 60% der Geldmittel sollen für die Bekämpfung der Arbeitslosigkeit und 40% für Aus- und Weiterbildung zur Verfügung gestellt werden.

Das Bundesverfassungsgericht in Karlsruhe entscheidet, daß das Vertriebsverbot für kinder- und jugendgefährdende Schriften im Versandhandel mit dem Grundgesetz vereinbar ist.

Der Verband der Niedergelassenen Ärzte in Deutschland spricht sich für die Beibehaltung des Paragraphen 218 aus, da jede Schwangerschaftsunterbrechung eine »Vernichtung neuen Lebens« und deshalb »ein Akt der Tötung« sei (→ 2. 6./S. 112).

26. Juni, Samstag

Die USA rufen ihre Botschafter aus der Republik Madagaskar zurück. Mit diesem Schritt protestiert Washington gegen Vorwürfe über eine angebliche Verwicklung der US-Botschaft in politische Unruhen auf der Insel.

27. Juni, Sonntag

Die südafrikanische Rüstungsfirma Armaments Development and Production Corp. schließt mit den französischen Marcel-Dassault-Flugwerken einen Lizenzvertrag über den Bau von Überschall-Kampfflugzeugen ab.

Die Europäische Wirtschaftsgemeinschaft legt eine Neufassung der Bestimmungen der Allgemeinen Zollordnung vor, in der geregelt ist, was Reisende zum persönlichen Gebrauch oder als Geschenk zollfrei einführen dürfen. So sind z. B. lediglich 200 Zigaretten und 1 l Alkohol erlaubt.

Bundesinnenminister Hans-Dietrich Genscher (FDP) verleiht in Berlin (West) den Deutschen Filmpreis 1971. Je ein Filmband in Gold erhalten die beiden Produzenten des Spielfilms »Erste Liebe« und das literarische Colloquium für den Film »Lenz«.

In Göteborg unterliegt die deutsche Nationalmannschaft in einem Fußball-Länderspiel Schweden 0:1.

Der Mexikaner Pedro Rodriguez und sein britischer Beifahrer Dick Attwood gewinnen auf Porsche das 1000-km-Langstreckenrennen im österreichischen Zeltweg.

28. Juni, Montag

Der Oberste Bundesgerichtshof in Washington entscheidet als letzte Instanz, daß der Berufsboxer Muhammad Ali aus Glaubensgründen vom Wehrdienst hätte befreit werden müssen. Er entscheidet damit gegen sämtliche Vorinstanzen, die Ali wegen Wehrdienstverweigerung zu fünf Jahren Gefängnis und 10 000 Dollar Geldstrafe verurteilt hatten.

Der Verband der Niedergelassenen Ärzte rät den Bundesbürgern zu mehr Urlaub im heimischen »Balkonien«, da dies vielfach gesünder als eine strapaziöse Autoferienreise sei.

29. Juni, Dienstag

Der ägyptische Außenminister Mahmoud Riad trifft zu einem sechstägigen Besuch in der Sowjetunion ein, um den am → 27. Mai (S. 95) abgeschlossenen Vertrag über Freundschaft und Zusammenarbeit zwischen den beiden Ländern zu ratifizieren.

Der Stadtrat von Paris beschließt, die berühmten Pariser Markthallen abzureißen. → S. 114

30. Juni, Mittwoch

In der BRD läuft der seit dem 1. August 1970 erhobene 10%ige Konjunkturzuschlag auf die Lohn-, Einkommen- und Körperschaftsteuer aus. Durch diese Zusatzabgabe, die die Konsumnachfrage in der Bundesrepublik dämpfen sollte, sind rund 5 Mrd. DM stillgelegt worden. Sie müssen bis spätestens 31. März 1972 an die Steuerzahler zurückgegeben werden.

Die drei sowjetischen Kosmonauten von »Sojus 11« werden tot aus ihrer Raumkapsel geborgen. → S. 106

In Kopenhagen gewinnt die deutsche Nationalmannschaft ein Fußball-Länderspiel gegen Dänemark 3:1.

Das Wetter im Monat Juni

Station	Mittlere Lufttemperatur (°C)	Niederschlag (mm)	Sonnenscheindauer (Std.)
Aachen	14,2 (15,9)	119 (77)	157 (200)
Berlin	15,2 (16,5)	106 (62)	149 (244)
Bremen	14,9 (16,0)	151 (59)	153 (218)
München	13,8 (15,8)	188 (121)	156 (201)
Wien	16,7 (17,6)	109 (68)	202 (246)
Zürich	14,0 (15,5)	202 (138)	156 (220)

( ) Langjähriger Mittelwert für diesen Monat

In ihrer Juni-Ausgabe bespricht die deutsche Monatszeitschrift »OPERNWELT« eine aufsehenerregende »Wozzeck«-Inszenierung des Bremer Theaters am Goetheplatz. Regisseur Klaus Michael Grueber verlagert die Handlung der Alban-Berg-Oper auf einen bastgeflochtenen Riesenhocker.

»Sojus 11«: Nach Rekord im Weltall tot gelandet

30. Juni. Bei der Rückkehr zur Erde kommt die dreiköpfige Besatzung des sowjetischen Raumschiffs »Sojus 11« ums Leben. Während des Landevorgangs führt ein Druckabfall in der Raumkapsel zum augenblicklichen Tod der Kosmonauten Georgi T. Dobrowolski, Wladislaw N. Wolkow und Wiktor J. Pazajew. Die Kosmonauten verbrachten zuvor 24 Tage im Weltall. Damit stellten sie einen neuen Rekord für bemannte kosmische Dauerflüge auf.

»Sojus 11« war am 6. Juni vom sowjetischen Kosmodrom in Baikonur gestartet. Einen Tag später koppelte das Raumschiff an die Raumstation »Saljut 1« an, die sich seit dem 19. April im Orbit befindet (→ 19. 4./S. 79). Durch einen Tunnel wechselten die Kosmonauten vom Raumschiff in die Station. Damit wurde »Saljut« zur ersten bemannten Orbitalstation in der Raumfahrtgeschichte. Die Besatzung von »Sojus 10« hatte im April vergeblich versucht, in die Station umzusteigen.

An Bord von »Saljut 1« führten die drei Kosmonauten ein umfangreiches Forschungsprogramm durch. Sie fotografierten die Erde und untersuchten Fixsterne mit neuentwickelten astrophysikalischen Geräten. Ein Schwerpunkt ihrer Arbeit waren medizinisch-biologische Experimente. Die »Sojus«-Besatzung sollte die Wirkung der Schwerelosigkeit auf den menschlichen Organismus untersuchen.

Den alten Rekord für bemannte kosmische Dauerflüge stellten die Kosmonauten am Abend des 23. Juni um 22.54 Uhr MEZ ein: Mit 17 Tagen, 16 Stunden und 59 Sekunden befanden sie sich genauso lang im Weltraum wie ihre Landsleute Andrijan G. Nikolajew und Witali I. Sewastjanow, die im Juni 1970 mit »Sojus 9« den Rekord aufgestellt hatten.

Nach Abschluß ihres Forschungsprogramms erhielt die Besatzung am 29. Juni die Anweisung zur Rückkehr. Die drei Kosmonauten brachten das Forschungsmaterial und das Bordbuch in das Raumschiff »Sojus 11« zurück. An Bord des Raumschiffs überprüften sie die Bordsysteme und bereiteten das Schiff für das Abkoppeln von der Raumstation »Saljut« vor.

Um 19.28 Uhr MEZ erfolgte das Abkopplungsmanöver. Um 23.35 Uhr – in Moskau hatte bereits der 30. Juni begonnen – wurden die Bremsraketen gezündet, um das Raumschiff auf die Bahn zur Erde zu bringen.

In einem amtlichen sowjetischen Bericht über den Rückflug heißt es weiter: »Alle Systeme funktionierten wie gewohnt. Am Ende des Bremsmanövers setzte die Funkverbindung für einige Minuten aus, wie es bei allen Landungen von Raumschiffen der Fall zu sein pflegt. Dann wurden die Bremsfallschirme geöffnet und die Bremsraketen gezündet. Der Flug des niedergehenden Apparates endete weich im vorausberechneten Gebiet. Die Bergungsmannschaft, die in einem Hubschrauber gleichzeitig mit dem Raumschiff landete, fand beim Öffnen der Luke die Mannschaft von Sojus 11 in ihren Sitzen ohne Lebenszeichen vor.«

Eine Untersuchung des Unglückshergangs kommt zu dem Ergebnis, daß ein plötzlicher Druckabfall während der Trennung der Kapsel vom Geräteteil des Raumschiffs den Tod der Kosmonauten bewirkt habe. Für diesen Druckabfall sei eine undichte Luke der Kapsel verantwortlich. Weil die Kosmonauten im Gegensatz zu den Amerikanern während der Rückkehrphase keine Raumanzüge trugen, überraschte sie das Ereignis völlig ungeschützt. In ihren Adern bildeten sich Luftbläschen, die zu einer tödlichen Luftembolie führten.

Der abschließende Untersuchungsbericht scheidet Konstruktionsfehler als Unglücksursache aus. Am Landeapparat, der weich aufgesetzt habe, seien keine Beschädigungen zu erkennen gewesen. Westliche Experten gehen deshalb davon aus, daß die Luke von den Kosmonauten nicht richtig verschlossen worden ist.

△ Die Urnen mit den sterblichen Überresten der Kosmonauten werden am 2. Juli in der Kremlmauer beigesetzt. Zuvor waren die Raumfahrer im Zentralhaus der Sowjetarmee aufgebahrt worden. Hier nahmen Hunderttausende von den Toten Abschied, die posthum mit den höchsten Orden ausgezeichnet wurden.

◁ Das »Sojus«-Raumschiff setzt sich aus einer kugelförmigen Orbitalstation (Arbeits- und Schlafraum), einer als Rückkehreinheit ausgebildeten Kommandokapsel und einem zylindrischen Geräteteil zusammen. Der Geräteteil umfaßt Energieversorgungsanlagen (einschl. zwei Solarzellenauslegern) und Triebwerke.

Die sowjetische Raumfahrt als Vorreiter

Chronik **Rückblick**

Die Sowjetunion investierte im Gegensatz zu den USA bereits in den ersten zehn Nachkriegsjahren enorme Summen in die neue Raumfahrttechnologie. Ziel war es, Raketen und Raumschiffe zu entwickeln, die sich für militärische und zivile Zwecke nutzen ließen.

Mit dem erfolgreichen Start des ersten Satelliten »Sputnik 1« am 4. Oktober 1957 gelang der Sowjetunion der entscheidende erste Schritt in der Geschichte der Raumfahrt. In den USA löste dieses Ereignis den »Sputnik-Schock« aus: Erst jetzt bekam die Raumfahrt hier nationalen Stellenwert.

Im Bereich der unbemannten Raumfahrt ist das sowjetische Programm zur Erforschung des Mondes eine weitere wichtige Station. Am 12. September 1959 startete die Sowjetunion die Mondsonde »Lunik 2«. Sie erreichte nach 34stündigem Flug als erster irdischer Raumflugkörper den Mond. »Luna 16« landete 1970 auf dem Mond und entnahm Bodenproben. Das erste Mondauto »Lunochod 1« wurde 1970 von »Luna 17« auf dem Mond abgesetzt. Das von der Erde ferngesteuerte Auto legte 10,5 km auf dem Mond zurück.

Die Erkundung anderer Planeten wurde 1961 mit der sowjetischen Planetensonde »Venus 1« eingeleitet. Sie passierte die Venus in 100 000 km Entfernung. 1970 erreichte »Venus 7« nach 120 Tagen den erdnächsten Planeten und übermittelte 25 Minuten lang Meßdaten.

Knapp vier Jahre nach dem Start von »Sputnik« begann das Zeitalter der bemannten Raumfahrt. Wieder lag die Sowjetunion vorn: Juri A. Gagarin flog am 12. April 1961 als erster Mensch mit seiner Raumkapsel »Wostok 1« in das Weltall. Er umkreiste die Erde einmal in etwa 250 km Höhe. Als erste Frau unternahm 1963 Walentina W. Tereschkowa im Rahmen des »Wostok«-Programms einen Raumflug.

Gagarin umkreiste 1961 als erster Mensch die Erde. 1968 verunglückte er tödlich mit dem Flugzeug.

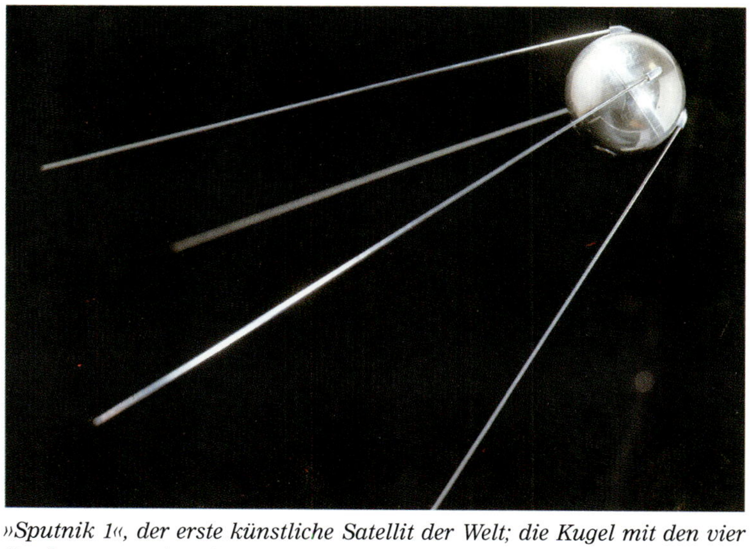

»Sputnik 1«, der erste künstliche Satellit der Welt; die Kugel mit den vier Sendeantennen hat einen Durchmesser von 58 cm und besitzt 86,3 kg Masse. 21 Tage strahlte der Satellit Signale ab, die in aller Welt verfolgt wurden.

Patriarch Pimen im prachtvollen Ornat eines russisch-orthodoxen Würdenträgers während eines Gottesdienstes in der Epiphanias-Kathedrale (1973)

Pimen ist neuer Patriarch

3. Juni. In der Moskauer Epiphanias-Kathedrale wird der neue Patriarch der russisch-orthodoxen Kirche, Pimen, in einer feierlichen Zeremonie inthronisiert. Am Vortag wählten die 72 regierenden Bischöfe der russisch-orthodoxen Kirche ihn einstimmig zum neuen Kirchenoberhaupt.

Pimen tritt die Nachfolge von Patriarch Alexei an, der im April 1970 verstorben war. Seither übte Pimen das Amt des Patriarchen als Statthalter aus. Der im Jahr 1910 geborene neue Oberhirte legte bereits mit 17 Jahren das Mönchsgelübde ab und wurde 1932 Priester. 1961 erhielt Pimen seine Berufung zum Metropoliten von Leningrad und Ladoga. Seit 1963 war er Metropolit von Moskau.

In einer Stellungnahme nach seiner Wahl bezeichnet Pimen eine ökumenische Politik als wichtigste Aufgabe seines Patriarchats. Darüber hinaus betont er die Loyalität der russisch-orthodoxen Kirche gegenüber dem sowjetischen Staat.

»August Vierzehn« in Paris erschienen

14. Juli. In Paris wird der neue Roman des sowjetischen Schriftstellers Alexandr I. Solschenizyn, »August Vierzehn«, veröffentlicht. Das 570 Seiten umfassende Werk erscheint in russischer Sprache und in einer Auflage von zunächst 20 000 Exemplaren.

Solschenizyn hatte sich auch in der Sowjetunion um die Veröffentlichung bemüht. Anfragen bei Literaturzeitschriften und Staatsverlagen blieben jedoch ohne Reaktion. Solschenizyn ist in der UdSSR wegen seiner regimekritischen Haltung verpönt. Den Nobelpreis für Literatur, der ihm 1970 zuerkannt worden war, durfte er bislang nicht entgegennehmen.

Die deutsche Ausgabe von »August Vierzehn« sorgt in der Bundesrepublik für Aufregung (→ S. 83).

Deutscher Journalist von Tito begnadigt

14. Juni. Nach 15 Monaten Haft in einem Belgrader Militärgefängnis wird der »Spiegel«-Korrespondent Hans-Peter Rullmann vom jugoslawischen Staatspräsidenten Josip Tito begnadigt.

Rullmann war im März 1970 unter der Beschuldigung der Spionage in Belgrad festgenommen worden. Ein Militärgericht verurteilte den Journalisten am 6. Januar 1971 zu sechs Jahren Zuchthaus, weil er »vertrauliches Material über militärische Geheimnisse« an eine fremde Macht weitergegeben habe.

Die Vorwürfe gegen Rullmann wurden nie näher konkretisiert. Das Oberste Jugoslawische Militärgericht hob das Urteil bereits im April wieder auf, weil der Spionage-Vorwurf nicht hinreichend nachgewiesen worden sei.

Pressefreiheit triumphiert über Regierungsgeheimnis

13. Juni. Die »New York Times« beginnt mit der Veröffentlichung einer geheimen Studie des Pentagon über den Vietnamkrieg. Der Versuch der Regierung Nixon, die Veröffentlichung der Studie gerichtlich verbieten zu lassen, scheitert am 30. Juni an einem Urteil des Obersten Gerichtshofs.

Nach der Untersuchung, die vom damaligen US-Verteidigungsminister Robert S. McNamara am 17. Juni 1967 in Auftrag gegeben wurde, hat die US-Regierung unter Präsident Lyndon B. Johnson eine Eskalation des Vietnamkriegs betrieben. Kern der Berichte in der »New York Times« ist die Entwicklung, die zum sog. Tonkin-Zwischenfall geführt hat. Am 2. August 1964 wurde in der Bucht von Tonkin der US-Zerstörer »Maddox« von nordvietnamesischen Torpedobooten beschossen. US-Präsident Johnson nahm diesen »Überraschungsangriff« zum Anlaß, um Vergeltungsbombardements gegen Ziele in Nordvietnam anzuordnen. Auch ließ er sich vom Kongreß die Vollmacht zum stärkeren Engagement in Vietnam geben.

Aus den Veröffentlichungen in der »New York Times« geht hervor, daß die US-Armee den Tonkin-Zwischenfall durch militärische Provokationen gezielt herbeigeführt hat. Johnson hatte bereits am 1. Februar 1964 ein »Programm geheimer militärischer Operationen gegen Nordvietnam« (Pentagon-Studie) angeordnet. Mit dieser sog. 34-A-Operation sollte eine Situation geschaffen werden, die den USA einen Vorwand zum harten Eingreifen in Vietnam lieferte. Die US-Regierung wollte so einen raschen Sieg in Vietnam herbeiführen.

Nach Erscheinen der ersten Auszüge aus der Studie läßt die Regierung Nixon der »New York Times« verbieten, weiteres Material aus den Papieren zu veröffentlichen. Die »Washington Post« ebenso wie andere liberale Zeitungen setzen daraufhin den Abdruck der Pentagon-Studie fort. Am 30. Juni entscheidet der Oberste Gerichtshof der USA, daß die »New York Times« die Veröffentlichung der »nicht geheimhaltungsbedürftigen Studie« fortsetzen dürfe. Zugleich wird die Regierung aufgefordert, der Pressefreiheit künftig einen höheren Stellenwert einzuräumen.

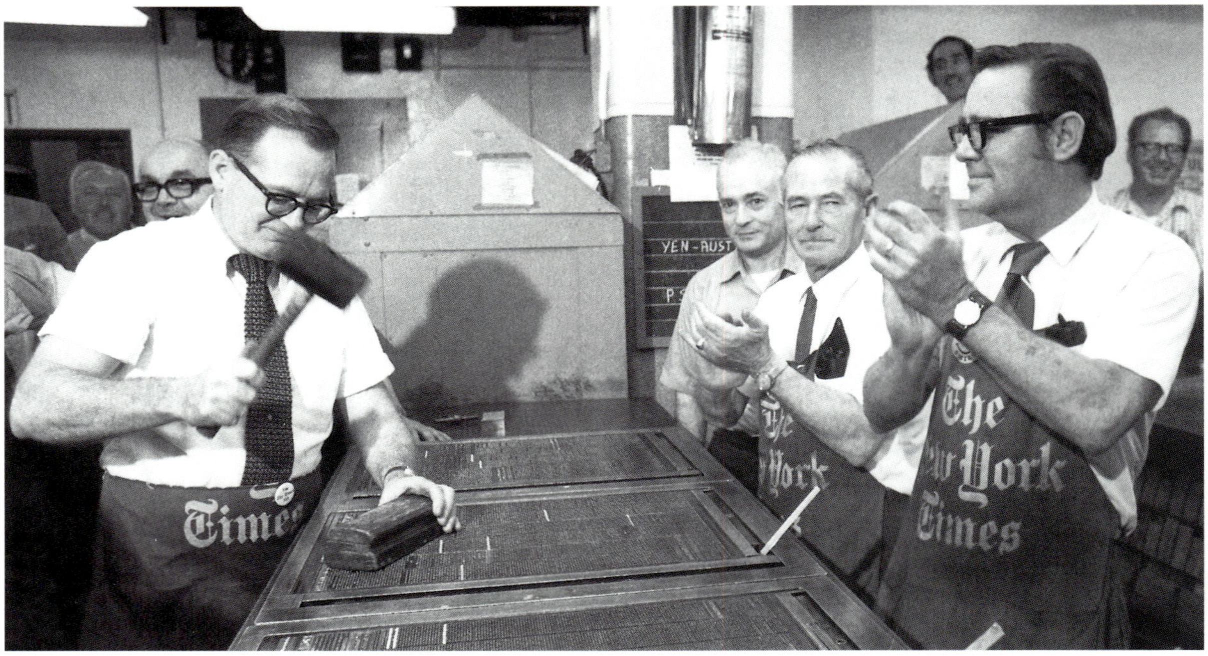

△ *Demonstrativ klopfen Timesleute nach dem Urteil des Obersten Gerichtshofs der USA den Satz einer Seite fest. Die Mitarbeiter der »New York Times« fühlen sich durch das Urteil, das den Vorrang der Pressefreiheit in der freiheitlichen Demokratie betont, in ihrer Arbeit bestätigt.*

◁ *Die Veröffentlichung von Auszügen aus der Pentagon-Studie in der »New York Times« widerlegt die These, die USA seien wider Willen in den Vietnamkrieg »hineingeschlittert«.*

▽ *Der frühere Pentagon-Berater Daniel Ellsberg (r.) hat die Vietnam-Studie an die »New York Times« weitergegeben. Er gehörte zu den Autoren der 7000 Seiten umfassenden Studie.*

Sozialistischer Malteser bittet Briten kräftig zur Kasse

17. Juni. Maltas neugewählter Premierminister, der Führer der maltesischen Labour Party Dominic Mintoff, geht auf Konfrontationskurs zu Großbritannien.

Die Wahl Mintoffs bedeutet eine Abkehr von der Politik seines Vorgängers Borg Olivier, der eine enge Bindung an Großbritannien befürwortete. Als wichtigste Aufgabe seiner Regierung bezeichnet Mintoff, neue Bedingungen für die Stationierung der britischen Truppen auf Malta auszuhandeln.

Nach seiner Vereidigung erklärt Mintoff, er werde den auf zehn Jahre befristeten und 1974 auslaufenden Verteidigungspakt Maltas mit Großbritannien vorzeitig aufkündigen. London müsse seine bisherigen Zahlungen von jährlich 5 Mio. Pfund (42 Mio. DM) wesentlich erhöhen, wenn es sein Kontingent von Luft- und Landstreitkräften auf Malta halten wolle.

Mintoff begründet diese Forderung damit, daß die Beanspruchung der maltesischen Militärbasen durch Großbritannien und vor allem dessen NATO-Verbündeten in den letzten Jahren wesentlich gestiegen sei. Die Präsenz der NATO-Truppen auf Malta sei zudem nie ausdrücklich vertraglich vereinbart worden. Malta selbst ist nicht Mitglied der westlichen Verteidigungsallianz.

Valletta, die Hauptstadt von Malta, verfügt über einen seit Jahrhunderten strategisch wichtigen Hafen im Mittelmeer.

Zur Bekräftigung seiner Forderung weist Mintoff am 23. Juni den auf Malta stationierten Befehlshaber der NATO-Seestreitkräfte Südeuropa, Admiral Gino Birindelli, aus. Die US-Marine wird am 28. Juni aufgefordert, die Häfen der strategisch wichtigen Mittelmeerinsel vorerst nicht mehr anzulaufen.

Nach langwierigen Verhandlungen zwischen der britischen und der maltesischen Regierung kommt es am 22. September zu einer vorläufigen Einigung. Die Regierung Mintoff erklärt sich bereit, Großbritannien und der NATO gegen eine jährliche Zahlung von 9,5 Mio. Pfund (80 Mio. DM) weiterhin Stützpunkte auf Malta zur Verfügung zu stellen.

Malta war seit 1814 britische Kronkolonie und Flottenstützpunkt. 1964 wurde der Inselstaat unabhängig. Als Mitglied des britischen Commonwealth ging die damalige konservative Regierung in Valletta Bündnisverpflichtungen ein, die Großbritannien die Nutzung der maltesischen Kriegshäfen sicherte. Der neue sozialistische Premierminister Mintoff strebt eine größere außenpolitische Unabhängikeit seines Landes von London an.

OAU gegen Dialog mit Apartheid-Regime

21. Juni. In der äthiopischen Hauptstadt Addis Abeba wird die sechste Gipfelkonferenz der Organisation für Afrikanische Einheit (OAU, Organization of African Unity) eröffnet. Umstrittenstes Thema der Konferenz ist die Frage eines Dialogs mit Südafrika.

Bereits auf der vorbereitenden Tagung der Außenminister der OAU-Staaten am 18. Juni standen sich Befürworter und Gegner eines Dialogs mit Pretoria unversöhnlich gegenüber. Viele Regierungsoberhäupter der 41 OAU-Staaten verzichteten deshalb auf eine Teilnahme an der Gipfelkonferenz und entsandten lediglich Minister.

Mit 28 gegen sechs Stimmen bei fünf Enthaltungen lehnen die Delegierten der Gipfelkonferenz ein Gespräch mit dem Apartheid-Regime ab. Die Dialog-Gegner fordern, daß die südafrikanische Regierung sich zunächst zu Verhandlungen mit den Schwarzen im Land bereit erklären müsse. Für eine Kontaktaufnahme mit Südafrika stimmen die Elfenbeinküste, Lesotho, Malawi, Madagaskar, Swasiland und Mauritius: Nur ein Gespräch könne Veränderungen bewirken.

Joe Kachingwe wird als erster schwarzer Botschafter in Südafrika akkreditiert. Der Missionschef der afrikanischen Republik Malawi überreicht am 4. August in Pretoria sein Beglaubigungsschreiben. Malawi gehört zu den wenigen OAU-Staaten, die den Dialog mit Südafrika befürworten.

Wahl Mitterrands zum Ersten Sekretär

16. Juni. François Mitterrand wird mit 43 gegen 36 Stimmen zum Ersten Sekretär der erweiterten Sozialistischen Partei Frankreichs gewählt. Die Sozialisten haben sich am 13. Juni mit der »Konvention republikanischer Institutionen« und zwei linkskatholischen Gruppen zusammengeschlossen.

Mitterrand setzt sich innerhalb seiner Partei für eine engere Zusammenarbeit mit der Kommunistischen Partei Frankreichs (KPF) ein. Für die Parlamentswahlen im Jahr 1973 legt er die Sozialistische Partei auf eine Absprache mit der KPF über die Bildung einer Linksregierung fest.

Die Wahl Mitterrands bedeutet eine Absage der Sozialisten an den bisherigen, gemäßigten Parteisekretär Alain Savary, der eine Kooperation mit der KPF ablehnt.

Essen und Trinken 1971:

Exotisches und Exklusives in heimischen Speisekammern

Chronik Übersicht

Für den Bundesbürger bedeutet Essen und Trinken inzwischen mehr als reine Nahrungsaufnahme. Genuß und Phantasie sind gefragt. Einerseits präsentiert sich dem Verbraucher ein ständig wachsendes Warenangebot: Exotische Produkte und einheimische Spezialitäten ergänzen die Produktpalette. Auf der anderen Seite gewinnt das Anrichten der Mahlzeiten an Stellenwert. Die Devise lautet: »Das Auge ißt mit.«

Die Bundesbürger geben von ihrem Haushaltsgeld immer weniger für Nahrungs- und Genußmittel aus. Der Anteil beträgt 1971 nur noch 31%; 1950 waren es 44% (→ S. 59). Das Interesse der Bundesbürger am »Essen und Trinken« nimmt jedoch nicht ab: »Quer durch die Bevölkerung wächst die Nachfrage nach Nahrungsmitteln hohen Genres, nach Delikatessen und Frischwaren, nach Produkten mit Erleichterung für die Küchenarbeit« (Frankfurter Allgemeine Zeitung, 28. 9. 1971). Diese Entwicklung schlägt sich auch im Warenangebot nieder. Die Süßwarenindustrie z. B. verzeichnet einen »Spezialitätenboom«. Besonders gefragt sind u. a. »Happy-Joghurt-Stäbchen« oder auch Joghurt-Schokolade. Spezialbrotsorten und Feinbackwaren haben 1971 ebenfalls Hochkonjunktur. Der Trinkmilchverbrauch geht zurück, doch der Verzehr von Milchprodukten nimmt zu. Die einfache Kartoffel wird von »Spezialitäten aus Kartoffeln« abgelöst. Klöße und Kroketten kommen auf die Teller der Abwechslungshungrigen – oder gar schweizerische Rösti.

1971 überschwemmt eine Flut exotischer Früchte den bundesdeutschen Markt. Auf der diesjährigen Allgemeinen Nahrungs- und Genußmittelausstellung (ANUGA) in Köln wird eine Reihe dieser Früchte erstmals vorgestellt. Dazu gehören u. a. Kiwis (die sog. Chinesischen Stachelbeeren), Kumquats (Zwergorangen aus China), Mangos und auch Papayas.

Pro-Kopf-Verbrauch in der BRD

Produkt (in kg)	1951	1961	1970	1971
Kartoffeln	177,0	130,0	102,0	100,0
Frischobst	44,9	59,3	93,8	91,7
Gemüse	44,0	47,9	65,4	70,0
Fleisch	38,6	60,1	73,7	78,5
Brot	96,0	74,8	62,4	61,0
Zucker	24,9	30,0	32,0	33,8

Vom Reiz der Exotik verspricht sich auch die Getränkeindustrie große Umsätze. Zahlreiche »tropische Getränke« kommen neu auf den Markt. So kann sich der Verbraucher jetzt beispielsweise an »Mango-Likör«, »Maracuja-Saft« oder »Feigentrunk« laben.

Neben Exklusivität und Exotik setzt die Lebensmittelindustrie 1971 mehr und mehr auf Produkte mit »eingebauter Bequemlichkeit«. Zeitersparnis und leichtere Zubereitung lassen viele Verbraucher – auch eingefleischte Hausfrauen – auf Instant-Produkte, Soßen- und Dessertpulver oder Fertiggerichte aus der Tiefkühltruhe zurückgreifen. Aber auch hier zeigt sich die Vorliebe der Bundesbürger für das Besondere. Die »Pizza aus der Tiefkühltruhe« wird z. B. zum Renner der Saison. »Backen im Kühlschrank« ist die Neuheit des Jahres: Joghurtpulver, verrührt mit Frischmilch wird im Kühlschrank zu einer erfrischenden Torte.

1971 kommt auch »Farbe ins Essen«. Ein US-amerikanischer Gewürzhersteller startet eine Aktion für unschädliche Speisefarben. Damit kann z. B. blauer, grüner oder auch roter Blumenkohl serviert werden. Originelles Geschirr und ausgefallene Tischdekorationen lassen Mahlzeiten mitunter zu einem »bunten Erlebnis« werden.

Bundeslandwirtschaftsminister Josef Ertl: »Ich bin der Vorkauer der Nation.«

Werbung der deutschen Agrarwirtschaft: Vielfalt, Qualität und Geschmack

Deutsche Agrarwirtschaft in Nöten: »Wieso, weshalb, warum essen Sie?«

Ausländische Konkurrenz und steigende Ansprüche der Konsumenten – diese Entwicklung spüren auch die deutschen Bauern. Deshalb startet die deutsche Agrarwirtschaft 1971 die Werbekampagne »Schöner Essen – Aus deutschen Landen frisch auf den Tisch«. Anzeigenreihen sollen den Bauern helfen, den Umsatz zu steigern und das Image zu verbessern. Die deutsche Agrarwirtschaft tut sich allerdings schwer mit der Entwicklung der Eßkultur. Dies jedenfalls offenbart ein Anzeigentext: »Bevor die deutsche Landwirtschaft anfängt, irgendwelche Eßwaren zu produzieren, fragt sie erstmal den Verbrauchern ein Loch in den Bauch. Früher war das einfacher: das Korn wuchs, die Milch floß, und der Weizen blühte. Wir brauchten nur noch zu ernten und die Ernte auf dem Markt zu verteilen. Alle lebten vom Land in den Mund. Es wurde gegessen, was auf den Tisch kam. Heute müssen wir auf den Tisch bringen, was Sie essen wollen. Und zwar so gewachsen und so aussortiert, so geputzt und so verpackt, wie Sie es am liebsten mögen.«

Die Anstrengungen, um herauszufinden, »wieso, weshalb, warum« die Leute essen, möchte die Agrarwirtschaft dann auch vom Verbraucher honoriert sehen. Er soll »ein Häppchen mehr tun als bloß kochen und runterschlingen«.

Immer mehr Haushalte besitzen eine Friteuse. Knackig-knusprig sind selbst Apfelringe etwas Besonderes.

Möglichst außergewöhnlich – die Ansprüche, die die Bundesbürger an ein gutes Essen stellen, sind gestiegen. Feinschmecker- und Spezialitätenlokale haben guten Zulauf.

Die Bundesbürger entdecken den Joghurt. Er avanciert zum wahren Volksnahrungsmittel. Allgemeine Meinung: »Joghurt ist gesund, hält schlank und macht schön.«

Vergiftungen durch Dosensuppen in den USA verunsichern. Demonstrativ löffeln die Verantwortlichen der größten bundesdeutschen Suppenhersteller ihre Produkte.

Qualitätskontrolle von Dosensuppen am Abfüllband

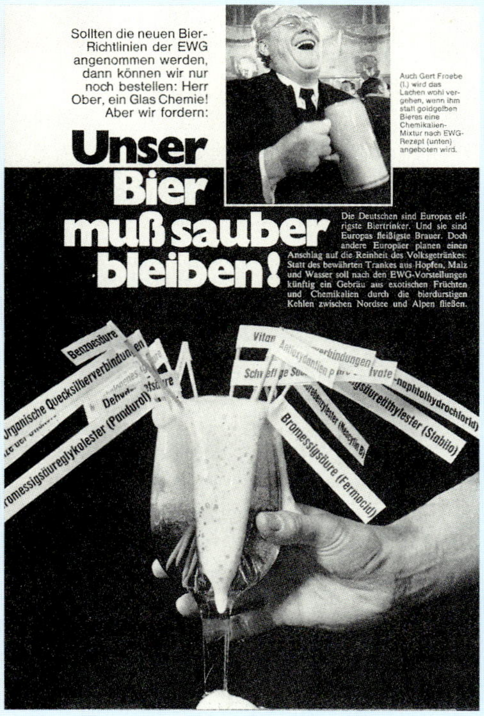

Von Giften, Drogen und Chemie . . .

Das Vertrauen der Verbraucher in die Lebensmittelindustrie wird 1971 auf eine harte Probe gestellt. Es häufen sich Meldungen, in denen über Gifte und chemische Rückstände in verschiedenen Nahrungsmitteln berichtet wird.

In New York stirbt ein US-Bürger nach dem Verzehr von Dosensuppen einer US-amerikanischen Firma. Todesursache waren Bakterien, die sich in den Konserven zu tödlichen Giften entwickelt hatten.

In der Bundesrepublik Deutschland geraten die Landwirte, speziell die Großbauern, unter Beschuß. Düngemittel und sog. Mastmittel in der Tierzucht, so der Vorwurf, setzten die Qualität der Produkte herab und gefährden die Gesundheit der Verbraucher.

Das Nachrichtenmagazin »Der Spiegel« berichtet, daß die deutschen Bauern jährlich für 150 Mio. DM Antibiotika und Hormone zum schnelleren Wachstum von Mastvieh verfüttern oder spritzen. Nach Ansicht zahlreicher Experten birgt deshalb der Verzehr von Fleisch und Wurst, aber auch von Milchprodukten ein hohes Krebsrisiko.

◁◁ Eine Titelgeschichte wert: Gesundheitsgefährdung durch sog. Mastmittel
◁ In Deutschland wird das Reinheitsgebot für Bier vehement verteidigt.

§ 218 den Kampf angesagt – Frauen starten Offensive

Eine Reform oder gleich die völlige Streichung des § 218 – Tausende von Frauen in der Bundesrepublik stehen 1971 hinter dieser Forderung. In vielen Städten finden Demonstrationen gegen den »unsäglichen Paragraphen« statt. Das Aufbegehren gegen das Abtreibungsverbot ist Ausdruck der neuen Emanzipationsbewegung, die in den 60er Jahren entstanden ist. Eine Änderung des § 218 ist von der SPD/FDP-Koalition angekündigt.

2. Juni. In Heft 24 der bundesdeutschen Wochenzeitschrift »stern« bekennen insgesamt 374 Frauen: »Wir haben abgetrieben!« Zu den Unterzeichnerinnen gehören zahlreiche Prominente wie die Schauspielerinnen Romy Schneider, Senta Berger, Helga Anders, Hannelore Hoger oder Vera Tschechowa.

Die Selbstanzeige ist als Protest gegen den § 218 des Strafgesetzbuches gedacht. Die Frauen fordern die »ersatzlose Streichung des Abtreibungsparagraphen, der Frauen ohne Geld auf die Küchentische der Kurpfuscher« zwänge. Viele Frauen betrachten darüber hinaus die Streichung des § 218 auch »als eine Befreiung der Frau«.

In der Selbstanzeige heißt es: »Jährlich treiben in der Bundesrepublik rund eine Million Frauen ab. Hunderte sterben, Zehntausende bleiben krank und steril, weil der Eingriff von Kurpfuschern vorgenommen wurde. Von Fachärzten gemacht, ist die Schwangerschaftsunterbrechung ein einfacher Eingriff.«

Und weiter: »Ich bin gegen den Paragraphen 218 und für Wunschkinder. Wir Frauen wollen keine Almosen vom Gesetzgeber und keine Reform auf Raten! Wir fordern die ersatzlose Streichung des Paragraphen 218. Wir fordern umfassende sexuelle Aufklärung für alle und freien Zugang zu Verhütungsmitteln! Wir forden das Recht auf die von den Krankenkassen getragene Schwangerschaftsunterbrechung!«

Mit der »stern«-Aktion greifen zahlreiche Frauengruppen in der ganzen Bundesrepublik eine Idee aus Frankreich auf. Dort hatten bereits im März 1971 Betroffene öffentlich bekundet, abgetrieben zu haben. Ähnlich wie ihre französischen Vorgängerinnen hoffen die bundesdeutschen Frauen, daß die Justiz durch die hohe Anzahl der Selbstanzeigen überfordert ist. Weitere Frauen, so der Gedankengang, werden sich dem Appell anschließen. Vor der Prozeßlawine, die dann ins Rollen käme, müßten Richter und Gesetzgeber letztlich kapitulieren und den Abtreibungsparagraphen streichen.

Gegen viele der 374 Frauen werden Ermittlungsverfahren eingeleitet, die aber alle eingestellt werden.

Laut Paragraph 218 des StGB ist Abtreibung in der Bundesrepublik Deutschland verboten. Illegale Schwangerschaftsunterbrechungen werden mit Geldstrafen oder mit Freiheitsentzug zwischen drei Monaten und fünf Jahren bestraft. Erst nach fünf Jahren ist das Delikt der Abtreibung verjährt.

Aktion der britischen Frauenbewegung »Women's Lib« in London. Symbole weisen auf die Unterdrückung der Frau durch »Kinder, Küche, Kirche« hin.

Etwa 60 Frauen demonstrieren vor dem Berliner Messegelände gegen den § 218. Hier tagt gerade ein Kongreß für ärztliche Fortbildung.

Aktion gegen den »Abtreibungsparagraphen« in München. Von Bundesjustizminister Gerhard Jahn (l.) verlangen die demonstrierenden Frauen die Änderung der Rechtslage. Jahn zeigt sich verbindlich.

Großdemo in Bonn; die Frauen hoffen, so die Beratungen zur Reform des § 218 im Parlament vorantreiben zu können.

Selbstanzeige in der Zeitschrift »stern«: 374 Frauen – darunter auch bekannte Schauspielerinnen und Schriftstellerinnen – bekennen sich zur Abtreibung.

Viel Lob, aber auch herbe Kritik für »stern«-Aktion

Die Selbstbezichtigungs-Kampagne in der Zeitschrift »stern« erregt in der bundesdeutschen Öffentlichkeit große Aufmerksamkeit. Fast alle großen Tageszeitungen reagieren auf das Abtreibungsbekenntnis: »374 Frauen haben wirklich Mut« (Hamburger Morgenpost), »Provokation gegen Paragraph 218« (Stuttgarter Zeitung) oder »Aufstand der Frauen« (Münchner Abendzeitung).

Im Anschluß an die Aktion veröffentlicht das Demoskopische Institut in Allensbach das Ergebnis einer Umfrage. Mit 46% ist die Mehrheit der Befragten für die Streichung des § 218, dagegen sind 39%. Insgesamt sprechen sich mehr Männer (50%) als Frauen (41%) gegen das Abtreibungsverbot aus.

Besonders von seiten der Frauen erhalten die Unterzeichnerinnen des Abtreibungsbekenntnisses Anerkennung. Insgesamt 86 500 Frauen bekunden schriftlich ihre Solidarität. Bei den Frauengruppen gehen täglich mehr und mehr Selbstbezichtigungen ein, letztlich steigt die Zahl auf 3000 an.

Die FDP fordert nachdrücklich die Liberalisierung des Paragraphen, ein Mitglied der CDU/CSU-Fraktion hingegen erstattet Strafanzeige gegen die Schauspielerin Romy Schneider. Aber auch dieses Verfahren wird eingestellt.

Die Staatsanwaltschaft in München greift zu härteren Mitteln. Sie läßt die Räume der »Aktion 218« durchsuchen und beschlagnahmt alle Abtreibungsbekenntnisse.

Abtreibung – ein Problem seit Jahrhunderten

Chronik Rückblick

Schwangerschaftsabbruch – das zeigen wissenschaftliche Studien – ist ein Problem nahezu aller Zeiten und Kulturen. Die Behandlung »reichte von völliger Straffreiheit über Geld- und Freiheitsstrafe bzw. Verbannung bis zur Todesstrafe«.

In Deutschland wurde der Paragraph 218 erstmals in das Reichsstrafgesetzbuch von 1871 aufgenommen. Demnach war die »Abtötung der Leibesfrucht« ausnahmslos verboten. Sie wurde mit Zuchthaus, ab 1926 mit Gefängnis bis zu fünf Jahren bestraft. Während des Nationalsozialismus wurde der Verstoß gegen den § 218 von 1943 bis 1945 im »Falle eines Angriffs auf die Lebenskraft des deutschen Volkes« mit der Todesstrafe belegt.

Unumstritten war der § 218 zu keiner Zeit. Die vermutete Dunkelziffer der illegalen Abtreibungen wird bei einer Mio. pro Jahr angesetzt. Frauengruppen traten Anfang des 20. Jahrhunderts erstmals für die Liberalisierung des § 218 ein. In der Weimarer Zeit entstand eine große, hauptsächlich von Intellektuellen getragene Bewegung zur Abschaffung des Paragraphen.

Alle Vorstöße blieben ohne Erfolg: Ein Antrag auf Einführung der sog. Fristenlösung, den die SPD-Fraktion 1920 einbrachte, wurde abgelehnt. 1927 wurde allerdings die Strafbarkeit der Abtreibung bei sog. medizinischer Indikation aufgehoben.

Mit der neuen Frauenbewegung der 60er Jahre wurde die Debatte um das Abtreibungsverbot neu belebt. Es entstanden Frauengruppen, die sich für die Reform oder Streichung des § 218 einsetzten, wie z. B. die »Aktion 218«.

Der SPD-Parteitag im November 1971 nimmt einen Gesetzentwurf an, der die sog. Fristenlösung vorsieht. Danach sind Schwangerschaftsunterbrechungen in den ersten drei Monaten straffrei. Eine Reform des Paragraphen 218 wird 1974 verabschiedet.

1915, US-Feministin Kitty Marion: Forderung von Geburtenkontrolle

20er Jahre: Kampagne der UdSSR-Regierung gegen die heimliche Abtreibung durch sog. Engelmacherinnen, die viele Frauen das Leben kostet

Eine Phantom-Staffel in späteren Jahren. Die Kampfflugzeuge erreichen eine Höchstgeschwindigkeit von 2,3 Mach.

Phantom soll den Starfighter ablösen

24. Juni. Mit einer Stimme Mehrheit beschließen die SPD/FDP-Mitglieder im Verteidigungsausschuß des Deutschen Bundestags die Beschaffung von 175 Flugzeugen vom Typ F-4F Phantom. Die Kaufsumme für die US-amerikanischen Mehrzweck-Kampfflugzeuge wird mit 3,9 Mrd. DM angegeben.

Die Phantom soll langfristig den Starfighter und die Fiat G 91 der Bundesluftwaffe ablösen. Nach Angaben des Bundesverteidigungsministeriums ist vorgesehen, die Phantom bei der Luftwaffe zugleich als Abfangjäger und Jagdbomber einzusetzen. In dieser Mehrzweckfunktion sei das Flugzeug optimal geeignet, eine örtlich und zeitlich begrenzte Luftüberlegenheit herzustellen und so die Landstreitkräfte mit konventionellen Mitteln zu unterstützen.

Die Vertreter der CDU/CSU-Fraktion im Verteidigungsausschuß stimmten gegen den Kauf der Phantom. Nach ihrer Ansicht gefährden die hohen Kosten für die Phantom-Beschaffung die Weiterentwicklung des deutsch-britisch-italienischen Mehrzweck-Kampfflugzeugs MRCA.

Der Kaufvertrag über die 175 Phantoms wird am 31. August unterzeichnet. Darin ist eine Beteiligung der deutschen Industrie an der Produktion der Kampfflugzeuge vorgesehen, die Zulieferungen in Höhe von 800 Mio. DM umfaßt.

Einstimmig für das Zonenrandgebiet

17. Juni. Am »Tag der deutschen Einheit« verabschiedet der Bonner Bundestag in demonstrativer Einmütigkeit das Zonenrandförderungsgesetz. Das Parlament billigt einstimmig das Gesetzeswerk, das die finanzielle Unterstützung für das strukturschwache Gebiet entlang der deutsch-deutschen Grenze vorsieht. Mit der Wiederherstellung der Einheit solle sich das Gesetz selbst überflüssig machen.

Das Gesetz sieht folgende Maßnahmen vor:

▷ Regionale Wirtschaftsförderung zum Ausgleich von Standortnachteilen und zur Schaffung von Dauerarbeitsplätzen
▷ Steuerliche Vorschriften, die eine Minderung der Einkommensteuer und Sonderabschreibungen ermöglichen
▷ Verkehrserschließung
▷ Verbesserung der Wohnversorgung für die Region.

Der Bundesminister für innerdeutsche Beziehungen, Egon Franke, betont, das Gesetz solle im Zonenrandgebiet Lebensbedingungen schaffen, die denen im übrigen Bundesgebiet »mindestens gleichwertig« seien. Franke kündigt an, daß 1971 bereits 80 Mio. DM zusätzlich für die Zonenrandförderung aufgewendet werden sollen.

Über ein Jahrhundert lang verkauften die Lebensmittelhändler in den Pariser Markthallen ihre Waren.

Ohne Rücksicht auf ihre kunsthistorische Bedeutung werden die Markthallen dem Erdboden gleichgemacht.

Abriß der Pariser Markthallen: Der »Bauch von Paris« muß modernem Kulturzentrum weichen

29. Juni. *Trotz heftiger Proteste von Denkmalschützern beschließt der Stadtrat von Paris, die berühmten Pariser Markthallen abzureißen. Nach dem Willen des französischen Staatspräsidenten Georges Pompidou soll an ihrer Stelle ein modernes Kulturzentrum errichtet werden.*

Die Pariser Hallen waren 1852–59 von Victor Baltard in der damals neuartigen Stahlbauweise errichtet worden. Der Architekt und Bauhaus-Leiter Ludwig Mies van der Rohe nannte sie »Meisterwerke der Stahlkonstruktion«. Über ein Jahrhundert lang waren die Hallen das Handelszentrum von Paris. Émile Zola gab dem Lebensmittelgroßmarkt den Spitznamen »Bauch von Paris«. Weil die Hallen für den steigenden Warenumschlag zu eng wurden, zogen die Händler 1969 in ein Marktzentrum außerhalb von Paris um. Dort wo die Hallen standen, wird das Kulturzentrum »Centre Pompidou« errichtet, das 1977 eröffnet wird.

Harmonie bestimmt Brandt-Besuch in USA

13. Juni. Bundeskanzler Willy Brandt trifft zu einem sechstägigen Besuch in den Vereinigten Staaten ein. Bei seinen Gesprächen mit US-Präsident Richard M. Nixon wird eine breite Übereinstimmung zwischen Bonn und Washington in den Fragen der deutschen Ostpolitik und der Truppenverminderung in Europa deutlich.

Noch bei seinem letzten Besuch in Washington im April 1970 stieß Brandt auf eine deutliche Reserviertheit der Nixon-Administration gegenüber seiner Ostpolitik. Die USA befürchteten anfänglich einen »deutschen Alleingang« in der Ostpolitik. Gegenüber dem amerikanischen Präsidenten betont Brandt nun die Einbettung seiner Politik in ein westliches Entspannungskonzept. Ziel seiner Ostpolitik sei es, »den unerläßlichen deutschen Beitrag zu einer Entspannung zwischen Ost und West zu leisten«.

Zu den interessantesten Anregungen Brandts während seines USA-Besuchs gehört der Vorschlag eines »symbolischen ersten Schritts zur Einleitung eines Truppenabbaus in Mitteleuropa«. Eine fünfprozentige Verminderung der Streitkräfte in Ost und West solle den Anstoß für weitergehende Abrüstungsverhandlungen geben.

Nixon (r.) gibt zu Ehren von Brandt einen Empfang im Weißen Haus.

Brandt hatte diesen Vorstoß zuvor mit Nixon abgesprochen.

Für seine Ostpolitik wird Brandt am 14. Juni von der Yale-Universität in New Haven die Ehrendoktorwürde verliehen. In der Laudatio heißt es: »Eine des kalten Krieges müde Welt findet Hoffnung in Ihrer mutigen und optimistischen Bemühung, den gemeinsamen Boden zu suchen, auf dem die Selbstinteressen von Europas Osten und Westen versöhnt werden.«

Kroetz-Stück schockiert

3. Juni. Im Dortmunder Schauspiel wird »Wildwechsel« von Franz Xaver Kroetz in der Inszenierung von Manfred Neu uraufgeführt. Das Stück des bayerischen Autors schockiert durch seine Thematik und Offenheit weite Teile des Publikums: Gesellschaftliche Tabus werden berührt, Sexualität wird auf der Bühne dargestellt.

In »Wildwechsel« schildert Kroetz die unglückliche Beziehung der 13jährigen Schülerin Hanni zu dem Hilfsarbeiter Franz: Franz wird wegen Unzucht mit Minderjährigen verurteilt, Hanni wird schwanger. Schließlich erschießen beide Hannis Vater, da er sich ihrer Beziehung entgegenstellt.

Die Ankündigung zur Uraufführung enthält Punkte, die für Kroetz' Dramatik charakteristisch, für das Theaterpublikum jedoch neu und für viele anstößig sind: »Durch radikale Verknappung der Sprache, der Dialoginhalte, Situationen und Aktionen, in der sich der begrenzte geistige Horizont der beteiligten Personen und die bedrückende Enge einer von Tabus und Vorurteilen, falscher Scham, Egoismus und gesellschaftlichen Rücksichten umstellten kleinbürgerlichen Welt spiegeln, erzielt Kroetz eine scheinbar kaltblütige Sachlichkeit der Darstellung, die vielleicht stärker als emotionsgeladene Theatralik das Publikum zur Auseinandersetzung provoziert.«

Der erst 25jährige Autor erlebt 1971 den endgültigen Durchbruch. Neben »Wildwechsel« werden auch die Einakter »Hartnäckig« und »Heimarbeit« uraufgeführt (→ S. 27). Kroetz' Kritiker kommen vor allem aus konservativen Kreisen, die in seiner Dramatik die Verunglimpfung der Theaterkunst sehen.

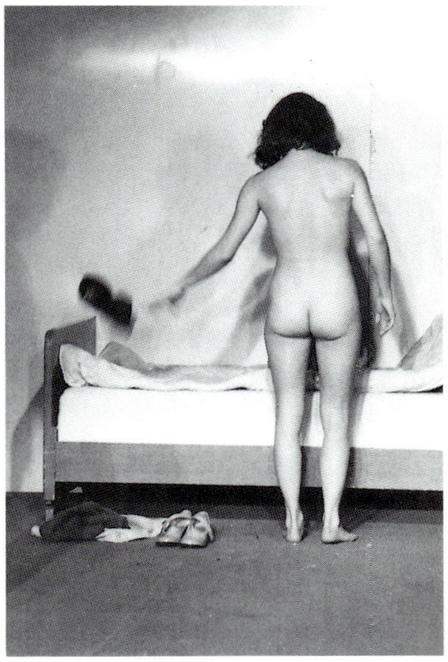

Diese Szene aus »Wildwechsel« sorgt besonders für Aufregung beim Publikum im Dortmunder Schauspiel.

Hot pants werden als »Waffen im kalten Krieg« verdächtigt

Nach der Mini- und Maxi-Mode erobern 1971 die sog. Hot pants den internationalen Modemarkt. Die »heißen Höschen«, die das weibliche Bein wieder in voller Länge zeigen, sind für viele Frauen – und Männer – der Inbegriff von Freiheit, Mut und »Happiness«.

Anstoß erregt das knappe Kleidungsstück bei DDR-Ideologen: Sie entlarven die Hot pants, die nun auch in ostdeutschen Städten zu sehen sind, als »Waffen im kalten Krieg«. Die »heißen Höschen« werden verdächtigt, westliche Weltanschauung »bestehend aus Pop und Sex« ins Arbeiter- und Bauernparadies zu exportieren.

Verfolgt werden die Hot pants aber auch von bundesdeutschen Sittenwächtern. Ein Gericht verbietet die Höschen im Büro, da sie »mit den Dienstobliegenheiten nicht in Einklang« zu bringen seien.

Mit Tomaten gegen Hot pants: Als selbsternannte Hüterinnen der Moral führen die Pariser Marktfrauen einen heißen Kampf gegen »heiße Höschen«. Die militanteste Sittenwächterin stürmt sogar vor, um der Trägerin der Hot pants mit »handfesten Argumenten« die modischen Flausen aus dem Kopf zu treiben.

Bestechungsskandal in der Fußballbundesliga enthüllt

6. Juni. 24 Stunden nach dem spannenden Finale der Bundesligasaison zündet der Präsident des Absteigers Kickers Offenbach, Horst Gregorio Canellas, eine Bombe, die den bundesdeutschen Fußballsport in seinen Grundfesten erschüttert. Der Bundesligaskandal, von Kritikern des »korrupten« Profisports als Beweis und logische Entwicklung des »schmutzigen Fußballs« gebrandmarkt, beschäftigt den Deutschen Fußball-Bund (DFB) länger als fünf Jahre.

Auf der Feier zu seinem 50. Geburtstag spielt Canellas seinen verblüfften Partygästen – darunter auch Bundestrainer Helmut Schön – Tonbandprotokolle vor. Damit will er beweisen, daß im Abstiegskampf manipuliert worden ist. Canellas behauptet:

- ▷ Torwart Manfred Manglitz vom 1. FC Köln habe Offenbach für 100 000 DM Bestechungsgeld eine Niederlage seines Vereins zugesagt
- ▷ Waldemar Klein, Vorstandsmitglied der Kickers, habe in Berlin mit den Hertha-Spielern Bernd Patzke und Tasso Wild über eine Siegprämie (im letzten Saisonspiel gegen Arminia Bielefeld) in Höhe von 140 000 DM verhandelt. Bielefeld habe aber 250 000 DM für eine Hertha-Niederlage geboten.

Tags darauf bestätigen Manglitz und Patzke Kontakte zu Canellas, von ihm sei jedoch die Initiative ausgegangen. Patzke, aus dem Nationalkader gegen Albanien (12. Juni) gestrichen, beschuldigt Offenbachs Geschäftsführer Walter Konrad. Dieser habe ihm eine hohe Prämie angeboten, falls er für ein Unentschieden oder eine Niederlage von Hertha BSC gegen Kickers (3. April, 3:1 für Berlin) »sorge«.

Der Bundesliga-Bestechungsskandal beherrscht die Fußball-Sommerpause: Fast täglich veröffentlichen die Medien neue Enthüllungen und Rechtfertigungen, Anschuldigungen und Dementis. Der Vorsitzende des DFB-Kontrollausschusses, der Stuttgarter Landgerichtsdirektor Hans Kindermann, ermittelt permanent. Die meterhohen Aktenberge belegen – obwohl Fußballrichter Zeugen nicht vorladen, Beschuldigte nicht zur Aussage zwingen können – immer deutlicher eine weitreichende Verstrickung in den sport-illegalen Punktehandel. Vereine und Funktionäre, Trainer und Spieler stecken mehr oder weniger tief im Bestechungssumpf.

Am 17. Juni erhebt der DFB Anklage gegen Manglitz, Wild, Patzke, Canellas und Kickers Offenbach. Am 24. Juli verkündet das Sportgericht die Urteile: Langjährige Sperren, Lizenzentzug und Geldstrafen. Neue Verfahren und Berufungsverhandlungen vor dem DFB-Bundesgericht differenzieren Taten und erweitern den Täterkreis.

Der Beweisdurchbruch gelingt im Herbst: Hans Arnold (VfB Stuttgart) und Jürgen Rumor (Hertha BSC) bestätigen passive Bestechungskontakte zu dem Bielefelder Geldboten Jürgen Neumann. Nach Teilgeständnissen des Arminia-Vorstandes hält es die DFB-Justiz für erwiesen, daß Bielefeld die 1:0-Siege in Berlin (5. Juni), in Stuttgart (29. Mai) und beim FC Schalke 04 (17. April) gekauft hat.

Auch die ordentliche Gerichtsbarkeit ist aktiv: Arbeitsgerichte bestätigen die Kündigungen gesperrter Spieler durch die Vereine, Staatsanwälte ermitteln wegen versuchter Erpressung, Betrugs oder Meineids, Zivilrichter befassen sich mit Verleumdungsklagen und verwerfen den Anspruch des Absteigers RW Essen auf Wiederaufnahme in die Bundesliga.

Der folgenreiche Skandal-Schatten ist lang: In der Saison 1971/72 geht die Zuschauerzahl um 900 000 auf 5,4 Mio. zurück. Bis 1974 müssen sich zwölf Funktionäre, drei Trainer und 52 Spieler aus insgesamt neun Vereinen vor der DFB-Justiz verantworten und werden zumeist schuldig gesprochen. Arminia Bielefeld wird 1972 in die Regionalliga zurückgestuft, 1973 steigt RW Oberhausen (mit Minuspunkten vorbelastet) ab. Das Essener Landgericht verurteilt 1976 Schalker (National-) Spieler, vom DFB zuvor mit Karriereknick und Sperren »in Raten« bestraft, wegen »eidlicher und uneidlicher Falschaussage« zu hohen Geldbußen.

Prozeß in der Zentrale des DFB; die beschuldigten Spieler Patzke (l.) und Wild (r.) mit Rechtsanwalt Horst Sander

Berufungsverfahren vor dem DFB-Bundesgericht; in 2. Instanz wird das Urteil gegen Patzke und Wild reduziert.

Ermittelt unnachgiebig und fordert harte Strafen: Hans Kindermann, Vorsitzender des DFB-Kontrollausschusses

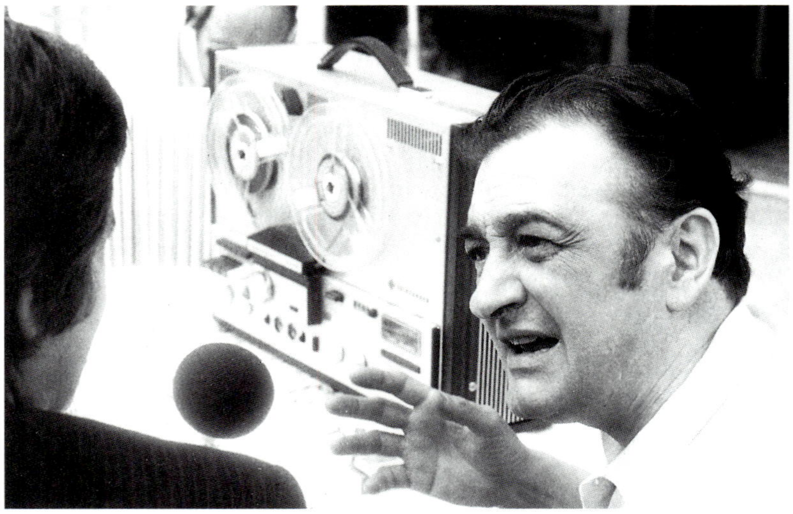

Canellas bringt mit pikanten Tonbandaufzeichnungen den »Ball ins Rollen«.

Rachefeldzug wird Bumerang – vom Saubermann zum Angeklagten

Horst Gregorio Canellas, Südfrüchte-Händler und Offenbacher Präsident, enthüllt den Skandal. Doch auch er wollte Spiele kaufen. Canellas tritt als Präsident zurück und wird auf Lebenszeit gesperrt.

Der Bestechungsskandal ruft heftige Diskussionen über Moral und Geld im deutschen Profi-Fußball hervor (Faksimiles aus der Illustrierten »stern«). Die 1963 eingeführte Fußballbundesliga hat sich zum Millionengeschäft entwickelt. Doch der Grad zwischen Profit und Pleite ist ganz schmal geworden. Für den Erfolg ist inzwischen nahezu jedes Mittel recht.

Schale für Gladbach, Pokal für Bayern

5. Juni. Der VfL Borussia Mönchengladbach wird zum zweitenmal hintereinander Deutscher Fußball-Meister. Die »Fohlen-Elf« und ihr Trainer Hennes Weisweiler holen sich den Titel nach einem ungemein spannenden Saison-Finale vor dem FC Bayern München.

Nach dem 33. Spieltag liegen die Bayern (48:18 Punkte, 74:34 Tore) knapp vor den Gladbachern (48:18 Punkte, 73:34 Tore). Am letzten Spieltag gewinnt der Titelverteidiger dann 4:1 bei Eintracht Frankfurt, während die Bayern beim MSV Duisburg 0:2 verlieren.

Die diesjährigen Absteiger aus der Bundesliga sind die Vereine Kikkers Offenbach und Rot-Weiß Essen. Ihre Plätze nehmen die Aufsteiger VfL Bochum und Fortuna Düsseldorf ein.

Deutscher Pokalsieger 1971 wird am 19. Juli der FC Bayern München. Die Bayern-Elf geht als Favorit ins Endspiel gegen den 1. FC Köln. Im ausverkauften Stuttgarter Neckarstadion bringt Bernd Rupp die Kölner jedoch bereits in der 14. Minute in Führung. Erst in der 52. Minute gelingt Franz Bekkenbauer der Ausgleichstreffer. Nach 90 Minuten geht das Spiel beim 1:1-Unentschieden in die Verlängerung. Zwei Minuten vor Spielende trifft Edgar Schneider dann zum 2:1-Endstand und zum fünften Pokalerfolg für den FC Bayern.

Schwede gewinnt erstmals Giro d'Italia

10. Juni. Gösta Pettersson aus Schweden gewinnt den Giro d'Italia 1971. Damit kann erstmals in der Geschichte des Radsports ein Skandinavier dieses Profirennen für sich entscheiden.

Die zum 54. Mal ausgetragene Italien-Rundfahrt führt in diesem Jahr über 20 Etappen mit insgesamt 3559 km. Pettersson ist seit dem drittletzten Tag Inhaber des rosa Trikots des Spitzenreiters. Nahezu mühelos kann er seine Führung über die Dolomiten hinweg bis zum traditionellen Endziel Mailand verteidigen.

Der 30jährige Schwede feiert mit dem Gewinn des Giro d'Italia den größten Triumph seiner erst dreijährigen Profikarriere.

Musik 1971:

Neue Impulse bleiben aus

Chronik Übersicht

Rund 25 Jahre nach Beendigung des Zweiten Weltkriegs befindet sich das internationale Musikleben unverändert auf der Suche nach endgültigen und zukunftsweisenden Aussagen. Elektronischen Klängen und Klangkombinationen, die zu Beginn der 50er Jahre beachtliche Fortschritte erzielten und neue Erkenntnisse vermittelten, bleibt der entscheidende Durchbruch weiterhin versagt. Auch zahlreiche weitere Versuche, traditionelle Hörgewohnheiten mit elektronisch erzeugten Klangwelten zu vermischen, können sich nicht durchsetzen. Hinzu kommt, daß gesellschaftliche Problemstellungen mehr und mehr auf die künstlerischen Bereiche übergreifen. Beispiele dafür sind der Umweltschutz, die Rassendiskriminierung und ideologische Kontroversen in der sog. Dritten Welt. Mit teilweise aggressivem Zuschnitt bestimmen diese Themen die musikalische Auseinandersetzung.

Im Bereich des Musiktheaters und des Balletts greifen zeitgenössische Komponisten in ihren Neuschöpfungen seit Beginn der 70er Jahre immer häufiger auf literarische Erfolgswerke der Vergangenheit zurück. Dieser Trend wird in verschiedenen Uraufführungen 1971 deutlich: John Neumeiers »Romeo und Julia« (Shakespeare), John Crankos »Carmen« (Bizet), Aribert Reimanns »Melusine« (Ivan Goll), Gottfried von Einems »Besuch der alten Dame« (Dürrenmatt) oder Fritz Geißlers »Der zerbrochene Krug« (Kleist).

Insgesamt gibt sich das Musiktheater jedoch betont zeitkritisch. Soziologische Aspekte, teilweise in bissige Ironie verpackt, stehen im Vordergrund. Dabei werden, z. B. im Bereich des Musicals, religiöse Themenstellungen ebenfalls einbezogen. Das beweisen die Uraufführungen von Mauricio Kagels »Staatstheater« (25. 4., Hamburg), Stephen Schwarz' »Goodwell«, Leonard Bernsteins »Mass« (8. 9., Washington) und Andrew Lloyd Webbers Erfolgsstück »Jesus Christ Superstar« (→ 12. 10./S. 176).

Fazit: Diese Gesamtentwicklung – mag sie auch noch so vielseitig in der Thematik oder in ihrem Anliegen sein – signalisiert, daß die Zeit der bloßen Experimentierens ohne konkrete Zielsetzungen vorbei ist. Statt dessen herrscht das Bemühen vor, neue Werke mit »faßbaren« Inhalten zu füllen.

Auf dem Gebiet der Pop-Musik fällt die zunehmende Verwendung von klassischen und romantischen Themen (z. B. Mozart, Rossini, Schubert u.a.) auf. Von trickreichen Schlagzeugeffekten untermauert, evozieren sie einen vorwiegend bei der Jugend vielbeachteten neuen »Sound«. Unter dem Namen »Song of Joy« (Miguel Rios) wird die Verwendung von Teilen des letzten Satzes aus Beethovens IX. Sinfonie der Schlager-Renner des Jahres 1971.

Bayreuth und Salzburg bringen in ihren Festspielen weder bahnbrechende Aufführungen noch risikofreudige Neuerungen. Beide Festspiele, glänzend besucht und größtenteils monatelang vorher ausverkauft, spiegeln auch in diesem Jahr Traditionsbewußtsein und bewährte Bequemlichkeit mit kommerzieller Vermarktung en bloque wider. Sie gestalten sich abermals als gesellschaftliche Höhepunkte einer illustren Oberschicht aus dem In- und Ausland, die besonders in der Regenbogenpresse Akzente setzen. Nennenswerte künstlerische oder musikalische Impulse geben die Festspiele dagegen nicht.

Die internationale Musikwelt trauert im Jahr 1971 um zwei hervorragende Künstlerpersönlichkeiten: Igor Strawinski und Louis »Satchmo« Armstrong. Strawinski, der Schöpfer so bekannter Werke wie »Der Feuervogel« und »Le sacre du printemps«, war eine der prägendsten Komponistengestalten des 20. Jahrhunderts (→ 6. 4./S. 81). Armstrong, der »König des Jazz« mit unverwechselbarem Trompetenklang und rauchiger Stimme, war einer der profiliertesten Wegbereiter des US-amerikanischen »Dixieland«- und Blues-Jazz (→ 6. 7./S. 130).

(Siehe auch Übersicht »Uraufführungen« im Anhang.)

Zustimmung beim Publikum erfährt die Oper »Pentheus« von Francesco Valdambrini, die unter der musikalischen Leitung von Ralf Weikert in Bonn uraufgeführt wird (Szenenfoto: Steven Kimbrough [oben] als Dionysos).

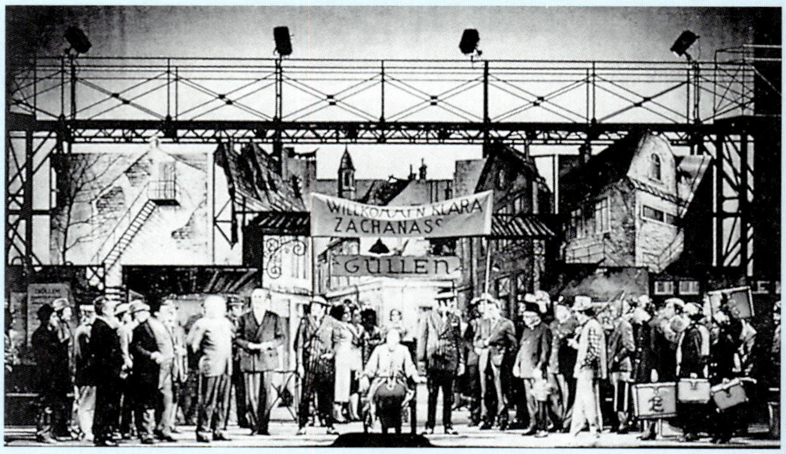

Ein Höhepunkt der Wiener Festwochen 1971 ist am 23. Mai die von Otto Schenk inszenierte und von Horst Stein dirigierte Uraufführung der Oper »Der Besuch der alten Dame« von Gottfried von Einem in der Wiener Staatsoper.

Bei den Schwetzinger Festspielen wird am 29. April die Oper »Melusine« von Aribert Reimann mit Erfolg uraufgeführt. Im Bild Barry McDaniel als Lusignan und Catherine Gayer als Zauberwesen Melusine.

△ Stürmische Publikumsbegeisterung auch bei den Münchener Opernfestspielen im Juli 1971 für Giuseppe Verdis weniger populäre Oper »Simon Boccanegra« im Nationaltheater: Otto Schenks von modischen Eskapaden befreite Inszenierung paart sich mit dem bravourösen Dirigat des Mailänder Scala-Chefs Claudio Abbado. Das Szenenfoto mit der von Jürgen Rose erbauten Renaissance-Säulengalerie zeigt Gundula Janowitz als Amelia und Robert Ilosvalvy als Gabriele Adorno.

◁ In einer eigenen Fernseh-Inszenierung strahlt das ZDF die Oper »Julietta« von Bohuslav Martinu aus. Unter der Regie von Václav Kašlik singt Elisabeth Höngen die Partie einer bärtigen Kartenleserin. Die Handlung der Märchenoper erinnert in weiten Teilen an »Hoffmanns Erzählungen« von Jacques Offenbach.

Der Tenor Wolfgang Windgassen (l.) in der Titelrolle von Verdis Othello im Stuttgarter Staatstheater

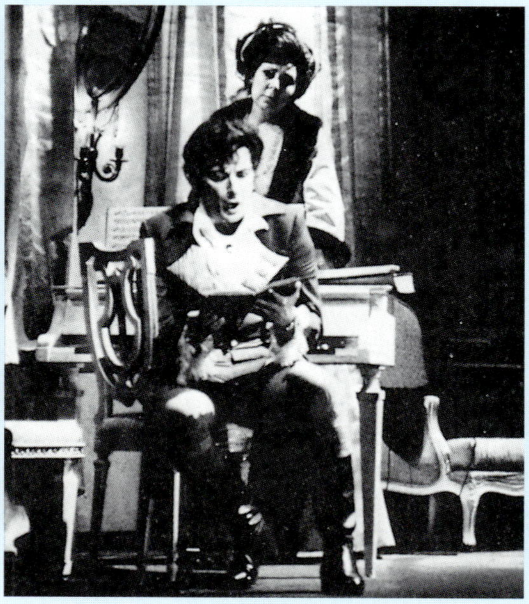

Franco Corelli und Christa Ludwig in Massenets »Werther« an der New Yorker Metropolitan Opera

Hamburgische Staatsoper: Placido Domingo und Huguette Tourangeau in Georges Bizets »Carmen«

Von der Met bis zur Scala: Rastlose Opernstars singen für zahlungskräftiges Publikum in aller Welt

International renommierte Gesangssolisten sind die Attraktionen bei den Premieren bedeutender Opernhäuser sowie bei den vorwiegend im Sommer stattfindenden Musikfestspielen. »Jet-set« heißt der neue Sammelbegriff für rastlose Stars, die in den USA und in Europa in den Titelrollen großer Opern allzeit präsent sind und sich von einem überwiegend gut betuchten Publikum feiern lassen. Von den extrem hohen Künstlergagen der Stars können die vielen Sänger und Sängerinnen der Theaterensembles nur träumen.

Juli 1971

Mo	Di	Mi	Do	Fr	Sa	So
			1	2	3	4
5	6	7	8	9	10	11
12	13	14	15	16	17	18
19	20	21	22	23	24	25
26	27	28	29	30	31	

1. Juli, Donnerstag

Der Streit zwischen Großbritannien und Argentinien um die Falklandinseln wird vorläufig beigelegt. → S. 124

Auf der 119. Sitzung der Pariser-Vietnam-Gespräche legt die Delegation des Vietcong einen neuen Friedensplan vor. Er sieht den Abzug aller US-Truppen aus Vietnam und die Freilassung aller Kriegsgefangenen bis zum Ende des Jahres vor.

In den Niederlanden bildet der Fraktionsvorsitzende der Antirevolutionären Partei (ARP), Barend Willem Biesheuvel, 63 Tage nach den Parlamentswahlen eine aus fünf Parteien bestehende Koalitionsregierung.

Die Europäische Wirtschaftsgemeinschaft (EWG) führt allgemeine Zollpräferenzen zugunsten von 91 Entwicklungsländern ein. Deren Export von industriellen Halb- und Fertigwaren in die EWG genießt im Rahmen bestimmter Höchstmengen Zollfreiheit für die Dauer von zehn Jahren.

Die Bundespost erhöht ihre Gebühren. Der Normalbrief (bis zu 20 g) verteuert sich um 10 auf 60 Pf. Die Gebührenskala wird neu in sieben Gewichtsstufen eingeteilt. Die Kosten für ein Ortsgespräch steigen von 18 auf 21 Pf.

Rudolf Augstein, Herausgeber und Gesellschafter des bundesdeutschen Nachrichtenmagazins »Der Spiegel«, verkauft aus wirtschaftlichen Erwägungen 25% seiner Anteile an den Zeitschriftenverlag Gruner + Jahr.

In der Bundesrepublik Deutschland erhalten Kinder, Männer und Frauen erstmals einen gesetzlichen Anspruch auf kostenlose ärztliche Untersuchungen zur Früherkennung von Krankheiten (→ S. 188).

2. Juli, Freitag

In 24 Häfen an der US-amerikanischen Westküste legen 15 000 Hafenarbeiter die Arbeit nieder. Die Verhandlungen zwischen Gewerkschaften und Arbeitgebervereinigungen über höhere Bezüge und eine verbesserte Altersversorgung waren am 30. Juni gescheitert.

3. Juli, Samstag

Die wochenlangen Tarifauseinandersetzungen in der chemischen Industrie werden durch ein Übereinkommen zwischen der IG Chemie und den Arbeitgeberverbänden beendet. Beide Parteien einigen sich auf Lohnerhöhungen um 7,8%.

Die Australierin Evonne Goolagong gewinnt in Wimbledon das Endspiel im Damen-Einzel (→ 4. 7./S. 131).

Pat Matzdorf (USA) verbessert in Berkeley (Kalifornien) den acht Jahre alten Weltrekord im Hochsprung von 2,19 m auf 2,29 m.

4. Juli, Sonntag

Das UN-Flüchtlings-Kommissariat in Genf gibt bekannt, daß die Zahl der ostpakistanischen Flüchtlinge in Indien die Sechs-Millionen-Grenze überschritten habe (→ 23. 8./S. 138).

Der CSU-Vorsitzende Franz Josef Strauß erklärt in einem Interview, daß er auf dem Mitspracherecht seiner Partei bei der Nominierung des CDU-Kanzlerkandidaten bestehe.

Der Australier John Newcombe gewinnt zum drittenmal seit 1967 das Herren-Einzel in Wimbledon. → S. 131

5. Juli, Montag

Frankreichs Staatspräsident Georges Pompidou trifft zu zweitägigen Regierungskonsultationen in der BRD ein. Im Mittelpunkt der Gespräche mit Bundeskanzler Willy Brandt stehen Fragen der europäischen Einigung und aktuelle Währungsprobleme.

Eine Umfrage des Instituts für Demoskopie Allensbach ergibt, daß die bundesdeutsche Bevölkerung über die Arbeitszeiten geteilter Meinung ist. 46% der Arbeitnehmer befürworten eine Woche mit vier Arbeitstagen zu je zehn Stunden und 47% der Befragten eine Fünf-Tage-Woche zu je acht Stunden.

6. Juli, Dienstag

Bundeswirtschafts- und finanzminister Karl Schiller belegt das Verteidigungsministerium mit einer Ausgabensperre von 300 Mio. DM. Für das Bundesverkehrsministerium wird ein Etatstopp von 240 Mio. DM verordnet. Damit müssen die beiden Ressorts mehr als die Hälfte der von der Bundesregierung beschlossenen Haushaltseinsparung aufbringen (→ 13. 5./S. 90).

Die Arbeitsgemeinschaft der Verbraucherverbände fordert die Autofahrer in der Bundesrepublik auf, »preiskritisch« zu tanken. Freie Tankstellen würden den Liter Benzin bis zu 15% billiger anbieten als Markenfirmen.

In Berlin (West) gehen die 21. Berliner Filmfestspiele, die am 25. Juni begonnen haben, zu Ende. Mit dem Goldenen Bären ist »Der Garten der Finzi Contini« von Vittorio De Sica ausgezeichnet worden. Der Film behandelt die Judenverfolgung im faschistischen Italien.

In New York stirbt im Alter von 71 Jahren der US-amerikanische Jazzmusiker Louis Armstrong. → S. 130

7. Juli, Mittwoch

Die jordanische Armee beginnt eine Großoffensive gegen palästinensische Freischärler. → S. 125

Walter Scheel trifft als erster Außenminister der Bundesrepublik zu einem offiziellen Besuch in Israel ein. → S. 127

Die Hamburger SPD leitet gegen das Mitglied des Bundesvorstands der Jungsozialisten, Wolfgang Roth, ein Parteiordnungsverfahren ein. → S. 127

An der Medizinischen Fakultät der US-Universität in Miami weigern sich die angehenden Ärzte einstimmig, die Eidesformel des Hippokrates zu sprechen, da sie die Schwangerschaftsunterbrechung verbietet.

8. Juli, Donnerstag

Rund 1500 südvietnamesische Soldaten dringen nach Kambodscha in das Gebiet des sog. Papageienschnabels vor. → S. 124

Das Parlament in Österreich beschließt eine »Kleine Strafrechtsreform«, durch die u. a. Homosexualität und Ehestörung straffrei werden. → S. 126

Das Statistische Bundesamt in Wiesbaden teilt mit, daß die Teuerungsrate in der Bundesrepublik Deutschland im Juni gegenüber dem gleichen Monat des Vorjahres die »Schallgrenze« von 5% erreicht hat (→ S. 20).

9. Juli, Freitag

In Washington veröffentlicht Senator William Proxmire erstmalig eine Aufschlüsselung der amerikanischen Militärhilfe nach Ländern. An der Spitze steht Süd-Korea mit 240 Mio. Dollar (840 Mio. DM) jährlich, gefolgt von Kambodscha mit 200 Mio. Dollar (700 Mio. DM) und der Türkei mit rund 100 Mio. Dollar (350 Mio. DM).

Als erste Hochschule in der Bundesrepublik Deutschland erhält die Universität Münster eine offizielle Vertretung ausländischer Studenten.

In Santa Clara in Kalifornien stellt die Australierin Shane Gould mit 4:21,2 min einen Weltrekord über 400 m Freistil auf (→ 12. 12./S. 205).

Zum Auftakt der deutschen Leichtathletik-Meisterschaften in Stuttgart erreicht Uwe Beyer vom USC Mainz im Hammerwurf 74,90 m. → S. 131

10. Juli, Samstag

In Marokko scheitert ein Militarputsch gegen König Hasan II. → S. 126

11. Juli, Sonntag

Der Sicherheitsberater von US-Präsident Richard M. Nixon, Henry A. Kissinger, beendet einen geheimgehaltenen dreitägigen Besuch in der Volksrepublik China (→ 15. 7./S. 124).

Der in Kairo tagende »Palästinensische Nationalkongreß« beschließt, die elf palästinensischen Fedajin-Organisationen und die 7000 Mann starke Palästinensische Befreiungsarmee dem Oberbefehl Jasir Arafats zu unterstellen. Arafat soll den Kampf der Palästinenser gegen Jordanien anführen (→ 7. 7./S. 125).

Mit scharfer Kritik des Bundesvorsitzenden der Schlesischen Landsmannschaft, Herbert Hupka (SPD), an der Deutschland- und Ostpolitik seiner eigenen Partei endet in München das Deutschlandtreffen der Schlesier. Hupka wirft der Bundesregierung vor, mit dem Warschauer Vertrag die Oder-Neiße-Linie als Westgrenze Polens anerkannt zu haben (→ 27. 2./S. 42).

Mit 1:58,3 min stellt Hildegard Falck in Stuttgart einen Weltrekord über 800 m auf (→ 9. 7./S. 131).

12. Juli, Montag

In München wird Nikolaus Lobkowicz zum neuen Rektor der Ludwig-Maximilians-Universität gewählt. → S. 127

13. Juli, Dienstag

Zum erstenmal seit der Bergbaukrise Mitte der 60er Jahre kommt es im Ruhrgebiet zu Aktionen gegen die Gefährdung von Arbeitsplätzen. In Gelsenkirchen demonstrieren mehrere tausend Beschäftigte der Glasindustrie gegen die geplante Stillegung der Glasproduktion der Delog AG.

Der Roman »Mephisto« (1933) von Klaus Mann darf auch weiterhin in der Bundesrepublik nicht veröffentlicht werden. Das Bundesverfassungsgericht entscheidet gegen eine Klage der Nymphenburger Verlagshandlung GmbH in München. Das Gericht begründet sein Urteil damit, daß der Roman das Leben des Schauspielers Gustaf Gründgens behandle und dessen Persönlichkeitsrechte verletze.

14. Juli, Mittwoch

Der Österreichische Nationalrat spricht sich mit den Stimmen von SPÖ und FPÖ nur eineinhalb Jahre nach den Wahlen für eine vorzeitige Auflösung und Festsetzung von Neuwahlen für den 10. Oktober aus. Die Minderheitsregierung von Bruno Kreisky (SPÖ) erhofft sich dadurch eine verbesserte parlamentarische Grundlage (→ 10. 10./S. 167).

Die europäischen Kernkraftwerkhersteller Kraftwerk Union AG (BRD), Agip Nucleare (Italien), Belgonucléaire S. A. (Belgien), Interatom GmbH (BRD), Nuclear Power Group (Großbritannien), Nuclear Fuel (Großbritannien) und Neeratom (Niederlande) unterzeichnen Kooperationsabkommen, um ihre Weltmarktposition im Atomenergiesektor auszubauen.

15. Juli, Donnerstag

US-Präsident Richard M. Nixon gibt bekannt, daß er auf Einladung des chinesischen Ministerpräsidenten Chou En-lai Peking besuchen werde. → S. 124

In Österreich wird die Wehrgesetznovelle verabschiedet, die den Wehrdienst von neun auf sechs Monate herabsetzt. → S. 126

Bei der Fahndung nach Mitgliedern der terroristischen Baader-Meinhof-Gruppe in Hamburg wird die zwanzigjährige Petra Schelm von einem Polizisten erschossen (→ 4. 12./S. 201).

Im Wirtschaftsmagazin »Capital« weist Franz Josef Strauß der CDU/CSU-Fraktion den Weg in die Zukunft. Der CSU-Vorsitzende will die Bonner SPD/FDP-Regierung spätestens bei der für 1973 geplanten Bundestagswahl stürzen.

16. Juli, Freitag

Der spanische Staatschef General Francisco Franco Bahamonde ernennt Prinz Juan Carlos zu seinem Stellvertreter. → S. 126

Das Bundesministerium für Städtebau und Wohnungswesen in Bonn teilt mit, daß die Mieten im Juni des Vorjahres um 6,1% niedriger lagen als im gleichen Monat dieses Jahres.

Der Fernseh-Delphin Flipper stirbt in Grassy Key im US-Bundesstaat Florida an Herzversagen. → S. 130

17. Juli, Samstag

In Rom unterzeichnen die Außenminister Italiens und Österreichs ein Abkommen zur Schlichtung des Konflikts um Südtirol. → S. 126

Das Bundesverwaltungsgericht in Berlin (West) entscheidet, daß der Schutz der Bevölkerung vor Lärmbelästigungen auch dann gerechtfertigt ist, wenn dadurch die Gewerbefreiheit eingeschränkt wird. Das Urteil gab Nachbarn einer Fischgroßhandlung Recht, die sich durch den nächtlichen Ladebetrieb gestört fühlten.

Die Bundesregierung in Bonn bietet der DDR erstmals eine »konkrete Zusammenarbeit« in Fragen des Umweltschutzes an.

18. Juli, Sonntag

Die jordanische Regierung kündigt das Kairoer Abkommen von 1970, das die Auseinandersetzungen zwischen Jordanien und den palästinensischen Guerillas beenden sollte (→ 7. 7./S. 125).

Der Belgier Eddy Merckx gewinnt zum drittenmal nacheinander die Tour de France. → S. 131

19. Juli, Montag

Der sudanesische Staats- und Regierungschef Dschafar Muhammad An Numairi wird von linksgerichteten Putschisten gestürzt. → S. 126

Die südvietnamesische Regierung schlägt eine Wiedervereinigung von Nord- und Südvietnam mit Hilfe von allgemeinen Wahlen unter internationaler Aufsicht vor.

Der Deutsche Bundestag in Bonn verabschiedet das »Städtebauförderungsgesetz«. → S. 127

20. Juli, Dienstag

Die Arzneimittelkommission der deutschen Ärzteschaft in Koblenz empfiehlt dem Bundesgesundheitsministerium in Bonn, sämtliche Appetitzügler unter Rezeptpflicht zu stellen, da eine Gesundheitsgefährdung durch solche Mittel nicht auszuschließen sei (→ S. 188).

21. Juli, Mittwoch

In der Türkei verbietet das Verfassungsgericht die »Türkische Arbeiterpartei«, die einzige im Parlament vertretene sozialistische Partei, da sie dem Aufbau einer modernen Türkei entgegenstehen würde.

Bei Rheinweiler in Südbaden entgleist wegen überhöhter Geschwindigkeit der Schweiz-Expreß Basel–Kopenhagen. Der Zug stürzt eine Böschung hinunter und zerstört ein Wohnhaus. Das Unglück fordert 23 Tote (→ 27. 5./S. 96).

Bischof Hanns Lilje führt Eduard Lohse als seinen Nachfolger in das Amt des Landesbischofs der Evangelisch-Lutherischen Kirche Hannovers ein.

Die US-Illustrierte »Life« kürt den Amerikaner Clint Eastwood zum beliebtesten Schauspieler der Welt.

22. Juli, Donnerstag

Die Schiedskommission der Hamburger SPD schließt acht Mitglieder des Landesvorstands der Jungsozialisten aus der Partei aus. Sie hätten aktiv an einer auch von kommunistischen Gruppen organisierten Demonstration teilgenommen (→ 7. 7./S. 127).

23. Juli, Freitag

Die Europäische Kommission veröffentlicht die Grundlinien eines gemeinsamen Programms zum Umweltschutz. Zu den wichtigsten Aufgaben zählt die Bekämpfung der Luft- und Wasserverschmutzung (→ S. 92).

In der Bundesrepublik werden die Gebühren der Technischen Überwachungsvereine (TÜV) für Kontrollen nach § 29 der Straßenverkehrs-Zulassungs-Ordnung erhöht. Danach kostet die Pflichtuntersuchung für Pkw statt 12,66 jetzt 14,77 DM.

24. Juli, Samstag

Der Sudan bricht die diplomatischen Beziehungen zum Irak ab. Die irakische Regierung hatte den Putschversuch vom 19. Juli gegen den sudanesischen Partei- und Regierungschef Dschafar Muhammad An Numairi positiv bewertet (→ 19. 7./S. 126).

In Uruguay beschließt die Abgeordnetenkammer, dem Staatspräsidenten Jorge Pacheco Areco »wegen verfassungswidriger Handlungen« den politischen Prozeß zu machen. Areco hatte erneut den gemilderten Ausnahmezustand über das Land verhängt, obwohl dieser zuvor vom Kongreß aufgehoben worden war.

Die achtzehnjährige »Miß Libanon«, Georgina Rizk aus Beirut, wird in Miami Beach im US-Bundesstaat Florida zur »Miß Universum« gekürt.

Die Bayreuther Festspiele, die bis zum 27. August dauern, werden eröffnet (→ S. 118).

Im Bundesliga-Bestechungsskandal verurteilt das Sportgericht des DFB die Spieler Tasso Wild (Hertha BSC), Manfred Manglitz (1. FC Köln), Lothar Ulsaß (Eintracht Braunschweig) und Bernd Patzke (Hertha BSC) zu langjährigem Lizenzentzug (→ 6. 6./S. 116).

In Moskau stellt Gewichtheber Wassili Alexejew (UdSSR) vier Weltrekorde im Superschwergewicht auf. → S. 131

25. Juli, Sonntag

Syrien schließt als Antwort auf die Zerschlagung der palästinensischen Guerillaeinheiten durch Truppen König Husains II. seine Grenzen zu Jordanien (→ 7. 7./S. 125).

In Offenbach wird ein Bund der kroatischen Kommunisten im Ausland gegründet. Die neue Organisation will gegen extremistische Exilgruppen auftreten und kroatischen Gastarbeitern die problemlose Wiedereingliederung in Jugoslawien ermöglichen.

Der Deutsche Touring Automobil Club (DTC) und die Kraftfahrer-Vereinigung Deutscher Beamter (KVDB) sprechen sich in München gegen die von Bundesverkehrsminister Georg Leber (SPD) geplante Einführung der Geschwindigkeitsbegrenzung von 100 km/h auf Bundes- und Landstraßen aus: Bislang könne keine wissenschaftliche Untersuchung einen solchen Schritt begründen (→ 7. 9./S. 156).

26. Juli, Montag

In Kap Kennedy startet »Apollo 15« zum fünften bemannten Mondlandeunternehmen der US-Raumfahrt. → S. 124

In Fort McPherson im amerikanischen Bundesstaat Georgia beginnt das Kriegsgerichtsverfahren gegen den US-Hauptmann Ernest Medina, dem die Ermordung von mindestens 102 südvietnamesischen Zivilisten vorgeworfen wird. Medina war der direkte Vorgesetzte von Oberleutnant William Calley, der wegen des Massakers in dem südvietnamesischen Dorf My Lai zu lebenslänglicher Haft verurteilt worden war (→ 29. 3./S. 62).

27. Juli, Dienstag

Im Sudan wird der Generalsekretär der kommunistischen Partei, Abdel Khalek Mahjub, zum Tode verurteilt. Er soll zu den Organisatoren des Putschversuchs gegen Staatschef Dschafar Muhammad An Numairi gehört haben. Das Urteil wird bereits am 28. Juli vollstreckt (→ 19. 7./S. 126).

Zum Abschluß seiner zweitägigen Sitzung in Brüssel beschließt der Ministerrat der Europäischen Wirtschaftsgemeinschaft (EWG) mit den Staaten der EFTA (European Free Trade Association = Europäische Freihandelszone) eine Freihandelszone für gewerbliche Erzeugnisse zu errichten.

In Bonn legt Bundesarbeitsminister Walter Arendt ein Fünf-Punkte-Programm zur Weiterentwicklung der gesetzlichen Rentenversicherung vor. Darin wird u. a. die Einführung eines »Baby-Jahres« für versicherte Frauen vorgeschlagen (→ S. 58).

28. Juli, Mittwoch

In London stimmt der Vorstand der oppositionellen Labour Party mit 16 zu sechs Stimmen gegen den EWG-Beitritt Großbritanniens (→ 28. 10. /S. 167).

Die bundesdeutsche Illustrierte »Quick« veröffentlicht die geheimen »Berlin-Papiere« vom März dieses Jahres, die als Grundlage der Viermächteverhandlungen dienen. Darin besteht die Sowjetunion u. a. auf dem Verzicht der Bundespräsenz in Berlin (West). Regierungssprecher Rüdiger von Wechmar bezeichnet die Papiere als »längst überholt«. Moskau reagiert auf diese Indiskretionen verärgert.

29. Juli, Donnerstag

Die US-Regierung gibt bekannt, daß sie in nächster Zeit auf alle Aufklärungsflüge über China verzichten wolle, um den geplanten China-Besuch von Präsident Richard M. Nixon nicht zu gefährden (→ 15. 7./S. 124).

Mit dem Inkrafttreten einer Verfassungsänderung erfolgt in Jugoslawien die Konstituierung des neugeschaffenen Präsidialrats. → S. 126

In London wird ein Buch des sowjetischen Wissenschaftlers A. Medwedjew veröffentlicht, das aus der UdSSR herausgeschmuggelt wurde. Darin wird berichtet, daß die Wissenschaft in der Sowjetunion durch Bürokratie und politische Ideologie beeinträchtigt würde.

30. Juli, Freitag

Auf einer Gipfelkonferenz in Tripolis fordert der libysche Staatschef Muammar al Gaddhafi die Regierungschefs der anwesenden arabischen Staaten zu einer gemeinsamen militärischen Intervention in Jordanien auf (→ 7. 7./S. 125).

Die Bundesregierung verabschiedet eine Novelle zum Wasserhaushaltsgesetz. Künftig sollen bei Gewässerverunreinigung Bußgelder bis zu 50 000 DM verhängt werden können (→ S. 92).

In Frankfurt wird die Nachrichtenagentur »Deutscher Depeschen-Dienst GmbH« (ddp) gegründet. Sie beginnt am 1. Dezember mit ihrer Arbeit.

Bei Tokio stürzt nach einer Kollision mit einem Düsenjäger eine japanische Boeing 727 ab. → S. 130

31. Juli, Samstag

Der Präsident der Bolivianischen Bischofskonferenz, Kardinal José Clemente Maurer, verurteilt in La Paz den Reichtum der katholischen Kirche. Es sei Zeit, sich von diesen Besitztümern zu trennen und damit die Armen zu unterstützen.

Das Wetter im Monat Juli

Station	Mittlere Lufttemperatur (°C)	Niederschlag (mm)	Sonnenscheindauer (Std.)
Aachen	18,5 (17,5)	24 (75)	291 (190)
Berlin	19,1 (18,3)	8 (70)	318 (242)
Bremen	18,2 (17,4)	49 (92)	251 (207)
München	18,0 (17,5)	98 (137)	308 (226)
Wien	20,1 (19,5)	19 (84)	292 (265)
Zürich	18,8 (17,2)	94 (139)	328 (238)

( ) Langjähriger Mittelwert für diesen Monat

Die Frauenzeitschrift »freundin« gehört zu den Flaggschiffen des Burda-Verlags. In schwungvoller Aufmachung richtet sie sich mit ihren »klassischen Frauenthemen« – Mode, Handarbeiten, Kochen, Familie – an junge und junggebliebene Leserinnen.

Mit dem futuristisch anmutenden »Lunar Roving Vehicle« erkunden die Astronauten die Umgebung ihres Landeplatzes.

Mit dem Mondauto über den Apennin

26. Juli. In Kap Kennedy starten David Scott, James B. Irwin und Alfred M. Worden mit »Apollo 15« zum fünften bemannten Mondlandeunternehmen der US-amerikanischen Raumfahrt.
Am 31. Juli landet die Mondfähre »Falke« im sog. Apennin, dem größten Gebirge auf dem Mond. Ein Mondmobil ermöglicht Scott und Irwin größere Expeditionen auf dem Erdtrabanten. Das »Lunar Roving Vehicle«, dessen vier Räder von je einem Elektromotor angetrieben werden, ist das erste bemannte Mondfahrzeug der Weltraumfahrt. Die Sowjetunion hatte bereits 1970 ein unbemanntes Fahrzeug auf dem Mond eingesetzt. Das Auto besitzt eine Masse von 209 kg und ist sehr fragil aufgebaut. Unter den irdischen Schwerkraftbedingungen würde es vom Gewicht des Fahrers zusammengedrückt. Auf dem Mond hat der Fahrer nur ein Sechstel seiner irdischen Masse.
Das ganze Unternehmen wird zu einem vollen Erfolg. Am 7. August landet »Apollo 15« wohlbehalten 540 km nördlich von Hawaii im Pazifik. Erstmals verzichtet die NASA auf eine Quarantäne für die Heimkehrer: Die Untersuchung der Mondoberfläche hat ergeben, daß auf dem Mond keine gefährlichen Mikroorganismen leben.

Kissingers geheime Mission in China

15. Juli. US-Präsident Richard M. Nixon gibt bekannt, daß er auf Einladung des chinesischen Ministerpräsidenten Chou En-lai Peking besuchen werde. Damit wird zum erstenmal ein US-Präsident nach China reisen.
Der Sicherheitsberater Nixons, Henry A. Kissinger, hatte den Besuch des Präsidenten bei einem geheimgehaltenen Treffen (9.–11. Juli) mit Chou En-lai in Peking vereinbart. Nixon tritt seine siebentägige Reise am 21. Februar 1972 an.
Die Annäherung zwischen Peking und Washington wurde im April durch die »Pingpong-Diplomatie« Chinas eingeleitet (→ 14. 4./S. 70).

Geheimverhandlungen in Peking (v. l.): Henry A. Kissinger, Chou En-lai, Mao Tse-tung. Kissinger hält sich nur 49 Stunden in China auf.

Angriff Saigons auf »Papageienschnabel«

8. Juli. Rund 1500 südvietnamesische Soldaten dringen nach Kambodscha in das Gebiet des »Papageienschnabels« vor. Die US-Armee unterstützt den Angriff mit 40 Hubschraubern.
Das Ziel des Vorstoßes ist es, Nachschubwege Nordvietnams zu unterbrechen. Über ein ausgeklügeltes Wegenetz, das sich von Nordvietnam über Laos bis nach Kambodscha hinein erstreckt, versorgt Hanoi seine Truppen in Kambodscha mit Waffen. Saigon beendet seinen Angriff bereits nach wenigen Tagen. Die Aktion erweist sich als sinnlos, weil es nicht gelingt, das Wegenetz im Dschungel dauerhaft zu unterbrechen.
Bereits im Februar hatte Saigon vergeblich versucht, den wichtigsten nordvietnamesischen Nachschubweg, den sog. Ho-Chi-Minh-Pfad, zu unterbrechen (→ 8. 2./S. 34).

Streit um Falkland vorläufig beigelegt

1. Juli. Der langanhaltende Streit zwischen Großbritannien und Argentinien über die Falklandinseln wird beigelegt. Nach zähen Verhandlungen verzichtet Argentinien vorläufig auf seine territorialen Ansprüche auf die britische Inselgruppe.
In einem Vertrag einigen sich beide Staaten darauf, daß die Bewohner der britischen Kronkolonie künftig nach Argentinien einreisen können, ohne Gefahr zu laufen, dort zum Militärdienst eingezogen zu werden. Nach argentinischer Rechtslage galten die Inselbewohner bislang als argentinische Staatsbürger.
Darüber hinaus sehen die Vereinbarungen vor, eine Luftverbindung zwischen Argentinien und den Falklandinseln herzustellen und die Post- und Telefonverbindungen zu verbessern.
Der Streit um die Falklandinseln begann, nachdem Argentinien die Inseln 1820 in Besitz genommen hatte. 1831 deportierte die US-Regierung, nach deren Ansicht die Inseln Niemandsland waren, alle Bewohner. Die Briten besetzten daraufhin 1833 die Inseln und räumten sie trotz argentinischer Proteste nicht mehr.

Bruderkrieg in Jordanien: Napalm gegen Palästinenser

7. Juli. Die jordanische Armee startet im Norden des Landes einen militärischen Großangriff gegen palästinensische Freischärler. König Husain II. beschuldigt die Palästinenser, den Sturz seiner Regierung zu betreiben.

Erste Spannungen zwischen Palästinensern und jordanischer Regierung entwickelten sich infolge des israelisch-arabischen Sechstagekriegs im Juni 1967. Hunderttausende von Palästinensern flüchteten damals aus den israelisch besetzten Gebieten nach Jordanien. Sie stärkten den Einfluß der palästinensischen Befreiungsbewegung in Jordanien. Die PLO (Palestine Liberation Organization = Palästinensische Befreiungsbewegung) entwickelte sich rasch zu einem Staat im Staate. König Husain II. sah seine Autorität durch die PLO massiv bedroht.

Ein offener Krieg zwischen Palästinensern und jordanischen Regierungstruppen brach Ende August 1970 aus. Im Kairoer Waffenstillstandsabkommen vom 27. September 1970 kamen beide Seiten zu folgender Übereinkunft: Die Palästinenser garantierten die jordanische Souveränität; im Gegenzug dafür erkannte Jordanien die Aktionsfreiheit der Freischärler an. Das Abkommen brachte jedoch kein Ende der Kämpfe.

Bei dem jetzt erfolgten Großangriff auf die Lager der palästinensischen Guerillakämpfer setzt die jordanische Luftwaffe Napalm-Bomben ein. Hunderte von Palästinensern werden getötet. 2300 Freischärler geraten in jordanische Gefangenschaft. Am 17. Juli erklärt König Husain, die palästinensischen Freischärler hätten »aufgehört, ein Problem zu sein«. Einen Tag später kündigt Husain das Kairoer Abkommen auf.

PLO-Führer Jasir Arafat ruft die arabischen Staaten am 18. Juli auf, gegen »das Massaker der Jordanier am palästinensischen Volk« einzuschreiten. Auf einer dringend einberufenen Gipfelkonferenz im libyschen Tripolis am 30. Juli drohen die arabischen Führer eine gemeinsame Intervention an, falls Jordanien weiter gegen die Palästinenser vorgehe. Trotz anhaltender Verfolgung der Palästinenser entschließen sie sich jedoch nicht zu einer Aktion gegen Jordanien.

V. l. um den Tisch: Rabia (DVR Jemen), Gaddhafi (Libyen), Iriani (AR Jemen), Sadat (Ägypten), Asad (Syrien) und Arafat am 30. Juli auf der Gipfelkonferenz der arabischen Führer in der libyschen Hauptstadt Tripolis

Zu den Markenzeichen von Palästinenserführer Arafat gehören Kopftuch, Sonnenbrille und Dreitagebart.

Arafat – Starker Mann an der Spitze der PLO

Die Symbolfigur der palästinensischen Befreiungsbewegung, Jasir Arafat, wurde am 27. August 1927 geboren. 1959 gründete Arafat die palästinensische Kampforganisation »Al Fatah«. Anfang Februar 1969 wurde die »Al Fatah« in die 1964 gegründete Dachorganisation der palästinensischen Bewegung, die PLO, aufgenommen. Arafat selbst wurde Vorsitzender des Exekutivrats der PLO.

Innerhalb der PLO ist die »Al Fatah« am stärksten national-palästinensisch orientiert. Sie setzt sich von den panarabischen Vorstellungen und sozialrevolutionären Zielsetzungen der linksradikalen Palästinensergruppen ab. Vertreter dieser Richtung sind die »Volksfront zur Befreiung Palästinas« unter Georges Habasch und die libyenfreundliche »Volksfront zur Befreiung Palästinas – Generalkommando« unter Achmed Dschebril.

Gegenüber den arabischen Staatschefs bemühte sich Arafat stets um die Unabhängigkeit der PLO. Diese Haltung ließ ihn häufig in Konflikt mit arabischen Führern geraten.

Am 28. November 1971 wird der jordanische Ministerpräsident Wasfi at-Tall in Kairo von drei Palästinensern aus Rache erschossen. Die Attentäter erklären, sie wollten alle arabischen Führer töten, die die Palästinenser zu unterdrücken versuchten.

Königlicher Empfang nimmt blutiges Ende

10. Juli. In Marokko scheitert ein Umsturzversuch von Militärs. König Hasan II. läßt die Verantwortlichen bereits drei Tage später öffentlich erschießen.

König Hasan II. (* 9. 7. 1929) ist seit 1961 an der Macht. Er ist der 22. Herrscher der Aloiten-Dynastie, die seit 1660 auf dem Sultansthron in Marokko sitzt. Die Aloiten führen ihr Geschlecht auf Ali, den Vetter und Schwiegersohn des Propheten Mohammed, zurück. Hasan ist verheiratet und hat vier Kinder.

Während eines Empfangs anläßlich des 42. Geburtstags von König Hasan stürmen 1400 Kadetten einer Militärschule den Palast in Skhirat. Kommandiert werden die Aufständischen vom Direktor des Königlichen Militärkabinetts und dem Leiter der Militärschule. Während der Schießerei kommen 100 der 1200 Gäste ums Leben. Der Staatsstreich geht vor allem auf die schlechte wirtschaftliche und soziale Situation im Land zurück.
Der Putschversuch trübt die Beziehungen zwischen Marokko und Libyen erheblich. Die libysche Regierung hat ihre Sympathien für die Rebellen bekundet.

Sudan: Machtwechsel für nur 72 Stunden

19. Juli. Dschafar Muhammad An Numairi, Staats- und Regierungschef des Sudan, wird in einem unblutigen Putsch gestürzt. Für 72 Stunden regiert eine Gruppe linksgerichteter Armeeoffiziere. Nach blutigen Kämpfen erobert Numairi am 22. Juli die Macht zurück.

General Numairi (* 1. 1. 1930), alter und neuer sudanesischer Regierungschef, war am erfolgreichen Putsch von 1969 beteiligt. Seit dem 28. Oktober 1969 ist er Ministerpräsident und Oberbefehlshaber der Streitkräfte. Am 12. Oktober 1971 wird Numairi als erster Präsident des Sudan vereidigt.

Nach offiziellen Angaben sind insgesamt 400 Putschisten verhaftet worden. 13 werden noch im gleichen Monat zum Tode verurteilt.
Unmittelbar nach dem erfolgreichen Gegenputsch verhängt Numairi den Ausnahmezustand über das Land und ergreift restriktive Maßnahmen gegen die Kommunisten. So entläßt er z. B. alle Regierungsmitglieder der KP.
Numairi beschuldigt den Irak, an dem Staatsstreich beteiligt gewesen zu sein und bricht die diplomatischen Beziehungen zum Irak ab.

Franco »bastelt« an seinem Nachfolger

16. Juli. Der spanische Diktator Francisco Franco Bahamonde ernennt seinen Nachfolger, Prinz Juan Carlos von Spanien, zu seinem ständigen Vertreter.

Juan Carlos (* 5. 1. 1938), ist der Enkel des spanischen Königs Alfons XIII. Zum Anwärter auf die spanische Krone bestimmte ihn Franco, der sich dieses Recht im Thronfolgegesetz nach der Restauration der Monarchie 1947 vorbehielt. Seit 1962 ist Juan Carlos mit Prinzessin Sophia von Griechenland verheiratet.

Bereits als Kind wurde Juan Carlos von Franco als künftiger spanischer König aufgebaut. Seine Erziehung in spanischen Eliteschulen sollte ihn mit dem franquistischen Gedankengut vertraut machen. 1955 trat Juan Carlos in die Militärakademie Zaragoza ein, die er 1957 als Drittbester verließ.
1960 bestimmte Franco Juan Carlos zum ersten Anwärter auf den spanischen Thron. Auf Vorschlag des Diktators wurde er im Juli 1969 von den Cortes zum Nachfolger Francos designiert und als Prinz von Spanien vereidigt. Seitdem übernahm Juan Carlos vor allem Repräsentationsaufgaben.

Neues Kollegialorgan regelt Titos Erbe

29. Juli. In Jugoslawien erfolgt die Konstituierung des neugeschaffenen Präsidialrats. Damit tritt die Verfassungsänderung, die am 30. Juni beschlossen wurde, in Kraft.

Josip Tito (* 7. 5. 1892) ist seit 1937 Vorsitzender der KP Jugoslawiens. Seit 1945 ist er jugoslawischer Ministerpräsident. 1953 übernahm er auch das Amt des Staatspräsidenten, das ihm 1963 auf Lebenszeit zuerkannt wurde. Tito vertritt eine von der UdSSR unabhängige Form des Kommunismus.

Das sog. Staatspräsidium wird als kollektives Staatsführungsorgan bezeichnet. Es besteht aus Vertretern der sechs Republiken und der zwei autonomen Provinzen. Staatspräsident Josip Tito gehört dem Gremium als »Präsident des Präsidiums« auf Lebenszeit an. Nach dem Tod oder Rücktritt des jetzt 79jährigen soll der Vorsitz jährlich wechseln. Dabei stellt jeweils eine andere Republik den Präsidenten.
Das neue Kollegialorgan soll in erster Linie dazu beitragen, die Spannungen in dem Vielvölkerstaat zu überwinden. Daneben soll gewährleistet sein, daß nach Titos Abtreten keine Machtkämpfe entstehen.

Österreicher dienen noch sechs Monate

15. Juli. Der Nationalrat in Österreich verabschiedet eine Wehrgesetznovelle. Darin wird u. a. der sog. ordentliche Präsenzdienst herabgesetzt. Österreicher müssen jetzt nicht mehr neun Monate, sondern nur noch sechs Monate im Bundesheer dienen. Die Soldaten haben jedoch die Möglichkeit, ihre Grundwehrdienstzeit freiwillig zu verlängern.
Für die Novelle stimmen die Regierungspartei SPÖ und die Oppositionspartei FPÖ. Die ÖVP lehnt die Gesetzesänderungen ab.
Bundeskanzler Bruno Kreisky hatte bereits in seiner Regierungserklärung von 1970 diese Reform angekündigt. Ursprünglich war eine Drei-Parteien-Vereinbarung vorgesehen. Die Verhandlungen zwischen SPÖ, FPÖ und ÖVP scheiterten jedoch im Februar 1971.

Südtirol-Konflikt delegiert

17. Juli. In Rom unterzeichnen die Außenminister Italiens und Österreichs, Aldo Moro und Rudolf Kirchschläger, ein sog. streitbereinigendes Abkommen. Darin ist u. a. vereinbart, daß die Zuständigkeit bei künftigen Streitfragen hinsichtlich Südtirol auf den Internationalen Gerichtshof in Den Haag übertragen wird.
Südtirol gehört seit dem Ersten Weltkrieg zu Italien. Seither ist die Region ein Zankapfel zwischen Italienern und Österreichern.

Scheinbar gelöste Atmosphäre zwischen Moro (l.) und Kirchschläger (r.) nach der Vertragsunterzeichnung. Der österreichische Außenminister betont jedoch vor der internationalen Presse, daß sein Land die »Schutzfunktion« gegenüber Südtirol beibehalte.

Homosexualität und Ehestörung straffrei

8. Juli. In Österreich verabschiedet das Parlament die »Kleine Strafrechtsreform«, an der der Justizausschuß ein Jahr gearbeitet hat. Sie ist der erste Teil einer seit Jahrzehnten geplanten Gesamtreform des österreichischen Strafrechts.
Nach der Gesetzesänderung sind homosexuelle Beziehungen zwischen volljährigen Partnern nicht länger strafbar. Das gleiche gilt für den Tatbestand der »Ehestörung«, ein Delikt, das sich auf das Verhalten Dritter bezieht. Es ist in keinem anderen europäischen Staat mehr unter Strafe gestellt.
»Ehebruch« hingegen ist in Österreich auch nach der Reform nicht vollends straffrei. Ein Ehebruch wird nur dann nicht mehr gerichtlich verfolgt, wenn die Ehepartner mindestens ein Jahr voneinander getrennt gelebt haben.

SPD und Jusos auf Konfrontationskurs

7. Juli. Der Hamburger Landesverband der SPD leitet gegen das Mitglied des Bundesvorstands der Jungsozialisten, Wolfgang Roth, ein Parteiordnungsverfahren ein. Roth wird vorgeworfen, aktiv an einer »Rote-Punkt«-Demonstration (→ 5. 3./S. 57) in Hamburg teilgenommen zu haben, die auch von kommunistischen Organisationen veranstaltet worden war. Nach einem SPD-Parteibeschluß vom 14. November 1970 sind sog. Aktionsgemeinschaften zwischen Sozialdemokraten und Kommunisten jedoch untersagt.

Das Parteiausschlußverfahren bildet einen erneuten Höhepunkt in den Auseinandersetzungen zwischen Jungsozialisten und SPD. Diese führten bereits im Februar 1971 dazu, daß Münchens Oberbürgermeister Hans-Jochen Vogel seinen Rücktritt ankündigte (→ 16. 2./S. 43). Am 15. März distanzierte sich der SPD-Bundesvorstand von weiten Teilen der Juso-Grundsätze, da sie nicht dem Godesberger Programm entsprechen würden.

Das Ausschlußverfahren gegen Roth erstreckt sich bis zum Februar 1972: Nach seiner Wahl zum Juso-Bundesvorsitzenden wird das Verfahren eingestellt. Die Partei erteilt Roth lediglich eine Rüge.

Scheel (M.) mit dem Hauptankläger im sog. Eichmann-Prozeß, Gideon Hausner. Eichmann war der Organisator der Judenvernichtung in der NS-Zeit.

Israelbesuch keine Routine

7. Juli. Als erster Außenminister der Bundesrepublik Deutschland trifft Walter Scheel (FDP) zu einem offiziellen Besuch in Israel ein.

Scheel unterstreicht die Besonderheit der Reise: »Mein Besuch hier weist über den Alltag der diplomatischen Routine hinaus . . . Niemand in der Bundesrepublik kann und will vergessen, was Deutsche Ihrem Volk angetan haben.«

Das deutsch-israelische Verhältnis ist von der Judenverfolgung während des Nationalsozialismus geprägt. Die ersten offiziellen Gespräche zwischen beiden Seiten fanden hinsichtlich des Wiedergutmachungsabkommens von 1952 statt. 1965 wurden diplomatische Beziehungen aufgenommen. 1960 traf Bundeskanzler Konrad Adenauer Israels Ministerpräsident David Ben Gurion in New York. Doch erst im Juni 1973 reist Willy Brandt als erster deutscher Bundeskanzler offiziell nach Israel.

Studenten erzwingen ungewöhnliche Wege

12. Juli. Unter dem Schutz von zehn Hundertschaften der Polizei wird Nikolaus Lobkowicz im dritten Anlauf zum neuen Rektor der Münchener Ludwig-Maximilians-Universität gewählt.

Bereits zweimal – am 30. Juni und 6. Juli – wurden die 300 Professoren und 200 übrigen Stimmberechtigten an der Wahl gehindert. Trotz eines großen Polizeiaufgebots gelang es 1500 demonstrierenden Studenten, die Wahl zu verhindern.

Der Protest der Studenten richtet sich gegen den einzigen Kandidaten Lobkowicz. Der 39jährige Politologe und Philosoph wird von den Hochschülern abgelehnt, da er »zu konservativ, rechtsstehend und reaktionär« sei. Er habe sich auch als Gegner aller Reformen erwiesen.

Lobkowicz hat sich bereits als Dekan der Philosophischen Fakultät gegen eine erweiterte studentische Mitbestimmung ausgesprochen. Er werde alles tun, damit Hochschullehrer zukünftig nicht von Studenten überstimmt werden könnten.

Die »erfolgreiche« Wahl wird nicht wie üblich in der Aula der Universität, sondern in der Münchner Residenz durchgeführt, da sie durch die Polizei besser zu schützen ist. Die Studenten verzichten diesmal auf Protest-Aktionen.

Städtebauförderungsgesetz contra Bodenspekulation

19. Juli. Der Deutsche Bundestag verabschiedet das »Gesetz über städtebauliche Sanierungs- und Entwicklungsmaßnahmen« (Städtebauförderungsgesetz). Die Gemeinden erhalten damit eine rechtliche Handhabe, um die Bodenspekulation in den Großstädten eindämmen zu können.

Das Städtebauförderungsgesetz sieht vor, daß den Gemeinden in Sanierungsgebieten ein Grunderwerbsrecht eingeräumt wird, falls der Eigentümer seinen Besitz nicht selbst modernisieren kann. Der Preis, den die Gemeinde zahlt, richtet sich nach dem Wert des Grundstücks vor Einleitung des Sanierungsverfahrens. Damit soll verhindert werden, daß die Bodenpreise durch Grundstücksspekulanten in die Höhe getrieben werden.

Nach Beendigung der Sanierung, die mit öffentlichen Wohnungsbaumitteln gefördert werden soll, hat die Gemeinde die Pflicht, Grund und Boden zu reprivatisieren. Dabei können die ehemaligen Eigentümer bevorzugt Grundstücke, Teileigentum oder Immobilienanteile zurückerwerben.

Anders als in Sanierungszonen haben die Kommunen in Entwicklungsgebieten – z. B. bei der Planung neuer Satellitenstädte – eine Grunderwerbspflicht. Die Infrastruktur neuer Siedlungsgebiete soll dadurch einheitlich entwickelt werden. Auch diese Grundstücke sollen nach ihrer Erschließung wieder verkauft werden.

1971 stellt die Bundesregierung bereits Mittel in Höhe von 100 Mio. DM für sanierungswillige Städte und Gemeinden bereit.

Der Autoverkehr überfordert die Städte. Durch bessere Planung soll das neue Gesetz auch dieses Problem bewältigen.

Studenten besetzen ein leerstehendes Haus in Frankfurt. Sie protestieren damit gegen Grundstücksspekulanten.

Urlaub und Freizeit 1971:

Reiseboom zum Billigtarif

Chronik Übersicht

Höhere Einkommen, kürzere Wochenarbeitszeiten – beste Voraussetzungen, die Reiselust zu steigern. In keinem anderen Land wird – pro Kopf – mehr Geld in Urlaubsreisen investiert als in der Bundesrepublik. Von den geschätzten 56 Mrd. DM, die jährlich weltweit für Reisen ausgegeben werden, entfallen allein auf die Bundesbürger 13,7 Mrd. DM.

Das lockersitzende Geld für die »schönsten Tage im Jahr« führt zur heftigen Konkurrenz auf dem deutschen Tourismus-Markt. Den Kuchen teilen sich vor allem zwei große Reiseunternehmen. Die Touristik Union International (TUI), das größte Reiseunternehmen Europas, verzeichnet 1971 1,4 Mio. Buchungen (Tochterfirmen: Touropa, Scharnow, Hummel, Dr. Tigges, Airtours). Die Neckermann-Tochtergesellschaft N-U-R (Neckermann und Reisen) verkauft 550 000 Reisen.

Den Vormarsch von Neulingen wie Transeuropa, g-u-t und International Tourist Services versuchen die Branchenriesen durch knapp kalkulierte Preise zu stoppen. Nutznießer dieses harten Wettbewerbs ist der Verbraucher: Selten zuvor waren Urlaubsreisen billiger als 1971.

Beliebtestes inländisches Reiseziel der Bundesdeutschen bleibt Bayern, das 4,4 Mio. Urlaubsreisen verzeichnet. Dem weißblauen Freistaat folgen in der Beliebtheitsskala die Bundesländer Baden-Württemberg (2,7 Mio.), Niedersachsen (2,3 Mio.) und Schleswig-Holstein (2,2 Mio.).

Den insgesamt 16,8 Mio. Inlandsreisen stehen 14,2 Mio. Urlaubs- und Erholungsreisen der Bundesdeutschen ins Ausland gegenüber. Hauptreiseland ist nach wie vor Österreich mit 4,4 Mio. Reisen, an zweiter Stelle steht Italien (2,9 Mio. Reisen). Mit großem Abstand folgen Spanien (1,7 Mio.), die Schweiz (0,8 Mio.) und Jugoslawien (0,78 Mio.).

Auf wachsende Kritik der deutschen Urlauber stoßen überfüllte Strände, verschmutzte Küsten und zubetonierte Ferienorte. Die Folgen des Massentourismus in den in- und ausländischen Ferienzielen verleiden vielen erholungssuchenden Touristen die Urlaubsfreuden. Erste Konsequenzen daraus bekommt Italien zu spüren: Die Buchungen in den Ferien-Dorados an Riviera und Adria gehen um rund 10% zurück.

Der Ferntourismus entwickelt sich 1971 insgesamt nur langsam. Lediglich 9,7% aller Auslandsreisen der Bundesbürger haben außereuropäische Länder zum Ziel. Die teuren Fernreisen bleiben vorerst den bestverdienenden Bundesbürgern vorbehalten.

Zum favorisierten Urlaubsziel bundesdeutscher Polit-Prominenz entwickelt sich 1971 Ostafrika: Nachdem sich Wirtschafts- und Finanzminister Karl Schiller in der kenianischen Hafenstadt Mombasa von der Währungskrise erholt hat, jettet Bundeskanzler Willy Brandt zum Forellen-Fischen nach Kenia. Im Dezember tritt Verteidigungsminister Helmut Schmidt in Tansania einen Dreiwochen-Urlaub mit Jagd- und Foto-Safari an. Sein Amtsvorgänger Franz Josef Strauß pirscht dagegen ohne Rücksicht auf politische Verhältnisse sowohl im sozialistischen Tansania als auch im rassistischen Südafrika.

Bei ihrer Freizeitgestaltung finden immer mehr Bundesbürger Geschmack an Sportarten, die ihnen den »gewissen Nervenkitzel« verschaffen. So faßt das Auto-Cross-Rennen, das in Großbritannien und Österreich schon lange populär ist, nun auch in Deutschland Fuß. Bei Rennen über hügelige Sandpisten und verschlammte Haarnadelkurven erproben StVO-gebeutelte Carboys ihre automobile Geschicklichkeit.

Wachsender Beliebtheit erfreut sich auch das Strandsegeln. Die »fahrenden Surfbretter« erreichen Höchstgeschwindigkeiten von 120 km/h. Motor ist allein der Wind. Hupe und Bremse sind bei Wettrennen Vorschrift. Die Segler kosten zwischen 2000 und 8500 DM. Wer das Abenteuer auf See sucht, kann vor Helgoland hochseeangeln. Dabei hängt dann mitunter ein kleiner Hundshai an der Rute.

Neugierige Paviane im Safari Park im englischen Berkshire: Die Inselbewohner in ihren Blechkisten sind für die Affen eine willkommene Abwechslung.

Das Wandern bleibt in der Bundesrepublik Deutschland Volkssport Nr. 1. Jung und alt suchen in Wald und Flur Erholung vom Alltagsstreß.

»Wildwest« in Oberbayern für 3 DM Eintritt: In der Nähe des Ortes Grafrath wird für 3,3 Mio. DM auf 400 000 m² Waldgelände eine Westernstadt errichtet.

Im französischen Cannes können zahlungskräftige Urlauber ihre »schönsten Tage im Jahr« künftig in »urgemütlichen« Höhlenappartments verbringen.

Mit einer Charter-Jacht kann sich auch der Durchschnittsverdiener den langgehegten Traum vom Segelurlaub im sonnigen Mittelmeer erfüllen.

Windsurfing setzt sich allmählich als Freizeitsport durch. Die relativ hohen Anschaffungskosten für die Ausrüstung schrecken aber noch viele ab.

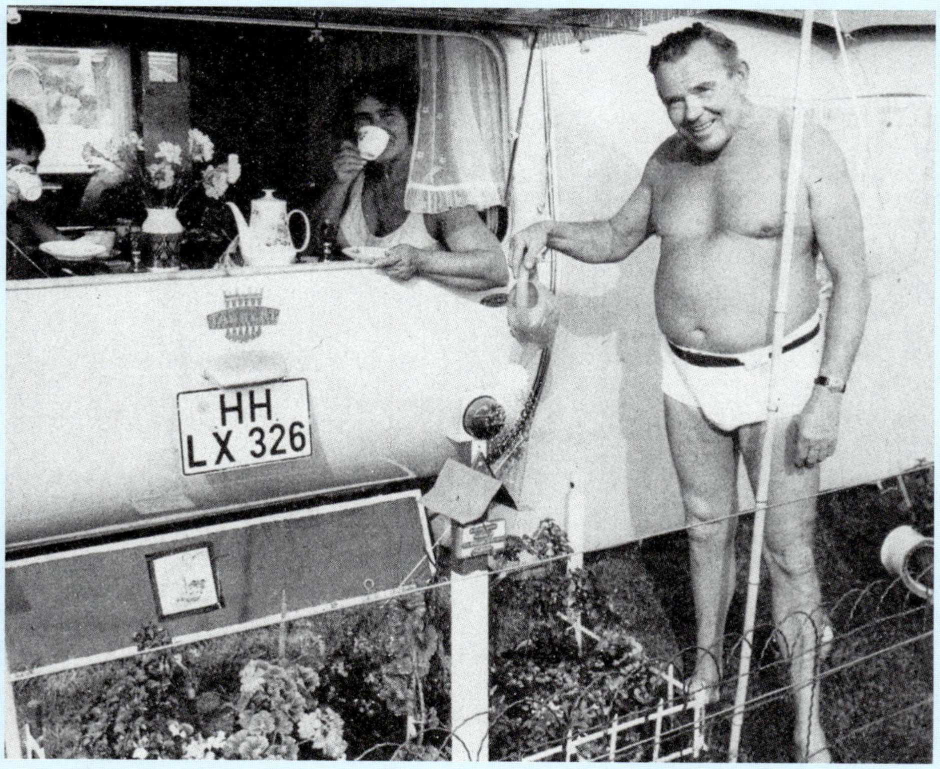

△ Trautes Heim, Glück allein: Jeder vierte der sieben Millionen deutschen Camper verbringt nicht nur seinen Urlaub, sondern auch das Wochenende auf einem Campingplatz. Für sie ersetzt der Wohnwagen, vor dem liebevoll Blumenbeete angelegt werden, das Ferienhaus.

◁ Wohnmobile werden bei denen, die sich nicht an einen Ort binden wollen, immer beliebter.

Jagdbomber rammt Passagierflugzeug

30. Juli. Nach einer Kollision mit einem Düsenjäger stürzt 500 km nördlich von Tokio eine japanische Boeing 727 ab. Bei diesem bislang schwersten Unglück in der Geschichte der zivilen Luftfahrt kommen alle 162 Insassen ums Leben. Der Pilot der Jagdmaschine kann sich mit dem Fallschirm retten.
Die Boeing der japanischen Fluggesellschaft All Nippon Airways befand sich auf dem Flug von Sapporo nach Tokio. Sie fliegt den vorgeschriebenen Kurs, als sie in 8700 m Höhe von dem Militärflugzeug gerammt wird und abstürzt.
Schuld an dem Unglück hat nach Angaben der japanischen Behörden die Besatzung des Düsenjägers. Bei dem Piloten handelt es sich um einen Flugschüler der japanischen Luftwaffe. Ihm, dem Fluglehrer und dem Verantwortlichen des Luftwaffenstützpunktes Matsushima wird leichtsinniges Verhalten vorgeworfen.
Unmittelbar nach dem Unglück bietet der Generaldirektor des Verteidigungsamtes, Keikichi Masuhara, seinen Rücktritt an. Am 2. August wird Naomi Nishimura zu seinem Nachfolger ernannt.

Fernsehstar Flipper stirbt an Herzschlag

16. Juli. Im US-Bundesstaat Florida stirbt der Fernsehstar Flipper. Der Delphin, der ursprünglich Mitzi hieß, ist etwa 20 Jahre alt geworden. Schon vor acht Jahren »ging er in Pension«. Seine Rolle wurde von einem »Double« übernommen.

Fanbesuch für Flipper in seinem »Alterssitz«, dem Seeaquarium Miami

Großer Waffensaal der Nationalgarde in Manhattan: Bis spät in die Nacht nehmen die Fans Abschied von Satchmo.

Weltweite Trauer um »König des Jazz«

6. Juli. Zwei Tage nach seinem 71. Geburtstag stirbt in New York der Jazzmusiker Louis Daniel Armstrong, genannt Satchmo. Die Nachricht vom Tod des »Jazzkönigs« ruft in der Musikwelt tiefe Trauer hervor. Viele Fans reisen nach New York, um Armstrong die letzte Ehre zu erweisen.
Armstrong hatte seit Ende der 50er Jahre mit schweren gesundheitlichen Problemen zu kämpfen. 1971 erlitt er nach zwei anstrengenden Shows und einem zweiwöchigen Engagement im »Waldorf Astoria« in New York eine Herzattacke. Einen Monat lag er im Beth-Israel-Hospital auf der Intensivstation. Nach seiner Entlassung am 15. März ist Armstrong nicht mehr öffentlich aufgetreten.
Zahlreichen Menschen gilt Armstrong als Inkarnation des Jazz. Der schwarze Musiker, der aus den Slums von New Orleans im Süden der USA stammte, hat entscheidend die Entwicklung der Jazzmusik im 20. Jahrhundert beeinflußt. Durch Armstrong wurde sie zu einer regelrechten Kunstform, indem er Emotionen und musikalische Technik brillant miteinander verband. Mit seinen Gruppen »Hot Five« und »Hot Seven« wurde Armstrong zum bedeutendsten Vertreter des New-Orleans-Jazz.
Unverwechselbare Kennzeichen von Satchmo waren seine rauchige Stimme und sein Trompetenspiel.

»Stärkster Mann der Welt« – Alexejew

24. Juli. Der Sowjetrusse Wassili Alexejew verbessert bei der Spartakiade (Wettspiele der »volkssozialistischen« Länder) in Moskau die Gewichtheber-Weltrekorde in allen vier Disziplinen des Superschwergewichts. Damit zeigt Alexejew erneut, daß er zu Recht als stärkster Mann der Welt gilt.

Im olympischen Dreikampf steigert der 1,84 m große und 165 kg schwere Athlet seine eigene Bestleistung um zehn auf 640 kg. In den Einzel-Disziplinen setzt der 29jährige folgende neue Marken:

▷ Stoßen: 235 kg (bisher 233 kg)
▷ Drücken: 225,5 kg (225 kg)
▷ Reißen: 180 kg (178 kg des Finnen Kalevi Lahdenranta).

Bis Jahresende verbessert Alexejew die Weltrekorde im Drücken und Stoßen noch auf je 235,5 kg.

Alexejew begann 1961 als Halbschwergewichtler. 1967 hob er im Dreikampf erstmals 500 kg (»Zehn-Zentner-Club«). Als erster Gewichtheber stemmte Alexejew am 18. März 1970 600 kg – eine Dreikampf-»Traumgrenze«. Insgesamt hat er bislang 44 Weltrekorde aufgestellt. 1971 wird Alexejew – wie schon 1970 – Welt- und Europameister.

Hat-Trick in Wimbledon

4. Juli. Mit einem spektakulären Fünfsatzsieg des Australiers John Newcombe endet am Sonntag das 85. Wimbledon-Turnier. Newcombe schlägt den US-Amerikaner Stan Smith mit 6:3, 5:7, 2:6; 6:4 und 6:4. Der 27jährige wird damit zum drittenmal Wimbledon-Sieger im Herren-Einzel. Bereits 1967 und dann 1970 schlug er die Konkurrenz, 1969 scheiterte er im Endspiel an seinem Landsmann Rod Laver.

Die strahlende Gewinnerin Goolagong (19) während der Siegerehrung

Am Tag zuvor kann im rein australischen Endspiel des Damen-Einzels Evonne Goolagong Margaret Court-Smith entthronen. Die Vorjahressiegerin verliert gegen die erst 19jährige Goolagong überraschend glatt in zwei Sätzen 4:6 und 1:6. Goolagong begeistert das Publikum durch ihre unbekümmerte und zugleich originell-brillante Spielweise.

Goolagong gewinnt mit ihrem ersten Wimbledon-Sieg 1971 bereits den zweiten Grand-Slam-Titel. Sie konnte auch die French Open in Paris für sich entscheiden.

Den dritten Wimbledon-Titel holt Australien mit Rod Laver und Roy Emerson im Herren-Doppel. Sie schlagen Arthur Ashe und Dennis Ralston aus den USA in fünf Sätzen mit 4:6, 9:7, 6:8, 6:4 und 6:4.

Einen weiteren Triumph Australiens verhindern im Damen-Doppel die US-Spielerinnen Rosa-Maria Casals und Billie Jean King. Sie schlagen das australische Gespann Court-Smith/Goolagong im Endspiel 6:3 und 6:2.

Erschöpft aber zufrieden: Merckx nach der letzten Etappe in Paris

Merckx feiert dritten Tour-de-France-Sieg

18. Juli. Der Belgier Eddy Merckx gewinnt zum drittenmal hintereinander die Tour de France. Der 26jährige ist damit der dritte Rad-Profi, dem ein »Hat-Trick« bei der seit 1903 ausgetragenen Frankreich-Rundfahrt gelingt: 1952–54 siegte der Franzose Louison Bobet. Sein Landsmann Jacques Anquetil gewann 1957 und dann sogar (1961–64) viermal in Folge.

Seriensiege bei den Frühjahrs-Klassikern und Grand-Prix-Rennen stempelten Merckx erneut zum haushohen Favoriten dieser 58. Tour. Der Belgier führt zunächst auch, doch der Spanier Luis Ocana erkämpft sich auf den Bergetappen das gelbe Trikot des Spitzenreiters. Auf der 13. Etappe in den Pyrenäen stürzt Ocana jedoch und scheidet aus. Der Gesamtsieg von Merckx ist auf den letzten sieben Etappen nicht mehr gefährdet. Merckx benötigt für die 3689 km der insgesamt 20 Etappen der Tour 96:45:14 Stunden. Der Rückstand der zweit- und drittplazierten Joop Zoetemelk (Niederlande) und Lucien van Impe (Belgien) beträgt 9:51 min, bzw. 11:06 min.

Am 5. September wird Merckx dann auch Straßenweltmeister.

Deutsche Leichtathleten in Rekordlaune

9. Juli. Paukenschlag zum Auftakt der deutschen Leichtathletik-Meisterschaften in Stuttgart: Im zweiten Durchgang der Hammerwurf-Qualifikation schleudert Uwe Beyer (USC Mainz) das 7,25 kg schwere Gerät auf 74,90 m.

Beyers Wurf wird als Weltrekord gefeiert, denn die offizielle Rekordmarke von Anatoli Bondartschuk (UdSSR), aufgestellt bei der Europameisterschaft 1969, steht auf 74,68 m. Bondartschuks 75,48 m vom 12. Oktober 1969 werden derzeit vom Internationalen Leichtathletikverband noch überprüft und erst später anerkannt. Beyer wird deshalb nicht in der Weltrekordliste geführt. Die 74,90 m von Stuttgart sind »nur« deutscher Rekord.

Am Abschlußtag der Meisterschaften (11. Juli) wird im Neckarstadion dann doch noch über einen »richtigen« Weltrekord gejubelt: Hildegard Falck (VfL Wolfsburg) läuft als erste Frau der Welt die 800 m schneller als zwei Minuten. Mit 1:58,5 min verbessert sie den alten Rekord der Jugoslawin Vera Nikolic von 1968 um 2,0 sec.

Falck passiert die 400-Meter-Marke in 58,3 sec und schon hier deutet sich die neue Bestleistung an. Alle anderen Läuferinnen sind weit abgeschlagen. Falcks Einlauf auf der Zielgeraden gleicht einem regelrechten Triumphzug.

»Fräulein-Wunder« der Leichtathletik-Meisterschaften: Hildegard Falck (22) vor ihrem Weltrekordlauf

Sensation auf dem Nebenplatz: Beyer (26) wirft 74,90 m weit, doch statt Weltruhm bleibt nur deutscher Rekord.

August 1971

Mo	Di	Mi	Do	Fr	Sa	So
						1
2	3	4	5	6	7	8
9	10	11	12	13	14	15
16	17	18	19	20	21	22
23	24	25	26	27	28	29
30	31					

1. August, Sonntag

Der pakistanische Staatspräsident Aga Muhammad Yahya Khan droht Indien mit Krieg: Die Annexion Ostpakistans durch Indien würde einen »totalen Krieg« auf dem Subkontinent bedeuten (→ 3., 4. 12./S. 200).

Mit Beginn der Sommerferien in Baden-Württemberg und Niedersachsen kommt es auf den bundesdeutschen Autobahnen zu den größten Stauungen des Jahres.

In New York findet ein Wohltätigkeitskonzert bekannter Rockmusiker zugunsten der bengalischen Flüchtlinge statt. → S. 139

Auf dem Nürburgring gewinnt der Brite Jackie Stewart auf Tyrell mit großem Vorsprung vor dem Franzosen François Cevert den 33. »Großen Preis von Deutschland« (→ 15. 8./S. 145).

2. August, Montag

Auf der Krim findet eine überraschend einberufene Gipfelkonferenz sieben kommunistischer Staaten ohne Rumänien statt. Nach Angaben des SED-Zentralorgans »Neues Deutschland« sei vor allem die Frage der Einberufung einer gesamteuropäischen Konferenz über Sicherheit in Europa behandelt worden.

US-Außenminister William P. Rogers teilt in Washington mit, daß die Vereinigten Staaten in der Vollversammlung der Vereinten Nationen für die Aufnahme der Volksrepublik China in die Weltorganisation stimmen werden (→ 26. 10./S. 168).

Die sudanesische Regierung ruft ihre Botschafter aus Moskau und Sofia ab und weist den sowjetischen und bulgarischen Geschäftsträger in Khartum aus. Der Staatschef des Sudan, Dschafar Muhammad An Numairi, macht die Kommunistische Partei des Sudan für einen Putsch verantwortlich (→ 19. 7./S. 126).

Das Zweite Deutsche Fernsehen gibt die Ausstrahlung eines neuen politischen Magazins mit dem Titel »Kennzeichen D« bekannt (→ S. 100).

3. August, Dienstag

Der Senat in Washington bewilligt eine Vorlage über 120 Mio. DM zur Unterhaltung der in München ansässigen Sender »Radio Free Europe« und »Radio Liberty«. → S. 141

Der Jamaikaner Don Quarrie läuft bei den panamerikanischen Spielen in Cali (Kolumbien) als zweiter Läufer die Weltrekordzeit von 19,8 sec über 200 m.

4. August, Mittwoch

Joe Kachingwe, der Botschafter von Malawi, wird als erster Farbiger in Pretoria von der südafrikanischen Regierung als Missionschef akkreditiert (→ 21. 6./S. 109).

Der französische Verteidigungsminister Michel Debré gibt bekannt, daß die erste Einheit von neun ballistisch-strategischen sog. Boden-Boden-Raketen in Dienst gestellt wurde. Die Raketen ergänzen die französische Atomstreitkraft.

Der UN-Sicherheitsrat in New York beschließt die Entsendung einer Sonderkommission nach Guinea. Sie soll den Wahrheitsgehalt der guinesischen Behauptung überprüfen, daß dem Lande eine Invasion drohe. Guinea beschuldigt Portugal, einen Angriff auf das westafrikanische Land vorzubereiten (→ 29. 1./S. 17).

Das Zentralkomitee der deutschen Katholiken veröffentlicht die »Thesen gegen den Mißbrauch der Demokratie«. In den neun Thesen wird betont, daß Demokratie kein Religionsersatz sei: Eine pseudoreligiöse Verfälschung des Demokratiebegriffs gefährde den demokratischen Staat.

Die Zeiss Ikon AG beschließt, ihr Tochterunternehmen, das Photoapparatewerk Voigtländer, stillzulegen. → S. 146

Der Ex-Beatle Paul McCartney stellt eine neue Pop-Gruppe zusammen. Am Piano sitzt seine Frau Linda, McCartney selbst ist erster Gitarrist. Zur Gruppe gehört ferner der amerikanische Schlagzeuger Denny Seiwell. Ein Name fehlt der Gruppe bislang.

Bei einem Banküberfall auf eine Filiale der Deutschen Bank in München werden eine Geisel und einer der beiden Bankräuber erschossen. → S. 141

5. August, Donnerstag

Nach Angaben des Pentagon hat die Volksrepublik China die erste Phase der Entwicklung von Mittelstreckenwaffen erreicht. Demnach verfügt Peking derzeit über 20 Mittelstreckenraketen mit einer Reichweite von rund 1100 bis 2800 km.

In London wird das Gesetz über die »Arbeitsbeziehungen in der Industrie« verabschiedet (→ 21. 2./S. 38).

In Hamburg stellt die Messerschmitt-Bölkow-Blohm GmbH das erste rund 20 m lange Rumpfheck des europäischen Airbus A 300b fertig. → S. 146

Bei den panamerikanischen Spielen in der kolumbianischen Stadt Cali erzielt der Kubaner Pedro Perez Duenas mit 17,40 m Weltrekord im Dreisprung.

6. August, Freitag

König Hasan II. von Marokko ernennt eine neue provisorische Regierung unter dem bisherigen Finanzminister Muhammad Karim Lamrani. Ziel der Übergangsregierung ist es, ein breit angelegtes Wirtschafts- und Sozialprogramm in die Wege zu leiten.

Der Schotte Chay Blyth trifft nach einer 292tägigen Weltumsegelung im südenglischen Hamble ein. → S. 144

7. August, Samstag

Die im Rat für gegenseitige Wirtschaftshilfe (RGW) zusammengeschlossenen acht sozialistischen Länder beschließen die Einführung einer kollektiven Währung, die auf dem russischen Rubel basiert. Der »Transfer-Rubel« soll den multilateralen Handel im RGW ermöglichen.

8. August, Sonntag

In Belfast werden bei Zusammenstößen zwischen Mitgliedern der IRA und dem britischen Militär eine Person getötet und zwölf zum Teil lebensgefährlich verletzt (→ 9. 8./S. 136).

9. August, Montag

In Neu-Delhi unterzeichnen der sowjetische Außenminister Andrei A. Gromyko und sein indischer Amtskollege Swaran Singh einen »Vertrag über Frieden, Freundschaft und Zusammenarbeit«. → S. 140

Der nordirische Premierminister Brian Faulkner setzt ein Sondergesetz in Kraft, das die Internierung von verdächtigen Personen auch ohne Gerichtsurteil ermöglicht. → S. 136

Der Suchdienst des Deutschen Roten Kreuzes gibt ein massives Ansteigen der Aussiedlerzahlen aus Polen bekannt. → S. 141

In Tallin stellt Jan Talts (UdSSR) einen Weltrekord im Gewichtheben auf. Im Dreikampf des Schwergewichts verbessert er die bestehende Marke (582,5 kg) um 2,5 kg auf 585 kg.

10. August, Dienstag

In einem Interview mit der »New York Times« betont der chinesische Ministerpräsident Chou En-lai, daß die Volksrepublik China den Eintritt in die UNO so lange ablehne, wie Nationalchina (Taiwan) einen Sitz in der Weltorganisation habe (→ 26. 10./S. 168).

Die Vatikan-Zeitung »Osservatore Romano« bestätigt Meldungen, nach denen der Vatikan eine Untersuchung gegen den schweizerischen Theologen Hans Küng eingeleitet habe. → S. 141

11. August, Mittwoch

Die Sowjetunion fordert ihre osteuropäischen Verbündeten auf, den Stand der Beziehungen zwischen Moskau und Peking zur Richtschnur ihres eigenen Verhältnisses mit China zu machen. Diese Mahnung richtet sich vor allem an Rumänien, das als einziger Ostblockstaat gute Beziehungen zur Volksrepublik China unterhält.

Die amerikanische Zeitschrift »Fortune« stellt fest, daß Japan das Land mit der am schnellsten expandierenden Volkswirtschaft in der Welt sei. Nach Angaben des Magazins gelang es japanischen Unternehmen 1970 zum erstenmal, den Briten die Führungsposition in der Weltrangliste der 200 größten nichtamerikanischen Industrieunternehmen abzunehmen.

Bei den Segelregatten des Admiral's Cup siegt das britische Team unter Führung des britischen Premierministers Edward Heath. → S. 144

12. August, Donnerstag

Der ehemalige australische Premierminister John G. Gorton wird vom amtierenden Premier William McMahon aus dem Kabinett entlassen. → S. 140

In Montreal wird die Tarifkonferenz der Internationalen Luftverkehrs-Vereinigung (IATA) erfolglos beendet. Hauptverantwortlicher für das Scheitern der Konferenz ist die Deutsche Lufthansa, die die Einführung von Billigtarifen im Nordatlantik-Linienflugverkehr fordert (→ S. 202).

In den Schulen Hamburgs werden die sog. Klick-Klack-Kugeln aufgrund der Verletzungsgefahr verboten. → S. 147

13. August, Freitag

Der irische Premierminister Jack Lynch wirft der nordirischen Regierung vor, die volle Verantwortung für die jüngsten Gewalttaten in Nordirland zu tragen. Er ruft zum Sturz von Premierminister Brian Faulkner auf (→ 9. 8./S. 136).

Zum zehnten Jahrestag des Mauerbaus ruft der Regierende Bürgermeister von Berlin (West), Klaus Schütz, dazu auf, die Auswirkungen der Trennung so erträglich wie möglich zu machen. In Berlin (Ost) wird der 13. August mit Feierlichkeiten und Aufmärschen der Kampfgruppen begangen.

14. August, Samstag

Das Staatsoberhaupt des Emirats Bahrain, Scheich Isa Ibn Salman Al Chalifa, proklamiert die Unabhängigkeit seines Landes von Großbritannien.

Der sowjetische Schriftsteller und Nobelpreisträger Alexandr I. Solschenizyn legt scharfen Protest beim Chef der sowjetischen Geheimpolizei ein. Agenten des KGB haben das von ihm bewohnte Landhaus durchsucht und einen Freund, der sie dabei überraschte, schwer verprügelt.

15. August, Sonntag

US-Präsident Nixon verkündet ein wirtschafts- und währungspolitisches Sanierungsprogramm. → S. 137

In Helsinki gehen die Leichtathletik-Europameisterschaften, die am 10. August begonnen haben, zu Ende. → S. 145

Der Brite Jackie Stewart steht nach dem Großen Preis von Österreich in Zeltweg als diesjähriger Automobilweltmeister der Formel 1 fest. → S. 145

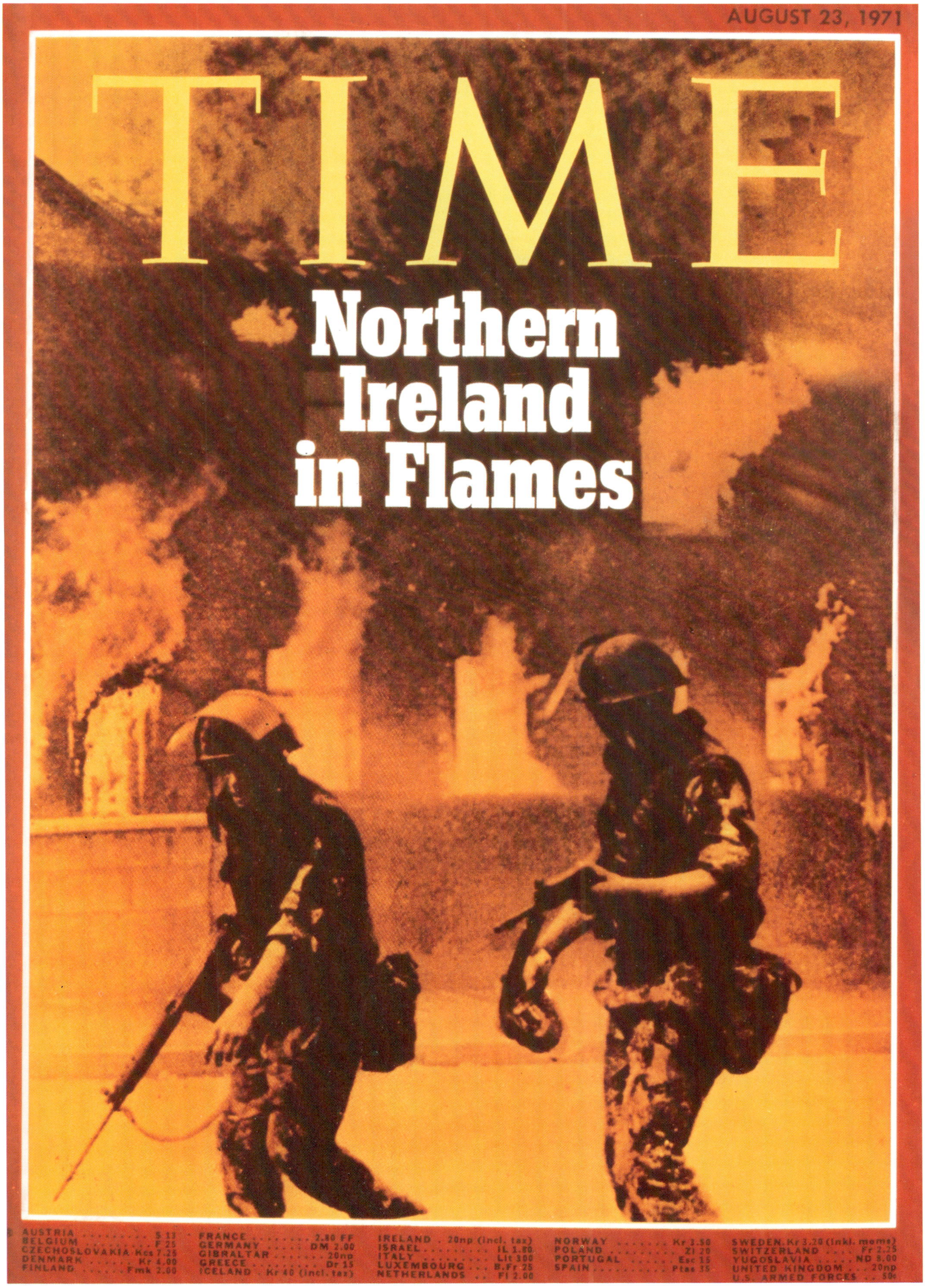

Das Nachrichtenmagazin »TIME« sieht »Nordirland in Flammen«. Innerhalb von drei Tagen brennen allein in Belfast 300 Wohnungen nieder. Bei den blutigen Straßenschlachten zwischen britischen Soldaten und IRA-Sympathisanten kommen 26 Menschen ums Leben.

16. August, Montag

Nach der Ankündigung eines umfassenden wirtschafts- und währungspolitischen Notprogramms in den USA schließen sämtliche europäischen Devisenbörsen. → S. 137

Als erster Staatschef eines schwarzafrikanischen Landes trifft der Präsident der Republik Malawi, Hastings Kamuzu Banda, zu einem offiziellen Besuch in Südafrika ein. Banda nimmt gegen den Protest der Organisation Afrikanischer Staaten Wirtschaftshilfe von Pretoria an (→ 21. 6./S. 109).

Von der US-amerikanischen Abschußbasis Wallops Island wird der französische Wettersatellit »Eole« gestartet.

In der spanischen Stadt Guadalajara trennen sich die Mannschaften Mexikos und der DDR bei einem Fußball-Länderspiel 0:1.

17. August, Dienstag

Nach der Analyse des wirtschaftspolitischen Notprogramms von US-Präsident Richard M. Nixon rechnet die Bonner Regierung mit gravierenden Behinderungen für die deutsche Exportwirtschaft (→ 15. 8./S. 137).

Nach Angaben des US-Handelsministeriums hat die amerikanische Handelsbilanz im zweiten Quartal 1971 ein Rekorddefizit von 5,77 Mrd. Dollar (20,2 Mrd. DM) erreicht. Dies ist das schlechteste Quartalsergebnis in der US-Wirtschaftsgeschichte (→ 15. 8./S. 137).

18. August, Mittwoch

Der australische Ministerpräsident William McMahon gibt den Abzug der Truppen seines Landes aus Vietnam bekannt. Nach Angaben McMahons gehe eine seit sechs Jahren bestehende Verpflichtung Australiens zur militärischen Hilfe gegenüber der südvietnamesischen Regierung zu Ende.

Auf Druck des griechischen Journalistenverbandes nimmt die Militärregierung in Athen erhebliche Änderungen am Entwurf eines Pressegesetzes vor. Der neue Entwurf verzichtet darauf, daß die Journalisten alljährlich eine Loyalitätserklärung gegenüber der Regierung unterschreiben müssen (→ 10. 4./S. 74).

Als Reaktion auf die währungspolitischen Entscheidungen in den USA beschließt die französische Regierung die Einführung eines gespaltenen Devisenmarktes. Auf dem Markt für kommerzielle Transaktionen sollen feste Paritäten gelten, auf dem für finanzielle Transaktionen dagegen Kursschwankungen möglich sein (→ 16. 8./S. 137).

19. August, Donnerstag

In Brüssel scheitern die Verhandlungen über eine gemeinsame Währungspolitik der sechs EWG-Staaten. Der Entschluß Frankreichs, einen gespaltenen Devisenmarkt einzuführen, wird von den anderen Staaten abgelehnt (→ 16. 8./S. 137).

General Duong Van Minh verzichtet auf eine Kandidatur für das Amt des südvietnamesischen Staatspräsidenten, weil der jetzige Präsident, Nguyên Văn Thiêu, sich unlauterer Mittel im Wahlkampf bedient. Damit ist Nguyên Văn Thiêu gegenwärtig der einzige Präsidentschaftskandidat für die im Oktober angesetzte Wahl (→ 3. 10./S. 168).

20. August, Freitag

Der rumänische Parteichef Nicolae Ceaușescu verteidigt in einer Rede vor der Militärakademie in Bukarest die freundschaftlichen Beziehungen seines Landes zur Volksrepublik China. Zugleich weist er den Anspruch Moskaus zurück, Zentrum des Weltkommunismus zu sein.

Nach dem Scheitern der Brüsseler Verhandlungen über eine gemeinsame Währungspolitik der EWG-Staaten, beschließt die Bonner Regierung am frei schwankenden Wechselkurs der DM festzuhalten (→ 16. 8./S. 137).

In Sittard läuft Ellen Tittel (BRD) mit 4:35,4 min Weltrekord über eine Meile.

21. August, Samstag

Bei einem Attentat auf eine Wahlversammlung der Liberalen Partei in Manila sterben acht Personen, 96 werden verletzt. Zu den Verletzten gehören alle acht Kandidaten der Oppositionspartei für die Wahl am → 8. November (S. 185). Der Generalsekretär der Liberalen, Benigno Aquino, macht die Politik von Präsident Ferdinando Edralin Marcos für das Attentat verantwortlich.

Die Benelux-Staaten beschließen in Brüssel, einen Währungsblock zu bilden, in dem das Kursverhältnis zwischen dem Gulden (hfl) und dem belgisch-luxemburgischen Franc (bfr) auf 13,81 bfr je hfl festgelegt wird. Gegenüber der Außenwelt schwanken die Währungen gemeinsam.

22. August, Sonntag

Nach mehrtägigen Kämpfen wird in Bolivien die linksgerichtete Regierung von Präsident Juan José Torres Gonzáles durch einen Putsch der politischen Rechten gestürzt. → S. 140

23. August, Montag

Starke Regenfälle in Indien fordern Tausende von Todesopfern unter den bengalischen Flüchtlingen. → S. 138

Der philippinische Staatspräsident Ferdinando Edralin Marcos verhängt den Ausnahmezustand über sein Land. Er begründet diesen Schritt mit einem drohenden »leninistisch-maoistischen Aufstand«, der von einer »ausländischen Macht« unterstützt würde (→ 8. 11./S. 185).

In Südkorea kommt es zu einer Massenflucht aus einem Militärgefängnis, in deren Verlauf zwölf Wärter ermordet werden. Nach einer anschließenden Amokfahrt durch die Hauptstadt Seoul sprengen sich 15 der entflohenen Häftlinge selbst in die Luft.

24. August, Dienstag

In Athen tritt das griechische Kabinett zurück. Mit diesem Schritt soll Ministerpräsident Jeorjios Papadopulos die Umbildung der Regierung ermöglicht werden.

An der Grenze zwischen Uganda und Tansania kommt es zu Gefechten zwischen den Truppen beider Länder. Die Regierung in Daressalam beschuldigt Uganda, in Tansania eingefallen zu sein.

In der Arabischen Republik Jemen wird eine neue Regierung gebildet. Politische Beobachter sehen die Ernennung Abdallah Abdel Majid al-Asnags zum Außenminister im Zeichen der zunehmenden Spannungen zwischen den beiden jemenitischen Staaten. Asnag gilt als Befürworter eines bewaffneten Kampfes mit der Volksrepublik Jemen.

25. August, Mittwoch

Bei den US-amerikanischen Schwimmmeisterschaften in Houston (US-Bundesstaat Texas) verbessert Mark Spitz (21) über 100 m Schmetterling seinen Weltrekord um sechs Zehntelsekunden auf 55,00 sec (→ 10. 9./S. 161).

26. August, Donnerstag

Der US-amerikanische Spielfilm »Love Story« von Arthur Hiller mit Ali MacGraw und Ryan O'Neal in den Hauptrollen wird in der Bundesrepublik erstaufgeführt. → S. 147

27. August, Freitag

Die japanische Regierung beschließt die Freigabe des Yen-Wechselkurses. Die Bank von Japan hatte zuvor auf dem Devisenmarkt zur Stützung des US-Dollar interveniert und die Rekordsumme von 1,2 Mrd. Dollar (4,2 Mrd. DM) angekauft (→ 15. 8./S. 137).

Auf dem Messegelände in Berlin (West) wird die erste Internationale Funkausstellung eröffnet. → S. 146

28. August, Samstag

Einen Tag nach dem gescheiterten Putschversuch gegen den Präsidenten des Tschad, N'Garta Tombalbaye, werden die diplomatischen Beziehungen zu Libyen wegen Einmischung in die inneren Angelegenheiten des Tschad abgebrochen.

In Washington veröffentlicht die »National Science Foundation« einen Bericht über die Lage von Wissenschaft und Forschung in den USA unter der Nixon-Regierung. Danach sind die staatlichen Aufwendungen für Forschung und Entwicklung stark rückläufig.

In Hamburg scheitern die Fusionsverhandlungen zwischen den Werften Howaldtswerke-Deutsche Werft AG und der Blohm & Voss AG. Beide Unternehmen, die bei einem Zusammenschluß den größten europäischen Werftkonzern darstellten, wollen zunächst selbständig weiterarbeiten.

Vor der italienischen Adriaküste brennt das griechische Fährschiff »Heleanna« vollständig aus. → S. 144

In Houston (US-Bundesstaat Texas) schwimmt die Amerikanerin Ellie Daniel mit 2:18,4 min einen Weltrekord über 200 m Schmetterling.

29. August, Sonntag

Bei den südvietnamesischen Parlamentswahlen erreichen die Anhänger von Staatspräsident Nguyên Văn Thiêu eine solide Mehrheit von 60% der Stimmen. Die Parlamentswahl gilt als Prüfstein für das Abschneiden Nguyên Văn Thiêus bei der Präsidentschaftswahl am → 3. Oktober (→ S. 168).

Die französische Regierung entschließt sich, die Kernwaffenversuche, die seit Juni im Pazifik über dem Mururoa-Atoll in Französisch-Polynesien durchgeführt wurden, für dieses Jahr zu beenden. Peru hatte für den Fall der Fortsetzung mit dem Abbruch der diplomatischen Beziehungen gedroht.

Frankreichs Staatspräsident Georges Pompidou fordert die Mitgliedstaaten der EWG auf, gemeinsame Anstrengungen im Kampf gegen das Rauschgiftproblem zu unternehmen. Er befürwortet die Koordination von Maßnahmen zur Prävention durch Aufklärung der Jugend und zur Repression durch die Spezialpolizei.

30. August, Montag

Die indische Premierministerin Indira Gandhi bezeichnet den indisch-sowjetischen Freundschaftsvertrag als ein Mittel, andere Staaten von »opportunistischen Abenteuern« gegen ihr Land abzuhalten. Frau Gandhi betont, daß der Vertrag kein Abweichen von der Politik der Blockfreiheit Indiens darstelle (→ 9. 8./S. 140).

31. August, Dienstag

Der Kongreß von Nicaragua setzt die Verfassung außer Kraft und überträgt Präsident Anastasio Somoza Debayle alle Macht. → S. 140

Der pakistanische Staatschef Aga Muhammad Yahya Khan ernennt Abdul Motaleb Malik zum ersten zivilen Gouverneur in Ostpakistan seit Beginn des Bürgerkriegs. Nach Angaben der Regierung soll dies ein Beitrag zu den Bemühungen um Wiederherstellung der Demokratie sein (→ 26. 3./S. 52).

In der schwedischen Stadt Landskrona schwimmt Hans Fassnacht mit 2:03,3 min Weltrekord über 200 m Delphin. → S. 145

Das Wetter im Monat August

Station	Mittlere Lufttemperatur (°C)	Niederschlag (mm)	Sonnenscheindauer (Std.)
Aachen	17,6 (17,2)	103 (82)	220 (188)
Berlin	19,5 (17,2)	8 (68)	251 (212)
Bremen	18,0 (17,1)	75 (79)	208 (182)
München	18,3 (16,6)	99 (96)	230 (211)
Wien	21,0 (18,6)	62 (68)	257 (242)
Zürich	18,1 (16,6)	123 (132)	222 (219)

( ) Langjähriger Mittelwert für diesen Monat

»Love Story«, der Erfolgsfilm aus den USA nach dem gleichnamigen Roman von Erich Segal, läuft am 26. August in der Bundesrepublik Deutschland an. Auch hier wird der Streifen zum Kassenschlager. Die »Bunte Illustrierte« widmet den Hauptdarstellern Ryan O'Neal (l.) und Ali MacGraw eine Titelgeschichte (Heft Nr. 33/ 10. August).

In Belfast bieten ganze Straßenzeilen ein Bild der Verwüstung. Betroffen sind vor allem Häuser von protestantischen Familien in katholischen Stadtvierteln.

Blutige Straßenschlachten in Belfast

9. August. Die nordirische Regierung unter Premierminister Brian Faulkner erläßt ein Gesetz, das die unbefristete Internierung von verdächtigen Personen ohne Gerichtsurteil ermöglicht. Daraufhin kommt es in Nordirland zu bürgerkriegsähnlichen Auseinandersetzungen zwischen IRA-Sympathisanten und britischen Truppen.

Am 8. August kam es im Vorfeld des sog. Lehrlingstages (12. August) – wie in jedem Jahr – zu blutigen Unruhen. Eine Person wurde getötet, zwölf wurden lebensgefährlich verletzt. Faulkner reagiert kurzentschlossen mit dem Sondergesetz. Anders als geplant, hilft das Internierungsgesetz nicht, weitere Unruhen zu vermeiden. Vielmehr eskaliert der Konflikt.

Am schwersten betroffen ist die nordirische Hauptstadt Belfast, in der über 300 Wohnungen in Flammen aufgehen. Bei blutigen Straßenschlachten kommen 26 Menschen ums Leben. Überall in den Straßen liegen ausgebrannte Autos und umgestürzte Busse. In einer großangelegten Operation der Polizei und der britischen Armee werden 300 Personen festgenommen. Sie stehen im Verdacht, mit der nordirischen Untergrundorganisation IRA (Irisch-Republikanische Armee) zu sympathisieren.

Vor dem Internierungsgesetz fliehen mehr als 6000 katholische Nordiren in die benachbarte Republik Irland. Die Flüchtlinge, die zum überwiegenden Teil der IRA angehören, werden hier in Armeelagern untergebracht.

Britische Soldaten und IRA-Sympathisanten liefern sich in Belfast erbitterte Kämpfe. Ein IRA-Mitglied erklärt: »12 000 Soldaten sind 12 000 Zielscheiben.«

Der irische Premierminister Jack Lynch bezeichnet das Internierungsgesetz als »bedauerliches Armutszeugnis, das sich die Ulster-Regierung ausgestellt hat«. Sein Aufruf zum Sturz der Regierung Faulkner führt zu einem neuen Tiefpunkt in den Beziehungen Dublin–Belfast. Lynch fordert die Ablösung der nordirischen Regierung durch ein Kabinett unter gleichberechtigter Beteiligung der katholischen Bevölkerung.

Im Zusammenhang mit dem Lehrlingstag kam es in den Vorjahren immer wieder zu Konflikten. Die Katholiken sehen in der Parade der Lehrlinge, die alljährlich am 12. August begangen wird, seit jeher eine Provokation. Am Lehrlingstag feiern die irischen Protestanten die Lehrlinge, die 1689 die Besetzung der Stadt Derry durch katholische Truppen verhinderten. Auch durch das diesjährige Verbot der Lehrlingsparade können die Unruhen nicht verhindert werden.

Großbritanniens Griff nach Irland

Chronik Rückblick

Die Beziehungen zwischen Irland und England sind seit dem Mittelalter gespannt. Die Iren mußten sich immer wieder gegen Annektionsversuche der Engländer zur Wehr setzen. 1801 erreichte London schließlich die Union Irlands mit Großbritannien.

Bis zum Beginn des 20. Jahrhunderts formierte sich eine irische Nationalbewegung. Im Januar 1919 traten in Dublin ihre Führer zu einem irischen Parlament (Dáil Eireann) zusammen. Sie erklärten die Unabhängigkeit Irlands und richteten eine Regierung unter Eamon de Valera ein. Die erkannte Großbritannien aber nicht an. Nach blutigen britisch-irischen Auseinandersetzungen wurde am 6. Dezember 1921 ein Vertrag geschlossen, der Südirland den Status eines »Freistaats« innerhalb des British Empire gab.

Das mehrheitlich protestantische Ulster blieb als Nordirland Teil Großbritanniens. Die irische Regierung und die radikalnationalistische IRA betreiben seitdem die Wiedervereinigung mit der Provinz Ulster.

Nixon setzt das Weltwährungssystem außer Kraft

15. August. US-Präsident Richard M. Nixon gibt in einer Rundfunk- und Fernsehansprache ein wirtschafts- und währungspolitisches Notprogramm zur Sanierung der angeschlagenen amerikanischen Wirtschaft bekannt.

Die Maßnahmen richten sich gegen die wachsende Arbeitslosigkeit, die hohe Inflationsrate und das beängstigend hohe amerikanische Zahlungsbilanzdefizit.

Als weitreichendste Entscheidung zum Abbau des Defizits beschließt die US-Regierung, die Funktion des Dollars als Leit- und Reservewährung aufzuheben. Damit erlischt die amerikanische Selbstverpflichtung, ausländischen Notenbanken Dollar zu einem festgesetzten Kurs in Gold umzutauschen. Dies war wichtigster Bestandteil des 1944 in Bretton Woods vereinbarten Weltwährungssystems. Der jederzeit in Gold umtauschbare Dollar erhielt damit neben dem Gold die Funktion einer internationalen Währungsreserve. Die Dollars, die als Reservewährung in die Tresore ausländischer Notenbanken abflossen, vergrößerten jedoch in den vergangenen Jahren das US-Zahlungsbilanzdefizit. Im ersten Halbjahr 1971 wurde mit 11,3 Mrd. Dollar das höchste Zahlungsbilanzdefizit in der amerikanischen Geschichte verzeichnet.

Eine zehnprozentige Importabgabe, die Nixon als weitere Notmaßnahme einführt, soll dazu beitragen, das amerikanische Handelsbilanzdefizit zu beseitigen. Besonders betroffen von dieser protektionistischen Abgabe sind die Bundesrepublik Deutschland und Japan, die in großem Umfang Fertigprodukte in die USA exportieren.

Zur Eindämmung der Inflationsrate, die jährlich 6% beträgt, ordnet Nixon einen auf drei Monate befristeten Lohn- und Preisstopp an. Das Abbremsen der Preis-Lohnspirale soll auch dazu beitragen, die stagnierende Wirtschaft anzukurbeln und so das weitere Ansteigen der Arbeitslosigkeit zu verhindern.

Als weitere Maßnahme zur Belebung der Binnenkonjunktur wird für die Dauer eines Jahres eine zehnprozentige Steuererleichterung für Investitionen gewährt.

Die amerikanische Wirtschaft reagiert überwiegend positiv auf das Notprogramm des Präsidenten. Vor allem die zehnprozentige Importabgabe wird als Schutzmaßnahme für den US-Markt begrüßt.

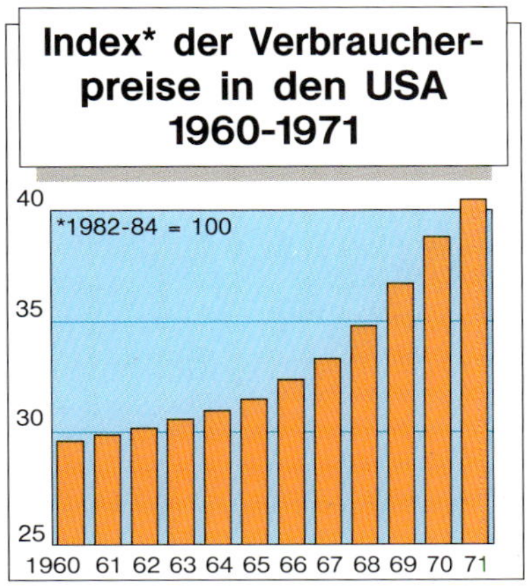

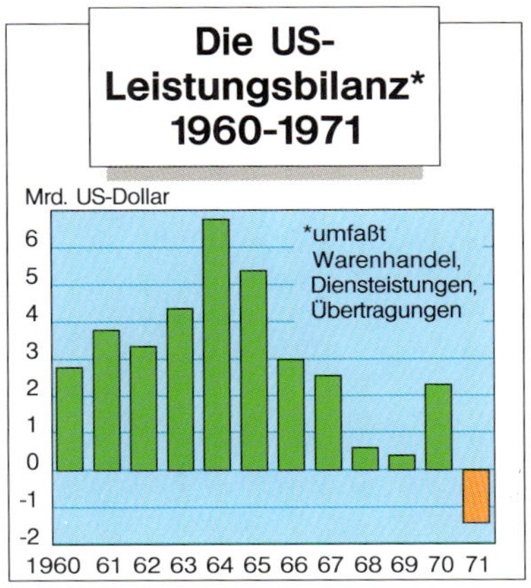

Über Rundfunk und Fernsehen gibt Nixon seine Maßnahmen bekannt.

Das Notprogramm für die US-Wirtschaft

Chronik Zitat

In dem Sanierungsprogramm gibt Nixon die Leitlinien für eine neue Wirtschaftspolitik vor:

»Prosperität . . . erfordert ein Handeln in 3 Punkten: Wir müssen mehr und bessere Arbeitsplätze schaffen; wir müssen dem Ansteigen der Lebenshaltungskosten Einhalt gebieten; wir müssen den Dollar vor Angriffen internationaler Spekulanten schützen. Wir werden zu der neuen Prosperität . . . voranschreiten, wie es sich für ein großes Volk geziemt – alle geschlossen und auf breiter Front . . . Unseren Freunden im Ausland . . . versichere ich: Die USA werden weiterhin . . . ein vertrauenswürdiger Handelspartner bleiben. In Zusammenarbeit mit dem Internationalen Währungsfonds und denen, die mit uns Handel treiben, werden wir auf die erforderlichen Reformen drängen, um ein dringend benötigtes, neues internationales Währungssystem zu schaffen.«

Europäische Staaten uneinig über neue währungspolitische Konzepte

16. August. Alle westeuropäischen Devisenbörsen werden geschlossen. Damit reagieren die internationalen Finanzmärkte auf die Ankündigung von US-Präsident Nixon, die Funktion des Dollars als Leit- und Reservewährung aufzuheben. Die Entscheidung der US-Regierung führt zu einer Diskussion der Europäer über neue währungspolitische Konzepte.

Wirtschaftspolitiker aus der Bundesrepublik Deutschland und den Niederlanden, die bereits im Mai zu einem freien Wechselkurs ihrer Währungen übergegangen waren, sprechen sich für ein Floating aller europäischen Währungen aus. Eine vom Dollar unabhängige Bewertung der Währungen könne nur durch das freie Spiel von Angebot und Nachfrage auf den Devisenmärkten erreicht werden. Durch das Floating, das zu einer Aufwertung der europäischen Währungen gegenüber dem Dollar führe, werde das Währungsgleichgewicht wiederhergestellt. Die Dollar-Zuflüsse, die erheblich zum US-Zahlungsbilanzdefizit beitrugen, würden damit abgeblockt (→ 9. 5./S. 90).

Die französische Regierung will dagegen grundsätzlich feste Währungsparitäten beibehalten. Die Kursschwankungen beim Floating belasteten den Außenhandel.

Am 23. August werden die Devisenmärkte wieder geöffnet, ohne daß sich die Europäer auf eine gemeinsame Währungspolitik einigen.

Brüssel: Ein Gespräch des deutschen und des französischen Finanzministers, Schiller (l.) und Giscard d'Estaing, über die Währungspolitik bleibt ergebnislos.

Acht Millionen fliehen aus Bangladesch in neues Elend

23. August. Durch die anhaltenden, starken Monsun-Regenfälle der letzten Tage treten in Indien der Ganges und dessen zahlreiche Nebenflüsse über die Ufer. 650 000 Menschen werden obdachlos, 1000 kommen ums Leben. Besonders hart trifft die Überschwemmung die Lager mit den Flüchtlingen aus Ostpakistan. Nach dem Ausbruch einer Cholera-Epidemie ist es innerhalb weniger Wochen bereits die zweite Katastrophe, von der die inzwischen 8 Mio. Lagerbewohner heimgesucht werden.

Der Flüchtlingsstrom aus Bangladesch (Ostpakistan) setzte mit dem Ausbruch des Bürgerkriegs zwischen Ost- und Westpakistan im März dieses Jahres (→ 26. 3./S. 52) ein. Ende 1971 ist die 10-Mio.-Grenze überschritten.

Die Ostbengalen fliehen vor den militärischen und politischen Auseinandersetzungen im eigenen Land. Tausende sind bereits den Kämpfen zum Opfer gefallen. Hinzu kommen ökonomische Probleme. Von der pakistanischen Zentralregierung wirtschaftlich vernachlässigt, gilt Ostpakistan von jeher als eine der ärmsten Regionen der Welt. Der Bürgerkrieg hat die wirtschaftliche Situation noch verschlechtert. So konfisziert die pakistanische Armee z. B. den größten Teil der Lebensmittel für den eigenen Bedarf.

Die Hoffnung der Ostbengalen, durch die Flucht dem Elend zu entkommen, erfüllt sich nicht. Indien ist mit den Millionen von Flüchtlingen territorial, sozial und wirtschaftlich überfordert.

Die Situation in den Flüchtlingslagern, die sich vorwiegend unmittelbar an der Grenze zu Bangladesch befinden, ist katastrophal: Es stehen nur primitive Notunterkünfte zur Verfügung, und die hygienischen Zustände sind völlig unzureichend. Die Versorgung mit Lebensmitteln ist ebenfalls mangelhaft. Hinzu kommt, daß die Ostpakistaner amtlichen Angaben zufolge bereits »in einem bemitleidenswerten Zustand« in Indien ankommen. Sie seien »ausgehungert und erschöpft und deshalb besonders anfällig für Krankheiten«.

Am 22. April 1971 meldete die Regierung des Bundesstaats Westbengalen, daß in den Flüchtlingslagern die Cholera und die Pocken ausgebrochen wären. Ärztliche Hilfe und Medikamente waren nicht ausreichend vorhanden, um die drohende Epidemie zu verhindern. Die Cholera dehnte sich sehr schnell auch auf die indischen Städte aus. Am 5. Juni gaben Gesundheitsbeamte bekannt, daß die Zahl der Choleratoten in Indien bereits 8000 überschritten habe.

Die indische Regierung unter Ministerpräsidentin Indira Gandhi bittet um internationale Hilfe zur Lösung des Flüchtlingsproblems (→ S. 139). Die Situation, so die Regierung, nehme »allmählich das Ausmaß einer nationalen Katastrophe« an, die indische Wirtschaft werde die Finanzlasten allein nicht tragen können. Doch trotz großzügiger ausländischer Unterstützung kann das Elend nicht wesentlich verringert, schon gar nicht beseitigt werden.

Die Regierung befürchtet zudem, daß die Spannungen zwischen den Flüchtlingen und der einheimischen Bevölkerung zum Ausbruch offener Unruhen führen könnten. Der indische Unionsstaat Westbengalen verzeichnet bereits eine rapide ansteigende Kriminalitätsrate.

Von der pakistanischen Regierung fordert Gandhi Entschädigung für die Unterbringung und Versorgung der Flüchtlinge in Höhe von 266 Mio. US-Dollar (931 Mio. DM). Sie seien Opfer der »Terrorkampagne der pakistanischen Armee«. Die Ministerpräsidentin fordert die pakistanische Regierung auf, den Flüchtlingen die Rückkehr in ihre Heimat »mit glaubwürdigen Garantien für ihre künftige Sicherheit« zu ermöglichen.

Obwohl Gandhi immer wieder betont, daß eine militärische Lösung des Flüchtlingsproblems in jedem Fall vermieden werden sollte, kommt es im Dezember dieses Jahres zum Krieg zwischen Pakistan und Indien (→ 3., 4. 12./ S. 200).

Flüchtlingslager in Indien: Hoffnungslos überfüllt . . .

. . . bei menschenunwürdigen hygienischen Bedingungen

Ostbengalische Flüchtlinge warten geduldig auf die tägliche Essenausgabe.

Kanalrohre dienen den Flüchtlingen aus Ostpakistan als Unterkunft.

Folgen des Monsun-Regens: Zentrum der Stadt Nabadwip, 80 km nordöstlich von Kalkutta. Zahlreiche Städte im Nordosten Indiens sehen so aus.

Gandhi: Hilfe bislang nur ein Tropfen im Ozean

Indiens Ministerpräsidentin Indira Gandhi bittet weltweit um finanzielle und materielle Unterstützung bei der Versorgung der ostpakistanischen Flüchtlinge. Die bislang zugesagte Hilfe karitativer Organisationen, so die indische Regierung, sei lediglich ein »Tropfen im Ozean« gewesen.

Gandhi richtet eindringliche Appelle an die Vereinten Nationen. Außerdem bricht sie zu einer Weltreise auf, um die Regierungen zahlreicher Staaten persönlich um Hilfe zu bitten (→ 10. 11./S. 186).

Die Bemühungen Gandhis sind erfolgreich. Bis zum 30. November 1971 gehen bei den UN, die die Hilfsmaßnahmen koordinieren, Zusagen für Spenden im Gesamtwert von 631,05 Mio. DM ein. Davon kommen 601,3 Mio. DM von den Ländern, 14 Mio. DM von privaten Organisationen, und 15,4 Mio. DM stellen die UN-Organe bereit.

Die großzügigsten Spenden

USA	312,2 Mio. DM
Großbritannien	99,05 Mio. DM
Bundesrepublik Deutschland	69,3 Mio. DM
Schweden	21 Mio. DM
Niederlande	19,95 Mio. DM
Japan	17,5 Mio. DM
Kanada	12,6 Mio. DM
Schweiz	8,75 Mio. DM

Gemeinsamer Auftritt für einen guten Zweck (v. l.): Ringo Starr, George Harrison, Bob Dylan und Leon Russell

Wohltätigkeitskonzert von Rock- und Popstars

1. August. Im Madison Square Garden in New York findet das erste große Wohltätigkeitskonzert in der Geschichte der Rockmusik statt. Vor 40 000 begeisterten Fans spielen zahlreiche Rock- und Popstars für die bengalischen Flüchtlinge in Indien. Der Reinerlös des Abends beträgt rund 1 Mio. DM.

Die Benefizveranstaltung ist kurzfristig von Ravi Shankar und Ex-Beatle George Harrison organisiert worden. Die Kritiken sind voll Anerkennung: »Es war einmalig, eine solch große Zahl unvergleichlicher Musiker für ein Konzert zusammenzubringen.« Dabei sind u. a. Eric Clapton, Billy Preston, Leon Russell und Bob Dylan. Mit Harrison und Ringo Starr stehen erstmals seit vier Jahren wieder zwei Beatles gemeinsam auf der Bühne.

»Jesus People« im Rausch des Glaubens

Tausende Jugendliche in aller Welt finden ein neues Lebensgefühl und einen Lebenssinn in der Besinnung auf die Religion, Gott und Jesus Christus. Der Glaube stellt für viele der »Jesus People« oder »Jesus-Jünger« eine regelrechte Ersatzdroge dar: »Junge Süchtige steigen vom Hasch auf den Heiland um« (Der Spiegel).

Die sog. Jesus-Revolution nahm ihren Anfang in den USA. 1971 schwappt die Glaubens-Woge verstärkt auf andere Länder über, u. a. auf die Bundesrepublik. In der Gemeinschaft mit anderen Gläubigen verehren die Jesus People Gott und Christus bis zur Ekstase, nahezu zu jeder Tageszeit und bei jeder Gelegenheit.

»Jesus – the one way«, »Jesus ist der einzige Weg zur Erlösung« lautet die Erkenntnis der Jesus-People. »Jesus ist besser als jeder Joint« bekennt eine ehemalige 16jährige Süchtige. In der Tat gelingt es vielen Jugendlichen, sich durch die Jesus-Bewegung von den Drogen loszusagen.

Das findet in der Öffentlichkeit Anerkennung. Dennoch wird die Renaissance der Religion nicht ohne Mißtrauen beäugt. Die Begeisterung, mit der sich die Jesus People ihrem Glauben und ihrem neuen »Idol« widmen, ist für viele Außenstehende befremdend.

Gottesdienst in Herne. Zu Hunderten nehmen Gläubige das Abendmahl ein. Schon lange waren die bundesdeutschen Kirchen nicht mehr so gut besucht.

△ Extremes Glaubensbekenntnis: Jesus-Jünger in regelrechter Ekstase

◁ Massenveranstaltungen sind charakteristisch für die neue Glaubens-Bewegung. Über die ganze Welt verteilt werden Jesus-Festivals veranstaltet. Hier entwickelt sich eine Form der Rock- und Popmusik, die christliche Themen zum Inhalt hat.

Putsch in Bolivien – Banzer löst Torres ab

22. August. In Bolivien wird nach mehrtägigen blutigen Kämpfen das linksgerichtete Militärregime durch einen Putsch der politischen Rechten gestürzt. Präsident Juan José Torres flieht nach Peru. An seiner Stelle übernimmt Oberst Hugo Banzer Suárez die Macht.

Bereits am 11. Januar 1971 unternahm Banzer einen Umsturzversuch, der jedoch mißlang. Erst drei Tage vor dem erfolgreichen Staatsstreich kehrte er zurück und wurde verhaftet. Seine Festnahme bildete den Ausgangspunkt für den erneuten Putschversuch.

Banzer ist der 186. Präsident in der 146jährigen Geschichte Boliviens. Zu der neuen Regierung zählen neben Militärs Mitglieder der »Sozialistischen Falange« und der »Nationalrevolutionären Bewegung«.

Nicaragua: Vollmacht für Präsident Somoza

31. August. In Nicaragua setzt der Kongreß die Verfassung außer Kraft. Präsident Anastasio Somoza Debayle wird die gesamte Macht im Staat übertragen. Eine 100köpfige gesetzgebende Versammlung soll am 15. April 1972 mit den Beratungen für eine neue Verfassung beginnen.

Somoza und der Vorsitzende der konservativen Oppositionspartei, Fernando Auguero, hatten sich im März 1971 darauf verständigt, die Verfassung umzuschreiben. Es sei nötig, so beide Politiker, »mehr Demokratie« im Land einzuführen.

Die neue Verfassung soll Somozas Wiederwahl zum Präsidenten gewährleisten. Dies wäre nach der alten Verfassung nicht möglich. Somozas Präsidentschaftsmandat liefe danach 1972 endgültig aus.

UdSSR und Indien schließen Bündnis

9. August. In Delhi unterzeichnen der sowjetische Außenminister Andrei A. Gromyko und sein indischer Amtskollege Swaran Singh einen »Vertrag über Frieden, Freundschaft und Zusammenarbeit«. Er wird bereits am 11. August in beiden Ländern ratifiziert.

Politische Beobachter werten das Abkommen als Zeichen für die Bereitschaft der UdSSR, Indien gegebenenfalls im Pakistan-Konflikt zu unterstützen (→ 3., 4. 12./S. 200).

In einer Erklärung betonen beide Seiten jedoch, das Flüchtlingsproblem (→ 23. 8./S. 138) müsse auf politischem und nicht auf militärischem Weg gelöst werden.

Daneben wird der Vertrag auch als sowjetische Antwort auf die Annäherung zwischen China und den USA gesehen (→ 14. 4./S. 70).

Memoiren führen ins politische Abseits

12. August. Der australische Premierminister William McMahon (Liberale Partei) entläßt seinen Stellvertreter und Verteidigungsminister John G. Gorton (Liberale Partei) aus dem Kabinett.

Gorton wurde bereits am 9. März durch ein Mißtrauensvotum als Partei- und Regierungschef entmachtet. Er war zur Zielscheibe der Kritik geworden, da er sich häufig über Entscheidungen seiner Minister hinweggesetzt hatte.

Ausschlaggebend für die vollständige Suspendierung Gortons ist seine Artikelserie, eine Art Memoiren, die er in der Zeitschrift »Sunday Australian« veröffentlicht. In den von Gorton geschilderten Einzelheiten über seinen Regierungsstil sieht McMahon die »Integrität einiger Minister berührt«.

Deutsche Aussiedlerwelle aus Polen rollt

9. August. Der Suchdienst des Deutschen Roten Kreuzes (DRK) gibt bekannt, daß im ersten Halbjahr 1971 über 10 000 deutsche Aussiedler aus Polen in die Bundesrepublik Deutschland gekommen sind. Das sind dreimal soviel wie im ersten Halbjahr 1970.

Insgesamt trafen in den ersten sechs Monaten 14 952 Deutsche im Rahmen der Familienzusammenführung aus Polen, der Sowjetunion, der ČSSR, Rumänien und Jugoslawien in der Bundesrepublik ein (1970: 9564). Der Anteil der aus Polen stammenden Deutschen macht rund 72% aus. Im gleichen Zeitraum des vergangenen Jahres waren es kaum 37%.

Der Anstieg der Aussiedlerzahlen aus Polen geht auf den deutsch-polnischen Vertrag über die Normalisierung der gegenseitigen Beziehungen vom 7. Dezember 1970 zurück. In einer Erklärung der polnischen Regierung zu dem sog. Warschauer Vertrag heißt es, daß »Personen mit unbestreitbarer deutscher Volkszugehörigkeit« aus Polen ausreisen dürfen. Nach Angaben des DRK sind dies rund 300 000.

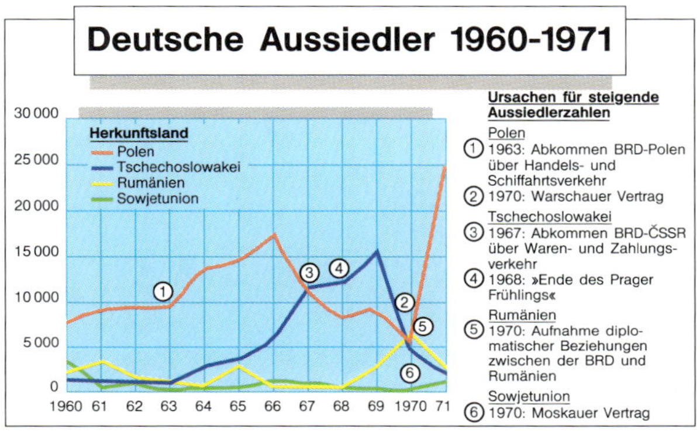

△ Eine deutsche Aussiedlerfamilie aus Polen im Grenzdurchgangslager Friedland. Hier treffen zunächst alle Aussiedler aus dem Ostblock ein. Anschließend werden sie auf die Bundesländer verteilt.

Künftig kein CIA-Geld mehr für US-Sender

3. August. In Washington bewilligt der Senat eine Finanzierungsvorlage des Repräsentantenhauses in Höhe von umgerechnet 120 000 DM für »Radio Free Europe« (RFE) und »Radio Liberty« (RL). Die beiden US-Sender sind in München ansässig und strahlen ihre Sendungen in den osteuropäischen Raum aus.

Über die Finanzierung von RFE und RL ist es in den USA zu heftigen Diskussionen gekommen. Senator Clifford Case erklärte am 24. Januar, daß die Sender vorwiegend vom US-Geheimdienst CIA und nicht, wie angenommen, durch private Spenden finanziert würden.

Beide Sender entstanden zur Zeit des kalten Krieges (RFE 1949, RL 1953). Ihre anfängliche »plumpe Propagandatätigkeit« stellten sie bald ein, der Osten bezeichnet sie aber weiter als »Hetzsender« (FAZ). Die neue Finanzierungsregelung, nach der nicht mehr der CIA, sondern der US-Kongreß die Gelder bereitstellt, soll die Glaubwürdigkeit der Sender erhöhen und eine parlamentarische Kontrolle ermöglichen.

Kugelhagel tötet Gangster und Geisel

4. August. In München endet ein Überfall auf die Filiale der Deutschen Bank an der Prinzregentenstraße mit einem Schußwechsel zwischen der Polizei und den Bankräubern. Eine Geisel, eine 20jährige Bankangestellte, und einer der beiden Bankräuber kommen dabei ums Leben.

Kurz vor 16 Uhr betreten zwei Bewaffnete die Münchner Bankfiliale. Sie nehmen fünf Geiseln und fordern telefonisch von der Polizei 2 Mio. DM. Eine halbe Stunde vor Mitternacht verläßt einer der Räuber zusammen mit einer Geisel das Bankgebäude. Als sie in das bereitgestellte Fluchtauto steigen, eröffnen Scharfschützen der Polizei das Feuer. Der Gangster stirbt im Kugelhagel, die Geisel wird nach Angaben der Staatsanwaltschaft durch Schüsse aus der Maschinenpistole des Bankräubers getötet. Der zweite Gangster, der sich mit den vier anderen Geiseln noch im Bankgebäude befindet, kann von der Polizei überwältigt werden. Dabei wird niemand verletzt.

Das Vorgehen der Polizei stößt auf herbe Kritik. Den Behörden wird vorgeworfen, den Tod der 20jährigen Geisel provoziert zu haben. Der bayerische Innenminister Bruno Merk (CSU) erklärt vor der Presse, daß »den Strafverfolgungsbehörden die Entscheidung, von sich aus das Feuer zu eröffnen, nicht leicht gefallen sei«. Es habe jedoch keine andere Möglichkeit bestanden. Hätte man die Bankräuber mit Geld, Geisel und Fluchtfahrzeug entkommen lassen, so wären mit großer Wahrscheinlichkeit weitere Zivilisten bedroht gewesen.

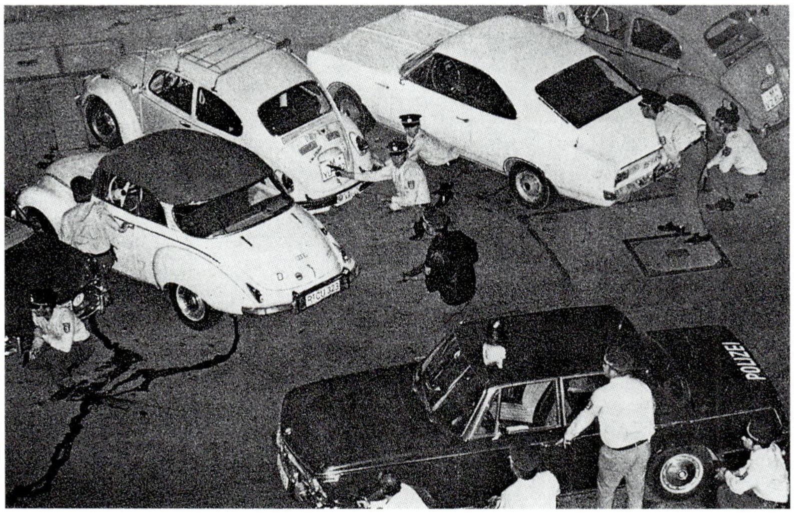

Großeinsatz auf der Prinzregentenstraße in München: Die besetzte Filiale der Deutschen Bank ist weiträumig abgeschirmt, die Polizisten sind schußbereit.

Theologe Küng beim Vatikan in Ungnade

10. August. Die Zeitung des Vatikans »Osservatore Romano« gibt bekannt, daß gegen den Schweizer katholischen Theologen und Professor an der Tübinger Universität, Hans Küng, Untersuchungen laufen. Die Glaubenskongregation des Vatikans wirft Küng vor, die Grundsätze der katholischen Kirche in Frage zu stellen.

Nach Auffassung des Vatikans könne in Küngs Büchern »Die Kirche« und »Unfehlbar? Eine Anfrage« eine »Abwertung des göttlichen Ursprungs der Kirche« und »eine gewisse Abwertung der Natur der Kirche als göttliche Institution« festgestellt werden. Küng spricht sich u.a. gegen die absolute Ehelosigkeit der Priester aus. Auch steht er der Unfehlbarkeit des Papstes kritisch gegenüber.

Der Vatikan hat Küng wegen seiner Haltung bereits wiederholt getadelt. Die Kongregation spricht diesmal eine »ernsthafte Ermahnung« aus. 1979 wird Küng die kirchliche Lehrbefugnis entzogen.

Auto 1971:

Sportcoupés sind die Renner der Saison

Chronik **Übersicht**

Trotz zunehmender Verkehrsprobleme und hoher Unfallziffern erfreut sich das Auto bei den Bundesdeutschen wachsender Beliebtheit. Mit 1,97 Mio. neuzugelassenen Wagen steigt der Bestand an PKW in der Bundesrepublik Deutschland 1971 auf 13,97 Mio. Das Auto ist nicht nur »Status- und Prestigesymbol«, sondern wird für den einzelnen immer mehr zum »Medium und Symbol der Freiheit« (Theodor Adorno). Auch Preissteigerungen von durchschnittlich 6,5% können diesen Drang nicht bremsen.

Dem steigenden Bedürfnis der Autofahrer nach »Freiheit und Individualität« entspricht die Vielzahl von Sportwagen, die 1971 auf den Markt kommen. Mercedes präsentiert den neuen 350 SL, der eine Spitzengeschwindigkeit von 210 km/h erreicht. In dem Sportcoupé dominieren Komfort und Sicherheit. Zur Serienausstattung gehören Servolenkung ebenso wie beheizbare Türen. Ein extra aufsetzbares Coupé-Dach, das besonders stabil konstruiert wurde, soll den Fahrer schützen, wenn sich der Wagen überschlägt.

Völlig neuentwickelt hat der französische Automobilhersteller Renault das Alpine-310-Coupé. Sein 1600-ccm-Motor leistet 125 PS. Der Sportwagen, der im Windkanal entworfen wurde, ist 1,15 m hoch und 212 km/h schnell. Kostenpunkt: 30 000 DM.

Interessante Ergebnisse über das Fahrverhalten der deutschen Autobesitzer fördert eine Befragung des Allensbacher Instituts für Demoskopie zutage. Danach fahren 74% aller PKW-Besitzer mit dem eigenen Wagen zur Arbeit. Die Autofahrer kümmern sich dabei nicht im geringsten darum, wie dicht der Verkehr und wie lang die Fahrzeit ist.

Bei der Frage nach der Promille-Grenze befürworten fast zwei Drittel der Autofahrer die geplante Reduzierung von 1,3 auf 0,8‰. Dabei befinden sich 3% der Befragten in dem erschreckenden Irrglauben, daß selbst mit sechs Glas Bier die 0,8‰ noch nicht erreicht würden.

Der neue Mercedes 350 SL verfügt über einen 8-Zylinder-V-Motor, der das Coupé in 8,8 sec auf 100 km/h beschleunigt.

Eleganz und Kraft zeichnen den neuen »Citroën SM« aus. Das komfortable Coupé erreicht eine Spitze von 225 km/h.

150 PS beschleunigen den neuen Ford Capri RS 2600 in 7,7 sec von 0 auf 100 km/h. Der stolze Preis: 15 799,74 DM.

Mit dem Alpine-310 hat Renault dem Rost den Kampf angesagt. Seine Karosserie besteht vollständig aus Fiberglas.

Autodesigner des italienischen Spezialkarossiers Pininfarina entwarfen die futuristische Karosserie des Alfa Romeo Prototipo 33.

Der Renault 17 zeichnet sich durch seine besonders windschlüpfrige Karosserie aus.

◁ Der Fiat 127 wird von 40 Journalisten der großen europäischen Automobilfachzeitschriften zum »Auto des Jahres« gekürt. Die Juroren loben vor allem die guten Fahreigenschaften, die der Kleinwagen seinem Vorderradantrieb verdankt. Mit 45 PS schafft der 705 kg leichte Wagen eine Spitze von 140 km/h. Eine gute Raumausnutzung bietet im Innenraum Platz für fünf Personen.

Motorräder feiern großes Comeback

Nach einer langjährigen Flaute befindet sich das Motorrad in der Bundesrepublik Deutschland wieder im Aufwind.
Steigender Wohlstand führte in den 50er Jahren dazu, daß immer mehr Motorradfahrer aufs Auto umstiegen. Anfang der 70er Jahre wird das Motorrad-Fahren als neues Freizeit-Vergnügen entdeckt. Mehr noch als das Auto wird das Motorrad zum Synonym für »Freiheit und Unabhängigkeit«. Eine Befragung ergibt, daß der Feuerstuhl bei den Autofahrern »die Funktion des Ersatzpferdes« erfüllt, mit dem man »abgelegene Plätze, die einem Auto nicht zugänglich sind, erreichen kann«. Die Zahl der Neuzulassungen von Motorrädern in der Bundesrepublik steigt von 8800 im Jahr 1970 auf über 16 000 Maschinen 1971.

▷ Auch BMW-Chef von Kuenheim im Motorradfieber. Sein Unternehmen kann die Nachfrage kaum decken.

Das VW-Sicherheitsauto

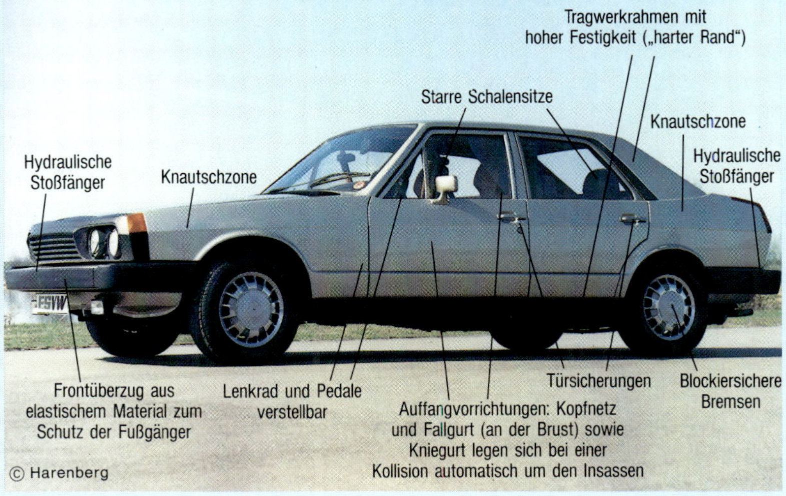

Sicherheitsautos contra Tod im Straßenverkehr

Mit der Konstruktion von Sicherheitsautos wollen die deutschen Automobilhersteller die ständig steigende Zahl der Verkehrstoten reduzieren. Knautschzonen, hydraulische Stoßdämpfer, Sicherheitsgurte und Luftsäcke sollen dafür sorgen, daß der Fahrer bei einem Aufprall seines Wagens künftig unverletzt bleibt.

Erstmals 30 000 Seemeilen allein gegen den Wind

6. August. Nach einer 292tägigen Weltumsegelung läuft der Schotte Chay Blyth in den südenglischen Hafen Hamble ein. Als erster Alleinsegler umrundete Blyth die Erde von Ost nach West.
Auf diesem Kurs ist eine Weltumsegelung weit schwieriger als in West-Ost-Richtung, weil das Boot fast ununterbrochen gegen den Wind segelt. Vor allem am Kap Hoorn und im Pazifik im Bereich der 40er Breitengrade, der »brüllenden Vierziger«, muß das Schiff die volle Gewalt der Weststürme aushalten. Erfahrene Seeleute hatten das Unternehmen deshalb als »unmöglich« bezeichnet.
Das Boot, das Blyth benutzte, wurde von der British Steel Corporation eigens für die Weltumsegelung konstruiert. Die »British Steel« ist eine vollständig aus Stahl gebaute Bermuda-Ketsch von 18 m Länge. Mit dieser Jacht legte Blyth bei seiner Reise um die Welt mehr als 30 000 Seemeilen (55 560 km) auf drei Ozeanen zurück.

Zahlreiche Boote begleiten Chay Blyth und seine zweimastige Jacht auf den letzten Seemeilen seiner Weltreise.

Premier Heath führt Briten zu Segel-Sieg

11. August. Bei den vier Segelregatten des Admiral's Cup siegt das britische Team unter der Führung des britischen Premierministers Edward Heath. An dem Hochseejacht-Wettbewerb, der zu den schwersten der Welt zählt, beteiligten sich 45 Schiffe aus 17 Staaten.
Die Wettfahrten des Admiral's Cup begannen traditionell mit dem »Channel Race«, einem Dreiecks-Kurs im Ärmelkanal. Diese erste Regatta startet in der Nähe der südenglischen Hafenstadt Portsmouth und führt dann von der englischen Küste nach Frankreich und zurück. In diesem Wettlauf belegten zwei der drei Jachten des britischen Teams vordere Plätze. Der Brite Arthur Slater errang mit der »Prospect of Whitby« Platz eins. Sein Teamchef Edward »Ted« Heath, der zu den Top-Seglern seines Landes zählt, belegte mit seiner Jacht »Morning Cloud« den dritten Rang. Dritte Jacht im britischen Team ist die »Cervantes IV« von Bob Watson.
Auch bei den folgenden zwei »Inshore-Races« entlang der englischen Küste errang das britische Team vordere Plätze.
Die vierte und letzte Etappe des Admiral's Cup bildete das »Fastnet-Race«, das von der englischen Küste durch die Irische See bis zum »Fastnet-Rock« und zurück führt. Den Sieg auf dem Abschnitt sicherte sich die australische Jacht »Ragamuffin«. Während die »Cervantes IV« Platz zwei errang, belegten die beiden anderen britischen Schiffe nur die Ränge 13 und 14.
Im Gesamtklassement liegen die Briten schließlich vor den Vereinigten Staaten und Australien.
Das deutsche Team mit den Flensburger Jachten »Klaar Kimming« und »Ree« und der Hamburger Jacht »Rubin« belegt Rang neun.

Der britische Premierminister Heath (r.) an Bord seiner Jacht »Morning Cloud«. Das 12,50 m lange Schiff kostete den begeisterten Hochsee-Segler 184 000 DM.

Starker Seegang erschwert die Bergung der Überlebenden.

Fährenunglück in der Adria fordert 24 Tote

28. August. Nach einer Gasexplosion brennt das griechische Fährschiff »Heleanna« vollständig aus. Die Katastrophe, die sich vor der italienischen Adriaküste ereignet, fordert 24 Menschenleben. 243 der 1175 Passagiere werden verletzt. Überlebende des Unglücks werfen der Schiffsbesatzung vor, ihre Pflichten bei der Rettung der Passagiere vernachlässigt zu haben.

Leichtathletik-EM: Olympia 72 wirft Schatten voraus

14./15. August. Die beiden Schlußtage der Leichtathletik-Europameisterschaften in Helsinki (10.–15. 8.) bringen der Mannschaft aus der Bundesrepublik endlich den erhofften »Goldregen«. Fünf Titelgewinne für den Deutschen Leichtathletik-Verband (DLV) wecken Medaillen-Hoffnungen für die Olympischen Spiele in München 1972:

▷ Hammerwerfer Uwe Beyer übertrifft mit seinem letzten Versuch (72,36 m) noch Reinhard Theimer aus der DDR
▷ Ingrid Mickler springt im sechsten Durchgang 6,76 m weit und setzt sich vor die Schweizerin Meta Antennen (6,73 m), die von Beginn an führte
▷ Heide Rosendahl überläuft im abschließenden 200-m-Wettbewerb des Fünfkampfs noch die DDR-Weltrekordlerin Burglinde Pollack und gewinnt mit 18 Punkten Vorsprung
▷ Die 4 × 400-m-Staffel der Männer siegt vor Polen
▷ Die Sprint-Staffel der Frauen holt in Europarekordzeit (43,3 sec) Gold vor der DDR.

Faina Melnik (UdSSR) entreißt Liesel Westermann (61,68 m) im letzten Versuch mit 64,22 m Weltrekord und EM-Sieg.

In der inoffiziellen Medaillenwertung ist der DLV (5 G, 7 S, 5 B) dritter hinter DDR (12 G, 13 S, 7 B) und UdSSR (9 G, 3 S, 8 B).

Mickler: Gold im Weitsprung und mit der 100-m-Staffel, Silber im 100-m-Lauf

Mit 61,68 m letztlich doch »nur« zweite im Diskuswurf: Liesel Westermann

Heide Rosendahl: Sieg im Fünfkampf und Platz drei im Weitsprung

Die beiden bundesdeutschen Zehnkämpfer Kurt Bendlin (l.) und Hans Joachim Walde (r.). Walde belegt Platz drei.

Wolfgang Nordwig gewinnt mit 5,35 m im Stabhochsprung eine der insgesamt zwölf Goldmedaillen für die DDR.

Jackie Stewart ist Formel-1-Weltmeister

15. August. Nach dem Großen Preis von Österreich in Zeltweg steht Jackie Stewart aus Großbritannien auf Tyrell-Ford als diesjähriger Automobilweltmeister der Formel 1 fest.

Der 32jährige Brite scheidet zwar im achten Lauf der Weltmeisterschaft in Zeltweg nach der 35. Runde aus, doch sein ärgster Konkurrent Jacky Ickx (Belgien) muß bereits in der 32. Runde aufgeben.

Im Gesamt-Klassement führt Stewart nun nach acht der elf Rennen uneinholbar mit 51 Punkten vor Ickx (19 Punkte).

Nach Abschluß der WM-Läufe im Oktober liegt Stewart mit 62 Punkten vorn. Die Plätze zwei und drei belegen der Schwede Ronnie Peterson (33 Punkte) und der Franzose François Cevert (26 Punkte).

Nach 1969 erneut Formel-1-Weltmeister: Jackie Stewart auf Tyrell-Ford ist der überragende Fahrer der Saison. Er gewinnt sechs der elf Grand-Prix-Rennen.

Fassnacht schwimmt Fabelweltrekord

31. August. Der Mannheimer Hans Fassnacht schwimmt im schwedischen Landskrona Weltrekord über 200 m Delphin. Der 20jährige unterbietet mit 2:03,3 min den erst eine Woche alten Rekord der US-Schwimmer Mark Spitz und Gary Hall um sechs Zentelsekunden.

Fassnacht präsentiert sich bei den Vorbereitungen auf Olympia 1972 derzeit in Bestform. Mit dem neuen Weltrekord hat er den Europarekord über 200 m Delphin innerhalb der letzten sieben Wochen gleich fünfmal verbessert. Neben den 2:03,3 min schwamm er zuvor folgende europäische Bestzeiten:

▷ 10. 7.: 2:06,5 min (Santa Clara)
▷ 11. 7.: 2:06,1 min (Santa Clara)
▷ 7. 8.: 2:06,0 min (Los Angeles)
▷ 27. 8.: 2:04,5 min (Uppsala).

Berliner Funkausstellung wird erstmals international

27. August. Auf dem Messegelände unter dem Funkturm in Berlin (West) wird die erste Funkausstellung mit internationaler Beteiligung eröffnet. Bis zum 5. September zeigen 250 Firmen aus 21 Ländern Neuheiten aus dem Bereich Audio- und Videotechnik.

Als besondere Attraktion der Funkausstellung wird die erste Farbbildplatte der Öffentlichkeit vorgestellt. An ihrer Entwicklung arbeitete ein Ingenieurteam von AEG/Telefunken sechs Jahre. Die Farbbildplatte, die aus einer runden, hauchdünnen PVC-Folie besteht, funktioniert ähnlich wie eine Schallplatte. Mit einem besonderen Plattenspieler werden die in Rillen gepreßten Bild- und Tonsignale auf den Bildschirm eines normalen Fernsehgeräts übertragen. Mit Anschaffungskosten zwischen 600 und 1200 DM ist der Bildplattenspieler erheblich billiger als andere Videosysteme.

Premiere feiert auf der Funkausstellung auch das Autotelefon, mit dem im Selbstwähldienst ein anderer Teilnehmer erreicht werden kann. Das neue Telefon soll zwischen 8000 und 9000 DM kosten. Bis zum Beginn der Olympischen Sommerspiele 1972 will die Post die ersten Vermittlungsämter für das neue Telefon einrichten.

Noch bequemer geht's nicht mehr: Die neue Fernseh-Komfort-Liege ist ein Produkt für die totale Fernsehgesellschaft.

Auf 88 000 m² Fläche werden in 23 Hallen und vier Pavillons die Neuheiten der Unterhaltungselektronik präsentiert.

Für großes Aufsehen bei den Messebesuchern sorgen die riesigen Plastik-Röhren der Deutschen Bundespost.

Unerläßlich für den guten Empfang: Die Funkausstellung zeigt Neuentwicklungen der Antennentechnik.

Großes Interesse an der Berliner Funkausstellung 1971: Die Veranstalter zählen über 600 000 Besucher.

Voigtländer nicht mehr konkurrenzfähig

4. August. Das Braunschweiger Photoapparatewerk Voigtländer soll bis zum 30. September 1972 stillgelegt werden. Diesen Beschluß fällt der Aufsichtsrat der Zeiss Ikon AG, die das Unternehmen 1970 übernommen hat.

Erst zu Jahresbeginn war die Fertigung der Zeiss-Kameras von Stuttgart nach Braunschweig verlagert worden. Zur Rationalisierung der Produktion sollte dort die gesamte Kamerafertigung konzentriert werden. Nach Angaben des Unternehmens ging aber der Auftragseingang aus dem Ausland im ersten Halbjahr 1971 »kraß« zurück. Verantwortlich dafür sei die Aufwertung der DM, die eine Verteuerung deutscher Produkte im Ausland bewirke. Zudem benachteiligten die hohen Löhne in der Bundesrepublik die optische Industrie gegenüber der Konkurrenz in Fernost.

Das Voigtländer-Werk wurde 1756 von Christoph Voigtländer begründet. 1956 übernahm die Carl-Zeiss-Stiftung das Unternehmen.

Durch die Gründung einer Auffanggesellschaft im Jahr 1972 kann die Stillegung des Unternehmens verhindert werden.

Original-Petzval-Objektiv Nr. 12 729 von Voigtländer aus dem Jahr 1864

Erste Metallkamera mit mathematisch errechnetem Objektiv (1840)

Airbus-Heck auf dem Weg zur Endmontage

5. August. In Hamburg stellt das Luftfahrtunternehmen Messerschmitt-Bölkow-Blohm das erste rund 20 m lange Rumpfheck des deutsch-französisch-britischen Verkehrsflugzeugs Airbus A 300 b fertig. Anschließend wird dieses Teilstück zur Endmontage des ersten Musterflugzeugs in das französische Airbus-Werk nach Toulouse transportiert.

Das in Hamburg gefertigte Bauteil umfaßt einen großen Teil der Passagierkabine sowie Fracht- und Gepäckräume des 50 m langen Großraumflugzeugs. Die Tragflächen des Airbus werden von der britischen Firma Hawker Siddeley Aviation produziert. Der französische Airbus-Partner Aérospatiale übernimmt die Fertigung der übrigen Teile des Flugzeugs. Der Erstflug des Airbus ist für 1972 geplant.

Wahre Liebe, lange Schlangen, viele Tränen, böse Kritik

26. August. Im Frankfurter Kino »Alemannia« hat der US-Spielfilm »Love Story« (1969) in der Bundesrepublik Premiere. Der Film von Arthur Hiller beschreibt nach dem gleichnamigen Roman von Erich Segal die derzeit »weltberühmteste Liebesgeschichte« (Frankfurter Allgemeine Zeitung).

»Love Story« erzielt in der Bundesrepublik – wie bereits in den USA und vielen anderen Ländern – einen ungeheuren Publikumserfolg: Über Monate läuft der Film in den Kinos, an den Kassen bilden sich bei nahezu jeder Vorstellung lange Schlangen, die Kinobesucher sind von der Geschichte und den Schauspielern fasziniert und gerührt zugleich.

Die Handlung von »Love Story« ist schnell erzählt: Der Autor Segal, ein 41jähriger Universitätsprofessor aus den USA, schildert die Liebesgeschichte der armen Jenny (Ali MacGraw) und des reichen Harvard-Studenten Oliver »IV« (Ryan O'Neal); wie sie sich kennen- und liebenlernen, trotz elterlichen Verbots heiraten und sich nichts sehnlicher wünschen als ein Kind. Der Wunsch bleibt unerfüllt, und es stellt sich heraus, daß Jenny unheilbar an Leukämie erkrankt ist. Sie stirbt und Oliver bleibt allein und verzweifelt zurück.

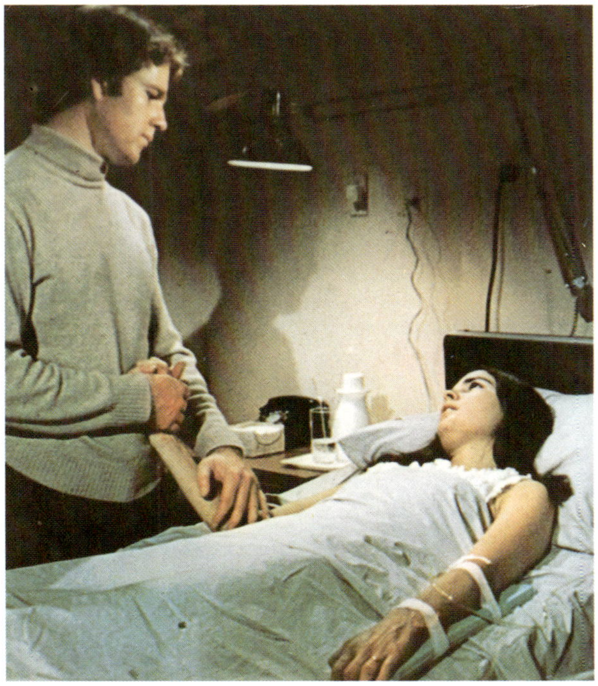

Szene aus dem Schlußteil des Films: Oliver (Ryan O'Neal) am Bett seiner todkranken Frau Jenny (Ali MacGraw).

Ein Taschentuch tut not. Die Geschichte von Oliver und Jenny treibt vielen Kinobesuchern die Tränen in die Augen.

Anders als beim Publikum kommt der Film bei den Kritikern sehr schlecht weg. Unter der Überschrift »Kitsch ist ein schönes Wort« schreibt die FAZ: »Der Film ist ein Nichts wie das Buch. Anders hat es Segal auch nicht gemeint. Sein Erfolg ist als Reaktion auf die allzu harte Ware von Perversion und Gift zu verstehen, die in allen Kunstbereichen angeboten wird.« »Der Spiegel« spricht von einem »tränentreibenden Rührstück« und »aufdringlichen 99 Minuten«.

Den Grund für den Erfolg vor allem beim jugendlichen Publikum vermutet das US-Magazin »TIME« in der »Rückkehr der Romantik«. »Die Welt« analysiert: »Eine Generation, die vorgab, an nichts mehr zu glauben, erkennt plötzlich, daß sie die Möglichkeiten ihrer Selbstdarstellung erschöpft hat ... Es scheint, daß sich auch in den Beziehungen der Geschlechter zueinander der Stil geändert hat. Man will nicht mehr Sex ohne Liebe.«

Klick-Klack-Kugeln: Laut und schmerzvoll

12. August. An den öffentlichen Schulen in Hamburg werden die sog. Klick-Klack-Kugeln verboten. Begründung des Schulsenats: Zu große Verletzungsgefahr.

Die Klick-Klack-Kugeln, auch »Prallis« oder »Klicker« genannt, sind derzeit in der Bundesrepublik das Modespielzeug Nr. 1. In den letzten Wochen sind über eine Million Stück über die Ladentische gegangen. Doch mit der Anzahl der verkauften Klicker steigt auch die Zahl der Verletzungen: Blaue Flekke gehören fast dazu, auch Platzwunden sind keine Seltenheit.

Die Prallis bestehen aus zwei Plastikkugeln, die durch eine Schnur miteinander verbunden sind. Die Kunst des Spiels besteht darin, die Kugeln möglichst oft aneinanderzuschlagen. Dabei entsteht ein maschinengewehrartiger Knatterton.

Schulkinder aus Quickborn bei Hamburg mit dem lauten und gefährlichen Spielzeug. Der Erfinder der Klick-Klack-Kugeln, Hansjoachim Prahl, versteht das Verbot nicht: »Die Leute tun, als gäbe ich den Kindern Handgranaten.«

September 1971

Mo	Di	Mi	Do	Fr	Sa	So
		1	2	3	4	5
6	7	8	9	10	11	12
13	14	15	16	17	18	19
20	21	22	23	24	25	26
27	28	29	30			

1. September, Mittwoch

Der Kronprinz von Katar, Scheich Chalifa Ben Hamad Ath Thani, verkündet die Unabhängigkeit des Emirats und die Beendigung des Protektoratsverhältnisses mit Großbritannien.

Bei Volksabstimmungen in Ägypten, Syrien und Libyen sprechen sich die Bewohner der drei Staaten für die Bildung einer Föderation Arabischer Republiken aus. → S. 155

Der Schweizerische Bundesrat beschließt die diplomatische Anerkennung der Demokratischen Republik Vietnam (Nordvietnam). Bern begründet diesen Schritt damit, daß die Schweiz Nordvietnam künftig bei der Lösung der humanitären Probleme wirksamere Hilfe leisten wolle.

Die sowjetische Staatsbank beschließt die Abwertung des »Touristenrubels« in bezug auf 15 ausländische Währungen. Die neuen Kurse, die zu Beginn jedes Monats bekanntgegeben werden, wirken sich auf die in der UdSSR lebenden Ausländer aus; Handelsgeschäfte werden davon nicht betroffen.

Das Bundesausbildungsförderungsgesetz (BAföG) tritt in Kraft. Es regelt die staatliche Förderung der Schul- und Hochschulbesucher. → S. 156

2. September, Donnerstag

Die Regierung in Kairo gibt bekannt, daß die Bezeichnung Vereinigte Arabische Republik für Ägypten künftig nicht mehr verwendet werden soll. Das Land werde in Arabische Republik von Ägypten umbenannt. Diese Namensänderung steht in Zusammenhang mit der Einführung einer neuen Verfassung (→1. 9./S. 155).

US-Präsident Richard M. Nixon ordnet einen Lohnstopp für alle von der Regierung beschäftigten Arbeiter an. Nach Angaben des Weißen Hauses sollen die Löhne der zivilen und militärischen Beamten bis zum 1. Juli 1972 eingefroren werden (→15. 8./S. 137).

In der UdSSR wird die unbemannte Mondsonde »Luna 18« gestartet. Bei dem Versuch einer weichen Landung auf der Mondoberfläche stürzt die Sonde ab.

3. September, Freitag

Das Viermächteabkommen über Berlin wird von den Botschaftern der USA, Großbritanniens, Frankreichs und der UdSSR unterzeichnet. → S. 152

Der sudanesische Staatschef Dschafar Muhammad An Numairi trifft zu einem Besuch in Kairo ein. Er verhandelt mit dem ägyptischen Staatspräsidenten Muhammad Anwar As Sadat über einen Beitritt des Sudan zur Föderation Arabischer Republiken (→1. 9./S. 155).

In Leipzig schwimmt Roland Matthes (DDR) mit 2:05,6 min Weltrekord über 200 m Rücken.

4. September, Samstag

Das britisch-französische Überschallverkehrsflugzeug Concorde überquert zum erstenmal den Atlantik. Der Prototyp legt die Strecke von Toulouse nach Cayenne (7500 km) in Französisch-Guayana in knapp fünf Stunden Flugzeit zurück.

Beim Absturz eines US-amerikanischen Verkehrsflugzeugs in Alaska kommen alle 111 Insassen ums Leben. Die Boeing 727 prallt bei schlechtem Wetter gegen einen Berg und zerschellt.

Die Österreicherin Ilona Gusenbauer stellt in Wien mit 1,92 m einen Weltrekord im Hochsprung auf. → S. 161

Im hessischen Lahr erzielt Walter Schmidt (BRD) mit 76,40 m einen Weltrekord im Hammerwurf. → S. 161

Prinzessin Anne von Großbritannien wird in Burghley Military-Europameisterin. → S. 161

In Leipzig schwimmt Roland Matthes (DDR) mit 56,7 sec Weltrekord über 100 m Rücken.

5. September, Sonntag

Der Belgier Eddy Merckx wird in Mendrisio mit einem klaren Spurtsieg über seinen Rivalen Felice Gimondi zum zweitenmal Straßenweltmeister der Radprofis (→18. 7./S. 131).

Im Grand-Prix-Rennen im italienischen Monza siegt der Brite Peter Gethin auf BRM.

6. September, Montag

In Chequers treffen sich die Premierminister der Republik Irland und Großbritanniens, Jack Lynch und Edward Heath. Wichtigstes Ergebnis der Unterredung ist die Initiierung von Gesprächen, die dem katholischen Teil der Bevölkerung Nordirlands größeres Gewicht in den öffentlichen Angelegenheiten bringen soll (→ 9. 8./S. 136).

Aus dem schwerbewachten Militärgefängnis der uruguayischen Hauptstadt Montevideo flüchten 108 inhaftierte Tupamaros durch einen unterirdischen Tunnel (→ 9. 9./S. 154).

Beim Versuch einer Notlandung auf der Autobahn Hamburg – Kiel zerschellt ein zweistrahliges Verkehrsflugzeug vom Typ BAC 1–11. → S. 157

7. September, Dienstag

König Husain II. gibt die Gründung einer jordanischen Einheitspartei bekannt. Der Monarch bezeichnet die »Jordanische Nationale Union« als die erste »halbpolitische« Partei im Königreich der Haschemiten. In ihrem Grundsatzprogramm fordert sie zu einem panarabischen Vorgehen gegenüber Israel auf.

In Kopenhagen wird das Treffen der Außenminister der nordischen Länder beendet. Zum erstenmal einigen sich diese Staaten auf eine gemeinsame Haltung in der China-Frage: Peking soll in der UNO den Platz von Taiwan einnehmen (→ 26. 10./S. 168).

Bundesverkehrsminister Georg Leber gibt bekannt, daß ab 1. 6. 1972 außerhalb geschlossener Ortschaften »Tempo 100« gelten soll. → S. 156

8. September, Mittwoch

Der Versuch des stellvertretenden chinesischen Ministerpräsidenten Lin Piao, einen Staatsstreich gegen Parteichef Mao Tse-tung durchzuführen, scheitert. → S. 154

Die nordrhein-westfälische Landesregierung stellt 128 Mio. DM für den Rohbau des neuen Aachener Klinikums bereit. Mit den Bauarbeiten für das Großkrankenhaus wird noch im September begonnen.

In Washington wird das John-F.-Kennedy-Zentrum für darstellende Künste eröffnet. → S. 160

Bei einem Fußball-Länderspiel in Hannover besiegt die deutsche Nationalelf das Team aus Mexiko mit 5:0.

9. September, Donnerstag

Durch Meinungsverschiedenheiten über den deutschen Text der Viermächtevereinbarungen geraten die innerdeutschen Verhandlungen zwischen dem Bonner Staatssekretär Egon Bahr und dem DDR-Staatssekretär Michael Kohl ins Stocken (→ 11. 12./S. 196).

Der britische Botschafter in Uruguay, Geoffrey H. S. Jackson, wird nach achtmonatiger Entführung in Montevideo freigelassen. → S. 154

Die Regierungen der Bundesrepublik Deutschland, Großbritanniens und Italiens beschließen die Fortsetzung der Entwicklung des Kampfflugzeugs MRCA-70. Nach dem erfolgreichen Erstflug des Prototyps sehen die Staaten ihre Erwartungen erfüllt.

10. September, Freitag

Die finnische Regierung schlägt Bonn und Ost-Berlin vor, offizielle diplomatische Beziehungen mit beiden deutschen Staaten zu vereinbaren. Bonn weist den Vorschlag gemäß der Hallsteindoktrin zurück.

Nach dreitägigen Beratungen verabschiedet das Bundeskabinett den Haushalt für 1972. Er weist mit 106,57 Mrd. DM eine Steigerung von 7% gegenüber 1971 auf.

Die Bonner Regierung beschließt die Verkürzung des Grundwehrdienstes von 18 auf 15 Monate. Das Gesetz tritt zum 1. Januar 1973 in Kraft.

Berti Vogts, 41facher Nationalspieler, wird von Sportjournalisten zum Fußballer des Jahres gewählt. → S. 161

In Minsk schwimmt Mark Spitz (USA) mit 1:53,5 min Weltrekord über 200 m Freistil. → S. 161

11. September, Samstag

Nikita S. Chruschtschow stirbt in Moskau im Alter von 77 Jahren. → S. 154

12. September, Sonntag

Die Regierung von Sambia schließt die Handelsmission der DDR in Lusaka und fordert deren Mitglieder auf, das Land zu verlassen. Nach Angaben aus Regierungskreisen hat die DDR-Mission die Regierung des afrikanischen Staates u.a. dadurch verärgert, daß sie ohne Erlaubnis sambische Studenten in die DDR geschickt hat.

Die Leipziger Herbstmesse wird beendet. Seit dem 5. September zeigten 6500 Aussteller aus 55 Ländern ihre Produkte. Im Abschlußkommuniqué heißt es, daß die Messe »gute Möglichkeiten für die weitere Entwicklung eines gleichberechtigten Handels mit Entwicklungsländern und kapitalistischen Industrieländern« bot.

13. September, Montag

Eine Meuterei im Gefängnis der US-amerikanischen Stadt Attica wird von der Polizei blutig niedergeschlagen. → S. 155

Der Schriftsteller Heinrich Böll wird in Dublin zum Präsidenten des Internationalen P.E.N.-Clubs gewählt. → S. 160

14. September, Dienstag

In London erscheint die Autobiographie des britischen Schriftstellers Graham Greene (66), »A sort of life«. Greene bekennt darin, Anfang der 20er Jahre im Auftrag des deutschen Geheimdienstes zur Verhinderung eines separatistischen Rhein-Staates in der von Frankreich besetzten Pfalz spioniert zu haben.

Das Bundesgericht des DFB bestätigt als zweite Instanz die lebenslangen Sperren für Manfred Manglitz und Horst Gregorio Canellas. Die Strafen gegen die Hertha-Spieler Bernd Patzke und Tasso Wild werden auf zwei Jahre reduziert (→ 6. 6./S. 116).

15. September, Mittwoch

Der peruanische Außenminister General Edgardo Mercado Jarrin trifft zu einem viertägigen Besuch in Bonn ein. Wichtigstes Gesprächsthema ist der Wunsch Perus nach verstärkten wirtschaftlichen Investitionen der Bundesrepublik in dem Anden-Staat.

In einem Musterprozeß entscheidet ein Gericht in der niederländischen Stadt Alkmaar, daß die Krankenversicherungen die Kosten für eine Abtreibung erstatten müssen, wenn der Eingriff auf eine ärztliche Indikation hin in einer Klinik vorgenommen worden ist.

Bundeskanzler Willy Brandt trifft am 16. September mit dem sowjetischen Parteichef Leonid I. Breschnew auf der Krim zusammen. Für viele kommt der kurzfristig angesetzte Besuch überraschend, zumal keine Konsultationen mit den westlichen Verbündeten vorausgegangen waren. Das bundesdeutsche Nachrichtenmagazin »Der Spiegel« greift die durch den Besuch angeheizte Diskussion über die neue Ostpolitik von SPD und FDP auf. In einem Interview bezieht Brandt persönlich Stellung.

16. September, Donnerstag

Bundeskanzler Willy Brandt trifft auf der Krim mit dem sowjetischen Parteichef Leonid I. Breschnew zusammen. → S. 153

Das Bonner Wohnungsbauministerium weist auf die Priorität des Wohnungsbaus im innenpolitischen Programm der Bundesregierung hin. Danach werde dieser Bereich 1972 mit einem Ausgabenzuwachs von 29,2% an der Spitze aller Ressorts liegen. In den nächsten fünf Jahren sollen jährlich 500 000 neue Wohnungen gebaut werden (→ S. 206).

Bundesverteidigungsminister Helmut Schmidt spricht sich in einem Interview der britischen Zeitschrift »Defence« für die Vertiefung der militärischen Kooperation in Europa aus. Die Europäer dürften militärische Zielbestimmung und Initiative nicht allein den beiden Weltmächten überlassen.

In dem Eifelstädtchen Monschau beginnt eine Verpackungsaktion des bulgarischen Künstlers Christo. → S. 160

17. September, Freitag

Bei Kämpfen im Mekong-Delta kommt es nach Angaben aus Militärkreisen Saigons zu den blutigsten Gefechten im Vietnamkrieg seit einem Jahr. Bei dem Versuch der Vietcong drei Stellungen der Südvietnamesen zu überrennen, kommen 138 Soldaten ums Leben (→ 8. 2./S. 34).

In Washington schlägt US-Präsident Richard M. Nixon die Zuteilung des bisher von Taiwan eingenommenen ständigen Sitzes im Sicherheitsrat an die Volksrepublik China vor. Darüber hinaus befürwortet Nixon den Verbleib Taiwans in der UN-Vollversammlung (→ 26. 10./S. 168).

18. September, Samstag

Nach einwöchiger Dauer geht in Madrid eine Konferenz spanischer Bischöfe und Priester zu Ende. Die Konferenzteilnehmer übten scharfe Kritik an den zahlreichen Menschenrechtsverletzungen in Spanien.

Im Württembergischen Staatstheater in Stuttgart findet die Uraufführung des Dramas »Hölderlin« von Peter Weiss statt (→ S. 26).

19. September, Sonntag

Vor dem SED-Zentralkomitee gibt Parteichef Erich Honecker die schwersten landwirtschaftlichen Ausfälle seit Bestehen der DDR bekannt. Aufgrund des ungünstigen Wetters sei die Produktion um mindestens 20% niedriger ausgefallen als geplant.

In der schweizerischen Stadt Lausanne findet ein Festakt aus Anlaß des zehnjährigen Bestehens des »World Wildlife Fund« statt. In einer Grußbotschaft an die mächtigste Naturschutzorganisation der Welt betont UN-Generalsekretär Sithu U Thant, daß zum Schutz der Umwelt »keine Anstrengungen unterlassen werden« dürften.

Der Brite Jackie Stewart gewinnt auf Tyrell Ford den Großen Preis von Kanada. Auf dem Kurs von Mosport fährt er mit 39 sec Vorsprung vor dem Schweden Ronnie Peterson ins Ziel.

20. September, Montag

Der Besuch von Bundeskanzler Willy Brandt in der Sowjetunion wird in der französischen Presse als wesentliche Zäsur für die derzeitigen politischen Kräfteverhältnisse in Europa gewertet. Die Zeitungen betonen die künftige entscheidende Rolle der Bundesrepublik in der Welt (→ 16. 9./S. 153).

In Berlin wird die erste internationale reaktortechnische Konferenz eröffnet. Auf der fünftägigen Veranstaltung diskutieren 800 Fachleute aus 35 Ländern über Fragen der bautechnischen Sicherheitsvorkehrungen und der Betriebszuverlässigkeit von Reaktoren.

21. September, Dienstag

Bei den Neuwahlen zum dänischen Parlament werden die Sozialdemokraten mit 37,3% der Stimmen stärkste Partei. → S. 154

Das Land Nordrhein-Westfalen und die Bundesregierung stellen für die Ruhrkohle AG eine Bürgschaft in Höhe von 966 Mio. DM bereit. → S. 156

22. September, Mittwoch

In einem Entschließungsantrag der »Kommission Massenmedien« entwikkelt die SPD zum erstenmal Leitlinien zur künftigen Gestaltung des Kommunikationswesens in der Bundesrepublik. Entscheidendes Merkmal des Konzepts ist der Wunsch nach verstärkter Beaufsichtigung der führenden Köpfe in den Massenmedien.

Nach einer Mitteilung der Bundesärztekammer nehmen gegenwärtig mehr als zwei Mio. Frauen in der Bundesrepublik regelmäßig die Pille zur Schwangerschaftsverhütung. → S. 157

23. September, Donnerstag

Der sowjetische Parteichef Leonid I. Breschnew bestreitet in Belgrad die Existenz einer »Breschnew-Doktrin«. Er erklärt, daß die »sogenannte Doktrin der beschränkten Souveränität« der sozialistischen Länder »eine von bestimmten Kräften in Umlauf gesetzte Fabel« sei.

In Tokio schließen Japan und die Sowjetunion einen auf fünf Jahre befristeten Handelsvertrag, der einen Warenaustausch von insgesamt 18,2 Mrd. DM in diesem Zeitraum vorsieht.

Die Bundesregierung verabschiedet eine Novelle zum Wasserhaushaltsgesetz. Für Gewässerverunreinigungen sollen künftig Bußgelder bis zu 50 000 DM Höhe erhoben werden (→ S. 92).

24. September, Freitag

Die britische Regierung weist 90 Sowjetdiplomaten wegen angeblicher Spionage aus. → S. 153

Bundeskanzler Willy Brandt wird in München von einem 22jährigen rechtsradikalen Politologie-Studenten mit den Worten »Das ist für die Ostpolitik« ins Gesicht geschlagen. Brandt verzichtet auf eine Klage.

In einer Bundestagsdebatte über die Universität Bremen betonen Sprecher aller Fraktionen ihre Besorgnis über die Berufung zahlreicher linksgerichteter Professoren an die Hochschule. Die Politiker erklären, daß nach der Bremer Berufungspraxis der Pluralismus der Lehrmeinungen nicht mehr gewahrt sei (→ 10. 10./S. 170).

Der Aufsichtsrat der Volkswagen AG bestimmt Rudolf Leiding zum neuen Vorstandsvorsitzenden. Er löst Kurt Lotz ab, der aus dem Vorstand ausscheidet (→ S. 21).

25. September, Samstag

Der belgische Ministerpräsident Gaston Eyskens gibt die Auflösung des Parlaments und die vorzeitige Ausschreibung von Neuwahlen bekannt. Die Regierung begründet diesen Schritt damit, daß es angesichts der internationalen Vorgänge auf wirtschafts- und währungspolitischem Gebiet nicht angebracht sei, einen längeren Wahlkampf abzuhalten.

Auf dem Trafalgar Square in London demonstrieren 30 000 Menschen gegen Pornographie und »moralische Verschmutzung«. Die vorwiegend religiös inspirierten Demonstranten fordern »Reinheit, Liebe und ein geordnetes Familienleben«.

Bei einem Fußball-Länderspiel in Berlin (Ost) trennen sich die Mannschaften aus der DDR und Mexiko mit 1:1.

26. September, Sonntag

In Saigon unterdrückt der südvietnamesische Präsident Nguyên Văn Thiêu mit großem militärischen Aufgebot eine Massendemonstration gegen die für den → 3. Oktober (S. 168) angesetzte Präsidentschaftswahl. Nguyên Văn Thiêu ist der einzige Bewerber für das Amt des Staatspräsidenten.

Der Sicherheitsrat der Vereinten Nationen fordert Israel einstimmig auf, keine weiteren Maßnahmen zu treffen, die den arabischen Status von Ostjerusalem ändern können. Nach Auffassung des Sicherheitsrates sind alle in Jerusalem bereits getroffenen Maßnahmen rechtsunwirksam.

Die Deutsche Bundesbahn startet mit Beginn des Winterfahrplans den Schnellverkehr mit Intercity-Zügen. Im Zwei-Stunden-Takt fahren die Erste-Klasse-Züge auf vier Strecken 33 Städte an. → S. 156

Bei einem Fußball-Länderspiel in Zürich besiegt die Mannschaft der Schweiz die Elf der Türkei mit 4:0.

27. September, Montag

Der japanische Kaiser Hirohito trifft auf einem Militärstützpunkt bei Anchorage in Alaska zu einem Gespräch mit US-Präsident Richard M. Nixon ein. Es ist der erste Auslandsbesuch eines Tenno in der Geschichte des japanischen Kaiserhauses.

In Köln wird die Allgemeine Nahrungs- und Genußmittel-Ausstellung (ANUGA) eröffnet. Auf diesem größten Ernährungsmarkt der Welt werden den europäischen Konsumenten zum erstenmal Mangos und Kiwis vorgestellt (→ S. 110).

28. September, Dienstag

Der seit 1956 in der US-Botschaft in Budapest lebende József Kardinal Mindszenty wird von den ungarischen Behörden begnadigt und darf das Land verlassen. → S. 154

In Athen wird Amalia Fleming, die Witwe des Penizillin-Entdeckers Alexander Fleming, wegen ihrer Mitwirkung an einem Plan zur Befreiung des Papadopulos-Attentäters Alexandros Panagoulis zu 16 Monaten Gefängnis verurteilt.

29. September, Mittwoch

Die Bundesregierung legt ein Umweltschutzprogramm vor, das als wichtigsten Grundsatz das sog. Verursacherprinzip enthält. Danach soll grundsätzlich derjenige für die Kosten einer erforderlichen Umweltschutz-Maßnahme aufkommen, der die Verschmutzung bewirkt hat (→ S. 92).

In der Justizvollzugsanstalt Münster wird das erste bundesdeutsche pädagogische Zentrum für Strafgefangene eröffnet. → S. 157

30. September, Donnerstag

Die Außenminister der USA und der UdSSR unterzeichnen in Washington zwei Abkommen, die die Gefahr eines Krieges zwischen den Supermächten vermindern sollen. → S. 153

In Berlin (Ost) unterzeichnen Vertreter der Postministerien von BRD und DDR ein Protokoll über die Erhöhung der Zahl von Fernsprechleitungen zwischen beiden deutschen Staaten und die Aufnahme des vollautomatischen Fernmeldeverkehrs bis Ende 1974.

Im Royal Court Theatre in London wird das Schauspiel »Lear« von Edward Bond uraufgeführt.

Nach Angaben der Deutschen Krebsgesellschaft stirbt jeder fünfte Bundesdeutsche an Krebs. Unter den einzelnen Krebserkrankungen liegt Lungenkrebs an erster Stelle (→ S. 188).

Das Wetter im Monat September

Station	Mittlere Lufttemperatur (°C)	Niederschlag (mm)	Sonnenscheindauer (Std.)
Aachen	13,4 (14,5)	48* (68)	200 (160)
Berlin	12,4 (13,8)	77* (46)	150 (194)
Bremen	13,2 (14,0)	172* (60)	133 (164)
München	11,7 (13,4)	93* (84)	205 (176)
Wien	13,6 (15,0)	51 (56)	152 (184)
Zürich	13,0 (13,5)	80 (101)	233 (166)

( ) Langjähriger Mittelwert für diesen Monat
* Sept. und Okt.

Die »Deutsche Bauzeitung«, die 1971 im 105. Jahrgang erscheint, ist eine der ältesten deutschen Fachzeitschriften für Architekten. 16 Auslandskorrespondenten berichten für die Zeitschrift über die internationalen Trends in der Architektur.

Die Botschafter der Siegermächte bei der Unterzeichnung (v. l.): Sauvagnargues (Frankreich), Jackling (Großbritannien), Abrassimow (UdSSR) und Rush (USA)

Berlinabkommen betont die Verantwortung der »Vier«

3. September. Nach über einjährigen Verhandlungen einigen sich die vier Siegermächte des Zweiten Weltkriegs auf einen Vertrag über Berlin. Im ehemaligen Gebäude des Alliierten Kontrollrats in Schöneberg (West-Berlin) unterzeichnen die Botschafter der USA, Großbritanniens und Frankreichs in der Bundesrepublik sowie der sowjetische Botschafter in der DDR das sog. Viermächteabkommen.

Das Abkommen soll den Rechtsstatus Berlins und speziell West-Berlins festlegen. Im einzelnen werden folgende Regelungen getroffen:

▷ Betont wird der besondere Status der geteilten Stadt. Die vier Alliierten bestätigen ihr Recht auf Anwesenheit in Berlin (→ S. 153) und ihre Verantwortung für die Bevölkerung.

▷ West-Berlin ist kein Bestandteil der Bundesrepublik Deutschland und kann nicht von Bonn aus regiert werden. Die Bundesrepublik übernimmt aber die Vertretung der Westberliner im Ausland. Auch wird die Aufrechterhaltung und Entwicklung der engen Bindungen zwischen West-Berlin und der Bundesrepublik garantiert.

▷ Die UdSSR verpflichtet sich, für den freien Zugang von und nach West-Berlin zu sorgen.

▷ Verbesserungen der Besuchsmöglichkeiten von West-Berlinern im Ostteil der Stadt und in der DDR sind vorgesehen.

Das erste Treffen der vier Botschafter Jean Victor Sauvagnargues (Frankreich), Sir Roger Jackling (Großbritannien), Kenneth Rush (USA) und Pjotr A. Abrassimow (UdSSR) fand bereits am 26. März 1970 statt. Die Verhandlungen zogen sich über 33 Gesprächsrunden. Ein Zugeständnis der UdSSR ist vor allem die Anerkennung der engen Beziehungen zwischen West-Berlin und der Bundesrepublik. Im Gegenzug akzeptieren die Westmächte innerdeutsche Verträge, die de facto die Anerkennung der DDR bedeuten.

Einzelheiten zur Regelung des Transitverkehrs und der Besuchsmöglichkeiten sollen in innerdeutschen Verhandlungen geklärt werden. Erst dann kann das Berlinabkommen wirksam werden. Egon Bahr, Staatssekretär im Bundeskanzleramt, und Michael Kohl, Staatssekretär beim DDR-Ministerrat, sind seit dem 19. November 1970 im Gespräch. Am → 11. Dezember 1971 (S. 196) unterzeichnen sie das sog. Transitabkommen. Das Viermächteabkommen tritt daraufhin am 3. Juni 1972 in Kraft.

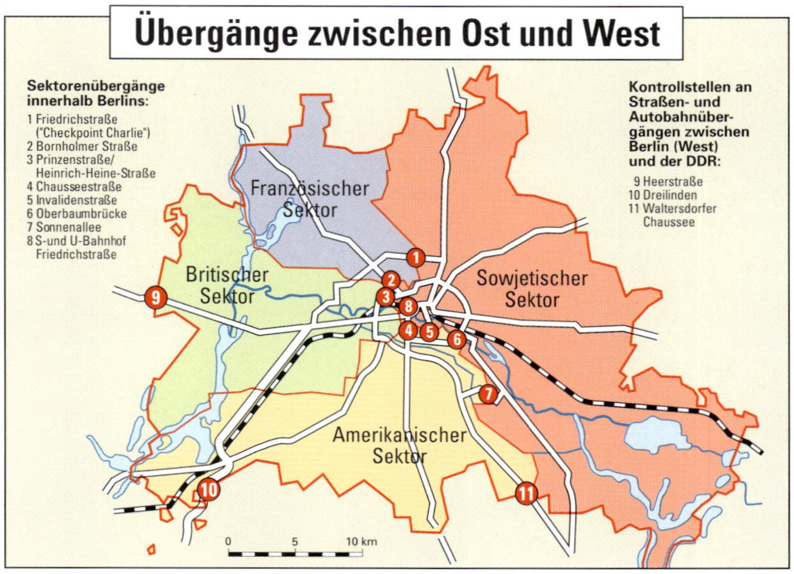

»Individuelle Rechte gegenseitig achten«

Chronik **Dokument**

Das Viermächteabkommen besteht aus der Präambel und drei Teilen. Der folgende Text ist ein Auszug aus dem ersten Teil.

1. Die Vier Regierungen werden bestrebt sein, die Beseitigung von Spannungen und die Verhütung von Komplikationen in dem betreffenden Gebiet zu fördern.

2. ... die Vier Regierungen (stimmen) darin überein, daß in diesem Gebiet keine Anwendung oder Androhung von Gewalt erfolgt und daß Streitigkeiten ausschließlich mit friedlichen Mitteln beizulegen sind.

3. Die Vier Regierungen werden ihre individuellen und gemeinsamen Rechte und Verantwortlichkeiten ... achten.

4. Die Vier Regierungen stimmen darin überein, daß ... die Lage ... in diesem Gebiet ... nicht einseitig verändert wird.

Spezieller Status der geteilten Stadt

Chronik Rückblick

Berlin entwickelte sich seit Ende des Zweiten Weltkriegs einerseits zum Zankapfel, andererseits zum Stimmungsbarometer des Ost-West-Verhältnisses und der deutsch-deutschen Beziehungen.
1945 wurde die ehemalige Reichshauptstadt Berlin in vier Besatzungszonen aufgeteilt, die zunächst von den Siegermächten Frankreich, Großbritannien, USA und UdSSR gemeinsam verwaltet wurden.
Am 16. Juni 1948 zog sich die UdSSR aus der Alliierten Kommandantur zurück. Die Währungsreform in den Westsektoren am 19. Juni 1948 hatte die sowjetische Berlin-Blockade, die sich bis 12. Mai 1949 erstreckte, zur Folge. Der Westteil der Stadt wurde durch die sog. Luftbrücke versorgt.
Im September 1948 teilte sich auch die deutsche Selbstverwaltung. Die Stadt war endgültig in einen westlichen und einen östlichen Teil gespalten. West-Berlin wurde mit dem Rechts-, Währungs- und Wirtschaftssystem der Bundesrepublik verknüpft, war jedoch in seinen politischen Rechten eingeschränkt: Es wurde kein Bundesland, die West-Berliner durften bei Bundestagswahlen nicht mitentscheiden, die Delegierten hatten im Bundestag kein Stimmrecht.
Am 27. November 1958 wurde durch das »Berlin-Ultimatum« der Sowjetunion eine erneute Krise ausgelöst. Moskau forderte die Umwandlung von West-Berlin in eine entmilitarisierte freie Stadt und kündigte die Vereinbarungen über Berlin auf. Nachfolgender Höhepunkt der Krise war der Mauerbau vom 13. August 1961, durch den die DDR den Flüchtlingsstrom nach West-Berlin und in die Bundesrepublik eindämmte.
Eine »zufriedenstellende Lösung« des Berlin-Problems ergeben erst die Viermächteverhandlungen, die am 26. März 1970 begannen.

Ein besonderes Tête-à-tête auf der Krim

16. September. Bundeskanzler Willy Brandt trifft überraschend zu einem dreitägigen offiziellen Besuch auf der Krim ein.
Mit dem Ersten Sekretär des ZK der KPdSU Leonid I. Breschnew erörtert Brandt in nahezu entspannter Urlaubsatmosphäre aktuelle politische, wirtschaftliche und militärische Probleme.
Die Umstände, unter denen der Bundeskanzler die Krim-Reise antritt, führen zu heftiger Kritik, vor allem von seiten der CDU/CSU-Opposition. Brandt ist einer sehr kurzfristigen Einladung der sowjetischen Regierung vom 1. September dieses Jahres gefolgt. Der Besuch ist weder diplomatisch vorbereitet noch fanden zuvor Konsultationen mit den westlichen Verbündeten statt. Brandt reist mit nur wenigen Mitarbeitern, darunter auch Staatssekretär Egon Bahr vom Bundeskanzleramt, und trifft sich lediglich mit Breschnew.
Die internationale Presse wertet das Treffen als einen Erfolg für die deutsch-sowjetischen Beziehungen. Keiner der Journalisten könne sich erinnern, Breschnew jemals so gelockert angetroffen zu haben.

»Urlaubsklima« bei Breschnew (l.) und Brandt. Nur der Dolmetscher ist dabei.

Selbst bei den Arbeitssitzungen ist die Stimmung sichtlich gelöst (v. l.): Willy Brandt, Egon Bahr und Leonid I. Breschnew.

Heißer Draht USA–UdSSR

30. September. Der US-amerikanische Außenminister William P. Rogers und sein sowjetischer Amtskollege Andrei A. Gromyko unterzeichnen in Washington zwei Vereinbarungen: Das »Abkommen über die Verbesserung der direkten Fernmeldeverbindung« und das »Abkommen zur Verringerung der Gefahr eines Kernwaffenkrieges«.
Beide Übereinkommen sollen nach Angaben der Politiker der Sicherung des Friedens dienen. Das, so Rogers, entspräche ganz dem »Geiste der UN-Charta«. So soll einerseits die Gefahr eines zufällig ausbrechenden Atomkriegs verringert werden. Andererseits wird die Möglichkeit einer direkten Kommunikation zwischen der amerikanischen und der sowjetischen Regierung in Aussicht gestellt. Dazu sollen demnächst zwei Satellitenverbindungen zwischen beiden Ländern errichtet werden.
Die Abkommen stellen die ersten konkreten Ergebnisse der SALT-Verhandlungen (Strategic Arms Limitation Talks = Gespräche über die Begrenzung strategischer Rüstung) dar. Die Abrüstungsgespräche werden seit November 1969 von den beiden Großmächten in Wien und Helsinki geführt.

105 Sowjets unter Spionageverdacht

24. September. Die britische Regierung weist 90 Sowjetdiplomaten wegen angeblicher Spionage aus. Weitere 15 dürfen nicht wieder nach Großbritannien einreisen.
Moskau weist die Vorwürfe zurück: Keiner der Diplomaten habe eine die »Sicherheit Großbritanniens bedrohende Tätigkeit ausgeübt«; die Ausweisung sei eine »feindliche Provokation«.
Am 8. Oktober wird 17 britischen Diplomaten die Aufenthaltsgenehmigung für die UdSSR entzogen. Außerdem werden alle gegenseitigen Ministerbesuche abgesagt.

Chruschtschow gestorben

11. September. Im Alter von 77 Jahren stirbt in Moskau der ehemalige sowjetische Partei- und Regierungschef Nikita S. Chruschtschow nach einem Herzanfall. Sein Tod wird von der offiziellen sowjetischen Presse nur in einer Randmeldung mitgeteilt.

In der knappen amtlichen Nachricht, die erst 33 Stunden nach dem Ableben Chruschtschows in der »Prawda« ohne Bild und Überschrift erscheint, heißt es lakonisch: »Das ZK und die KPdSU geben mit Bedauern bekannt, daß am 11. September nach einer langen und beschwerlichen Krankheit der ehemalige Erste Sekretär des ZK und Vorsitzende des Ministerrates im Ruhestand, N. S. Chruschtschow, verschieden ist.«

Chruschtschow war 1964 wegen wirtschaftlicher Mißerfolge und der Verschärfung des Konflikts mit China von der Parteispitze gestürzt worden. Nach seinem Rücktritt als Partei- und Regierungschef galt er in der UdSSR als politische »Unperson«. Er lebte bis zu seinem Tod zurückgezogen in seiner Datscha in der Nähe von Moskau.

Am 13. September wird Chruschtschow auf dem Moskauer Prominentenfriedhof beim ehemaligen Nowodjewitschi-Kloster beigesetzt. Ein Ehrenbegräbnis an der Kreml-Mauer, das üblicherweise den höchsten sowjetischen Parteifunktionären zusteht, wird ihm verwehrt. An der Trauerfeier nehmen keine Vertreter der Regierung und der Partei teil.

In seiner Traueransprache würdigt der Sohn Chruschtschows seinen Vater als einen »Mann, der kaum jemanden gleichgültig ließ. Es gibt Leute, die ihn lieben, es gibt Leute, die ihn hassen. Die Geschichte wird ihr Urteil über ihn fällen.«

Chruschtschow bei seinem ersten Besuch in den USA im September 1959

Im Kreise seiner Familie und einiger Freunde wird Chruschtschow beigesetzt.

Aufstieg und Fall eines Bauernsohns

Chronik **Zur Person**

Der Bauernsohn Nikita S. Chruschtschow wurde am 17. April 1894 in Kalinowka geboren. Nach Ausbruch der russischen Revolution trat er 1918 den Bolschewiki bei und wurde Politkommissar der Roten Armee. Als bedingungsloser Anhänger Stalins machte er eine rasche Parteikarriere: 1934 wurde er Mitglied des ZK der KPdSU. 1939 stieg er als Politbüromitglied in den engsten Führungskreis um Stalin auf.

Nach dem Tod des Diktators übernahm Chruschtschow im September 1953 die Leitung der Partei. In Anbetracht der unter Stalin zerrütteten Wirtschaft setzte sich Chruschtschow nun an die Spitze der Entstalinisierung. Im Rahmen des kalten Krieges versuchte Chruschtschow mit dem Berlin-Ultimatum (→ S. 153) von 1958 und der Entfesselung der Kubakrise 1962 vergeblich, die USA einzuschüchtern. Der Mißerfolg der Sowjetunion in Kuba leitete den Niedergang Chruschtschows ein.

Staatsstreich in China gescheitert

8. September. Der stellvertretende Vorsitzende der KP Chinas, Lin Piao, scheitert bei dem Versuch, durch die Bildung eines eigenen Zentralkomitees die Macht im Staat an sich zu reißen. Nach unbestätigten Meldungen wird er am 12. September auf der Flucht in die UdSSR ermordet.

In der Zeit der Kulturrevolution (1965–1969) kämpfte Lin Piao an der Seite des chinesischen Parteivorsitzenden Mao Tse-tung. Seit 1969 geriet Lin Piao jedoch in Opposition zu Mao, da er sich gegen dessen These von der permanenten Revolution stellte. Lin Piao verlor nun rapide an politischem Einfluß. Letzten Anstoß für den Putsch gab die außenpolitische Neuorientierung Chinas durch Lin Piaos Gegenspieler Chou En-lai. Lin Piao lehnte eine Annäherung an die USA entschieden ab (→ S. 71).

Mindszenty nach 15 Jahren in Freiheit

28. September. Der Primas der katholischen Kirche von Ungarn, József Kardinal Mindszenty, verläßt nach 15jährigem Zwangsaufenthalt die US-Botschaft in Budapest.

József Mindszenty (* 29. 3. 1892) empfing 1915 die Priesterweihe. 1945 wurde er Erzbischof von Esztergom und Primas von Ungarn. Mit der kommunistischen Regierung Ungarns kam Mindszenty in Konflikt, als er sich der Verstaatlichung der Konfessionsschulen widersetzte.

Mindszenty, der als Gegner des Kommunismus zu lebenslanger Haft verurteilt worden war, erhielt 1956 Asyl in der US-Botschaft. Eine Übereinkunft zwischen dem Vatikan und Ungarn ermöglichte nun die Begnadigung des Kardinals.

Stadtguerillas lassen Botschafter gehen

9. September. Der entführte britische Botschafter in Uruguay, Geoffrey H. S. Jackson, wird nach achtmonatiger Gefangenschaft in einem Vorort von Montevideo freigelassen. Jackson war am 8. Januar 1971 von Tupamaros, den uruguayischen Stadtguerillas, verschleppt worden.

Für die Auslieferung des Botschafters verlangten die Tupamaros die Freilassung von inhaftierten Mitgliedern ihrer Organisation. Diese Forderung wurde von der Regierung Uruguays strikt abgelehnt.

Die entscheidende Wende in dem Entführungsfall brachte am 6. September der Ausbruch von 106 Gefangenen – vor allem Tupamaros – aus einem Gefängnis bei Montevideo. Jacksons Kidnapper erklärten daraufhin, daß es »keinen Sinn mehr« hätte, den Botschafter weiter festzuhalten.

Dänemark: Krag wird neuer Regierungschef

21. September. Aus den Wahlen zum dänischen Parlament gehen die Sozialdemokraten, die 37,3% der Stimmen erhalten, als stärkste Partei hervor. Der Führer der Sozialdemokraten, Jens Otto Krag, wird mit der Bildung einer Minderheitsregierung beauftragt. Krag löst Hilmar Baunsgaard im Amt des Ministerpräsidenten ab. Dessen bürgerliche Koalition verliert ihre absolute Mehrheit.

Jens Otto Krag (* 15. 9. 1914) ist seit 1947 Abgeordneter der Sozialdemokraten im dänischen Folketing. Seit 1962 ist er Vorsitzender seiner Partei. 1958–62 und 1966/67 war er dänischer Außenminister. Das Amt des dänischen Ministerpräsidenten bekleidete er bereits von 1962 bis 1968.

Drei Völker nehmen Anlauf zu arabischer Föderation

1. September. Bei Volksabstimmungen in Ägypten, Syrien und Libyen wird die Verfassung der Föderation Arabischer Republiken mit überwältigender Mehrheit gebilligt. Der Staatenbund zwischen den drei arabischen Nationen tritt am 1. Januar 1972 in Kraft.

Bereits am 17. April hatten die Staatschefs Muhammad Anwar As Sadat, Hafis Asad und Muammar al Gaddhafi in der Deklaration von Bengasi die Union ihrer Staaten beschlossen. Im Gründungsdokument heißt es, die Föderation solle den Kern einer umfassenden arabischen Einigung bilden. Ziel des Staatenbunds sei die Schaffung einer arabischen sozialistischen Gesellschaft und die Unterstützung der arabischen Befreiungsbewegungen im Kampf gegen Israel.

Zu den wichtigsten Funktionen der neuen Föderation gehören:

▷ Die Erarbeitung einer gemeinsamen Außenpolitik
▷ Die Organisation einer gemeinsamen Verteidigung
▷ Die Schaffung eines Wirtschafts- und Sozialrats.

Obwohl die Verfassung wie geplant in Kraft tritt, bleibt der Staatenbund praktisch ohne Wirkung. Die Föderation scheitert 1973 an Gegensätzen der arabischen Führer.

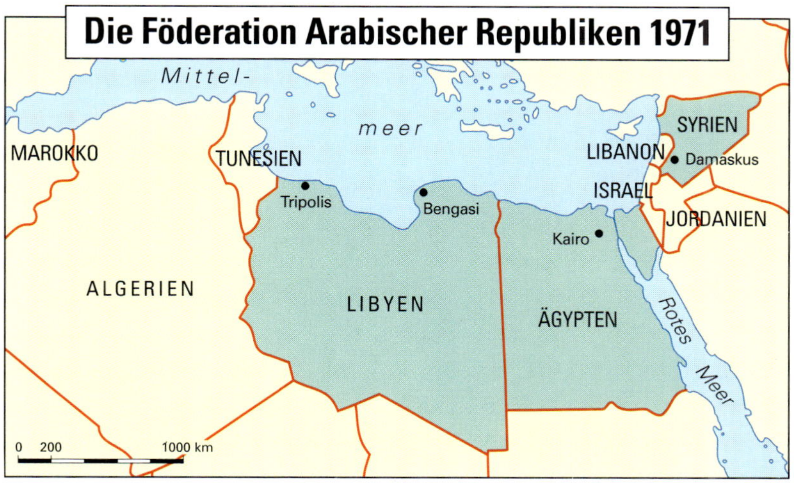

◁ △ Die Staatschefs von Ägypten, Libyen und Syrien, Sadat, Gaddhafi und Asad (v. l.), wollen mit ihrem Staatenbund den Grundstein zu einer großen arabischen Völkergemeinschaft legen. Zur Hauptstadt der Föderation wird Kairo bestimmt. Sadat wird Vorsitzender des neuen Präsidentschaftsrats der Föderation.

△ Der ägyptische Staatspräsident Sadat bei der Stimmabgabe während der Volksabstimmung. In Ägypten sprechen sich 99,9% der Wähler für den arabischen Staatenbund aus. In Syrien befürworten 96,4% und in Libyen 98% der Wähler die Föderation.

Häftlingsmeuterei endet im Kugelhagel

13. September. Eine Meuterei im Gefängnis der US-amerikanischen Stadt Attica (US-Bundesstaat New York) wird blutig niedergeschlagen. Im Kugelhagel der Sicherheitskräfte sterben 32 Häftlinge und neun Gefängnisaufseher, die von den Meuterern als Geiseln festgehalten wurden.

Der Aufstand der Häftlinge begann am 9. September: Rund 1200 Gefangene besetzten aus Protest gegen die unzumutbaren Haftbedingungen einen Gefängnisblock und nahmen 38 Bewacher als Geiseln. Das Gefängnis von Attica, in dem 2243 Häftlinge untergebracht sind, galt seit langem als völlig überfüllt.

Die Meuterer forderten vor allem sinnvolle Arbeit, das Recht zu lesen und mehr Ausgang, um das Leben in der Haftanstalt erträglicher zu machen. Liberale Politiker und der Führer der Black Panther Party, Bobby Seale, die von den Gefangenen als Augenzeugen in die Haftanstalt gebeten wurden, traten als Vermittler auf. In Verhandlungen mit den Strafbehörden erreichten sie, daß fast alle Forderungen der Gefangenen akzeptiert wurden. Als die Häftlinge daraufhin weitergehende Forderungen stellten, ersticken 17 000 Sicherheitskräfte den Aufstand in einem Kugelhagel, dem auch neun Geiseln zum Opfer fallen.

Mit völlig zertrümmertem Zellenmobiliar errichteten die Meuterer im Gefängnis von Attica Barrikaden gegen die Kugeln der Sicherheitskräfte. Dem Ansturm einer Armee von 17 000 Polizisten, Gefängnisbeamten und Nationalgardisten waren sie jedoch nicht gewachsen.

US-Gefängnisse menschenunwürdig

Chronik **Hintergrund**

Die Meuterei im Attica-Gefängnis wirft ein Schlaglicht auf die menschenunwürdigen Haftbedingungen in den US-Strafanstalten. Sie führen fast täglich zu Morden und Selbstmorden. US-Präsident Richard M. Nixon nennt die überfüllten und überalterten Gefängnisse der USA »Hochschulen des Verbrechens«.

Stark vernachlässigt wird die psychologische Betreuung der Gefangenen im US-Strafvollzug. Den 426 000 Häftlingen in allen US-Gefängnissen stehen nur 50 hauptberufliche Psychiater zur Verfügung. Liberale Politiker fordern seit Jahren vergeblich eine grundlegende Reform des Strafvollzugs.

Mehr Chancengleichheit durch BAföG

1. September. Das Bundesausbildungsförderungsgesetz (BAföG), das vom Deutschen Bundestag am 26. August verabschiedet wurde, tritt in Kraft. Es regelt erstmals einheitlich die staatliche Ausbildungsförderung der Schul- und Hochschulbesucher.

Mit dem BAföG, das Teil des großen Bildungsreformpakets der Bundesregierung ist, soll die Chancengleichheit im Bildungswesen vergrößert werden. Die staatliche Förderung erhält jeder bedürftige und von seiner Leistung her geeignete Auszubildende, sofern ihm die für den Lebensunterhalt erforderlichen Mittel nicht zur Verfügung stehen. Die Gelder werden also nur dann gezahlt, wenn der Schüler oder Student die Kosten der Ausbildung weder selbst aufbringen kann noch von seinen Unterhaltspflichtigen erhält. Auf die BAföG-Zahlungen besteht ein Rechtsanspruch. Die Höhe der Förderung richtet sich nach dem Einkommen der Unterhaltspflichtigen. Im Gegensatz zur bisherigen Förderung nach dem »Honnefer Modell« kann ein Anspruch auch dann bestehen, wenn Eltern zwar zahlen könnten, sich aber weigern. Die Zahlungen erhalten Besucher von Gymnasien, Real-, Fach- und Hochschulen sowie Teilnehmer von Fernunterrichtslehrgängen.

Mit der Verabschiedung des BAföG will die Bundesregierung mehr Jugendlichen die Chance geben, weiterführende Schulen und Hochschulen zu besuchen. Der Bildungsreformplan der Kultusminister sieht vor, daß bis 1975 die zehnte Klasse von 60% aller Schüler absolviert wird (bislang 43%). Bei der Zahl aller 18jährigen, die ein Hochschulstudium beginnen, ist eine Steigerung von 13,9 auf 20% vorgesehen. Dabei soll das BAföG vor allem den Anteil der Arbeiterkinder unter den Studenten, der nur 7% beträgt, erhöhen.

966 Mio. DM für die deutsche Steinkohle

21. September. Das Land Nordrhein-Westfalen und die Bundesregierung in Bonn stellen für die Ruhrkohle AG Kredit-Bürgschaften in Höhe von 966 Mio. DM bereit. Die Bürgschaften, die zu zwei Teilen von Bonn und zu einem Teil von Düsseldorf getragen werden, sollen die Liquidität des Unternehmens sichern.

Der Ruhrbergbau befindet sich bereits seit Jahren in Zahlungsschwierigkeiten, da die teure deutsche Steinkohle auf dem Weltmarkt nicht mehr konkurrenzfähig ist. Zur Neuordnung des krisengeschüttelten Bergbaus schlossen sich 1968 über 50 eigenständige Zechenunternehmen zur Ruhrkohle AG zusammen. Bund und Land verpflichteten sich damals, diese Einheitsgesellschaft mit Bürgschaften von insgesamt 4,7 Mrd. DM finanziell zu unterstützen.

Bis 1975 soll eine Gesundung des Unternehmens durch Stillegung von Zechen und Entlassung von 25 000 Kumpeln erreicht werden.

IC – schnelle erste Klasse

26. September. Die Deutsche Bundesbahn startet mit Beginn des Winterfahrplans den Schnellverkehr mit Intercity-Zügen (IC). Im Zwei-Stunden-Takt fahren die Erste-Klasse-Züge auf vier Strecken 33 bundesdeutsche Städte an.

Mit dem neuen IC-Service trägt die Bundesbahn einem Trend der letzten beiden Jahre zum Reisen per erster Klasse Rechnung. Die ICs ergänzen die bisher laufenden TEE-Züge und erhöhen die Zahl der Fernschnellzüge erster Klasse im Bundesgebiet von 60 auf 100. Sämtliche ICs verfügen über Speisewagen und sollen so bald wie möglich mit Zugpostfunk und Zugsekretariat ausgerüstet werden.

Die ersten vier IC-Linien laufen auf den Strecken Hamburg – München, Hannover – München, Hamburg – Basel und Bremen – München. Weil sich das neue Angebot der Bundesbahn vorwiegend »an die deutsche Wirtschaft« richtet, verkehren die ICs vor allem an Wochentagen.

Die Höchstgeschwindigkeit der ICs ist vorerst auf 160 km/h beschränkt, die durchschnittliche Reisegeschwindigkeit einschließlich der Stopps beträgt 100 bis 120 km/h. Eine Erhöhung der Geschwindigkeit auf 200 km/h, wie von der Bundesbahn angestrebt, kann erst durch eine Modernisierung des Schienennetzes erreicht werden. Diese wird nach den optimistischen Plänen der Bahn bereits 1973 abgeschlossen sein. Dann sollen weitere 44 Städte an das IC-Netz angeschlossen werden.

Für ihr neues IC-Netz startet die Bundesbahn eine große Werbekampagne.

Leber plant »Tempo 100«

7. September. Bundesverkehrsminister Georg Leber gibt bekannt, daß die Geschwindigkeit außerhalb geschlossener Ortschaften beschränkt wird. Ab 1. Juni 1972 soll »Tempo 100« auf allen zweispurigen Straßen gelten.

Zur Erhöhung der Verkehrssicherheit soll ferner die Promille-Grenze von 1,3 auf 0,8 reduziert werden. Mit diesen Maßnahmen reagiert Bonn auf den alarmierenden Anstieg von tödlichen Verkehrsunfällen. Von 1969 bis 1970 stieg die Zahl der Verkehrsopfer um 15,2% auf über 19 000. Nach Angaben Lebers ist überhöhte Geschwindigkeit außerhalb geschlossener Ortschaften eine der häufigsten Unfallursachen. Durch »Alkohol am Steuer« werde jährlich die Bevölkerung einer großen Gemeinde ausgerottet.

Auf Teilstücken der Bundesstraßen wird 1971 »Tempo 100« eingeführt, um die Reaktion der Autofahrer auf die Geschwindigkeitsbeschränkung zu testen.

Noten und Zeugnisse auch im Gefängnis

29. September. In der Justizvollzugsanstalt Münster wird ein pädagogisches Zentrum eröffnet. Gefangene aus der ganzen Bundesrepublik erhalten hier die Möglichkeit, während ihrer Haftstrafe im Gefängnis einen Volks- oder Hauptschulabschluß nachzuholen.

Das pädagogische Zentrum geht auf eine Initiative des nordrhein-westfälischen Justizministers Josef Neuberger (SPD) zurück. Bei der Eröffnung in Münster betont der Justizminister, daß eine hinreichende Ausbildung die Voraussetzung für die Resozialisierung sei. Kriminologische und soziologische Untersuchungen, so Neuberger, hätten einen Zusammenhang zwischen dem Versagen in der Schule und späterer Kriminalität gezeigt.

Das pädagogische Zentrum verfügt über 140 Plätze. Insgesamt sind zehn Unterrichtsräume vorhanden. Die Schüler werden von vier Lehrern 20 Stunden in der Woche unterrichtet. Ein »Schuljahr« dauert jeweils neun Monate.

Gesundheitsrisiken durch Antibabypille

22. September. Nach Angaben der Bundesärztekammer nehmen gegenwärtig mehr als 2 Mio. Frauen in der Bundesrepublik Deutschland die sog. Antibabypille zur Schwangerschaftsverhütung. Darunter, so die Kammer, befänden sich immer mehr Frauen »in zum Teil sehr jugendlichem Alter«. Inzwischen bedienten sich über 6% der 16jährigen und 25% der 18jährigen dieser Verhütungsmethode.

Die regelmäßige Einnahme von hormonalen Schwangerschaftsverhütungsmitteln ist nach medizinischen Erkenntnissen mit gesundheitlichen Risiken verbunden. So können z. B. Gewichtszunahme, Wachstumsstopp oder depressive Verstimmungen als unerwünschte Begleiterscheinungen auftreten.

Die Ärztekammer fordert jetzt von der Bundesregierung, umgehend ausreichende Mittel für eine Studie über die Langzeitanwendung der Antibabypille bereitzustellen. Dadurch auftauchende Nebenwirkungen können nach Ansicht der Kammer zum »gesundheitlichen Problem erster Ordnung werden«.

△ *Angehörige der Hare-Krischna-Bewegung auf dem Kurfürstendamm. Die Sekte wurde 1966 in New York gegründet. Auffälligstes Kennzeichen sind die fast kahlgeschorenen Köpfe.*

◁ *Mitglieder der Mun-Sekte in New York. Sie halten eine öffentliche Vorlesung über ihre Bewegung.*

Sekten: Dem »falschen Propheten« verfallen

Von einem Tag auf den anderen verschwinden Jugendliche aus ihrer gewohnten Umgebung. Sie verlassen Familie, Schule, Beruf – und schließen sich einer Sekte an. 1971 berichten auch immer mehr Eltern in der Bundesrepublik Deutschland, daß ihre Kinder den Verführungskünsten der »falschen Propheten« zum Opfer fallen. Das Versprechen, die »wahre Erlösung« zu finden, läßt viele aus der Alltags-Realität in eine dieser religiösen Vereinigungen fliehen.

Das Spektrum der Sekten ist breit gefächert, doch sind sich die meisten in ihrer Organisationsform und Glaubenslehre sehr ähnlich. An oberster Stelle steht ein charismatischer Führer, der quasi den »Gott auf Erden« repräsentiert. Die Anhänger sollen vor allem für das finanzielle Wohl ihrer Führer sorgen. Oft müssen sie den Kontakt zur Familie abbrechen.

In der Bundesrepublik treten 1971 besonders die »Hare-Krischna-Jünger« in Erscheinung. Daneben sind u. a. auch die folgenden Sekten vertreten:

- ▷ Mun-Sekte (Vereinigungskirche e.V.)
- ▷ Scientology Church
- ▷ Children of God
- ▷ Transzendentale Meditation
- ▷ Divine Light Mission (DLM)

Nach der Bruchlandung auf der Autobahn Hamburg – Kiel. Von der »BAC 1-11« ist nur ein Wrack übriggeblieben. Der gesamte Verkehr steht still.

Mißglückte Notlandung auf der Autobahn Hamburg – Kiel fordert 24 Opfer

6. September. *Zwei Minuten nach dem Start zerschellt eine zweistrahlige Verkehrsmaschine vom Typ BAC 1-11 bei dem Versuch, auf der Autobahn Hamburg – Kiel notzulanden. Von den 121 Insassen kommen 24 ums Leben.*

Das Flugzeug der Chartergesellschaft »Paninternational« startet um 18.18 Uhr vom Hamburger Flughafen Fuhlsbüttel. Bereits eine Minute danach explodiert das rechte Triebwerk der Maschine. Der Pilot kann kurz »SOS« funken, dann bricht der Funkkontakt ab. Der Versuch, auf der Autobahn notzulanden, mißlingt. Die Maschine rast unter einer Autobahnbrücke durch, die Kanzel des Flugzeugs wird durch einen Brückenpfeiler, das Leitwerk durch die Brüstung vom Flugzeugrumpf abgetrennt. 100 m weiter bricht die BAC 1-11 völlig auseinander und gerät in Brand. Die meisten Passagiere können sich mit Hilfe der Rettungsmannschaften noch rechtzeitig aus den Trümmern befreien.

Wissenschaft und Technik 1971:

Große Fortschritte in Raumfahrt und Mikroelektronik

Chronik Übersicht

Der Wettlauf im Weltall wird fortgesetzt: Mit »Apollo 15« starten die USA am 26. Juli 1971 ihr viertes bemanntes Mondlandeunternehmen. Während Alfred Worden in der Mondumlaufbahn verbleibt, halten sich David Scott und James Irwin bis zum 7. August auf dem Mond auf. Mit dem batteriebetriebenen Mondauto »Lunar Roving Vehicle« legen sie Strecken von insgesamt mehreren Dutzend Kilometern zurück (→ 26. 7./S. 124).

Die UdSSR setzt auf die Entwicklung größerer bemannter Raumstationen. Eine erste kleinere Station, »Saljut 1«, geht am 19. April in den Erdorbit. »Saljut 1« wird zunächst unbemannt gestartet. Fünf Tage später dockt »Sojus 10« für fünf Stunden an der Station an (→ 19. 4./S. 79). Erstmals betreten wird sie am 7. Juni von den »Sojus-11«-Kosmonauten Georgi T. Dobrowolski, Wladislaw N. Wolkow und Wiktor J. Pazajew, die dort 21 Tage arbeiten (→ 30. 6./S. 106).

Die sowjetische Planetensonde »Mars 2« schwenkt am 27. November nach einer Reise von 470 Mio. km in eine Marsumlaufbahn ein. Nur 14 Tage vorher geht die amerikanische Raumsonde »Mariner 9« als erster Satellit in eine Marsumlaufbahn (→ 13. 11./S. 190).

Raumforschungsaktivitäten anderer Art unternehmen US-Wissenschaftler auf Puerto Rico, wo sie im Vorjahr bei Arecibo das weltgrößte Radioteleskop errichteten. Sie bereiten die Aussendung einer kodierten Nachricht an mögliche außerirdische intelligente Wesen im 24 000 Lichtjahre fernen Sternhaufen »Messier 13« vor. Drei Jahre später wird die Botschaft erstmals mit einem extrem leistungsstarken Signal ins All abgesetzt.

Nach einer Entwicklung des Ingenieurs M. Edward Hoff aus dem Jahr 1969 stellt die US-Firma Texas Instruments erstmals Mikroprozessoren her. Im Computer üben diese hochintegrierten Halbleiterschaltungen die Funktion der zentralen Recheneinheit aus. Die Firma bringt bereits im selben Jahr den ersten mit einem einzigen Mikrochip arbeitenden Taschenrechner auf den Markt. Ihm folgt innerhalb weniger Monate eine ganze Palette derartiger Geräte, vom winzigen Einfachrechner bis zum wissenschaftlichen Taschencomputer. Während diese Geräte noch mit Leuchtdiodenanzeigen arbeiten, entwickelt der schweizerische Konzern F. Hoffmann La Roche in Zusammenarbeit mit der Firma Brown, Boveri & Cie. (BBC) die erste Flüssigkristallanzeige (LCD = Liquid Cristal Display).

Industrielle Anwender können 1971 erstmals Telekopierer benutzen, die – von reiner Datenübertragung abgesehen – wie Trockenkopierer arbeiten. Hersteller der Geräte ist die US-amerikanische Firma Rank Xerox.

Dem anspruchsvollen Kleinbildfotografen bietet die deutsche Firma Leitz mit ihrem Modell Leica M5 erstmals eine Spiegelreflexkamera an, die eine Lichtmessung durch das Objektiv gestattet.

Der deutsch-belgische Agfa-Gevaert-Konzern bringt mit dem Agfacontour einen Film auf den Markt, der Linien gleicher Dichte (Wärmedichte u. a.) oder Helligkeit registriert. Er eignet sich für die physikalische Untersuchung der Licht- oder Wärmeverteilung auf Körperoberflächen.

Das Radioteleskop von Arecibo: Hoch über dem Parabolreflektor ist in dessen Brennpunkt – mit Stahlseilen abgespannt – die eigentliche Antenne fixiert.

Henschel und BBC stellen 1971 die erste Drehstrom-Diesellok vor.

Mikroprozessor des US-amerikanischen Herstellers Texas Instruments unter dem Mikroskop; der Prozessor übt im Computer die Funktion der zentralen Recheneinheit aus und arbeitet dabei mit weiteren Mikrochips zusammen.

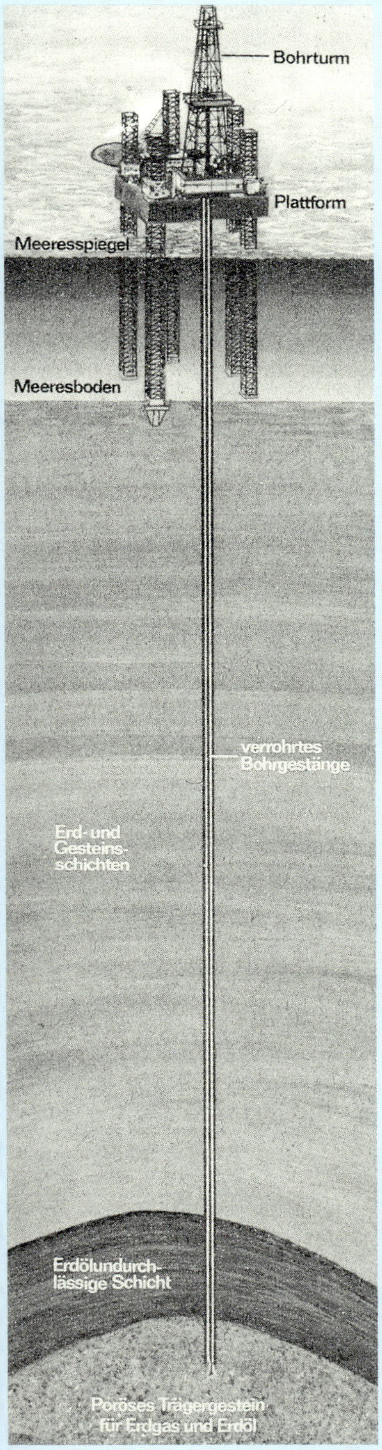

Anhand einer Graphik demonstriert der »stern« 1971 seinen Lesern die Ölbohrung in der Nordsee.

Nordsee-Bodenschätze werden erschlossen

In jahrelanger Prospektierung haben Geologen fast drei Dutzend Erdölfelder unter der Nordsee gefunden. Die Bodenschätze lagern zwischen der englisch-schottischen Grenze und der norwegischen Küste. Als erstes Land beginnt jetzt Norwegen mit der wirtschaftlichen Nutzung. Das Feld »Ekofisk« wird zuerst erschlossen.

Eine Ölförderplattform in der Nordsee vor der niederländischen Küste

◁ Erster elektronischer Tischrechner von Texas Instruments aus dem Jahr 1967, ein Vorläufer der mit Mikrochips arbeitenden Taschenrechner; erst die Miniaturisierung der Bauelemente, vor allem der Mikrochip, macht die Produktion von kleinstformatigen Taschenrechnern möglich.

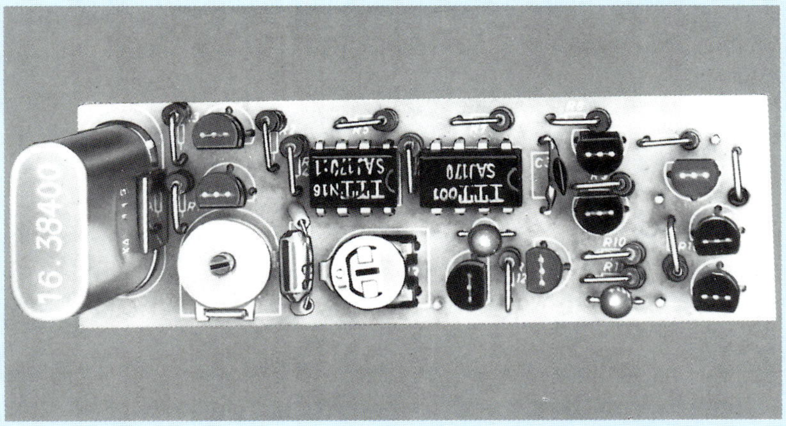

Die deutsche Uhrenfabrik Staiger präsentiert 1971 das erste elektronisch gesteuerte Quarz-Uhrwerk für Großuhren mit integrierten Schaltungen (Bild).

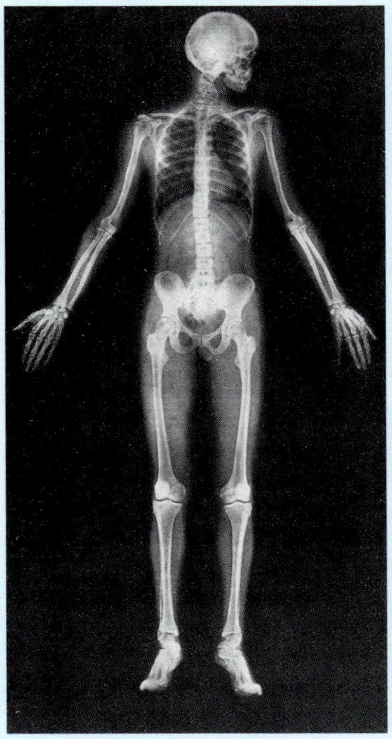

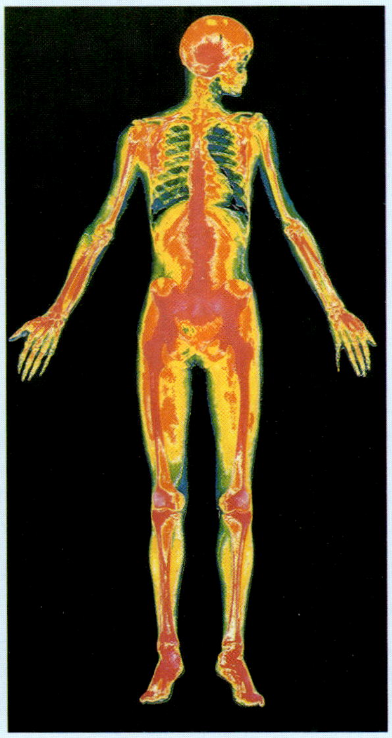

Neuer Film verbessert Röntgenbildauflösung

Der neue Äquidensitenfilm »Agfacontour« läßt sich vielfältig einsetzen. Er leistet immer dort gute Dienste, wo es darauf ankommt, Kontraste deutlich herauszuheben oder gleitende Übergänge in scharf gegeneinander abgegrenzte Stufen (vergleichbar den Höhenlinien auf einer Landkarte) zu unterteilen. In der Zusammenwirkung mit dem Röntgengerät lassen sich mit ihm auch verborgene Strukturen sehr gut sichtbar machen, etwa Werkstoffspannungen oder unterschiedliche Materialdichten (»Äquidensiten« heißt Linien gleicher Dichte). Besonders hilfreich ist der neue Film für die Röntgendiagnose. Er gibt dem Röntgenbild bessere Kontraste.

◁ Herkömmliches Röntgenfoto (l.) im Vergleich zur Aufnahme mit dem neuen Äquidensitenfilm (r.)

Die Turmruine der mittelalterlichen Burg ist eine der Sehenswürdigkeiten Monschaus, die von Christo verpackt werden.

Christo verpackt Eifelstadt Monschau

16. September. In dem Eifelstädtchen Monschau beginnt eine Verpackungsaktion des bulgarischen Künstlers Christo. Dabei werden das mittelalterliche Schloß, eine Burgruine und eine Reihe alter Bürgerhäuser mit riesigen Plastikbahnen verhüllt.

Christo hatte seine Pläne zur Verpackung Monschaus bereits im Jahr 1970 bei einem kurzen Besuch in der Eifelstadt entwickelt. Der Künstler bezeichnet als Ziel seiner Aktion, die Monschauer Bevölkerung aus »eingefahrenen Sehgewohnheiten« herauszureißen und so ihren Blick für die Reize der Stadt neu zu schärfen.

Die Sehenswürdigkeiten Monschaus werden mit 6000 m^2 völlig undurchsichtiger Plastikbahnen und 3100 m Plastikseil zu monumentalen Paketen verschnürt. Die Kosten für das Projekt, die sich auf 40 000 DM belaufen, tragen das nordrhein-westfälische Kultusministerium und Sponsoren aus der privaten Wirtschaft.

Auf scharfe Kritik stößt das Projekt beim Aachener Regierungspräsident Josef Effertz. Nach einem Lokaltermin zieht er »im Interesse der Steuerzahler« einen bereits bewilligten Zuschuß in Höhe von 30 000 DM für »diese Art von sogenannter Kunst« zurück.

Kennedy-Zentrum in Washington eröffnet

8. September. In Washington wird das John-F.-Kennedy-Zentrum für darstellende Künste feierlich eröffnet. Im Beisein von 2200 geladenen Gästen wird die eigens für diesen Anlaß von Leonard Bernstein komponierte »Mass« uraufgeführt.

Das Kulturzentrum umfaßt ein Opernhaus mit 2174 Sitzen, einen Konzertsaal (2758 Sitze) und ein Theater (1142 Sitze). Ausstellungen in dem Gebäude sollen das Gedächtnis an den ermordeten US-Präsidenten Kennedy aufrechterhalten. Der Bau des Kennedy-Zentrums, das 70 Mio. DM kostete, stieß im Kongreß auf heftige Kritik. Die Parlamentarier bestritten die Notwendigkeit für ein neues Kulturzentrum in der Hauptstadt.

Eine monumentale Büste des ermordeten US-Präsidenten John F. Kennedy beherrscht das Foyer des neueröffneten Kennedy-Zentrums in Washington.

Böll erster deutscher Präsident des P.E.N.

13. September. Auf dem 38. Kongreß des Internationalen P.E.N.-Clubs in Dublin wird der deutsche Schriftsteller Heinrich Böll zum neuen Präsidenten des P.E.N. gewählt. Damit tritt zum erstenmal ein Deutscher an die Spitze der Schriftstellervereinigung, die 1971 50 Jahre besteht.

Der 53jährige Kölner Autor wird Nachfolger des französischen Schriftstellers Pierre Emmanuel, der seit 1969 P.E.N.-Präsident war. Die autoritäre Amtsführung Emmanuels stieß bei vielen Mitgliedern des P.E.N. auf Kritik. Sie war ausschlaggebend dafür, daß Böll vom niederländischen P.E.N.-Zentrum als Gegenkandidat zu dem Franzosen aufgestellt wurde.

Der »Völkerbund der Dichter«

Der P.E.N.-Club (Poets [Dichter], Essayists [Essayisten], Novelists [Romanschriftsteller]) ist der »geistige Völkerbund« von Menschen der »Feder« (engl. pen = Schreibfeder). Die Schriftstellervereinigung wurde 1921 von der britischen Autorin Catherine Amy Dawson-Scott (1865–1934) in London gegründet. Oberstes Ziel des Verbands ist die weltweite Verbreitung aller Literatur und der ungehinderte Gedankenaustausch gerade in Kriegs- und Krisenzeiten. Die Charta des P.E.N. verpflichtet die Mitglieder zur Bekämpfung von Rassen-, Klassen- und Völkerhaß und zum aktiven Eintreten für die Meinungsvielfalt. Besondere Verdienste erwarb sich der P.E.N. bei der Vermittlung der Nationalliteratur junger und kleiner Staaten.

Bei der mündlichen Wahl im Exekutivkomitee des P.E.N. entscheiden sich 24 Zentren für Böll und 20 für Emmanuel.

Überraschend stimmt auch das P.E.N.-Zentrum der DDR für Böll. Die DDR-Schriftsteller begründen ihre Entscheidung damit, daß mit der Wahl Bölls »das gewünschte Rapprochement zwischen Ost und West nicht durch Vorurteile verhindert, sondern im Gegenteil durch seine Großzügigkeit gefördert wird«. Er sei »frei von jeder Überheblichkeit gegenüber anderen Ländern und Überzeugungen«.

Europameisterin Prinzessin Anne im Gelände. Sie reitet Doublet, ein Weihnachtsgeschenk der Königin, seit zwei Jahren.

Königlicher Triumph bei der Military-EM

4. September. Prinzessin Anne, die 21jährige Tochter der britischen Königin, wird in Burghley Europameisterin in der Military, dem Vielseitigkeits-Wettbewerb im Turnier-Reitsport. Sie gewinnt mit ihrem Pferd Doublet sowohl die Dressur als auch den Geländeritt und bleibt im Springen ohne Fehler.

Die zuvor eher amüsierte oder auch nur vom Namen der Königstochter beeindruckte internationale Konkurrenz muß sich geschlagen geben. Annes Sieg kommt auch für ihre Landsleute überraschend. In Großbritannien hat es im Vorfeld der Europameisterschaften heftige Diskussionen über die Teilnahme der Prinzessin gegeben. Der britische Reiterverband stellte sie nicht als Mitglied der offiziellen Equipe auf, da sie »zu wenig Erfahrung« habe. Anne startet schließlich als Einzelreiterin. Die königliche Außenseiterin siegt dann mit nur 70,3 Fehlerpunkten.

Glückwünsche gibt es auch von der Mutter: Königin Elisabeth II., die den Wettkampf mit Spannung verfolgt, gratuliert ihrer Tochter als erste. Später überreicht sie ihr bei der offiziellen Siegerehrung den Pokal. Beide Frauen sind stolz, zumal sie dem väterlichen Rat von Prinz Philip, Polo sei königlicher, erfolgreich getrotzt haben.

»Terrier« Vogts wird Fußballer des Jahres

10. September. Berti Vogts von Borussia Mönchengladbach ist Bundesliga-Fußballer des Jahres. Vogts gewinnt vor Franz Beckenbauer vom FC Bayern München und seinem Gladbacher Teamkameraden Günter Netzer die Wahl, die von der Fachzeitschrift »kicker« seit 1960 alljährlich unter den Fachjournalisten durchgeführt wird.

Berti Vogts (* 31. 12. 1946) begann mit dem Fußballspiel als Siebenjähriger beim VfR Büttgen. Als 18jähriger Jugendnationalspieler wechselte er zum Profi-Club Borussia Mönchengladbach, für den er in allen Bundesligaspielen am Ball war. Seit 1967 ist »Mister Unverletzt« Stammspieler in der Nationalmannschaft.

Vogts, dessen Taufnamen »Hans Hubert« wenige kennen und keiner gebraucht, ist seit 1965 beim damaligen Aufsteiger Mönchengladbach. Er bestritt für seinen Verein alle 175 Bundesligaspiele, schoß 21 Tore und wurde Deutscher Fußballmeister 1970 und 1971. Der 24jährige trug seit 1967 bislang 39mal das Trikot der Nationalmannschaft und wurde 1970 WM-Dritter.

Seine ebenso faire wie kompromißlose und unermüdliche »Abwehrarbeit am Mann« brachte dem linken Außenverteidiger auch den Spitznamen »Terrier« ein.

Ein Wochenende der Leichtathletikrekorde

4. September. Drei Sportfeste, drei Disziplinen, drei Weltrekorde:

In München steigert Faina Melnik (UdSSR) im Diskuswurf ihre eigene Rekordmarke, die sie vor drei Wochen beim EM-Sieg erzielt hat, um 66 cm auf 64,88 m.

Hochsprung-Europameisterin Ilona Gusenbauer (Österreich) erntet in Wien endlich Lohn für ihre monatelange Weltrekord-Jagd: Sie überspringt mit 1,92 m gleich im ersten Versuch den zehn Jahre alten Rekord der Rumänin Jolanda Balas (1,91 m) um 1 cm.

In seiner Heimatstadt Lahr läuft Hammerwerfer Walter Schmidt zur Hochform auf: Mit 76,40 m überbietet er die alte Bestmarke (74,90 m) von Uwe Beyer (→ 9. 7./S. 131).

Die neue Hochsprung-Weltrekordlerin: Ilona Gusenbauer aus Österreich

Spitz schwimmt der Konkurrenz davon

10. September. Der 21jährige Kalifornier Mark Spitz schwimmt in Minsk beim Drei-Länderkampf zwischen der UdSSR, den USA und Großbritannien Weltrekord über 200 m Freistil. Als Startschwimmer der 4 × 200-m-Freistil-Staffel verbessert er mit 1:53,5 min seine eigene, eine Woche alte Bestmarke um 0,7 sec. Die US-Staffel erreicht in 7:43,3 min ebenfalls Weltrekordzeit (bisher: USA, 7:45,8 min).

Spitz erzielt mit diesen Ergebnissen bereits den siebten Weltrekord innerhalb von drei Wochen: Er schwamm schon Rekorde mit der 4 × 100-m-Lagen-Staffel (3:50,4 min), über 100 m Freistil (51,94 sec) sowie über 100 und 200 m Schmetterling (55,0 sec/ 2:03,9 min).

Mark Spitz, 1,86 m groß, 71 kg schwer, Student der Zahnmedizin

Oktober 1971

Mo	Di	Mi	Do	Fr	Sa	So
				1	2	3
4	5	6	7	8	9	10
11	12	13	14	15	16	17
18	19	20	21	22	23	24
25	26	27	28	29	30	31

1. Oktober, Freitag

Der frühere niederländische Außenminister Joseph Luns tritt sein neues Amt als NATO-Generalsekretär an. → S. 167

Der spanische Diktator Francisco Franco Bahamonde verkündet in Madrid zum 35. Jahrestag seiner Machtergreifung eine Amnestie für kriminelle und politische Häftlinge.

Der Bundesrat in Bonn lehnt mit den Stimmen der CDU/CSU-regierten Länder den Mietrechtsentwurf der Bundesregierung ab. Er sieht einen verstärkten Kündigungsschutz für Mieter vor.

Die britische Labour Party gibt als neues Parteiorgan die Wochenzeitschrift »Labour Weekly« heraus. Sie soll sich an die große Masse der Wähler und Funktionäre richten, denen der »New Statesman« zu intellektuell und die »Tribune« zu links ist.

Bei Kap Kennedy in Florida wird der Freizeit- und Vergnügungspark Disneyworld eröffnet. → S. 174

2. Oktober, Samstag

Bundesaußenminister Walter Scheel trifft in New York mit dem Generalsekretär der Arabischen Liga, dem Ägypter Muhammad Abd Al Chalik Hassuna, zu politischen Gesprächen zusammen. Damit werden die seit viereinhalb Jahren unterbrochenen Beziehungen zwischen der Bundesregierung und der Arabischen Liga wiederaufgenommen.

Auf dem Deutschlandtag der Jungen Union in Bremen wird Jürgen Echternach als Vorsitzender wiedergewählt.

3. Oktober, Sonntag

Bei den Präsidentschaftswahlen in Südvietnam wird Staatspräsident Nguyên Văn Thiêu mit 94,3% der Stimmen wiedergewählt. → S. 168

Die bundesdeutsche Kriminalpolizei startet unter dem Motto »Du machst Dich kaputt, der Dealer macht Kasse« eine Aktion gegen den internationalen Rauschgifthandel. Mit Vorträgen, Plakaten und Tonbildschauen wird auf die Gefahren des Drogenkonsums aufmerksam gemacht.

In München geht das Oktoberfest nach zweiwöchigem Rummel zu Ende. Vier Millionen Menschen besuchten das größte Volksfest der Welt.

4. Oktober, Montag

Die Labour Party spricht sich auf ihrem Kongreß (4.–8. 10.) in Brighton mit großer Mehrheit gegen den britischen Beitritt zur Europäischen Wirtschaftsgemeinschaft aus (→ 28. 10./S. 167).

Unter dem Motto »Hallo Partner! Danke schön!« startet der Deutsche Verkehrssicherheitsrat eine großangelegte Sicherheitskampagne (→ S. 203).

5. Oktober, Dienstag

In Moskau unterzeichnen Vertreter der Sowjetunion und der Bundesrepublik den Entwurf für ein Luftverkehrsabkommen. Der Vertrag soll die Grundlage für die deutsch-sowjetischen Flugverbindungen der Luftfahrtgesellschaften Deutsche Lufthansa (BRD) und Aeroflot (UdSSR) bilden.

Auf dem 19. Bundesparteitag der CDU wird Rainer Barzel zum neuen Vorsitzenden der Partei gewählt. → S. 170

6. Oktober, Mittwoch

Die »New York Times« veröffentlicht unter Berufung auf westliche Geheimdienste Spekulationen über israelische Atomwaffen. Danach habe Israel mit der Produktion einer Trägerrakete begonnen, die vor allem zum Transport atomarer Sprengsätze geeignet sei.

In Bremen unterzeichnen die SPD-regierten Bundesländer ein Abkommen über die Finanzierung der Bremer Universität. Die vertragschließenden Länder beteiligen sich mit 96 Mio. DM an den Investitionskosten und den jährlichen Betriebskosten der Hochschule (→ 10. 10./S. 170).

Ernst Breit wird auf dem Gewerkschaftskongreß der Deutschen Bundespost zum neuen ersten Vorsitzenden gewählt. Er wird Nachfolger des in den Ruhestand getretenen Carl Stenger, der der Gewerkschaft seit ihrer Gründung im Jahr 1949 vorstand.

Die Bundesanstalt für Arbeit in Nürnberg teilt mit, daß die Zahl der in der Bundesrepublik beschäftigten Gastarbeiter mit 2,24 Mio. einen neuen Höchststand erreicht habe.

Die Regierung der DDR verweigert dem deutsch-schwedischen Dramatiker Peter Weiss die Einreise. In der Begründung heißt es, Weiss sei eine in der DDR »unerwünschte Person«.

7. Oktober, Donnerstag

Die elf Mitgliedsstaaten der OPEC (Organization of the Petroleum Exporting Countries = Organisation der Erdöl exportierenden Länder) fordern in einer Resolution die Beteiligung am Eigentum westlicher Erdölgesellschaften, die in ihren Ländern tätig sind.

US-Präsident Richard M. Nixon gibt in einer Fernsehansprache die zweite Phase seiner Stabilisierungspolitik bekannt. Nach Ablauf des am → 15. August (S. 137) verkündeten 90tägigen Lohn- und Preisstopps ist eine Preis- und Lohnkontrolle sowie eine Zins- und Dividendenkontrolle vorgesehen.

In Washington findet ein amerikanisch-deutsches »Geschichtstreffen« statt. Politiker, Diplomaten, Politologen und Historiker beider Länder tauschen Eindrücke und Informationen über die Entstehungsjahre der Bundesrepublik Deutschland aus.

Die Künstler Katja Ebstein, Roberto Blanco und Mary Roos überreichen Bundeskanzler Willy Brandt die Wohltätigkeitsschallplatte »Stars für uns – Hilfe für alle«. Die Platte mit Liedern zahlreicher prominenter Sänger, die auf ihre Gage verzichteten, kostet im Handel 10 DM. Davon sind 2 DM für die Welthungerhilfe der Vereinten Nationen bestimmt.

René Vignal (44), ehemaliger Torwart der französischen Fußball-Nationalmannschaft, wird in Toulouse als Anführer einer Räuberbande, der 27 Banküberfälle zur Last gelegt werden, zu einer 15jährigen Freiheitsstrafe verurteilt.

8. Oktober, Freitag

Als Reaktion auf die Ausweisung sowjetischer Botschaftsangehöriger aus Großbritannien weist Moskau fünf britische Staatsbürger aus der UdSSR aus. Alle angekündigten Ministerbesuche in Großbritannien werden abgesagt (→ 24. 9./S. 153).

Spanien und die ČSSR schließen in Prag ein Regierungsabkommen über gegenseitige Handelsbeziehungen für die Jahre 1972 bis 1976 ab. Demnach werden die Beziehungen auf der Meistbegünstigungsklausel basieren.

In Großbritannien stimmt die oppositionelle Labour Party auf ihrem Jahreskongreß (4.–8. 10.) für eine Resolution, die die Verstaatlichung der britischen Banken und Versicherungen fordert.

Die Bundesprüfstelle für jugendgefährdende Schriften in Bonn indiziert die Magazine »St. Pauli Zeitung« und »bi«. → S. 171

9. Oktober, Samstag

In Argentinien scheitert ein Putschversuch von Einheiten der Militärs gegen den Präsidenten Alejandro Agustin Lanusse (→ 23. 3./S. 55).

10. Oktober, Sonntag

Bei den Nationalratswahlen in Österreich erreicht die SPÖ unter Bruno Kreisky mit 50,04% der Stimmen die absolute Mehrheit. → S. 167

Die SPD erringt bei den Wahlen zur Bremer Bürgerschaft mit 55,3% die absolute Mehrheit. → S. 170

Die London Bridge wird im US-Bundesstaat Arizona neu eingeweiht. → S. 174

In einem Qualifikationsspiel für die Europameisterschaft schlägt die deutsche Fußball-Nationalmannschaft Polen in Warschau 3:1. → S. 177

11. Oktober, Montag

Auf der letzten Station seiner Europareise trifft Japans Kaiser Hirohito zu einem dreitägigen Besuch in der Bundesrepublik ein. → S. 169

Das bundesdeutsche Fahrzeug- und Maschinenbauunternehmen Krauss-Maffei stellt in München die Magnetschwebebahn »Transrapid 02« vor (→ 6. 5./S. 96).

In Charlotte/North Carolina gewinnt die USA das Tennis-Davis-Cup-Finale gegen Rumänien 3:2.

12. Oktober, Dienstag

Indien schlägt dem Sicherheitsrat der Vereinten Nationen in New York vor, die Republik Südafrika aus der UNO auszuschließen, falls Pretoria weiterhin sambisches Hoheitsgebiet verletze. Südafrikanische Soldaten waren am 5. Oktober in Sambia eingedrungen, um dorthin geflüchtete angebliche Terroristen zu verfolgen.

Im Iran beginnen die Feiern zum 2500jährigen Bestehen der persischen Monarchie. → S. 169

In New York wird das Rock-Musical »Jesus Christ Superstar« von Andrew Lloyd Webber uraufgeführt. → S. 176

13. Oktober, Mittwoch

Die griechische Regierung veröffentlicht den Text des Pressegesetzes, das am 1. November in Kraft tritt. Demnach werden Verstöße gegen die Berufsregeln oder die »allgemeine Moral« mit hohen Geldbußen oder mit Berufsverbot belegt (→ 10. 4./S. 74).

In Frankfurt wird die 23. Internationale Buchmesse eröffnet (→ 17. 10./S. 176).

14. Oktober, Donnerstag

Der Nobelpreis für Physiologie oder Medizin wird in Stockholm dem Amerikaner Earl W. Sutherland (55) für seine Entdeckungen über die Wirkungsmechanismen der Hormone zuerkannt (→ 10. 12./S. 198).

Die vier Zeitungen »Die Welt« (Hamburg), »Le Monde« (Paris), »The Times« (London) und »La Stampa« (Italien) beschließen eine redaktionelle Zusammenarbeit. Zukünftig soll in den Zeitungen regelmäßig ein gemeinsamer Sonderteil veröffentlicht werden.

15. Oktober, Freitag

Der Bundestag in Bonn beschließt eine Verschärfung des »Opiumgesetzes« aus dem Jahr 1929. Die Strafe für schwere Fälle des Rauschgifthandels wird von drei auf zehn Jahre erhöht. → S. 171

Rumänien tritt als drittes Ostblockland (nach Polen und der ČSSR) dem GATT (General Agreement on Tariffs and Trade = Allgemeines Zoll- und Handelsabkommen) bei.

Der diesjährige Nobelpreis für Wirtschaftswissenschaften wird in Stockholm an Simon Kuznets für seine empirisch begründete Erklärung des ökonomischen Zuwachses verliehen. Der Wirtschaftswissenschaftler wurde in Rußland geboren und ist heute als Professor an der amerikanischen Harvard-Universität tätig (→ 10. 12./S. 198).

Der iranische Schah Mohammad Resa Pahlawi und seine Frau Farah Diba begehen in der Ruinenstadt Persepolis das 2500jährige Bestehen der persischen Monarchie. Die prunkvolle Jubiläumsfeier, an der zahlreiche Monarchen, Staatsoberhäupter und Prominente teilnehmen, ist für die Regenbogenpresse in aller Welt ein gefundenes Fressen.

16. Oktober, Samstag

Die radikal-sozialistische Partei Frankreichs wählt Jean-Jacques Servan-Schreiber zum neuen Vorsitzenden.

Auf einer Tagung in Wien einigen sich Delegierte aus der Bundesrepublik, der DDR, der Schweiz und Österreich darauf, eine neue Blindenkurzschrift für den gesamten deutschen Sprachraum einzuführen. Die neue Schrift soll auch für Computer verwendbar sein.

17. Oktober, Sonntag

Als erster sowjetischer Ministerpräsident trifft Alexei N. Kossygin zu einem achttägigen offiziellen Staatsbesuch in Kanada ein.

In München endet ein Jubiläumsparteitag der CSU zum 25jährigen Bestehen der Partei. → S. 170

Der Publizistin Marion Gräfin Dönhoff wird in der Frankfurter Paulskirche der »Friedenspreis des Deutschen Buchhandels« verliehen. → S. 176

Papst Paul VI. spricht in Rom den polnischen Franziskanerpater Maximilian Kolbe selig. → S. 169

18. Oktober, Montag

In London trifft der britische Premierminister Edward Heath mit führenden Vertretern der Opposition zu Gesprächen über die Internierungsmaßnahmen in Nordirland zusammen. Die Zeitung »Sunday Times« hatte in ihrer jüngsten Ausgabe berichtet, internierte Verdächtige der IRA (Irisch-Republikanische Armee) seien durch »Gehirnwäsche« zu Aussagen gezwungen worden (→ 9. 8./S. 136).

In Spaniens größter Automobilfabrik SEAT in Barçelona kommt es zu einer Schießerei zwischen der Polizei und der Belegschaft des Unternehmens, die sich in dem Werk verschanzt hat. Die Auseinandersetzungen wurden ausgelöst, nachdem 20 Arbeiter – Initiatoren eines früheren Streiks – entlassen worden waren. Daraufhin trat die gesamte Belegschaft in den Ausstand.

19. Oktober, Dienstag

In München wird die erste Teilstrecke der neuen U-Bahn eröffnet. Damit ist München neben Berlin und Hamburg die dritte bundesdeutsche »U-Bahn-Stadt«. → S. 171

Die Synode der Evangelisch-Lutherischen Landeskirche Hannover beschließt, die Kirchensteuer von 1973 an von 10% auf 9% der Lohn- und Einkommensteuer zu senken. Der Grund für diesen Schritt ist die erwartete Zunahme des Kirchensteueraufkommens im laufenden Jahr um rund 27% auf 295 Mio. DM.

Der sowjetische Schriftsteller Alexandr I. Solschenizyn fordert die öffentliche Verleihung seines Literaturnobelpreises von 1970. Der Regimekritiker durfte im vergangenen Jahr nicht zur Preisverleihung nach Stockholm reisen. Die schwedische Regierung hat es bislang aus diplomatischen Gründen abgelehnt, den Preis in der schwedischen Botschaft in Moskau offiziell zu überreichen.

20. Oktober, Mittwoch

Das norwegische Nobelpreiskomitee gibt bekannt, daß Bundeskanzler Willy Brandt den diesjährigen Friedensnobelpreis erhält. → S. 166

Die Bundesregierung verabschiedet einen Gesetzentwurf zur Reform der gesetzlichen Rentenversicherung. Darin ist u. a. die Einführung einer flexiblen Altersgrenze, die Verbesserung von Kleinrenten und die Öffnung der Rentenversicherung für Hausfrauen geplant. → S. 58

In Israel wird an der Universität von Tel Aviv das Institut für deutsche Geschichte eröffnet.

21. Oktober, Donnerstag

In Österreich wird das zweite Kabinett unter Bundeskanzler Bruno Kreisky vereidigt (→ 10. 10./S. 167).

Der DDR-Ministerrat beschließt, in kleinen und mittleren Städten sowie in Dörfern den privaten Wohnungsbau ab 1972 wieder zu erlauben.

Die Gebirgskette der Hohen Tauern in den Zentralalpen wird zum ersten österreichischen Nationalpark erklärt. → S. 175

Die Schwedische Akademie der Schönen Künste in Stockholm spricht dem chilenischen Dichter Pablo Neruda (67) den diesjährigen Literaturnobelpreis zu (→ 10.12./S. 198).

In der Grande Galérie des Pariser Louvre wird eine Ausstellung mit Werken des spanischen Künstlers Pablo Picasso eröffnet. → S. 176

22. Oktober, Freitag

Der Exekutivrat des Internationalen Presse-Instituts (IPI) suspendiert die Mitgliedschaft Taiwans in der Organisation »auf unbestimmte Zeit«. Die nationalchinesische Regierung hatte zwei Journalisten wegen angeblicher Verbreitung kommunistischer Propaganda in ein Internierungslager gesperrt.

Bundesjustizminister Gerhard Jahn legt einen Entwurf zur Neufassung des Abtreibungsparagraphen 218 StGB vor. Die Gesetzesnovelle sieht die Möglichkeit einer »sozialen Indikation« vor (→ 2. 6./S. 112).

23. Oktober, Samstag

Vor dem libyschen Volksgerichtshof in Tripolis beginnt der Prozeß gegen den Ex-König von Libyen, Mohammad Idris I. El Senussi. Dem König, der im Exil in Ägypten lebt, wird Korruption, Machtmißbrauch und Ausbeutung des Volkes vorgeworfen (→ 16. 11./S. 185).

Argentinien und die Bundesrepublik Deutschland unterzeichnen in Buenos Aires ein Abkommen, das eine verstärkte wissenschaftliche und technische Zusammenarbeit vorsieht.

24. Oktober, Sonntag

US-Präsident Richard M. Nixon ruft in einer Fernsehansprache alle Amerikaner auf, den ehemaligen Frontkämpfern des Vietnamkriegs zu einer normalen Stellung im Zivilleben zu verhelfen. Den Vietnamkrieg bezeichnet Nixon als den »in unserer Geschichte am wenigsten verstandenen Krieg«. Für viele Veteranen sei er deshalb besonders hart gewesen.

Der schweizerische Rennfahrer Joe Siffert verunglückt beim Formel-I-Rennen in Brands Hatch (Großbritannien) tödlich. → S. 177

25. Oktober, Montag

Der sowjetische Parteichef Leonid I. Breschnew trifft zu einem sechstägigen Besuch in Frankreich ein. → S. 169

In Kassel wird die erste Gesamthochschule der Bundesrepublik Deutschland eröffnet. Sie soll die traditionelle Universität, technische und pädagogische Hochschulen sowie Kunst-, Musik- und Ingenieurfachhochschulen unter einem Dach vereinen (→ S. 76).

Die »Sauerlandlinie« (A 45) wird mit der Eröffnung des letzten Teilstücks Lüdenscheid – Freudenberg fertiggestellt. → S. 171

26. Oktober, Dienstag

Die UN-Vollversammlung in New York erkennt die Volksrepublik China als einzige legitime Vertretung Chinas bei den Vereinten Nationen an. → S. 168

Die Regierung Tunesiens tritt wegen Differenzen in der Führung der Einheitspartei, der sozialistischen Destur-Partei, zurück. Innerhalb der Führungsspitze ist vor allem die Liberalisierung des politischen Lebens im Land umstritten.

Königin Juliana der Niederlande trifft zu einem dreitägigen Besuch in der Bundesrepublik ein. → S. 169

Die US-Fachzeitschrift »The Journal of the American Medical Association« berichtet, daß sich die »Pille danach« in einem Test mit 1000 amerikanischen Frauen als zuverlässig erwiesen habe. Es seien keine Schwangerschaften oder ernsthafte Nebenwirkungen aufgetreten. Diese Form der Anti-Baby-Pille wird am 16. März 1974 freigegeben.

27. Oktober, Mittwoch

Der türkische Staatspräsident Cerdet Sunay lehnt das Rücktrittsgesuch von Premierminister Nihat Erim ab. Er beauftragt ihn mit einer Regierungsumbildung. Erim kündigte am 26. Oktober seinen Rücktritt an, da die großen Parteien des Landes seine Politik nicht unterstützt hatten (→ 12. 3./S. 54).

Der afrikanische Staat Kongo benennt sich in Republik »Zaïre« um.

In Freiburg im Breisgau verabschiedet die FDP auf ihrem 22. Bundesparteitag die sog. Freiburger Thesen. → S. 170

28. Oktober, Donnerstag

Das britische Unterhaus stimmt für den Beitritt Großbritanniens zur Europäischen Wirtschaftsgemeinschaft am 1. Januar 1973. → S. 167

Der italienische Senat verabschiedet ein Gesetz, das für Südtirol eine weitgehende Autonomie und die Sicherung der Rechte der dort lebenden deutschsprachigen Minderheit vorsieht (→ 17. 7./S. 126).

In der ägyptischen Hauptstadt Kairo brennt das Opernhaus nieder. Das Gebäude wurde vor 102 Jahren anläßlich der Einweihung des Sueskanals mit der Uraufführung der Verdi-Oper »Aida« eröffnet.

Der Disziplinarausschuß des Europäischen Fußballverbands annulliert das Europapokalspiel zwischen Borussia Mönchengladbach und Inter Mailand vom 20. Oktober. → S. 177

29. Oktober, Freitag

Als Reaktion auf den Ausschluß Taiwans aus den Vereinten Nationen (UN) am 26. Oktober streicht die USA ihre Auslandshilfe für die UN in Höhe von 2,9 Mrd. Dollar (10,15 Mrd. DM) (→ 26. 10./S. 168).

30. Oktober, Samstag

Zum Abschluß eines sechstägigen offiziellen Kuba-Besuchs verkündet der sowjetische Ministerpräsident Alexei N. Kossygin »vollständige Übereinstimmung« mit dem kubanischen Regierungschef Fidel Castro.

Die dänische Regierung beschließt drastische Beschränkungen von Rüstungskäufen. Diese Ausgabenkürzung steht in Zusammenhang mit allgemeinen Sparmaßnahmen der Regierung.

31. Oktober, Sonntag

Bei den Nationalratswahlen in der Schweiz dürfen erstmals auch die Frauen wählen. Dem neugewählten Parlament gehören zehn weibliche Abgeordnete an (→ 7. 2./S. 32).

Nach Angaben der NASA herrschen auf dem Planeten Mars gegenwärtig gewaltige Staubstürme (→ 13.11./S. 190).

Der Deutsche Fußball-Bund stellt die Maskottchen für die Fußballweltmeisterschaft 1974 in der Bundesrepublik Deutschland vor. → S. 177

Das Wetter im Monat Oktober

Station	Mittlere Lufttemperatur (°C)	Niederschlag (mm)	Sonnenscheindauer (Std.)
Aachen	11,0 (10,0)	48* (64)	181 (123)
Berlin	9,3 (8,8)	77* (58)	169 (123)
Bremen	9,9 (9,4)	172* (47)	138 (104)
München	8,3 (7,9)	93* (62)	207 (130)
Wien	9,4 (9,6)	19 (57)	203 (118)
Zürich	10,1 (8,4)	44 (80)	178 (108)

( ) Langjähriger Mittelwert für diesen Monat
* Sept. und Okt.

»burda moden« zählt zu den meistverkauften Handarbeitszeitschriften in der Bundesrepublik. Zahlreiche Schnittmuster sprechen speziell Hobby-Schneiderinnen an. Die Oktober-Ausgabe 1971 stimmt bereits auf den Winter ein.

Im Bundestag: Die Abgeordneten der Regierungskoalition klatschen dem Bundeskanzler stehend Beifall, die Unionsmitglieder bleiben fast geschlossen sitzen.

Anders der CDU/CSU-Fraktionsvorsitzende Rainer Barzel: Er gratuliert dem Preisträger Willy Brandt im Bundestag als erster persönlich.

Überraschung aus Oslo: Friedensnobelpreis für Brandt

20. Oktober. Das Nobelpreiskomitee des norwegischen Parlaments gibt bekannt, daß Willy Brandt den diesjährigen Friedensnobelpreis erhält. Die Nachricht kommt für Bonn völlig überraschend.

In der Begründung, die die Vorsitzende des fünfköpfigen Komitees, Aase Lionaes, vor der Presse verliest, heißt es: »Als Führer der Bundesrepublik Deutschland und im Namen des deutschen Volkes hat Willy Brandt seine Hand zur Versöhnung zwischen Völkern ausgestreckt, die lange Zeit Feinde waren. Im Geiste des guten Willens hat er außerordentliche Ergebnisse bei der Schaffung von Voraussetzungen für den Frieden in Europa erzielt.« Die Entscheidung für Brandt, so Lionaes weiter, sei leicht gewesen. Man habe ihn mit großer Freude gewählt.

Bundeskanzler Brandt erfährt gegen 15.00 Uhr in seinem Arbeitszimmer durch Pressemeldungen von der Verleihung. In Bonn verbreitet sich die Nachricht wie ein Lauffeuer, doch wird zunächst jede Stellungnahme verweigert: Offiziell wisse man von nichts.

Bei den Haushaltsberatungen im Bundestag am späten Nachmittag unterbricht dann Bundestagspräsident Kai Uwe von Hassel (CDU) die Sitzung und beglückwünscht Brandt: »Herr Bundeskanzler, diese Auszeichnung ehrt Ihr aufrichtiges Bemühen um den Frieden in der Welt und um die Verständigung zwischen den Völkern. Der ganze Deutsche Bundestag gratuliert ohne Unterschied der politischen Standorte Ihnen zu dieser hohen Ehrung.«

Der nächste Gratulant ist Oppositionsführer Rainer Barzel (CDU). Es folgen Herbert Wehner (SPD) – er überreicht einen Strauß dunkelroter Rosen – und Wolfgang Mischnik (FDP).

Brandt spricht nur wenige Worte. Er habe die Verleihung mit »innerer Bewegung und großer Dankbarkeit« aufgenommen und werde alles tun, »sich dieser Ehre würdig zu erweisen«. Die Abgeordneten von SPD und FDP klatschen stehend Beifall. Die vorderen Reihen der Opposition hingegen bleiben nahezu geschlossen sitzen.

Brandt ist vom Nobelpreiskomitee unter 39 Kandidaten ausgewählt worden. Der Bundeskanzler war zu Beginn des Jahres von den dänischen Sozialdemokraten vorgeschlagen worden. Auch Hildegard Hamm-Brücher (FDP) unterstützte die Kandidatur. Die Nobelpreis-Verleihung findet am 10. Dezember in Oslo statt (→ 10. 12./S. 198).

»Ein Mann, der lobenswerte Ziele mit Energie und Intelligenz verfolgt«

Chronik Dokument

Die Verleihung des Friedensnobelpreises an Willy Brandt bestimmt einen Tag nach der Bekanntgabe die internationale Presse.

»Le Figaro«, Frankreich:
»Es ist gewiß nicht nebensächlich, daß den Bürgern der Bonner Republik durch ihren Kanzler heute eine Art Absolution erteilt wird für die Verbrechen des Hitler-Regimes, die – ob man es will oder nicht – schwer gelastet haben auf den Bemühungen des neuen Deutschlands seit einem Vierteljahrhundert. Nebensächlich ist auch nicht die Tatsache, daß die Wahl . . . für die wiedererlangte Macht Deutschlands eine moralische Bestätigung ist, die die Bundesrepublik in ihrem Willen bestärken wird, ein politischer Riese auf der Weltbühne zu werden, nachdem sie lange Jahre nur ein einfacher Wirtschaftsriese war. Deshalb ist die Verleihung des Nobelpreises an den Bundeskanzler in diesem Jahr nicht nur eine wohlverdiente Auszeichnung, sondern ein bedeutendes Faktum.«

»The Times«, Großbritannien:
»In einer Welt, in der Staatsmänner ersten Ranges im Augenblick nicht in auffälliger Zahl vertreten sind, sticht Brandt als ein Mann hervor, der lobenswerte Ziele mit Energie und Intelligenz verfolgt hat. Er ist ein guter Deutscher, ein guter Europäer, und – soweit man ein solches Wesen definieren kann – ein guter Weltbürger.«

»Daily Telegraph«, Großbritan.:
»Die Bonner Opposition ist nach wie vor der Ansicht, daß die Politik, für die er jetzt zum führenden Friedensstifter der Welt gekrönt werden soll, viel wahrscheinlicher geeignet ist, durch Schwächung der westlichen Sicherheit und Einheit zur Unterwerfung oder zum Krieg oder zu beiden zu führen. Die Auszeichnung läuft unter diesen Umständen auf eine massive Einmischung in die westdeutsche Politik hinaus.«

»Berner Bund«, Schweiz:
»Aus grundsätzlichen Überlegungen heraus erscheint die Wahl Willy Brandts zum Friedensnobelpreisträger als Mißgriff . . . der Friedensnobelpreisausschuß des norwegischen Parlaments hätte wissen müssen, wie leicht seine Wahl nicht als Anerkennung einer moralischen Friedenspolitik ganz allgemein, sondern als Beifall für eine ganz bestimmte Politik – in diesem Fall die Ostpolitik Brandtscher Prägung – ausgelegt werden kann. Und er hätte wissen müssen, wie umstritten, diese Ostpolitik gegenwärtig nicht nur in der westdeutschen, sondern in der gesamten europäischen Öffentlichkeit ist.«

Bruno Kreisky holt absolute Mehrheit

10. Oktober. Bei den österreichischen Nationalratswahlen erzielt die SPÖ (Sozialistische Partei Österreichs) erstmals seit Bestehen der Republik die absolute Mehrheit. Die Partei unter Bruno Kreisky erhält 50,04% der Stimmen. Bei den letzten Wahlen von 1970 waren es 48,42%.

Die ÖVP (Österreichische Volkspartei) muß gegenüber 1970 Verluste hinnehmen. Ihr Stimmenanteil sinkt von 44,69% auf 43,11%. Die FPÖ (Freiheitliche Partei Österreichs) erhält 5,45%; gegenüber der letzten Wahl ein geringfügiger Stimmenverlust von 0,07%.

Die vorgezogenen Neuwahlen gehen auf die Initiative der SPÖ zurück. Die Partei Kreiskys, die seit 1970 eine Minderheitsregierung stellte, versprach sich dadurch eine Verbesserung ihrer parlamentarischen Situation. Am 14. Juli entschied sich der Nationalrat mit den Stimmen von SPÖ und FPÖ für die vorzeitige Parlamentsauflösung und anschließende Neuwahlen.

Die jetzigen Nationalratswahlen finden erstmals auf der Grundlage des neuen Wahlrechts statt, das im November 1970 beschlossen wurde. Dadurch erhöht sich u. a. die Zahl der Parlamentssitze von 165 auf 183: 93 Abgeordnete stellt die SPÖ, 80 die ÖVP und 10 die FPÖ.

Bereits am 21. Oktober stellt Bundeskanzler Bruno Kreisky (M.) sein zweites Kabinett vor. Es weist nur zwei Veränderungen auf: Alfred Sinowatz (42) ist der neue Minister für Unterricht und Kunst. Ingrid Leodolter (52) übernimmt die Leitung des neugeschaffenen Ministeriums für Gesundheit und Umweltschutz.

Niederländer neuer NATO-Generalsekretär

1. Oktober. Joseph Luns aus den Niederlanden tritt sein neues Amt als Generalsekretär der NATO (North Atlantic Treaty Organization) an. Er wird Nachfolger des Italieners Manlio Brosio, der aus persönlichen Gründen zurückgetreten ist.

Der NATO-Ministerrat hat Luns auf seiner Frühjahrstagung am 3. und 4. Juni in Lissabon zum neuen Generalsekretär bestimmt. Luns war bislang – seit 1956 – niederländischer Außenminister.

Seine politische Karriere begann Luns im diplomatischen Dienst (1938–49). Von 1949 bis 1952 gehörte er der niederländischen Vertretung bei den Vereinten Nationen an, ehe er stellvertretender Außenminister (1952–1956) wurde.

Der Generalsekretär bekleidet das höchste zivile Amt der NATO. Er ist Leiter des Generalsekretariats, dem administrativen Organ der NATO. Darüber hinaus ist der Generalsekretär Vorsitzender des obersten politischen NATO-Organs, dem Ständigen Rat. Hier finden Entscheidungen der Mitgliedsländer auf Botschafter- oder Ministerebene statt.

Heaths siegreiche Schlacht für britischen EWG-Beitritt

28. Oktober. Nach sechstägiger Debatte stimmt das britische Unterhaus mit 356 gegen 244 Stimmen für den Beitritt Großbritanniens zur Europäischen Wirtschaftsgemeinschaft (EWG). Damit steht der EWG-Erweiterung von sechs auf sieben Mitgliedstaaten zum 1. Januar 1973 nichts mehr entgegen.

Das britische Oberhaus sprach sich bereits kurz zuvor mit deutlicher Mehrheit (451 gegen 58 Stimmen) für den EWG-Beitritt aus. Der entscheidenden Abstimmung im Unterhaus gingen hitzige Wortgefechte zwischen Regierungs- und Oppositionsvertretern voraus.

Der Führer der oppositionellen Labour Party, Harold Wilson, lehnt die EWG-Mitgliedschaft unter den ausgehandelten Bedingungen ab. Auf diese Weise, so Wilson, seien für Großbritannien eine Reihe negativer wirtschaftlicher Folgen zu erwarten. 199 der insgesamt 287 Labour-Abgeordneten stimmen dann auch gegen den Antrag der konservativen Regierung unter Premierminister Edward Heath.

Die Beitrittsverhandlungen zwischen Großbritannien und den EWG-Mitgliedstaaten Frankreich, Bundesrepublik Deutschland, Italien, Belgien, Luxemburg und den Niederlanden begannen – noch unter der Labour-Regierung – bereits am 30. Juni 1970. Ein Jahr später, am 23. Juni 1971, wurde zwischen den sechs und Großbritannien – inzwischen unter konservativer Regierung – »Einigung über alle wichtigen noch offenen Beitrittsfragen erzielt«. Zuvor besuchte der britische Premierminister Heath u. a. Frankreich und die Bundesrepublik, um persönlich mit den jeweiligen Regierungschefs über den EWG-Beitritt zu beraten.

◁◁ Der geplante EWG-Beitritt spaltet die britische Bevölkerung. Am 7. Juni demonstrieren Anhänger und Gegner der EWG in London.

◁ Heath (l.) führt mit Frankreichs Präsident Pompidou am 20. Mai in Paris letzte Gespräche über die EWG-Mitgliedschaft.

Neue Macht in der UNO – kleiner Bruder muß gehen

26. Oktober. Die UN-Vollversammlung in New York nimmt eine albanische Resolution an, durch die die Volksrepublik China als einzige legitime Vertretung Chinas bei der UNO anerkannt wird. Mit 76 Ja- und 35 Nein-Stimmen sprechen sich die UN-Mitgliedsstaaten zugleich dafür aus, das nationalchinesische Taiwan aus den Vereinten Nationen auszuschließen.

Mit der Aufnahme Pekings in die UNO endet ein Streit, der nach der Proklamation der kommunistischen Volksrepublik China 1949 begann. Die USA, die bislang die Regierung Taiwans unter Chiang Kaishek als einzige legitime Vertretung Chinas akzeptierten, sprachen sich gegen eine UN-Mitgliedschaft Rotchinas aus. Seit 1950 wurde in der UNO alljährlich über die China-Frage abgestimmt. Albanien brachte immer wieder die Resolution ein, Peking in die UNO aufzunehmen und Taiwan auszuschließen. Die USA konnten sich jedoch mit ihrem Antrag, die Aufnahme Pekings zu vertagen, bislang in der UNO durchsetzen.

Unter dem Eindruck der Öffnung Chinas entschließt sich jetzt die Mehrheit der UN-Mitglieder, die albanische Resolution anzunehmen. Auch die USA befürworten den Beitritt Chinas, lehnen jedoch die Resolution Albaniens ab, da diese auch den Ausschluß Taiwans fordert (→ 14. 4./S. 70). Der Versuch der USA, eine UN-Doppelvertretung Chinas durch Peking und Taiwan zu etablieren, scheitert.

△ Noch vor dem offiziellen Ausschluß Taiwans aus den Vereinten Nationen verläßt der UN-Vertreter Nationalchinas, Liu Chieh (Vordergrund), die Vollversammlung. Sein Außenminister Chow Shu-Kai erklärt, die Aufnahme Pekings in die UNO bedeute, »einen Mörder im Kriminalprozeß zu Gericht sitzen zu lassen«. Taiwan werde weiter dafür kämpfen, China von den Kommunisten zu befreien.

◁ Die Volksrepublik China erhält Sitz und Stimme in Vollversammlung und Sicherheitsrat der UNO. Der UN-Vertreter Pekings, Huang Hua (M.), nimmt am 23. November seinen Sitz im Sicherheitsrat ein.

Manipulation bei Präsidentschaftswahlen in Saigon

3. Oktober. Bei den Präsidentschaftswahlen in Südvietnam wird Staatspräsident Nguyên Văn Thiêu ohne Gegenkandidat mit 94,3% der abgegebenen Stimmen für vier Jahre wiedergewählt.

Die beiden ursprünglichen Mitbewerber Nguyêns, der ehemalige General Duong Van Minh und Vizepräsident Nguyên Cao Ky, hatten ihre Kandidatur kurz vor den Wahlen zurückgezogen. Sie warfen Nguyên Wahlmanipulation vor.

Im Wahlkampf hatte Nguyên seinen Rücktritt für den Fall angedroht, daß ihm weniger als 50% der Wähler ihr Vertrauen schenkten. Westliche Beobachter der Wahl berichten, daß das Stimmergebnis ebenso wie die hohe Wahlbeteiligung von 87,9% durch die massive Beeinflussung seitens der Behörden zustande gekommen sei. Die Wahl wird von Straßenschlachten zwischen der Polizei und Regierungsgegnern begleitet, bei denen 57 Personen verletzt werden.

Siegesgewiß lächelt der südvietnamesische Staatspräsident Nguyên bei der Stimmabgabe für die Präsidentschaftswahl. Er kannte das Ergebnis schon vor dem 3. Oktober. Seine Behörden setzten die Wähler durch massive Drohungen unter Druck. Bei der Auszählung der Stimmen sorgen die Wahlhelfer Nguyêns dafür, daß Gegenstimmen verschwinden.

Touristenglück: Hirohito auf Rheinfahrt

11. Oktober. Auf der letzten Station seiner Europareise trifft der japanische Kaiser Hirohito zu einem dreitägigen Staatsbesuch in der Bundesrepublik Deutschland ein. Die erste Auslandsreise eines japanischen Kaisers führte den 70jährigen Hirohito in sieben europäische Länder.

Mit 21 Schuß Salut wird der Monarch, der in Begleitung seiner Frau reist, auf dem Köln-Bonner Flughafen von Bundesratspräsident Hans Koschnick empfangen. Koschnick vertritt den erkrankten Bundespräsidenten Heinemann.

Nach der Begrüßungszeremonie wird die Wagenkolonne des Kaisers mit einer Polizei-Eskorte von 17 Motorrädern in die Bundeshauptstadt geleitet. Zum Troß des 124. Tenno (= Himmlischer Herrscher) gehören 38 Personen, darunter Hofdamen und Hofapotheker.

Bei einem Galadiner auf Schloß Augustusburg bei Brühl weist Hirohito auf die »Schicksalsbande« zwischen Japan und Deutschland hin. Beide Völker hätten bittere Erfahrungen im Zweiten Weltkrieg machen müssen. Er betont zudem gemeinsame Eigenschaften beider Völker wie Fleiß und Ausdauer.

Wie Hunderttausende seiner reiselustigen Landsleute unternimmt auch der japanische Kaiser eine Schiffahrt auf dem Rhein, bevor er nach Tokio zurückfliegt.

Bei dem Besuch kommt es zu Protesten gegen Hirohito, der als Oberbefehlshaber im Zweiten Weltkrieg die Kriegspolitik Japans billigte.

Kaiser Hirohito bei seiner Ankunft auf dem Köln-Bonner Flughafen. Zu den Klängen des Präsentiermarsches begrüßt der Tenno das Wachbataillon.

Kolbe für Opfertod seliggesprochen

17. Oktober. In Rom spricht Papst Paul VI. den polnischen Franziskanerpater Maximilian Kolbe selig. Kolbe war im August 1941 im Konzentrationslager Auschwitz freiwillig für einen Mitgefangenen in den Tod gegangen.

Der gerettete Pole, Franciszek Gajowniczek, nahm gemeinsam mit Tausenden polnischen Pilgern und Bischöfen aus aller Welt an der feierlichen Zeremonie im Petersdom teil. Zum erstenmal vollzog ein Papst persönlich die Seligsprechung, die eine Vorstufe zur Heiligsprechung ist. Bislang war dies Aufgabe der Kardinäle.

Kolbe war 1939 beim deutschen Einmarsch in Polen verhaftet und später ins Konzentrationslager Auschwitz verschleppt worden. Als dort ein Gefangener entfloh, wurden zehn Häftlinge – darunter auch Gajowniczek – zum Tod im Hungerbunker verurteilt. Kolbe meldete sich daraufhin für den Familienvater. Nach zehntägigem Aufenthalt im Bunker wurde er durch eine Phenolspritze ermordet.

Eröffnung der Feierlichkeiten (vorn r. der Schah, l. Farah Diba)

Schah feiert für 55 Mio. DM

12. Oktober. *Mit monumentalen Feierlichkeiten begeht der iranische Schah Mohammad Resa Pahlawi das 2500jährige Bestehen der persischen Monarchie. An den Jubiläumsveranstaltungen in den Ruinen der ehemaligen persischen Hauptstadt Persepolis nehmen rund 250 Monarchen, Staatsoberhäupter und Prominente aus aller Welt teil. Die Kosten für das Fest belaufen sich nach offiziellen Angaben auf 55 Mio. DM. Im Iran kommt es zu Demonstrationen gegen die aufwendigen Feiern, die in krassem Gegensatz zum Lebensstandard des iranischen Volkes stehen.*

Breschnew (vorn r.) und Pompidou (2. v. r.) schreiten die Ehrenkompagnie ab.

Breschnews erster Westbesuch

25. Oktober. *Der sowjetische Parteichef Leonid I. Breschnew trifft zu einem sechstägigen Besuch in Frankreich ein. Es ist zugleich der erste offizielle Staatsbesuch Breschnews in einem westlichen Land.*

In seinen Gesprächen mit dem französischen Staatspräsidenten Georges Pompidou erreicht Breschnew, daß Paris der Einberufung einer gesamteuropäischen Konferenz über Sicherheit und Zusammenarbeit in Helsinki zustimmt. Ein sowjetisch-französisches Abkommen über wirtschaftliche Zusammenarbeit, das im Rahmen des Besuchs unterzeichnet wird, soll die Belieferung Frankreichs mit sowjetischen Rohstoffen sichern.

Juliana und Bernhard (r.) beim Defilee auf Schloß Augustusburg

Juliana auf Sightseeing-Tour

26. Oktober. *Königin Juliana der Niederlande stattet in Begleitung von Prinz Bernhard und Außenminister Norbert Schmelzer der Bundesrepublik Deutschland ihren ersten offiziellen Besuch ab. Das umfangreiche Programm führt das Herrscherpaar u. a. nach Münster, dem Ort des Westfälischen Friedens, in dem 1648 die Unabhängigkeit der Niederlande anerkannt wurde. Bei einem Besuch auf Schloß Oranienstein in Diez (Rheinland-Pfalz) lernt Juliana das Ursprungsgebiet des Hauses der Grafen von Oranien kennen, aus dem die niederländische Königsfamilie stammt.*

Barzel wird CDU-Chef – Kohl nur Vize

5. Oktober. Rainer Barzel kann sich im Kampf um den CDU-Parteivorsitz gegenüber Helmut Kohl durchsetzen: Auf dem 19. Bundesparteitag der CDU in Saarbrücken (4./5. Oktober) wählen ihn 344 der 521 Delegierten zum neuen Bundesvorsitzenden. Helmut Kohl erhält 174 Stimmen. Er wird stellvertretender Vorsitzender.

Vor der Wahl hatten beide Kandidaten nochmals ihre Auffassungen über die Funktion des Parteivorsitzenden deutlich gemacht. Barzel, der bereits Fraktionsvorsitzender von CDU/CSU im Bundestag ist, betonte, daß nur einer die Nummer eins in der Partei sein könnte. Zwei Zentren, eines im Bundestag und eines außerhalb, so Barzel, halbierten nur die Kraft der Partei. Kohl hingegen meint, eine Ämterhäufung sei für die Partei schädlich.

Nach dem Sieg stellt Barzel die Richtlinien seiner zukünftigen Politik vor. Der neue CDU-Vorsitzende sagt den sog. Ost-Verträgen einen scharfen Kampf an. Er wendet sich gegen die Verträge von Moskau und Warschau (→ 27. 2./S. 42), die demnächst im Bundestag ratifiziert werden sollen. Barzel: »Der Kern jeder deutschen Ostpolitik – Selbstbestimmung und Lage der Deutschen in Deutschland – ist noch nicht erreicht.« Eine Unions-Regierung würde für ein Vertragswerk sorgen, »das nicht aufhört, wo das Problem beginnt ... und wirklich Ausgleich, Entspannung und Frieden bringt«.

Barzel tritt die Nachfolge von Kurt Georg Kiesinger an, der seit 1967 Parteivorsitzender war und nach der Niederlage der CDU bei der Bundestagswahl 1969 auf eine weitere Kandidatur verzichtete. Kiesinger wird zum CDU-Ehrenvorsitzenden mit Sitz und Stimme im Parteipräsidium gewählt.

Am 28. November wird Barzel auch zum Kanzlerkandidat der Unionsparteien nominiert. Die Bundestagswahl ist für 1973 angesetzt.

Die beiden Bewerber um den Parteivorsitz vor der entscheidenden Wahl: Rainer Barzel (l.), Vorsitzender der CDU/CSU-Fraktion im Bundestag, und Helmut Kohl, Ministerpräsident von Rheinland-Pfalz. Im Hintergrund ein riesiges Porträt von Konrad Adenauer (1876–1967). Adenauer war erster Vorsitzender der CDU (1950–66) und erster Bundeskanzler (1949–63).

Absoluter SPD-Sieg bei Bremer Wahlen

10. Oktober. Bei den Wahlen zur Bremer Bürgerschaft erringt die SPD mit 55,3% der Stimmen die absolute Mehrheit. Sie erhält 59 der 100 Sitze im Bremer Senat. Die FDP muß starke Verluste hinnehmen; die rechtsextreme NPD scheidet mit 2,8% aus dem Senat aus.

Bürgerschaftswahlen im Vergleich

	1971		1967	
	Stimmen in %	Sitze	Stimmen in %	Sitze
SPD	55,3	59	46,0	50
CDU	31,6	34	29,5	32
FDP	7,1	7	10,5	10
NPD	2,8	–	8,8	8
DKP	3,1	–	4,2	–

Hans Koschnick (SPD) bleibt Bürgermeister der Hansestadt und Präsident des Senats. Die neue Bremer Regierung besteht erstmals seit 22 Jahren nur aus SPD-Mitgliedern. Die FDP hatte ein Pro-forma-Koalitionsangebot abgelehnt.

In der vorausgegangenen Regierungskoalition zwischen SPD und FDP kam es zu Auseinandersetzungen über die neue Bremer Universität. Am 1. Juni traten die drei FDP-Senatoren aufgrund »der linksorientierten SPD-Hochschulpolitik« zurück.

FDP verabschiedet »Freiburger Thesen«

27. Oktober. Zum Abschluß des 22. Bundesparteitags der FDP (25.–27. 10.) in Freiburg im Breisgau werden die sog. Freiburger Thesen verabschiedet. Zum ersten Generalsekretär der Partei wählen die Delegierten Karl-Hermann Flach.

Mit den Freiburger Thesen begründet die FDP ihren sog. sozialen Liberalismus, d. h. eine »liberale Gesellschaftspolitik«. Mit dem neuen Grundsatzprogramm öffnet sie sich dem linken Gedankengut.

Nach Ansicht der FDP stellen sich an eine moderne, eben soziale Form des Liberalismus folgende Anforderungen: »1. Liberalismus nimmt Partei für Menschenwürde durch Selbstbestimmung, und 2. für Fortschritt durch Vernunft, er fordert 3. Demokratisierung der Gesellschaft und 4. Reform des Kapitalismus.«

Die insgesamt 37 Thesen sind in vier Teilbereiche aufgeteilt: Eigentumsordnung (Sozialbindung des Eigentums), Vermögensbildung (Beteiligungsrechte am Vermögenszuwachs, Nachlaßabgabe für Großvermögen), Mitbestimmung (mehr Rechte für Arbeitnehmer) und Umweltpolitik (Umweltschutz vor Gewinnstreben).

Die Freiburger Thesen gehen auch auf den ersten FDP-Generalsekretär zurück. Flach war bislang innenpolitischer Ressortleiter bei der »Frankfurter Rundschau«. Seit 1949 ist er FDP-Mitglied. Von 1959–62 war er Bundesgeschäftsführer.

Die führenden Köpfe in der FDP: Der Parteivorsitzende und Außenminister Scheel (l.) mit dem stellvertretenden Vorsitzenden, Innenminister Genscher

CSU feiert 25jähriges Jubiläum der Partei

16./17. Oktober. Die CSU (Christlich-Soziale Union) begeht am Wochenende in München einen Jubiläumsparteitag zum 25. Jahrestag der Parteigründung.

Franz Josef Strauß, der seit nunmehr zehn Jahren CSU-Vorsitzender ist, betont in seiner Jubiläumsrede vor den 600 Delegierten, daß die Partei die »intensive Zusammenarbeit mit der CDU« fortsetzen wolle. Strauß spricht dabei von einer »Kampfformation«, zu der sich die CDU/CSU-Bundestagsfraktion unter dem achtjährigen Vorsitz des neuen CDU-Chefs Rainer Barzel entwickelt habe.

Die CSU wurde 1945/46 als christlich-konservative Partei gegründet. Bislang tritt sie nur in Bayern zur Wahl an. Im Bundestag bildet sie eine gemeinsame Fraktion mit ihrer Schwesterpartei CDU. In Bayern ist die CSU seit 1958 ununterbrochen an der Regierung.

München bereitet sich auf Olympia vor

19. Oktober. In München wird ein Jahr vor Beginn der XX. Olympischen Sommerspiele die erste Strecke der U-Bahn in Betrieb genommen. Das neue Verkehrsmittel soll dazu beitragen, den erwarteten Besucheransturm auf die bayerische Landeshauptstadt während der Spiele zu bewältigen.

Überall in München laufen die olympischen Vorbereitungen auf Hochtouren: Das Olympiagelände am Oberwiesenfeld hat sich in die größte Baustelle Europas verwandelt. Die Olympia-Baugesellschaft versichert jedoch, daß die Bauten rechtzeitig zum Beginn der sportlichen Großveranstaltung fertiggestellt sein werden.

Die Sportstadien und -hallen und das olympische Dorf für die männlichen und weiblichen Athleten stehen im Rohbau. Auch die Stahlkonstruktion, über die das größte Zeltdach der Welt (70 800 m^2) gespannt wird, ist aufgestellt. Bis Ende des Jahres soll das schwebende Dach mit einer Kunststoffhaut aus Acryl überzogen werden.

Zur Begrünung der Olympia-Anlage wurden 4750 Bäume gepflanzt. Insgesamt sind rund 8000 Arbeiter auf dem Oberwiesenfeld tätig.

Die Stahlnetze für das Dach des Olympiastadions werden in luftiger Höhe verklammert. Der Entwurf für das Dach stammt von Günter Behnisch.

Schärfere Strafen für Rauschgifthändler

15. Oktober. Der Deutsche Bundestag beschließt einstimmig, das sog. Opiumgesetz aus dem Jahr 1929 erheblich zu verschärfen. Damit werden die Höchststrafen für besonders schwere Fälle des illegalen Handels mit Rauschgift von drei auf zehn Jahre Gefängnis angehoben. Die Geldbußen betragen künftig bis zu 50 000 DM.

Die zehnjährige Höchststrafe soll für den gewerbsmäßigen Drogenhandel, die Tätigkeit von Drogenbanden und die Abgabe von Drogen an Jugendliche verhängt werden können. In einem Entschließungsantrag fordert das Parlament die Regierung zusätzlich auf, die Überwachung der Telefone von Rauschgifthändlern zu ermöglichen. Auf diesem Weg sollen auch die Hintermänner der Drogendealer gefaßt werden.

Der Bundestag betont, daß Maßnahmen zur Rehabilitation Drogensüchtiger genauso wichtig sind wie der Kampf gegen die Rauschgiftkriminalität. Die Wiedereingliederung von Süchtigen in die Gesellschaft wird deshalb künftig staatlich gefördert. Der Besitz geringer Rauschgiftmengen soll weiterhin straffrei bleiben.

»tri« statt »bi« für »doofe Leserschaft«

8. Oktober. Die Bundesprüfstelle für jugendgefährdende Schriften verbietet den offenen Verkauf der Magazine »St. Pauli Zeitung« und »bi«. Die indizierten Blätter, die durch pornographische Darstellungen Anstoß bei den Sittenwächtern erregt hatten, dürfen ein Jahr lang nur noch unter dem Ladentisch gehandelt werden.

Die beiden »Bestseller auf dem Markt der Unterleibs-Organe« (»stern«) stammen aus dem »Hanseata-Zeitschriften-Verlag« in Hamburg. Verleger Joachim Driessen schwimmt mit seinen diversen Publikationen auf der »Sex-Welle« ganz oben. Er setzte 1970 mit seinem Unternehmen 20 Mio. DM um. Allein von der »St. Pauli Zeitung« wurden Woche für Woche 975 000 Exemplare gedruckt.

Die Indizierung seiner Blätter umgeht der clevere Unternehmer, für den Verbote auf der Tagesordnung stehen, routiniert mit einfachen Namenswechseln. Eine Woche nach dem Erlaß der Bundesprüfstelle erscheint im offenen Verkauf die »Neue St. Pauli Zeitung« anstelle der »St. Pauli Zeitung« und statt »bi« nunmehr »tri«.

Bereits Anfang des Jahres sorgte Driessen mit der Gründung der »Deutschen Sexpartei« für werbewirksame Schlagzeilen. Im »stern« sagt er über die Käufer seiner Zeitschriften: »Unsere Leser sind doof. Wenn wir sie noch doofer machen, kaufen sie noch mehr Zeitungen.«

Wie ein Pascha posiert Driessen in seinem Büro mit nackten Mädchen. Aufsehenerregende Selbstdarstellung gehört zu den Erfolgsrezepten des Unternehmers. Auf dem Kopf trägt er eine jugoslawische Skipetaren-Kappe – »wegen der persönlichen Note«.

Freie Fahrt auf der »Sauerlandlinie«

25. Oktober. Nach zehnjähriger Bauzeit wird die »Sauerlandlinie« (A 45) mit der Eröffnung des Teilstücks Lüdenscheid – Freudenberg fertiggestellt. Die neue Autobahn von Dortmund nach Gießen schafft eine schnellere Verbindung zwischen dem Ruhrgebiet und dem Rhein-Main-Raum.

Gegenüber dem alten Weg auf der rheinischen Autobahn verkürzt die »Sauerlandlinie« die Reise zwischen den beiden Ballungszentren um 34 km. Im gebirgigen Sauer- und Siegerland überwindet die Autobahn Höhenunterschiede zwischen 100 und 530 m über dem Meeresspiegel. Sie enthält dabei aber keine Steigung von mehr als vier Prozent. Um die vielen Täler des Sauerlands zu überspannen, wurden 153 Brücken errichtet.

Mit Baukosten von 1,6 Mrd. DM gehört die A 45 zu den teuersten bundesdeutschen Autobahnen.

Mode 1971:

Hot pants – Schlager der Saison

Chronik **Übersicht**

Jeder kennt sie, die »heißen Höschen« oder »Hot pants«, die extrem kurze, knappe Shorts bezeichnen. Sie erobern 1971 die Modewelt im Sturm (→ S. 115).

Hot pants sind nicht nur für den Sommer, sondern auch für den Winter gedacht. Die Modelle für die kalte Jahreszeit sind aus Strick und werden über dicke Wollstrümpfe oder eine Nylonstrumpfhose gezogen. Dazu trägt man hochschaftige, über die Knie reichende Lackstiefel. Nicht ganz so gewagt sind Hot pants, wenn sie mit einem Midirock kombiniert werden. Der Rock ist vorne im sog. Schlitz-Look durchgehend geknöpft und bleibt bis zu den Hot pants offen. Etwas grotesker dagegen wirkt die Verbindung von Hot pants und Maxi-Mantel.

Aber nicht nur Hot pants, sondern allgemein die Frage der Saumlänge erhitzt in diesem Jahr die Modeköpfe. Mini, Midi oder Maxi stehen zur Diskussion – allerdings nur für Frauen unter dreißig. Bei den älteren Damen hat man sich auf etwa 5 cm oberhalb der Knie geeinigt.

Mini bedeutet gerade oberschenkellang. Die geraden, kindlichen Mini-Hänger der 60er Jahre werden durch das Wickelkleidchen mit minikurzem Glockenröckchen abgelöst. Midi muß ebenfalls keineswegs langweilig sein: Ein Prinzeßkleid mit leicht ausgestelltem Rock, der gerade bis zum Wadenansatz reicht, wird durch poppige Farbapplikation »aufgemotzt«. Dazu gehören enge Velourstiefel, knallige Handtaschen sowie Funfurs oder Plüschjacken in Popfarben. Maxi sind Mäntel, Capes und Kaftanwesten, die sich zum Treppenfegen eignen und auf Rolltreppen verboten sind. Als Alternative gibt es eine sportliche, dreiviertellange Cabanjacke.

Gefragter denn je ist bei den Frauen 1971 die Hose. Doch auch sie bleibt von dem Thema »Länge« nicht verschont. Abgesehen von den superkurzen »heißen Höschen« gibt es Caddyhosen (Art enge Kniebundhose), wadenlange Gauchohosen, Pumphosen, Kosakenhosen, knöchellange Röhrenhosen und »maxilange« Marlene-Dietrich-Hosen.

Kombiniert werden Hosen gerne mit anliegenden Rippenstrick-Pullis oder Poloblusen. Über die neuen Blusen schreibt »Petra« in diesem Jahr: »Auf dem Ladentisch sehen sie manchmal richtig ärmlich aus. Probieren sie das federleichte, schlabbrige, schmiegsame, transparente und oft knitterfreie Häuflein Bluse dennoch an: Die neuen Blusen werden erst durch Busen schön! Den trägt man darunter möglichst ohne. Die Blusen reichen dafür reichlich über Rock- und Hosenbund. Gürtel, Schals und Riemen schlingen sich um Taille oder Hüfte.«

Alles – auch Kleider und Mäntel – ist im Oberteil sehr eng anliegend geschnitten, die Ärmel setzen hoch ein, so daß nur der beliebte Jersey oder Rippenstrick die notwendige Bewegungsfreiheit bietet. Kleidung über Größe 38 ist nicht mehr »vermittelbar«, denn der Bohnenstangen-Look hält an.

Wer das Poppige mit den wilden Eiscreme-Schock-Farben nicht liebt, der flüchtet ins Romantische. Er nimmt Anleihen bei der Folklore, trägt einen Russenkittel, einen Anatevkarock mit Fransengürtel oder ein Patchwork-Tuch, eine Lappenmütze oder schlingt sich ein Tuch um den Kopf. Im Sommer darf es auch ein Strohhut sein, wohingegen der sportliche Typ die unentbehrliche Schildkappe wählt. Zum romantischen Hippie-Gipsy-Look paßt auf alle Fälle eine Lammfell-Jacke. Edle Pelze sind nicht gefragt, denn weiterhin herrscht »Understatement«.

Die Frisuren sind 1971 romantischer geworden. Die streng geometrischen Föhnfrisuren erhalten Löckchen und Kringel. Wuschelige Lockenköpfe oder romantisch hochgestecktes langes Haar sind gefragt. Nahezu jede Frau schafft sich in diesem Jahr eine modische Perücke an, obwohl sie – wenn überhaupt – nur selten auch getragen wird. In vielen Kaufhäusern können sich Perücken-Studios etablieren, denn Handel und Hersteller kommen mit der Lieferung der begehrten falschen Haarpracht kaum nach.

Die »heißen Höschen«, auch hierzulande meist »Hot pants« genannt, sind der Modehit der Saison. Sie sind nicht nur sehr praktisch, sondern auch reizvoll.

Auch der Pelz unterliegt dem Trend. 1971 werden die kostbaren Stücke quer verarbeitet und grell-bunt gefärbt.

Immer häufiger tritt der sog. Military-Look in Erscheinung. Für viele Frauen eine ideale Freizeitkleidung.

Partnerlook abgewandelt: Für sie Hot pants, für ihn Hose mit Schlag

Auch bei Kleidern für den festlichen Anlaß ist Mini angesagt. Die Modelle sind figurbetont, vor allem die Taille wird unterstrichen. Variantenvielfalt zeigt sich bei den Halsausschnitten. Die Farbkombination schwarzweiß dominiert.

Dieses bequeme Tweed-Kostüm im aktuellen Schlitz-Look eignet sich besonders für Sport und Freizeit während der kühleren Jahreszeit. Dazu passend werden dicke Wollstrümpfe und eine Häkelkappe getragen.

Elegant-sportliches Ensemble, das sich durch dezente Braun- und Beige-Töne von den sonst vorherrschenden knalligen Popfarben absetzt. Der Schlapphut der Hippies gibt dem ganzen einen jugendlich-modischen Touch.

Praktischer und bequemer Hosenanzug aus Jersey

Romantische Tageskleider erregen Aufmerksamkeit

Schrille Farb- und Mustervarianten von Ungaro

Poppig-schrille Farben und kindlich-naive Applikationen sind ein Muß für modebewußte Männer

Nicht nur die Damen, auch die Herren lieben es bunt. Rosa ist in diesem Jahr die Modefarbe für den Mann. Besonders farbenprächtig erscheinen die Krawatten. Neben poppigen und schrillen Grundtönen sind viele Modelle mit zahlreichen Motiven versehen. Damit auch alle Blumen, Schmetterlinge und Elefanten auf die Krawatte passen, ist sie besonders breit.
Der ganz auf Figur gearbeitete Trevira-Anzug weist ein Jacquard-Muster auf, an das sich das Auge allerdings nicht immer gewöhnen kann. Die Hosen haben nach wie vor einen weiten Schlag. Der gesamte Anzug ist hingegen sehr eng gearbeitet und bietet kaum Platz für die notwendigsten Utensilien. Deshalb trägt auch der Herr eine Tasche über die Schulter oder läßt sie am Handgelenk baumeln.
Die aktuellen Pullover sind ebenfalls eng geschnitten. Ähnlich wie die Krawatten sind viele durch Motive verziert. Besonders beliebte Applikationen sind Teddybären.
Der Modefreak trägt einen antaillierten Maximantel mit großem ekkigem Revers. So paßt er sich ganz dem Stil seiner modebewußten Begleiterin an. Ein großer Hut à la Borsalino oder ein intellektueller Schlapphut vervollständigen das Erscheinungsbild.

Disneys neue Traumfabrik

1. Oktober. Bei Kap Kennedy in Florida wird Disneyworld, der derzeit größte Freizeit- und Vergnügungspark der Welt, feierlich eröffnet. Auf einer Fläche von 110 km^2 präsentiert sich den Besuchern eine »Traumfabrik« aus Märchen, Abenteuer, Folklore und Technik.

Insgesamt 75 000 Menschen sind Zeugen einer monumentalen Einweihungsfeier, die von einer Blaskapelle aus 1076 Musikern gestaltet wird. Andächtiges Schweigen unter den Besuchern tritt ein, als ein Chor aus 1500 Stimmen »Ich wünsch' mir einen Stern« singt. Einhelliges Urteil der verzückten Zuhörer: »It's wonderful.« US-Präsident Richard M. Nixon steuert ein Sternenbanner zur Eröffnungsfeier bei, das bisher über dem Weißen Haus wehte. Die US-Flagge soll künftig über dem Imperium von Micky Maus flattern.

Disneyworld, das 90mal größer als das kalifornische Disneyland ist, gilt als das größte private Bauprojekt der Welt. Insgesamt 8 Mio. m^3 Erdreich wurden bewegt, um ein künstliches Berg- und Talgelände zu schaffen. Auf einer Fläche von der Größe San Franciscos entstanden eine Stadt, fünf Seen, drei Golfplätze, zwei Eisenbahnstrecken und ein Naturschutzpark.

Allgegenwärtig in dem Vergnügungspark sind Micky Maus, Donald Duck, Goofy und die vielen anderen unsterblichen Figuren des Trickfilmzeichners Walt Disney (1901–1966). Die Bauherren von Disneyworld, die »Walt Disney Productions«, hoffen mit den Ideen ihres Gründers einen jährlichen Gewinn von 350 Mio. DM zu erwirtschaften. Der Vergnügungspark, der noch erweitert werden soll, kostete bislang rund 1 Mrd. DM.

◁ Wahrzeichen von Disneyworld ist das 18stöckige »Cinderella«-Schloß, eine architektonische Mischung aus Neuschwanstein und Hollywoodkulisse.

Brücke über den Atlantik

10. Oktober. Die London Bridge, die von 1831 bis 1969 die Themse in London überspannte, wird in Lake Havasu (US-Bundesstaat Arizona) neu eingeweiht.

Die Brücke war 1969 für 10 Mio. DM an eine amerikanische Immobilienfirma verkauft worden. Stein für Stein wurde die 10 000 t schwere Granitbrücke in zweijähriger Arbeit abgebrochen und jenseits des Atlantik wieder aufgebaut. Sie überspannt hier als neue Attraktion des Erholungsortes Lake Havasu den Colorado River.

Die 330 m lange Brücke wurde verkauft, weil sie den Anforderungen des Londoner Straßenverkehrs nicht mehr gewachsen war. Außerdem gab das Fundament aufgrund der beim Bau nicht eingeplanten Belastung nach.

Spektakel bei der Eröffnung der London Bridge in Lake Havasu. Nach zweijährigem Bau sind die 10 276 Granitblöcke wieder zur Brücke zusammengesetzt.

Hohe Tauern werden zum Nationalpark

21. Oktober. Die österreichischen Bundesländer Kärnten, Salzburg und Tirol unterzeichnen einen Vertrag über die Schaffung des Nationalparks Hohe Tauern.
Zur Gebirgskette der Hohen Tauern gehören die Venediger-, Granatspitz-, Glockner-, Sonnblick-, Ankogel- und Hafnergruppe. Höchste Erhebung ist der Großglockner mit 3797 m. Ziel des Vertrags ist es, die »Hohen Tauern als einen besonders eindrucksvollen und formenreichen Teil der österreichischen Alpen in ihrer Schönheit und Ursprünglichkeit zu erhalten«.
Bereits seit 1950 forderte der österreichische Naturschutzbund einen Nationalpark in den Hohen Tauern. Erst das Europäische Naturschutzjahr 1970 gab schließlich den politischen Anstoß zur Realisierung der Idee.

◁ Blick von der Stadt Kals in Tirol auf einen der mächtigen Gebirgszüge in den Hohen Tauern

Mit Fassadenkunst für eine farbige Stadt

Die triste Erscheinung vieler Städte fordert zu Beginn der 70er Jahre Künstler in aller Welt heraus, mit Fassadenmalereien gegen die Anonymität des Stadtbildes vorzugehen. Die Farbflächen sollen Innenstädte und Wohnbezirke attraktiver machen und die Passanten zur Auseinandersetzung mit der »Kunst am Bau« anregen.
Den Malern geht es bei der farbigen Fassadengestaltung teils um die Verfremdung von Baukörpern, teils um die Herausforderung, auf einer großen Bildfläche experimentell zu arbeiten. Das künstlerische Ideal eines harmonischen Zusammenwirkens von Baukunst und Malerei mißlingt jedoch oft. Der Funktionalismus in der sterilen Baukonzeption läßt sich nicht durch die Malerei revidieren.
Die Fassadengemälde formulieren eigenständige Aussagen. Sie stellen einen Protest gegen die Mittelmäßigkeit der Architektur dar, indem der Einfallslosigkeit die Phantasie entgegengesetzt wird.
Für den Künstler bietet das »Wallpainting« eine Chance, aus dem Dreieck Atelier–Galerie–Museum auszubrechen und ein neues Publikum zu erreichen, das bislang kaum Kontakt zur Kunst hatte.

Eine graue Wand in New York wird bemalt zum Blickfang.

Diese New Yorker Fassade soll zum Nachdenken anregen.

In Hannover bringt eine poppig bemalte Straßenbahn Farbe in das Stadtbild.

Das »Wall-painting« von Dieter Glasmacher und Werner Nöfer in Hamburg-St. Pauli ist der erste Versuch einer Fassadenumgestaltung in der Hansestadt.

Jeff Fenholt, der die Titelrolle in »Jesus Christ Superstar« singt, entspricht dem gängigen Christus-Bild des Publikums.

»Superstar« Christus als Kassenschlager

12. Oktober. Im New Yorker Mark Hellinger Theatre wird das Rock-Musical »Jesus Christ Superstar« mit überragendem Erfolg uraufgeführt. Das Stück von Andrew Lloyd Webber (Musik) und Tim Rice (Text) schildert die letzten sieben Tage im Leben Jesu Christi.

Die Broadway-Inszenierung, in der die Passion Christi als gewaltiges Showspektakel gezeigt wird, war bereits vor der Premiere für die nächsten sechs Wochen ausverkauft. Mit Einnahmen von 5,25 Mio. DM sind die Produktionskosten von 2,45 Mio. DM eingespielt, noch bevor sich der Vorhang zum erstenmal hebt. Kritiker erklären den außergewöhnlichen Erfolg des Musicals mit dem anhaltenden Jesus-Boom (→ S. 140).

Christus (Jeff Fenholt) und Maria Magdalena (Yvonne Elliman) in einer Szene der Broadway-Inszenierung. Der Erfolg des Musicals drückt die Suche einer Generation nach Idolen aus. Die Kirchen nehmen Anstoß an der Vermarktung Christi als Pop-Idol. Religiöse Gruppen sehen in der Christus-Darstellung eine Blasphemie.

Pablo Picasso bringt Leben in den Louvre

21. Oktober. Aus Anlaß des 90. Geburtstags von Pablo Picasso wird in der Grande Galérie des Pariser Louvre eine Ausstellung mit bedeutenden Werken des spanischen Künstlers eröffnet. Damit werden zum erstenmal Bilder eines lebenden Malers in der berühmten Galerie des Museums gezeigt.

Der 90jährige Picasso (l.) gilt als einer der wichtigsten Wegbereiter der modernen Malerei des 20. Jh. Die Ausstellung im Louvre (r.) gehört zu den vielen Ehrungen, die Galerien und Museen dem Künstler erweisen.

Publizistin Dönhoff erhält Friedenspreis

17. Oktober. In der Frankfurter Paulskirche erhält Marion Gräfin Dönhoff, Chefredakteurin der Hamburger Wochenzeitung »Die Zeit«, den Friedenspreis des Deutschen Buchhandels. Die 61jährige Publizistin wird wegen ihres Eintretens »für eine Verständigung zwischen allen Nationen in West und Ost« ausgezeichnet.

In ihrem Festvortrag betont Gräfin Dönhoff, daß die Friedenspolitik heute vor allem Geduld brauche. Eine Entspannung im Ost-West-Verhältnis sei nur zu erreichen, wenn internationale Probleme untersucht, Konfliktstoffe entschärft und unlösbare Fragen zurückgestellt würden: »Ein solches Vorgehen erfordert viel Detailpackerei. Himmelstürmende Geister kommen da nicht auf ihre Kosten.«

Die Verleihung des Friedenspreises erfolgt im Rahmen der 23. Internationalen Buchmesse, die am 13. Oktober eröffnet wurde. Bis zum 19. Oktober präsentieren 3581 Aussteller aus 58 Ländern 241 000 Titel, darunter 78 000 Neuerscheinungen.

Ein Leben für den Journalismus

Marion Gräfin Dönhoff wurde am 2. Dezember 1909 auf Schloß Friedrichstein in Ostpreußen geboren. Nach der Flucht in den Westen trat die promovierte Volkswirtschaftlerin 1946 in die Redaktion der Hamburger Wochenzeitung »Die Zeit« ein. Die Publizistin, die sich stets für eine internationale Verständigung aussprach, beteiligte sich 1955 an der Gründung der »Deutschen Gesellschaft für Auswärtige Politik«. 1968 wurde sie Chefredakteurin der »Zeit«.

Büchse wird Borussia zum Verhängnis

28. Oktober. Hartes UEFA-Urteil für Borussia Mönchengladbach: Der Disziplinarausschuß des Europäischen Fußballverbandes (UEFA = Union Européenne de Football Association) annulliert den 7:1-Erfolg der Gladbacher über Inter Mailand im Achtelfinale des Europapokals der Landesmeister. Das Spiel muß an einem neutralen Ort wiederholt werden; außerdem hat der Bundesligist 12 000 DM Geldstrafe zu zahlen.

Bei dem Europacup-Spiel am 20. Oktober im ausverkauften Bökelberg-Stadion wurde Mailands Mittelstürmer und italienischer Nationalspieler Roberto Boningsegna beim Stand von 2:1 für Gladbach von einer leeren, 55 g schweren Getränkebüchse eines Zuschauers am Kopf getroffen, fiel zu Boden und mußte ausgetauscht werden. Danach ging es für die Mailander rasant bergab: Die Gladbacher schossen fünf weitere Tore.

Nach dem Spiel legte Inter Protest ein und hatte Erfolg. Von den Fans und in den Medien wird das Urteil heftig diskutiert. Für die UEFA ist jedoch nicht entscheidend, ob Mönchengladbach das Spiel ohnehin gewonnen hätte oder ob Boningsegna nur den Ohnmächtigen spielte. Den Funktionären war es wichtig, ein Zeichen gegen das zunehmende Rowdytum auf Fußballplätzen zu setzen.

Die UEFA-Entscheidung kommt für die Gladbacher jedoch einer Niederlage gleich: Das emotional aufgeladene Rückspiel im Mailänder San-Siro-Stadion verlieren sie mit 2:4. Die Neuauflage des Hinspiels im Berliner Olympiastadion am 1. Dezember endet 0:0. Damit ist Gladbach aus dem Europapokal-Wettbewerb ausgeschieden.

Tumult auf dem Spielfeld nach dem Zwischenfall: Schieds- und Linienrichter beraten, ob sie das Spiel abbrechen sollen, lassen dann aber weiterspielen.

Siffert fuhr vorne mit. Noch im August gewann er ein Formel-1-Rennen.

Schweizer Joe Siffert verunglückt tödlich

24. Oktober. Der schweizerische Rennfahrer Joe Siffert verunglückt bei einem Formel-1-Rennen im britischen Brands Hatch tödlich.

Vermutlich wegen eines Materialfehlers schleudert sein BRM (British Racing Motors) von der Piste, der 35jährige erstickt in den Flammen des brennenden Autos. 1968 gewann Siffert in Brands Hatch seinen ersten Grand Prix.

Schön-Team im Viertelfinale der EM

10. Oktober. In einem Qualifikationsspiel zur Fußball-Europameisterschaft in Warschau schlägt die Deutsche Nationalmannschaft Polen 3:1. Das Rückspiel am 17. November in Hamburg endet 0:0. Damit qualifiziert sich die DFB-Auswahl in der Vorrundengruppe VIII gegen den härtesten Konkurrenten Polen für das EM-Viertelfinale.

Das Spiel in Warschau wird zur entscheidenden Begegnung in der Gruppe VIII: Beide Teams haben bislang nur einen Minuszähler auf dem Punktekonto. Zunächst sieht es nicht nach einem Sieg der deutschen Elf aus, denn Polen geht in der 28. Minute in Führung.

Der Treffer ist ein Zeichen für die anfängliche Nervosität der Schön-Truppe: Der 20jährige Münchener Verteidiger Paul Breitner, der wegen einer Verletzung von Berti Vogts zu seinem zweiten Länderspiel-Einsatz kommt, spielt den Ball blind zu Torwart Sepp Maier. Polens Linksaußen Gadocha sprintet dazwischen und macht das 1:0.

Doch nur zwei Minuten später erzielt Gerd Müller im Gegenzug den Ausgleichstreffer. Der Torjäger aus Bayern trifft auch zum 2:1 in der 64. Minute. Mit dem Tor des Frankfurters Jürgen Grabowski in der 70. Minute ist das Spiel dann endgültig entschieden.

Beim schmeichelhaften 0:0 am 17. November pfeifen die 62 000 Zuschauer die Elf von Bundestrainer Helmut Schön aus.

Rumänien, Ungarn, England, die UdSSR, Belgien, Italien und Jugoslawien können sich ebenfalls für die EM-Finalrunde 1972 in Belgien qualifizieren. Im Viertelfinale trifft das DFB-Team auf England.

Die DFB-Auswahl in Warschau (v. l.): Köppel, Breitner, Fichtel, Grabowski, Müller, Wimmer, Netzer, Heynckes, Schwarzenbeck, Maier, Beckenbauer

Kritiker bezeichnen Tip und Tap als mäßige Kopie von Max und Moritz.

»Tip und Tap« – die Maskottchen für '74

31. Oktober. Hermann Neuberger, Vizepräsident des Deutschen Fußball-Bundes (DFB) und Organisationschef der Fußball-Weltmeisterschaft 1974 in der Bundesrepublik, stellt beim DFB-Bundestag in Kaiserslautern die WM-Maskottchen »Tip und Tap« vor.

Nach Aussage Neubergers sind dies »zwei lustig-listige Fußballjungs im Blick auf einen ewig jungen Fußball«.

Film 1971:

Kino-Krise trotz vieler »Klassiker«

Chronik Übersicht

Für die Kino- und Filmlandschaft in der Bundesrepublik zeigt sich 1971 das gleiche Bild wie in den Jahren zuvor: Das Kinosterben hält an, die Besucherzahlen nehmen weiter ab, die Produktion der Filmindustrie bleibt rückläufig. Allerdings sind viele der in- und ausländischen Filme, die 1971 gedreht werden, qualitativ anspruchsvoller und besser als Produktionen der letzten Jahre.

Der anhaltende Rückgang der Kinobesuche – sie sinken gegenüber 1970 um 6 Mio. von 167,4 Mio. auf 161,4 Mio. – bedeutet für viele Filmtheater endgültig das Aus. Die Zahl der Lichtspielhäuser sinkt im Vergleich zum Vorjahr um 937 auf 2509. Schuld an dieser Entwicklung ist in erster Linie das Fernsehen, das sich mittlerweile vollständig etabliert hat.

Die Tendenz – weg vom Kinobesuch, hin zum Fernsehabend – hat auch Auswirkungen auf das Verhalten der Regisseure. So wird z. B. der Film »Der plötzliche Reichtum der armen Leute von Kombach« von Volker Schlöndorff zunächst am 26. Januar im Fernsehen uraufgeführt, ehe er einen Monat später in den bundesdeutschen Kinos anläuft.

Schlöndorffs neuester Film gilt als eines der bedeutendsten Werke des sog. neuen Heimatfilms. In die gleiche Kategorie gehören auch die Neulinge »Jaider – der einsame Jäger« von Volker Vogeler oder »Ich liebe dich, ich töte dich« von Uwe Brandner.

Diese Heimatfilme kommen aus den Studios des Neuen Deutschen Films, den junge bundesdeutsche Regisseure 1962 im Oberhausener Manifest proklamiert hatten. Die Filmemacher setzten sich zum Ziel, anspruchsvolle Filme mit künstlerischem und individuellem Niveau zu drehen. Sie sollten sich von den konventionellen, kommerzorientierten deutschen Produktionen, wie z. B. den Klamotten und Sexstreifen, die nach wie vor über die bundesdeutschen Leinwände flimmern, abheben.

Weitere Produktionen des Neuen Deutschen Films sind 1971 u. a.:

▷ »Die Bettwurst« von Rosa von Praunheim
▷ »Rio das Mortes« von Rainer Werner Faßbinder
▷ »Fata Morgana« von Werner Herzog
▷ »Lenz« von George Moorse.

Das Engagement der Filmemacher scheint sich auszuzahlen. Obwohl 1971 insgesamt die Zahl der Erst- und Uraufführungen in der Bundesrepublik zurückgeht, steigt hier der Anteil der bundesdeutschen Filme von 105 auf 122.

Zu den bemerkenswertesten ausländischen Produktionen, die 1971 bereits zum größten Teil in den bundesdeutschen Kinos anlaufen, zählt »Tod in Venedig« (Morte a Venezia). Der Italiener Luchino Visconti drehte den Film nach der gleichnamigen Novelle des deutschen Schriftstellers Thomas Mann. Weitere herausragende Werke, die später zu Klassikern avancieren, sind:

▷ »Harold und Maude« von Hal Ashby
▷ »Uhrwerk Orange« von Stanley Kubrick
▷ »Der Pate« von Francis Ford Coppola
▷ »Brennpunkt Brooklyn« von William Friedkin
▷ »Herzflimmern« von Louis Malle.

(Siehe auch Übersicht »Filme« im Anhang.)

Szene aus der britischen Gewaltsatire »Uhrwerk Orange« (Clockwork Orange). Stanley Kubrick drehte den Film nach dem Roman von Anthony Burgess.

Dirk Bogarde (l.) als Gustav Aschenbach und Björn Andresen (r.) als Tadzio in Viscontis »Tod in Venedig«

Bud Cort (l.) und Ruth Gordon als »Harold und Maude« in dem gleichnamigen Film von US-Regisseur Hal Ashby

William Friedkin greift in »Brennpunkt Brooklyn« eine wahre Geschichte auf. Schaupieler sind u. a. tatsächlich Beteiligte, wie diese New Yorker Polizisten.

Der US-Charakterdarsteller Marlon Brando (r.) verkörpert den »Paten« in Francis Ford Coppolas gleichnamigen Film (l. Richard Conte als Barzini).

Michael König als schizophrener Dichter in »Lenz« von George Moorse. Der Film nach der Novelle von Georg Büchner erhält 1971 drei Bundesfilmpreise.

Harry Owen (l.) und Eva Pampuch als Tagelöhner und Gänseliesel in Volker Schlöndorffs Film »Der plötzliche Reichtum der armen Leute von Kombach«

Gezielte Förderung des bundesdeutschen Films

Zwei Ereignisse sind für das bundesdeutsche Filmgeschehen 1971 von besonderer Bedeutung: Einmal greifen 20 Filmemacher zur Eigeninitiative und gründen in Frankfurt am Main den »Filmverlag der Autoren«. Auf diese Weise soll der bundesdeutsche Film nachhaltig gefördert werden (→ 23. 4./S. 81).

Daneben verabschiedet der Bundestag am 23. Juni eine Novelle zum Filmförderungsgesetz (FFG). Durch sie soll die Förderung deutscher Filme durch die Filmförderungsanstalt verbessert werden. Jährlich will der Bund zusätzlich 1,6 Mio. DM bereitstellen.

Allerdings steigen die Ansprüche an sog. förderungswürdige Filme. Neben der »Sittenklausel« enthält das FFG jetzt auch eine »Minderwertklausel«. Danach werden Filme nicht unterstützt, deren Drehbuch, Gestaltung oder schauspielerische Leistung von »geringerer Qualität« sind. Dies gilt z. B. für die Darstellung von Sexualität oder Gewalt in »aufdringlich vergröbernder spekulativer Form«.

Der Förderung des bundesdeutschen Films dienen auch die kommunalen Kinos, die sich nicht am Profit orientieren. Das erste wird 1971 in Frankfurt am Main eröffnet (→ 5. 12/S. 205).

Hanna Schygulla in »Rio das Mortes« von Lieblingsregisseur Faßbinder

Erste Film-Hauptrolle für Gottfried John in »Jaider – der einsame Jäger«

November 1971

Mo	Di	Mi	Do	Fr	Sa	So
1	2	3	4	5	6	7
8	9	10	11	12	13	14
15	16		18	19	20	21
22	23	24	25	26	27	28
29	30					

1. November, Montag

Zum Schutz von Singapur und Malaysia tritt ein neues Verteidigungsabkommen in Kraft. Der alte Vertrag ist am 31. Oktober ausgelaufen. Bislang war lediglich Großbritannien Schutzmacht der beiden Staaten, jetzt verpflichtet sich die britische Regierung im Falle eines Angriffs zu »gemeinsamen Konsultationen« mit Australien und Neuseeland.

In Tirana wird der sechste Parteikongreß der albanischen Kommunistischen Partei (KP) eröffnet (1.–7. 11). Zum erstenmal seit Bestehen der albanischen KP nimmt keine Abordnung der Volksrepublik China an dem Parteitag teil, da Peking fortan keine Delegierten mehr zu den Kongressen der Bruderparteien entsenden will.

2. November, Dienstag

Die schwedische Akademie der Wissenschaften in Stockholm verleiht die diesjährigen Nobelpreise für Physik und Chemie. Den Preis für Physik erhält der Ungar Dennis Gabor (71), den für Chemie der deutschstämmige Gerhard Herzberg (67) (→ 10. 12./S. 198).

Bundesaußenminister Walter Scheel und seine Frau Mildred adoptieren einen kleinen Indiojungen. → S. 186

3. November, Mittwoch

Auf der dritten Bischofssynode in Rom sprechen sich die Delegierten mit großer Mehrheit gegen die Lockerung des Zölibats aus. → S. 190

Die Bischofskonferenz der Vereinigten Evangelisch-Lutherischen Kirche Deutschlands spricht sich dafür aus, eine kirchliche Trauung bei der Eheschließung eines Christen mit einem Nichtchristen oder einem aus der Kirche ausgetretenen Partner zuzulassen.

Hamburg beginnt als erstes Bundesland mit der Vergabe von Spenderausweisen für Organtransplantationen. → S. 187

Das erste Test-Rettungszentrum der Bundeswehr nimmt in Ulm seine Arbeit auf. Die Bundeswehr stellt hier Personal, Notarztwagen und Rettungshubschrauber für den zivilen Rettungseinsatz zur Verfügung.

Im Fußball-Europapokal der Landesmeister gewinnt Inter Mailand das Rückspiel gegen Borussia Mönchengladbach 4:2 (→ 28. 10./S. 177).

4. November, Donnerstag

Die UNESCO (United Nations Educational, Scientific and Cultural Organization = Organisaton der Vereinten Nationen für Erziehung, Wissenschaft und Kultur) feiert in Paris ihr 25jähriges Gründungsjubiläum. Der UNESCO gehören derzeit 125 Mitgliedsländer an.

Der Deutsche Bundestag verabschiedet das Gesetz über die Errichtung einer Stiftung »Hilfswerk für behinderte Kinder«. Sie soll hauptsächlich den Contergangeschädigten in der Bundesrepublik zugute kommen.

5. November, Freitag

In Bolivien wird die Todesstrafe für politische Entführungen wieder eingeführt.

Die vierstufige Trägerrakete »Europa II« stürzt wenige Minuten nach dem Start ins Meer. → S. 190

In Frankreich wird der US-Schauspieler Charlie Chaplin mit der großen Ehrenmedaille von Paris ausgezeichnet.

Britische Sportjournalisten wählen Prinzessin Anne, die Tochter von Königin Elisabeth II, zur Sportlerin des Jahres.

6. November, Samstag

In Beirut schließt der Libanon mit der Sowjetunion ein Abkommen über Waffenlieferungen.

US-Landwirtschaftsminister Clifford Hardin handelt mit der Türkei ein Abkommen aus, in dem die USA denjenigen türkischen Opium-Anbauern finanzielle Hilfen zusichern, die ihren Beruf aufgeben. Die Regierung in Ankara beabsichtigt, die Opium-Produktion von 1972 an zu verbieten.

Mitglieder der Umweltschutzorganisation Greenpeace demonstrieren gegen einen unterirdischen Atombombenversuch der USA auf der Aleuten-Insel Amchitka. → S. 184

Im »Frederic-Mann-Auditorium« in Tel Aviv wird die erste »Deutsche Kulturwoche« in Israel eröffnet. Mehrere hundert Angehörige der rechtsgerichteten »Betar«-Jugendorganisation demonstrieren vor der Konzerthalle gegen diese Veranstaltung.

Der Rhein hat den niedrigsten Wasserstand seit Beginn der regelmäßigen Messungen vor 153 Jahren. → S. 186

7. November, Sonntag

Bei den belgischen Parlamentswahlen behaupten die beiden Regierungsparteien, die Christlich-Sozialen und die Sozialisten, ihre Stellung. Sie erhalten 30,1% bzw. 27,1% der Stimmen. Erheblichen Stimmenzuwachs können die Sprachkampfparteien auf Kosten der Liberalen verzeichnen.

Die Regierung der Volksrepublik China sagt Pakistan im Falle einer kriegerischen Auseinandersetzung mit Indien »entschlossene Unterstützung« zu (→ 3./4. 12./S. 200).

Die US-Regierung gibt bekannt, daß sie mit der sowjetischen Regierung ein umfangreiches Getreideabkommen abgeschlossen hat. Demnach werden die USA 2 Mio. t Mais, 60 000 t Gerste und 300 000 t Hafer in die UdSSR liefern.

8. November, Montag

Auf den Philippinen erhält die oppositionelle Liberale Partei bei den Teilerneuerungswahlen zum Senat sechs der acht neu zu besetzenden Sitze. → S. 185

In Brüssel wird ein Handelsabkommen zwischen der Europäischen Wirtschaftsgemeinschaft (EWG) und Argentinien unterzeichnet. Es stellt die erste Vereinbarung dieser Art zwischen der EWG und einem lateinamerikanischen Land dar.

In der Volksrepublik China läuft ein Programm zur Geburtenkontrolle an. Mit Verhütungsmitteln, Abtreibung und Sterilisierung will Peking verhindern, daß die chinesische Bevölkerung – derzeit rund 800 Mio. Menschen – weiterhin rapide wächst.

9. November, Dienstag

Die bayerische Staatsregierung in München beschließt eine Gebietsreform für Bayern. Der Entwurf der »Verordnung zur Neugliederung Bayerns in Landkreise und kreisfreie Städte« sieht u. a. eine Verringerung der Landkreise von bisher 143 auf 71 und der kreisfreien Städte von 48 auf 25 vor.

Der bundesdeutsche Söldnerführer Rolf Steiner wird im Sudan wegen Unterstützung der Rebellenbewegung zu 20 Jahren Freiheitsentzug verurteilt. → S. 185

10. November, Mittwoch

Indiens Ministerpräsidentin Indira Gandhi trifft im Rahmen einer Weltreise in der Bundesrepublik ein. → S. 186

Der Bundestag in Bonn verabschiedet die Reform des Betriebsverfassungsgesetzes. → S. 187

In der Bundesrepublik stürzt ein Teilstück der Koblenzer Südbrücke in den Rhein. → S. 186

Das Statistische Bundesamt in Wiesbaden teilt mit, daß jeder 21. praktizierende Arzt in der Bundesrepublik ein Ausländer ist.

11. November, Donnerstag

Der Bundestag in Bonn beschließt einstimmig das Wohnungsbauänderungsgesetz (→ S. 206).

In Bonn wird ein Abkommen über die Aufnahme des Linienflugverkehrs zwischen der Bundesrepublik und der Sowjetunion unterzeichnet.

In Frankfurt wird die erste sowjetische Bank in der Bundesrepublik, die Ost-West-Handelsbank AG, eröffnet.

Die 22jährige brasilianische Medizinstudentin Lucia Petterle wird von einer Jury in London zur diesjährigen »Miß World« gewählt.

12. November, Freitag

Der Berliner Rechtsanwalt und ehemalige Bundesinnenminister Ernst Benda (CDU) wird zum neuen Präsidenten des Bundesverfassungsgerichts berufen. → S. 186

In Frankfurt a. M. wird eine »Schutzgemeinschaft Muster und Modelle e.V.« unter der Führung des Gesamtverbandes der Deutschen Maschenindustrie zum Schutz gegen Musterdiebstahl in der Textilbranche gegründet.

13. November, Samstag

Die US-Raumsonde »Mariner 9« schwenkt als erster künstlicher Satellit in eine Marsumlaufbahn ein. Die Sonde hat eine 400 Mio. km lange Reise durch das All hinter sich. → S. 190

14. November, Sonntag

Bei den Wahlen zur Volkskammer und zu den Bezirkstagen in der DDR erhalten die Einheitslisten 99,85% der Stimmen.

In Frankreich schließen sich drei Gruppen der gaullistischen Linken, die der Regierungspartei »Demokratische Union für die Republik« angehören, zu der »Bewegung für den Sozialismus durch die Mitwirkung« zusammen. Die Bewegung wird als sozialer Flügel der Regierungspartei bezeichnet.

15. November, Montag

Als erstes österreichisches Staatsoberhaupt trifft Bundespräsident Franz Jonas zu einem dreitägigen Staatsbesuch in Italien ein. → S. 185

Das Bundesverfassungsgericht entscheidet, daß die Bundesländer berechtigt sind, eine von den Bestimmungen des Bundes abweichende Richterbesoldung einzuführen. Das Gericht weist damit die Klage der Bundesregierung gegen das hessische Gesetz über die Amtsbezüge der Richter und Staatsanwälte ab.

Die Sowjetunion gründet gemeinsam mit acht weiteren sozialistischen Ländern die Organisation für die Nachrichtenübermittlung durch Satelliten »Intersputnik«.

Die beiden Rundfunksender der DDR, der »Deutschlandsender« und die »Berliner Welle« werden zusammengefaßt und strahlen zum erstenmal unter dem Namen »Stimme der DDR« ihr Programm aus.

In der Bundesrepublik stürzt ein US-Hubschrauber wegen zu niedriger Flughöhe über dem Spessart ab. Die vier Insassen kommen ums Leben.

In der Bundesrepublik Deutschland stellen die katholischen Bischöfe die kirchliche Wochenzeitschrift »Publik« wegen finanzieller Verluste ein.

Der Aachener Karnevalsverein verleiht Bundesverteidigungsminister Helmut Schmidt den »Orden wider den tierischen Ernst« (→ 8. 2./S. 44).

Viele öffentliche Krankenhäuser in der Bundesrepublik Deutschland verzeichnen einen Mangel an Ärzten. In Berlin (West) gehen die Mediziner sogar auf die Straße, um für bessere Arbeitsbedingungen zu streiken. Die Illustrierte »stern« berichtet, welche Gefahren die Überlastung der Ärzte für die Patienten birgt.

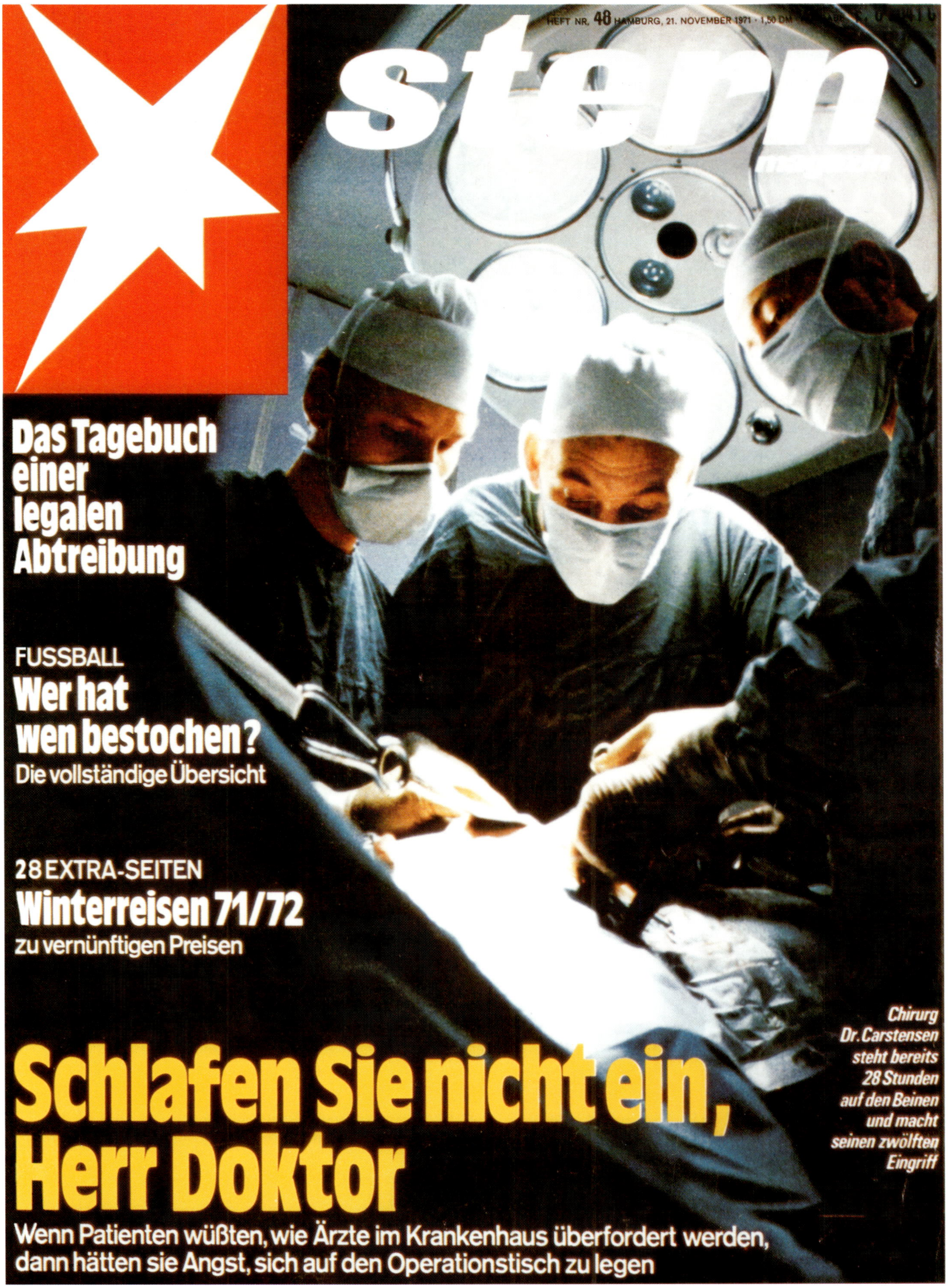

16. November, Dienstag

Die Internationale Arbeitsorganisation erkennt die Volksrepublik China als einzige Vertretung Chinas an und schließt Nationalchina (Taiwan) aus (→ 26. 10./S. 168).

In Libyen wird Ex-König Mohammad Idris I. in Abwesenheit wegen angeblicher Korruption zum Tod durch Erschießen verurteilt. → S. 185

17. November, Buß- und Bettag

In Thailand verkündet Ministerpräsident Thanom Kittikachorn das Kriegsrecht. → S. 185

Ein unabhängiger Untersuchungsausschuß der britischen Regierung, der über angebliche Brutalitäten britischer Soldaten und nordirischer Polizei gegenüber IRA-Häftlingen befinden soll, veröffentlicht seinen Abschlußbericht. Demnach ist es zu keinen »Akten von Brutalität oder Grausamkeit«, aber in einigen Fällen zu Mißhandlungen gekommen.

Das Kontaktbüro für Verbraucheraufklärung in Bonn bezeichnet Tragetaschen aus Plastik als »eines der größten Umweltübel unserer Zeit« (→ S. 92).

Ein Fußball-Länderspiel zwischen Polen und der Bundesrepublik Deutschland endet in Hamburg 0:0 (→ 10. 10./S. 177).

18. November, Donnerstag

In Bonn beginnt der dreitägige außerordentliche Parteitag der SPD. Im Mittelpunkt der Diskussion stehen eine Reform der Steuer- und Vermögenspolitik sowie die Reform der Parteiorganisation. Darüber hinaus werden auch Änderungen zum Abtreibungsparagraphen 218 erörtert (→ 17./18. 12./S. 204).

Im Rahmen eines dreitägigen Italienbesuchs wird der österreichische Bundeskanzler Franz Jonas von Papst Paul VI. empfangen (→ 15. 11./S. 185).

Die Siemens AG und das Staatskomitee des Ministerrats der Sowjetunion für Wissenschaft und Technik vereinbaren eine wissenschaftlich-technische Zusammenarbeit.

In Paris weiht der französische Staatspräsident Georges Pompidou den neuen Untergrundbahnhof »Auber« der Super-Metro (Metro Express Regional) ein. Es ist der derzeit größte U-Bahnhof der Welt.

19. November, Freitag

In der DDR verkünden das Politbüro der SED und der Ministerrat einen Preisstopp für Konsumgüter, Dienstleistungen und Gaststätten im Zeitraum des Fünfjahresplans 1971–1975.

Das Bonner Werbe- und Verkehrsamt gibt bekannt, daß Bonn sein Image mit einem »Kußmund« verbessern will. Er soll das »Liebenswürdige und Liebenswerte der jungen Hauptstadt« symbolisieren.

20. November, Samstag

Der ägyptische Staatspräsident Muhammad Anwar As Sadat erklärt die US-amerikanischen Vermittlungsbemühungen im Nahen Osten für gescheitert. Er fordert seine Truppen auf, sich auf einen neuen Kampf gegen Israel vorzubereiten (→ 2. 5./S. 95).

Auf dem fünften Parteitag der NPD in Holzminden tritt der Parteivorsitzende Adolf von Thadden wegen partei- und vorstandsinterner Differenzen von seinem Amt zurück.

Eine Untersuchung des Ifak-Instituts in Wiesbaden ergibt, daß 43% aller Bundesbürger in einem Haus oder einer Eigentumswohnung leben. 1966 betrug dieser Anteil noch 37%.

21. November, Sonntag

Der Präsident von Uganda, Idi Amin Dada, öffnet die Grenzen zu Tansania. Anfang Juli hatte er die Schließung der Grenzen verfügt, da angeblich Anhänger seines abgesetzten Vorgängers Milton Obote über Tansania in das Land eingeschleust würden, um Unruhen und Widerstand zu schüren (→ 25. 1./S. 17).

Auf dem Landesparteitag der schleswig-holsteinischen CDU in Husum (20. und 21. 11) wird Ministerpräsident Gerhard Stoltenberg zum neuen Landesvorsitzenden gewählt (→ 25. 4./S. 78).

22. November, Montag

Rund 5000 südvietnamesische Soldaten dringen in Kambodscha ein. Nach Angaben der Regierung in Saigon reagiert Südvietnam damit auf den verstärkten militärischen Druck, den Nordvietnam auf Kambodscha ausübt (→ 8. 7./S. 124).

In der Bundesrepublik streiken im Tarifgebiet Nordwürttemberg-Nordbaden die Metallarbeiter für eine Lohnerhöhung. Es kommt zu Massenaussperrungen (→ 10. 12./S. 204).

Die Bundesministerien für Wirtschaft, Finanzen und Verkehr einigen sich in Bonn auf neue Kraftfahrzeugsteuersätze, die von 1972 an gelten sollen. Demnach gibt es dann vier Steuerklassen für PKWs. Ausschlaggebend für ihre Einstufung ist die Motorleistung, die künftig nicht mehr in PS, sondern in Kilowatt gemessen werden soll.

Der Sachverständigenrat zur Begutachtung der gesamtwirtschaftlichen Entwicklung veröffentlicht sein achtes Jahresgutachten. Aufgrund der in den letzten Monaten allgemein verschlechterten Wirtschaftslage wird für 1972 eine »kritische Konjunkturphase« vorausgesagt (→ S. 20).

In Stuttgart werden mehrere illegale Vermittlungszentralen für ausländische Arbeiter ausgehoben. Nach Angaben der Polizei haben die Zentralen Ausländer illegal in die Bundesrepublik eingeschleust und als Arbeitskräfte für einen Stundenlohn von durchschnittlich 13,00 DM an Firmen vermittelt. Sie selbst hätten diesen Arbeitern jedoch lediglich einen Stundenlohn von 6,50 DM gezahlt.

In München wird die »Deutsche Rheuma-Liga« gegründet. Sie will sich sowohl in medizinischer als auch in psychologischer Hinsicht der Betreuung von Rheumakranken widmen.

23. November, Dienstag

Die USA und Honduras unterzeichnen ein Abkommen über die Rückgabe der Schwanen-Inseln an Honduras. Die Vereinigten Staaten hatten die Inselgruppe 1856 annektiert.

24. November, Mittwoch

Die Regierung von Großbritannien erkennt die einseitige Unabhängigkeitserklärung Rhodesiens aus dem Jahr 1965 nachträglich an. Damit ist der sechs Jahre andauernde britisch-rhodesische Konflikt beigelegt. → S. 185

Der handgeschriebene Originalflugbericht des US-Atombombers »Enola Gay« wird in New York auf einer Auktion für 37 000 Dollar (129 500 DM) versteigert. Das Flugzeug hatte am 6. August 1945 die amerikanische Atombombe auf die japanische Stadt Hiroschima abgeworfen.

25. November, Donnerstag

Bei der UN kommt es zu einem ersten Zusammenstoß zwischen der Volksrepublik China und der Sowjetunion. Die Delegation der UdSSR wirft China vor, die sowjetischen Bemühungen um eine weltweite Abrüstungskonferenz zu untergraben.

26. November, Freitag

In London wird der deutsch-britische Vertrag über die Aufteilung des Nordsee-Festlandsockels unterzeichnet (→ 28. 1./S. 22.).

Auf der konstituierenden Sitzung der neugewählten DDR-Volkskammer in Berlin (Ost) wird Willi Stoph zum Ministerratsvorsitzenden und Erich Honekker zum Vorsitzenden des Nationalen Verteidigungsrats gewählt. Walter Ulbricht wird als Staatsratsvorsitzender bestätigt (→ 3. 5./S. 88).

Auf dem zweiten Parteitag der DKP (Deutsche Kommunistische Partei) in Düsseldorf (25.–28. 11.) bieten die Delegierten der SPD eine Aktionsgemeinschaft an. Die SPD weist eine Zusammenarbeit mit der DKP entschieden zurück.

In Bonn werden fünf Filme mit dem von Bundeswirtschafts- und -finanzminister Karl Schiller gestifteten deutschen Industriefilmpreis ausgezeichnet. Die prämierten Streifen berichten weniger über die Industrie als über den Menschen in seiner industriellen Umwelt.

Die 15jährige australische Schwimmerin Shane Gould verbessert in Sydney ihren eigenen Weltrekord über 200 m Freistil von 2:06,5 min auf 2:05,8 min (→ 12. 12./S. 205).

27. November, Samstag

In der ČSSR enden die zweitägigen Wahlen zur Volkskammer und zu den Länderkammern. Die Kandidaten der Einheitslisten erhalten 99,81% bzw. 99,77% der Stimmen.

Die Vertragsstaaten des Allgemeinen Zoll- und Handelsabkommens (GATT) billigen ein Präferenzabkommen zwischen 16 wirtschaftlich fortgeschrittenen Entwicklungsländern des Mittelmeerraums, Lateinamerikas und Südostasiens. Es sieht den gegenseitigen Abbau von Zöllen vor.

Die sowjetische Sonde »Mars 2«, die am 19. Mai gestartet wurde, schwenkt in eine Marsumlaufbahn ein (→ 13. 11./S. 190).

28. November, Sonntag

Der jordanische Ministerpräsident Wasfi at-Tall wird in Kairo von drei Palästinensern erschossen. Tall hielt sich zu einer dreitägigen Konferenz in der äyptischen Hauptstadt auf. Am folgenden Tag ernennt König Husain II. von Jordanien den bislang stellvertretenden Ministerpräsidenten und Finanzminister Achmed Lauzi zum Nachfolger Talls (→ 7. 7./S. 125).

Eine CDU/CSU-Kommission nominiert den Vorsitzenden der CDU, Rainer Barzel, zum Kanzlerkandidaten der Unionsparteien (→ 5. 10./S. 170).

29. November, Montag

Bei den Präsidentschaftswahlen sowie den Wahlen für das Senats- und Abgeordnetenhaus in Uruguay gewinnen die »Colorados«, die bürgerlich-liberale Regierungspartei, mit 41,19% der Stimmen die Mehrheit. Die Nationale Partei erhält 40,42%, der Zusammenschluß von Christlich-Demokratischer Partei, Kommunisten, Sozialisten und linken Splitterparteien 18,39% der Stimmen.

30. November, Dienstag

Die Türkei und Griechenland stimmen dem Vorschlag von UN-Generalsekretär Sithu U Thant zu, die Zypernverhandlungen fortzusetzen. Beide Staaten streiten sich über den nationalen Status der Mittelmeerinsel. Die seit drei Jahren andauernden Gespräche waren im August dieses Jahres unterbrochen worden.

In München wird die Computermesse »Systems 71« eröffnet. Auf der Ausstellung, die bis zum 3. Dezember dauert, steht nicht die Technik, sondern die Anwendung der Computer im Vordergrund.

Das Wetter im Monat November

Station	Mittlere Lufttemperatur (°C)	Niederschlag (mm)	Sonnenscheindauer (Std.)
Aachen	4,9 (6,0)	137* (67)	– (62)
Berlin	4,4 (3,9)	104* (46)	– (50)
Bremen	5,0 (5,3)	138* (60)	– (50)
München	2,8 (3,0)	113* (53)	– (54)
Wien	4,8 (4,5)	64 (53)	58 (58)
Zürich	3,0 (3,3)	90 (72)	63 (51)

( ) Langjähriger Mittelwert für diesen Monat
– Wert nicht ermittelt; * Nov. '71–Febr. '72

Das US-Magazin »National Geographic« ist eine der international angesehensten und ältesten Zeitschriften, die sich mit den Themen Natur und Umwelt befassen. Herausgegeben von der »National Geographic Society« in Washington wurde sie ursprünglich als Vereinszeitschrift konzipiert, machte sich aber schon bald als Fachzeitschrift einen Namen. In der November-Ausgabe von 1971 wird über die Verhaltensforschung bei Pinguinen berichtet: Die Tiere wurden mit elektronischen Sendern ausgestattet, die biologische Daten aufzeichnen.

Erste Greenpeace-Aktion gegen US-Atombombentest

6. November. Mit einer Schiffahrt zu der Aleuten-Insel Amchitka protestieren Mitglieder der Umweltschutzorganisation Greenpeace gegen einen unterirdischen Atombombenversuch der USA auf der Insel im Nordpazifik. Es ist die erste Aktion der Umweltschützer, die sich 1970 im kanadischen Vancouver zusammengeschlossen haben.

Die US-Streitkräfte benutzen die Insel Amchitka, die in einem der aktivsten Erdbebengebiete der Welt liegt, bereits seit Jahren für ihre Atombombenversuche. Von Umweltschützern wurde immer wieder auf die Gefahr von Erdbeben, Flutwellen und radioaktiver Verseuchung des Meeres hingewiesen, die von den Atombombenexplosionen ausginge. Der neuerliche Test auf Amchitka, den die US-Regierung als bislang größte unterirdische Atombombenexplosion bezeichnet, wurde zunächst für Ende September anberaumt.

Am 15. September starteten die Greenpeace-Mitglieder mit dem betagten Fischkutter »Phyllis Cormack« von Vancouver aus zu ihrer ersten Aktion. Eine Protestfahrt zu der Atomtest-Insel war bereits seit längerem von den Umweltschützern geplant, scheiterte bislang jedoch am Geld. Die Charterkosten für den Kutter – umgerechnet 52 500 DM – wurden durch Spenden von Sympathisanten und befreundeten Umweltschutzorganisationen aufgebracht.

An Bord des Schiffes befanden sich sechs Greenpeace-Mitglieder – darunter auch Gründer Jim Bohlen – und vier Journalisten. Die Medien in Kanada und den USA verfolgten die Aktion mit großem Interesse.

Am 16. September berichtete ein Besatzungsmitglied für den kanadischen Rundfunk vom Schiff: »Wir betrachten uns nicht als Radikale. Wir sind Konservative, die die Umwelt . . . für künftige Generationen bewahren wollen.«

Als die »Phyllis Cormack« Ende September die Aleuten erreichte, erfuhr die Besatzung, daß der Atombombentest auf unbestimmte Zeit verschoben worden war. Am 30. September wurde das Schiff von einem US-Küstenwachfahrzeug aufgebracht und wegen angeblichen Verstoßes gegen die Zollvorschriften zum Festland zurückgeschickt. Die Crew beschloß daraufhin, die Aktion abzubrechen und nach Kanada zurückzukehren.

Begünstigt durch die enorme Welle der Sympathie für die Greenpeace-Sache hatte die Organisation innerhalb weniger Wochen so viel Geld gesammelt, daß ein moderneres Schiff angeschafft werden konnte.

Als der 6. November als neuer Termin für die Testexplosion auf Amchitka bekannt wurde, stachen die Umweltschützer sofort in See. Dennoch verlieren sie den Wettlauf mit der Zeit: Zum Zeitpunkt der Explosion sind sie noch 1100 km von ihrem Ziel entfernt.

Die vielen öffentlichen Proteste und nicht zuletzt die Greenpeace-Aktion tragen jedoch dazu bei, daß die US-Regierung 1972 beschließt, keine weiteren Tests im Amchitka-Gebiet durchzuführen.

An der Saling des Greenpeace-Schiffes »Phyllis Cormack« flattert das Banner der Umweltschutzorganisation (l.). Ihr Ziel ist der Erhalt unseres Lebensraums.

»Grüner Frieden« im Kampf für Umweltschutz und Abrüstung

Chronik Hintergrund

Die amerikanischen Atomwaffenversuche auf der Aleuten-Insel Amchitka forderten bereits Ende der 60er Jahre den Protest kanadischer Naturschützer heraus. Unter dem Slogan »Don't Make A Wave« (»Mach keine Welle«) verlangten 10 000 Demonstranten im Oktober 1969 den Stopp aller Atomtests auf Amchitka. 1970 organisierte der ehemalige Raketenkonstrukteur Jim Bohlen den Protest. Bohlen hatte seinen Beruf nach Beginn des Vietnamkriegs aufgegeben und engagierte sich seither in der Friedensbewegung. Gemeinsam mit den Juristen Irving Stowe und Paul Cote gründete Bohlen das »Don't Make A Wave Committee«.

Da den Gründern der Name ihrer Organisation schon bald zu wenig aussagekräftig erschien, benannten sie sich in Greenpeace – grüner Frieden – um. Der neue Name faßt die Ziele der Organisation, Umweltschutz und Abrüstung, in einem Wort zusammen.

Der Greenpeace-Gedanke, Ziele mit Aktionen durchzusetzen, hat religiöse Ursprünge. Stowe und Bohlen bekennen sich zur Religionsgemeinschaft der Quäker. Als besondere Form des Protests vertreten diese das »Zeugnisablegen«. Dies meint eine Art passiven Widerstand, ausgedrückt dadurch, daß man sich am Schauplatz einer abzulehnenden Handlung einfindet und Opposition schlicht und einfach durch Anwesenheit bekundet.

Ihre erste Protestaktion unternehmen die Greenpeace-Mitglieder mit dem 24-m-Kutter »Phyllis Cormack«.

Greenpeace-Gründer Jim Bohlen (unten, 3. v. l.) im Kreis der ersten Schiffsmannschaft auf der »Phyllis Cormack«.

21. August: Auf einer Wahlversammlung stellen die Liberalen ihre Kandidaten vor. Kurze Zeit später wird die Rednertribüne von einer Explosion zerstört.

Starke Verluste für Marcos

8. November. Auf den Philippinen erhält die oppositionelle Liberale Partei bei den Teilerneuerungswahlen für den Senat sechs der acht neu zu besetzenden Senatssitze. Die regierende Nationale Partei von Präsident Ferdinando Edralin Marcos verliert damit ihre Zweidrittelmehrheit im Senat.

Im Verlauf des Wahlkampfs wurde am 21. August der Ausnahmezustand verhängt, nachdem bei einem Attentat acht Kandidaten der Liberalen Partei verletzt worden waren. Die blutigen Auseinandersetzungen zwischen Regierungsanhängern und Oppositionellen forderten 200 Todesopfer.

General Kittikachorn (4. v. l.) geht als alleiniger Machthaber aus dem Putsch hervor. Alle bestehenden politischen Parteien in Thailand wurden aufgelöst.

Militärputsch in Thailand

17. November. Der thailändische Ministerpräsident, General Thanom Kittikachorn, verkündet das Kriegsrecht und hebt die Verfassung auf. Kittikachorn, der seit 1963 im Amt ist, begründet den Staatsstreich mit der kommunistischen Bedrohung des Landes.

Nach Angaben politischer Beobachter soll mit der Ausrufung des Kriegsrechts die starke innenpolitische Opposition gegen Thailands Rolle im Vietnamkrieg ausgeschaltet werden. Der prowestliche Kittikachorn unterstützt Südvietnam im Kampf gegen Nordvietnam. Die Militärregierung verfügt über unumschränkte Gewalt.

Südtirolfrage klar: Jonas besucht Rom

15. November. Als erster österreichischer Bundespräsident trifft Franz Jonas zu einem dreitägigen Staatsbesuch in Italien ein.

Die sog. Südtirolfrage hatte bislang einen solchen Besuch verhindert. Das ehemals österreichische Südtirol – nach dem Ersten Weltkrieg Italien angegliedert – war ein ständiger Zankapfel zwischen beiden Ländern. Erst das Südtirolabkommen vom → 17. Juli (S. 126) leitete die Normalisierung der italienisch-österreichischen Beziehungen ein. Konkretes Ergebnis des Jonas-Besuchs ist die Begnadigung der letzten sechs Südtiroler, die sich noch in italienischer Haft befanden. Sie hatten sich für einen Anschluß Südtirols an Österreich eingesetzt.

Im Rahmen seines Italien-Aufenthalts wird Jonas in Privataudienz von Papst Paul VI. empfangen. Während dieses Gesprächs bezeichnet der Papst Österreich als eine »Insel der Seligen«.

Söldnerführer Steiner entgeht dem Strick

9. November. In Khartum wird der deutsche Söldnerführer Rolf Steiner vom Staatspräsidenten des Sudan, Dschafar Muhammad An Numairi, zu 20 Jahren Haft begnadigt. Ein Militärgericht hatte ihn zuvor wegen Unterstützung von Rebellen zum Tod verurteilt. Die Bonner Regierung setzte sich für die Begnadigung Steiners bei Numairi ein.

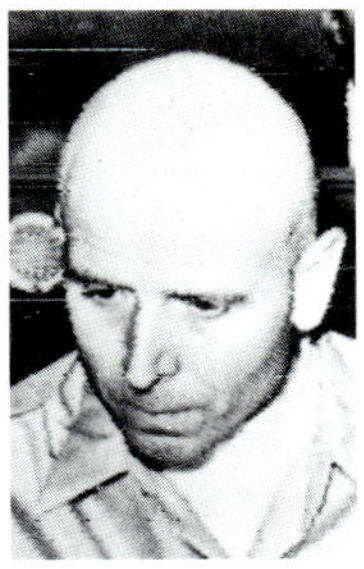

Der 41jährige bayerische »Haudegen« Rolf Steiner begann seine militärische »Karriere« als Feldwebel der französischen Fremdenlegion in Indochina und Algerien. Seit 1967 kämpfte er als Oberst der Biafra-Armee gegen Nigeria.

Der einstige Fremdenlegionär war 1969 für Hilfsorganisationen in den Sudan gegangen. Er trainierte dort jedoch Rebellen, die gegen die Regierung in Khartum kämpfen.

Unabhängigkeit für Apartheid-Staat

24. November. In einem Abkommen mit Rhodesien erkennt London nachträglich die einseitige Unabhängigkeitserklärung seiner ehemaligen Kolonie von 1965 an.

Zur Bedingung für die Anerkennung der Unabhängigkeit hatte London zunächst die Beendigung der Apartheid in Rhodesien gemacht, rückte dann jedoch immer mehr von dieser Forderung ab. In dem Abkommen sagt die rhodesische Regierung lediglich zu, Vorschläge für eine Verbesserung der politischen und wirtschaftlichen Situation der fünf Millionen Schwarzen im Land zu prüfen. Über die Vorschläge, die vor allem eine angemessene parlamentarische Vertretung der Schwarzen vorsehen, solle das gesamte rhodesische Volk abstimmen.

Sprecher der schwarzen rhodesischen Unabhängigkeitsbewegung lehnen das Abkommen ab, da es keine Verpflichtung zur Abschaffung der Apartheid enthält.

Gaddhafi verurteilt Ex-König zum Tod

16. November. In Libyen wird Ex-König Mohammad Idris I. El Senussi in Abwesenheit wegen angeblicher Korruption zum Tod durch Erschießen verurteilt. Kronprinz al-Hassan ar-Rida, der in Tripolis vor Gericht erscheint, erhält eine mehrjährige Gefängnisstrafe.

Idris I. (* 12. 3. 1890) wurde 1950 zum König von Libyen proklamiert. Bis zu seinem Sturz im Jahr 1969 führte Idris I. sein Land als »sanfter Autokrat«, der sich mehr mit der Auslegung des Korans als mit der praktischen Politik befaßte.

Idris I. wurde während eines Auslandsaufenthalts am 1. September 1969 durch einen unblutigen Putsch junger Offiziere unter der Führung von Oberst Muammar al Gaddhafi gestürzt. Er lebt seitdem im Exil in Ägypten.

Der Außenminister mit Adoptivsohn Simon-Martin im Sommer 1972

Familienzuwachs bei Scheels

2. November. *Die Familie von Bundesaußenminister Walter Scheel bekommt Zuwachs: Eine Mitarbeiterin des Kinderhilfswerks »terre des hommes« bringt aus der bolivianischen Hauptstadt La Paz einen circa einjährigen Indiojungen mit, den Scheel und seine Ehefrau Mildred adoptieren wollen.*

Mildred Scheel begleitete ihren Mann im März dieses Jahres auf einer Südamerika-Reise, als sie den namenlosen Jungen in einem Waisenhaus von La Paz entdeckte. Sie entschloß sich spontan zur Adoption.

Simon-Martin, so tauft ihn das Ehepaar Scheel, hat jetzt drei Geschwister. Der Außenminister besitzt aus erster Ehe einen 26jährigen Sohn und aus jetziger Ehe eine einjährige Tochter. Seine Frau hat eine sechsjährige Tochter mit in die Ehe gebracht.

Auch einen Tag nach dem Unglück dauern die Aufräumungsarbeiten an.

Koblenzer Südbrücke stürzt ein

10. November. *Bei den Bauarbeiten zur Koblenzer Südbrücke stürzt ein Teilstück des Bauwerks in den Rhein. Zwölf Personen kommen ums Leben, 13 weitere werden zum Teil schwer verletzt. Die Schiffahrt ist für Stunden völlig lahmgelegt.*

Das verheerende Unglück ereignet sich, als ein neues, per Spezialschiff geliefertes Teil der Brücke montiert werden soll. Das 54 m lange und 600 t schwere Endstück des bislang fertiggestellten Brückenabschnitts hält dem Gewicht des Baukrans (100 t) jedoch nicht stand und knickt ab. Dabei werden Geräte und Arbeiter mit in die Tiefe gerissen.

Die Koblenzer Südbrücke soll eine Länge von 442 m erreichen. Der Abschluß der Bauarbeiten war ursprünglich für Ende 1972 geplant.

Spaziergang in dem zum Teil ausgetrockneten Flußbett des Rheins

Rhein »sitzt« auf dem Trockenen

6. November. *Noch nie seit Beginn regelmäßiger Messungen vor 153 Jahren ist sowenig Wasser den Rhein hinuntergeflossen. In Duisburg-Ruhrort, einem der wichtigsten Leitpegel für die Rheinschifffahrt, sinkt der Wasserstand auf 1,54 m. Damit werden 4 cm weniger als beim bisherigen »Tiefenrekord« von 1963 gemessen. Das langjährige November-Mittel am Pegel Ruhrort beträgt 4,46 m.*

Das Niedrigwasser, das auch in anderen bundesdeutschen Flüssen und Seen vorherrscht, geht auf den trockenen Sommer und die anhaltend geringen Niederschläge zurück. In den letzten drei Monaten sind in der Bundesrepublik durchschnittlich nur 191 l/m² Niederschlag gefallen – über 100 l/m² weniger als der langjährige Mittelwert.

Gandhi bittet um internationale Hilfe

10. November. Indiens Ministerpräsidentin Indira Gandhi trifft zum Abschluß ihrer Weltreise zu einem zweitägigen Besuch in der Bundesrepublik ein. Gandhi will Bonn um weitreichende Unterstützung für die derzeit rund 9 Mio. ostpakistanischen Flüchtlinge in Indien bewegen (→ 23. 8./ S. 138).

Gandhi besuchte bereits die UdSSR (27.–29. September), Belgien (23.–25. Oktober), Österreich (26.–28. Oktober), Großbritannien (29. Oktober – 1. November), die USA (4.–7. November) und Frankreich (7.–9. November). Auch auf ihren persönlichen Einsatz ist es zurückzuführen, daß bei den Vereinten Nationen Spenden für Indien in Millionenhöhe eingehen (→S. 139).

Gandhi ersucht auch um Verständnis für die indische Situation im Pakistankonflikt. Gegenüber dem österreichischen Ministerpräsidenten Bruno Kreisky sagt sie: »Wir sind keine Anhänger des Krieges, und wir tun alles, um zu verhindern, daß der Konflikt sich erweitert, aber wir müssen für unsere eigene Sicherheit Sorge tragen.« Von den Staats- und Regierungschefs fordert sie wirtschaftliche Boykottmaßnahmen gegen Pakistan (→ 3./4. 12./S. 200).

In Bonn den Vater gefunden

Die indische Ministerpräsidentin Indira Gandhi trägt sich bei ihrem Besuch in Bonn in das Goldene Buch der Stadt ein (l. mit Bürgermeister Michael Hitz). Beim Durchblättern entdeckt sie einen Eintrag ihres Vaters Jawaharlal Nehru, der im Juli 1956 – in Begleitung seiner Tochter Indira – Bonn besuchte. Nehru war der erste Ministerpräsident des unabhängigen Indien. Er regierte von 1947 bis zu seinem Tod im Jahr 1964.

Indira Gandhi trifft in der Bundesrepublik u. a. mit Bundeskanzler Willy Brandt und Bundespräsident Gustav W. Heinemann zusammen.

Ernst Benda jetzt »oberster Richter«

12. November. Der Bundesrat in Bonn wählt den bisherigen CDU-Bundestagsabgeordneten und Berliner Rechtsanwalt Ernst Benda zum neuen Präsidenten des Bundesverfassungsgerichts in Karlsruhe. Benda tritt die Nachfolge von Gebhard Müller (CDU) an.

Der 46jährige Benda ist seit 1946 CDU-Mitglied. Er war u. a. 1968/69 Bundesinnenminister. In dieser Zeit stand er auch im Mittelpunkt der Studentenunruhen, da er im Mai 1968 die umstrittene Notstandsgesetzgebung durchsetzte.

Der Präsident des Bundesverfassungsgerichts wird alle zwölf Jahre abwechselnd vom Bundestag oder Bundesrat aus dem Kreis der Verfassungsrichter gewählt. Er steht an der Spitze des sog. Zwillingsgerichts, das aus zwei Senaten mit jeweils acht Richtern besteht.

Vorbild in der ganzen Welt: Der Abenteuerspielplatz in Kopenhagen

Mehr Plätze für Abenteuer

»Der beste Spielplatz der Welt«, das meinen sowohl Fachleute als auch Eltern und Kinder, befindet sich im dänischen Kopenhagen. Hier wurde 1943 mit einem Gerümpel- und Bauspielplatz der erste sog. Abenteuerspielplatz der Welt eingerichtet. 1971 bemühen sich in der Bundesrepublik Eltern, Gemeinden und Städte verstärkt, Spielplätze für Kinder attraktiver zu gestalten. Dabei entstehen auch erste Abenteuerspielplätze. Hier werden nicht mehr Eisenstangen, sondern natürliche Materialien, vor allem Holz, verwendet. Die Kinder selbst, ausgestattet mit Werkzeug, bestimmen und verändern das Gesicht des Spielplatzes. Fachleute begrüßen die Abenteuerspielplätze: Sie regen Phantasie, Kreativität und Aktivität der Kinder an.

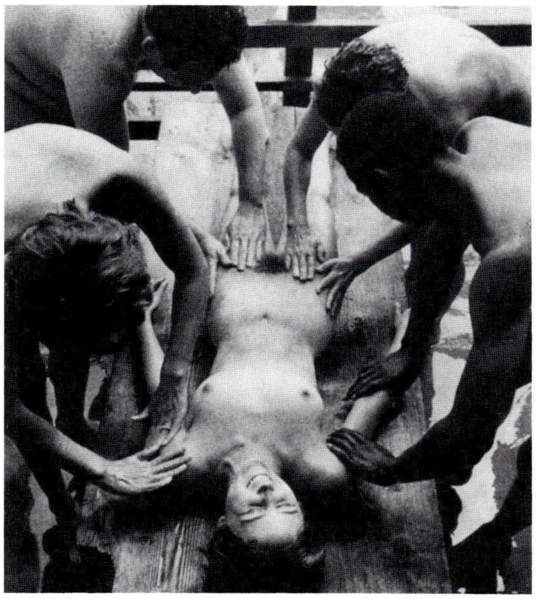

Die sog. Fühl-Methode, eine extreme Form der Gruppentherapie

Therapieboom nicht aufzuhalten

Bei seelisch bedingten Krankheiten oder Problemen wenden sich immer mehr Betroffene an einen Psychiater. Sie hoffen, durch eine entsprechende Therapie geheilt zu werden. Hoch im Kurs stehen Gruppentherapien. Hier werden mehrere Personen gleichzeitig, unter Einfluß und Ausnutzung der gemeinschaftlichen Dynamik, behandelt.

In den USA nimmt der Therapieboom 1971 extreme Formen an. Speziell zwei Methoden erregen öffentliche Aufmerksamkeit: Bei der »Urschreitherapie« wird der Patient in eine Art Hypnose versetzt. Durch lautes Schreien sollen dann belastende Ängste abgebaut werden. Bei der sog. Sensitive-Methode betasten sich Patienten gegenseitig, um so ihre sexuellen Hemmungen zu überwinden.

Gemeinsame Mahlzeiten sind fester Bestandteil des Kommunenlebens.

Alternative Lebensform erprobt

»Die Kleinfamilie ist tot, es lebe die Kommune« – dieses Motto aus der Zeit der 68er Studentenrevolte macht auf manchen Bundesbürger Eindruck. Speziell junge Leute wollen dem gewöhnlichen Familiendasein entfliehen und eine alternative Lebensform erfahren. Eine besondere Form sind die aufkommenden Landkommunen, in denen zusätzlich das Leben mit und in der Natur ausprobiert wird.

Die Bewohner der Kommunen oder Großfamilien heben positiv hervor, daß hier herkömmliche Strukturen und Rollenmuster aufgehoben seien. Männer z. B. seien ebenso wie Frauen für Haushalt und Kindererziehung zuständig. Die Arbeitsteilung, so die durchgängige Meinung, ließe letztlich jedem einzelnen mehr Zeit und Freiheiten.

Mehr Mitbestimmung für Arbeitnehmer

10. November. Der Deutsche Bundestag in Bonn verabschiedet mit den Stimmen der SPD/FDP-Koalition und 21 Oppositionsmitgliedern ein neues Betriebsverfassungsgesetz. Es soll am 15. Januar 1972 in Kraft treten.

Das Gesetz stellt eine Reform des alten Betriebsverfassungsgesetzes von 1952 dar, in dem letztmals die Mitbestimmung von Arbeitnehmern in Betrieben festgeschrieben wurde. Gegenüber der alten Regelung sind in entscheidenden Punkten Veränderungen im Sinne der Arbeitnehmerinteressen erfolgt. So erhalten die Gewerkschaften nun Zugang zum Betrieb. Darüber hinaus werden die Institutionen der Betriebsvertretung ausgebaut. Neben dem herkömmlichen Betriebsrat können jetzt auch Gesamt- und Konzernbetriebsräte sowie Jugendvertretungen eingerichtet werden. Die Mitwirkungsrechte für Betriebsräte werden erweitert. So müssen sie künftig u. a. bei Arbeitszeitveränderungen oder Personalfragen gehört werden. Auch der Arbeitnehmer erhält Rechte gegenüber dem Arbeitgeber. So muß ihm u. a. Einsicht in die Personalakte gewährt werden. Außerdem besitzt er Beschwerderecht.

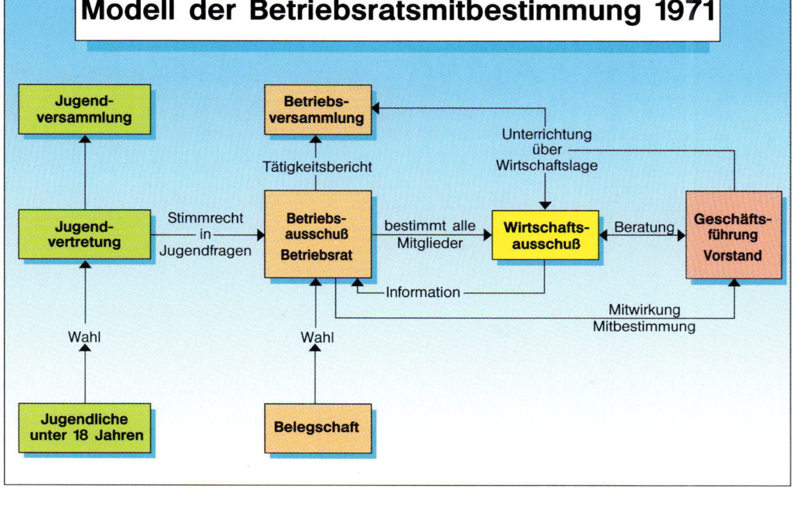

Organspenderausweis in BRD eingeführt

3. November. Als erstes Bundesland beginnt Hamburg mit der Vergabe von Spenderausweisen für Organtransplantationen. Das Dokument stellt eine rechtsverbindliche Einverständniserklärung des Inhabers dar: Im Falle des klinisch einwandfrei festgestellten Todes dürfen dem Körper Organe entnommen werden.

Der neuartige Spenderausweis wird von der Gesundheitsbehörde an Personen bis zum 60. Lebensjahr ausgegeben. Vorherige ärztliche Untersuchungen oder sonstige Formalitäten sind nicht notwendig. Allerdings dürfen vorläufig nur Nieren entnommen werden. Bislang wurden sog. fremde Organe für Transplantationen fast ausschließlich aus dem Ausland – vorwiegend aus Skandinavien – in die Bundesrepublik eingeflogen.

Gesundheit 1971:

Chancen durch Früherkennung

Chronik Übersicht

Herz-, Gefäß- und Kreislauferkrankungen gehören nach wie vor zu den häufigsten Todesursachen in der Bundesrepublik Deutschland. Doch auch die Zahl der Bundesbürger, die an Krebs sterben, nimmt bedenklich zu. Nicht verwunderlich also, daß 1971 Herz-, Kreislauf- und Krebserkrankungen im Mittelpunkt der medizinischen Diskussion stehen.
Jeder fünfte Bundesbürger, das ergeben Statistiken, stirbt an Krebs. Lungenkrebs ist dabei eine der häufigsten Todesursachen.
Die Methoden der Krebsbekämpfung bleiben auch 1971 weitgehend die gleichen: Bestrahlung, Operation, Chemotherapie. Da die größten Heilungschancen dann bestehen, wenn Krebserkrankungen rechtzeitig erkannt und behandelt werden, nimmt die sog. Früherkennung weiter an Bedeutung zu. Seit dem 1. Juli 1971 können sich – im allgemeinen Rahmen des gesetzlichen Anspruchs auf regelmäßige kostenlose Untersuchung zur Früherkennung von Krankheiten – Frauen ab dem 30. und Männer ab dem 45. Lebensjahr vorsorglich auf Krebs untersuchen lassen.
Einer denkbaren Ursache von Krebs scheint 1971 ein Stab von US-Medizinern näher auf die Spur gekommen zu sein: Viren. Die Möglichkeit, daß Krebserkrankungen durch spezielle Viren hervorgerufen und verbreitet werden könnten, wird von Medizinern nicht ausgeschlossen, doch fehlen bislang eindeutige Hinweise. Den Forschern aus den USA gelingt es erstmals, solche Viren ausfindig zu machen und zu isolieren. Den eindeutigen Beweis bleiben aber auch sie schuldig.
Die besorgniserregende Verbreitung von Krebs ruft eine schwelende Angst in der Bevölkerung hervor. Dies führt dazu, daß Bundesbürger zur Eigeninitiative greifen: In Bremen z. B. gründen Ärzte, Kaufleute und Juristen den Verein »Hilfsaktion Krebsbekämpfung«. Die Vereinsmitglieder wollen durch Spendenaktionen finanzielle Mittel für die Krebsforschung und -vorsorge sowie für die Milderung »krebsbedingter sozialer Härten« aufbringen.
Eine Herzinfarkt-Theorie, die bereits Ende der 40er Jahre aufgestellt worden ist, löst 1971 innerhalb der bundesdeutschen Ärzteschaft erneut heftige Diskussionen aus. Der Stuttgarter Mediziner Berthold Kern behauptet, daß die häufigste Ursache für einen Infarkt nicht – wie bislang angenommen – in dem Verschluß der blutzuführenden Adern zu suchen ist. Wahrer Grund, so Kerns Hauptthese, sei vielmehr eine allmähliche Schwächung von Herzmuskeln. Dem wiederum sei durch Medikamente vorzubeugen, ein Herzinfarkt deshalb prinzipiell vermeidbar. Unterstützung erhält Kern jetzt durch Manfred von Ardenne. Der Physik-Professor aus Dresden, der sich bisher auf dem Gebiet der Funk- und Fernsehtechnik sowie der Elektronenmikroskopie einen Namen gemacht hat und sich erst seit Mitte der 60er Jahre auf medizinische Forschungen konzentriert, gibt Kern vom Ansatz her Recht. Die Schulmedizin bestätigt die Auffassung von Kern und Ardenne nicht. Gefährlich sei vor allem, so Mediziner, daß der Laie glauben könnte, ein »Herzinfakt sei ganz einfach durch Pillen« zu vermeiden.
Mit einem erhöhten Risiko, an einer Herz-Kreislauf-Erkrankung zu sterben oder Krebs zu bekommen, leben Raucher: Diese Erkenntnis setzt sich inzwischen auch bei den Rauchern selbst durch.
Ein Stuttgarter Arzneimittelhersteller hat darin eine Marktlücke erkannt. Er bietet den Rauchern 1971 mit sog. Anti-Rauch-Pillen Hilfestellung bei der Suchtbekämpfung an.
Den Unmut der Ärzte ziehen 1971 auch sog. Appetitzügler auf sich. Bemüht, dem neuen Schönheitsideal zu entsprechen, greifen immer mehr Bundesbürger – vornehmlich Frauen – zu solchen Schlankmachern, die zumeist rezeptfrei in Apotheken und Drogerien erhältlich sind. Immer wieder warnen Ärzte aber vor den gesundheitsschädlichen Nebenwirkungen und verlangen einheitlich die Einführung der Rezeptpflicht. Das Bonner Gesundheitsministerium kommt schließlich der Forderung nach einer Rezeptpflicht für phenterminhaltige Appetitzügler nach. Sie stehen u. a. im Verdacht, tödlichen Lungenhochdruck zu erzeugen.

Sie setzen die Diskussion über die Ursache von Herzinfarkten neu in Gang: Physik-Professor Manfred von Ardenne (2. v. l.) gibt dem Stuttgarter Mediziner Berthold Kern (l.) jetzt Schützenhilfe bei seinen Forschungen.

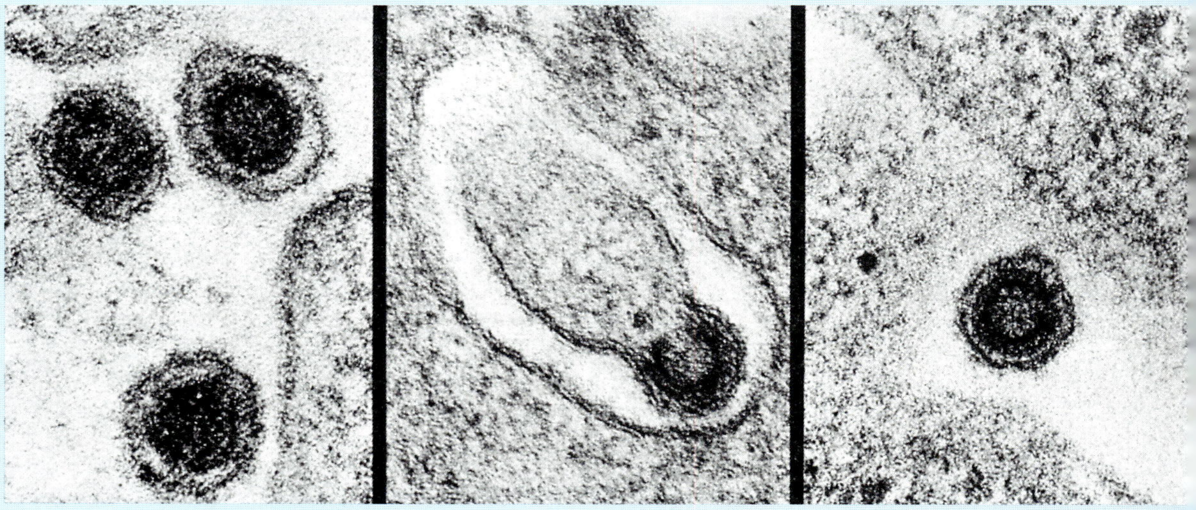

In den Vereinigten Staaten halten es Wissenschaftler und Mediziner für möglich, daß sie Krebs-Viren entdeckt haben. In 450 000facher Vergrößerung werden sie für das menschliche Auge sichtbar. Auch der Entstehungsprozeß eines Virus ist festgehalten (M.). In der Folgezeit kann aber die Existenz eines Krebs-Virus nicht zweifelsfrei bewiesen werden.

Deutsche schwimmen auf Trimm-Dich-Welle

Krankheiten heilen ist eine Sache, Gesundheitsschäden vorbeugen eine andere. Das Bewußtsein der Bundesbürger für die Verantwortung gegenüber dem eigenen Körper wächst zusehends. Zwei Aspekte machen diese Entwicklung besonders deutlich: Nach und nach ändern sich die Eßgewohnheiten. Immer mehr Menschen achten auf eine ausgeglichene und gesunde Ernährung. Darüber hinaus – so scheint es – schwimmen die Bundesbürger auf einer Fitneß-Welle. Die Trimm-Dich-Aktion des Deutschen Sportbundes z. B. findet regen Zulauf. Auch die sog. Heimtrainer sind sehr beliebt.

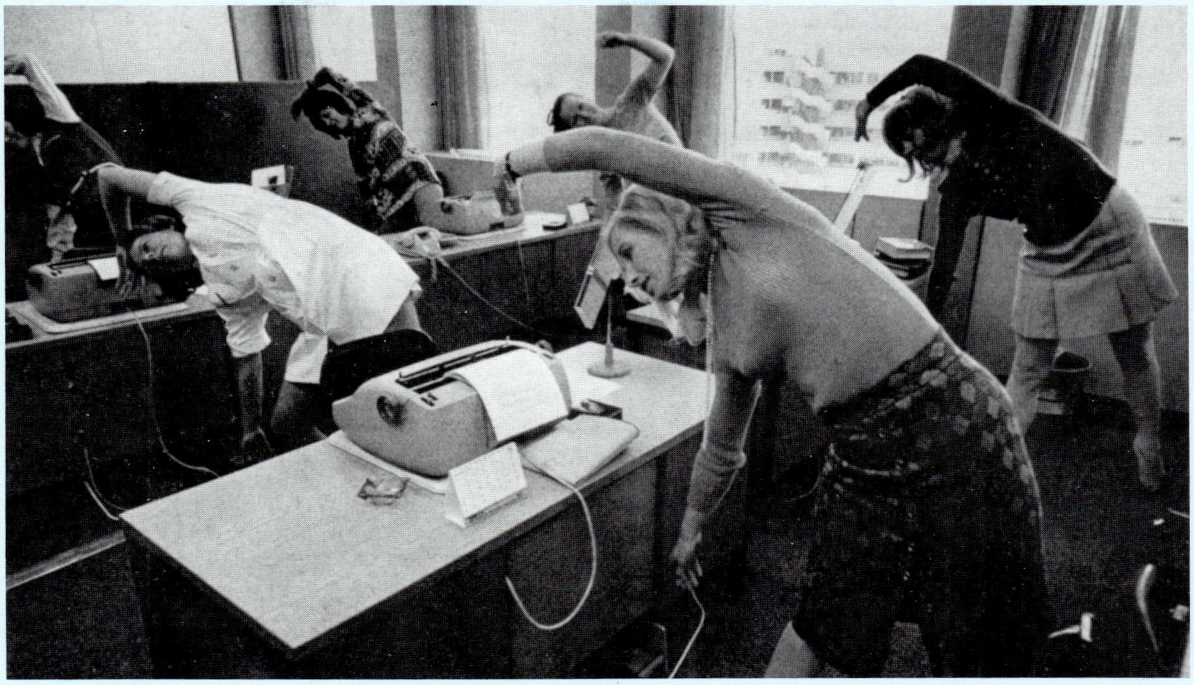

▷ Noch selten: Pausen-Gymnastik am Arbeitsplatz

▽ Die Trimm-Dich-Aktion wurde 1970 ins Leben gerufen. Sie steht unter dem Motto »Sport für alle«.

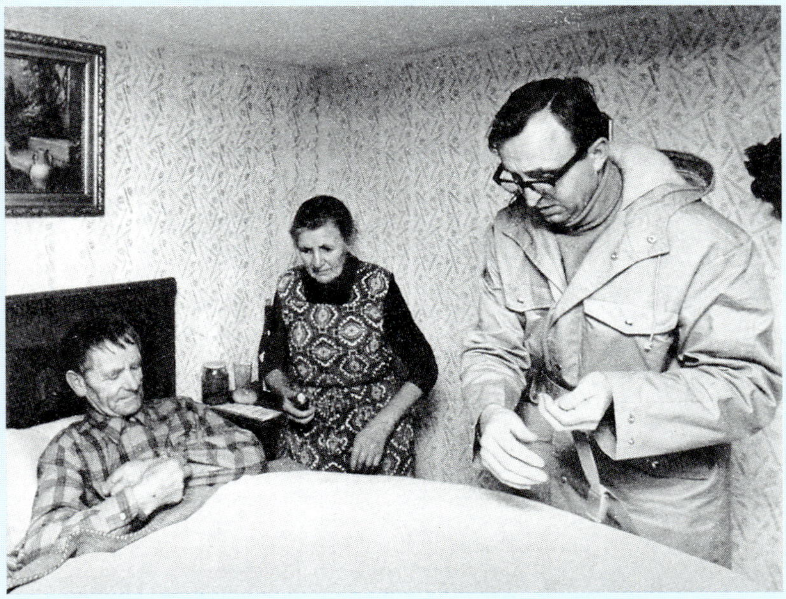

Ärztemangel herrscht besonders auf dem Land. Hier, wo Hausbesuche noch an der Tagesordnung sind, wird vom Arzt erhöhte Einsatzbereitschaft gefordert.

»Klinikaufenthalt für jeden lebensgefährlich«

Berlin (West) wird im September 1971 von einer Streikwelle der Ärzteschaft erfaßt. Die 1800 streikenden Mediziner sind im »Marburger Bund«, der Vereinigung der angestellten und beamteten Krankenhausärzte, organisiert. Sie kämpfen in erster Linie für Lohnerhöhungen und eine Verbesserung der Arbeitsbedingungen in öffentlichen Krankenhäusern. Sie fordern u. a. mehr Ärzte, kürzere Arbeitszeiten und zusätzliche Möglichkeiten zur Weiterbildung. Ein Klinikaufenthalt, so heißt es in einem Flugblatt, sei »für jeden Menschen lebensgefährlich . . . weil die Ärzte bis an den Rand der Erschöpfung arbeiten müssen«. 1971 sind in Berlin (West) 2878 Ärzte hauptamtlich an öffentlichen Krankenhäusern beschäftigt. Ein Arzt muß sich so um 724 potentielle Patienten kümmern. Damit besitzt Berlin jedoch einen besseren Schnitt als das gesamte Bundesgebiet. Hier kommen auf einen Arzt 1456 Bundesbürger.

Marssonden nach sechs Monaten am Ziel

Die Zeichnung zeigt das Einschwenken von »Mariner 9« in die Marsumlaufbahn (rot). Die anderen Ringe stellen die Bahnen der beiden Marsmonde dar.

13. November. Als erster künstlicher Satellit schwenkt die amerikanische Marssonde »Mariner 9« in eine Marsumlaufbahn ein. Kurz darauf erreichen auch zwei sowjetische Sonden den roten Planeten: »Mars 2« am 27. November, »Mars 3« am 3. Dezember.

Die amerikanische Sonde war am 30. Mai zu der rund 400 Mio. km langen Reise durch den Weltraum gestartet. In einer elliptischen Umlaufbahn, die den Satelliten innerhalb von zwölf Stunden einmal um den Planeten führt, sammelt »Mariner 9« eine Vielzahl von Daten. Alle Informationen werden sofort zum Kontrollzentrum in Pasadena (Kalifornien) sowie weiteren Empfangsstationen in Spanien, Südafrika und Australien übermittelt. Am 26. November fotografiert »Mariner 9« die beiden Marsmonde Phobos und Deimos.

Große Staubstürme machen es in den ersten Wochen nach dem Einschwenken in die Marsumlaufbahn unmöglich, brauchbare Aufnahmen von der Planetenoberfläche zu liefern. Anfang 1972 beginnen dann die Aufnahmeserien. »Mariner 9« gelingt es erstmals, die Marsoberfläche vollständig fotografisch zu erfassen. Wichtigste Entdeckung ist, daß vulkanische Kräfte eine wesentliche Rolle bei der Gestaltung der Planetenoberfläche gespielt haben.

Am 27. November erreicht die sowjetische Sonde »Mars 2«, die am 19. Mai gestartet wurde, den roten Planeten. Während der Annäherung an den Mars wird eine Kapsel mit einer sowjetischen Flagge abgeworfen. Sie gelangt als erster künstlicher Körper auf den Mars.

Eine weitere sowjetische Sonde, »Mars 3«, erreicht am 3. Dezember den Mars. Die Sonde setzt eine Meßkapsel ab, die im Gebiet der Mars-Landschaft Phaetontis landet. Über 20 Sekunden sendet die Kapsel Signale vom Mars, verstummt dann aber.

»Europa II« wurde von der Bundesrepublik Deutschland, Frankreich und Großbritannien entwickelt.

Weltraum-Hoffnung Europas geht Baden

5. November. Bereits wenige Minuten nach dem Start in Kourou (Französisch-Guayana) stürzt die vierstufige Trägerrakete »Europa II« ins Meer. Ursache für den Absturz ist ein technisches Versagen bei der Trennung der ersten von der zweiten Raketenstufe.

Trotz Priestermangel keine Lockerung des Zölibats

3. November. Auf der dritten Bischofssynode (30. 9.–6. 11.) in Rom spricht sich die Mehrheit der katholischen Oberhirten mit 168 gegen 10 Stimmen für die Beibehaltung des Zölibats (Ehelosigkeitspflicht katholischer Priester) aus.

Die Lockerung des Zölibats war von den als besonders progressiv geltenden katholischen Bischöfen der Niederlande angeregt worden. Sie wiesen darauf hin, daß eine wachsende Zahl von Priestern den Dienst quittiere, weil sie heiraten wollten. Dem Priestermangel könne nur durch eine Lockerung des Zölibats begegnet werden.

Auch ein Zusatzantrag der niederländischen Bischöfe, nach dem bereits verheiratete Männer in Ausnahmefällen zu Priestern geweiht werden sollten, wird von der Mehrheit der Delegierten abgelehnt. Papst Paul VI., ein vehementer Verteidiger des Zölibats, dankt den Bischöfen für ihre Standhaftigkeit.

Zölibat zwingt katholische Priester seit 1665 Jahren zur Ehelosigkeit

Chronik Stichwort

Das zunehmend umstrittene Zölibat, die Lebensform der dauernden Ehelosigkeit und geschlechtlichen Enthaltsamkeit, gilt für Priester und Ordensleute der katholischen Kirche. Das Zölibat dient, so die theologische Begründung, einer völligen Hingabe an Gott und einem ungeteilten Dienst an den Menschen. Es wird zudem als Zeugnis für die transzendentale Wirklichkeit des Glaubens betrachtet.

Die erste kirchenrechtliche Regelung des Zölibats erfolgte auf der Synode von Elvira (um 306), die den Bischöfen, Priestern und Diakonen der westlichen Kirche die eheliche Enthaltsamkeit vorschrieb. In den Ostkirchen dürfen Priester eine vor der Weihe geschlossene Ehe dagegen fortführen; das Zölibat besteht hier nur für Bischöfe und Mönche.

Papst Innozenz II. erklärte 1139 die Priesterweihe zu einem trennenden Ehehindernis. Das Konzil von Trient (1545–63), das nach der Reformation zu einer Erneuerung der katholischen Glaubenslehre führte, verschärfte die bis dahin großzügig gehandhabte Zölibatsverpflichtung.

Eine erste Lockerung des Zölibatszwangs brachte das reformorientierte 2. Vatikanische Konzil (1962–65), das für verheiratete Diakone die Zölibatspflicht aufhob. Trotz zunehmender Kritik wird an dem Zölibat für Priesteramtskandidaten und nicht verheiratete Kandidaten des Diakonats festgehalten. Papst Paul VI. hat in seiner Enzyklika »Sacerdotalis coelibatus« (1967) erneut das Zölibat bestätigt. Die reformatorischen Kirchen lehnen die Ehelosigkeit ihrer Pfarrer ab.

Papst Paul VI. bezeichnet das Zölibat als einen »kostbaren Edelstein«.

»Led Zeppelin« im März 1971 bei einem Konzert in Dublin. Die britische Rock-Gruppe, die 1968 gegründet wurde, gehört zu den Vätern des Hard Rock.

Die Hits und Stars in den Charts

Spitzenreiter der deutschen Schlagerhitparade 1971 sind vor allem altbekannte Publikumslieblinge. So wird Peter Alexander in diesem Jahr mit seinem Song »Hier ist ein Mensch« einmal mehr zum erfolgreichsten Interpreten. Dicht auf den Fersen des Österreichers ist der smarte Schlagerbarde Chris Roberts. Sein Ohrwurm »Hab' ich dir heute schon gesagt, daß ich dich liebe« erschallt millionenfach von deutschen Plattentellern. Zum Aufsteiger des Jahres wird Miguel Rios mit seinem »Song of Joy«. Die verpopte Version von Ludwig van Beethovens »Ode an die Freude« wird zu einem sensationellen Kassenschlager.

In den internationalen Charts klettert ein Jahr nach Abtreten der Beatles Tom Fogerty an die Spitze. Mit Blues und Rock 'n' Roll begeistert seine Gruppe »Creedence Clearwater Revival«, die auf Platz 1 der internationalen Hitparade steht, ihr Publikum. »Hey Tonight« wird zu einem der Superhits des Jahres. Die Band »The Nice« bemüht sich dagegen erfolgreich, die Pop-Fans an neue Klangeffekte zu gewöhnen. Sie verbindet dabei Klassik mit Rockmusik.
Als Vertreter seichter Schlagermusik gelingt es der Gruppe »Middle Of The Road« mit »Chirpy Chirpy Cheep Cheep« ein Millionenpublikum zu begeistern.

Wolfgang: Deutsch und romantisch

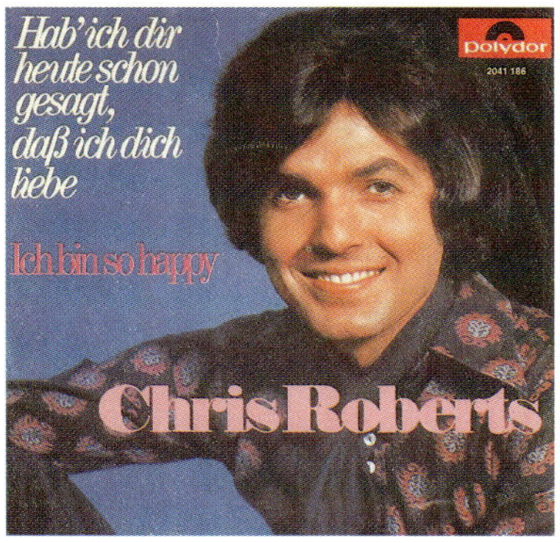

Dauerbrenner im Schlagergeschäft

Rios bringt Beethoven in die Charts.

Ein Vertreter der ganz weichen Welle

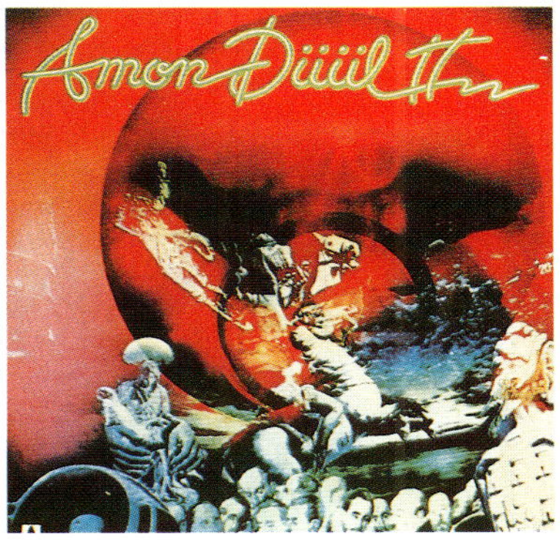

Progressiver Rock aus Deutschland

Warhol entwarf das Cover dieser LP.

Zu den Super-Stars gehört die britische Rock-Gruppe »Deep Purple«. Ihr musikalisches Erfolgsrezept liegt in der Mischung aus Classic Rock und Hard Rock.

»Osibisa« bringt seit 1970 Afro-Rock in die Diskotheken. Das surrealistische Plattencover wurde von dem Stardesigner Roger Dean entworfen.

»Elegy« heißt das neue Album von »The Nice«. Typisch für diese Gruppe ist das geschickte Einflechten klassischer Motive in moderne Rockrhythmen.

Dezember 1971

Mo	Di	Mi	Do	Fr	Sa	So
		1	2	3	4	5
6	7	8	9	10	11	12
13	14	15	16	17	18	19
20	21	22	23	24	25	26
27	28	29	30	31		

1. Dezember, Mittwoch

Die Nachrichtenagentur Deutscher Depeschendienst (ddp) nimmt ihre Arbeit auf. Sie tritt an die Stelle des deutschsprachigen Dienstes von UPI (United Press International). Zugleich startet die britische Agentur Reuter ihren deutschen Dienst.

In Frankfurt am Main, Bonn, Hannover, Berlin und München kommt es zu Studentenprotesten gegen das vom Bundestag noch nicht verabschiedete Hochschulrahmengesetz (→ S. 77).

Der Verlag Doubleday and Co. erwirbt für 5,34 Mio. DM die Rechte für die Autobiographie von Rose Fitzgerald Kennedy, der Mutter des ermordeten US-Präsidenten John F. Kennedy.

2. Dezember, Donnerstag

Sechs Scheichtümer und Emirate am Persischen Golf schließen sich zur Föderation der Arabischen Emirate zusammen. → S. 199

Mit einem Festakt begeht der Bayerische Landtag in München das 25jährige Bestehen der Landesverfassung, die 1946 durch Volksentscheid eingeführt wurde.

Der Verwaltungsrat der Bundesanstalt für Arbeit in Nürnberg beschließt, Arbeitslosengeld auch an diejenigen Arbeitnehmer in der Metallindustrie zu zahlen, die in Auswirkung des Streiks in der Metallbranche ihren Arbeitsplatz eingebüßt haben (→ 10. 12./S. 204).

3. Dezember, Freitag

In der Nacht von Freitag auf Samstag verkündet die indische Ministerpräsidentin Indira Gandhi, daß sich Indien mit Pakistan im Krieg befindet. → 3./4. 12./S. 200

In der Türkei tritt nach der Demissionierung von 13 Ministern die Regierung von Ministerpräsident Nihat Erim zurück. Zur Begründung dieses Schrittes heißt es, die konservativen Kräfte im Staat hätten die Durchführung notwendiger Reformen unmöglich gemacht (→ 12. 3./S. 54).

In der Bonner Beethovenhalle gibt der sowjetische Pianist Swjatoslaw Richter sein Debüt in der Bundesrepublik Deutschland.

4. Dezember, Samstag

Im Sicherheitsrat der Vereinten Nationen in New York scheitert ein amerikanischer Resolutionsentwurf, mit dem Indien und Pakistan zu einem sofortigen Waffenstillstand aufgefordert werden sollten, am Veto der Sowjetunion. Nach Ansicht politischer Beobachter will Moskau mit seinem Veto den Kampf Neu-Delhis gegen Pakistan unterstützen (→ 3./4. 12./S. 200).

Eine Bombenexplosion im Belfaster Stadtzentrum tötet 15 Menschen. Nach dem Attentat kommt es in der nordirischen Hauptstadt zu heftigen Straßenkämpfen zwischen Hunderten von Protestanten und Katholiken (→ 9. 8./S. 136).

Bei einem Schußwechsel zwischen Kriminalbeamten und Mitgliedern der Baader-Meinhof-Gruppe in Berlin-Schöneberg wird der 24jährige Terrorist Georg von Rauch von Polizeibeamten erschossen. → S. 201

5. Dezember, Sonntag

In Frankfurt a. M. wird das erste Kommunale Kino in der Bundesrepublik Deutschland eröffnet. Das Programm des städtisch subventionierten Kinos umfaßt anspruchsvolle Dokumentarfilme ebenso wie Retrospektiven von Filmklassikern. → S. 205

6. Dezember, Montag

Die indische Regierung erkennt offiziell die Volksrepublik Bangladesch (Ostpakistan) an. Pakistan bricht daraufhin die diplomatischen Beziehungen zu Neu-Delhi ab (→ 3./4. 12./S. 200).

Die südkoreanische Regierung verhängt den Ausnahmezustand über das Land und kündigt eine Einschränkung der Grundrechte an. Sprecher der Regierung begründen diesen Schritt mit der Aufnahme Pekings in die Vereinten Nationen und angeblichen Kriegsvorbereitungen Nordkoreas.

Der 32jährige frühere Kommunarde Dieter Kunzelmann wird von einem Schwurgericht in Berlin (West) wegen versuchten Mordes und fortgesetzter Urkundenfälschung zu neun Jahren Freiheitsstrafe verurteilt (→ 16. 1./S. 14).

7. Dezember, Dienstag

Der pakistanische Präsident Aga Muhammad Yahya Khan beauftragt den früheren pakistanischen Außenminister Zulfikar Ali Bhutto und den ostpakistanischen Politiker Nurul Amin mit der Bildung einer neuen Koalitionsregierung. Die für den Zeitraum vom 7. bis 15. Dezember angesetzten Neuwahlen in Ostpakistan werden wegen des Krieges mit Indien verschoben.

Der anhaltende Arbeitskampf in der Metallindustrie zwingt die Volkswagenwerke in Wolfsburg zur vorläufigen Produktionseinstellung. Ein Schlichtungsversuch von Bundeskanzler Willy Brandt, der vermittelnd in die Gespräche der Tarifpartner eingreift, scheitert (→ 10. 12./S. 204).

Der 1957 wegen Mordes zum Tode verurteilte Amerikaner Edgar Smith, der länger als jeder andere Häftling in der Todeszelle eines Zuchthauses zugebracht hat, wird auf Bewährung entlassen. Smith, als ungewöhnliches Schriftstellertalent gefeiert, hatte in der Todeszelle ein Buch mit dem Titel »Brief against death« geschrieben, das auf Anhieb zum Bestseller wurde.

8. Dezember, Mittwoch

In Bern wählt der Schweizer Nationalrat Finanzminister Nello Celio zum Präsidenten des Bundesrates für das Jahr 1972. Celio, der der Freisinnigen Demokratischen Partei angehört, wird den bisherigen Präsidenten Rudolf Gnägi ablösen.

In Bonn teilt Außenminister Walter Scheel mit, daß die Bundesrepublik Deutschland angesichts der militärischen Auseinandersetzungen zwischen Indien und Pakistan (→ 3./4. 12./S. 200) die Entwicklungshilfe für beide Länder vorläufig einstellt.

9. Dezember, Donnerstag

In Kairo verurteilt ein »Revolutionsgericht« vier ehemalige hohe Regierungs- und Parteimitglieder, darunter den ehemaligen ägyptischen Vizepräsidenten Ali Sabri, wegen Hochverrats zum Tode. Präsident Anwar As Sadat wandelt die Urteile in lebenslängliche Haftstrafen um. Sabri hatte sich gemeinsam mit 90 anderen Angeklagten seit August wegen angeblicher Putschpläne zu verantworten.

Zum erstenmal in der Geschichte der geteilten Stadt können Ostberliner Fernsprechteilnehmer in Berlin (West) durch Direktwahl anrufen. Diese Möglichkeit ergibt sich durch die Schaltung von 55 neuen Leitungen zwischen Berlin Ost und West (→ 31. 1./S. 13).

10. Dezember, Freitag

Bundeskanzler Willy Brandt erhält in Oslo den Friedensnobelpreis. → S. 198

Die Tarifpartner in der Metallindustrie des Bezirks Nordwürttemberg-Nordbaden vereinbaren nach mehrmonatigen Verhandlungen eine Lohnerhöhung von 7,5%. → S. 204

In Brüssel unterzeichnen Bundesaußenminister Walter Scheel und US-Außenminister William P. Rogers ein Devisenausgleichsgesetz, das erstmals einen direkten deutschen Zuschuß zum Unterhalt der in der Bundesrepublik stationierten US-Streitkräfte vorsieht.

Um den Zufluß ausländischer Gelder in die Bundesrepublik besser kontrollieren zu können, verabschiedet der Bundestag das Bardepotgesetz. Danach muß ein Teil der im Ausland aufgenommenen Darlehen oder Kredite zeitweise zinslos bei der Bundesbank deponiert werden.

Das Bundesverwaltungsgericht in Berlin lehnt die Forderung von Zeitungsverlegern nach Lizenzen für ein Privatfernsehen ab. Das Gericht begründet seine Entscheidung mit dem Frequenzmangel und den Kosten, die kein »freies Spiel der Kräfte« erlaubten.

11. Dezember, Samstag

In Berlin (Ost) paraphieren der Staatssekretär im Bundeskanzleramt, Egon Bahr, und der Staatssekretär beim Ministerrat der DDR, Michael Kohl, das sog. Transitabkommen. → S. 196

DDR-Staatssekretär Günter Kohrt und der Westberliner Senatsdirektor Ulrich Müller paraphieren die Abkommen über die »Erleichterungen und Verbesserungen des Reise- und Besucherverkehrs« und die »Regelung der Frage von Enklaven durch Gebietsaustausch«. → S. 197

Auf einem Kongreß in Hannover legen die Jungsozialisten in 96 Thesen Maßstäbe für ihr künftiges Verhalten fest. Grundlage der Gedanken ist die Verstaatlichung der Schlüsselindustrien und der Übergang des Wirtschaftsprozesses aus der Hand der Unternehmer in die Verantwortung der Arbeiter.

12. Dezember, Sonntag

Bei einer kantonalen Abstimmung in Bern wird die Gewährung des Frauenstimmrechts in Angelegenheiten des Kantons Bern mit 78 656 gegen 16 298 Stimmen gutgeheißen (→ 7. 2./S. 32).

Shane Gould aus Australien schwimmt in Sydney mit 17:00,6 min Weltrekord über 1500 m Freistil. → S. 205

13. Dezember, Montag

Südvietnamesische Truppen leiten eine Offensive gegen die Kautschukplantage Chup im Osten Kambodschas ein. Ziel des Angriffs ist die Einnahme des dort befindlichen nordvietnamesischen Divisionshauptquartiers.

Bei einem Ski-Ausflug im Witoscha-Gebirge südlich von Sofia verunglückt der bulgarische Außenminister Iwan Bascheff tödlich. Der 55jährige Politiker bekleidete sein Amt seit 1962.

14. Dezember, Dienstag

In Andorra dürfen erstmals Frauen wählen. Dadurch erhöht sich die Zahl der Wahlberechtigten des kleinen Pyrenäen-Staates von etwa 1000 auf 2650.

Der Europäische Gerichtshof in Brüssel stellt in einem Urteil fest, daß Frankreich gegen den EURATOM-Vertrag verstoßen hat. → S. 199

Das Bundesgesundheitsministerium teilt mit, daß für phenterminhaltige Appetitzügler die Rezeptpflicht eingeführt wird. Diese Maßnahme steht im Zusammenhang mit dem Verbot des Mittels »Menocil«, das als Nebenwirkung u. a. Kreislaufstörungen verursacht hatte (→ S. 188).

Bei einem Grubenunglück in der westfälischen Stadt Herten kommen sieben Bergleute ums Leben. Die Kumpel waren in 950 m Tiefe durch ein eingebrochenes Flöz verschüttet worden.

15. Dezember, Mittwoch

In Dortmund wird die Bundesanstalt für Arbeitsschutz und Unfallforschung gegründet. Sie hat den Auftrag, die Bedingungen für sichere und gesunde Arbeitsplätze zu erforschen.

Am 10. Dezember wird Bundeskanzler Willy Brandt in Oslo für seine neue Ostpolitik mit dem Friedensnobelpreis ausgezeichnet. Die bundesdeutsche Satirezeitschrift »pardon« versieht Brandt aus diesem Anlaß mit einem Heiligenschein. Doch auch hier bleibt der Kanzler letztlich »nur« ein Mensch: Verschmitzt drückt er ein Auge zu.

16. Dezember, Donnerstag

13 Tage nach Ausbruch des indisch-pakistanischen Kriegs kapitulieren die westpakistanischen Truppen bedingungslos (→ 3./4. 12./S. 200).

Der Führer der CDU/CSU-Opposition im Deutschen Bundestag, Rainer Barzel, beendet einen fünftägigen UdSSR-Besuch. Zum Abschluß seiner Gespräche erklärt Barzel, daß er seine Bedenken gegen den Moskauer Vertrag bestätigt sähe, da die sowjetische Führung eine verbindliche Erklärung betreffend der Wiedervereinigung ablehne.

Der entführte Essener Großkaufmann Theo Albrecht wird gegen Zahlung von 7 Mio. DM freigelassen. → S. 204

Der US-Spielfilm »Anatevka« von Norman Jewison läuft in den bundesdeutschen Kinos an. Er erhält 1972 den Oscar für die beste Musikbearbeitung.

17. Dezember, Freitag

Das Bundesverwaltungsgericht in Berlin stellt in einem Urteil fest, daß bei Schmalfilmen mit Nacktdarstellungen eine Indizierung nicht allein schon deshalb gerechtfertigt ist, weil Nackte zu sehen sind. In der Begründung des Gerichts heißt es, daß bei der Entscheidung über eine Indizierung die Veränderung der »Grenzwerte der Gesellschaft« berücksichtigt werden müsse.

Im französischen Sestriere gewinnt die österreichische Ski-Weltcupsiegerin Annemarie Pröll den dritten zum Weltpokal zählenden Abfahrtslauf der Damen in 1:44,58 min.

18. Dezember, Samstag

Zum Abschluß einer zweitägigen Konferenz der Zehnergruppe beschließen die Finanzminister und Notenbankgouverneure der zehn größten westlichen Industrieländer die Abwertung des Dollar und die Neufestsetzung der Währungsparitäten. → S. 199

In Bad-Godesberg geht die zweite Session des IV. Außerordentlichen Parteitags der SPD zu Ende. → S. 204

19. Dezember, Sonntag

Das Verteidigungsministerium in Bonn gibt den Wechsel im Amt des Generalinspekteurs der Bundeswehr für den 1. April 1972 bekannt. Nachfolger von General Ulrich de Maizière wird der derzeitige Befehlshaber der Flotte, Vizeadmiral Armin Zimmermann. Damit wird zum erstenmal in der deutschen Militärgeschichte ein Marinesoldat höchster verantwortlicher Offizier.

20. Dezember, Montag

In Islamabad wird der Führer der Volkspartei, Zulfikar Ali-Khan Bhutto, als neuer pakistanischer Staatspräsident vereidigt (→ 3./4. 12./S. 200).

Auf den Bermudas verkündet US-Präsident Richard M. Nixon die sofortige Aufhebung der zehnprozentigen Importabgabe (→ 18. 12./S. 199).

21. Dezember, Dienstag

Das Auswärtige Amt in Bonn gibt die Wiederaufnahme diplomatischer Beziehungen zu Algerien bekannt. Die Kontakte waren 1965 nach der Anerkennung Israels durch Bonn abgebrochen worden.

Die Bonner Regierung legt den Mittelkurs der DM gegenüber dem US-Dollar auf 3,22 DM fest. Damit wird das Floating der DM, das im Mai eingeführt wurde, beendet (→ 18. 12./S. 199).

Nach Angaben der Arbeitsgemeinschaft der Verbraucherverbände haben die Lebenshaltungskosten in der Bundesrepublik Deutschland 1971 um 5,1% höher gelegen als 1970. Besonders stark verteuerten sich 1971 die Mieten und Dienstleistungen.

22. Dezember, Mittwoch

Der ehemalige österreichische Außenminister Kurt Waldheim wird in New York zum UN-Generalsekretär gewählt. → S. 199

Die neue pakistanische Regierung ordnet die Haftentlassung des ostpakistanischen Politikers Mujib Rahman an (→ 3./4. 12./S. 200).

Der Verband metallindustrieller Arbeitgeberverbände in Nordrhein-Westfalen nimmt den für 1,2 Mio. Arbeitnehmer der Metallindustrie vereinbarten Tarifvertrag an. Der neue Vertrag sieht eine Erhöhung der Löhne und Gehälter um 7,5% vor (→ 10. 12./S. 204).

Das Deutsche Industrieinstitut teilt in seiner »Lohnbilanz 1971« mit, daß der monatliche Bruttoverdienst eines bundesdeutschen Arbeitnehmers im gesamtwirtschaftlichen Durchschnitt die Rekordmarke von 1300 DM erreicht habe (→ S. 20).

23. Dezember, Donnerstag

Der Christdemokrat Giovanni Leone wird im 23. Wahlgang zum Staatspräsidenten Italiens gewählt. → S. 199

Der Sudan beschließt die Wiederaufnahme der diplomatischen Beziehungen zur Bundesrepublik. Die Kontakte waren 1965 nach der Anerkennung Israels durch Bonn abgebrochen worden.

Der Filmkaufmann Heinz Riech übernimmt die Ufa-Filmtheater. Riech besitzt damit die mit Abstand größte Kinokette in der Bundesrepublik.

24. Dezember, Freitag

In seiner traditionellen Weihnachtsansprache fordert Bundespräsident Gustav W. Heinemann die Bundesbürger auf, aktiv zur Erhaltung des Friedens beizutragen. → S. 208

In Budapest werden bei einer erbitterten Straßenschlacht um die letzten Christbäume 40 Menschen verletzt. Nach Angaben von Beobachtern hat die aufgebrachte Menge sogar die Äste von den Bäumen abgerissen und als Schlagstöcke verwendet.

25. Dezember, 1. Weihnachtstag

Zum erstenmal in der Geschichte des geteilten Landes richtet sich ein hochrangiger südvietnamesischer Politiker an die Bevölkerung von Nordvietnam. In einer Hörfunk- und Fernsehansprache übermittelt der südvietnamesische Senatspräsident Nguyen Van Huyen im Namen seines Volkes den »nordvietnamesischen Landsleuten« seine Weihnachtsgrüße.

Bei einem Großbrand in einem Luxushotel in der südkoreanischen Hauptstadt Seoul kommen über 160 Menschen ums Leben. → S. 205

26. Dezember, 2. Weihnachtstag

An den Sektorenübergängen nach Berlin (Ost) herrscht an den Weihnachtsfeiertagen ein ungewöhnlich großer Andrang. Zahlreiche Besitzer von bundesdeutschen Pässen nutzen die Möglichkeit, ihre Verwandten im Ostteil der geteilten Stadt zu besuchen.

Als erstes Land der Welt macht Australien das Anlegen von Sicherheitsgurten in Autos für Fahrer und Mitfahrer zur gesetzlichen Pflicht. Nur schwangere Frauen, von Haus zu Haus fahrende Milchmänner und Taxifahrer sind von der Verordnung ausgenommen.

In Zürich besiegt Boxweltmeister Muhammad Ali den Deutschen Jürgen Blin durch K. o. in der 7. Runde.

Im Zweiten Deutschen Fernsehen wird die letzte Folge des vierteiligen Films »Der Seewolf« ausgestrahlt. Die Hauptrolle in der Verfilmung des Romans von Jack London spielt Raimund Harmstorf (→ S. 100).

27. Dezember, Montag

Das südkoreanische Parlament verabschiedet in Abwesenheit der Opposition einstimmig ein Gesetz, das Präsident Park Chung Hee außerordentliche Vollmachten in Fragen der nationalen Sicherheit einräumt. Er kann u. a. Enteignungen für militärische Zwecke durchführen und die Pressefreiheit einschränken.

Das nationale Institut für demographische Studien in Paris veröffentlicht einen Bericht, wonach fast überall in Europa die Geburtenrate sinkt. In der Bundesrepublik, in Schweden, Dänemark, Finnland, Portugal, der ČSSR und Ungarn überwiegt die Zahl der Todesfälle inzwischen die der Geburten.

In New York wird die erste Samenbank der Welt für Spermien des Menschen eröffnet. → S. 205

28. Dezember, Dienstag

In Bonn bestätigt ein Sprecher des Außenministeriums die Berichte der griechischen Regierungszeitung »Nea Politia«, daß die Bundesrepublik Griechenland Rüstungsmaterial liefern werde. Bonn habe sich auf Grund der besonderen Lage Griechenlands an der Südflanke der NATO dazu entschieden.

Das Bundesinnenministerium ruft einen Sachverständigenrat für Umweltfragen ins Leben. Auf diese Weise sollen die entscheidenden Voraussetzungen für eine »objektive, realistische Umweltpolitik« verbessert werden, die sich auf Erkenntnisse unabhängiger Fachleute stützen kann.

29. Dezember, Mittwoch

Im saarländischen Baltesweiler stellt die Polizei drei Bankräuber, die am 27. Dezember eine Kölner Bank überfallen hatten. Die Bankräuber waren mit einer Beute von 300 000 DM und zwei Polizeibeamten als Geiseln geflohen.

Die New Yorker Filmkritik kürt Jane Fonda zur »besten Schauspielerin des Jahres«. »Bester Schauspieler« wird Gene Hackman.

30. Dezember, Donnerstag

Die US-Luftwaffe beendet ihren schwersten Angriff auf militärische Ziele in Nordvietnam seit November 1968. Nach Angaben des US-Oberkommandos haben während der fünftägigen Luftoffensive etwa 350 Kampfflugzeuge mehr als 1000 Einsätze geflogen.

Die Bonner Bundesregierung veröffentlicht ihren Subventionsbericht für das Jahr 1971. Danach stiegen die öffentlichen Subventionen 1971 im Vergleich zum Vorjahr von 27 auf 31,1 Mrd. DM. Im Bereich der Finanzhilfen steht die Landwirtschaft mit 3,8 Mrd. DM mit Abstand an erster Stelle.

Die italienische Zeitung »Osservatore della Domenica« berichtet, daß der Vorschlag einiger Bischöfe, Frauen als Priester zuzulassen, auf der Synode der katholischen Kirche in Rom von den Synodalen abgelehnt worden sei. Nach Angaben der Zeitung sei der Vorschlag »nicht ernst genommen worden«.

31. Dezember, Freitag

Die Bundesbürger »verpulvern« in der Silvesternacht ein Feuerwerk, dessen Kosten auf 70 Mio. DM geschätzt werden. Leuchtkraft und Lautstärke übertreffen ebenso wie der um 25% höhere Geldaufwand die vorjährige Neujahrsbegrüßung bei weitem.

In München wird das neu renovierte Residenztheater mit »Der Widerspenstigen Zähmung« von William Shakespeare in der Inszenierung von Otto Schenk wiedereröffnet.

Im Westerwald kommen beim Zusammenstoß zweier Züge sieben Menschen ums Leben. Als Unglücksursache gibt die Polizei menschliches Versagen an.

Das Wetter im Monat Dezember

Station	Mittlere Lufttemperatur (°C)	Niederschlag (mm)	Sonnenscheindauer (Std.)
Aachen	5,4 (3,1)	137* (62)	– (49)
Berlin	4,7 (0,7)	104* (41)	– (36)
Bremen	5,5 (2,2)	138* (54)	– (33)
München	1,8 (–0,7)	113* (44)	– (41)
Wien	3,8 (0,9)	28 (51)	55 (51)
Zürich	1,3 (0,2)	38 (73)	41 (37)

( ) Langjähriger Mittelwert für diesen Monat
– Wert nicht ermittelt; * Nov. '71–Febr. '72

Die Zeitschrift »zuhause« gibt ihren Lesern Tips für die Gestaltung von »Wohnung, Haus und Garten«. Die Dezemberausgabe ist zum großen Teil dem Weihnachtsfest gewidmet.

Erstes deutsch-deutsches Abkommen regelt Transit

Großer Andrang im Haus des DDR-Ministerrats: Bahr (l. sitzend) und Kohl (r.) im Anschluß an die Paraphierung

11. Dezember. Nach dem Rahmenabkommen der vier Mächte (→ 3. 9./S. 152) werden nun in Berlin mehrere ergänzende deutsch-deutsche Vereinbarungen erzielt.

Im Haus des Ministerrats der DDR in Berlin (Ost) paraphieren die Staatssekretäre Egon Bahr (BRD) und Michael Kohl (DDR) das sog. Transitabkommen. Es handelt sich um den ersten Vertrag zwischen beiden deutschen Staaten auf Regierungsebene.

Das Transitabkommen regelt den zivilen Personen- und Güterverkehr zwischen der Bundesrepublik und Berlin (West). Laut Abkommen soll der Transitverkehr zukünftig ohne Behinderungen von seiten der DDR-Behörden abgewickelt werden können (→ 28. 1./S. 12). Darüber hinaus soll die Abfertigung an den Transitübergängen beschleunigt und erleichtert werden. Im einzelnen sind u. a. folgende Vereinbarungen getroffen:

▷ Reisende dürfen prinzipiell nicht mehr festgenommen oder zurückgewiesen werden

▷ Durchsuchung von Fahrzeugen nur bei konkreten Verdachtsmomenten

▷ Transporte im Güterverkehr werden verplombt

▷ Pauschale Abgaben und Gebühren der Bonner Regierung für die Benutzung der Transitwege durch die Bundesbürger.

Bahr und Kohl haben ihre Verhandlungen bereits am 27. November 1970 aufgenommen und trafen insgesamt 31mal zusammen. Zwischenzeitlich gerieten die Gespräche ins Stocken. Erst nach dem Vier-Mächte-Abkommen ließen sich konkrete Ergebnisse absehen. Ergänzend zum Transitabkommen finden zwischen beiden deutschen Staaten Verhandlungen über einen sog. Verkehrsvertrag statt. Darin soll der gesamte Verkehr auf Schiene, Straße und Wasser geregelt werden. Er wird am 26. Mai 1972 unterzeichnet. In seiner Erklärung zum Transitabkommen bezeichnet Bahr diesen Verkehrsvertrag »als einen weiteren Schritt auf dem Wege . . ., die Beziehungen zwischen den beiden Staaten auf der Grundlage der vollen Gleichberechtigung, der Nichtdiskriminierung, der Achtung der Unabhängigkeit und der Selbständigkeit in Angelegenheiten, die ihre innere Kompetenz betreffen, zu gestalten«.

Im Amtssitz des Senats von Berlin (West) paraphieren DDR-Staatssekretär Günter Kohrt und der Westberliner Senatsdirektor Ulrich Müller zwei Vereinbarungen: Das Abkommen über die »Erleichterungen und Verbesserungen des Reise- und Besucherverkehrs« sowie die »Regelung der Frage von Enklaven durch Gebietsaustausch« (→ S. 197). Das Abkommen über den Reise- und Besucherverkehr betrifft Bürger aus West-Berlin. Sie erhalten u. a. die Möglichkeit, insgesamt 30 Tage im Jahr nach Berlin (Ost) oder in die DDR zu reisen. Gemeinsam mit dem Rahmenabkommen der vier Mächte treten die deutsch-deutschen Ergänzungsabkommen am 3. Juni 1972 in Kraft.

Die Wege nach West-Berlin

Das deutsch-deutsche Transitabkommen bezieht sich auf den PKW- und LKW-Verkehr zwischen der Bundesrepublik und Berlin (West). 1971 gibt es dafür vier sog. Transitwege mit den Grenzübergangsstellen Lauenburg/Horst, Helmstedt/Marienborn, Herleshausen/Wartha und Rudolphstein/Hirschberg.

Daneben stehen derzeit insgesamt fünf Eisenbahnlinien und zwei Wasserwege für den Personen- und Gütertransport zwischen der Bundesrepublik und Berlin (West) zur Verfügung. Die Hoheit über die drei Luftkorridore liegt bei den drei westlichen Alliierten. Bundesdeutsche Fluggesellschaften dürfen Berlin (West) nicht anfliegen.

Egon Bahr: »Wandel durch Annäherung«

Chronik Rückblick

Das Transitabkommen ist der erste Vertrag zwischen der Bundesrepublik und der DDR auf Regierungsebene. Daß es so lang dauerte, bis sich Bonn und Berlin (Ost) entgegenkamen, liegt an den komplizierten deutsch-deutschen Beziehungen.
Aus den Besatzungszonen der drei westlichen Alliierten (USA, Frankreich, Großbritannien) entstand mit der Verkündung des Grundgesetzes am 23. Mai 1949 die Bundesrepublik Deutschland. In der sowjetischen Besatzungszone wurde am 7. Oktober 1949 die DDR gegründet. Mit dem Deutschlandvertrag vom 26. Mai 1952, durch den die Bundesrepublik sich vertraglich an den Westen band, war die Teilung Deutschlands in zwei voneinander unabhängige Staaten vorläufig besiegelt. Ziel der Bundesrepublik ist jedoch – festgeschrieben in der Präambel des Grundgesetzes – die deutsche Wiedervereinigung.
1949 proklamierte der damalige Bundeskanzler Konrad Adenauer (CDU) den Alleinvertretungsanspruch der Bundesrepublik für alle Deutschen. Die DDR wurde von Bonn nicht als eigenständiger Staat anerkannt. Diese Haltung wurde in der sog. Hallsteindoktrin von 1955 manifestiert. Danach unterhält die Bundesrepublik keine diplomatischen Beziehungen zu Ländern, die auch zur DDR diplomatische Beziehungen aufnehmen.
Die Nichtanerkennung der DDR schloß jegliche Verhandlungen oder Abkommen von seiten der Bundesrepublik mit der DDR-Regierung aus.
Eine Änderung in den deutsch-deutschen Beziehungen kündigte sich 1966 mit der Großen Koalition und dann verstärkt mit dem Antritt der SPD/FDP-Regierung 1969 an. Bereits 1963 hatte Egon Bahr (SPD) in bezug auf das Verhältnis zum Osten vom »Wandel durch Annäherung« gesprochen – ein Konzept, das die neue Ostpolitik unter Bundeskanzler Willy Brandt charakterisiert. Ziel der Bundesregierung ist es, unter den real existierenden Bedingungen die bestmöglichen Lebensverhältnisse für alle Deutschen zu erzielen.
Die neue Ostpolitik trug Früchte: Am 19. März und 21. Mai 1970 kam es zu Treffen zwischen Brandt und DDR-Ministerpräsident Willi Stoph in Erfurt und Kassel. Am 12. August 1970 unterzeichnete die Bundesregierung mit der UdSSR den Moskauer Vertrag, am 7. Oktober des gleichen Jahres den Warschauer Vertrag mit Polen (→ 27. 2./S. 42). Am 27. November 1970 begannen die innerdeutschen Verhandlungen zwischen den Staatssekretären Bahr (BRD) und Michael Kohl (DDR). Nach Abschluß des Vier-Mächte-Abkommens am → 3. September 1971 (S. 152) war der Weg für das Transitabkommen geebnet.
Daß sich das erste deutsch-deutsche Regierungsabkommen auf Berlin bezieht, kommt nicht von ungefähr. Speziell die schwierige Situation in Berlin (West) erforderte eine baldige Lösung (→ S. 153). 1972 folgen weitere Vereinbarungen (Verkehrsvertrag, Grundlagenvertrag).
Die Verträge mit der Ostberliner Regierung bedeuten die teilweise Anerkennung der DDR durch die Bundesrepublik. Die Hallsteindoktrin wird zwar formal aufrechterhalten, aber immer mehr ausgehöhlt (→ 16. 3./S. 57).

Vergangenheit: Versorgung West-Berlins durch US-Flugzeuge 1948

Besuch aus West-Berlin in Steinstücken (v. l.): Bezirksbürgermeister Wolfgang Rothkegel, US-Stadtkommandant William Copp, Bürgermeister Klaus Schütz

Gibst Du mir, geb ich Dir

11. Dezember. Das Abkommen zur »Regelung der Frage von Enklaven durch Gebietsaustausch« zwischen dem Westberliner Senat und der DDR-Regierung betrifft die bislang zehn Westberliner Enklaven auf DDR-Gebiet. Sie werden nun auf fünf reduziert. Wichtigstes Ergebnis für den Senat ist die Verbindung von West-Berlin mit der Enklave Steinstücken. Bisher mußten die 190 Bewohner stets DDR-Gebiet durchqueren und DDR-Grenzkontrollen hinnehmen.
Der Westberliner Senat hält die Vereinbarungen nicht für das »Beste, aber es seien erste praktische Schritte«. Im einzelnen werden folgende Abmachungen getroffen:

▷ Die DDR erhält fünf unbewohnte oder von DDR-Bürgern besiedelte Enklaven von circa 15,6 ha
▷ Als Gegenleistung bekommt Berlin von der DDR drei an Berlin (West) angrenzende Gebiete von circa 17,1 ha, u. a. ein Gebietsstreifen von 1 km Länge und 20 m Breite als Zugang zur Enklave Steinstücken
▷ Als Ausgleich für die flächenmäßige Differenz zahlt Berlin (West) an die DDR 4 Mio. DM.

Im Juni 1972 beginnen die Bauarbeiten für die 20 m breite Verbindungsstraße zwischen der Enklave Steinstücken und Berlin (West). Für die Bauzeit stellt die DDR Gebietsstreifen rechts und links der neuen Straße zur Verfügung.

Willy Brandt für Willen zur Versöhnung ausgezeichnet

10. Dezember. Bundeskanzler Willy Brandt wird in der Universität von Oslo mit dem Friedensnobelpreis ausgezeichnet. Die Preise für Literatur, Wirtschaftswissenschaften, Medizin, Physik und Chemie werden am gleichen Tag in Stockholm überreicht.

In der Begründung des Nobelpreiskomitees, das Brandt die Auszeichnung am → 20. Oktober (S. 166) zuerkannt hatte, heißt es, der Bundeskanzler habe mit seiner Ostpolitik einen wichtigen Beitrag für den Frieden in Europa geleistet.

Der Preis wird Brandt von der Vorsitzenden des Nobelpreiskomitees, Aase Lionaes, überreicht. In ihrer Laudatio sagt Lionaes: »Die Ostpolitik Brandts ist ein Versuch, den Haß zu begraben und im Geiste des guten Willens Versöhnung über die Massengräber des Krieges hinaus zu finden. Wie gern er persönlich dazu bereit ist, im Namen seines Landes dieser Versöhnungsaufgabe zu dienen, bezeugt sein Kniefall vor der jüdischen Gedenkstätte im Ghetto von Warschau.«

Mit bewegten Worten nimmt Bundeskanzler Brandt den Preis entgegen: »Der Friedensnobelpreis ist die höchste, aber auch die am meisten verpflichtende Ehrung, die einem Mann in politischer Verantwortung zuteil werden kann. Ich . . . will alles tun, um in meiner weiteren Arbeit dem nahe zu kommen, was viele von mir erwarten.«

In Stockholm werden die anderen Nobelpreise von König Gustav VI. Adolf von Schweden überreicht.

Den Literaturpreis erhält der chilenische Lyriker Pablo Neruda »für eine Poesie, die mit der Gewalt einer Naturkraft Schicksale und Träume eines Erdteils lebendig macht«. Der Amerikaner Earl W. Sutherland bekommt den Medizinnobelpreis für seine Entdeckungen auf dem Gebiet der Mechanismen der Hormontätigkeit. Den Preis für Physik erhält der Ungar Dennis Gábor für die Erfindung der Holographie. Der Chemienobelpreis geht an den Kanadier Gerhard Herzberg für die Erforschung des räumlichen Baus von Molekülen.

Den Preis für Wirtschaftswissenschaften erhält der amerikanische Nationalökonom Simon Kuzneths für seine empirisch begründete Erklärung des ökonomischen Zuwachses.

Aase Lionaes, die Vorsitzende des Nobelkomitees, überreicht Bundeskanzler Brandt die Friedensnobelpreismedaille.

Der Politiker G. Stresemann erhielt 1926 den Friedensnobelpreis.

Der Historiker L. Quidde erhielt 1927 den Friedensnobelpreis.

Der Publizist C. v. Ossietzky erhielt 1935 den Friedensnobelpreis.

Deutsche Friedensnobelpreise

Brandt erhält als vierter Deutscher den Friedensnobelpreis. Der erste Preisträger, Gustav Stresemann, wurde 1926 gemeinsam mit Aristide Briand für die deutsch-französische Verständigungspolitik ausgezeichnet. Ludwig Quidde erhielt den Preis 1927 für sein Friedens-Engagement. Dem Pazifisten Carl von Ossietzky, der 1933 in Gestapo-Haft geriet, wurde 1935 der Friedensnobelpreis zugesprochen.

Die Nobelpreisträger 1971 in der Stockholmer Philadelphia-Kirche (v.l.): Simon Kuzneths (Wirtschaftswissenschaften), Pablo Neruda (Literatur), Earl W. Sutherland (Medizin), Gerhard Herzberg (Chemie) und Dennis Gábor (Physik)

Dollar-Abwertung contra Währungskrise

18. Dezember. Auf ihrer Konferenz in Washington beschließen die zehn größten Industriestaaten der westlichen Welt eine Abwertung des Dollar und die Neufestsetzung der Währungsparitäten. Ziel dieser Maßnahmen der sog. Zehnergruppe ist es, die Weltwährungskrise zu beenden (→ 15. 8./S. 137).

Der Dollar wird durch die Washingtoner Beschlüsse zum zweitenmal seit seiner Einführung im Jahr 1792 gegenüber dem Gold abgewertet (erste Abwertung 1934). Die Quote beträgt diesmal minus 7,89%. Mit der Abwertung sollen die Exportchancen der amerikanischen Produzenten verbessert und so das enorme Zahlungsbilanzdefizit der USA abgebaut werden. Die schlechte amerikanische Wirtschaftslage, die das internationale Vertrauen in den Dollar als Leitwährung erschütterte, hatte zur Krise des Dollar und damit des Weltwährungssystems geführt.

V. l.: Britischer Schatzkanzler Anthony Barber, Richard Nixon, Karl Schiller, US-Finanzminister John Connally, Italiens Finanzminister Ferrari-Aggradi

Die anderen Länder der Zehnergruppe (BR Deutschland, Großbritannien, Frankreich, Italien, Japan, Kanada, Niederlande, Belgien und Schweden) werten ihre Währungen gegenüber dem Dollar auf. So wird die DM im Vergleich zur Parität von 3,66 DM pro Dollar um 13,6% auf 3,22 DM aufgewertet.

Angesichts der Aufwertungen beschließt die US-Regierung, die im August verfügte zehnprozentige Importabgabe aufzuheben. Mit dieser protektionistischen Abgabe waren die Exportchancen anderer Länder, die in die USA liefern, stark beschnitten worden. In der Folge kam es zur Verstimmung zwischen den USA und den übrigen Staaten der Zehnergruppe.

Mit der Neufestsetzung der Wechselkurse werden die alten Währungsungleichgewichte, die ausschlaggebend für die Einführung des DM-Floating im Mai waren, beseitigt (→ 9. 5./S. 90). Die Bundesregierung beendet deshalb im Zuge der Washingtoner Beschlüsse das Floating der DM.

Spaltbares Material bringt Paris vor Kadi

14. Dezember. Der Europäische Gerichtshof in Brüssel stellt in einem Grundsatzurteil fest, daß Frankreich gegen Verpflichtungen aus dem EURATOM-Vertrag (Europäische Atomgemeinschaft) verstoßen hat.

Das Gericht sieht es als erwiesen an, daß Paris unter Umgehung der EURATOM-Behörden mit einer Reihe von ausländischen Lieferfirmen Verträge über die Versorgung Frankreichs mit spaltbarem Material abgeschlossen hat. Gemäß dem EURATOM-Vertrag hat aber allein die Atomgemeinschaft ein Bezugsrecht auf spaltbares Material, das Eigentum der Gemeinschaft ist.

Paris erklärte diese Vertragsbestimmungen für hinfällig, da der Europäische Ministerrat es bislang versäumt habe, die Versorgungsregelungen zu überprüfen. Nach Artikel 76 des Vertrags sollte der Ministerrat bereits 1965 die Lieferbestimmungen neu regeln.

Präsidentenwahl nach 23. Urnengang

23. Dezember. Der Christdemokrat Giovanni Leone wird im 23. Wahlgang zum sechsten italienischen Staatspräsidenten gewählt. Leone erhält 518 Stimmen, nur 13 mehr als die erforderliche absolute Mehrheit. Er löst den Sozialdemokraten Giuseppe Saragat ab.

Der 63jährige Giovanni Leone (2. v. l.) bei der Vereidigung am 29. Dezember

Golf-Scheichtümer schließen Föderation

2. Dezember. Sechs Scheichtümer am Persischen Golf proklamieren ihre Unabhängigkeit von Großbritannien und schließen sich zur Föderation der Arabischen Emirate zusammen.

Gleichzeitig mit der Unabhängigkeitsproklamation unterzeichnen die sechs Scheichtümer einen Freundschaftsvertrag mit Großbritannien, der die vor 100 Jahren geschlossenen Protektoratsverträge ablöst. Der neue Vertrag umfaßt keine militärischen Hilfeverpflichtungen mehr.

Mitglieder der Föderation sind die Scheichtümer Abu Dhabi, Dubaij, Schardscha, Adschman, Umm Al Kaiwain und Fudschaira. 1972 schließt sich auch Ras Al Chaima an. Die Emirate haben eine Bevölkerung von 160 000 Menschen, die auf einer Fläche von 76 000 km² leben. Der Herrscher von Abu Dhabi, Scheich Said Ibn Sultan, wird zum ersten Präsidenten gewählt.

Seine fünfjährige Amtszeit tritt Kurt Waldheim am 1. Januar 1972 an.

Waldheim wird neuer UN-Generalsekretär

22. Dezember. Der Chefdelegierte Österreichs bei der UNO (United Nations Organization = Vereinte Nationen), Kurt Waldheim, wird von der Vollversammlung der Vereinten Nationen zum UN-Generalsekretär gewählt.

Waldheim tritt die Nachfolge von Sithu U Thant an, der sich nach zehnjähriger Amtszeit nicht mehr zur Wiederwahl stellte.

Der UN-Sicherheitsrat hatte der Vollversammlung am 21. September die Ernennung Waldheims empfohlen. Erst im dritten Wahlgang entschieden sich die 15 Ratsmitglieder mit 11:1 Stimmen bei drei Enthaltungen für den Österreicher. Bei den vorangegangenen Wahlgängen war ein Votum für Waldheim durch das Veto der Volksrepublik China blockiert worden. Zur erfolgreichen Kandidatur ist Einmütigkeit der fünf ständigen Sicherheitsratsmitglieder, zu denen auch China gehört, nötig.

Eine diplomatische Karriere

Kurt Waldheim (* 21. 12. 1918 in Niederösterreich) trat nach fünfjährigem Kriegsdienst in der deutschen Wehrmacht 1945 in den diplomatischen Dienst ein. Von 1956 bis 1960 war er Botschafter in Kanada. Das Amt des österreichischen Außenministers übte er von 1968 bis 1970 aus. Als Kandidat der Österreichischen Volkspartei unterlag er bei der Bundespräsidentenwahl im April 1971 knapp dem Sozialisten Franz Jonas (→ 25. 4./S. 75).

Indien kämpft für die Unabhängigkeit Bangladeschs

3./4. Dezember. In der Nacht erklärt die indische Ministerpräsidentin Indira Gandhi vor dem Parlament: »Indien befindet sich im Krieg mit Pakistan.« Gandhi verhängt den Ausnahmezustand und erläßt ein Verteidigungsgesetz.

Seit Tagen wüten an der Grenze zwischen Indien und Ostpakistan (Bangladesch) schwere Kämpfe. Am 3. Dezember startet Pakistan einen Luftangriff, der in den dritten indisch-pakistanischen Krieg mündet. Auslöser des jetzigen Konflikts sind die 10 Mio. bengalischen Flüchtlinge, die im Verlauf des Bürgerkriegs um die Unabhängigkeit Ostpakistans (→ 26. 3./S. 52) nach Indien geflohen sind – für die indische Regierung eine auf Dauer wirtschaftlich und sozial untragbare Situation (→ 23. 8./S. 138).

Wiederholt erklärte Gandhi, daß Indien das Flüchtlingsproblem nur mit friedlichen Mitteln lösen wollte. Sie forderte Pakistan auf, Bangladesch nicht länger besetzt zu halten und dem Land die Unabhängigkeit zu garantieren. Im Oktober gaben indische Politiker erstmals öffentlich zu, daß an der Grenze zu Ostpakistan bereits Truppen aufmarschiert waren. Ende November eskalierte der Konflikt. Indien und Pakistan beschuldigten sich gegenseitig, mit der militärischen Aggression begonnen zu haben. Am 24. November ordnete Pakistan die Mobilmachung an. Indische Einheiten drangen daraufhin »aus Gründen der Selbstverteidigung« in Ostpakistan ein.

Bei den Kampfhandlungen, die sich auch auf die indisch-pakistanische Westgrenze ausdehnen, sind die Inder überlegen: Sie besetzen gemeinsam mit den bengalischen Soldaten alle großen Städte und strategisch wichtigen Stützpunkte in Ostpakistan. Am 16. Dezember erfolgt hier die bedingungslose Kapitulation der pakistanischen Armee. An der Westfront vereinbaren die Militärs einen Tag später einen Waffenstillstand.

Im UN-Sicherheitsrat wird erst am 21. Dezember nach tagelangen Debatten eine Kompromißresolution zum indisch-pakistanischen Krieg verabschiedet. Beide Seiten werden aufgefordert, ihre Probleme mit friedlichen Mitteln zu lösen. Zuvor eingebrachte Resolutionsentwürfe scheiterten vor allem an der unterschiedlichen Parteinahme der Großmächte: Die UdSSR hatte bereits am →12. August 1971 (S. 140) ein Bündnis mit Indien geschlossen, die USA und China stehen hinter Pakistan.

Sowohl Indien als auch Pakistan betonen vor der UN, daß sie nicht den Krieg erklärt hätten. Auch bricht Pakistan erst am 6. Dezember offiziell die diplomatischen Beziehungen zu Indien ab, nachdem Gandhi Bangladesch als unabhängigen Staat anerkannt hat.

Mit dem Sieg Indiens ist die Teilung Pakistans endgültig besiegelt. 1972 wird Bangladesch von weiteren Regierungen als unabhängiger Staat anerkannt, u. a. von der UdSSR, Großbritannien und der Bundesrepublik Deutschland.

Am 20. Dezember tritt Pakistans Präsident Aga Muhammad Yahya Khan zurück. Nachfolger wird Zulfikar Ali-Khan Bhutto. Zwei Tage später wird der seit dem 26. März inhaftierte ostpakistanische Politiker Mujib Rahman aus dem Gefängnis entlassen und zunächst unter Hausarrest gestellt. Am 10. Januar 1972 trifft Rahman in Bangladesch ein und wird zum Ministerpräsidenten der unabhängigen Volksrepublik gewählt.

4. Dezember: Nach offiziellem Kriegsbeginn machen sich indische Einheiten ins Landesinnere von Ostpakistan auf.

Indische Soldaten bewachen Pakistaner. Offiziell macht Indien in Bangladesch 90 000 Gefangene. Genaue Angaben über die Zahl der Todesopfer gibt es nicht.

Bhutto – neuer Mann in Pakistan

Am 20. Dezember 1971 tritt Zulfikar Ali-Khan Bhutto sein Amt als pakistanischer Staatspräsident an. Bhutto ist Vorsitzender der sozialistisch orientierten Pakistan People's Party, die er 1968 gründete. Bhuttos Partei erhielt bei den ersten freien Wahlen zur Nationalversammlung 1970 die meisten Stimmen in Westpakistan, konnte allerdings politisch nicht aktiv werden (→ 26. 3./S. 52).

In der neuen Regierung, die am 23. Dezember vorgestellt wird, übernimmt Präsident Bhutto u. a. auch die Funktionen des Außen-, Innen und Verteidigungsministers.

Präsident Bhutto tritt auch nach Kriegsende für ein ungeteiltes Pakistan ein: Zwar habe Westpakistan den Ostteil des Landes benachteiligt, durch eine neue Verfassung sollen jedoch wahre demokratische Verhältnisse geschaffen werden.

Staat und Terroristen liefern sich erbitterten Kampf

4. Dezember. Während einer Großfahndung im Westberliner Stadtteil Schöneberg erschießt die Polizei den mutmaßlichen Terroristen Georg von Rauch.
Der 24jährige Rauch war mit weiteren Mitgliedern der terroristischen »Bewegung 2. Juni« von der Polizei gestellt worden. Bei der folgenden Schießerei wird Rauch getötet, ein Polizist schwer verletzt. Sechs weitere Verdächtige können, teils verwundet, entkommen.
In den letzten Tagen hat sich die Vermutung bestätigt, Mitglieder terroristischer Vereinigungen, vor allem Angehörige der Baader-Meinhof-Gruppe bzw. Rote-Armee-Fraktion (RAF), könnten sich in Berlin (West) aufhalten. Verschiedenen Hinweisen zufolge planen die Terroristen Überfälle auf zahlreiche Warenhäuser.
Im Kampf zwischen Staat und Terrorismus ist Rauch in diesem Jahr bereits das dritte Todesopfer: Am 15. Juli wurde in Hamburg die mutmaßliche Terroristin Petra Schelm erschossen. Am 22. Oktober wurde ein Hamburger Polizist durch vier Kugeln tödlich getroffen. Des Mordes verdächtigt wird u. a. ein 23jähriges RAF-Mitglied, das noch am gleichen Tag verhaftet wurde.
Die meistgesuchten Terroristen und führende Köpfe der RAF, Ulrike Meinhof, Andreas Baader und Gudrun Ensslin, konnten bislang nicht gefaßt werden (→ 10. 2./S. 43).

Großfahndung nach Mitgliedern der Baader-Meinhof-Gruppe: Fahrzeugkontrolle auf der Autobahn Hannover – Hamburg

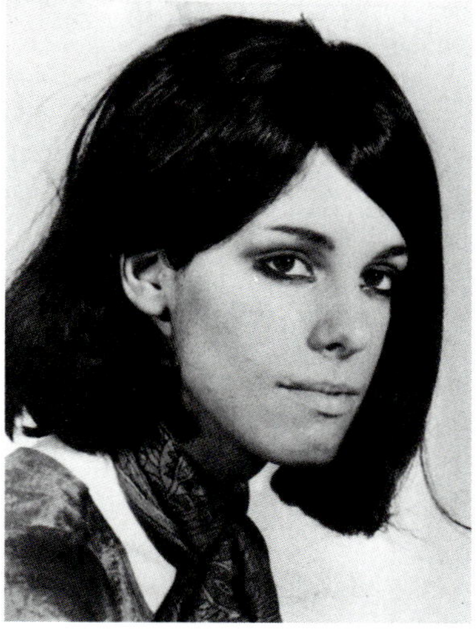

Erschossen: Petra Schelm (20) . . .

. . . und Georg von Rauch (24)

Fahndungsaktionen gehören zum Alltag

Auf der Suche nach mutmaßlichen Terroristen führen 1971 Polizei und Bundeskriminalamt in der gesamten Bundesrepublik zahlreiche Großfahndungen durch. Für viele Bundesbürger, vor allem in Hamburg, Berlin und Frankfurt, gehören Verkehrskontrollen mittlerweile zum Alltag. Speziell junge Leute, die ihrem Aussehen nach der 68er Protestbewegung zuzuordnen sind, werden genau überprüft. Angesichts der mit Maschinenpistolen ausgerüsteten Polizisten breitet sich auf den Straßen ein Gefühl der Angst aus.

Ein Überbleibsel der 68er Protestbewegung

Chronik Rückblick

Der Terrorismus in der Bundesrepublik ist mit dem Zerfall der studentischen Protestbewegung und der außerparlamentarischen Opposition (APO) Ende der 60er Jahre entstanden: Die meisten Anhänger schlossen sich Parteien an, um den »Marsch durch die Institutionen« anzutreten, viele zogen sich aus der Politik zurück. Einige wenige entschlossen sich, den Kampf gegen das System weiterzuführen und zu verschärfen – mit terroristischen Methoden.
Nach und nach entstanden im wesentlichen drei terroristische Organisationen: Die »Baader-Meinhof-Gruppe«, die sich später »Rote-Armee-Fraktion« taufte, die »Bewegung 2. Juni«, deren Name auf den Todestag des Studenten Benno Ohnesorg zurückgeht, und die »Revolutionären Zellen« (RZ).
Speziell die RAF und die Bewegung 2. Juni haben explizit die Ziele der Studentenbewegung – revolutionäre Umwälzung der politischen, gesellschaftlichen und wirtschaftlichen Verhältnisse in der Bundesrepublik – übernommen. Die gewählten Methoden unterscheiden sich jedoch von denen der Studentenbewegung: Die Terroristen betrachten Gewaltanwendung, vor allem sog. individuellen Terror, als legitimiertes und einzig sinnvolles Mittel.

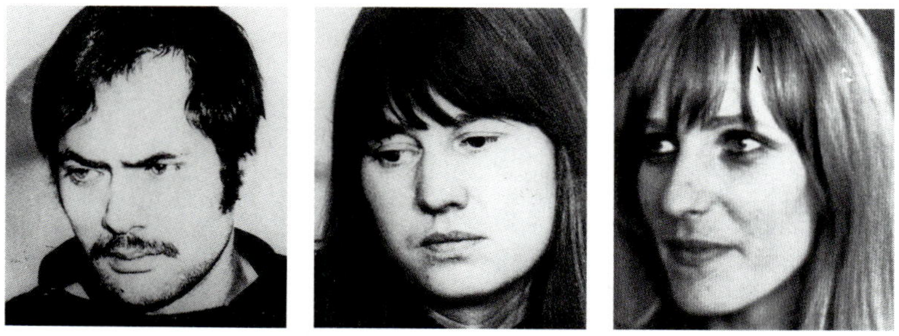

Die meistgesuchten RAF-Terroristen (v. l.): Baader, Meinhof, Ensslin

Bis 1971 ist in der Bundesrepublik nur die RAF öffentlich in Erscheinung getreten; ein Grund, warum Terrorismus derzeit mit der Baader-Meinhof-Gruppe gleichgesetzt wird. Auch Georg von Rauch wird zunächst der RAF zugerechnet.
Die spektakulärste RAF-Aktion war bislang die Befreiung von Andreas Baader am 14. Mai 1970. Baader saß seit April 1970 wegen Brandstiftung in zwei Frankfurter Kaufhäusern in Haft.
Von Juni bis August 1970 erhielten RAF-Mitglieder eine militärische Ausbildung im Libanon. Danach widmeten sie sich in der Bundesrepublik dem Aufbau der sog. Logistik: Durch Banküberfälle, Einbrüche und Autodiebstähle versorgten sie sich mit den für ihren Kampf notwendigen Mitteln.

Verkehr 1971:

Autoflut bedroht den Menschen

Chronik Übersicht

Die bedrohlichen Folgen der fortschreitenden Motorisierung rükken 1971 immer mehr ins Bewußtsein der Öffentlichkeit. Kommunalpolitiker wie der Münchener Oberbürgermeister Hans-Jochen Vogel warnen eindringlich vor der Kraftfahrzeugflut: »Wir sind drauf und dran, unsere Städte und damit uns selbst zu zerstören.«

Mit 1,97 Mio. Neuzulassungen im Jahr 1971 erhöht sich der Gesamtbestand an Personenkraftwagen in der Bundesrepublik Deutschland auf 13,9 Mio. Statistisch besitzen damit fast zwei Drittel der insgesamt 22,85 Mio. bundesdeutschen Privathaushalte einen PKW. Schattenseite des zunehmenden Individualverkehrs sind vor allem die steigenden Unfallziffern. Eine Umfrage des Allensbacher Instituts für Demoskopie, die im »Spiegel« vom 27. Dezember veröffentlicht wird, ergibt, daß jeder zweite Autofahrer schon mindestens einmal in einen Unfall verwickelt war. Bei 369 104 Unfällen mit Personenschäden werden 1971 mehr als 17 000 Menschen im Straßenverkehr getötet.

Schnelle Hilfe für Unfallopfer und Maßnahmen zur Unfallverhütung gehören zu den wichtigsten Zielen der Verkehrspolitik 1971.

Schwerverletzte auf den Autobahnen werden häufig zu spät medizinisch versorgt. Das nordrhein-westfälische Innenministerium startet deshalb den Versuch, Ärzte mit Polizeihubschraubern zu Unfallopfern auf den Autobahnen zu fliegen. Sie sollen vor allem in den Hauptreisezeiten, in denen sich die meisten Unfälle ereignen, zum Einsatz kommen (→ 7. 5./S. 96).

Mit gesetzgeberischen Maßnahmen will Bundesverkehrsminister Georg Leber die Zahl der Unfälle drastisch reduzieren: So soll die Geschwindigkeit außerhalb geschlossener Ortschaften ab 1. Juni 1972 auf 100 km/h begrenzt werden. Zu schnelles Fahren auf Landstraßen zählt zu den häufigsten Ursachen für tödliche Verkehrsunfälle. Einen Beitrag zu mehr Sicherheit auf den bundesdeutschen Straßen soll auch die Senkung der Promillegrenze von 1,3 auf 0,8 leisten (→ 7. 9./S. 156).

Das gleiche Ziel verfolgt die neue Straßenverkehrsordnung, die am 1. März in Kraft tritt. In die allgemeinen Regeln wird u. a. der Appell an die Autofahrer, defensiv zu fahren, neu aufgenommen. Im Zuge der Angleichung an die Regeln anderer europäischer Länder wird auch eine Reihe neuer Verkehrszeichen eingeführt (→ 1. 3./S. 61).

Vor dem Hintergrund der steigenden Unfallzahlen und der voranschreitenden Umweltzerstörung durch die Kraftfahrzeugflut wird nach Alternativen zum Auto gesucht. Die bundesdeutsche Industrie stellt 1971 die abgasfreien und geräuscharmen Magnetbahnen vor. Sie erreichen eine Geschwindigkeit von 400 km/h und sollen im Verkehr zwischen den Großstädten eingesetzt werden (→ 6. 5./S. 96). Der städtische Verkehr soll durch abgasfreie Elektromobile entlastet werden (→ 18. 5./S. 97).

Die bereits bestehende Alternative zum Auto, die Bahn, kann sich nur schwer gegenüber dem Individualverkehr behaupten. 73% aller deutschen Autofahrer, die 1971 eine Urlaubsreise machen, fahren mit dem eigenen Wagen in die Ferien. Dagegen lassen sich nur 8% der Autofahrer von Streß und Hektik einer Autofahrt abschrecken und benutzen die Bahn. Für Geschäftsreisen nutzen nur 17% aller Autofahrer die Bahn. Mit dem Intercity-System, das 1971 eingeführt wird, versucht die Bahn, ihre Attraktivität zu steigern. Seit dem 26. September verbinden Erste-Klasse-Züge 33 Großstädte im Zweistundentakt (→ 26. 9./S. 156).

Im Luftverkehr sorgt ein Preiskampf zwischen der Deutschen Lufthansa und den Charterfluggesellschaften für Bewegung bei den Tarifen. Um die Billigpreise der Chartergesellschaften auf der Nordatlantikroute unterbieten zu können, weigert sich die Lufthansa im August, das Preiskartell der Linienfluggesellschaften (IATA = International Air Transport Association) zu verlängern. Der Preis für einen Flug Frankfurt – New York und zurück fällt daraufhin von 1800 DM auf 700 DM.

Motorradboom: Die Hersteller können die ernorme Nachfrage kaum decken.

Mit flotten Sprüchen wirbt die Deutsche Lufthansa für ihre neuen Billigflüge.

Der französische Höchstgeschwindigkeitszug T.G.V. (Train à Grande Vitesse) erreicht mehr als 300 km/h.

Der Intercity, die Alternative der Bahn zum Auto

Im öffentlichen und Individualverkehr ist der Fahrer aufgerufen, Vorsicht und Hilfsbereitschaft walten zu lassen.

Aktion »Hallo Partner, danke schön« gestartet

Unter dem Motto »Hallo Partner, danke schön« startet der Deutsche Verkehrssicherheitsrat im Oktober eine großangelegte Verkehrssicherheitskampagne.

In der Vergangenheit konnten die Bemühungen der Polizei, mit Erziehung und bisweilen auch Abschreckung die Verkehrssicherheit zu fördern, nur sehr begrenzte Erfolge erzielen. Künftig soll deshalb der Gedanke der Partnerschaft – ausgedrückt in dem »Hallo-Partner«-Slogan – im Vordergrund stehen. Mit positiven Leitbildern sollen die Autofahrer zu rücksichtsvollerem Verhalten und mehr Hilfsbereitschaft im Straßenverkehr motiviert werden.

»Herz ist Trumpf« soll es künftig auch im deutschen Straßenverkehr heißen.

Verkehr in Zahlen: Entwicklungen 1966-71

Länge der öffentlichen Straßen

	Bundesautobahn	Bundesstraßen
1966	3372 km	30 500 km
1967	3508 km	31 400 km
1968	3617 km	32 000 km
1969	3967 km	32 000 km
1970	4110 km	32 200 km
1971	4461 km	32 600 km

Bestand an Kraftfahrzeugen

	Kraftfahrzeuge	PKW und Kombi
1966	13,147 Mio.	10,302 Mio.
1967	13,745 Mio.	11,016 Mio.
1968	14,391 Mio.	11,683 Mio.
1969	15,343 Mio.	12,585 Mio.
1970	16,783 Mio.	13,941 Mio.
1971	18,028 Mio.	15,115 Mio.

Motorräder

	Bestand	Neuzulassungen
1966	552 000	4 200
1967	394 000	4 400
1968	312 000	5 000
1969	263 000	5 400
1970	229 000	8 900
1971	201 000	16 200

Straßenverkehrsunfälle mit Personenschäden

	Verletzte	Tote
1966	317 026	15 596
1967	319 815	15 737
1968	324 424	15 280
1969	323 636	15 285
1970	360 138	17 472
1971	352 035	17 069

Eisenbahnverkehr

	Beförd. Personen	Beförd. Güter
1966	1,066 Mrd.	323 Mio. t
1967	1,018 Mrd.	319 Mio. t
1968	1,009 Mrd.	346 Mio. t
1969	1,024 Mrd.	380 Mio. t
1970	1,054 Mrd.	392 Mio. t
1971	1,053 Mrd.	362 Mio. t

Flugverkehr

	Fluggäste	Beförderte Güter
1966	11,664 Mio.	167 000 t
1967	12,938 Mio.	187 000 t
1968	14,789 Mio.	231 000 t
1969	17,685 Mio.	286 000 t
1970	21,340 Mio.	315 000 t
1971	24,808 Mio.	340 000 t

Sieben Millionen für den Aldi-Besitzer

16. Dezember. 18 Tage nach seiner Entführung wird der Essener Großkaufmann Theo Albrecht gegen die Zahlung von 7 Mio. DM Lösegeld von seinen Entführern freigelassen.

Albrecht ist gemeinsam mit seinem Bruder Karl Besitzer der Aldi-Lebensmittel-Märkte. Er war am 29. November beim Verlassen der Hauptverwaltung seines Unternehmens in Herten (Kreis Recklinghausen) von zwei bewaffneten Männern entführt worden.

In mehreren Briefen an die Familie Albrecht, die Essener Staatsanwaltschaft und den Ministerpräsidenten des Landes Nordrhein-Westfalen, Heinz Kühn, stellten die Kidnapper ihre Millionenforderung. Auf Wunsch der Familie des entführten Unternehmers wurde der Essener Bischof Franz Hengsbach als Vermittler eingeschaltet. Nach Zahlung des Lösegeldes wird Albrecht schließlich dem Bischof übergeben.

Die beiden Täter werden erst 1972 gefaßt und im Januar 1973 zu je achteinhalb Jahren Freiheitsstrafe verurteilt. Der Großteil des Lösegeldes bleibt jedoch verschwunden. Die Entführer hatten ihr Opfer aus dem Buch »Die Reichen und die Superreichen« ausgewählt.

Samstag, 18. Dez. 1971 · 20 Pf
Nr. 294 / St. W. • Druck in Essen • C 3535 A
Bild
UNABHÄNGIG · ÜBERPARTEILICH
Nach 18 Tagen:
Entführter Millionär wieder zu Hause
Lockere Zähne?
ONE DROP ONLY · 1 BERLIN 15
Er ist frei

△ *Die Medien berichten mit zeitlicher Verzögerung über die Freilassung Albrechts. Dies war eine der Forderungen der Entführer, die sich damit Zeit zur Flucht verschaffen wollten.*

◁ *Nach seiner Freilassung winkt Albrecht der Menge zu, die sich vor seiner Villa in Essen versammelt hat.*

Metaller erstreiken 7,5% mehr Lohn

10. Dezember. Bei den Tarifverhandlungen für die Metallindustrie des Bezirks Nordwürttemberg-Nordbaden einigen sich die Tarifpartner in Stuttgart auf Lohnerhöhungen von 7,5%.

Der neue Manteltarifvertrag, der auch von den anderen Tarifbezirken übernommen wird, hat eine Laufzeit von zwölf Monaten. Die tarifliche Absicherung des dreizehnten Monatsgehalts, die von der Gewerkschaft sofort verlangt worden war, wird nur stufenweise eingeführt. Zunächst werden 10% des Weihnachtsgeldes garantiert, bis 1974 soll der Satz auf 40% angehoben werden.

Die Tarifgespräche hatten Anfang Oktober begonnen. Nach mehreren gescheiterten Verhandlungsrunden traten die Arbeitnehmer am 22. November in den Streik. Die Arbeitgeber antworteten am 26. November mit Aussperrungen in allen zum Arbeitgeber-Verband gehörenden Unternehmen mit mehr als 100 Beschäftigten. Wegen fehlender Zulieferungen mußten daraufhin alle bundesdeutschen Automobilkonzerne für zwei Wochen ihre Produktion einstellen. Von dem Arbeitskampf waren in 540 Betrieben insgesamt 360 000 Personen direkt betroffen.

In sieben Sprachen rufen die Gewerkschaften zum Streik in der Metallindustrie auf. Zur Unterstützung der Streikenden zahlte die IG Metall täglich 10 Mio. DM.

Harte Flügelkämpfe auf SPD-Parteitag

17./18. Dezember. In Bad Godesberg findet die zweite Session des IV. Außerordentlichen Parteitags der SPD statt. Bei der ersten Session vom 18. bis 20. November in Bonn hatte der Parteitag ein so umfangreiches Programm, daß er die Tagesordnung nicht vollständig erledigen konnte.

Auf dem Parteitag kam es zu scharfen Auseinandersetzungen. Eine Reihe von Vorschlägen des Vorstands, die im Sinne der Bundesregierung formuliert waren, wurden vom Parteitag abgelehnt und durch radikalere Anträge ersetzt.

Für Konflikte sorgte auf der ersten Session vor allem die geplante Steuerreform der Regierung. Der Parteitag beschloß, den Steuergrundfreibetrag von bisher 1680 DM auf 2040 DM zu erhöhen. Der Spitzensteuersatz soll von bisher 53% auf 60% erhöht werden. Gemäßigte Parteiführer betonten, daß diese Entscheidung bürgerliche SPD-Wähler abschrecke. Der SPD-Fraktionsvorsitzende Herbert Wehner erklärte, daß sozialpolitisch progressiv gemeinte Beschlüsse »der Rechten in die Hände arbeiten« könnten.

Mit unerwartet großer Mehrheit forderte der Parteitag eine Reform des § 218 (Schwangerschaftsunterbrechung) im Sinne der Fristenlösung. Danach sollen Schwangerschaftsabbrüche innerhalb der ersten drei Monate straffrei bleiben. Der Entwurf der Bundesregierung sieht dagegen eine Indikationslösung vor, die Abtreibungen nur im Fall besonderer sozialer und medizinischer Härten gestattet.

Auf seiner zweiten Session behandelt der Parteitag ausschließlich Fragen zur Reform der Parteiorganisation. Vorschläge der Parteiführung, schärfere Disziplinarinstrumente gegen einzelne Mitglieder zu schaffen, stoßen auf scharfe Kritik der Jungsozialisten (Jusos). Der Parteivorstand setzt jedoch eine Entschließung durch, nach der die Unterstützung der DKP durch SPD-Mitglieder den Parteiausschluß zur Folge hat. Der Antrag der Jusos, als selbständige SPD-Unterorganisation mit eigener Satzung und eigener Vertretung in den Parteigremien anerkannt zu werden, wird von den gemäßigten Parteimitgliedern zu Fall gebracht.

An Landkommunen reizt viele Jugendliche das Leben in Natur und friedlicher Gemeinschaft.

Alternativer Urlaub für Jugendliche: Fern von den Zwängen des Familienlebens genießen sie das Gefühl der großen Freiheit.

Jugendliche auf der Suche nach neuen Werten

Abkehr und Abgrenzung von der bestehenden Gesellschaft und deren Normen und Idealen – das sind die Ziele der Jugendbewegung 1971. Anders als bei der 68er Bewegung drückt sich der Protest gegen das Establishment jedoch weniger in spektakulären politisch-revolutionären Aktionen aus, sondern eher in der Umsetzung der 68er Ideale im persönlichen Bereich.
Die Werte der Studentenbewegung, deren Führer für viele Jugendliche zu Vorbildern werden, haben sich in den Köpfen der jungen Generation festgesetzt. Durch Aktionen wie den »Roten Punkt« oder eine verstärkte Beteiligung an der Schülermitverwaltung versuchen die Jugendlichen in den Bereichen, die sie direkt betreffen, einen Wandel herbeizuführen.
Auf der Suche nach alternativen Lebensformen fliehen Teile der Jugend aus den verschmutzten Städten ins Grüne. In Landkommunen versuchen sie ein neues Leben nach ihren Vorstellungen zu führen. Bürgerliche Werte wie Arbeit, Leistung und Wohlstand werden von den Aussteigern abgelehnt. In den Städten emigrieren die Jugendlichen in exotische Teestuben mit Beat, asiatischen Brettspielen und Räucherstäbchen.
Ihre bürgerliche Umwelt versucht die Jugend durch bunte Kleidung, lange Haare, freieren Umgang mit Sex und Drogenkonsum zu schokkieren. Von der Drogenverklärung der Hippies wenden sich jedoch immer mehr Jugendliche ab.

Auf Matratzen springen Hotelgäste in die Tiefe, um dem Feuer zu entgehen.

160 Todesopfer bei Hotelbrand in Seoul

25. Dezember. Bei einem Hotelbrand in Seoul (Südkorea) kommen 160 Menschen ums Leben. Das Feuer, das in der Küche ausbrach, breitete sich in Windeseile über die 22 Etagen des Gebäudes aus.

Gould schwimmt Weltrekorde in Serie

12. Dezember. Eine blonde Schülerin schwimmt in außergewöhnlichen Rekord-Bahnen: Die Australierin Shane Gould – seit drei Wochen 15 Jahre alt, 1,71 m groß, 58 kg leicht – stellt in ihrer Heimatstadt Sydney ihren sechsten Weltrekord innerhalb von acht Monaten auf. Dabei »kratzt« sie mit 17:00,6 min über 1500 m Freistil an einer Traumgrenze. Gould unterbietet die Bestleistung der Amerikanerin Cathy Calhoun (17:19,2 min) um fast 20 sec. Und als zweite Schwimmerin überhaupt ist sie Weltrekordhalterin auf allen fünf Freistil-Strecken. Vorher schaffte das nur die Amerikanerin Helen Madison im Jahr 1931.
Shane Gould, die »Weltsportlerin des Jahres«, startete ihre außergewöhnliche Rekordserie am 3. Februar: In Sydney schwamm sie 8:58,1 min über 800 m Freistil.

Durch hartes Training, von Kindheit an, wurde Gould zur Weltrekordlerin.

Und das sind die weiteren Rekorde:
30. 4.: 100 m, 58,9 sec, London
1. 5.: 200 m, 2:06,5 min, London
9. 7.: 400 m, 4:21,2 min, Santa Clara
26. 11.: 200 m, 2:05,8 min, Sydney
12. 12.: 1500 m, 17:00,6 min, Sydney
Gould schwamm im November mit 4980 m (inoffiziellen) Stundenrekord. Im Januar 1972 verbessert sie den 100-m-Rekord auf 58,5 sec.

Filmbewußtsein durch KoKi fördern

5. Dezember. In Frankfurt a. M. wird das erste Kommunale Kino (KoKi) der Bundesrepublik Deutschland eröffnet. Mit einem täglich wechselnden Programm wollen die Stadtväter den Kinobesuchern ein neues »Filmbewußtsein« vermitteln.
Der Frankfurter Kulturdezernent Hilmar Hoffmann, Initiator des ersten Kommunalen Kinos, erklärt: »Für das kommerzielle Kino steht der Film als Ware im Vordergrund. Bei dem subventionierten Filmtheater sollen dagegen Gebrauchswert und soziale Funktion der Filme wichtiger als der Profit sein.«
Die Stadt unterstützt das Projekt mit 80 000 DM. Das Programm umfaßt anspruchsvolle Dokumentarfilme ebenso wie Retrospektiven von Filmklassikern.
Nach Frankfurter Vorbild wollen zukünftig 150 weitere Gemeinden ihr eigenes Kino betreiben.

Amerikaner legen Spermien auf Eis

27. Dezember. In New York wird die erste Samenbank für menschliche Spermien eröffnet. Bis Ende 1972 sollen in 19 weiteren amerikanischen Städten Samendepots eingerichtet werden.
Durch die Ausbreitung der Sterilisation kommt den Samenbanken wachsende Bedeutung zu. In den USA unterzogen sich bislang bereits mehr als drei Mio. Männer dieser Operation. Die Sterilisation ist die sicherste Verhütungsmethode für den Mann. In den Samenbanken werden die Spermien über lange Zeit gelagert. Durch künstliche Befruchtung können Männer somit auch Jahre nach der Sterilisation Kinder haben.
Das Einfrieren der Samen kostet 280 DM. Für die zehnjährige Aufbewahrung werden weitere 350 DM verlangt. Die ersten Kunden sind im Durchschnitt 25 Jahre alt.

Eßgruppe aus Kunststoff. Das beliebig form- und färbbare Material ermöglicht neue Designvarianten.

Praktische, individuell kombinierbare Schrankwände: Sie passen in jede Wohnung und schaffen viel Raum.

Die Stereoanlage avanciert zum bewußten Gestaltungsmittel moderner Raumausstattung.

Wohnen und Design 1971:

Wohnungsnot den Kampf angesagt – durch Flexibilität Raum schaffen

Chronik Übersicht

Wohnungsnot und Wohnraummangel bereiten in der Bundesrepublik Deutschland nach wie vor Probleme. Die Bonner Regierung sagt dieser Entwicklung jetzt mit der verstärkten Förderung des Wohnungsbaus den Kampf an. Die Möbelindustrie hat in dem Problem eine Marktlücke entdeckt. Sie kommt mit Neuheiten auf den Markt, die die optimale Ausnutzung des verfügbaren Wohnraums versprechen.

Der Wohnungsbau in der Bundesrepublik befindet sich 1971 nach der Flaute der vergangenen Jahre wieder im Aufwärtstrend: 554 987 Wohnungen werden fertiggestellt, 247 473 Baugenehmigungen erteilt. Gegenüber dem Vorjahr eine Steigerung um 16,1 bzw. 10,3%. Eine positive Tendenz, doch für den Bedarf noch immer nicht ausreichend. Das hat auch die Bundesregierung erkannt. Sie will dem Wohnungsbau nach eigener Aussage zukünftig Priorität im innenpolitischen Bereich einräumen. Nach Angaben des Wohnungsbauministeriums sollen bis 1976 jährlich etwa 500 000 Wohnungen fertiggestellt werden.

Speziell der soziale Wohnungsbau gerät durch die sozialliberale Koalition, die seit 1969 regiert, in Bewegung. 1971 werden hier 195 024 Baugenehmigungen erteilt, gegenüber 1970 eine Steigerung um 18,1%. Auch kommen mehr Bundesbürger in den Genuß einer Sozialwohnung. Durch das Wohnungsbauänderungsgesetz vom 11. November dieses Jahres wird die Einkommensfreigrenze für den Bezug von staatlich gefördertem Wohnraum von 750 DM auf 1000 DM heraufgesetzt.

Initiativen zeigen sich nicht nur im Baugewerbe, sondern auch bei der Möbelindustrie. Flexibel und funktional – unter diesem Motto stehen die Entwürfe, die 1971 erscheinen und sofort Einzug in die bundesdeutschen Wohnungen halten. Feste Wohnräume werden aufgelöst und damit eine bessere Raumausnutzung ermöglicht. Besonders gut kommen Betten an, die tagsüber zu »verstecken« sind. Dazu zählen Schrank- und Regalbetten sowie Schlafcouches. Was nachts als Schlafzimmer dient, wird tagsüber zum Wohnraum.

Immer mehr Bundesbürger, vor allem die jüngere Generation, bevorzugen »flexible« Möbel: Gruppen oder Elemente, die sich individuell auf- und umstellen lassen. Wohnlandschaften, auch als »mobile Sitzgruppen« bezeichnet, stehen hier an erster Stelle. Gefragt sind aber auch Kombinationsschränke oder Steck- und Baukastenmöbel. Hier spricht die Möbelindustrie gleich von »Möbel-Städten«. Regelrechte Kuriositäten sind Verwandlungssessel, sog. Knautschis und Schaumstoffsessel zum Knoten.

Wer die Abwechslung liebt, erhält 1971 durch »Mietmöbel« die Gelegenheit, Einrichtungsgegenstände des öfteren zu wechseln: Eine bundesdeutsche Firma vermietet Möbel auf Leasing-Basis.

Durchgesetzt haben sich in der Bundesrepublik inzwischen die Kunststoffmöbel. Nachdem in den letzten Jahren nur einzelne Stühle oder Tische angeboten wurden, bringen die Hersteller jetzt ganze Möbel- und Sitzgruppen heraus. Durch das beliebig formbare Material verändert sich das Design: Die Formen werden runder und fließender. Auch haben die Möbel neue, unkonventionelle Farben.

»Jede Bewegung kommt dreifach zurück« – die Werbung preist das »Aquabett« auch als »Liebesbett« an.

Wasserbetten auch in heimischen Schlafzimmern

Das »Wasserbett« – in den USA erfunden und dort inzwischen ein Verkaufsknüller – hält jetzt auch Einzug in bundesdeutsche Schlafzimmer. Statt auf Federkern, Roßhaar oder Schaumstoff ruhen die Schlaftrunkenen auf einem überdimensional großen, mit Wasser gefüllten Kunststoffsack.

In der Werbung wird vor allem auf erotische Aspekte der neuen Bett-Variante angespielt. Darüber hinaus werden auch gesundheitliche Gesichtspunkte betont.

Luxuriöses Wohnbad: Die Armaturen aus Plexiglas; mit Teppichboden und Sitzmöglichkeiten ausgestattet, soll das Bad zum Treffpunkt für die ganze Familie werden.

Revolution im Bad: Von der Waschgelegenheit zur Oase der Entspannung

Die Möbelhersteller setzen 1971 auch aufs Bad. Unterstützung erhalten sie durch bundesdeutsche Mediziner, die im Bad eine »Oase der Entspannung« sehen wollen. Die Badezimmer der Zukunft sind Wohnbäder. Sie sind großzügig angelegt und mit viel Komfort und Luxus ausgestattet. Ein Ort, an dem man sich gerne aufhält.
Für viele wird das jedoch ein Traum bleiben, denn gut ein Drittel aller Wohnungen, meist in Altbauten, ist noch immer ohne Bad. Aber auch da weiß die Industrie Rat. Sie bietet sog. Sanitär- oder Duschzellen an, die nachträglich installiert werden können.

Aus Anlaß des 2500jährigen Bestehens des persischen Kaiserreichs erscheint bei Rosenthal ein »Schahservice«, entworfen von Bjørn Wiinblad.

Der neueste Entwurf des italienischen Designers Luigi Colani: Das Teeservice »Drop«. Kennzeichnend für Kanne, Sahnekännchen und sog. Zuckerschütte sind die eliptische Form und die extrem langgezogenen Ausgüsse.

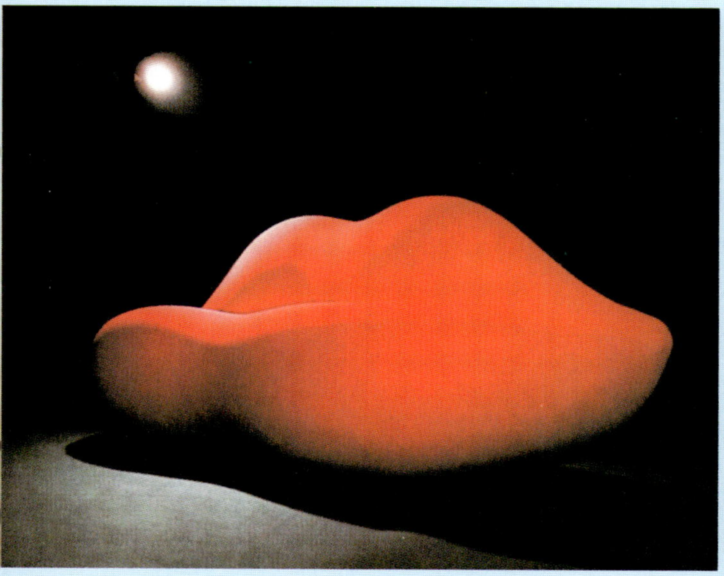

△ Die sog. Popart wirkt sich auch auf das Möbeldesign aus. Das Sofa Modell »Bocca« geht auf das »Lippensofa« des spanischen Künstlers Salvador Dalí aus dem Jahr 1936 zurück. Es ist über 2 m breit.

▷ Kleiderständer für den ausgefallenen Geschmack: Modell »Cactus«, entworfen von den Designern Guido Drocco und Franco Mello

Geeignete Geschenke auszuwählen, ist schwierig. Viele Firmen haben darin eine Chance entdeckt: Sie verteilen Wunschzettel mit ihren eigenen Produkten.

Friedliches Weihnachtsfest

24. Dezember. Bundesdeutsche Politiker stellen das Weihnachtsfest 1971 in das Zeichen von »Frieden und Freiheit«. Bundespräsident Gustav W. Heinemann ruft die Bundesbürger in der traditionellen Weihnachtsansprache dazu auf, »zur Bewahrung des Friedens beizutragen und mit mehr Zivilcourage an der Erhaltung der Freiheit mitzuwirken«. Zwar, so der Bundespräsident, läge es nicht in der Macht des einzelnen, die »Kriege draußen in der Welt zu beenden«, doch solle sich jeder »im persönlichen Lebensbereich um den Abbau von Konflikten« bemühen.

Die Feiertage verlaufen in der Bundesrepublik sehr ruhig. Keine Katastrophe stört die Weihnachtsidylle. Das außergewöhnlich milde Wetter – die Temperaturen liegen teilweise bei plus 10 °C – lockt nur wenige Skifahrer zu einem Kurzurlaub in die Alpen. Die erwarteten Staus und Unfälle auf den Autobahnen bleiben aus.

Viele Bürger schauen sich lieber im ZDF-Fernsehen den letzten Teil des Adventsvierteilers »Der Seewolf« (→ S. 101) an, der am zweiten Feiertag ausgestrahlt wird.

Die Industrie zeigt sich mit dem Weihnachtsgeschäft zufrieden. Zu den Rennern der Saison zählt dieses Jahr die Unterhaltungselektronik. Sehr begehrt sind Farbfernseher. Die Unternehmen führen dies auch auf die 1972 stattfindenden Olympischen Spiele zurück.

Der Kirchgang am Heiligen Abend ist für die Mitglieder der britischen Königsfamilie Pflicht. (v.l.): Viscount Linley, Lady Sarah, Königinmutter Elisabeth, Prinzessin Margaret und Prinzessin Anne sowie Prinz Charles haben am Festtags-Gottesdienst in der St. Pauls-Kathedrale in London teilgenommen.

Im Zeichen der Entspannung

Chronik Fazit

Ende 1971 können die Bundesbürger auf ein ereignisreiches Jahr zurückblicken. In vielen Bereichen waren die Auswirkungen der späten 60er Jahre zu spüren, in denen ein tiefgreifender gesellschaftlicher und politischer Wandel begonnen hatte. Geprägt wurde das Jahr in erster Linie durch erfolgreiche weltpolitische Entspannungsbemühungen.

Tauwetter im Ost-West-Konflikt

Die Annäherung zwischen Ost und West kennzeichnete die internationale Entwicklung des Jahres: Die starren, festgefahrenen Fronten des kalten Krieges brechen auf, Entspannungsbemühungen führten zu konkreten Ergebnissen.

Im Rahmen der neuen Ostpolitik der SPD/FDP-Regierung unterzeichneten die Bundesrepublik Deutschland und die DDR das sog. Transitabkommen, das den Reiseverkehr zwischen Berlin (West) und der Bundesrepublik regelt. Dieses Abkommen ist der erste deutsch-deutsche Vertrag auf Regierungsebene und bedeutet indirekt die Anerkennung der DDR durch Bonn.

Verhandlungsbereitschaft zeigten auch die Großmächte. Die Siegerstaaten des Zweiten Weltkriegs, USA, Frankreich, Großbritannien und UdSSR, schlossen das Viermächteabkommen über Berlin, das den Status der geteilten Stadt und die Verantwortung der Alliierten festschreibt. Die Situation Berlins, die seit Kriegsende Stimmungsbarometer im Konflikt zwischen Ost und West war, hat sich somit stabilisiert.

Die Großmächte USA und UdSSR kamen auch im Rahmen der SALT-Verhandlungen (Strategic Arms Limitation Talks = Gespräche über die Begrenzung strategischer Rüstung) zu ersten Verträgen. Sie vereinbarten u. a. das »Abkommen zur Verringerung der Gefahr eines Kernwaffenkrieges«. Der US-amerikanische Außenminister William P. Rogers sieht darin einen ersten Schritt, um einen »zufällig ausbrechenden Atomkrieg« zu verhindern.

Eine grundlegende Wandlung trat im Verhältnis zwischen den bislang verfeindeten Staaten USA und China ein. Mit der chinesischen »Pingpong-Diplomatie« wurden die seit 1950 unterbrochenen Beziehungen zwischen beiden Ländern wieder aufgenommen. Die USA gaben den Widerstand gegen den Beitritt Chinas zu den Vereinten Nationen auf.

Die Fortschritte in den Entspannungsbemühungen lassen viele Menschen hoffen, daß internationale Differenzen künftig mit friedlichen Mitteln gelöst werden. Die diplomatischen Gespräche und Verhandlungen werden auch 1972 fortgesetzt. So bemühen sich die USA und UdSSR um Einigung in Abrüstungsfragen. Die Bundesrepublik und die DDR unterzeichnen weitere Abkommen, und Bonn erkennt die DDR offiziell als einen eigenständigen Staat an. US-Präsident Nixon reist nach China, um die neue Freundschaft persönlich zu festigen.

Reformen contra Terrorismus

Die SPD/FDP-Koalition widmete sich 1971 verstärkt innenpolitischen Reformvorhaben, mit denen sie größere soziale Gerechtigkeit schaffen will.

Ein Schritt nach vorn gelang der Regierung mit der Einführung des sog. BAföGs. Mit dem Bundesausbildungsförderungsgesetz, das erstmals einheitlich die staatliche Unterstützung für Schul- und Hochschulbesucher regelt, soll größere Chancengleichheit im Bildungswesen erreicht werden. Das Betriebsverfassungsgesetz vom November 1971 erweitert die betrieblichen Mitbestimmungsrechte für Arbeitnehmer. Eine Änderung in der Rechtsprechung sieht die vom Kabinett beschlossene Reform des Scheidungsrechts vor, die jedoch erst 1976 realisiert wird. Das Zerrüttungsprinzip ersetzt das bis dahin geltende Schuldprinzip.

Die Erfolge der Bundesregierung bei den inneren Reformen wurden jedoch durch den aufkommenden Terrorismus getrübt. 1971 gab es im Kampf zwischen dem Staat und der »Baader-Meinhof-Gruppe« sowie der »Bewegung 2. Juni«

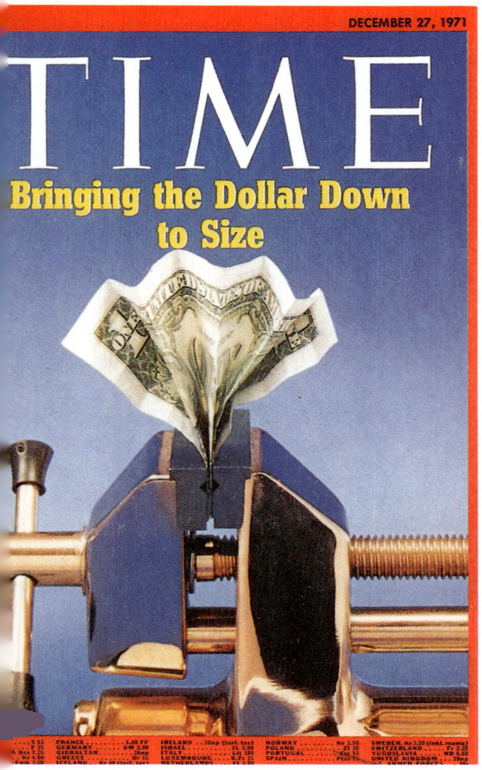

Durch eine Abwertung wird der »Dollar auf sein eigentliches Maß zurückgeschraubt«.

Drei Tote fordert der Kampf zwischen Staat und Terrorismus bereits 1971. Doch das ist erst der Anfang.

Noch vor Jahresfrist wird das erste deutsch-deutsche Regierungsabkommen unterzeichnet. Weitere folgen.

die ersten Toten. Der Haß auf die staatliche Ordnung wächst in den Folgejahren, die Verfolgung der oppositionellen Untergrundkämpfer wird mit zunehmender Härte betrieben. Diese Entwicklung führt zur Verschlechterung des gesellschaftlichen Klimas in der Bundesrepublik Deutschland, die einen Ausbau der sozial-liberalen Reform gefährdet.
Die innenpolitische Entwicklung des Jahres 1971 ist ein Resultat der 68er Studentenbewegung. Mit den inneren Reformen griff die Regierung Forderungen der Protestler auf, obwohl die außerparlamentarische Opposition (APO) zerfallen war. Ein großer Teil ihrer Akteure versuchte inzwischen, auf rechtsstaatlicher Ebene gesellschaftliche Änderungen zu erreichen. Sie begaben sich auf den »Marsch durch die Institutionen«, meist durch Beitritt zur regierenden SPD. Als Jusos tragen sie mit der Parteiführung erbitterte Flügelkämpfe aus.
Ein kleinerer Teil der früheren APO-Mitglieder wandte sich vom parlamentarischen System ab und ging in den Untergrund. Mit terroristischen Gewaltakten wollen sie das politische System verändern. Viele junge Leute zogen sich völlig aus dem politischen Leben zurück. Sie suchten einen neuen Lebenssinn in Sekten oder anderen religiösen Gruppierungen, wie der »Hare-Krishna-Bewegung« oder der »Jesus-People-Bewegung«.

Weltwährungssystem in der Krise

Deutliche Zuwachsraten bestimmten die wirtschaftliche Entwicklung in der Bundesrepublik Deutschland. Der allgemeine konjunkturelle Aufschwung wurde jedoch durch die wachsende Inflation gefährdet. Wichtigste Maßnahme, um die Teuerung einzudämmen, war die vorübergehende Freigabe des DM-Wechselkurses, das sog. Floating.
Diese Entscheidung der Bundesregierung fiel vor dem Hintergrund der krisenhaften Entwicklung der Weltwirtschaft. Die anhaltende Depression in den USA trieb Devisenhändler zu einer Flucht aus dem Dollar in stabilere Währungen. Erst die Freigabe der Wechselkurse und die Abwertung des Dollar beendeten den Zustrom der amerikanischen Währung auf die internationalen Devisenmärkte.
US-Präsident Richard M. Nixon reagierte mit einem wirtschafts- und währungspolitischen Notprogramm auf die Krise. Am 15. August hob er die Funktion des Dollar als internationale Leit- und Reservewährung auf.
Damit gaben die USA ihre Position als führende Wirtschaftsmacht, wie sie 1944 in Bretton Woods festgelegt worden war, auf. Für die Europäer setzt ein Prozeß der wirtschaftlichen Abkopplung von den USA ein. Im Rahmen der Europäischen Gemeinschaft bemühen sich die Staaten in den nächsten Jahren verstärkt, ein alternatives Währungssystem zu entwickeln.

Kultur: Provokation und Proteste

Soziale Fragestellungen und gesellschaftliche Tabus griffen 1971 auch auf die Kulturszene über und lösten in der Öffentlichkeit heftige Diskussionen aus.
In Hamburg demonstrierten Bürger gegen das Musical »Oh! Calcutta!«, das sich als Persiflage auf die Sexwelle versteht. Auch die gesellschaftskritische Dramatik des bayerischen Autors Franz Xaver Kroetz, vor allem die Uraufführung von »Wildwechsel« im Dortmunder Schauspiel, schokkierte Theaterbesucher. In den USA protestieren religiöse Gruppen gegen die Vermarktung Christi als Popidol in dem Rockmusical »Jesus Christ Superstar« von Andrew Lloyd Webber.

Sport im Skandalschatten

1971 geht als schwarzes Jahr in die bundesdeutsche Sportgeschichte ein. Der Bestechungsskandal in der Fußballbundesliga überschattet alle sportlichen Glanz- und Höchstleistungen. Mit hohen Geldsummen versuchten Klubs und Kicker, Spiele zu manipulieren. Der Skandal, in den zwölf Funktionäre, drei Trainer und 52 Spieler verwickelt sind, beschäftigt den DFB noch Jahre. Das Gerangel um Geld und Erfolg läßt den deutschen Profi-Fußball Anziehungskraft verlieren: Die Zuschauerzahlen gehen empfindlich zurück, da die Fans das Gefühl haben, über Sieg und Niederlage wird nicht mehr auf dem Fußballplatz entschieden.
Aber auch die allgemeine Kommerzialisierung des Sports nimmt zu. Das internationale Sportereignis des Jahres, der »Boxkampf des Jahrhunderts« zwischen den US-Amerikanern Joe Frazier und Muhammad Ali in New York, wurde mit allen Mitteln vermarktet. Die Begegnung zweier ungeschlagener Weltmeister konnten – dank lukrativer Geschäfte mit den Fernsehrechten – über 300 Mio. Zuschauer weltweit an ihren Bildschirmen live verfolgen.

Neue Postwertzeichen 1971 in der Bundesrepublik Deutschland

Die Briefmarken sind verkleinert abgebildet.

Freimarkenausgabe »Unfallverhütung« ab 3. September. Motive (v. l.): Brand, defekte Leiter, Kreissäge, Alkohol am Steuer, Schutzhelm, defekter Stecker, Nagel, Ball auf der Straße, schwebende Last, Absperrung

Sonderausgabe zum 400. Geburtstag des Astronomen Johannes Kepler

Sonderausgabe Straßenverkehr: Verkehrsregeln

Sonderausgabe zum Straßenverkehr: Neue Verkehrszeichen

Sonderausgabe, Europamarken; Erstausgabe: 3. Mai

Wohltätigkeitsausgabe zugunsten der Wohlfahrtspflege, alte Holzspielzeuge; als Motive (v. l.): Butterfrauen, Nußknacker, Reiter mit Pferd auf Rädern, Taubenhaus Klingkästchen

Sonderausgabe »450. Jahrestag des Wormser Reichstags«

Sonderausgabe zum 500. Geburtstag von Albrecht Dürer

Sonderausgabe zur Reichsgründung von 1871

Sonderausgabe zum 650. Todestag von Dante

Sonderausgabe »125 Jahre Chemiefaserforschung«

Sonderausgabe »Ökumenisches Pfingsttreffen«

Wohltätigkeitsausgabe für die Jugend; als Vorlage dienten Zeichnungen von Kindern zwischen 9 und 12 Jahren; Motive (v. l.): Mohrenkönig, Gestiefelter Kater, Floh, Schlange

Freimarken-Ergänzungswerte (25, 60, 120, 160 Pf) G. Heinemann

Sonderausgaben zu den Städten (v. o.) Goslar und Nürnberg; Erstausgabe am 15. September bzw. 21. Mai

Sonderausgabe zum 500. Todestag von Thomas Hemerken, genannt Thomas von Kempen; Erstausgabe: 3. Mai

Wohltätigkeitsausgabe »Weihnachtsmarke«, Motiv Weihnachtsengel; Erstausgabe: 11. November

Sonderausgabe zum 100. Geburtstag des ersten deutschen Reichspräsidenten (1919–1925) Friedrich Ebert

Blockausgabe der vierten Wohltätigkeits-Sonderausgabe »Olympiamarken«; Zuschlag zur Unterstützung der XX. Olympischen Sommerspiele 1972 in München und Kiel

Anhang

Regierungen Bundesrepublik Deutschland, DDR, Österreich, Schweiz 1971

Neben den Staatsoberhäuptern der Bundesrepublik Deutschland, der DDR, Österreichs und der Schweiz sind in der Zusammenstellung die einzelnen Kabinette des Jahres 1971 in chronologischer Reihenfolge aufgeführt. Hinter den Namen der wichtigsten Regierungsmitglieder stehen in Klammern die Parteizugehörigkeit und der Zeitraum ihrer Tätigkeit.

Bundesrepublik Deutschland

Staatsform:
Republik
Bundespräsident:
Gustav W. Heinemann (SPD; 1969–1974)

1. Kabinett Brandt, Koalition aus SPD und FDP (1969–1972):
Bundeskanzler:
Willy Brandt (SPD; 1969–1974)
Vizekanzler und Auswärtiges:
Walter Scheel (FDP; 1969–1974)
Inneres:
Hans-Dietrich Genscher (FDP; 1969–1974)
Justiz:
Gerhard Jahn (SPD; 1969–1972)
Finanzen:
Alex Möller (SPD; 1969–13. 5. 1971), Karl Schiller (SPD; 13. 5. 1971–1972)
Wirtschaft:
Karl Schiller (SPD; 1966–1972)
Ernährung, Landwirtschaft und Forsten:
Josef Ertl (FDP; 1969–1982, 1982/83)
Arbeit und Sozialordnung:
Walter Arendt (SPD; 1969–1976)
Verteidigung:
Helmut Schmidt (SPD; 1969–1972)
Verkehr:
Georg Leber (SPD; 1966–1972)
Post- und Fernmeldewesen:
Georg Leber (SPD; 1969–1972)
Städtebau:
Lauritz Lauritzen (SPD; 1966–1972)
Innerdeutsche Beziehungen:
Egon Franke (SPD; 1969–1982)
Jugend, Familie und Gesundheit:
Käte Strobel (SPD; 1969–1972)
Bildung:
Hans Leussink (parteilos; 1969–1972)
Wirtschaftliche Zusammenarbeit:
Erhard Eppler (SPD; 1968–1974)
Besondere Aufgaben:
Horst Ehmke (1969–1972)

Die Ministerpräsidenten der deutschen Bundesländer:
Baden-Württemberg:
Hans Filbinger (CDU; 1966–1978)
Bayern:
Alfons Goppel (CSU; 1962–1978)
Bremen:
Hans Koschnick, Erster Bürgermeister (SPD; 1967–1985)
Hamburg:
Herbert Weichmann, Erster Bürgermeister (SPD; 1965–9. 6. 1971), Peter Schulz (SPD; 9. 6. 1971–1974)
Hessen:
Albert Osswald (SPD; 1969–1976)
Niedersachsen:
Alfred Kubel (SPD; 1970–1976)
Nordrhein-Westfalen:
Heinz Kühn (SPD; 1966–1978)
Rheinland-Pfalz:
Helmut Kohl (CDU; 1969–1976)
Saarland:
Franz-Josef Röder (CDU; 1959–1979)
Schleswig-Holstein:
Helmut Lemke (CDU; 1963–24. 5. 1971), Gerhard Stoltenberg (CDU; 24. 5. 1971–1982)
Berlin (West):
Klaus Schütz, Regierender Bürgermeister (SPD; 1967–1977)

Deutsche Demokratische Republik

Staatsform:
Republik
Staatsratsvorsitzender:
Walter Ulbricht (SED; 1960–1973)
Ministerpräsident:
Willi Stoph (SED; 1964–1973)
1. Sekretär der SED:
Walter Ulbricht (SED; 1954–3. 5. 1971), Erich Honecker (SED; 3. 5. 1971–1989)

Österreich

Staatsform:
Republik
Bundespräsident:
Franz Jonas (SPÖ; 1965–1974)

1. Kabinett Kreisky, SPÖ-Minderheitsregierung (1970–19. 10. 1971):
Bundeskanzler:
Bruno Kreisky (SPÖ; 1970–1983)
Vizekanzler:
Rudolf Häuser (SPÖ; 1970–1976)
Äußeres:
Rudolf Kirchschläger (parteilos; 1970–1974)
Inneres:
Otto Rösch (SPÖ; 1970–1977)
Unterricht und Kunst:
Leopold Gratz (SPÖ; 1970–19. 10. 1971)
Wissenschaft und Forschung:
Hertha Firnberg (SPÖ; 1970–1984)
Justiz:
Hans Christian Broda (SPÖ; 1960–1966, 1970–1983)
Verteidigung:
Johann Freihsler (SPÖ; 1970–4. 2. 1971), Bruno Kreisky (SPÖ; betraut 4.–8. 2. 1971), Karl Lütgendorf (parteilos; 8. 2. 1971–1977)
Finanzen:
Hannes Androsch (SPÖ; 1970–1981)
Land- und Forstwirtschaft:
Oskar Weihs (SPÖ; 1970–1976)
Handel, Gewerbe und Industrie:
Joseph Staribacher (SPÖ; 1970–1983)
Verkehr:
Erwin Frühbauer (SPÖ; 1970–1973)
Bauten und Technik:
Josef Moser (SPÖ; 1970–1979)

2. Kabinett Kreisky, SPÖ-Regierung (4. 11. 1971–1975):
Bundeskanzler:
Bruno Kreisky (SPÖ; 1970–1983)
Vizekanzler:
Rudolf Häuser (SPÖ; 1970–1976)
Äußeres:
Rudolf Kirchschläger (parteilos; 1970–1974)
Inneres:
Otto Rösch (SPÖ; 1970–1977)
Unterricht und Kunst:
Fred Sinowatz (SPÖ; 4. 11. 1971–1983)
Soziale Verwaltung:
Rudolf Häuser (SPÖ; 4. 11. 1971–1976)
Wissenschaft und Forschung:
Hertha Firnberg (SPÖ; 1970–1984)
Justiz:
Hans Christian Broda (SPÖ; 1960–1966, 1970–1983)
Verteidigung:
Karl Lütgendorf (parteilos; 8. 2. 1971–1977)
Finanzen:
Hannes Androsch (SPÖ; 1970–1981)
Land- und Forstwirtschaft:
Oskar Weihs (SPÖ; 1970–1976)
Handel, Gewerbe und Industrie:
Joseph Staribacher (SPÖ; 1970–1983)
Verkehr:
Erwin Frühbauer (SPÖ; 1970–1973)
Bauten und Technik:
Josef Moser (SPÖ; 1970–1979)

Schweiz

Staatsform:
Republik
Bundespräsident:
Rudolf Gnägi (SVP; 1971, 1976)

Äußeres:
Pierre Graber (SPS; 1970–1977)
Inneres:
Hans Peter Tschudi (SPS; 1960–1973)
Justiz und Polizei:
Ludwig von Moos (CVP; 1960–31. 12. 1971)
Finanzen und Zölle:
Nello Celio (FDP; 1968–1973)
Militär:
Rudolf Gnägi (SVP; 1968–1979)
Volkswirtschaft:
Ernst Brugger (FDP; 1970–1977)
Verkehr und Energiewirtschaft:
Roger Bonvin (CVP; 1968–1973)

Bundesrepublik Deutschland, DDR, Österreich und Schweiz 1971 in Zahlen

Die Statistiken für die vier deutschsprachigen Länder umfassen eine Auswahl von grundlegenden Daten. Es wurden vor allem Daten aufgenommen, die innerhalb der einzelnen Länder vergleichbar sind. Maßgebend für alle Angaben waren die amtlichen Statistiken. Die Zahlen beziehen sich, soweit nicht anders angemerkt, auf die jeweiligen Staatsgrenzen von 1971. Nicht in allen gesellschaftlichen Bereichen finden jährliche Erhebungen statt, so daß mitunter die Daten aus früheren Jahren aufgenommen werden mußten. Das Erhebungsdatum ist jeweils angegeben (unter der Rubrik »Stand«). Die aktuellen Zahlen des Jahres 1971 werden – wo möglich – durch einen Vergleich zum Vorjahr relativiert. Wichtige Zusatzinformationen zum Verständnis einzelner Daten sind in den Fußnoten enthalten.

Bundesrepublik Deutschland

Erhebungsgegenstand	Wert	Vergleich Vorjahr (%)	Stand
Fläche (km²)	248 587	–	31. 12. 1971
Bevölkerung			
Wohnbevölkerung	61 502 500	+ 1,1	1971
männlich	29 367 400	+ 1,7	1971
weiblich	32 135 100	+ 1,1	1971
Einwohner je km²	247	+ 1,2	1971
Privathaushalte	22 852 000	+ 3,9	1971
Einpersonenhaushalte	6 106 000	+ 10,4	1971
Mehrpersonenhaushalte	16 746 000	+ 1,7	1971
Lebendgeborene	779 000	– 3,9	1971
Gestorbene	731 000	– 0,5	1971
Eheschließungen	432 000	– 2,9	1971
Ehescheidungen	81 000	+ 5,2	1971
Familienstand der Bevölkerung			
Ledige insgesamt	24 472 700	–	31. 12. '70[1)]
männlich	12 741 800	–	31. 12. '70[1)]
weiblich	11 730 900	–	31. 12. '70[1)]
Verheiratete	30 414 100	–	31. 12. '70[1)]
Verwitwete und Geschiedene	6 114 500	–	31. 12. '70[1)]
männlich	1 022 700	–	31. 12. '70[1)]
weiblich	5 091 800	–	31. 12. '70[1)]
Religionszugehörigkeit			
evangelische Landeskirchen	28 480 200	–	27. 5. '70[1)]
evangelische Freikirchen	1 216 300	–	27. 5. '70[1)]
römisch-katholisch	27 060 800	–	27. 5. '70[1)]
andere christliche Kirchen	659 600	–	27. 5. '70[1)]
Juden	31 700	–	27. 5. '70[1)]
andere, ohne Konfession	3 201 800	–	27. 5. '70[1)]
Altersgruppen			
unter 5 Jahren	4 489 300	–	1971
5 bis unter 10 Jahren	5 073 200	–	1971
10 bis unter 15 Jahren	4 547 400	–	1971
15 bis unter 20 Jahren	4 072 100	–	1971
20 bis unter 30 Jahren	8 000 800	–	1971
30 bis unter 40 Jahren	9 212 800	–	1971
40 bis unter 50 Jahren	7 723 100	–	1971
50 bis unter 60 Jahren	6 273 200	–	1971
60 bis unter 65 Jahren	3 672 600	– 0,4	1971
65 bis unter 70 Jahren	3 216 600	–	1971
70 bis unter 80 Jahren	3 835 800	–	1971
80 und darüber	1 167 000	–	1971
Die zehn größten Städte			
Berlin (West)	2 084 000	– 1,5	31. 12. 1971
Hamburg	1 781 600	– 0,7	31. 12. 1971
München	1 338 400	+ 2,0	31. 12. 1971
Köln	846 500	– 0,4	31. 12. 1971
Essen	691 800	– 0,7	31. 12. 1971
Frankfurt am Main	657 800	– 1,3	31. 12. 1971
Düsseldorf	650 400	– 1,6	31. 12. 1971
Dortmund	642 400	+ 0,3	31. 12. 1971
Stuttgart	632 900	– 0,2	31. 12. 1971
Hannover	516 700	– 0,8	31. 12. 1971
Erwerbstätigkeit			
Erwerbstätige	26 650 000	– 0,1	1971
männlich	17 181 000	+ 0,6	1971
weiblich	9 469 000	– 1,2	1971
nach Wirtschaftsbereichen			
Land- und Forstwirtschaft, Tierhaltung und Fischerei	2 101 000	– 7,1	1971
produzierendes Gewerbe	12 995 000	– 0,2	1971
Handel und Verkehr	4 725 000	+ 1,3	1971
sonstige	6 829 000	+ 1,5	1971
Ausländische Arbeitnehmer	2 128 000	+ 17,8	1971
Arbeitslose	185 000	+ 24,2	1971
Arbeitslosenquote (in %)	0,7	+ 14,3	1971
Betriebe			
Landwirtschaftliche Betriebe	1 161 000	– 6,7	1971
Industrie und Handwerk	56 111	– 0,2	1971
Baugewerbe	63 436	– 1,4	1971
Außenhandel (in Mio. DM)			
Einfuhr	120 119	+ 9,6	1971
Ausfuhr	136 011	+ 8,6	1971
Ausfuhrüberschuß	15 892	+ 1,4	1971
Verkehr			
Eisenbahnnetz (km)	32 744	– 0,8	1971
Beförderte Personen (in Mio.)	1 053	– 0,1	1971
Beförderte Güter (in Mio. t)	362	– 7,7	1971
Straßennetz (km)	164 469	+ 1,3	1971
davon Autobahn (km)	4 461	+ 8,5	1971
Bestand an Kraftfahrzeugen	18 028 000	+ 7,4	1971
davon Pkw	13 976 000	+ 8,3	1971
davon Lkw	1 034 000	+ 4,4	1971
Zulassung fabrikneuer Kfz	2 389 000	+ 1,8	1971
Binnenschiffe zum Gütertransport (Tragfähigkeit in 1000 t)	4 493	– 0,7	1971
Beförderte Güter (Mio. t)	230	– 4,2	1971
Handelsschiffe/Seeschiffahrt (BRT)	8 427 000	– 0,2	1971
Beförderte Güter (Mio. t)	133	– 3,6	1971
Luftverkehr			
Beförderte Personen	24 808 000	+ 16,3	1971
Beförderte Güter (t)	340 000	+ 7,9	1971
Bildung			
Schüler an			
Volksschulen	6 494 243	+ 2,1	1971
Realschulen	896 873	+ 5,4	1971
Gymnasien	1 430 862	+ 3,5	1971
Studenten	466 044	+ 13,5	1971
Rundfunk und Fernsehen			
Hörfunkteilnehmer	19 026 000	– 3,0	1971
Fernsehteilnehmer	16 669 000	± 0	1971
Gesundheitswesen			
Ärzte	104 000	+ 4,0	1971
Zahnärzte	31 000	± 0	1971
Krankenhäuser	3 545	– 1,2	1971
Sozialleistungen			
Mitglieder der			
gesetzlichen Krankenversicherung	31 486 000	+ 2,7	1971
Rentenversicherung der Arbeiter	7 093 000	+ 2,5	1971
Rentenversicherung der Angestellten	2 629 000	+ 3,6	1971
Knappschaftl. Rentenversicherung	733 000	– 2,7	1971

Erhebungsgegenstand	Wert	Vergleich Vorjahr (%)	Stand
Empfänger von Arbeitslosengeld und -hilfe	134 000	+19,6	1971
Sozialhilfe	1 548 000	+ 3,8	1971
Finanzen und Steuern (in Mio. DM)			
Gesamtausgaben des Staates	225 394	+14,9	1971
Gesamteinnahmen des Staates	170 811	+12,1	1971
Schuldenlast des Staates	137 512	+11,5	1971
Löhne und Gehälter			
Wochenarbeitszeit in der Industrie (Std.)	37,4	− 4,3	1971
Tariflicher Bruttostundenverdienst (DM)			
männlicher Facharbeiter	7,25	+11,7	1971
weiblicher Facharbeiter	5,05	+12,5	1971
Index der tariflichen Stundenlöhne in der gewerblichen Wirtschaft (1970 = 100)	111,0	+11,0	1971
Preise			
Einzelhandelspreise ausgewählter Lebensmittel (DM)			
Butter, 1 kg	7,84	+ 4,5	1971
Weizenmehl, 1 kg	1,04	− 1,0	1971
Schweinefleisch, 1 kg	8,13	− 3,2	1971
Rindfleisch, 1 kg	10,19	+ 1,5	1971
Eier, 1 Stück	0,21	+10,5	1971
Kartoffeln, 5 kg	2,04	−20,9	1971
Vollmilch, 1 l	0,80	+116,2	1971
Zucker, 1 kg	1,22	+ 4,3	1971
Index der Lebenshaltungskosten für 4-Personen-Haushalt von Angestellten und Beamten mit höherem Einkommen (1962 = 100)	129,6	+ 5,5	1971
4-Personen-Arbeitnehmer-Haushalt mit mittlerem Einkommen (1962 = 100)	130,4	+ 5,4	1971
Bruttosozialprodukt (Mrd. DM)	559,9	+ 5,8	1971

Erhebungs-gegenstand	Bremen	Berlin	Kassel	Aachen	Stuttgart	München
Klimatische Verhältnisse						
Mittlere Lufttemperatur (° C)						
Januar	0,7	− 1,0	− 0,4	3,7	0,9	− 3,3
Februar	3,4	2,1	2,8	3,3	2,3	− 0,7
März	2,4	2,2	2,3	2,6	2,6	− 0,3
April	8,1	8,5	9,8	9,2	11,8	9,6
Mai	14,9	15,4	15,3	15,0	15,9	14,0
Juni	14,9	15,2	15,1	14,2	15,4	13,8
Juli	18,2	19,1	18,9	18,5	20,8	18,0
August	18,0	19,5	18,7	17,6	20,0	18,3
September	12,2	12,4	13,0	13,4	13,8	11,7
Oktober	9,9	9,3	9,6	11,0	11,0	8,3
November	5,0	4,4	4,2	4,9	4,5	2,8
Dezember	5,5	4,7	4,5	5,4	4,1	1,8
Niederschlagsmengen (mm)						
Nov. '70 – Febr. '71	163	140	147	170	109	143
März – April	32	44	75	63	53	98
Mai	21	56	62	63	83	99
Juni	151	106	101	119	200	188
Juli	49	8	26	24	11	98
August	75	8	50	103	122	99
Sept. – Okt.	172	77	45	48	38	93
Nov. '71 – Febr. '72	138	104	118	137	100	113
Sonnenscheindauer (Std.)						
März	93	128	93	121	82	123
April	137	168	188	173	205	196
Mai	235	253	197	207	170	185

1) Letzte verfügbare Angabe

Erhebungs-gegenstand	Bremen	Berlin	Kassel	Aachen	Stuttgart	München
Juni	153	149	134	157	170	156
Juli	251	318	297	291	308	308
August	208	251	215	220	239	230
September	133	150	162	200	217	205
Oktober	138	169	154	181	201	207

Deutsche Demokratische Republik

Erhebungsgegenstand	Wert	Vergleich Vorjahr (%)	Stand
Fläche (km²)	108 178	±0	1971
Bevölkerung			
Wohnbevölkerung	17 054 000	±0	31. 12. 1971
männlich	7 873 000	+ 0,2	31. 12. 1971
weiblich	9 181 000	− 0,2	31. 12. 1971
Einwohner je km²	157,6	− 0,1	1971
Lebendgeborene	234 870	− 0,9	1971
Gestorbene	234 953	− 2,4	1971
Eheschließungen	130 205	− 0,4	1971
Ehescheidungen	30 831	+12,5	1971
Familienstand der Bevölkerung			
Ledige insgesamt	6 471 000	–	1970[1]
männlich	3 284 600	–	1970[1]
weiblich	3 186 400	–	1970[1]
Verheiratete	8 496 200	–	1970[1]
Verwitwete und Geschiedene	2 086 700	–	1970[1]
männlich	357 300	–	1970[1]
weiblich	1 729 400	–	1970[1]
Altersgruppen			
unter 18 Jahre	4 757 600	–	1970[1]
18 bis unter 25 Jahre	1 498 300	–	1970[1]
25 bis unter 30 Jahre	1 096 700	–	1970[1]
30 bis unter 40 Jahre	2 412 000	–	1970[1]
40 bis unter 50 Jahre	1 905 200	–	1970[1]
50 bis unter 60 Jahre	1 615 900	–	1970[1]
60 bis unter 65 Jahre	1 103 100	–	1970[1]
65 und darüber	2 665 200	–	1970[1]
Die zehn größten Städte			
Berlin (Ost)	1 086 374	–	1. 1. 1971
Leipzig	583 885	–	1. 1. 1971
Dresden	502 432	–	1. 1. 1971
Karl-Marx-Stadt (Chemnitz)	298 411	–	1. 1. 1971
Magdeburg	272 237	–	1. 1. 1971
Halle/Saale	257 261	–	1. 1. 1971
Erfurt	196 528	–	1. 1. 1971
Gera	111 535	–	1. 1. 1971
Potsdam	111 336	–	1. 1. 1971
Dessau	98 402	–	1. 1. 1971
Erwerbstätigkeit			
Berufstätige	7 795 000	+ 0,3	1971
männlich	3 997 000	− 0,6	1971
weiblich	3 798 000	+ 1,3	1971
nach Wirtschaftsbereichen			
Land- und Forstwirtschaft	974 000	− 2,3	1971
Industrie	2 867 000	+ 0,4	1971
produzierendes Handwerk	398 000	− 1,5	1971
Bauwirtschaft	536 000	− 0,4	1971
Handel	847 000	− 1,3	1971
Verkehr, Post- u. Fernmeldewesen	582 000	+ 0,2	1971

Erhebungsgegenstand	Wert	Vergleich Vorjahr (%)	Stand
Betriebe			
Landwirtschaftliche Produktionsgenossenschaften	8327	– 7,6	1971
Bauindustrie	1294	– 2,0	1971
Bauhandwerk	16112	– 3,2	1971
privates Handwerk	14470	– 3,6	1971
Einzelhandelsverkaufsstellen	97269	–	1971
Gaststätten	34235	–	1968[1]
Außenhandel (in Mio. Valuta-Mark)			
Außenhandelsumsatz	42240,6	+ 6,7	1971
davon sozialistische Länder	30258,8	+ 6,8	1971
davon kapitalistische Industrieländer	10267,5	+ 6,3	1971
Verkehr			
Eisenbahnnetz (km)	14658	–	1970[1]
Beförderte Personen (Mio.)	630	+ 0,6	1971
Beförderte Güter (1000 t)	268473	+ 2,1	1971
Straßennetz (km)	45729	–	1970[1]
davon Autobahnen und Fernverkehrsstraßen	12416	–	1970[1]
Bestand an Kraftfahrzeugen davon Pkw	1267846	+ 9,3	1971
davon Lkw	197740	+ 6,4	1971
Binnenschiffe zum Gütertransport			
Beförderte Güter (1000 t)	13566	– 0,7	1971
Handelsschiffe/Seeschiffahrt (BRT)	961355	+ 2,3	1971
Beförderte Güter (1000 t)	9479	+ 11,3	1971
Luftverkehr			
Beförderte Personen	923400	+ 9,7	1971
Beförderte Güter (1000 t)	19,2	+ 11,0	1971
Bildung			
Schüler an			
Polytechnischen Oberschulen	2707000	+ 1,5	1971
Studierende im Hochschulstudium	158014	+ 10,3	1971
Rundfunk und Fernsehen			
Hörfunkteilnehmer	5984600	–	1970[1]
Fernsehteilnehmer	4499200	–	1970[1]
Gesundheitswesen			
Ärzte	27925	+ 2,5	1971
Zahnärzte	7316	– 0,4	1971
Krankenhäuser	620	– 1,0	1971
Sozialleistungen			
Sozialfürsorgeunterstützung	52843	– 7,2	1971
Finanzen und Steuern (in Mio. Mark)			
Gesamtausgaben des Staates	79125,1	+ 13,1	1971
Gesamteinnahmen des Staates	80206,2	+ 13,6	1971
Löhne und Gehälter			
Durchschnittliches Monatseinkommen (Industrie)	796	+ 3,6	1971
Pro-Kopf-Realeinkommen (1960 = 100)	144,6	+ 4,1	1971
Preise			
Index der Einzelhandelsverkaufspreise (1970 = 100)	100,2	+ 0,2	1971
4-Personen-Arbeitnehmer-Haushalt mit mittlerem Einkommen (1970 = 100)			
Gesellschaftliches Gesamtprodukt	292200	+ 5,1	1971

1) Letzte verfügbare Angabe

Österreich

Erhebungsgegenstand	Wert	Vergleich Vorjahr (%)	Stand
Fläche (km²)	83850	±0	1971
Bevölkerung			
Wohnbevölkerung	7456403	+0,9	12. 5. 1971
männlich	3501719	+1,0	12. 5. 1971
weiblich	3954684	+0,8	12. 5. 1971
Einwohner je km²	88,9	+0,9	12. 5. 1971
Nichtösterreicher	176773	–	12. 5. 1971
Privathaushalte	2467400	+1,7	1971
Einpersonenhaushalte	547200	–0,4	1971
Mehrpersonenhaushalte	1920200	+2,3	1971
Lebendgeborene	108510	–3,4	1971
Gestorbene	97334	–1,5	1971
Eheschließungen	48166	–8,7	1971
Ehescheidungen	10005	–3,4	1971
Familienstand der Bevölkerung			
Ledige insgesamt	3196660	+0,4	12. 5. 1971
männlich	1636274	+0,5	12. 5. 1971
weiblich	1560386	+0,3	12. 5. 1971
Verheiratete	3395391	+0,6	12. 5. 1971
Verwitwete und Geschiedene	864352	+1,4	12. 5. 1971
männlich	167315	+1,3	12. 5. 1971
weiblich	697037	+1,3	12. 5. 1971
Religionszugehörigkeit			
römisch-katholisch	6540294	–	12. 5. 1971
evangelisch	446307	–	12. 5. 1971
übrige und unbekannt	149771	–	12. 5. 1971
ohne Bekenntnis	320031	–	12. 5. 1971
Altersgruppen			
unter 5 Jahre	593578	–2,2	12. 5. 1971
5 bis unter 10 Jahre	643388	+1,1	12. 5. 1971
10 bis unter 15 Jahre	585366	+3,4	12. 5. 1971
15 bis unter 20 Jahre	511456	+7,0	12. 5. 1971
20 bis unter 30 Jahre	1015203	–2,5	12. 5. 1971
30 bis unter 40 Jahre	910105	+2,8	12. 5. 1971
40 bis unter 50 Jahre	935982	+0,4	12. 5. 1971
50 bis unter 60 Jahre	752917	+0,6	12. 5. 1971
60 bis unter 65 Jahre	446838	–0,3	12. 5. 1971
65 bis unter 70 Jahre	402232	+0,9	12. 5. 1971
70 bis unter 75 Jahre	305467	–	12. 5. 1971
75 Jahre und darüber	353871	–	12. 5. 1971
Die zehn größten Städte			
Wien	1614841	–	12. 5. 1971
Graz	248500	–	12. 5. 1971
Linz	202874	–	12. 5. 1971
Salzburg	128845	–	12. 5. 1971
Innsbruck	115197	–	12. 5. 1971
Klagenfurt	74326	–	12. 5. 1971
St. Pölten	50144	–	12. 5. 1971
Wels	47279	–	12. 5. 1971
Steyr	40578	–	12. 5. 1971
Leoben	35153	–	12. 5. 1971
Erwerbstätigkeit			
Beschäftigte	2452259	+ 2,8	1971
männlich	1543425	+ 2,6	1971
weiblich	908834	+ 3,1	1971
nach Wirtschaftsbereichen			
Land- und Forstwirtschaft	60517	– 6,0	1971
verarbeitendes Gewerbe, Industrie	1194962	+ 2,6	1971
Dienstleistungen	1200423	+ 2,3	1971
Energie- und Wasserversorgung	29992	+ 2,2	1971
Ausländische Arbeitnehmer	166662	+ 74,8	Sept. 1971

Erhebungsgegenstand	Wert	Vergleich Vorjahr (%)	Stand
Arbeitslose	52 094	– 12,2	1971
Arbeitslosenquote (in %)	2,1	– 12,5	1971
Betriebe			
Landwirtschaftliche Betriebe	367 702	–	1970[1]
Bergbau, Industrie und verarbeitendes Gewerbe	6 036	+ 26,1	1971
Baugewerbe	3 200	+ 1,6	1971
Handel	54 802	–	1971
Außenhandel (in Mio. öS/Mio. DM)			
Einfuhr	104 476 (14 510,6)	– 11,7	1971
Ausfuhr	78 991 (10 971)	+ 6,4	1971
Einfuhrüberschuß	25 485 (3539,6)	+ 41,6	1971
Verkehr			
Eisenbahnnetz, Bundesbahnen (km)	5 890	– 0,2	1971
Beförderte Personen (in 1000)	119 268	+ 4,3	1971
Beförderte Güter (in 1000 t)	48 863	– 2,3	1971
Bundesstraßennetz (km)	9 259	± 0	1971
Landstraßen (km)	23 080	+ 0,1	1971
Bestand an Kraftfahrzeugen	2 336 520	+ 6,2	1971
davon Pkw	1 325 162	+ 10,7	1971
davon Lkw	128 068	+ 5,8	1971
Zulassung fabrikneuer Kfz	264 064	+ 38,6	1971
Donauschiffahrt (Zahl der Schiffe)	11 240	– 3,6	1971
Beförderte Güter (1000 t)	7 215	– 5,0	1971
Luftverkehr			
Beförderte Personen	922 465	+ 17,4	1971
Beförderte Güter (t)	8 613 075	+ 12,9	1971
Bildung			
Schüler an			
Volksschulen	578 050	– 3,0	1971/72
Hauptschulen	334 760	+ 8,4	1971/72
Höheren Schulen	129 900	+ 8,6	1971/72
Studenten	62 871	+ 9,7	1971/72
Rundfunk und Fernsehen			
Hörfunkteilnehmer	2 159 574	+ 6,6	1971
Fernsehteilnehmer	1 586 114	+ 11,3	1971
Gesundheitswesen			
Praktische und Fachärzte	10 153	+ 0,2	1. 1. 1971
Zahnärzte	1 395	– 0,1	1. 1. 1971
Krankenhäuser	305	+ 0,3	1971
Sozialleistungen			
Mitglieder der gesetzlichen Krankenversicherung	3 815 754	+ 2,3	31. 12. 1971
Empfänger von Arbeitslosengeld	36 340	– 10,4	1971
Notstandshilfe	4 794	– 11,4	1971
Finanzen und Steuern (in Mio. öS/Mio. DM)			
Gesamtausgaben des Staates	106 650 (14 812,5)	+ 5,3	1971
Gesamteinnahmen des Staates	106 888 (14 845,6)	+ 15,8	1971
Löhne und Gehälter			
Wochenarbeitszeit in der Industrie (Stunden)	45,1	– 0,9	1971
Mindeststundenlohn qualifizierter Facharbeiter (öS)	19,60 (2,72)	+ 17,0	1971
Index der tariflichen Stundenlöhne in der gewerblichen Wirtschaft (1966 = 100)	149,3	+ 4,3	1971

Erhebungsgegenstand	Wert	Vergleich Vorjahr (%)	Stand
Preise			
Einzelhandelspreise ausgewählter Lebensmittel in öS (DM)			
Butter, 1 kg	11,00 (1,53)	+ 4,8	1971
Weizenmehl, 1 kg	5,90 (0,82)	+ 1,0	1971
Schweinefleisch, 1 kg	47,10 (6,54)	± 0	1971
Rindfleisch, 1 kg	48,00 (6,67)	+ 4,3	1971
Eier, 1 Stück	1,35 (0,19)	+ 5,5	1971
Kartoffeln, 1 kg	2,64 (0,37)	+ 1,1	1971
Vollmilch, 1 l	4,38 (0,61)	+ 4,3	1971
Zucker, 1 kg	7,29 (1,01)	± 0	1971
4-Personen-Arbeitnehmer-Haushalt mit mittlerem Einkommen (1958 = 100)	153,4	+ 4,7	1971
Bruttonationalprodukt Mio. öS (Mio. DM)	415 700 (57 736)	+ 11,2	1971

Erhebungsgegenstand	Wien	Innsbruck	Salzburg	Klagenfurt	Graz	Feldkirch
Klimatische Verhältnisse						
Mittlere Lufttemperatur (°C)						
Januar	– 2,2	– 2,2	– 3,8	– 4,7	– 1,7	– 4,7
Februar	2,6	– 0,6	– 0,4	– 1,0	– 1,8	– 1,6
März	2,3	0,7	0,1	0,6	2,0	– 0,4
April	11,2	10,7	10,0	9,4	10,4	10,1
Mai	15,7	14,5	14,2	14,4	15,5	14,3
Juni	16,7	14,9	15,0	15,5	16,6	14,6
Juli	20,1	18,8	18,9	18,8	19,5	18,9
August	21,0	18,8	19,2	19,1	19,6	18,5
September	13,6	12,5	12,0	11,4	12,5	12,0
Oktober	9,4	8,1	8,5	6,4	8,4	8,0
November	4,8	2,4	3,3	1,3	3,8	2,0
Dezember	3,8	– 1,6	– 1,7	– 3,4	1,4	– 1,4
Niederschlagsmengen (mm)						
Januar	17	4	6	46	14	10
Februar	34	57	63	25	19	78
März	72	32	55	36	36	32
April	22	14	33	51	43	31
Mai	34	74	108	48	37	73
Juni	109	93	139	77	44	242
Juli	19	138	84	91	104	69
August	62	147	189	98	112	149
September	51	72	78	48	72	72
Oktober	19	12	17	38	13	32
November	64	50	48	95	59	88
Dezember	28	57	31	28	27	41
Sonnenscheindauer (Std.)						
Januar	68	95	101	33	72	74
Februar	63	106	70	150	120	79
März	79	136	125	137	114	135
April	183	213	217	205	184	207
Mai	246	194	204	233	230	193
Juni	202	175	166	207	196	175
Juli	292	286	308	295	276	321
August	257	250	249	290	268	238
September	152	216	163	194	188	238
Oktober	203	226	225	229	227	180
November	58	84	63	82	81	72
Dezember	55	114	87	66	114	65

Statistik 1971

Schweiz

Erhebungsgegenstand	Wert	Vergleich Vorjahr (%)	Stand
Fläche (km²)	41 287,89	±0	1971
Bevölkerung			
Wohnbevölkerung	6 324 000	+0,9	1971[2]
männlich	3 089 326	–	1970[1]
weiblich	3 180 457	–	1970[1]
Einwohner je km²	153,2	+0,9	1971[2]
Ausländer	1 080 076	–	1970[1]
Haushaltungen	2 062 438	–	1970[1]
Privat	2 051 592	–	1970[1]
Kollektiv	10 846	–	1970[1]
Lebendgeborene	96 261	–3,0	1971
Gestorbene	57 856	+1,3	1971
Eheschließungen	44 881	–3,9	1971
Ehescheidungen	7035	+9,8	1971
Familienstand der Bevölkerung			
Ledige insgesamt	2 836 922	–	1970[1]
männlich	1 469 282	–	1970[1]
weiblich	1 367 640	–	1970[1]
Verheiratete	2 978 769	–	1970[1]
Verwitwete und Geschiedene	454 092	–	1970[1]
männlich	108 260	–	1970[1]
weiblich	345 832	–	1970[1]
Religionszugehörigkeit			
protestantisch	2 991 694	–	1970[1]
römisch-katholisch	3 096 654	–	1970[1]
christlich-katholisch	20 268	–	1970[1]
israelitisch	20 744	–	1970[1]
andere, ohne Konfession	140 423	–	1970[1]
Altersgruppen			
unter 5 Jahre	490 229	–	1970[1]
5 bis unter 10 Jahre	511 407	–	1970[1]
10 bis unter 15 Jahre	464 897	–	1970[1]
15 bis unter 20 Jahre	450 599	–	1970[1]
20 bis unter 30 Jahre	1 032 286	–	1970[1]
30 bis unter 40 Jahre	872 756	–	1970[1]
40 bis unter 50 Jahre	773 105	–	1970[1]
50 bis unter 60 Jahre	644 697	–	1970[1]
60 bis unter 65 Jahre	315 323	–	1970[1]
65 bis unter 70 Jahre	267 243	–	1970[1]
70 bis unter 80 Jahre	335 956	–	1970[1]
80 und darüber	111 285	–	1970[1]
Die zehn größten Städte			
Zürich	420 900	– 0,4	1971[2]
Basel	212 000	– 0,4	1971[2]
Genf	173 000	– 0,3	1971[2]
Bern	160 300	– 1,3	1971[2]
Lausanne	136 600	– 0,6	1971[2]
Winterthur	92 700	±0	1971[2]
St. Gallen	81 200	+ 0,4	1971[2]
Luzern	70 200	+ 0,4	1971[2]
Biel	64 000	– 0,5	1971[2]
La Chaux-de-Fonds	42 800	+ 1,2	1971[2]
Erwerbstätigkeit			
Erwerbstätige	3 005 139	–	1970[1]
männlich	1 973 313	–	1970[1]
weiblich	1 031 826	–	1970[1]
nach Wirtschaftsbereichen			
Land- und Forstwirtschaft, Tierhaltung und Fischerei	229 293	–	1970[1]
produzierendes Gewerbe	1 451 975	–	1970[1]
Handel und Verkehr	1 323 871	–	1970[1]
Ausländische Arbeitnehmer	660 480	+ 0,2	1971
Ganzarbeitslose	100 000	– 3,8	1971
Betriebe			
Landwirtschaftliche Betriebe	168 649	–	1969[1]
Industrie und Handwerk	79 722	–	1965[1]
Baugewerbe	23 129	–	1965[1]
Bergbau, Steinbrüche, Gruben	841	–	1965[1]
Elektrizität, Gas, Wasser	748	–	1965[1]
Dienstleistungen	144 165	–	1965[1]
Außenhandel (in Mio. sFr/Mio. DM)			
Einfuhr	29 641 (24 700)	+ 6,3	1971
Ausfuhr	23 616 (19 680)	+ 6,7	1971
Einfuhrüberschuß	6024 (5020)	+ 5,1	1971
Verkehr			
Eisenbahnnetz, Bundesbahnen (km)	2913	±0	1971
Beförderte Personen (in 1000)	229 584	– 0,5	1971
Beförderte Güter (in 1000 t)	46 172	– 0,7	1971
Straßennetz (km)	60 695	+ 0,9	1971
Bestand an Kraftfahrzeugen	1 610 134	+ 5,6	1971
davon Pkw	1 458 197	+17,7	1971
davon Lkw	39 572	–51,6	1971
Zulassung fabrikneuer Pkw	235 468	+11,8	1971
Luftverkehr			
Beförderte Personen	4 414 970	+14,1	1971
Beförderte Güter (t)	110 528	+ 1,9	1971
Bildung			
Studenten	44 624	+ 5,8	1971/72
Rundfunk und Fernsehen			
Hörfunkteilnehmer	1 470 163	+ 3,7	1971
Fernsehteilnehmer	1 402 570	+10,1	1971
Gesundheitswesen			
Ärzte	5629	+ 2,2	1971
Zahnärzte	2440	–	1971
Krankenhäuser	430	–	1970[1]
Sozialleistungen			
Mitglieder der gesetzlichen Krankenversicherung	6 229 413	+ 2,4	1971
Finanzen und Steuern (in Mio. sFr/Mio. DM)			
Gesamtausgaben des Staates	8962,5 (7468,8)	+15,4	1971
Gesamteinnahmen des Staates	8668,9 (7224,1)	+ 8,7	1971
Schuldenlast des Staates	5775,4 (4812,8)	+ 9,7	1971
Löhne und Gehälter			
Durchschnittlicher Stundenverdienst (sFr/DM)			
männlicher Facharbeiter	8,25 (6,88)	+11,8	1971
weiblicher Facharbeiter	5,01 (4,18)	+14,1	1971
Index der tariflichen Stundenlöhne in der gewerblichen Wirtschaft (1939 = 100)	663	+12,6	1971
Preise			
Index der Konsumentenpreise (1966 = 100)	120,1	+ 6,6	1971
Bruttosozialprodukt (in Mio sFr/Mio. DM)	100 760 (83 967)	+13,4	1971

1) Letzte verfügbare Angabe
2) Jahresdurchschnitt

Erhebungsgegenstand	Zürich	Basel	Bern	Genf	Davos	Lugano
Juni	202	134	145	116	156	219
Juli	94	43	85	9	76	189
August	123	124	167	86	125	162
September	80	31	58	30	33	33
Oktober	44	19	36	33	14	29
November	90	67	98	106	77	164
Dezember	38	41	23	8	41	59
Sonnenscheindauer (Std.)						
Januar	59	93	90	35	101	104
Februar	87	81	106	114	99	187
März	107	99	103	152	121	176
April	213	218	211	232	191	148
Mai	168	141	162	181	158	124
Juni	156	137	180	209	147	194
Juli	328	301	329	341	274	287
August	222	220	225	273	221	240
September	233	211	229	235	210	220
Oktober	178	178	166	160	193	200
November	63	63	80	72	86	98
Dezember	41	85	62	15	123	126

Erhebungsgegenstand	Zürich	Basel	Bern	Genf	Davos	Lugano
Klimatische Verhältnisse						
Mittlere Lufttemperatur (°C)						
Januar	– 1,7	– 1,2	– 2,6	– 1,4	– 4,5	1,6
Februar	– 0,1	1,7	0,5	1,6	– 4,7	5,5
März	0,7	2,1	0,8	1,3	– 5,4	5,5
April	10,8	11,6	11,3	10,8	4,8	12,7
Mai	14,1	14,9	14,2	13,9	8,4	15,3
Juni	14,0	15,1	14,5	16,1	8,6	18,0
Juli	18,8	20,0	19,5	20,2	13,4	22,8
August	18,1	19,1	18,7	19,7	13,5	22,6
September	13,0	13,7	13,6	13,9	8,0	17,7
Oktober	10,1	10,6	10,2	10,2	5,7	12,9
November	3,0	3,9	2,7	3,6	– 1,9	7,0
Dezember	1,3	2,5	0,4	1,2	– 2,2	4,0
Niederschlagsmengen (mm)						
Januar	34	19	43	71	17	99
Februar	57	31	28	30	67	53
März	45	50	41	124	30	152
April	66	16	65	38	23	145
Mai	84	61	110	52	81	302

Staatsoberhäupter und Regierungen ausgewählter Länder 1971

Die Einträge zu den wichtigsten souveränen Ländern des Jahres 1971 informieren über die Staatsform (hinter dem Ländernamen), Titel und Namen des Staatsoberhaupts sowie in Klammern dessen Regierungszeit. Es folgen – soweit vorhanden – die Regierungschefs, bei wichtigeren Ländern auch die Außenminister des Jahres 1971; jeweils in Klammern stehen die Zeiträume der Amtsausübung. Eine Kurzdarstellung gibt – wo es sinnvoll erscheint – einen Einblick in die innen- und außenpolitische Situation des Landes. Über bewaffnete Konflikte und Unruhegebiete, auf die hier nicht näher eingegangen wird, informiert der Anhang »Kriege und Krisenherde des Jahres 1971« gesondert.

Afghanistan

Königreich; *König:* Mohammed Sahir (1933–1973)
Ministerpräsident: Mohammed Nur Ahmad Etemadi (1967–17. 5. 1971), Abdul Sahir (9. 6. 1971–1972)

Ägypten

Republik; *Präsident:* Muhammad Anwar As Sadat (1970–1981)
Ministerpräsident: Mahmud Fausi (1970 bis 1972)
Außenminister: Mahmud Rijad (1964 bis 1972)

Albanien

Volksrepublik; *Präsident:* Haxhi Lleschi (1953–1977)
Parteichef: Enver Hoxha (1954–1985)
Ministerpräsident: Mehmet Shehu (1954–1981)

Algerien

Volksrepublik; *Präsident:* Houari Boumedienne (1965–1978)

Äquatorialguinea

Präsidiale Republik; *Präsident:* Francisco Macías Nguema (1968–1979)

Arabische Emirate

Föderation monarchisch regierter Staaten ab 2. 12. 1971; *Staatsoberhaupt:* Said Ibn Sultan (ab 1971)

Arabische Republik Jemen

Republik; *Präsident:* Abd Ar-Rahman Al-Iriani (1967–1974)

Argentinien

Bundesrepublik; *Bundespräsident:* Roberto Levingston (1970–23. 3. 1971), Alejandro Lanusse (25. 3. 1971–1973)

Äthiopien

Kaiserreich; *Kaiser:* Haile Selassie I. (1930–1974)
Ministerpräsident: Tsehafe Tezaz Aklilu Habtewold (1961–1974)
Seit 1962 führt Eritrea einen Unabhängigkeitskrieg gegen die äthiopische Zentralregierung.

Australien

Parlamentarische Monarchie, Unabhängiges Mitglied im britischen Commonwealth of Nations; *Ministerpräsident:* John Grey Gorton (1968–10. 3. 1971), William McMahon (15. 3. 1971–1972)

Bahrain

Unabhängiges Emirat ab 14. 8. 1971; *Staatsoberhaupt:* Scheich Isa Ibn Salman Al Chalifa (ab 1971)

Bangladesch

Republik ab 26. 3. 1971 bzw. 16. 12. 1971
Siehe den Anhang »Kriege und Krisenherde«

Barbados

Parlamentarische Monarchie im Commonwealth mit dem britischen Monarchen als Staatsoberhaupt; *Premierminister:* Errol Walton Barrow (1966–1976)

Belgien

Königreich; *König:* Baudouin I. = Boudewijn I. (seit 1951)
Ministerpräsident: Gaston Eyskens (1949/50, 1958, 1958–1961, 1968–1972)

Benin

Siehe Dahomey

Bhutan

Königreich; *König:* Jigme Dorji Wangchuk (1952–1972)

Birma

Republik; *Präsident:* General Ne Win (1962–1981)
Ministerpräsident: General Ne Win (1958–1960, 1962–1974)

Bolivien

Präsidiale Republik; *Präsident:* Juan José Torres Gonzáles (1970–21. 8. 1971), Hugo Banzer Suárez (22. 8. 1971–1978)

Botswana

Präsidiale Republik; *Präsident:* Seretse Khama (1966–1980)

Brasilien

Präsidiale Republik; *Präsident:* Emilio Garrastazu Medici (1969–1974)

Bulgarien

Sozialistische Volksrepublik; *Präsident (Präsident des Präsidiums des Nationalrats):* Georgi Traikow (1964–1971)
Ministerpräsident: Todor Schiwkow (1962–1971, danach Staatsratsvorsitzender = Staatsoberhaupt –1989)

Bundesrepublik Deutschland

Siehe S. 211

Burundi

Präsidiale Republik; *Präsident:* Michel Micombéro (1966–1976)

Ceylon (ab 1972 Sri Lanka)

Parlamentarische Monarchie im Commonwealth mit dem britischen Monarchen als Staatsoberhaupt; *Ministerpräsident:* Sirimawo Bandaranaike (1960–1965, 1970–1977); Republik ab 1972
Siehe den Anhang »Kriege und Krisenherde«

Chile

Präsidiale Republik; *Präsident:* Salvador Allende Gossens (1970–1973)

China

Volksrepublik (National-China siehe Taiwan); *Staatsoberhaupt:* Tung Pi Wu (1968–1975)
Parteichef: Mao Tse-tung (1945–1976)
Regierungschef: Chou En-lai (1949–1976)

Costa Rica

Präsidiale Republik; *Präsident:* José Figueres Ferrer (1948/49, 1953–1958, 1970–1974)

Dahomey (ab 1975 Benin)

Republik; *Präsident:* Hubert Coutoucou Maga (1960–1963, 1970–1972)

Dänemark

Königreich; *König:* Friedrich IX. (1947 bis 1972)
Ministerpräsident: Hilmar Tormod Ingolf Baunsgaard (1968–27. 9. 1971), Jens Otto Krag (1962–1968, 9. 10. 1971–1972)

Demokratische Volksrepublik Jemen

Volksrepublik; *Staatsoberhaupt:* Salim Rabi Ali (1969–1978)

Deutsche Demokratische Republik

Siehe S. 211

Dominikanische Republik

Republik; *Präsident:* Joaquín Videla Balaguer (1960/61, 1966–1978)

Ecuador

Präsidiale Republik; *Präsident:* José María Velasco Ibarra (1934/35, 1944–1947, 1952–1956, 1960/61, 1968–1972)

Elfenbeinküste

Präsidiale Republik; *Präsident:* Félix Houphouët-Boigny (seit 1960)

El Salvador

Präsidiale Republik; *Präsident:* Fidel Sánchez Hernández (1967–1972)

Fidschi

Parlamentarische Monarchie im Commonwealth mit dem britischen Monarchen als Staatsoberhaupt (Republik ab 1987); *Premierminister:* Ratu Kamisese Mara (1970–1987, ab 1987)

Finnland

Republik; *Präsident:* Urho Kaleva Kekkonen (1956–1981)
Ministerpräsident: Ahti Karjalainen (1962/93, 1970–29. 10. 1971), Teuvo Aura (1970, 29. 10. 1971–1972)

Formosa

Siehe Taiwan

Frankreich

Republik; *Präsident:* Georges Pompidou (1969–1974)
Ministerpräsident: Jacques Chaban Delmas (Gaullist; 1969–1972)
Außenminister: Maurice Schumann (1969–1973)

Gabun

Präsidiale Republik; *Präsident:* Albert Bernard Bongo = Omar Bongo (seit 1967)

Gambia

Präsidiale Republik; *Präsident:* Dauda Jawara (seit 1970)

Ghana

Präsidiale Republik; *Präsident:* Edward Akufo-Addo (1970–1972)

Griechenland

Monarchie; *König:* Konstantin II. (seit 1964, außer Landes seit 1967)
Vizekönig: Jeorjios Zoitakis (1967–1972)
Ministerpräsident: Jeorjios Papadopulos (1967–1973)

Großbritannien und Nordirland

Konstitutionelle Monarchie; *Königin:* Elisabeth II. (seit 1952)
Premierminister: Edward Heath (Konservativ; 1970–1974)
Außenminister: Alexander Frederick Douglas-Home (1960–1963, 1970–1974)

Guatemala

Präsidiale Republik; *Präsident:* Carlos Araña Osorio (1970–1974)

Guinea

Präsidiale Republik; *Präsident:* Sékou Touré (1961–1984)
Ministerpräsident: Sékou Touré (1958 bis 1984)

Guyana

Republik; *Präsident:* Arthur Chung (1970–1980)
Ministerpräsident: Linden Forbes Sampson Burnham (1966–1980, danach Präsident 1980–1985)

Haiti

Diktatur; *Präsident:* François Duvalier, gen. Papa Doc (1957–21. 4. 1971), Jean-Claude Duvalier, gen. Baby Doc (»auf Lebenszeit« 22. 4. 1971–1986)

Honduras

Republik; *Präsident:* Osvaldo López Arellano (1963–5. 6. 1971, 1972–1975), Ramón Ernesto Cruz (6. 6. 1971–1972)

Indien

Bundesrepublik; *Präsident:* Varahagiri Venkatagiri Giri (1969–1974)
Ministerpräsidentin: Indira Gandhi (1966–1977, 1980–1984)

Indonesien

Präsidiale Republik; *Präsident:* Kemusu Suharto (seit 1967/68)

Irak

Republik; *Präsident:* Ahmad Hasan Al Bakr (1968–1979)

Iran

Kaiserreich; *Schah:* Mohammad Resa Pahlawi (1941–1979)

Irland

Republik; *Präsident: Eamon de Valera (1959–1973)*
Ministerpräsident: John Lynch, genannt Jack Lynch (1966–1973, 1977–1979)

Island

Republik; *Präsident:* Kristján Eldjárn (1968–1980)
Ministerpräsident: Johann Hafstein (1970–14. 6. 1971), Olafur Johannesson (13. 7. 1971–1974)

Israel

Republik; *Präsident:* Salman Schasar (1963–1973)
Ministerpräsident: Golda Meir (1969 bis 1974)

Italien

Republik; *Präsident:* Giuseppe Saragat (1964–28. 12. 1971), Giovanni Leone (29. 12. 1971–1978)
Ministerpräsident: Emilio Colombo (1970–1972)

Jamaika
Parlamentarische Demokratie im Commonwealth mit dem britischen Monarchen als Staatsoberhaupt; *Premierminister:* Hugh Shearer (1967–1972)

Japan
Kaiserreich; *Kaiser (Tenno):* Hirohito (1926–1989)
Ministerpräsident: Eisaku Sato (1964 bis 1972)

Jemen
Siehe Arabische Republik Jemen bzw. Demokratische Volksrepublik Jemen

Jordanien
Königreich; *König:* Husain II. (seit 1952)

Jugoslawien
Volksrepublik; *Präsident:* Josip Tito (1953–1980)

Kambodscha
Khmer-Republik; *Präsident:* Cheng Heng (1970–1972)

Kamerun
Bundesrepublik; *Präsident:* Ahmadou Ahidjo (1960–1982)

Kanada
Parlamentarische Demokratie innerhalb des britischen Commonwealth; *Premierminister:* Pierre Elliott Trudeau (1968–1979, 1980–1984)

Katar
Unabhängiges Emirat ab 1. 9. 1971; *Staatsoberhaupt:* Scheich Ahmad Ibn Abdullah Al Thani (1971–1972)

Kenia
Präsidiale Republik; *Präsident:* Jomo Kenyatta (1964–1978)

Kolumbien
Präsidiale Republik; *Präsident:* Misael Pastrana Borrero (1970–1974)

Kongo (Brazzaville)
Präsidiale Republik; *Präsident:* Marien Ngouabi (1969–1977)

Kongo (Léopoldville/Kinshasa, ab 27. 10. 1971 Zaïre)
Präsidiale Republik; *Präsident:* Sese Soko Mobutu (seit 1965)

Korea (Nordkorea)
Volksrepublik; *Präsident:* Yong Kun Choi (1952–1972)
Ministerpräsident: Kim Il Sung (1948–1972, danach Präsident)

Korea (Südkorea)
Republik; *Präsident:* Park Chung Hee (1962/63–1979)

Kuba
Sozialistische Republik; *Präsident:* Osvaldo Dórticos Torrado (1959–1976)
Ministerpräsident: Fidel Castro (seit 1959, ab 1976 auch Staatspräsident, seit 1965 zugleich Parteichef)

Kuwait
Emirat; *Emir:* Sabah as-Salim as-Sabah (1965–1977)

Laos
Königreich; *König:* Savang Vatthana (1959–1975)
Ministerpräsident: Suvanna Phuma (1962–1975)

Lesotho
Monarchie; *König:* Moshoshoe II. (seit 1966)
Ministerpräsident: Leabua Jonathan (1966–1986)

Libanon
Republik; *Präsident:* Sulaiman Farandschija (1970–1976)

Liberia
Präsidiale Republik; *Präsident und Ministerpräsident:* William Tubman (1943–23. 7. 1971), William R. Tolbert (23. 7. 1971–1980)

Libyen
Republik; *Vorsitzender des Revolutionsrats:* Muammar al Gaddhafi (1969–1977, danach Staatspräsident 1977–1979, danach »Führer der Revolution«)

Liechtenstein
Fürstentum; *Fürst:* Franz Joseph II. (1938–1989)

Luxemburg
Großherzogtum; *Großherzog:* Johann = Jean (seit 1964)
Ministerpräsident: Christian Pierre Werner (1959–1974)

Madagaskar
Republik; *Staats- und Ministerpräsident:* Philibert Tsiranana (1960–1972)

Malawi
Präsidiale Republik; *Präsident:* Hastings Kamuzu Banda (seit 1966)

Malaysia
Wahlmonarchie; *Wahlkönig:* Tungku Abdulhalim Muazzam (1970–1975)

Malediven
Präsidiale Republik; *Präsident:* Amir Ibrahim Nasir (1968–1978)

Mali
Präsidiale Republik; *Präsident:* Moussa Traoré (seit 1968)

Malta
Parlamentarische Monarchie im Commonwealth mit dem britischen Monarchen als Staatsoberhaupt (Republik 1974); *Premierminister:* Borg Olivier (1950–1954, 1954/55, 1962–17. 6. 1971), Dominic Mintoff (1955–1958, 17. 6. 1971–1984)

Marokko
Königreich; *König:* Hasan II. (seit 1961)

Mauretanien
Präsidiale Republik; *Präsident:* Moktar Ould Daddah (1961–1978)

Mauritius
Parlamentarische Monarchie im Commonwealth mit dem britischen Monarchen als Staatsoberhaupt; *Premierminister:* Seewoosagur Ramgoolam (1968 bis 1982)

Mexiko
Bundesrepublik; *Präsident:* Luis Echeverría Alvarez (1970–1976)

Monaco
Fürstentum; *Fürst:* Rainier III. (seit 1949)

Mongolei
Volksrepublik; *Präsident:* Shamtsarangin Sambuu (1954–1972)
Ministerpräsident: Jumschagiin Zedenbal (1952–1974, danach Präsident 1974–1984)

Nauru
Republik; *Präsident:* Hammer De Robürt (1968–1976 und ab 1978)

Nepal
Königreich; *König:* Mahendra Bir Bikram Schah (1956–1972)

Neuseeland
Parlamentarische Monarchie im Commonwealth mit dem britischen Monarchen als Staatsoberhaupt; *Premierminister:* Keith Jacka Holyoake (1960–1972, konservativ)

Nicaragua
Diktatur; *Präsident:* Anastasio Somoza Debayle (1967–1972, 1974–1979)

Niederlande
Konstitutionelle Monarchie; *Königin:* Juliana (1948–1980)
Ministerpräsident: Piet de Jong (1967–1. 7. 1971), Barend Willem Biesheuvel (1. 7. 1971–1973)

Niger
Präsidiale Republik; *Präsident:* Hamani Diori (1960–1974)

Nigeria
Präsidiale Republik; *Präsident:* Yakubu Gowon (1966–1975)

Nordkorea
Siehe Korea (Nordkorea)

Norwegen
Konstitutionelle Monarchie; *König:* Olaf V. (seit 1957)
Ministerpräsident: Per Borten (1965–16. 3. 1971), Trygve Bratteli (16. 3. 1971–1972, 1973–1976)

Obervolta (ab 1984: Burkina Faso)
Republik; *Präsident:* Sangoulé Lamizana (1966–1980)

Österreich
Siehe S. 211

Oman
Sultanat; *Sultan:* Said Kabus Ibn Said Ibn Taimur (seit 1970)

Pakistan
Republik; *Präsident:* Aga Muhammad Yahya Khan (1969–20. 12. 1971), Zulfikar Ali-Khan Bhutto (20. 12. 1971–1973)
Minister: Zulfikar Ali-Khan Bhutto (20. 12. 1971–1977)

Panama
Republik; *Präsident:* Demetrio Lakas Bahas (1969–1978)

Paraguay
Diktatur; *Präsident:* Alfredo Stroessner (1954–1989)

Persien
Siehe Iran

Peru
Republik; *Leiter einer Militärjunta:* Juan Velasco Alvarado (1968–1975)

Philippinen
Republik; *Präsident:* Ferdinando Edralin Marcos (1965–1986)

Polen
Volksrepublik; *Präsident:* Józef Cyrankiewicz (1970–1972)
Parteichef: Edward Gierek (1970–1980)
Ministerpräsident: Piotr Jaroszewicz (1970–1980)

Portugal
Diktatur; *Präsident:* Américo Tomás (1958–1974)
Ministerpräsident: Marcelo José das Neves Alves Caetano (1968–1974)

Rhodesien (ab 1979/80 Simbabwe)
Republik; *Präsident:* Charles Dupont (1970–1976)
Premierminister: Ian Smith (1964–1979)

Rumänien
Volksrepublik; *Staatsoberhaupt:* Nicolae Ceaușescu (1967–1989)
Ministerpräsident: Ion Gheorghe Maurer (1961–1974)

Rwanda
Präsidiale Republik; *Präsident:* Grégoire Kayibanda (1962–1973)

Sambia
Präsidiale Republik; *Präsident:* Kenneth Kaunda (seit 1964)

Samoa (West)
Häuptlingsaristokratie; *Staatsoberhaupt:* Malietoa Tanumafili II. (seit 1962)

Saudi-Arabien
Königreich; *König:* Faisal Ibn Abd Al Asis Ibn Saud (1964–1975)

Schweden
Konstitutionelle Monarchie; *König:* Gustav VI. Adolf (1950–1973)
Ministerpräsident: Olof Palme (1969 bis 1976, 1982–1986)

Schweiz
Siehe S. 211

Senegal
Präsidiale Republik; *Präsident:* Léopold Sédar Senghor (1960–1980)

Sierra Leone
Parlamentarische Monarchie im Commonwealth mit dem britischen Monarchen als Staatsoberhaupt, Proklamation der unabhängigen Republik am 19. 4. 1971; *Premierminister:* Siaka Probyn Stevens (1968–19. 4. 1971, danach Präsident 19. 4. 1971–1985)

Simbabwe
Siehe Rhodesien

Singapur
Republik; *Präsident:* Benjamin Henry Sheares (2. 1. 1971–1985)
Ministerpräsident: Lee Kuan Yew (seit 1959)

Somalia
Republik; *Präsident:* Maxamed Siyaad Barre (seit 1969)

Spanien
Diktatur; *Staatspräsident und Regierungschef:* Francisco Franco Bahamonde (1936/39–1975)

Sri Lanka
Siehe Ceylon

Südafrika
Republik; *Präsident:* Jim Fouché (1968–1975)
Ministerpräsident: Balthazar Vorster (1966–1978, danach Präsident 1978/79)

Sudan
Republik; *Präsident:* Dschafar Muhammad An Numairi (1969–1985)

Südkorea
Siehe Korea (Südkorea)

Swasiland
Monarchie; *König:* Sobhusa II. (1968 bis 1982)

Syrien
Präsidiale Republik; *Präsident:* Ahmed Chatib (1970–22. 2. 1971), Hafis Asad (ab 14. 3. 1971)

Taiwan
Republik; *Präsident:* Chiang Kai-shek (1950–1975)

Tansania
Präsidiale Republik; *Präsident:* Julius Kambarage Nyerere (1962–1985)

Thailand
Konstitutionelle Monarchie; *König:* Rama IX. Bhumibol Adulyadej (seit 1946)
Ministerpräsident: Thanom Kittikachorn (1958, 1963–1973)

Togo
Präsidiale Republik; *Präsident:* Étienne Gnassingbe Eyadema (seit 1967)

Trinidad und Tobago
Parlamentarische Monarchie im Commonwealth mit dem britischen Monarchen als Staatsoberhaupt (Republik ab 1976); *Premierminister:* Eric E. Williams (1962–1981)

Tschad
Präsidiale Republik; *Präsident:* François Tombalbaye (1960–1975)

Tschechoslowakei
Volksrepublik; *Präsident:* Ludvík Svoboda (1968–1975)
Parteichef: Gustav Husák (1969–1987)
Ministerpräsident: Lubomír Strougal (1970–1988)

Tunesien
Präsidiale Republik; *Präsident:* Habib Burgiba (1957–1987, zuvor Ministerpräsident 1956/57)

Türkei
Republik; *Präsident:* Cerdet Sunay (1966–1973)
Ministerpräsident: Süleyman Demirel (1965–12. 3. 1971, 1975–1977, 1977, 1979/80), Nihat Erim (19. 3. 1971–1972)

UdSSR
Union sozialistischer Sowjetrepubliken; *Staatsoberhaupt (Vorsitzender des Präsidiums des Obersten Sowjets):* Nikolai W. Podgorny (1965–1977)
Parteichef: Leonid I. Breschnew (1964–1982)
Ministerpräsident: Alexei N. Kossygin (1964–1980)
Außenminister: Andrei A. Gromyko (1957–1985, danach Staatsoberhaupt 1985–1988)

Uganda
Präsidiale Republik; *Präsident:* Apollo Milton Obote (1966–25. 1. 1971), Idi Amin Dada (25. 1. 1971–1979)

Ungarn
Volksrepublik; *Staatsoberhaupt:* Pál Losonczi (1967–1987)
Parteichef: János Kádár (1967–1988)
Ministerpräsident: Jenö Fock (1967–1975)

Uruguay
Präsidiale Republik; *Präsident:* Jorge Pacheco Areco (1967–1972)

USA
Präsidiale Bundesrepublik; *37. Präsident:* Richard M. Nixon (Republikaner; 1969–1974)
Vizepräsident: Spiro T. Agnew (1969 bis 1973)
Außenminister: William P. Rogers (1969–1973)

Vatikanstadt
Wahlmonarchie; *Papst:* Paul VI., ursprünglich Giovanni Battista Montini (Italiener; 1963–1978)
Kardinalstaatssekretär: Jean Villot (1969–1979)

Venezuela
Präsidiale Republik; *Präsident:* Rafael Caldera (1969–1974)

Vietnam (Nord)
Republik; *Präsident:* Ton Duc Thang (1969–1980)

Vietnam (Süd)
Republik; *Präsident:* Nguyên Văn Thiêu (1965–1975)

Zaïre
Siehe Kongo (Kinshasa)

Zentralafrikanische Republik
Präsidiale Republik; *Präsident:* Jean Bédel Bokassa (1966–1976, danach als Bokassa I. Kaiser 1976–1979)

Zypern
Präsidiale Republik; *Präsident:* Erzbischof Makarios III. (Grieche; 1960–1977)

Kriege und Krisenherde des Jahres 1971

Die herausragenden politischen und militärischen Krisensituationen des Jahres 1971 werden – alphabetisch nach Ländern geordnet – im Überblick dargestellt. Internationale Kriege und Krisenherde sind dem alphabetischen Länderverzeichnis vorangestellt.

Nahostkonflikt bleibt bestehen

Der Waffenstillstand zwischen Israel und Ägypten, der im August 1970 begonnen hatte, wird am 4. Februar 1971 noch einmal kurzfristig bis zum 7. März verlängert. Da sich Israel und Ägypten jedoch nicht auf einen Zeitpunkt für den israelischen Rückzug vom Ostufer des Sueskanals einigen können, wird die Feuerpause danach nicht weiter fortgeschrieben. Dennoch kommt es bis zum Ende des Jahres zu keinen neuen Kampfhandlungen zwischen beiden Staaten.

Im Mai bricht US-Außenminister William P. Rogers zu einer Vermittlungsreise in den Nahen Osten auf. Seine Friedensmission, die ihn u. a. nach Israel und Ägypten führt, bleibt jedoch erfolglos. Am 20. November 1971 erklärt der ägyptische Staatspräsident die Vermittlungsbemühungen für gescheitert. Anwar As Sadat verkündet, daß ein neuer Krieg im Nahen Osten unvermeidlich sei.

In der seit Jahren anhaltenden bewaffneten Auseinandersetzung um die Macht in Jordanien unterliegt die Palästinensische Befreiungsorganisation (PLO) im Juli 1971 der jordanischen Regierung unter König Husain II. Einem Großangriff der jordanischen Armee fallen Hunderte von Palästinensern zum Opfer.

Laos im Vietnamkrieg

Im Februar 1971 eröffnen 22 000 südvietnamesische Soldaten mit Unterstützung der US-amerikanischen Luftwaffe in Südlaos eine neue Front im Vietnamkrieg. Mit der Großoffensive wollen die alliierten südvietnamesisch-amerikanischen Truppen den sog. Ho-Chi-Minh-Pfad unterbrechen, der Laos von Nord nach Süd durchquert. Dieser Verbindungsweg hat für die Armee Nordvietnams und den Vietcong große strategische Bedeutung als Nachschubstraße zur Versorgung ihrer Truppen in Kambodscha und Südvietnam. Die südvietnamesisch-amerikanische Großoffensive führt jedoch nicht zum schnellen Erfolg, da Hanoi auf einen Angriff Saigons vorbereitet war. Erst nach vierwöchigen Kämpfen gelingt den südvietnamesischen Truppen die Einnahme der Stadt Tschepone, dem Hauptziel der Operation. Die Stadt bildet einen der wichtigsten nordvietnamesischen Stützpunkte für die Verteidigung des Ho-Chi-Minh-Pfads. Die Alliierten müssen jedoch bald feststellen, daß das weitverzweigte Netz von Nachschubwegen im laotischen Dschungel nicht dauerhaft unterbrochen werden kann. Nach einer Großoffensive der nordvietnamesischen Truppen brechen die Alliierten im März die Laos-Offensive erfolglos ab.

Die Ausweitung des Vietnamkriegs auf Laos stößt auf heftige internationale Proteste und starke Kritik in den USA. Auch die Ankündigung von US-Präsident Richard M. Nixon, im Rahmen eines allmählichen Rückzugs der USA aus Vietnam bis zum 1. Dezember 1971 100 000 US-Soldaten abziehen zu wollen, ruft Proteste in der amerikanischen Öffentlichkeit hervor. Bei der bislang größten Friedensdemonstration in der US-Geschichte fordern in Washington 300 000 Menschen den sofortigen Abzug der US-Truppen aus Vietnam.

Bangladesch wird unabhängig

Auf dem indischen Subkontinent kommt es im Verlauf des Jahres 1971 zu schweren Kämpfen um die Unabhängigkeit Ostpakistans. Am 26. März ruft der Führer der ostpakistanischen Awami-Liga, Mujib Rahman, die »Souveräne Republik Bangladesch« aus. Die Zentralregierung im westpakistanischen Islamabad verhängt daraufhin über den östlichen Landesteil das Kriegsrecht, verbietet die Awami-Liga und verhaftet Rahman. In dem Bürgerkrieg, der anschließend in Ostpakistan ausbricht, erweisen sich die staatlichen Truppen den bengalischen Freiheitskämpfern als überlegen. Die Folgen des Bürgerkriegs sind verheerend: Pakistans Präsident Aga Muhammad Yahya Khan läßt mehrere Städte Ostpakistans bombardieren, bis Ende des Jahres fliehen zehn Millionen Bengalen nach Indien.

Indien wiederum ist mit der großen Zahl der Flüchtlinge territorial, wirtschaftlich und sozial überfordert. Trotz großzügiger internationaler Spenden werden die Probleme, die der Flüchtlingsstrom mit sich bringt, nicht auf friedlichem Weg gelöst. Am 3./4. Dezember kommt es zum dritten indisch-pakistanischen Krieg. Er endet bereits nach zwei Wochen mit der Kapitulation der pakistanischen Truppen. Die Niederlage Pakistans besiegelt die Unabhängigkeit Bangladeschs. Der Staat wird international anerkannt. Unter Mujib Rahman konstituiert sich im Januar 1972 die bengalische Regierung. Pakistans Präsident Yahya Khan muß noch im Dezember 1971 zurücktreten, sein Nachfolger wird Zulfikar Ali-Khan Bhutto.

Der Konflikt auf dem indischen Subkontinent entstand 1947 mit der Teilung Indiens in die unabhängigen Staaten Pakistan und Indien. Pakistan wiederum bestand aus zwei durch Indien getrennten Landesteilen: Dem größeren Westpakistan und dem bevölkerungsreicheren Ostpakistan. Die Ostpakistaner fühlten sich sowohl wirtschaftlich als auch politisch und kulturell von der westpakistanischen Zentralregierung ausgenutzt. Die Awami-Liga unter Mujib Rahman setzte sich für eine größere Autonomie Ostpakistans ein. Sie gewann auch im Dezember 1970 die ersten freien und direkten Wahlen zur Nationalversammlung. Als Präsident Yahya Khan jedoch die konstituierende Sitzung verschob, erklärte Rahman die Unabhängigkeit Ostpakistans.

Indien unterstützte den bengalischen Freiheitskampf aus mehreren Gründen. Ausschlaggebend war der ungeheure Flüchtlingsstrom. Auch fühlt sich Indien den Bengalen in Ostpakistan verpflichtet: Mit der Teilung Indiens wurde auch das bengalische Volk geteilt. Darüber hinaus war dieser Krieg auch Ausdruck der stets latenten Spannungen zwischen Indien und Pakistan. Gebietsstreitigkeiten und religiöse Differenzen führten in der Vergangenheit bereits zu zwei Kriegen.

Blutiger Bürgerkrieg auf Ceylon

Auf Ceylon eskalieren im April 1971 schwere Unruhen, die seit Jahresbeginn die Inselrepublik erschüttern, zu einem kurzen, aber blutigen Bürgerkrieg. Der sozialistischen Regierung unter Ministerpräsidentin Sirimawo Bandaranaike gelingt es nur mit großem Militäraufgebot und mit Hilfe ausländischer Waffenlieferungen, den Aufstand bis zum 5. Juni niederzuschlagen. Bei den Kämpfen kommen nach offiziellen Angaben 3000 Rebellen und 100 Soldaten ums Leben.

Für die Unruhen verantwortlich ist die linksextreme »Volksbefreiungsfront«, auch »Nationale Befreiungsfront« oder – nach ihrem Vorbild – »Ché-Guevara-Bewegung« genannt. Sie besteht überwiegend aus arbeitslosen Akademikern und singhalesischen Jugendlichen vom Land. Die Bewegung hat sich zum Ziel gesetzt, die parlamentarische Demokratie zu stürzen und die Gesellschaft radikal zu verändern. Ihr gehen die Sozialisierungen, die im Wahlkampf von der Regierung angekündigt wurden, nicht weit genug und nicht schnell genug voran.

Bereits während des Wahlkampfes 1970 hatten große Teile der jüngeren Generation dagegen protestiert, daß der Staat mit einem hochentwickelten Schulsystem zwar eine Ausbildung, aber keine entsprechende Arbeit böte. Die ceylonesische Regierung nimmt den Bürgerkrieg zum Anlaß, ein weitreichendes Sozialisierungsprogramm zu verabschieden. Demnach werden in den nächsten Jahren u. a. alle ökonomischen Schlüsselbereiche unter Staatskontrolle gestellt.

Wieder Unruhen in Nordirland

Wie in den Vorjahren wachsen im Vorfeld des sog. Lehrlingstags (12. August) – einem protestantischen Feiertag, der von den Katholiken als Provokation empfunden wird – die Spannungen zwischen Protestanten und Katholiken in Nordirland. Nach blutigen Auseinandersetzungen erläßt der nordirische Premierminister Brian Faulkner am 9. August ein Internierungsgesetz. Das umstrittene Sondergesetz ermöglicht die unbefristete Internierung von verdächtigen Personen ohne Gerichtsurteil. Anders als geplant hilft das Gesetz jedoch nicht, weitere Unruhen zu vermeiden. Vielmehr eskaliert der Konflikt.

Von den Unruhen besonders schwer betroffen ist die nordirische Hauptstadt Belfast. Hier gehen über 300 Wohnungen in Flammen auf. 12 000 britische Soldaten liefern sich mit Anhängern der IRA (Irisch-Republikanische Armee) blutige Straßenschlachten, bei denen 26 Menschen ums Leben kommen.

6000 Sympathisanten der IRA fliehen vor dem Internierungsgesetz in die benachbarte Republik Irland. Der irische Premierminister Jack Lynch kritisiert den Erlaß des Internierungsgesetzes scharf. Sein Aufruf zum Sturz der Regierung Faulkner führt zu einem neuen Tiefpunkt in den Beziehungen zwischen Dublin und Belfast. Verhandlungen zwischen beiden Regierungen über eine Lösung des Nordirland-Problems bleiben ergebnislos.

Ausgewählte Neuerscheinungen auf dem Buchmarkt 1971

Die Auswahl berücksichtigt nicht nur Neuerscheinungen von literarischem oder wissenschaftlichem Wert, sondern auch vielgelesene Bücher des Jahres 1971. Innerhalb der einzelnen Länder sind die Werke alphabetisch nach Autoren geordnet. (Siehe auch Übersichtsartikel auf S. 82.)

Dänemark

Leif Panduro
Die Fenster
(Vinuerne)
Roman
In dem Roman »Die Fenster«, der beim Verlag Gyldendal in Kopenhagen erscheint, zeichnet Leif Panduro (1923–1977) das Porträt eines eigenbrödlerischen Mannes, der das Treiben der im Haus gegenüber wohnenden Menschen wie ein Theaterstück betrachtet. Das reine Zuschauen ist für ihn Selbstschutz. Erst als er sich in eine der »Schauspielerinnen« verliebt und sich diesem Gefühl überläßt, wird er fähig, engagiert zu handeln. – Die deutsche Übersetzung erscheint 1973.

Bundesrepublik Deutschland und DDR

Heinrich Böll
Gruppenbild mit Dame
Roman
Ein Gruppenbild der Gesellschaft vor, während und nach dem Zweiten Weltkrieg zeichnet Heinrich Böll (1917–1985) in dem Roman »Gruppenbild mit Dame«, der beim Verlag Kiepenheuer & Witsch in Köln erscheint. Der Erzähler tritt als Verfasser (»Verf.«) auf mit der Absicht, vor dem Leser ein lebendiges Bild der Frau Leni Pfeiffer entstehen zu lassen. Zu diesem Zweck befragt er Verwandte, Freunde und Bekannte, die von ihr etwas wissen oder zu wissen glauben. Aus diesen Befragungen entsteht das Bild einer moralisch integren Frau, die dem Leser als modellhaft präsentiert wird: Durch Leni wird der Leser aufgefordert, sich von opportunistischen und korrupten Verhaltensweisen zu distanzieren, das Profitstreben als zerstörerisch abzulehnen und Krieg und Faschismus zu verurteilen.

Walter Kempowski
Tadellöser & Wolff
Ein bürgerlicher Roman
Der literarische Durchbruch gelingt Walter Kempowski (* 1929) mit dem Roman »Tadellöser & Wolff«, der beim Hanser Verlag in München erscheint. Geschildert werden ohne Wertung die Zeit des Zweiten Weltkriegs und die Nachkriegsjahre in Rostock, der Heimat des Autors. Erlebte Zeitgeschichte wird in Form einer Familienchronik aufbereitet.

Werner Koch
See-Leben
Roman
Der beim Neske Verlag in Pfullingen erscheinende Roman »See-Leben« ist der erste Teil der gleichnamigen Trilogie von Werner Koch (* 1926). 1975 erscheint »Wechseljahre oder See-Leben II«, 1979 erscheint »Jenseits des Sees«. In dieser Trilogie erfüllt sich der Ich-Erzähler, ein Ingenieur, einen Wunschtraum: Er verlegt mit Einwilligung seiner Firma seinen Arbeitsplatz aus der Großstadt in eine Hütte an einem See. Das Experiment geht so lange gut, bis die Firma vor dem Konkurs steht. Der See-Leben-Individualist verweigert die Rückkehr und scheidet aus der Firma aus.

Dieter Kühn
Ausflüge im Fesselballon
Roman
Das Spiel mit der Biographie ist das Thema von Dieter Kühns (* 1935) Roman »Ausflüge im Fesselballon«, der beim Suhrkamp Verlag in Frankfurt am Main erscheint. Erzählt wird der Lebenslauf eines Realschullehrers vom Zweiten Weltkrieg bis in die Mitte der 60er Jahre. Der Autor unterbricht diese Erzählung an »Schaltstellen«, an denen er »Probierbewegungen« durchführt, d. h. hypothetische Varianten der Biographie durchspielt.

Golo Mann
Wallenstein
Sein Leben erzählt
Mit »Wallenstein«, erschienen im S. Fischer Verlag in Frankfurt a. M., legt Golo Mann (* 1909) eine Lebensbeschreibung und Charakterstudie eines der bekanntesten Feldherren des Dreißigjährigen Kriegs vor. Wie der Untertitel andeutet, schreibt Mann diese Geschichte als Erzählung. Die Gefühle und Empfindungen einbeziehende Darstellungsweise soll historische Vorgänge in der Schwebe halten und damit der »Wirrsal« der Wirklichkeit, der Uneindeutigkeit historischer Zusammenhänge entsprechen.

Esther Vilar
Der dressierte Mann
Streitschrift
Für beträchtliches Aufsehen sorgt Esther Vilar (* 1935) mit ihrem Buch »Der dressierte Mann«, erschienen im Caann Verlag in München. Sie vertritt hier die These von der Unterdrückung des Mannes durch die Frau. Die Frau dressiert den Mann mit heimtückischen Tricks zum unterwürfigen Sklaven und schickt ihn dann zum Geldverdienen hinaus ins feindliche Leben. Als »Gegenleistung« stellt sie ihm »ihre Vagina in bestimmten Intervallen zur Verfügung«.

Gabriele Wohmann
Selbstverteidigung
Prosa und anderes
Unter dem Titel »Selbstverteidigung« erscheinen beim Luchterhand Verlag in Darmstadt Texte, die seit 1960 in Zeitschriften und Sammelpublikationen gedruckt wurden, sowie erstmals veröffentlichte Erzählungen von Gabriele Wohmann (* 1932). Verzweiflung und Aggressivität bestimmen die Grundhaltung der Texte, die sich vor allem mit der Umwelt, der Familie, der Ehe und der bürgerlichen Mittelschicht auseinandersetzen.

Frankreich

René Char
Der verirrte Nackte
(Le Nu perdu)
Gedichtsammlung
Beim Verlag Gallimard in Paris erscheint die Gedichtsammlung »Der verirrte Nackte« von René Char (* 1907). Pessimistische Töne, apokalyptische Visionen und positive Akzente stehen nebeneinander in diesem Band, der Reminiszenzen der südfranzösischen Heimat des Dichters ebenso enthält wie Erinnerungen aus der Zeit der Résistance oder kurze Texte über die Funktion der Dichtung. – Eine deutsche Übersetzung erscheint 1984.

Marguerite Duras
Die Liebe
(L'Amour)
Roman
Eine schwer zu entschlüsselnde Dreiecksgeschichte schildert Marguerite Duras (* 1914) in dem Roman »Die Liebe«. Die Protagonisten tragen keine Namen, sondern werden als »die Frau«, »der Reisende« und »der, welcher geht« bezeichnet. Die Allgegenwart des Meeres rückt das Geschehen in eine mythische Dimension.

Claude Simon
Die Leitkörper
(Les Corps conducteurs)
Roman
Nicolas Poussins Gemälde »Landschaft mit blindem Orion« wird zum Symbol für das Schriftstellerhandwerk in dem Roman »Die Leitkörper« von Claude Simon (* 1913), erschienen im Verlag Éditions de Minuit in Paris. Der erste Teil enthält die wörtliche Übernahme des 1970 erschienenen Texts »Der blinde Orion«: Ein kranker Mann schleppt sich in einer amerikanischen Großstadt in sein Hotelzimmer und bricht zusammen. Der Orion-Mythos wird zum Symbol für die verschiedenen Themen des Werks: Orion geht der aufgehenden Sonne entgegen, aber er wird sein Ziel nie erreichen, da der Sonnenaufgang seine Existenz als Nachtgestirn auslöscht. – Die deutsche Übersetzung erscheint 1974.

Italien

Alberto Moravia
Ich und Er
(Io e lui)
Roman
Die Geschichte einer Persönlichkeitsspaltung und zugleich eine kritische Auseinandersetzung mit der Studentenbewegung ist Alberto Moravias (1907–1990) Roman »Ich und Er«, der beim Verlag Bompiani in Mailand erscheint. Protagonist ist der Kleinbürger Rico (»Ich«), der sich ständig mit seinem überdimensionalen Penis (»Er«) unterhält. Der sprechende Phallus deckt schonungslos die Unzulänglichkeit der Sublimierungsversuche Ricos auf. Rico ist gleichzeitig Zielscheibe von Hohn und Verachtung der Studenten aus der »linken Szene«. An ihrem Beispiel zeigt Moravia die Diskrepanz zwischen Sprache und Wirklichkeit auf: Die Sprachinhalte sind revolutionär, aber die Sprache weist diese Linken als Integrierte aus. – Die deutsche Übersetzung erscheint 1971.

Österreich

Ingeborg Bachmann
Malina
Roman
Das verzweifelte Bemühen einer sensiblen Frau um menschliche Kontakte schildert Ingeborg Bachmann (1926 bis 1973) in dem Roman »Malina«, der beim Suhrkamp Verlag in Frankfurt am Main erscheint. Die Ich-Erzählerin steht zwischen zwei Männern, von denen der eine – Malina – überwiegend geistige Qualitäten besitzt, während der andere die Physis repräsentiert. Die Analyse des psychischen Zustands der Frau geschieht in symbolhaft überhöhten Bildern und metaphorischen Verschlüsselungen.

Johannes Mario Simmel
Der Stoff, aus dem die Träume sind
Roman
Die abenteuerliche Spionagestory »Der Stoff, aus dem die Träume sind«, erschienen beim Verlag Droemer Knaur in München und Zürich, wird einer der spektakulärsten Erfolge von Johannes Mario Simmel (* 1924). Walter Roland, der zynische Starreporter der Illustrierten »Blitz«, gerät mit der jungen Tschechin Irina Indigo ins Schußfeld konkurrierender Geheimdienste. Bei der Schilderung der Jagd nach gestohlenen Geheimplänen des Warschauer Pakts werden zugleich die Machenschaften des skrupellosen Illustriertenjournalismus gezeigt. Roland, am Ende geläutert, wird an der Veröffentlichung seiner authentischen Story gehindert.

Schweiz

Max Frisch
Wilhelm Tell für die Schule
Prosastück mit Anmerkungen
Zu den Höhepunkten des essayistischen Werks von Max Frisch (* 1911) zählt »Wilhelm Tell für die Schule«. Voller Witz und Ironie wider nationale Selbstgefälligkeit entmythologisiert Frisch die Geschichtsschreibung. Aus der sozialen und politischen Sicht des heutigen Alltags in der Schweiz demontiert Frisch den seit Friedrich Schiller klassischen Besitz des »importierten« nationalen Tell-Mythos durch die erzählerische Version eines »Privatmeuchelmordes«.

UdSSR

Alexandr I. Solschenizyn
August Vierzehn
(Avgust cetyrnadcatogo)
Roman
In Paris erscheint als erster Teil einer geplanten Trilogie über den Ersten Weltkrieg der Roman »August Vierzehn« von Alexandr I. Solschenizyn (* 1918). Geschildert wird in der Tradition der großen russischen Erzähler des 19. Jahrhunderts der Untergang der russischen Narew-Armee in der Schlacht bei Tannenberg als Anfang vom Ende des zaristischen Rußland. Dabei verknüpft Solschenizyn historische Fakten und die Darstellung privater Schicksale. – Die deutsche Übersetzung erscheint 1971. Solschenizyn hat 1970 den Nobelpreis erhalten »für die ethische Kraft, mit der er die . . . Traditionen der russischen Literatur weitergeführt hat«.

JSA

ohn Hawkes
)ie Blutorangen
The Blood Oranges)
loman
:ine dionysische Feier sexueller Freiheit elebriert John Hawkes (* 1925) in dem loman »Die Blutorangen«, der beim Verag New Directions in New York ercheint. Zwei Ehepaare im mittleren Alər verwirklichen auf einer Insel ihre Vortellungen von Partnertausch. Während ler eine Mann, Cyril, der Hauptnutznießer dieses Wechselspiels ist, geht der andere Mann, Hugh, an seiner Verklemmtheit zugrunde. Sein Tod beendet die Idylle.

Bernard Malamud
Die Mieter
(The Tenants)
Roman
Das Verhältnis zwischen Schreiben und Leben sowie das selbstzerstörerische Gegeneinander von Juden und Schwarzen in den Vereinigten Staaten von Amerika sind die Themen des experimentellen Romans »Die Mieter« von Bernard Malamud (1914–1986), erschienen beim Verlag Farrar, Straus and Giroux in New York. Zwei Schriftsteller leben in einem abbruchreifen Haus. Während Lesser sein Leben völlig dem Schreiben unterordnet und weder Freunde noch Freundin hat, ordnet Spearmint das Schreiben völlig dem Leben unter. Lesser will ein Buch über die Liebe schreiben, obwohl er selbst nicht imstande ist zu lieben. Spearmints Buch handelt von seinem eigenen Leben, ohne daß er den Versuch macht, diesem Leben eine Form zu geben. Beide scheitern mit ihren Büchern. – Die deutsche Übersetzung erscheint 1973.

Hubert Selby
Mauern
(The Room)
Roman
Schockierend-naturalistisch schildert Hubert Selby (* 1928) in dem Roman »Mauern« das Leben eines Häftlings, der auf seinen Prozeß wartet. Die ohnmächtige Wut des Inhaftierten artikuliert sich in sadistischen Phantasien und haßerfüllten, klischeehaften Tiraden. Er resigniert schließlich und hält sich an seinen Zellen-»Gefährten«, eine in ihm aufkeimende Krankheit. – Die deutsche Übersetzung erscheint 1972.

Jraufführungen Schauspiel, Oper, Operette und Ballett 1971

)ie bedeutendsten Uraufführungen aus Schauspiel, Oper, Operette und Ballett sind alhabetisch nach Autoren/Komponisten geordnet. (Siehe auch Übersichtsartikel »Theaer« auf S. 26 und »Musik« auf S. 118.)

Argentinien

Aauricio Kagel
Staatstheater
)per
Am 25. April wird in Hamburg die Oper Staatstheater« von Mauricio Kagel * 1931) uraufgeführt. Kagel strebt in seien experimentellen Kompositionen, in enen neben traditionellen Instrumenen Klangerzeuger jeglicher Art eingeetzt werden, eine Synthese zwischen Klangkunst und szenischer Raumkunst n.

Belgien

Aaurice Béjart
Lieder eines fahrenden Gesellen
Chant du Compagnon errant)
Ballett in einem Akt
)as Ballett du XXe Siècle bringt am 11. Aärz in Brüssel das von Maurice Béjart * 1927) choreographierte Ballett »Lieder ines fahrenden Gesellen« zur Uraufführung. Tänzerisch interpretiert wird der leichnamige Liederzyklus von Gustav Aahler.

Bundesrepublik Deutschland und DDR

Wolf Biermann
Der Dra-Dra
Theaterstück
Die Bewältigung des Stalinismus ist das entrale Thema von Wolf Biermanns (* 1936) Theaterstück »Der Dra-Dra«, das im April in den Münchner Kammerspielen uraufgeführt wird. Das Werk ist eine Bearbeitung des Stücks »Der Drache« (1943) des sowjetischen Schriftstellers Jewgeni L. Schwarz. Dem Drachentöter Hans Folk gelingt es mit Unterstützung verschiedener Tiere, den Drachen zu töten, der das Land bis dahin unangefochten beherrscht und die Menschen zu Ja-Sagern degradiert hat. Hans hält die Revolution nach der Drachentötung für beendet, doch wird er von der »Drachenbrut« selbst getötet. Durch ein Wunder wieder zum Leben erweckt, erkennt er, daß die Konterrevolution erst dann besiegt ist, wenn auch die Handlanger des Drachens geschlagen sind.

Gerhard Bohner
Die Folterungen der Beatrice Cenci
Ballett in einem Akt
Die Prozeßakten des Cenci-Prozesses aus dem Jahr 1598 dienten Gerhard Bohner (* 1936) als Vorlage für die Choreographie des Balletts »Die Folterungen der Beatrice Cenci«, das am 16. April in der Akademie der Künste in Berlin uraufgeführt wird. Die Musik komponierte der US-Amerikaner Gerald Humel (* 1931). Solisten der Uraufführung sind Silvia Kesselheim, Frank Frey, Marion Cito, Walter Gabrisch und Gerhard Bohner.

Rainer Werner Faßbinder
Blut am Hals der Katze
Theaterstück
Am 20. März wird an den Städtischen Bühnen Nürnberg das Stück »Blut am Hals der Katze« von Rainer Werner Faßbinder (1945–1982) unter der Regie des Autors uraufgeführt. Das Stück – ursprünglicher Titel »Marilyn Monroe contre les vampires« –, in dem das Nichtverstehen von Sprache eine wesentliche Rolle spielt, trägt Faßbinder den Vorwurf ein, modischer Kopist von Peter Handke zu sein. Phoebe Zeitgeist kommt von einem fremden Stern, »sie versteht die Sprache der Menschen nicht, obwohl sie die Worte gelernt hat«.

Rainer Werner Faßbinder
Die bitteren Tränen der Petra von Kant
Theaterstück
Unter der Regie von Peer Raben führt das Landestheater Darmstadt am 5. Juni im Rahmen der »experimenta 4« das Lesben-Melodram »Die bitteren Tränen der Petra von Kant« von Rainer Werner Faßbinder (1945–1982) erstmals auf. Das Stück beschreibt mit lasziven Gesten und pathetischen Worten die lesbische Beziehung zweier Frauen, einer mondänen Modeschöpferin und ihrer treu ergebenen Dienerin. Die Dienerin lehnt sich zum Schluß gegen die Modehalbwelt auf und verläßt ihre Freundin.

Rainer Werner Faßbinder
Bremer Freiheit
Theaterstück
Unter der Regie des Autors wird am 10. Dezember im Bremer Concordia-Theater das Stück »Bremer Freiheit« von Rainer Werner Faßbinder (1945–1982) uraufgeführt. In der Art einer Moritat wird der Fall der Bremer Bürgersfrau und Giftmischerin Geesche Gottfried inszeniert, die 15 Morde beging und 1831 hingerichtet wurde. Gezeigt wird der gescheiterte Emanzipationsversuch einer Frau, die zur Mörderin wird, weil sie frei und unabhängig sein will. »Bremer Freiheit« ist Faßbinders erfolgreichstes Stück; es erlebt mehr als 60 Inszenierungen im In- und Ausland einschließlich TV-Produktionen.

Heinrich Henkel
Spiele um Geld
Theaterstück
Das Episodische und Zufällige des Glücksspiels ist das Thema des Theaterstücks »Spiele um Geld« von Heinrich Henkel (* 1937), das am 20. September im Basler Theater unter der Regie von Roland Kabelitz uraufgeführt wird. In einem schäbigen Casino auf St. Pauli erleben gesellschaftlich Gestrandete, die die Niederlagen ihres tristen Überlebenskampfs durch kleine Siege am Spieltisch auszugleichen hoffen, Stunden im trügerischen Gefühl der Gemeinsamkeit.

Hans Werner Henze
Der langwierige Weg in die Wohnung der Natascha Ungeheuer
Oper
Am 17. Mai wird in Rom die Oper »Der langwierige Weg in die Wohnung der Natascha Ungeheuer« von Hans Werner Henze (* 1926) uraufgeführt. Das experimentelle Stück des politisch engagierten Komponisten, der seit den 60er Jahren der Musik eine neue gesellschaftliche Funktion zuzuweisen versucht und den passiven Konsum von Musik ablehnt, bleibt so gut wie unbekannt.

Franz Xaver Kroetz
Heimarbeit/Hartnäckig
Zwei Einakter
Der literarische Durchbruch gelingt Franz Xaver Kroetz (* 1946) mit den Einaktern »Heimarbeit« und »Hartnäckig«, die am 3. April in den Münchner Kammerspielen unter der Regie von Horst Siede uraufgeführt werden. Die Stücke, die beide gesellschaftliche Randgebiete vor Augen führen und sich als dokumentationsähnliche Beiträge für eine Gesellschaftsanalyse verstehen, erregen wegen einiger schockierender Szenen (Masturbation, Abtreibung, Kindsmord) bei der Uraufführung einen Theaterskandal. Es kommt zu Stinkbombenwerfereien und zu erregten Protesten.

Franz Xaver Kroetz
Wildwechsel
Theaterstück
Unter der Regie von Manfred Neu wird am 3. Juni im Dortmunder Schauspielhaus das Theaterstück »Wildwechsel« von Franz Xaver Kroetz (* 1946) uraufgeführt. Die 13jährige schwangere Hanni und ihr Freund Franz, Hilfsarbeiter in einer Hühnerschlachterei, ermorden den Vater des Mädchens, weil er ihrer Beziehung und ihrem vermeintlichen Glück im Weg steht. Das mißgestaltete Baby, das Hanni im Erziehungsheim zur Welt bringt, ist nicht lebensfähig. Am Ende schließen sich die beiden dem Urteil der Umwelt an: »Richtige Liebe hat uns nie verbunden . . .« Ebenso wie in seinen anderen frühen Stücken stellt Kroetz in »Wildwechsel« Opfer gesellschaftlicher Zwänge und Ausgrenzungen auf der Bühne dar. Mit den Nöten und Verstümmelungen dieser erniedrigten Menschen und mit ihren Konflikten eng verbunden ist ihre Sprachnot, die oft bis zur Sprachlosigkeit geht.

Aribert Reimann
Melusine
Oper
Bei den Schwetzinger Festspielen wird am 29. April die zweite Oper von Aribert Reimann (* 1936), »Melusine«, uraufgeführt. Als Vorlage diente das gleichnamige Schauspiel von Yvan Goll. Reimann, Schüler von Boris Blacher und Ernst Pepping, komponiert unter dem Einfluß von Anton von Webern und Alban Berg, ist jedoch keiner bestimmten musikalischen Richtung zuzuordnen.

Peter Sandloff
Traum unter dem Galgen
Oper
Am 20. April wird in Freiburg im Breisgau die Oper »Traum unter dem Galgen« von Peter Sandloff (* 1924) uraufgeführt. Die zentrale Gestalt dieses Werks ist der französische Dichter François Villon.

Peter Weiss
Hölderlin
Theaterstück
Eine szenische Biographie des Dichters Friedrich Hölderlin in Übereinstimmung mit neueren wissenschaftlichen Forschungen entwickelt Peter Weiss (1916–1982) in dem Schauspiel »Hölderlin«, das am 18. September im Württembergischen Staatstheater in Stuttgart unter der Regie von Peter Palitzsch uraufgeführt wird. Hölderlin wird als der unangepaßte Einzelgänger dargestellt, der als Gesellschaftskritiker und Revolutionär scheitert. Zuletzt flieht Hölderlin in den Wahnsinn, um dem »sozialen Unrecht« zu entgehen.

Frankreich

Armand Gatti
Rosa Kollektiv
(Rosa collective)
Theaterstück
Am Staatstheater Kassel findet am 3. April unter der Regie von Kai Braak und Günter Fischer die Uraufführung des Stücks »Rosa Kollektiv« von Armand Gatti (* 1924) statt. Inszeniert wird eine Fernseh-Live-Sendung über die Frage, wie ein Fernsehspiel über Rosa Luxemburg auszusehen habe. Die weiblichen Studiogäste formieren sich am Schluß der Sendung zu einer »kollektiven Rosa«. Sie wehren sich dagegen, daß Rosa Luxemburg von politisch Aktiven verschiedenster Couleur für sich vereinnahmt wird. Sie fordern, in der Politik nicht »Propheten«, sondern den »Kampf« zu suchen.

Großbritannien

Edward Bond
Lear
(Lear)
Theaterstück
Am 29. September wird das Drama »Lear« von Edward Bond (* 1934) am Royal Court Theatre in London unter der Regie von William Gaskill uraufgeführt. Wie auch in seinen anderen Stücken untersucht Bond hier Natur und Entstehungsbedingungen menschlicher Gewalt. König Lear erkennt, daß er der Gefangene seiner eigenen Funktionen in einer mythischen Welt ist, die er nicht versteht. Als sich seine »bösen« Töchter Fontanelle und Bodice gegen ihn empören und er geblendet wird, erkennt er seine Verantwortung für die Wirklichkeit. Er versucht diese durch moralisches und soziales Handeln zu verändern. Beim Versuch, die Mauer umzugraben, die er gegen einen mutmaßlichen äußeren Feind hatte bauen lassen, wird er erschossen. – Die deutsche Erstaufführung findet 1972 an den Städtischen Bühnen in Frankfurt am Main unter der Regie von Peter Palitzsch statt.

John Cranko
Carmen
Ballett in zwei Akten
Am 28. Februar wird im Großen Haus in Stuttgart durch das Stuttgarter Ballett der Württembergischen Staatstheater das von John Cranko (1927–1973) choreographierte Ballett »Carmen« uraufgeführt. Die Choreographie erarbeitete Cranko nach der gleichnamigen Novelle von Prosper Mérimée. Als musikalische Vorlage schuf Wolfgang Fortner in Zusammenarbeit mit Wilfried Steinbrenner eine Collage aus Georges Bizets Oper »Carmen«. Solisten der Uraufführung sind Marcia Haydée in der Titelrolle, Egon Madsen als Don José und Richard Cragun als Torero.

Harold Pinter
Alte Zeiten
(Old Times)
Theaterstück
Unter der Regie von Peter Hall wird am 1. Juni im Aldwych Theatre in London das Schauspiel »Alte Zeiten« von Harold Pinter (* 1930) uraufgeführt. Ein Ehepaar und die frühere Freundin der Ehefrau unterhalten sich über die Zeit, als die beiden Frauen zusammenlebten. Es bleibt unklar, ob die Vorfälle, die aus diesen »alten Zeiten« berichtet werden, erfunden oder Wirklichkeit sind. Es bleibt auch unklar, ob der Eifersuchtskampf, der sich zwischen dem Mann und der früheren Freundin seiner Frau entwickelt, gespielt oder real ist. Das Ende des Stücks zeigt die beiden Frauen in den Betten des Schlafzimmers, der Mann liegt schluchzend zwischen ihnen. – Die deutschsprachige Erstaufführung findet am 29. April im Hamburger Thalia-Theater unter der Regie von Hans Schweikart statt.

Niederlande

Hans van Manen
Große Fuge
Ballett in einem Akt
Das Nederlands Dans Theater bringt am 8. April im Circus Theater in Scheveningen das von Hans van Manen (* 1932) choreographierte Ballett »Große Fuge« zur Uraufführung. Musikalische Vorlagen sind Ludwig van Beethovens »Große Fuge B-Dur« op. 133 und »Cavatina« aus dem Streichquartett op. 130. Das Werk, in dem eine Art Geschlechterkampf tänzerisch interpretiert wird, avanciert zum internationalen Repertoirestück. Solisten der Uraufführung sind Marian Sarstädt, Jon Benoit, Mea Venema u. a.

Österreich

Wolfgang Bauer
Silvester oder Das Massaker im Hotel Sacher
Stück
Im Wiener Volkstheater wird am 24. September unter der Regie von Bernd Fischerauer das Stück »Silvester oder Das Massaker im Hotel Sacher« von Wolfgang Bauer (* 1941) uraufgeführt. Vorgeführt werden in diesem zwischen Boulevardkomödie und Comic-Drama angesiedelten Stück der Zynismus und die Sensationslüsternheit im Theater. Bauer sagt über das Stück: »Denn das sind ja alles Leute, die die österreichische Fähigkeit der Ambivalenz haben. Die können einerseits lachen – wenn da herumgeschossen wird im Sacher, das ist ja irgendwie lustig. Aber andererseits – als Hintergrund für den makabren Scherz muß der Ernst natürlich vorhanden sein.«

Peter Handke
Der Ritt über den Bodensee
Theaterstück
Unter der Regie von Claus Peymann und Wolfgang Wiens wird am 23. Januar in der Schaubühne am Halleschen Ufer in Berlin das Schauspiel »Der Ritt über den Bodensee« von Peter Handke (* 1942) uraufgeführt. Auslöser für dieses Stück war laut Handke das Beobachten »der anscheinend im freien Spiel der Kräfte formlos funktionierenden täglichen Lebensäußerungen bei Liebe, Arbeit, Kauf und Verkauf und ihrer üblichen Darstellungsform im Theater«. Thema des Stücks, das auf einen geschlossenen Aktionszusammenhang verzichtet, sind nicht nur die sprachlichen, sondern auch die gestisch-mimischen und anderen kommunikativen Verfestigungen und Mißverständnisse. Der Titel zitiert eine Ballade von Gustav Schwab, in der ein ahnungsloser Reiter über den zugefrorenen Bodensee galoppiert. Als er nachträglich erfährt, wie riskant der Ritt war, stirbt er vor Schreck. So dünn und zerbrechlich wie die Eisdecke sind nach Handkes Auffassung auch die alltäglichen Verständigungsrituale.

Schweiz

Gottfried von Einem
Der Besuch der alten Dame
Oper in drei Akten
Nach dem gleichnamigen Theaterstück von Friedrich Dürrenmatt komponierte Gottfried von Einem (* 1918) die Oper »Der Besuch der alten Dame«, die am 23. Mai in der Wiener Staatsoper in der Regie von Otto Schenk unter der musikalischen Leitung von Horst Stein uraufgeführt wird. Die Oper, für das Dürrenmatt selbst das Libretto schrieb, wird ein großer Erfolg. In der Rolle der »alten Dame«, der Ölmilliardärin Claire Zachanassian, brillieren in der Folge Charakterdarstellerinnen wie Christa Ludwig, Regina Resnik, Astrid Varnay u. a.

USA

Gerald Arpino
Kettentanz
Ballett in einem Akt
Das City Center Joffrey Ballet bringt am 7. September in der University of California in Berkeley das von Gerald Arpino (* 1928) choreographierte Ballett »Kettentanz« zur Uraufführung. Tänzerisch interpretiert werden Walzer, Polkas und Galopp-Kompositionen von Johann Strauß Vater und Johann Mayer. Arpino inszeniert eine Abfolge zarter Tanzminiaturen, die alle aus der Kettenformation heraus entstehen und wieder in sie münden.

Leonard Bernstein
Mass
Bühnenwerk für Musik
Am 6. September wird in Washington das musikalische Bühnenstück »Mass« von Leonard Bernstein (1918–1990) uraufgeführt. Die Texte schrieb Stephen Schwartz. Das Werk lebt von seiner rhythmischen Vitalität und verbindet Einflüsse von Neoklassizismus bis Jazz.

John Neumeier
Romeo und Julia
Ballett
Am 14. Februar wird das Ballett »Romeo und Julia« von John Neumeier (* 1942) im Opernhaus der Städtischen Bühnen Frankfurt am Main uraufgeführt, eine Version des gleichnamigen Balletts (1940) nach William Shakespeare, zu dem Sergei Prokofjew die Musik komponiert hat. Neumeiers Choreographie gilt als Musterbeispiel für die Übertragung des epischen Theaters von Bertolt Brecht auf das Ballett. Die Ausstattung besorgte Filippo Sanjust.

Stephen Schwartz
Godspell
(Goodspell)
Musical
Seinen ersten großen Broadway-Erfolg als Musicalkomponist erringt Stephen Schwartz (* 1948) mit »Godspell«, uraufgeführt am 17. Mai in New York. Gute Songs und eine wirksame Bühnenkonzeption garantieren dem Stück eine weite Verbreitung.

Andrew Lloyd Webber
Jesus Christ Superstar
Rock-Oper
In New York wird am 12. Oktober die Rock-Oper »Jesus Christ Superstar« uraufgeführt. Die Musik dieses erfolgreichen Werks, das episodisch die letzten sieben Tage im Leben des Religionsstifters Jesus Christus schildert, komponierte Andrew Lloyd Webber (* 1948), die Songtexte schrieb Tim Rice. Die deutsche Premiere findet 1972 in Münster statt.

Filme 1971

Die neuen Filme des Jahres 1971 sind im Länderalphabet und hier wiederum alphabetisch nach Regisseuren aufgeführt. Bei ausländischen Filmen steht unter dem deutschen Titel der Originaltitel. (Siehe auch Übersichtsartikel auf S. 178.)

Bundesrepublik Deutschland und DDR

Uwe Brandner
Ich liebe dich, ich töte dich
»Eine Bildergeschichte aus der Heimat« nennt Uwe Brandner seinen Film »Ich liebe dich, ich töte dich«. Geschildert wird in poetisch-expressiven Bildern die Liebe eines Jägers (Rolf Becker) und eines Dorflehrers (Hannes Fuchs).

Ingemo Engström
Dark Spring
Die Vergeblichkeit des Versuchs, in einer von Männern geprägten Gesellschaft den überlieferten Geschlechterrollen zu entfliehen, ist das Thema des Films »Dark Spring« von Ingemo Engström, einer gebürtigen Finnin. Eine Frau (Edda Köchl) läßt sich scheiden und flüchtet sofort wieder in die Arme eines Mannes.

Rainer Werner Faßbinder
Rio das Mortes
Die Geschichte eines Wunschtraums inszeniert Rainer Werner Faßbinder in dem Film »Rio das Mortes«. Ein Fliesenleger (Michael König) und ein entlassener Bundeswehrsoldat (Günther Kaufmann) bereiten eine Reise nach Peru vor, wo sie am Rio das Mortes einen Schatz zu finden hoffen. Hanna (Hanna Schygulla), die Freundin des Fliesenlegers, versucht vergeblich, die beiden von diesem utopischen Unternehmen abzuhalten.

Veith von Fürstenberg/
Martin Müller
Furchtlose Flieger
»Furchtlose Flieger« von Veith von Fürstenberg und Martin Müller ist die erste Produktion des neugegründeten Filmverlags der Autoren. Erzählt wird die Geschichte eines Aussteigers (Ferdinand Attems), der auf dem Land einen alten Doppeldecker entdeckt und ihn gemeinsam mit einem Freund (Eike Gallwitz) wieder flugtüchtig macht.

Hans W. Geissendörfer
Carlos
Friedrich Schillers Bühnenstück »Don Carlos« überträgt Hans W. Geissendörfer in dem Western »Carlos« nach Südamerika zur Zeit des Ersten Weltkriegs. Aus König Philipp von Spanien und Don Carlos werden ein Großgrundbesitzer (Bernhard Wicki) und sein Sohn (Gottfried John).

Reinhard Hauff
Mathias Kneißl
Hans Brenner spielt die Titelrolle in Reinhard Hauffs dramatischem Heimatfilm »Mathias Kneißl«, der Geschichte eines berühmt-berüchtigten Räubers im Königreich Bayern.

Werner Herzog
Fata Morgana
Den Schöpfungsmythos inszeniert Werner Herzog in surrealistischen Bildern in dem Film »Fata Morgana«. Das in Afrika gedrehte Werk, das fast ohne Worte auskommt, avanciert zum Kultfilm.

Alexander Kluge
Der große Verhau
»Der große Verhau« ist der erste Science Fiction von Alexander Kluge. Geschildert werden die Kämpfe, die eine fast alles beherrschende Gesellschaft in der Milchstraße zur Erweiterung ihres Machtbereichs führt. Als Piraten im Weltall sind Maria Sterr und Vinzenz Sterr zu sehen.

George Moorse
Lenz
Michael König spielt die Titelrolle in George Moorses »Lenz«, der gelungenen Verfilmung der Krisenepisode aus dem Leben des Dichters Jakob Michael Reinhold Lenz. Der Streifen erhält drei Bundesfilmpreise.

Rosa von Praunheim
Die Bettwurst
Dietmar Kracht und Luzi Kryn als ein seltsames Paar spielen die Hauptrollen in Rosa von Praunheims Film »Die Bettwurst«. Der Titel verweist auf die Nakkenrolle (Bettwurst), die die einsame Luzi dem Hilfsarbeiter Dietmar schenkt, als sie sich verloben. Doch das Glück, das sich die beiden aufzubauen versuchen, dauert nicht an. Dietmar wird von seiner kriminellen Vergangenheit eingeholt.

Ulrich Schamoni
Eins
Ausbeutung im Glücksspielmilieu ist das Thema von Ulrich Schamonis Film »Eins«. Schamoni spielt einen exzentrischen reichen Mann, der sich von zwei jungen Männern (Herbert Hamm, Wolf Fuchs) dabei helfen läßt, mit einem besonderen System in den Spielkasinos große Gewinne einzustreichen.

Volker Schlöndorff
Der plötzliche Reichtum der armen Leute von Kombach
Nach einer Chronik aus dem Jahr 1825 über den Postraub von Subach drehte Volker Schlöndorff den Film »Der plötzliche Reichtum der armen Leute von Kombach«. Der Schwarzweißfilm gilt als bedeutendstes Werk des sog. neuen Heimatfilms in der Bundesrepublik.

Haro Senft
Fegefeuer
Jost Vobeck spielt in Haro Senfts Film »Fegefeuer« einen Bürger, der Zeuge einer politisch motivierten Entführung wird. Er macht sich selbst an die Befreiung des Gekidnappten, da er zu den Behörden wenig Vertrauen hat. Es gelingt ihm, den Entführten zu befreien und in Sicherheit zu bringen.

Volker Vogeler
Jaider – der einsame Jäger
Unter dem Einfluß des Italo-Westerns inszeniert Volker Vogeler in dem spannungsreichen Film »Jaider – der einsame Jäger« die Geschichte eines Wilderers (Gottfried John), der die Sympathie der bäuerlichen Bevölkerung genießt. Sein Gegenspieler ist der gräfliche Jäger Baptist Meyer (Rolf Zacher).

Frankreich

Louis Malle
Herzflimmern
(Le Souffle au cœur)
Die Pubertätsnöte eines Jugendlichen inszeniert Louis Malle mit hoher Kunstfertigkeit in dem Film »Herzflimmern«. Benoit Ferreux spielt den jungen Laurent, zu dessen ersten erotischen Erfahrungen auch die inzestuöse Vereinigung mit seiner Mutter (Lea Massari) zählt.

François Truffaut
Zwei Mädchen aus Wales und die Liebe zum Kontinent
(Les deux Anglaises et le continent)
Mit »Zwei Mädchen aus Wales und die Liebe zum Kontinent« dreht François Truffaut eine spiegelverkehrte Variation seines Films »Jules und Jim« (1961): Während in »Jules und Jim« zwei Freunde während eines Großteils ihres Lebens dieselbe Frau lieben, ist »Zwei Mädchen aus Wales« die Geschichte zweier Schwestern (Kika Markham, Stacy Tendeter), die 20 Jahre lang denselben Mann (Jean-Pierre Léaud) lieben.

Großbritannien

Alfred Hitchcock
Frenzy
(Frenzy)
In dem Film »Frenzy« variiert Alfred Hitchcock eines seiner Lieblingsthemen: Ein Mann wird unfreiwillig das Opfer einer Verfolgungsjagd, obwohl er völlig unschuldig ist. In der Hauptrolle spielt Jon Finch einen zu Unrecht als Triebmörder Verurteilten. Ihm gelingt die Flucht aus dem Gefängnis. Inspektor Oxford (Alec McCowen) entlarvt den tatsächlichen Frauenmörder (Barry Foster).

Stanley Kubrick
Uhrwerk Orange
(A Clockwork Orange)
Alptraumartig inszeniert Stanley Kubrick in dem Film »Uhrwerk Orange« die Geschichte eines Jugendlichen (Malcolm McDowell), der als Chef einer Bande von Halbstarken vergewaltigt, raubt und mordet, bis er verhaftet wird. Im Gefängnis meldet er sich für ein Rehabilitationsprogramm, durch das Aggressionen abgebaut werden: Er wird entlassen wie eine mechanisch funktionierende Orange mit Uhrwerk. Nun rächen sich seine früheren Opfer an ihm.

Italien

Luchino Visconti
Der Tod in Venedig
(Morte a Venezia)
Eine Studie des Untergangs ist Luchino Viscontis Film »Der Tod in Venedig«, der nach der gleichnamigen Erzählung von Thomas Mann gedreht wurde. Statt Manns selbstbewußtem Dichter zeigt Visconti in der Hauptrolle einen durch den Mißerfolg seiner letzten Komposition tief gekränkten Komponisten (Dirk Bogarde). Der Regisseur interpretiert den Film so: »Das wirkliche Thema der Geschichte ist die Suche des Künstlers nach Vollendung und die Unmöglichkeit, je Vollendung zu finden. In dem Augenblick, in dem der Künstler zur Vollendung findet, erlischt er.«

Schweiz

Alain Tanner
Der Salamander
(La Salamandre)
Das Verhältnis von Realität und Dichtung beim Schreiben eines Drehbuchs ist das Thema von Alain Tanners Film »Der Salamander«. Ein Journalist und ein Schriftsteller versuchen ein Drehbuch über das Mädchen Rosamonde (Bulle Ogier) zu schreiben. Der Versuch scheitert, weil sich Rosamonde wie ein »Salamander« der Wirklichkeit anpaßt.

USA

Hal Ashby
Harold und Maude
(Harold and Maude)
Bud Cort als der junge Harold und Ruth Gordon als die fast 80jährige, in einem ehemaligen Eisenbahnwagen lebende Maude sind die Hauptdarsteller in Hal Ashbys poetischer Komödie »Harold und Maude«. In Szene gesetzt werden die gemeinsamen Streiche dieses ungleichen Paares, das gemeinsam die Polizei und die gute Gesellschaft veralbert und das Ausleben unbekümmerter Individualität zur Richtschnur macht.

Francis Ford Coppola
Der Pate
(The Godfather)
Nach dem gleichnamigen Erfolgsroman von Mario Puzo drehte Francis Ford Coppola den aufwendigen Dreistundenfilm »Der Pate« über eine italo-amerikanische Gangsterorganisation und ihr autokratisches Oberhaupt (Marlon Brando).

William Friedkin
Brennpunkt Brooklyn
(The French Connection)
Durch den sensationellen Erfolg des Actionkrimis »Brennpunkt Brooklyn« avanciert William Friedkin zu einem der gefragtesten Kommerzregisseure Hollywoods. Mit technischer Perfektion inszeniert Friedkin die Jagd von Beamten des Rauschgiftdezernats auf Heroinhändler.

John Huston
Fat City
(Fat City)
Zweitklassige Boxer und ihre Promoter zeigt John Huston in dem realistischen Film »Fat City«, einer eindringlichen Studie über persönlichen und beruflichen Erfolg. In den Hauptrollen Stacy Keach, Jeff Bridges, Susan Tyrell und Nicholas Colasanto.

Joseph Losey
Das Mädchen und der Mörder – Die Ermordung Trotzkis
(L'assasinio di Trotzky)
Die Ermordung des russischen Revolutionärs Lew D. Trotzki im Exil in Mexiko ist das Thema des Films »Das Mädchen und der Mörder« von Joseph Losey.

Dalton Trumbo
Johnny zieht in den Krieg
(Johnny got his gun)
Dalton Trumbos Antikriegsfilm »Johnny zieht in den Krieg« ist die Verfilmung seines Romans »Süß und ehrenvoll« (1939): Ein junger Mann (Timothy Bottoms) wird im Ersten Weltkrieg von einer Granate zerfetzt, aber durch ärztliche Kunst am Leben gehalten.

Sportereignisse und -rekorde des Jahres 1971

Die Aufstellung erfaßt Rekorde, Sieger und Meister in wichtigen Sportarten. Aufgenommen wurden nur solche Wettbewerbe, die in den vergangenen Jahren bereits regelmäßig ausgetragen worden sind oder ab 1971 kontinuierlich zu den Sportprogrammen gehörten. Die Sportarten erscheinen in alphabetischer Reihenfolge.

Automobilsport

Grand-Prix-Rennen (Formel 1)

Großer Preis von (Datum) Kurs/Strecke (Länge)	Sieger (Land)	Marke	Ø km/h
Deutschland (1. 8.) Nürburgring (274 km)	Jackie Stewart (GBR)	Tyrell	184,190
Frankreich (4. 7.) Le Castellet (319,6 km)	Jackie Stewart (GBR)	Tyrell	179,700
Großbritannien (17. 7.) Silverstone (320,3 km)	Jackie Stewart (GBR)	Tyrell	209,986
Holland (20. 6.) Zandvoort (293,5 km)	Jacky Ickx (BEL)	Ferrari	151,379
Italien (5. 9.) Monza (316,25 km)	Peter Gethin (GBR)	BRM	242,615
Monaco (23. 5.) Monte Carlo (251,6 km)	Jackie Stewart (GBR)	Tyrell	134,359
Österreich (15. 8.) Zeltweg (319,2 km)	Joe Siffert (SUI)	BRM	211,877
Spanien (18. 4.) Montjuich (284,3 km)	Jackie Stewart (GBR)	Tyrell	156,413
Kanada (19. 9.) Mosport (253,3 km)	Jackie Stewart (GBR)	Tyrell	131,895
Südafrika (6. 3.) Kyalami (324,2 km)	Mario Andretti (USA)	Ferrari	180,795
USA (3. 10.) Watkins Glen (320,65 km)	François Cevert (FRA)	Tyrell	185,228

Formel-1-Weltmeister (11 WM-Läufe)

Name (Land)	Marke	Punkte	Siege
1. Jackie Stewart (GBR)	Tyrell-Ford	62	6
2. Ronnie Peterson (SWE)	March-Ford	33	0
3. François Cevert (FRA)	Tyrell-Ford	26	1

Langstreckenrennen

Kurs/Dauer (Datum)	Sieger (Land)	Marke	Ø km/h
Brands Hatch/1000 km (4. 4.)	De Adamich (ITA)/ Henri Pescarolo (FRA)	Alfa Romeo	156,317
Buenos Aires/1000 km (10. 1.)	Joe Siffert (SUI)/ Derek Bell (GBR)	Porsche	186,288
Daytona/24 h (30./31. 1.)	Pedro Rodriguez (MEX)/ Jackie Oliver (GBR)	Porsche	175,744
Indianap./500 ms (29. 5.)	Al Unser (USA)	Colt-Ford	253,849
Le Mans/24 h (12./13. 6.)	Helmut Marko (AUT)/ Gijs Van Lennep (HOL)	Porsche	222,304
Monza/1000 km (25. 4.)	Pedro Rodriguez (MEX)/ Jackie Oliver (GBR)	Porsche	235,833
Nürburgring/1000 km (30. 5.)	Vic Elford (GBR)/ Gerard Larousse (FRA)	Porsche	171,349
Österreich/1000 km (27. 6.) Zeltweg	Pedro Rodriguez (MEX)/ Dick Attwood (GBR)	Porsche	198,064
Sebring/12 h (20. 3.)	Vic Elford (GBR)/ Gerard Larousse (FRA)	Porsche	181,051
Spa-Francorchamps/ 1000 km (9. 5.)	Pedro Rodriguez (MEX)/ Jackie Oliver (GBR)	Porsche	249,069
Targa Florio/ 792 km (16. 5.)	Nico Vaccarella (ITA)/ Toine Hezemans (HOL)	Alfa Romeo	120,069
Watkins Glen/6 h (24. 7.)	Ronnie Peterson (SWE)/ De Adamich (ITA)	Alfa Romeo	181,488

Marken-Weltmeisterschaft (11 WM-Läufe)

Marke	Punkte[1)]	Siege
1. Porsche	72 (85)	8
2. Alfa Romeo	51 (54)	3
3. Ferrari	26 (26)	0

1) Gewertet wurden die acht besten Resultate; in Klammern die in allen elf Rennen herausgefahrenen Punkte.

Rallyes

Kurs/Dauer (Datum)	Sieger (Land)	Marke
Monte Carlo	Ove Andersson/David Stone	Renault Alpine
Akropolis	Ove Andersson/Hertz	Renault Alpine
Großbritannien	Blomquist/Hertz	Saab 96
San Remo	Ove Andersson/Nash	Renault Alpine
San Martino	Munari/Mannucci	Lancia Fulvia
Europameister	Zasada	BMW

Boxen/Schwergewicht

Ort (Datum)	Weltmeister	Gegner	Ergebnis
New York (8. 3.)	Joe Frazier (USA)	Muhammad Ali (USA)	PS 15 Rd.

Eiskunstlauf

Turnier	Ort	Datum
Weltmeisterschaften	Lyon	22.–28. 2.
Europameisterschaften	Zürich	1.– 7. 2.
Deutsche Meisterschaften	Berlin	
Einzel	**Damen**	**Herren**
Weltmeister	Beatrix Schuba (AUT)	Ondrej Nepela (ČSR)
Europameister	Beatrix Schuba (AUT)	Ondrej Nepela (ČSR)
Deutsche Meister	Eileen Zillmer (Augsb.)	Klaus Grimmelt (Düsseldorf)

Paarlauf

Weltmeister	Irina Rodnina/Alexej Ulanow (URS)
Europameister	Irina Rodnina/Alexej Ulanow (URS)
Deutsche Meister	Almut Lehmann/Herbert Wiesinger (Rießersee)

Eistanz

Weltmeister	Ludmilla Pachomova/Alexander Gorschkow (URS)
Europameister	Ludmilla Pachomova/Alexander Gorschkow (URS)
Deutsche Meister	Angelika Buck/Erich Buck (Ravensburg)

Fußball

Länderspiele	Ergebnis	Ort	Datum
Deutschland (+7, =1, −1)			
Albanien – Deutschland	0:1	Tirana	17. 2.
Türkei – Deutschland	0:3	Istanbul	25. 4.
Deutschland – Albanien	2:0	Karlsruhe	12. 6.
Norwegen – Deutschland	1:7	Oslo	22. 6.
Schweden – Deutschland	1:0	Göteborg	27. 6.
Dänemark – Deutschland	1:3	Kopenhagen	30. 6.
Deutschland – Mexiko	5:0	Hannover	8. 9.
Polen – Deutschland	1:3	Warschau	10. 10.
Deutschland – Polen	0:0	Hamburg	17. 11.
Österreich (+3, =2, −2)			
Brasilien – Österreich	1:1	São Paulo	
Schweden – Österreich	1:0	Stockholm	26. 5.
Irland – Österreich	1:4	Dublin	29. 5.
Österreich – Irland	6:0	Linz	9. 10.
Italien – Österreich	2:2	Rom	20. 11.
Österreich – Schweden	1:0	Wien	
Österreich – Ungarn	0:2	Wien	
Schweiz (+3, =1, −2)			
Schweiz – Malta	5:0	Luzern	21. 4.
Schweiz – Polen	2:4	Lausanne	5. 5.
Schweiz – Griechenland	1:0	Bern	12. 5.
Schweiz – Türkei	4:0	Zürich	26. 9.
Schweiz – England	2:3	Basel	13. 10.
England – Schweiz	1:1	London	10. 11.
DDR (+4, =3, −2)			
Chile – DDR	0:1	Santiago	2. 2.
Uruguay – DDR	0:3	Montevideo	10. 2.
Uruguay – DDR	1:1	Montevideo	15. 2.

Länderspiele	Ergebnis	Ort	Datum
DDR – Luxemburg	2:1	Gera	24. 4.
DDR – Jugoslawien	1:2	Leipzig	9. 5.
Mexiko – DDR	0:1	Guadalajara	16. 8.
DDR – Mexiko	1:1	Ost-Berlin	25. 9.
Holland – DDR	3:2	Rotterdam	10. 10.
Jugoslawien – DDR	0:0	Belgrad	16. 10.

Landesmeister	
Deutschland	Borussia Mönchengladbach
Österreich	SSW Innsbruck
Schweiz	Grasshoppers Zürich – FC Basel 4:3 n. V.
Belgien	Standard Lüttich
ČSSR	Spartak Trnava
Dänemark	Veilje BK
DDR	Dynamo Dresden
England	FC Arsenal London
Finnland	PS Turku
Frankreich	Olympique Marseille
Griechenland	AEK Athen
Holland	Feyenoord Rotterdam
Italien	Inter Mailand
Jugoslawien	Hajduk Split
Luxemburg	Union Luxemburg
Norwegen	Rosenborg Trondheim
Polen	Gornik Hindenburg
Portugal	Benfica Lissabon
Rumänien	Dynamo Bukarest
Schottland	Celtic Glasgow
Schweden	Malmö FF
Spanien	FC Valencia
Türkei	Galatasaray Istanbul
UdSSR	Dynamo Kiew
Ungarn	Ujpest Dosza Budapest

Landespokal	
Deutschland	Bayern München – 1. FC Köln 2:1 n. V. (Stuttgart, 19. 6.)
Österreich	Austria Wien – Rapid Wien 2:1
Schweiz	Servette Genf – FC Lugano 2:0
Belgien	AC Beerschot Antwerpen – VV St. Truiden 2:1 n. V.
ČSSR	Spartak Trnava – Skoda Pilzen 2:1, 5:1
Dänemark	BK Odense 09
DDR	Dynamo Dresden – Dynamo Berlin 2:1 n. V.
England	FC Arsenal London – FC Liverpool 2:1 n. V.
Finnland	Mikkelipp – Sport Vaasa 4:1
Frankreich	Stade Rennes – Olympique Lyon 1:0
Griechenland	Olympiakos Piräus – PAOK Saloniki 3:1
Holland	Ajax Amsterdam – Sparta Rotterdam 2:2 n. V., 2:1
Italien	AC Turin – AC Mailand 0:0 n. V., 5:3 i. E.
Jugoslawien	Roter Stern Belgrad – Slöboda Tuzla 4:0, 2:0
Luxemburg	Jeunesse Hautcharage – Jeunesse Esch 4:1 n. V.
Norwegen	Rosenborg Trondheim
Polen	Gornik Hindenburg – Zaglebie Sosnowiec 3:1
Portugal	Sporting Lissabon – Benfica Lissabon 4:1
Rumänien	Steaua Bukarest – Dynamo Bukarest 2:1
Schottland	Celtic Glasgow – Glasgow Rangers 1:1 n. V., 2:1
Schweden	Atvidaberg IF – Malmö FF
Spanien	FC Barcelona – FC Valencia 4:3 n. V.
Türkei	Eskisehispor – Bursaspor 2:0, 0:1
UdSSR	Spartak Moskau – SKA Rostow 2:2 n. V., 1:0
Ungarn	Ujpest Dosza Budapest – Banyasz Komlo 3:2

Europapokal der Landesmeister	Ergebnis	Ort	Datum
Ajax Amsterdam – Panathinaikos Athen	2:0	London	2. 6.

Amsterdam: Stuy; Neeskens, Hulshoff, Vasovic, Suurbier, Rijnders (46. Blankenburg), Mühren, Swart (46. Haan), Cruyff, van Dijk, Keizer. – **Athen:** Ekonomopoulos; Tomaras, Kapsis, Sourpis, Vlahos, Eleftherakis, Kamaras, Domazos, Grammos, Antoniadis, Filakouris
Schiedsrichter: Taylor (England); **Tore:** 1:0 van Dijk (5.), 2:0 Haan (87.); **Zuschauer:** 92 000

Europapokal der Pokalsieger	Ergebnis	Ort	Datum
Chelsea London – Real Madrid	1:1 n. V.	Athen	19. 5.

Chelsea: Bonetti; Boyle, Harris, Hollins (91. Mulligan), Dempsey, Webb, Weller, Hudson, Osgood (86. Baldwin), Cooke, Houseman; **Madrid:** Borja; José Luis, Zunzunegui, Pirri, Benito, Zoco, Grosso, Perez (65. Fleitas), Amancio, Velasquez, Gento (70. Grande)
Schiedsrichter: Scheurer (Schweiz); **Tore:** 1:0 Osgood (55.), 1:1 Zoco (90.); **Zuschauer:** 45 000

Chelsea London – Real Madrid	2:1	Athen	21. 5.

Chelsea: Bonetti; Boyle, Harris, Cooke, Dempsey, Webb, Weller, Baldwin, Osgood (73. Smethurst), Hudson, Houseman; **Madrid:** Borja; José Luis, Zunzunegui, Pirri, Benito, Zoco, Fleitas, Amancio, Grosso, Velasquez (75. Gento), Bueno (60. Grande)
Schiedsrichter: Bucheli (Schweiz); **Tore:** 1:0 Dempsey (32.), 2:0 Osgood (39.), 2:1 Fleitas (74.); **Zuschauer:** 30 000

UEFA-Cup (Hin- u. Rückspiel)	Ergebnis	Datum
Leeds United – Juventus Turin	2:2/1:1[1]	28. 5./3. 6.

Leeds: Sprake; Reaney, Cooper, Bremner, Jack Charlton, Hunter, Lorimer, Clarke, Jones (Bates), Giles, Madeley

1) Leeds Cup-Sieger aufgrund der meisten Auswärtstore

Gewichtheben/Superschwergewicht

Weltrekordhalter (Land)	Dreikampf	Drücken	Reißen	Stoßen
Wassili Alexejew (URS)	640,0 kg	235,5 kg	180,0 kg	235,5 kg

Leichtathletik

Europameisterschaften (Helsinki, 10.–15. 8.)

Disziplin	Sieger (Land)	Leistung
Männer		
100 m	Valeri Borsow (URS)	10,3
200 m	Valeri Borsow (URS)	20,3
400 m	David Jenkins (GBR)	45,5
800 m	Jewgeni Arschanow (URS)	1:45,6
1500 m	Francesco Arese (ITA)	3:38,4
5000 m	Juha Väätäinen (FIN)	13:32,6
10 000 m	Juha Väätäinen (FIN)	27:52,8
Marathon	Karel Lismont (BEL)	2:13:09,0
110 m Hürden	Frank Siebeck (DDR)	14,0
400 m Hürden	Jean-Claude Nallet (FRA)	49,2
3000 m Hindernis	Jean-Paul Villain (FRA)	8:25,2
4 × 100 m	Tschechoslowakei	39,3
4 × 400 m	BR Deutschland	3:02,9
20 km Gehen	Nikolai Smaga (URS)	1:27:20,2
50 km Gehen	Wenjamin Soldatenko (URS)	4:02:22,0
Hochsprung	Kestutis Sapka (URS)	2,20
Stabhochsprung	Wolfgang Nordwig (DDR)	5,35
Weitsprung	Max Klauss (DDR)	7,92
Dreisprung	Jörg Drehmel (DDR)	17,16
Kugelstoß	Hartmut Briesenick (DDR)	21,08
Diskuswurf	Ludvik Danek (ČSR)	63,90
Hammerwurf	Uwe Beyer (BRD)	72,36
Speerwurf	Janis Lusis (URS)	90,68
Zehnkampf	Joachim Kirst (DDR)	8196
Frauen		
100 m	Renate Stecher (DDR)	11,4
200 m	Renate Stecher (DDR)	22,7
400 m	Helga Seidler (DDR)	52,1
800 m	Vera Nikulic (YUG)	2:00,0
1500 m	Karin Burneleit (DDR)	4:09,6
100 m Hürden	Karin Balzer (DDR)	12,9
4 × 100 m	BR Deutschland	43,3
4 × 400 m	DDR	3:29,3
Hochsprung	Ilona Gusenbauer (AUT)	1,87
Weitsprung	Ingrid Mickler (BRD)	6,76
Kugelstoß	Nadeschda Tschischowa (URS)	20,16
Diskuswurf	Faina Melnik (URS)	64,22
Speerwurf	Daniela Jaworska (POL)	61,00
Fünfkampf	Heide Rosendahl (BRD)	5299

Leichtathletik (Fortsetzung)

Deutsche Meisterschaften (Stuttgart, 9. – 11. 7.)

Disziplin	Meister (Vereinsort)	Leistung
Männer		
100 m	Karl-Heinz Klotz (Neureut)	10,10
200 m	Karl-Heinz Klotz (Neureut)	20,5
400 m	Hermann Köhler (Wattenscheid)	45,8
800 m	Franz-Josef Kemper (Münster)	1:47,5
1500 m	Bodo Tümmler (Berlin)	3:42,3
5000 m	Harald Norpoth (Münster)	13:53,0
10000 m	Jens Wollenberg (Leverkusen)	29:59,6
110 m Hürden	Manfred Schumann (Leverkusen)	13,9
400 m Hürden	Dieter Büttner (Leverkusen)	49,6
3000 m Hindernis	Jürgen May (Hanau)	8:32,4
4 × 100 m	USC Mainz	39,7
4 × 400 m	LAC Bonn	3:09,8
4 × 800 m1)	SV Bayer 04 Leverkusen	7:28,4
4 × 1500 m	LAC Quelle Fürth	15:33,4
Hochsprung	Gunther Spielvogel (Leverkusen)	2,17
Stabhochsprung	Hans-Jürgen Ziegler (Kassel)	5,10
Weitsprung	Hans Baumgartner (Heppenheim)	8,02
Dreisprung	Michael Sauer (Mainz)	16,64
Kugelstoß	Heinfried Birlenbach (Siegen)	19,59
Diskuswurf	Klaus-Peter Hennig (Leverkusen)	61,32
Hammerwurf	Uwe Beyer (Mainz)	72,58
Speerwurf	Klaus Wolfermann (Gendorf)	84,50
Fünfkampf1)	Kurt Bendlin (Bonn)	3852
Mannschaft	FV Salamander Kornwestheim	9819
Zehnkampf2)	Kurt Bendlin (Bonn)	8244
Mannschaft1)	SV Bayer 04 Leverkusen	21164
Marathon3)	Lutz Philipp (Darmstadt)	2:24:31,8
Mannschaft	ASC Darmstadt	7:30:35,8
20 km Gehen4)	Wilfried Wesch (Frankfurt/M.)	1:33:11,8
Mannschaft	SC Eintracht Frankfurt	4:44:21,2
50 km Gehen5)	Bernhard Nermerich (Frankfurt/M.)	4:05:39,6
Mannschaft	LAC Quelle Fürth	13:04:43,4
Frauen		
100 m	Elfgard Schittenhelm (Berlin)	11,16
200 m	Rita Wilden (Leverkusen)	23,1
400 m	Inge Bödding (Hamburg)	52,9
800 m	Hildegard Falck (Wolfsburg)	1:58,5
1500 m	Ellen Tittel (Leverkusen)	4:16,7
100 m Hürden	Margit Bach (Leverkusen)	13,3
4 × 100 m	TuS 04 Leverkusen	44,5
3 × 800 m1)	VfL Wolfsburg	6:27,6
Hochsprung	Renate Gärtner (Schlüchtern)	1,83
Weitsprung	Heide Rosendahl (Leverkusen)	6,69
Kugelstoß	Marlene Fuchs (Euskirchen)	17,04
Diskuswurf	Brigitte Berendonk (Heidelberg)	58,22
Speerwurf	Anneliese Gerhards (Leverkusen)	55,42
Fünfkampf6)	Heide Rosendahl (Leverkusen)	5158
Mannschaft1)	ASC Darmstadt	12920

1) 25./26. 9. Hannover
2) 4. 7., Bonn
3) 10. 7. Achern
4) 4. 7. Salzgitter-Lebenstedt
5) 11. 7. Önsbach
6) 17./18. 7. Gretesch/Osnabrück

Weltrekorde (Stand: 31. 12. 1971)

Disziplin	Name (Land)	Leistung	Datum	Ort
Männer				
100 m	Jim Hines (USA)	9,9	20. 6. 1968	Sacramento
	Ronnie Ray Smith (USA)	9,9	20. 6. 1968	Sacramento
	Charlie Greene (USA)	9,9	20. 6. 1968	Sacramento
200 m (Gerade)	Tommie Smith (USA)	19,5 y	7. 5. 1966	San José
200 m (Kurve)	Tommie Smith (USA)	19,8	16. 10. 1968	Mexico-C.
400 m	Lee Evans (USA)	43,8	18. 10. 1968	Mexico-C.
800 m	Peter Snell (NSE)	1:44,3	3. 2. 1962	Christch.
1000 m	Jürgen May (DDR)	2:16,2	20. 7. 1965	Erfurt
1500 m	Jim Ryun (USA)	3:33,1	8. 7. 1967	Los Angeles
Meile	Jim Ryun (USA)	3:51,1	23. 6. 1967	Bakersfield
3000 m	Kipchoge Keino (KEN)	7:39,6	27. 8. 1965	Hälsingborg
5000 m	Ronald Clarke (AUS)	13:16,6	5. 7. 1966	Stockholm
10000 m	Ronald Clarke (AUS)	27:39,4	14. 7. 1965	Oslo
110 m Hürden	Martin Lauer (BRD)	13,2	7. 7. 1959	Zürich
400 m Hürden	David Hemery (GBR)	48,1	15. 10. 1968	Mexico-C.
3000 m Hindern.	Kerry O'Brien (AUS)	8:22,0	4. 7. 1970	Berlin
4 × 100 m	USA	38,2	20. 10. 1968	Mexico-C.
4 × 400 m	USA	2:56,1	20. 10. 1968	Mexico-C.
Hochsprung	Pat Matzdorf (USA)	2,29	2. 7. 1971	Berkeley
Stabhoch	Christos Papanikolao (GRE)	5,49	24. 10. 1970	Athen
Weitsprung	Bob Beamon (USA)	8,90	18. 10. 1968	Mexico-C.
Dreisprung	Pedro P. Dueñas (CUB)	17,40	5. 8. 1971	Cali
Kugelstoß	Randy Matson (USA)	21,78	22. 4. 1967	College State
Diskuswurf	Jay Silvester (USA)	68,40	18. 9. 1968	Reno
	Jay Silvester (USA)	70,38*	16. 5. 1971	Lancaster
Speerwurf	Jorma Kinnunen (FIN)	92,70	18. 6. 1969	Tampere
Hammerwurf	Walter Schmidt (BRD)	76,40	4. 9. 1971	Lahr
Zehnkampf	Bill Toomey (USA)	8417	10./11.12.'69	Los Angeles
Frauen				
100 m	Wyomia Tyus (USA)	11,0	15. 10. 1968	Mexico-C.
200 m	Chi Cheng (CHN)	22,4	12. 7. 1970	München
400 m	Marilyn Neufville (JAM)	51,0	23. 7. 1970	Edinburgh
800 m	Hildegard Falck (BRD)	1:58,5	11. 7. 1971	Stuttgart
1500 m	Karina Burneleit (DDR)	4:09,6	15. 8. 1971	Helsinki
Meile	Ellen Tittel (BRD)	4:35,4	20. 8. 1971	Sittard
100 m Hürden	Karin Balzer (DDR)	12,6	31. 10. 1971	Berlin
4 × 100 m	USA	42,8	20. 10. 1968	Mexico-C.
4 × 400 m	DDR	3:29,3	15. 8. 1971	Helsinki
Hochsprung	Ilona Gusenbauer (AUT)	1,92	4. 9. 1971	Wien
Weitsprung	Heide Rosendahl (BRD)	6,84	3. 9. 1970	Turin
Kugelstoß	Nadeschda Tschischowa (URS)	20,43	16. 9. 1969	Athen
Diskuswurf	Faina Melnik (URS)	64,88	4. 9. 1971	München
Speerwurf	Jelena Gortschakowa (URS)	62,40	16. 10. 1964	Tokio
Fünfkampf	Burglinde Pollak (DDR)	5406	5./6. 9. 1970	Erfurt

y = Yardstrecke: 220 y = 201,17 m, 440 y = 402,34 m
* inoffiziell; offiziell (auch später) nicht anerkannt

Deutsche Rekorde (Stand: 31. 12. 1971)

Disziplin	Name (Vereinsort)	Leistung	Datum	Ort
Männer				
100 m	Armin Hary (Frankfurt/M.)	10,0	21. 6. 1960	Zürich
200 m (Gerade)	Manfred Germar (Köln)	20,4	31. 7. 1957	Köln
200 m (Kurve)	Jochen Eigenherr (Leverkusen)	20,4	16. 10. 1968	Mexico-City
400 m	Carl Kaufmann (Karlsruhe)	44,9	6. 9. 1960	Rom
800 m	Franz-Josef Kemper (Münster)	1:44,9	7. 8. 1966	Hannover
1000 m	*Jürgen May (Erfurt)*	*2:16,2*	*20. 7. 1965*	*Erfurt*
	Franz-Josef Kemper (Münster)	2:16,2	21. 9. 1966	Hannover
1500 m	*Jürgen May (Erfurt)*	*3:36,4*	*14. 7. 1965*	*Erfurt*
	Bodo Tümmler (Berl./W.)	3:36,5	10. 7. 1968	Köln
3000 m	Harald Norpoth (Münst.)	7:45,2	6. 6. 1967	Münster
5000 m	Harald Norpoth (Münst.)	13:24,8	13. 9. 1966	Köln
10000 m	*Jürgen Haase (Leipzig)*	*27:53,4*	*10. 8. 1971*	*Helsinki*
	Manfred Letzerich (Wiesbaden)	28:21,0	10. 8. 1971	Helsinki
110 m Hürden	Martin Lauer (Köln)	13,2	7. 7. 1959	Zürich
400 m Hürden	Gerhard Hennige (Leverkusen)	49,0	15. 10. 1968	Mexico-City
3000 m Hindern.	Manfred Letzerich (Wiesbaden)	8:31,0	3. 9. 1966	Budapest
4 × 100 m	*DVfL-Staffel*	*38,6*	*20. 10. 1968*	*Mexico-C.*
	DLV-Staffel	38,7	20. 10. 1968	Mexico-C.
	ASK Vorwärts Potsdam	*39,6*	*10. 8. 1968*	*Erfurt*
	SV Bayer 04 Leverkusen	39,6	9. 8. 1970	Berlin (W.)
4 × 400 m	DLV-Staffel	3:00,5	20. 10. 1968	Mexico-C.
	SV Bayer 04 Leverkusen	3:04,8	9. 8. 1970	Berlin (W.)
Weitsprung	Josef Schwarz (München)	8,35	15. 7. 1970	Stuttgart

Disziplin	Name (Vereinsort)	Leistung	Datum	Ort
Hochsprung	Thomas Zacharias (Mainz)	2,20	27. 9. 1970	Mayen
Stabhoch	*Wolfgang Nordwig (Jena)*	*5,46*	*3. 9. 1970*	*Turin*
	Claus Schiprowski (Lev.)	5,40	16. 10. 1968	Mexico-C.
Dreisprung	*Jörg Drehmel (Potsdam)*	*17,13*	*30. 8. 1970*	*Stockholm*
	Michael Sauer (Mainz)	16,65	6. 8. 1967	Stuttgart
Kugelstoß	*Heinz-Joachim Rothenburg (Berlin/Ost)*	*21,12*	*27. 8. 1971*	*Moskau*
	Heinfried Birlenbach (Siegen)	20,35	15. 7. 1970	Stuttgart
Diskuswurf	Dirk Wippermann (Oberhausen)	65,88	13. 10. 1971	Aachen
Speerwurf	*Manfred Stolle (Postdam)*	*90,68*	*4. 7. 1970*	*Erfurt*
	Klaus Wolfermann (Gendorf)	86,46	17. 9. 1970	München
Hammerwurf	Walter Schmidt (Darmstadt)	76,40	4. 9. 1971	Lahr
Zehnkampf	Kurt Bendlin (Leverk.)	8319	13./14. 5. '67	Heidelberg
Frauen				
100 m	*Renate Meißner (Jena)*	*11,0*	*2. 8. 1970*	*Berlin (Ost)*
	Inge Helten (Andernach)	11,1	11. 9. 1971	Bonn
200 m	*Renate Meißner (Jena)*	*22,6*	*7. 8. 1971*	*Berlin (Ost)*
	Heide Rosendahl (Leverkusen)	23,1	13. 9. 1970	Stuttgart
400 m	*Helga Seidler (Karl-Marx-Stadt)*	*52,1*	*12. 8. 1971*	*Helsinki*
	Christel Frese (Köln)	52,4	11. 10. 1970	Bonn
800 m	Hildegard Falck (Wolfsburg)	1:58,5	11. 7. 1971	Stuttgart
1500 m	*Karin Burneleit (Berlin/Ost)*	*4:09,6*	*15. 8. 1971*	*Helsinki*
	Ellen Tittel (Leverkusen)	4:10,4	15. 8. 1971	Helsinki
100 m Hürden	*Karin Balzer (Leipzig)*	*12,6*	*7. 8. 1971*	*Berlin (Ost)*
	Heide Rosendahl (Leverkusen)	13,1	3. 7. 1970	Zürich
4 × 100 m	DLV-Staffel	43,3	15. 8. 1971	Helsinki
	TuS 04 Leverkusen	44,5	11. 7. 1971	Stuttgart
4 × 400 m	*DVfL-Staffel*	*3:29,3*	*15. 8. 1971*	*Helsinki*
	DLV-Staffel	3:32,7	20. 9. 1969	Athen
	SC Dynamo Ost-Berlin	*3:37,2*	*5. 7. 1970*	*Erfurt*
	VfL Wolfsburg	3:40,4	7. 9. 1971	Berlin
Weitsprung	Heide Rosendahl (Leverkusen)	6,84	3. 9. 1970	Turin
Hochsprung	*Rita Schmidt (Leipzig)*	*1,87*	*1. 6. 1968*	*Sofia*
	Renate Gärtner (Schlüchtern)	1,83	10. 7. 1971	Stuttgart
Kugelstoß	*Margitta Gummel (Leipzig)*	*20,10*	*11. 9. 1969*	*Berlin*
	Marlene Fuchs (Euskirchen)	17,34	16. 8. 1968	Berlin
Diskuswurf	Liesel Westermann (Leverkusen)	63,96	27. 9. 1969	Hamburg
Speerwurf	*Ruth Fuchs (Jena)*	*60,60*	*22. 8. 1970*	*Budapest*
	Amelie Koloska (Mainz)	59,86	10. 5. 1969	Leverkusen
Fünfkampf	*Burglinde Pollak (Potsdam)*	*5406*	*5./6. 9. 1970*	*Erfurt*
	Heide Rosendahl (Leverkusen)	5399	12./13. 9. '70	Stuttgart

* Der Deutsche Leichtathletik-Verband/DLV (Bereich: Bundesrepublik Deutschland einschl. Berlin-West) und der Deutsche Verband für Leichtathletik/DVfL (Bereich: Deutsche Demokratische Republik) führten früher eine gemeinsame Rekordliste. Seit 1971 umfaßt die offizielle DLV-Rekordliste nur die von deutschen DLV-Mitgliedern gehaltenen Rekorde. Bessere Leistungen eines DVfL-Athleten sind hier in Kursivschrift gesetzt.

Pferdesport

Disziplin/Turnier	Sieger (Land)	Pferd (Stall)	Tag
Galopprennen			
Deutsches Derby	D. Richardson (GBR)	Lauscher (Rösler)	4. 7.
Prix de l'Arc de Triomphe		Mille Reef (Mellon)	
Trabrennen			
Deutsches Derby	R. Haselbeck	Ewalt (Aschau)	
Prix d'Amerique		Tidalium Pelo	

Disziplin/Turnier	Sieger (Land)	Pferd (Stall)	Tag
Turniersport			
Springreiten			
Europameister	Hartwig Steenken (BRD)	Simona	
Deutscher Meister	Gert Wiltfang	Sieno (Askan)	
Deutsches Derby	Alwin Schockemöhle (BRD)	Wimpel	
Dressur			
Europameister	Liselott Linsenhoff (BRD)	Piaff	
Mannschaft	BR Deutschland		
Deutscher Meister	Josef Neckermann	Venetia (van Eick)	
Deutsches Derby	Reiner Klimke (BRD)	Mehmed	
Military			
Europameister	IKH Prinzessin Anne (GBR)	Doublet	4. 9.
Mannschaft	Großbritannien		
Deutscher Meister	Harry Klugmann	Christopher-Robert	

Radsport

Disziplin, Ort	Plazierung, Name (Land)	Zeit/ Rückstand
Straßenweltmeisterschaft		
Profis (268,8 km) Mendrisio, 5. 9.	1. Eddy Merckx (BEL) 2. Felice Gimondi (ITA) 3. Cyrill Guimard (FRA)	
Amateure (168 km) Mendrisio, 4. 9.	1. Regis Ovion (FRA) 2. Freddy Maertens (BEL) 3. Viejo (SPA)	
Rundfahrten (Etappen)		
Tour de France (20) Datum: 26. 6. – 18. 7. Länge: 3689 km 130 Starter, 94 im Ziel	1. Eddy Merckx (BEL) 2. Joop Zoetemelk (HOL) 3. Lucien van Impe (BEL)	94:45:14 9:51 11:06
Giro d'Italia (20) Datum: 22. 5. – 10. 6. Länge: 3567 km 100 Starter, 75 im Ziel	1. Gösta Pettersson (SWE) 2. Hermann van Springel (BEL) 3. Ug. Colombo (ITA)	
Tour de Suisse (8) Datum: 11. 6. – 18. 6. Länge: 1313 km	1. Georges Pintens (BEL) 2. Louis Pfenninger (SUI) 3. Ug. Colombo (ITA)	
Grand-Prix-Rennen		
Henninger Turm Datum: 1. 5. Länge: 225 km	1. Eddy Merckx (BEL) 2. J. De Schoenmaecker 3. Lucien Aimar (FRA)	

Schwimmen

Europameisterschaften (Barcelona, 5.–11. 9.)

Disziplin	Meister (Vereinsort)	Leistung
Männer		
Freistil 100 m	Michel Rousseau (FRA)	52,9
Freistil 200 m	Hans Fassnacht (BRD)	1:55,2
Freistil 400 m	Gunnar Larsson (SWE)	4:02,6
Freistil 1500 m	Hans Fassnacht (BRD)	16:19,9
Freistil 4 × 100 m	UdSSR	3:32,3
Freistil 4 × 200 m	Bundesrepublik Deutschland	7:49,5
Brust 100 m	Nikolai Pankin (URS)	1:06,8
Brust 200 m	Klaus Katzur (DDR)	1:26,0
Rücken 100 m	Roland Matthes (DDR)	58,0
Rücken 200 m	Roland Matthes (DDR)	2:08,8
Delphin 100 m	Hans Lampe (BRD)	57,5
Delphin 200 m	Udo Poser (DDR)	2:08,0
Lagen 200 m	Gunnar Larsson (SWE)	2:09,3
Lagen 400 m	Gunnar Larsson (SWE)	4:36,2
Lagen 4 × 100 m	DDR	4:30,1
Kunstspringen	Franco Cagnotto (ITA)	555,21
Turmspringen	Lothar Matthes (DDR)	454,72
Wasserball	UdSSR	
Frauen		
Freistil 100 m	Gabriele Wetzko (DDR)	59,6
Freistil 200 m	Gabriele Wetzko (DDR)	2:08,2

Schwimmen (Fortsetzung)

Europameisterschaften (Barcelona, 5.–11. 9.)

Disziplin	Meister (Vereinsort)	Leistung
Freistil 400 m	Elke Sehmisch (DDR)	4:32,9
Freistil 800 m	Neugebauer (DDR)	9:21,1
Freistil 4 × 100 m	DDR	4:00,8
Brust 100 m	Galina Stepanowa (URS)	1:15,6
Brust 200 m	Galina Stepanowa (URS)	2:40,7
Delphin 100 m	Andrea Gyarmati (UNG)	1:05,0
Delphin 200 m	Helga Lindner (DDR)	2:20,2
Rücken 100 m	Tina Lekweischwili (URS)	1:07,8
Rücken 200 m	Andrea Gyarmati (UNG)	2:25,5
Lagen 200 m	Martina Grunert (DDR)	2:27,6
Lagen 400 m	Evelin Stolze (DDR)	5:07,9
Lagen 4 × 100 m	DDR	4:30,1
Kunstspringen	Heidi Becker (DDR)	420,63
Turmspringen	Milena Duchkowa (ČSR)	336,33

Deutsche Meisterschaften (Wattenscheid, 7.–14. 8.)

Disziplin	Meister (Vereinsort)	Leistung
Männer		
Freistil 100 m	Gerhard Schiller (Bonn)	54,5
Freistil 200 m	Werner Lampe (Bonn)	1:57,1
Freistil 400 m	Werner Lampe (Bonn)	4:07,1
Freistil 1500 m	Werner Lampe (Bonn)	16:40,8
Freistil 4 × 100 m	SSF Bonn	3:39,9
Freistil 4 × 200 m	SSF Bonn	8:01,8
Brust 100 m	Walter Kusch (Bochum)	1:07,1
Brust 200 m	Walter Kusch (Bochum)	2:28,2
Brust 4 × 100 m	DSV-Schule Saarbrücken	4:43,3
Delphin 100 m	Lutz Stoklasa (Burghausen)	58,5
Delphin 200 m	Walter Mack (Bonn)	2:08,7
Delphin 4 × 100 m	SSF Bonn	4:03,8
Rücken 100 m	Ralf Beckmann (Wolfsburg)	1:02,3
Rücken 200 m	Norbert Verweyen (Bonn)	2:16,2
Rücken 4 × 100 m	SSF Bonn	4:18,0
Lagen 200 m	Klaus-Uwe Becker (Recklinghausen)	2:18,1
Lagen 400 m	Wolfgang Hillemeyer (Paderborn)	4:56,2
Lagen 4 × 100 m	SV 05 Würzburg	4:09,9
Kunstspringen	Norbert Huda (Münster)	
Turmspringen	Klaus Konzorr (Iserlohn)	
Wasserball	SC Rote Erde Hamm	
Frauen		
Freistil 100 m	Heidemarie Reineck (Bayreuth)	1:02,1
Freistil 200 m	Uta Schütz (Heidelberg)	2:15,8
Freistil 400 m	Uta Schütz (Heidelberg)	4:45,7
Freistil 800 m	Uta Schütz (Heidelberg)	9:47,0
Freistil 4 × 100 m	DSV-Schule Saarbrücken	4:16,8
Brust 100 m	Vreni Eberle (München)	1:18,4
Brust 200 m	Vreni Eberle (München)	2:46,1
Brust 4 × 100 m	SV Blau-Weiß Bochum	5:28,7
Delphin 100 m	Heike Nagel (Darmstadt)	1:06,5
Delphin 200 m	Heike Nagel (Darmstadt)	2:26,0
Delphin 4 × 100 m	SSF Bonn	4:51,4
Rücken 100 m	Silke Pielen (Saarbrücken)	1:07,3
Rücken 200 m	Angelika Kraus (Wuppertal)	2:27,0
Rücken 4 × 100 m	DSV-Schule Saarbrücken	4:55,4
Lagen 200 m	Helga Mack (Bonn)	2:31,9
Lagen 400 m	Helga Mack (Bonn)	5:26,4
Kunstspringen	Ursula Sapp (Gummersbach)	
Turmspringen	Maxie Michael (Karlsruhe)	
Kunstschwimmen	Hannelore Köcher (München)	
Duo	DSV München	
Gruppe	DSV München	
12er Bilderreigen	DSV München	

Weltrekorde (Stand: 31. 12. 1971)

Disziplin	Name (Land)	Leistung	Datum	Ort
Männer				
Freistil 100 m	Mark Spitz (USA)	51,94	23. 8. 1970	Los Angeles
Freistil 200 m	Mark Spitz (USA)	1:53,5	10. 9. 1971	Minsk
Freistil 400 m	Tom McBreen (USA)	4:02,1	25. 8. 1971	Houston
Freistil 800 m	Graham Windeatt (AUS)	8:28,6	3. 4. 1971	Sydney
Freistil 1500 m	John Kinsella (USA)	15:57,1	23. 8. 1970	Los Angeles
Freistil 4 × 100 m	Los Angeles AC (USA)	3:28,8	23. 8. 1970	Los Angeles
Freistil 4 × 200 m	USA	7:43,3	10. 9. 1971	Minsk
Brust 100 m	Nikolai Pankin (URS)	1:05,8	20. 4. 1969	Magdeburg
Brust 200 m	Brian Job (USA)	2:23,5	22. 8. 1970	Los Angeles
Delphin 100 m	Mark Spitz (USA)	55,0	25. 8. 1971	Houston
Delphin 200 m	Hans Fassnacht (BRD)	2:03,3	31. 8. 1971	Landskrona
Rücken 100 m	Roland Matthes (DDR)	56,7	4. 9. 1971	Leipzig
Rücken 200 m	Roland Matthes (DDR)	2:05,6	3. 9. 1971	Leipzig
Lagen 200 m	Gunnar Larsson (SWE)	2:09,3	12. 9. 1970	Barcelona
Lagen 400 m	Gary Hall (USA)	4:31,0	21. 8. 1970	Los Angeles
Lagen 4 × 100 m	USA	3:50,4	3. 9. 1971	Leipzig
Frauen				
Freistil 100 m	Dawn Fraser (AUS)	58,9	29. 2. 1964	Sydney
	Shane Gould (AUS)	58,9	30. 4. 1971	London
Freistil 200 m	Shane Gould (AUS)	2:05,8	26. 11. 1971	Sydney
Freistil 400 m	Shane Gould (AUS)	4:21,2	9. 7. 1971	Santa Clara
Freistil 800 m	Shane Gould (AUS)	8:58,1	3. 2. 1971	Sydney
Freistil 1500 m	Shane Gould (AUS)	17:00,6	12. 12. 1971	Sydney
Freistil 4 × 100 m	USA	4:00,7	9. 9. 1971	Minsk
Freistil 4 × 200 m	Lakewood SC (USA)	8:35,52	27. 8. 1971	Houston
Brust 100 m	Catie Ball (USA)	1:14,2	25. 8. 1968	Los Angeles
Brust 200 m	Catie Ball (USA)	2:38,5	26. 8. 1968	Los Angeles
Delphin 100 m	Alice Jones (USA)	1:04,1	20. 8. 1970	Los Angeles
Delphin 200 m	Ellie Daniel (USA)	2:18,4	28. 8. 1971	Houston
Rücken 100 m	Karen Yvette Muir (SAF)	1:05,6	6. 7. 1969	Utrecht
Rücken 200 m	Sue Atwood (USA)	2:21,5	14. 8. 1969	Louisville
Lagen 200 m	Claudia Kolb (USA)	2:23,5	25. 8. 1968	Los Angeles
Lagen 400 m	Claudia Kolb (USA)	5:04,7	24. 8. 1968	Los Angeles
Lagen 4 × 100 m	USA	4:27,3	11. 9. 1971	Minsk

Deutsche Rekorde (Stand: 31. 12. 1971)

Disziplin	Name	Leistung	Datum	Ort
Männer				
Freistil 100 m	Gerhard Schiller	53,7	10. 9. 1970	Barcelona
Freistil 200 m	Hans Fassnacht	1:55,2	9. 9. 1970	Barcelona
Freistil 400 m	Hans Fassnacht	4:03,0	9. 9. 1970	Barcelona
Freistil 800 m	Werner Lampe	8:38,1	22. 8. 1971	Waldkraiburg
Freistil 1500 m	Hans Fassnacht	16:19,9	11. 9. 1970	Barcelona
Freistil 4 × 100 m	SSF Bonn	3:39,4	9. 8. 1970	Würselen
Freistil 4 × 200 m	SSF Bonn	8:01,8	10. 8. 1971	Wattensch.
Brust 100 m	Walter Kusch	1:07,1	9. 8. 1971	Wattensch.
Brust 200 m	Walter Kusch	2:25,2	10. 9. 1970	Barcelona
Delphin 100 m	Hans Lampe	57,5	7. 9. 1970	Barcelona
Delphin 200 m	Hans Fassnacht	2:03,3	31. 8. 1971	Landskrona
Rücken 100 m	Ernst-Joachim Küppers	1:00,8	29. 8. 1964	Dortmund
Rücken 200 m	Ernst-Joachim Küppers	2:12,6	22. 8. 1964	Magdeburg
Lagen 200 m	Michael Holthaus	2:13,9	28. 8. 1968	Berlin (W.)
Lagen 400 m	Hans Fassnacht	4:36,9	8. 9. 1970	Barcelona
Lagen 4 × 100 m	Wfr. Wuppertal	4:05,0	26. 8. 1969	Wuppertal
Frauen				
Freistil 100 m	Heidemarie Reineck	1:01,4	10. 4. 1971	Kecskemet
Freistil 200 m	Birgit Dollbaum	2:15,5	9. 9. 1970	Barcelona
Freistil 400 m	Ursula Römer	4:44,0	8. 9. 1970	Barcelona
Freistil 800 m	Ursula Römer	9:40,8	12. 9. 1970	Barcelona
Freistil 1500 m	Ursula Römer	18:53,7	10. 7. 1970	Taufkirchen
Freistil 4 × 100 m	DSV-Schule Saarbrücken	4:16,8	9. 8. 1971	Wattensch.
Freistil 4 × 200 m	Wfr. Wuppertal	9:35,5	5. 8. 1971	Wuppertal
Brust 100 m	Uta Frommater	1:16,2	19. 10. 1968	Mexico-C.
Brust 200 m	Uta Frommater	2:45,1	17. 8. 1968	Wuppertal
Delphin 100 m	Edeltraut Koch	1:05,8	8. 9. 1970	Barcelona
Delphin 200 m	Heike Nagel-Hustede	2:26,0	14. 8. 1971	Wattensch.
Rücken 100 m	Silke Pielen	1:07,3	12. 8. 1971	Wattensch.
Rücken 200 m	Angelika Kraus	2:27,0	14. 8. 1971	Wattensch.
Lagen 200 m	Helga Mack	2:31,9	7. 8. 1971	Wattensch.
Lagen 400 m	Helga Mack	5:26,4	10. 8. 1971	Wattensch.
Lagen 4 × 100 m	DSV-Schule Saarbrücken	4:43,7	13. 8. 1971	Wattensch.

Ski alpin

	Herren	Pkte.	Damen	Pkte.
Weltcup-Sieger				
Gesamt	Gustav Thöni (ITA)	155	Annemarie Pröll (AUT)	210
Abfahrt	Bernhard Russi (SUI)	70	Annemarie Pröll (AUT)	70
Slalom	Jean-Noël Augert (FRA)	75	Britt Lafforgue (FRA)	75
Riesenslalom	Patrick Russell (FRA)	70	Annemarie Pröll (AUT)	75
	Gustav Thöni (ITA)	70		

Deutsche Meister		
Abfahrt	Franz Vogler	Margret Hafen
Slalom	Christian Neureuther	Pamela Behr
Riesenslalom	Max Rieger	Rosi Mittermaier
Kombination	Max Rieger	Rosi Mittermaier

Österreichische Meister		
Abfahrt	Karl Cordin	Ingrid Gfölner
Slalom	Harald Rofner	Annemarie Pröll
Riesenslalom	David Zwilling	Annemarie Pröll
Kombination	David Zwilling	Ingrid Gfölner

Schweizer Meister		
Abfahrt	Bernhard Russi	Vreni Inäbnit
Slalom	Peter Frei	Bernadette Zurbriggen
Riesenslalom	Hans Zingre	Rita Good
Kombination	Bernhard Russi	Bernadette Zurbriggen

Tennis

Meisterschaften	Ort	Datum
Wimbledon	London	21. 6. – 3. 7.
French Open	Paris	24. 5. – 6. 6.
US Open	Forest Hills/New York	1. – 15. 9.
Australian Open	Melbourne	
Internationale Deutsche	Hamburg	17. – 23. 5.
Masters-Turnier	Paris	
Daviscup-Endpiel	Charlotte/North Carolina	9. – 11. 10.
Federation-Cup	Perth/AUS	26. – 29. 12.

Turnier	Sieger (Land) – Finalgegner (Land)	Ergebnis
Herren-Einzel		
Wimbledon	John Newcombe (AUS) – Stan Smith (USA)	6:3, 5:7, 2:6, 6:4, 6:4
French Open	Jan Kodes (ČSR) – Ilie Nastase (RUM)	8:6, 6:2, 2:6, 7:5
US Open	Stan Smith (USA) – Jan Kodes (ČSR)	3:6, 6:3, 6:2, 7:6
Australian Open	Ken Rosewall (AUS) – Arthur Ashe (USA)	6:1, 7:5, 6:3
Int. Deutsche	Andres Gimeno (SPA) – Peter Szöke (UNG)	6:3, 6:2, 6:2
Masters	Ilie Nastase (RUM)	Rundenspiele
Daviscup	USA – Rumänien 3:2	
Damen-Einzel		
Wimbledon	Evonne Goolagong (AUS) – Margaret Court (AUS)	6:4, 6:1
French Open	Evonne Goolagong (AUS) – Helen Gourlay (AUS)	6:3, 7:5
US Open	Billie Jean King (USA) – Rosa Maria Casals (USA)	6:4, 7:6
Australian Open	Margaret Court (AUS) – Evonne Goolagong (AUS)	2:6, 7:5, 7:6
Int. Deutsche	Billie Jean King (USA) – Helga Masthoff (BRD)	6:3, 6:4
Federation-Cup	Australien – Großbritannien	3:0
Herren-Doppel		
Wimbledon	John Newcombe (AUS)/ Rod Laver (AUS) – Arthur Ashe (USA)/ Dennis Ralston (USA)	4:6, 9:7, 6:8, 6:4, 6:4
French Open	Arthur Ashe (USA)/ Marty Riessen (USA) – Tom Gorman (USA)/ Stan Smith (USA)	6:8, 4:6, 6:3, 6:4, 11:9
US Open	John Newcombe (AUS)/ Robert Taylor (AUS) – Stan Smith (USA)/ E. van Dillen (USA)	6:7, 6:3, 7:6, 7:6
Australian Open	John Newcombe (AUS)/ Tony Roche (AUS) – Tom Okker (HOL)/ Marty Riessen (USA)	6:2, 7:6
Int. Deutsche	John Alexander (AUS)/ Andres Gimeno (SPA) – Dick Crealy (AUS)/ Stone (AUS)	6:4, 7:5, 7:9, 6:4
Damen-Doppel		
Wimbledon	Rosem. Casals (USA)/ Billie Jean King (USA) – Margaret Court (AUS)/ Evonne Goolagong (AUS)	6:3, 6:2
French Open	Françoise Durr (FRA)/ Gail Chanfreau (FRA) – Helen Gourlay (AUS)/ Kerry Harris (AUS)	6:4, 6:1
US Open	Rosem. Casals (USA)/ Judy Dalton (AUS) – Gail Chanfreau (FRA)/ Françoise Durr (FRA)	6:3, 6:3
Australian Open	Margaret Court (AUS)/ E. Goolagong (AUS) – Joy Emmerson (AUS)/ Lesley Hunt (AUS)	6:0, 6:0
Int. Deutsche	Rosem. Casals (USA)/ Billie Jean King (USA) – Helga Masthoff (BRD)/ Heide Orth (BRD)	6:2, 6:1
Mixed		
Wimbledon	Owen Davidson (AUS)/ Billie Jean King (USA) – Marty Riessen (USA)/ Margaret Court (AUS)	3:6, 6:2, 15:13
French Open	Jean-C. Barclay (FRA)/ Françoise Durr (FRA) – T. Lejus (URS)/ Winnie Shaw (GBR)	6:2, 6:4
US Open	Owen Davidson (AUS)/ Billie Jean King (USA) – Bob Maud (SAF)/ Betty Stoeve (HOL)	6:3, 7:5
Int. Deutsche	J. Faßbender (BRD)/ Heide Orth (BRD) – Harald Elschenbroich (BRD)/ Helga Hösl (BRD)	6:4, 3:6, 6:2

Abkürzungen zu den Sportseiten

AUS	Australien	CAN	Kanada	FRA	Frankreich	JAP	Japan	SWE	Schweden
AUT	Österreich	CHN	China	GBR	Großbritannien	KEN	Kenia	SPA	Spanien
BEL	Belgien	ČSR	Tschechoslowakei	GRE	Griechenland	MEX	Mexiko	UNG	Ungarn
BOL	Bolivien	DAN	Dänemark	GUA	Guatemala	NSE	Neuseeland	URS	Sowjetunion
BRA	Brasilien	DDR	Deutsche Demokratische Republik	HOL	Niederlande	PUR	Puerto Rico	USA	Vereinigte Staaten von Amerika
BRD	Bundesrepublik Deutschland	FIN	Finnland	ITA	Italien	RUM	Rumänien	YUG	Jugoslawien
				JAM	Jamaika	SUI	Schweiz		

Nekrolog 1971

Bekannte Persönlichkeiten aus allen Bereichen des gesellschaftlichen Lebens, die 1971 gestorben sind, werden – alphabetisch geordnet – in Kurzbiographien dargestellt.

Dean Acheson
US-amerikanischer Politiker (* 11. 4. 1893, Middletown/Connecticut), stirbt am 12. Oktober in Sandy Springs/Maryland.
Acheson, Demokrat, verfolgte als Außenminister von 1949 bis 1953 eine Politik der Eindämmung (Containment) gegenüber der UdSSR. Er war wesentlich beteiligt an der Gründung der NATO und an der Eingliederung der Bundesrepublik in das westliche Bündnissystem.

Louis Daniel Armstrong

genannt Satchmo, US-amerikanischer Jazztrompeter und Sänger (* 4. 7. 1900, New Orleans), stirbt am 6. Juli in New York.
Armstrong war der populärste Jazzmusiker. Er begann mit klassischem Jazz und wandelte sich in den 20er Jahren zum Vertreter des New-Orleans-Jazz mit solistischem Spiel und begleitendem Orchester. Armstrong zeichnete sich durch die virtuose Beherrschung seines Instruments aus.

Karl Blessing
deutscher Bankfachmann (* 5. 2. 1900, Vaihingen an der Enz), stirbt am 25. April in Rasteau (Vaucluse).
Blessing, von 1920 bis 1939 Mitglied der Deutschen Reichsbank (im Direktorium 1939–1939), war von 1958 bis 1969 Präsident der Deutschen Bundesbank.

William Lawrence Bragg
britischer Physiker (* 31. 3. 1890, Adelaide/Australien), stirbt am 1. Juli in Ipswich/Suffolk.
1915 erhielten Bragg und sein Vater William Henry den Physiknobelpreis für ihre Verdienste um die Erforschung der Kristallstrukturen mittels Röntgenstrahlen. Die beiden Physiker entwickelten die Drehkristallmethode, mit der die Wellenlänge von Röntgenstrahlen gemessen werden kann. Diese Methode erschloß auch neue Erkenntnisse über den Feinbau der Kristalle.

Ralph Johnson Bunche

US-amerikanischer Diplomat (* 7. 8. 1904, Detroit/Michigan), stirbt am 9. Dezember in New York.
Bunche erhielt 1950 den Friedensnobelpreis für die Vermittlung des Waffenstillstands im Palästinakrieg (1948/49) als Mitarbeiter der Vereinten Nationen.

Massimo Campigli
italienischer Maler (* 4. 7. 1895, Florenz), stirbt am 31. Mai in Saint Tropez.
Campigli schuf freskenartige Bilder unter dem Einfluß der etruskischen Kunst, wobei er die Figuren über- und nebeneinanderstellte und in einen Rahmen setzte.

Coco Chanel
eigentlich Gabrielle Chasnel, französische Modeschöpferin (* 19. 8. 1883, Saumur), stirbt am 10. Januar in Paris.
Coco Chanel kreierte nach dem Ersten Weltkrieg funktionelle Damenmode mit kurzem Rock, Jerseystoffen und Kurzhaarschnitt.

Nikita Sergejewitsch Chruschtschow
sowjetischer Politiker (* 17. 4. 1894, Kalinowka/Kursk), stirbt am 11. September in Moskau.
Chruschtschow wurde wenige Monate nach dem Tod Josef W. Stalins 1953 Erster Sekretär der KPdSU; 1958 übernahm er zusätzlich die Führung der Regierung. Auf dem XX. Parteitag leitete er 1956 die Entstalinisierung ein. Außenpolitisch propagierte er die These von der friedlichen Koexistenz. In seine Amtszeit fallen die staatliche Unabhängigkeit Österreichs (1955), der Versuch einer Verständigung mit dem titoistischen Jugoslawien (1955), die Niederschlagung des Aufstands in Ungarn (1956), das Berlin-Ultimatum (1958), der Bau der Berliner Mauer (1961) und die Kubakrise (1962/63). 1964 wurde er vom Zentralkomitee der KPdSU als Partei- und Regierungschef abgesetzt.

Tilla Durieux

eigentlich Ottilie Godefroy, deutsch-österreichische Schauspielerin (* 18. 8. 1880, Wien), stirbt am 21. Februar in Berlin.
Tilla Durieux hatte 1903 ihr erstes Engagement in Berlin. Bis zur Emigration 1934 spielte sie an verschiedenen Berliner Bühnen unter Max Reinhardt, Erwin Piscator, Leopold Jessner u. a. in Dramen von Oscar Wilde, Frank Wedekind, George Bernard Shaw u. a. 1952 kehrte sie nach Berlin zurück. Der von ihr 1967 gestiftete Durieux-Schmuck wird für außerordentliche Leistungen einer Schauspielerin verliehen.

François Duvalier
genannt Papa Doc, haitianischer Politiker (* 14. 4. 1907, Port-au-Prince), stirbt am 21. April in Port-au-Prince.
Duvalier wurde 1957 zum Präsidenten gewählt. Gestützt auf seine Privatarmee, übte er bis zu seinem Tod eine diktatorische Willkürherrschaft aus.

Karl Farkas
österreichischer Schauspieler und Kabarettist (* 28. 10. 1894, Wien), stirbt am 17. Mai in Wien.
Farkas schuf mit Fritz Grünbaum im Wiener Kabarett »Simpl«, dessen künstlerische Leitung er 1927 übernahm, die Doppelconférence. 1938 emigrierte er, 1946 übernahm er erneut die Leitung des »Simpl«.

Fernandel

eigentlich Ferdinand Joseph Désiré Constandin, französischer Filmschauspieler (* 8. 5. 1903, Marseille), stirbt am 26. Februar in Paris.
Fernandel wurde weltberühmt als humoristisch-satirischer Interpret menschlicher Unzulänglichkeiten. Seine Glanzrolle war der Don Camillo in den »Don-Camillo-und-Peppone«-Filmen (ab 1952).

Willi Geiger
deutscher Maler und Grafiker (* 27. 8. 1878, Schönbrunn/Landshut), stirbt am 1. Februar in München.
Geiger malte Bildnisse, Landschaften und Stilleben, die ab den 20er Jahren expressionistisch-visionäre Züge aufweisen. Darüber hinaus schuf er Zyklen von Radierungen und illustrierte Werke der Weltliteratur.

Marcel Gromaire
französischer Maler und Grafiker (* 24. 7. 1892, Noyelles-sur-Sambre/Nord), stirbt am 11. April in Paris.
Gromaire zählt zu den Erneuerern der Teppichkunst. Als Maler erregte er Aufsehen durch das expressive Gemälde »Der Krieg« (1925).

Meinrad Inglin
schweizerischer Schriftsteller (* 28. 7. 1893, Schwyz), stirbt am 4. Dezember in Schwyz.
In der Tradition der realistischen Schweizer Erzählkunst schuf Inglin Romane aus dem Schweizer Volksleben, die weit über die Heimatdichtung hinausführen. Dabei stellte er urwüchsigem Bauerntum wurzellose Vertreter der Zivilisation gegenüber: »Schweizerspiegel« (1938).

Paul Karrer
schweizerischer Biochemiker (* 21. 4. 1889, Moskau), stirbt am 18. Juni in Zürich.
Karrer erhielt 1937 den Chemienobelpreis (zusammen mit dem Briten Walter Norman Haworth) für seine Forschungen über die Karotinoide und Flavine sowie über die Vitamine A und B2. Er wies nach, daß das Karotin die Vorstufe des Vitamin A ist.

Waldemar Freiherr von Knoeringen

deutscher SPD-Politiker (* 6. 10. 1906, Rechetsberg bei Weilheim in Oberbayern), stirbt am 2. Juli in Bernried am Starnberger See.
Als stellvertretender SPD-Bundesvorsitzender (1958 bis 1962) war von Knoeringen maßgeblich an der Ausarbeitung des Godesberger Programms (1959) beteiligt.

Gertrud Freiin von Le Fort
deutsche Schriftstellerin (* 11. 10. 1876, Minden), stirbt am 1. November in Oberstdorf.
Le Forts Lyrik und Prosa ist von einer strengen katholischen Grundhaltung geprägt. In ihren Erzählungen und Romanen stellte sie meist religiöse und historische Themen dar: »Das Schweißtuch der Veronika« (1928), »Die Letzte am Schafott« (1931).

Lin Piao
chinesischer Politiker (* 1907, Hwangan/Hupeh), kommt vermutlich am 12. September ums Leben, als er versucht, in die UdSSR zu fliehen.
Lin Piao wurde 1946 Oberkommandierender der Roten Armee (1955 Marschall) und 1959 Verteidigungsminister. 1968 avancierte er zum stellvertretenden Parteivorsitzenden und opponierte 1970 gegen Mao Tse-tungs These von der »permanenten Revolution«. Sein Staatsstreich vom September 1971 scheiterte.

Harold Lloyd
US-amerikanischer Filmschauspieler (* 20. 4. 1893, Burchard/Nebraska), stirbt am 8. März in Los Angeles-Hollywood.
Harold Lloyd war einer der populärsten Komiker des US-Stummfilms (»Harold Lloyd, der Sportstudent«, 1925).

György Lukács
ungarischer Philosoph und Literaturwissenschaftler (* 13. 4. 1885, Budapest), stirbt am 4. Juni in Budapest.
Lukács zählte auch im Westen zu den einflußreichsten marxistischen Literaturtheoretikern. 1956 war er einer der intellektuellen Führer des Ungarnaufstands (Kultusminister unter Imre Nagy). Danach war er in den sozialistischen Ländern verfemt.

Reinhold Maier
deutscher DDP- bzw. FDP-Politiker (* 16. 10. 1889, Schorndorf), stirbt am 19. August in Stuttgart.
Maier war von 1930 bis 1932 württembergischer Wirtschaftsminister. 1945 gründete er die Demokratische Volkspartei mit. Von 1945 bis 1952 war er Ministerpräsident von Württemberg-Baden, 1952/53 von Baden-Württemberg. Von 1957 bis 1960 war Maier Bundesvorsitzender der FDP.

Ludwig Marcuse

deutscher Journalist, Philosoph und Literaturkritiker (* 8. 2. 1894, Berlin), stirbt am 2. August in München.
Marcuse verfaßte – häufig unter dem Pseudonym »Heinz Rabe« – populärwissenschaftliche Bücher über Philosophen, Schriftsteller und Komponisten. Am bekanntesten wurde »Obszön. Geschichte einer Entrüstung« (1962).

Max Mell
österreichischer Dichter (* 10. 11. 1882, Marburg/Maribor), stirbt am 12. Dezember in Wien.
Mell verarbeitete in seinen Erzählungen und Dramen Stoffe aus Legende, Geschichte und Heimat.

Hubert von Meyerinck
deutscher Schauspieler (* 23. 8. 1896, Potsdam), stirbt am 13. Mai in Hamburg.
Meyerinck verkörperte im Film häufig Bösewichte und preußische Offiziere. Auf der Bühne spielte er auch Charakterrollen.

Paul Niehans
schweizerischer Arzt (* 21. 11. 1882, Bern), stirbt am 1. September in Montreux.
Niehans entwickelte in den 30er Jahren die sog. Zellentherapie (Frischzellen- und Trockenzellentherapie).

Georg von Opel

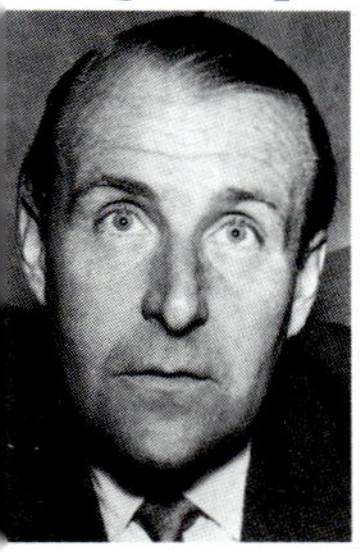

deutscher Industrieller und Sportfunktionär (* 18. 5. 1912, Ingelheim am Rhein), stirbt am 14. August in Falkenstein/Königstein im Taunus.
Opel war siebenmal deutscher Meister im Rudern. Von 1951 bis 1969 war er Präsident der Deutschen Olympischen Gesellschaft, ab 1966 gehörte er dem Internationalen olympischen Komitee und dem Vorstand der Deutschen Sporthilfe an.

Bernhard Paumgartner
österreichischer Dirigent und Komponist (* 14. 11. 1887, Wien), stirbt am 27. Juli in Salzburg.
Paumgartner, Mitbegründer der Salzburger Festspiele, war von 1917 bis 1938 und von 1945 bis 1953 Direktor sowie von 1953 bis 1959 Präsident des Salzburger Mozarteums.

Wendell Meredith Stanley
US-amerikanischer Biochemiker (* 16. 8. 1904, Ridgeville/Indiana), stirbt am 15. Juni in Salamanca.
Stanley erhielt 1946 zusammen mit John Howard Northrop (und James Sumner) den Chemienobelpreis für die Darstellung von Enzymen und Virus-Proteinen in reiner Form.

Leonard Steckel
deutscher Schauspieler und Regisseur (* 18. 1. 1901, Kuihinin/Ungarn), kommt am 9. Februar bei einem Eisenbahnunglück in Aitrag im Ostallgäu ums Leben.
Steckel wirkte u. a. am Deutschen Theater und am Theater am Schiffbauerdamm. Er inszenierte auch die Uraufführungen von Brechts »Der gute Mensch von Sezuan« und »Galileo Galilei«.

Igor Strawinski

russisch-US-amerikanischer Komponist (* 17. 6. 1882, Oranienbaum/Lomonossow), stirbt am 6. April in New York.
Strawinski wurde durch seine Kompositionen für Sergei Diaghilews »Ballets Russes« in Paris (»Der Feuervogel«, 1910, »Le Sacre du Printemps«, 1913 u. a.) bekannt. Diese von der russischen Folklore geprägte Frühphase wurde ab »Pulcinella« (1919) durch eine Periode abgelöst, in der neoklassizistische Merkmale in den Vordergrund traten. Darüber hinaus bezog Strawinski südamerikanische Tanzrhythmik und die Jazzmusik in seine Kompositionen ein. Er komponierte in allen Gattungen, einen Schwerpunkt bilden jedoch die Bühnenwerke, vor allem die Ballette.

The Svedberg
schwedischer Chemiker (* 30. 8. 1884, Valbo), stirbt am 26. Februar in Kopparberg/Örebro.
Svedberg erhielt 1926 den Chemienobelpreis für seine Arbeiten über disperse Systeme. Mit dem Ultramikroskop untersuchte er die Braunsche Molekularbewegung und erfand die Ultrazentrifuge. Mit dem neuen Instrument entwickelte er einen neuartigen Weg zur Molekulargewichtsbestimmung chemischer Verbindungen. Das Verfahren wurde ein wichtiges Hilfsmittel bei der Untersuchung hochmolekularer organischer Substanzen.

Igor Jewgenjewitsch Tamm
sowjetischer Physiker (* 8. 7. 1895, Wladiwostok), stirbt am 12. April in Moskau.
Tamm erhielt 1958 zusammen mit Pawel A. Tscherenkow und Ilja Frank den Physiknobelpreis für die Entdeckung und Interpretation des Tscherenkow-Effekts. Den Tscherenkow-Effekt bzw. die bläuliche Tscherenkow-Strahlung entdeckte der namengebende Wissenschaftler 1934. Tamm und Frank fanden 1937 eine theoretische Erklärung für dieses Phänomen: Die Strahlung entsteht, wenn ein geladenes Teilchen eine Flüssigkeit oder ein Kristall schneller durchfliegt, als es der Lichtgeschwindigkeit in dieser Substanz entspricht.

Arne Tiselius
schwedischer Biochemiker (* 10. 8. 1902, Stockholm), stirbt am 29. Oktober in Uppsala.
Tiselius erhielt 1948 den Chemienobelpreis für seine Arbeiten über die Analyse mit Hilfe von Elektrophorese und Adsorption, insbesondere für seine Entdekkung der komplexen Natur von Serum-Proteinen. Tiselius befaßte sich hauptsächlich mit chemischen Untersuchungen an Proteinen. Dazu bediente er sich der Methode der Elektrophorese, die er entscheidend verbesserte. Dabei handelt es sich um ein Analyseverfahren, bei dem Stoffgemische auf Filterpapier einem elektrischen Feld ausgesetzt werden und dadurch schnell wandern.

Helene Weigel

österreichisch-deutsche Schauspielerin und Theaterleiterin (* 12. 5. 1900, Wien), stirbt am 6. Mai in Berlin (Ost).
Helene Weigel verkörperte die Frauengestalten in den Stücken ihres Mannes Bertolt Brecht (Mutter Courage u. a.). 1949 wurde sie Intendantin des Berliner Ensembles, das sie gemeinsam mit Brecht gegründet hatte.

Personenregister

Das Personenregister enthält alle in diesem Buch genannten Personen (nicht berücksichtigt sind mythologische Gestalten und fiktive Persönlichkeiten sowie Eintragungen im Anhang mit Ausnahme des Nekrologs). Kursive Zahlen verweisen auf Abbildungen.

A

B

C

D

E

F

G

Sachregister

Das Sachregister enthält Suchwörter zu den in den einzelnen Artikeln behandelten Ereignissen sowie Hinweise auf die im Anhang erfaßten Daten und Entwicklungen. Kalendariumseinträge sind nicht in das Register aufgenommen. Während politische Ereignisse unter den betreffenden Ländernamen zu finden sind (Beispiel »KPdSU-Parteitag« unter »UdSSR«), wird das politische Geschehen in der Bundesrepublik Deutschland bis auf spezielle Daten unter den entsprechenden Schlagwörtern erfaßt. Begriffe zu herausragenden Ereignissen des Jahres sind ebenso direkt zu finden (Beispiel »Transitabkommen« eben dort). Ereignisse und Begriffe, die einem großen Themenbereich zuzuordnen sind, sind unter einem Oberbegriff aufgelistet (Beispiel »P.E.N.« unter »Literatur«).

Quellen

Texte

© für die Beiträge von
Raimund Girke in: Das Kunstwerk, 23. Jg., 1969/70, Nr. 9/10, W. Kohlhammer GmbH, Stuttgart/Köln/Berlin (West)/Mainz
Norman Webster in: Archiv der Gegenwart, hrsg. von Heinrich von Siegler, 41. Jg., 1971: Siegler & Co. Verlag für Zeitarchive GmbH, Bonn, Wien, Zürich 1971

Abbildungen

Allgemeiner Deutscher Nachrichtendienst, Bereich Zentralbild, Berlin (14); Anti-Charter R. W. Faßbinder (1); APN/Nowosti, Moskau/UdSSR (1); Architektur und Wohnen, Jahreszeitenverlag, Hamburg (1); Archiv für Kunst und Geschichte, Berlin (1); Associated Press GmbH, Frankfurt a. M. (10); Atlas Copco MCT GmbH, Essen (1); Bavaria Bildagentur GmbH, München (1); Bayerische Motoren Werke AG, Public Relations, München (2); Bettmann Archive, New York/USA (47); Manfred Brocks, Dortmund (1); Brown Boveri Corporation, Mannheim (1); Ilse Buhs, Berlin (2); Bundesminister für Verteidigung, Pressebildstelle, Bonn (3); Bundesverband deutscher Banken e. V., Köln (1); Burda Syndication, München (17); Capital, Gruner + Jahr, Hamburg (3); Rosemarie Clausen, Hamburger Theatersammlung, Hamburg (1); J. H. Darchinger, Bonn (1); Deutsche Airbus GmbH, Hamburg (1); Deutsche Bundesbahn, Mainz (1); Deutsche Presse-Agentur, Frankfurt a. M. (78); Deutsche Renault AG, Brühl (2); Deutscher Sportbund, Abteilung Breitensport, Frankfurt a. M. (1); Gerhard Dierssen, Hannover (1); Richard J. Dietrich, Bergwiesen (1); Jürgen Dommnich, Köln (1); »Du/Atlantis«, Zürich/CH (3); European Space Agency, Paris/F (1); Faunus-Verlag AG, Gelterkinden/CH (7); FIAT Presseabteilung, Heilbronn (1); Ford-Werke AG, Köln (1); Paul Fusco, New York/USA (1); Albrecht Gaebele, Untersteinbach (6); Archiv Gerstenberg, Wietze (1); Greenpeace Photo/Media, Washington DC/USA (4); Harenberg Kommunikation, Dortmund (97); Elisabeth Hausmann, Wien/AUT (1); Sportpressefoto Horstmüller, Düsseldorf (10); »Jahr im Bild 1971«, Carlsen-Verlag, Reinbek (4); Jürgens Ost und Europa-Photo, Köln (1); Archiv Dr. Karkosch, Gilching (1); Katholische Nachrichten Agentur Pressebild GmbH, Frankfurt a. M. (4); Keystone Pressedienst, Hamburg (73); Helga Kirchberger, Dortmund (2); Klaus zu Klampen, Dülmen (1); H. Konermann, Köln (2); Krauss Maffei AG, München (1); »Lui«, Paris/F (1); Louis Melancon, New York/USA (1); Mercedes-Benz Museum, Stuttgart (1); Messerschmitt-Bölkow-Blohm GmbH, Wehrtechnik Apparate, München (1); Werner Neumeister, München (1); Optisches Museum, Oberkochen (2); Pandis media GmbH, München (1); »Paris Match«/Bertin (1); Publizistikbüro Paturi, Rodenbach (2); Paul Popper Ltd., London/GB (25); Rheinisches Bildarchiv/Museum Ludwig, Köln (4); Rosenthal AG, Selb (5); Werner Schloske, Stuttgart (3); Schwaneberger Verlag, München (42); Sipa-Press, Paris/F (5); Dimitri Soulas, München (1); Elisabeth Speidel-Frost, Ostereistädt (1); Spiegel-Verlag, Hamburg (1); Staiger GmbH, St. Georgen (1); Daisy Steinbeck (1); Stern Syndication, Hamburg (4); »Stern«, Hamburg (6); Stern/Anders (1); Stern/Baes (2); Stern/Bollinger (1); Stern/carp (3); Stern/Englert (1); Stern/Friedel (2); Stern/H (1); Stern/Knapp (2); Stern/Krämer (3); Stern/Mack (1); Stern/Moldvay (1); Stern/Rustmeier (1); Stern/Schumacher (1); Stern/Shabtai Tal (1); Stern/Thomann (3); Süddeutscher Verlag, Bilderdienst, München (3); Texas Instruments, Freising (2); Transglobe Agency, Hamburg (4); United States Information Service, Bonn (5); Volkswagen AG, Wolfsburg (2); Manfred Vollmer, Essen (1); W. G. Vanderson, East Finchley/GB (1); Pressebilddienst Votava, Wien/AUT (4); Weltwoche, Dokumentation Bild, Zürich/CH (1); Westdeutscher Rundfunk, Bildarchiv, Köln (2); »Zuhause«, Hamburg (4); Zweites Deutsches Fernsehen, Mainz (5)

© für die Abbildungen von Kunstwerken:
Jim Dine: »Putney Winter Heart No. 3 (Garbage Can)«, Pace Gallery, New York/USA
Raimund Girke: »Zwölf waagerecht gestufte Progessionen«, Raimund Girke, Köln
Horst Haitzinger: »Vertriebenentreffen«, Horst Haitzinger, München
Ronald Huebler: »Variables Stück Nr. 48«, Gibson Gallery, New York/USA
Christo Javacheff: »Monschau«, Christo 1971, New York/USA
A. R. Penck: »Standart«, Galerie Michael Werner, Köln
Reiner Ruthenbeck: »Glasplatte in Stofftasche II«, Reiner Ruthenbeck, Düsseldorf
Richard Serra: »Moe«, VG Bild-Kunst, Bonn 1991

© für die Karten, Grafiken und Kolorierungen:
Globus Kartendienst/dpa, Frankfurt a. M. (1)
Bertelsmann Lexikon Verlag GmbH, Gütersloh/München (26)

Trotz größter Sorgfalt konnten die Urheber des Bildmaterials nicht in allen Fällen ermittelt werden.
Es wird gegebenenfalls um Mitteilung gebeten.